2021 年度全国会计专业技术资格考试辅导教材

中级会计资格

经 济 法

财政部会计资格评价中心 编著

中国财经出版传媒集团
经济科学出版社

图书在版编目（CIP）数据

经济法/财政部会计资格评价中心编著 . —北京：经济
科学出版社，2020.12
2021 年度全国会计专业技术资格考试辅导教材
ISBN 978 - 7 - 5218 - 2294 - 6

Ⅰ . ①经…　Ⅱ . ①财…　Ⅲ . ①经济法 - 中国 -
资格考试 - 自学参考资料　Ⅳ . ①D922.29

中国版本图书馆 CIP 数据核字（2020）第 264844 号

责任编辑：黎子民
责任校对：王肖楠
责任印制：刘　军　王世伟

防伪鉴别方法

封一左下方粘贴有防伪标识。在荧光紫外线照射下可见防伪标识中部呈现红色“会
计”二字。刮开涂层获取防伪码，该防伪码可通过拨打电话，或者扫描二维码登录全国
会计资格评价网（http：//kzp. mof. gov. cn）后点击网站左下方的**“考试用书真伪查验及
答疑”**栏目进行验证。

2021 年度全国会计专业技术资格考试辅导教材
中级会计资格
经　济　法
财政部会计资格评价中心　编著
经济科学出版社出版、发行　新华书店经销
社址：北京市海淀区阜成路甲 28 号　邮编：100142
总编部电话：010 - 88191217　发行部电话：010 - 88191522
天猫网店：经济科学出版社旗舰店
网址：http：//jjkxcbs. tmall. com
河北眺山实业有限责任公司零五印刷分公司印装
787 × 1092　16 开　27 印张　560000 字
2021 年 1 月第 1 版　2021 年 1 月第 1 次印刷
印数：000001—200000 册
ISBN 978 - 7 - 5218 - 2294 - 6　定价：56.00 元
（图书出现印装问题，本社负责调换。电话：010 - 88191510）
（图书内容问题联系电话：010 - 88190940）
（打击盗版举报热线：010 - 88191661，QQ：2242791300）

前　言

为帮助考生全面理解和掌握全国会计专业技术资格考试领导小组办公室印发的2021年度中级会计专业技术资格考试大纲，更好地复习备考，财政部会计资格评价中心组织专家按照考试大纲的要求和最新颁布的法律法规，对《中级会计实务》《财务管理》《经济法》辅导教材进行了调整和修订。调整和修订所参照的法律法规截止到2020年12月。调整和修订的主要内容将在全国会计资格评价网（http：//kzp. mof. gov. cn/）上公布。《全国会计专业技术资格考试参考法规汇编》已修订出版。

本考试用书作为指导考生复习备考之用，不作为全国会计专业技术资格考试指定用书。考生在学习过程中如遇到疑难问题，可登录全国会计资格评价网提出问题，并注意查阅有关问题解答。

书中如有疏漏和不当之处，敬请指正，并及时反馈我们。

财政部会计资格评价中心
二〇二一年一月

目　　录

第一章 总 论

第一节 经济法概述

全面依法治国是中国特色社会主义的本质要求和重要保障。习近平在中国共产党第十九次全国代表大会报告中指出：必须把党的领导贯彻落实到依法治国全过程和各方面，坚定不移走中国特色社会主义法治道路，完善以宪法为核心的中国特色社会主义法律体系，建设中国特色社会主义法治体系，建设社会主义法治国家，发展中国特色社会主义法治理论，坚持依法治国、依法执政、依法行政共同推进，坚持法治国家、法治政府、法治社会一体化建设，坚持依法治国和以德治国相结合，依法治国和依规治党有机统一，深化司法体制改革，提高全民族法治素养和道德素质。

为帮助会计人员学法、用法，本书将对经济法基础知识以及与会计工作密切相关的公司企业法律制度、金融法律制度、合同法律制度、税收法律制度与其他相关法律制度予以介绍。

一、经济法的概念及体系

（一）经济法概念

"经济法"这一概念起源于法国。① 第一次世界大战期间，德国颁布了《煤炭经济法》和《钾盐经济法》。之后，德国出版了很多以经济法为题的学术著作和教科书，经济法概念有了较为完整的含义。从经济法产生的社会经济背景考察，西方国家的经济法，是在从自由资本主义经济过渡到垄断资本主义经济过程中，国家为应对经济发展中出现的市场失灵和经济危机等问题，而越来越普遍采取干预措施的背景下产生和发展起来的。

在我国，经济法是在改革开放和加强经济法制的背景下逐步兴起的，并随着社会主义市场经济体制建设步伐的推进而不断丰富和完善。目前，经济法的概念、范畴等在学术界尚存在分歧。本教材不对学术性分歧作探讨和研究。经济法现象已在社会中普遍存在，从经济法的产生和发展来看，它实际是社会经济集中和垄断的产物，是国

---

① 1755 年，法国著名的空想社会主义者摩莱里在他出版的《自然法典》一书中，首先使用了"经济法"这个概念。

家干预社会经济生活的具体表现。在我国《民法通则》的立法说明中，就民法与经济法、行政法的关系作了如下解释："民法主要调整平等主体间的财产关系，即横向的财产、经济关系。政府对经济的管理，国家和企业之间以及企业内部等纵向经济关系或者行政管理关系，不是平等主体之间的经济关系，主要由有关经济法、行政法调整……"据此，可以说，经济法是调整国家在管理与协调经济运行过程中发生的经济关系的法律规范的总称。

（二）经济法体系

如同经济法的概念一样，对经济法的体系问题，学术界也存在不同认识。本教材按照经济关系以及经济法所调整的基本内容，将经济法体系作如下划分：

1. 经济组织法，指经济组织的法律制度，主要是企业法律制度，如公司法、合伙企业法、独资企业法、外商投资企业法等。

2. 经济管理法，指国家在组织管理和协调经济活动中形成的法律制度，主要是财税、金融、价格、市场和特定行业管理法律制度等，如增值税法、企业所得税法、预算法、国有资产管理法、政府采购法等。

3. 经济活动法，指调整经济主体在经济流通和交换过程中发生的权利义务关系而产生的法律制度，主要是合同法、担保法等。

二、经济法的渊源

经济法的渊源是指经济法律规范借以存在和表现的形式。经济法的渊源有：

（一）宪法

宪法是国家的根本大法，由全国人民代表大会制定，具有最高的法律效力，是经济法的基本渊源，是经济立法的基础。经济法以宪法为渊源，主要是从中汲取有关国家经济制度的精神和基本规范，例如，"中华人民共和国的社会主义经济制度的基础是生产资料的社会主义公有制，即全民所有制和劳动群众集体所有制""国家实行社会主义市场经济。国家加强经济立法，完善宏观调控""国有企业在法律规定的范围内有权自主经营""中华人民共和国公民有依照法律纳税的义务"等等。

（二）法律

法律是由全国人民代表大会及其常务委员会制定的规范性文件，其地位和效力仅次于宪法，是经济法的主要渊源，它规范的多是基本经济关系。以法律形式表现的经济法律规范是经济法的主体和核心组成部分。经济法律包括：《证券法》《公司法》《保险法》《个人独资企业法》《合伙企业法》《企业破产法》《注册会计师法》《税收征收管理法》《中国人民银行法》《商业银行法》《土地管理法》等等。

（三）法规

法规包括行政法规和地方性法规，其效力次于宪法和法律。行政法规是国务院为执行法律规定及履行宪法规定的行政管理职权的需要而制定的规范性文件。地方性法规是省、自治区、直辖市等的人民代表大会及其常务委员会根据本行政区域的具体情况和实际需要，在不同宪法、法律、行政法规相抵触的前提下制定的规范性文件。经济特区所在地的市的人民代表大会及其常务委员会也可以根据全国人民代表大会的授权决定制定法规，并在经济特区范围内实施。经济法大量以法规的形式存在，法规是经济法的重要渊源。行政法规如《增值税暂行条例》《消费税暂行条例》《企业财务会计报告条例》《公司登记管理条例》等。地方性法规的种类和数量很多，在此不予列举。

（四）规章

规章包括国务院部门规章和地方政府规章。部门规章是指国务院各部、委员会、中国人民银行、审计署和具有行政管理职能的直属机构，根据法律和国务院的行政法规、决定、命令，在本部门的权限范围内制定的规章。地方政府规章是指省、自治区、直辖市和较大的市的人民政府根据法律、行政法规和本省、自治区、直辖市的地方性法规制定的规章。规章是法律、行政法规的补充，对正确适用和执行法律、行政法规具有重要意义。部门规章如：财政部颁布的《代理记账管理办法》《事业单位国有资产管理暂行办法》；中国人民银行颁布的《贷款通则》《人民币银行结算账户管理办法》等。地方政府规章的种类和数量繁多，在此不予列举。

（五）民族自治地方的自治条例和单行条例

民族自治地方的自治条例和单行条例是指民族自治地方的人民代表大会依照当地民族的政治、经济和文化的特点，依法制定的规范性文件。民族自治地方的自治条例和单行条例可以依照当地民族的特点，对法律和行政法规的某些规定作出变通规定，但不得违背法律或者行政法规的基本原则，不得对宪法和民族区域自治法的规定以及其他有关法律、行政法规专门就民族自治地方所作的规定作出变通规定。民族自治地方的自治条例和单行条例也是经济法的渊源之一，主要适用于本民族自治地方。

（六）司法解释

司法解释是指最高人民法院在总结审判实践经验的基础上发布的指导性文件和法律解释。司法解释也是经济法的渊源之一，例如，最高人民法院颁发的《关于适用〈中华人民共和国公司法〉若干问题的规定》《关于审理票据纠纷案件若干问题的规定》等等。

（七）国际条约、协定

国际条约、协定是指我国作为国际法主体缔结或参加的国际条约、双边或多边协定及其他具有条约、协定性质的文件。国际条约、协定在我国生效后，对我国国家机关、公民、法人或者其他组织就具有法律上的约束力，因此，也是经济法的渊源之一。

三、经济法主体

经济法主体，是指在经济法律关系中享有一定权利、承担一定义务的当事人或参加者。享受经济权利的一方称为权利主体，承担经济义务的一方称为义务主体。

经济法调整范围的广泛性，决定了经济法主体范围具有广泛性。经济法主体包括：国家机关、企业、事业单位、社会团体、个体工商户、农村承包经营户、公民等。

根据经济法调整领域的不同，可以将经济法主体分为宏观调控法主体和市场规制法主体两类。宏观调控法主体可分为调控主体和受控主体，市场规制法主体可分为规制主体和受制主体。调控主体主要包括国家发展改革委员会、财政部、国家税务总局、中国人民银行等；规制主体主要包括商务部、国家市场监督管理总局等。企业、个人、事业单位、社会团体等都可以成为经济法上的受控主体或受制主体。

上述的调控主体与受控主体、规制主体与受制主体的地位不是平等的，其权利、义务和责任也不同。传统民法强调主体在经济能力、认知能力、信息能力等方面的无差别性，因而主体才能够是"平等"的。而在经济法上则正好相反，主要是强调主体的差异性。其中，调控主体与规制主体是主导者，但受控主体和受制主体也具有一定的独立性和主动性，并非完全被动地受控或受制于人。

第二节　法律行为与代理

一、法律行为

（一）法律行为的概念和特征

法律行为，是指民事主体通过意思表示设立、变更、终止民事法律关系的行为。它是法律事实的一种，具有以下特征：

1. 法律行为是以达到一定的民事法律后果为目的的行为。

这一方面表明法律行为应是行为人有意识创设的、自觉自愿的行为，而非受胁迫、受欺诈的行为；另一方面表明法律行为是行为人以达到预期民事法律后果为出发点和归宿的，如设立遗嘱以处分财产，订立合同以设立债权。法律行为的目的性，是决定行为的法律效果的基本依据。但法律行为能否发生当事人旨在追求的法律效果，决定于该行为是否符合法律行为的生效要件。只有符合生效要件的法律行为，才能发生当事人预期的法律后果，否则，法律行为可能无效或被撤销。《中华人民共和国民法典》（2020年5月28日第十三届全国人民代表大会第三次会议通过，自2021年1月1日起施行。该部法律以下简称《民法典》）把法律行为界定为当事人的设权行为，不再规定法律行为必须是合法行为，因此，取消了《民法通则》特有的"民事行为"概念。无论行为是否有效、无效、可撤销或效力待定，均可以称为法律行为。

2. 法律行为以意思表示为要素。

意思表示是指行为人将其期望发生法律效果的内心意思，以一定方式表达于外部的行为。意思表示是法律行为的核心要素，也是法律行为与事实行为等非表意行为相区别的重要标志，后者如拾得遗失物、建造房屋等行为。行为人表达于外部的意思应是其内心的真实意思；行为人仅有内心意思但不表达于外部，不构成意思表示。

（二）法律行为的分类

法律行为从不同角度可作不同的分类。不同类型的法律行为，具有不同的法律意义。

1. 单方法律行为和多方法律行为。

这是按照法律行为的成立仅需一方意思表示还是需要多方意思表示而进行的分类。单方法律行为是指依一方当事人的意思表示而成立的法律行为，例如委托代理的撤销、无权代理的追认等。多方法律行为是指依两个或两个以上当事人意思表示一致而成立的法律行为，例如订立合同的行为、设立公司的协议等。这种分类便于正确认定法律行为的成立及其效力。单方法律行为只要有一方当事人意思表示即可成立；而多方法律行为则需要双方或多方当事人之间意思表示达成一致才能成立。但多方法律行为中的决议行为较为特殊，决议行为仅需依照规定的程序或方式作出，并不要求各方的意思表示全部一致。《民法典》第一百三十四条第二款规定："法人、非法人组织依照法律或者章程规定的议事方式和表决程序作出决议的，该决议行为成立。"

2. 有偿法律行为和无偿法律行为。

这是按照法律行为一方当事人从对方当事人取得利益有无对价为标准而进行的分类。有偿法律行为是指双方当事人各因其给付而从对方取得利益的法律行为，例如买卖、租赁、承揽等。无偿法律行为是指当事人一方无须为给付而获得利益的法律行为，例如赠与、无偿委托、借用等。这种分类便于确立当事人权利义务的范围及其法律后果的承担。一般而言，有偿法律行为义务人的法律责任比无偿法律行为义务人的法律责任要重。如《民法典》第八百九十七条规定："保管期内，因保管人保管不善造成保管物毁损、灭失的，保管人应当承担赔偿责任。但是，无偿保管人证明自己没有故意或者重大过失的，不承担赔偿责任。"

3. 要式法律行为和非要式法律行为。

这是按照法律行为的成立是否需要具备法律规定或当事人约定的形式而进行的分类。要式法律行为是指法律明确规定或当事人明确约定必须采取一定形式或履行一定程序才能成立的法律行为，例如，《民法典》规定融资租赁合同、建设工程合同、技术开发合同应当采用书面形式。非要式法律行为是指法律未规定特定形式，可由当事人自由选择形式即可成立的法律行为。区分要式与非要式法律行为对于判定法律行为的成立具有意义，同时，法律规定或当事人约定某些法律行为须以要式成立，可以督促当事人谨慎进行民事活动，使权利义务关系明确具体并有确凿凭证，从而起到稳定交易秩序的作用。

4. 主法律行为和从法律行为。

这是按照法律行为之间的依存关系而进行的分类。主法律行为是指不需要有其他法律行为的存在就可以独立成立的法律行为。从法律行为是指从属于其他法律行为而存在的法律行为。例如，当事人之间订立一项借款合同，为保证合同的履行，又订立一项担保合同。其中，借款合同是主合同，担保合同是从合同。这种分类便于明确主从法律行为的效力关系。从法律行为的效力依附于主法律行为。从法律行为以主法律行为的存在为前提，与主法律行为同命运：除法律另有规定或当事人另有约定外，主法律行为无效或消灭，从法律行为亦随之无效或消灭。

法律行为除上述分类外，还有单务法律行为和双务法律行为、诺成法律行为和实践法律行为等分类方法。

（三）法律行为的要件

法律行为的要件，依其性质是使法律行为存在的构成要求，还是使其进一步生效的特别规范，可以划分为成立要件与生效要件。

1. 成立要件。

成立要件，是法律行为的实质性要素，其用于对一个法律行为是否存在进行事实判断。通说认为，法律行为的一般成立要件包括当事人、意思表示及其内容。但实际上，意思表示当然由特定当事人所实施，且包含意思表示的内容，所以，意思表示即为法律行为的一般成立要件。此外，特定法律行为还要求具备特别成立要件，如对于要式法律行为，还需要具备法律规定或当事人约定的特定形式才能成立。

2. 生效要件。

法律行为的生效是指法律行为发生当事人旨在追求的权利义务设立、变更、终止的法律效力。法律行为的成立是法律行为生效的前提，但是，已成立的法律行为不一定必然发生法律效力，只有具备一定生效条件的法律行为，才能产生预期的法律效果。

根据《民法典》的规定，法律行为应当具备下列生效要件：

（1）行为人具有相应的民事行为能力。

法律行为是当事人旨在追求特定民事法律后果而实施的行为，所以，当事人须具有相应的民事行为能力，才可能正确理解并判断其行为的法律意义。民事行为能力，指民事主体能够独立参加民事法律关系，以自己的行为取得民事权利或承担民事义务的能力，即独立实施法律行为的能力。根据《民法典》的规定：无行为能力人，即不满8周岁的未成年人和不能辨认自己行为的成年人，实施的法律行为无效；限制民事行为能力人，即8周岁以上的未成年人和不能完全辨认自己行为的成年人，只能独立实施纯获利益的法律行为以及与其年龄、智力或精神健康状况相适应的法律行为，其他法律行为应由其法定代理人代理，或征得其法定代理人同意而实施；完全民事行为能力人，即18周岁以上的成年人和16周岁以上不满18周岁但以自己的劳动收入为主要生活来源的未成年人，可以独立地实施法律行为。对于法人而言，民事行为能力随其成立而产生，随其终止而消灭。但法人民事行为能力的行使也要与其民事权利能力范围相适应，否则可能不发生法人实施法律行为所追求的法律效果。

（2）意思表示真实。

法律行为以意思表示为要素，且依意思表示的内容发生法律效果，因此，法律行为的生效须以意思表示的真实有效为要件，如此才能确保当事人意思自由、真实地参与市民生活与市场交易。意思表示真实，指行为人的意思表示是其自主形成的内心意思的真实反映。意思表示真实包含意思自由及意思与表示相一致两方面。意思自由是指当事人意思的形成及其表示是其自由意志决定的，不存在受欺诈、受胁迫、被乘人之危等干涉和妨害意思自由的因素。意思与表示相一致，指行为人表示出来的意思与其内心真实意思相一致，不存在通谋虚假表示、错误、误传等意思表示不一致的情形。意思表示不真实，可能导致法律行为无效或是可撤销。

（3）不违反强制性规定，不违背公序良俗。

不违反强制性规定是指法律行为的内容不得与法律、行政法规的强制性规定相抵触。不违背公序良俗是指法律行为内容不得违背公共秩序与善良风俗。

《民法典》第一百五十三条规定："违反法律、行政法规的强制性规定的民事法律行为无效。但是，该强制性规定不导致该民事法律行为无效的除外。违背公序良俗的民事法律行为无效。"

法律行为因违反强制性规定或公序良俗而无效，其基础均在于违反社会公共利益。但需注意的是，违反法律、行政法规的强制性规定的法律行为，并不当然无效，应于具体个案中解释被违反的强制性规定的规范目的，并结合案件的具体情节综合考量，以审慎判断法律行为是否实质损害社会公共利益。若损害，当使其无效；若未损害，则不妨使其有效，只是当事人须因违反强制性规定而承担行政处罚等公法责任。

（四）附条件和附期限的法律行为

1. 附条件的法律行为。

这是指当事人在法律行为中约定一定的条件，并以将来该条件的成就（或发生）或不成就（或不发生）作为法律行为效力发生或消灭的根据。法律行为可以附条件，所附条件可以是事件，也可以是行为。当事人恶意促使条件成就的，应当认定条件没有成就；当事人恶意阻止条件成就的，应当认定条件已经成就。

能够作为法律行为所附条件的事实必须具备以下要件：一是将来发生的事实，已发生的事实不能作为条件；二是不确定的事实，即作为条件的事实是否会发生，当事人不能肯定；三是当事人任意选择的事实，而非法定的事实；四是合法的事实，不得以违法或违背道德的事实作为所附条件；五是所限制的是法律行为效力的发生或消灭，而不涉及法律行为的内容，即不与行为的内容相矛盾。

2. 附期限的法律行为。

这是指当事人在法律行为中约定一定的期限，并以该期限的到来作为法律行为生效或解除的根据。期限是必然要到来的事实，这是期限与条件的根本区别。法律行为所附期限可以是明确的期限，例如某年某月某日，也可以是不确定的期限，例如"某人死亡之日"。

（五）无效的法律行为

1. 无效法律行为的概念。

无效法律行为，是指对于当事人所追求的法律效果，自始、当然、确定不发生的法律行为。无效法律行为，多表现为违反法律、行政法规的强制性规定或违背公序良俗，因而欠缺生效要件，所以不发生当事人所追求的法律效果，但并非不发生任何法律后果。无效法律行为，可能引发侵权责任、缔约过失责任或公法上的责任等。

法律行为，按照无效原因存在于行为内容的全部或部分，可分为全部无效与部分无效。《民法典》第一百五十六条规定："民事法律行为部分无效，不影响其他部分效力的，其他部分仍然有效。"部分无效不影响其他部分效力的主要情形有：（1）法律行为标的之数量超过法律许可范围。例如《民法典》第五百八十六条第二款规定："定金的数额由当事人约定；但是，不得超过主合同标的额的百分之二十，超过部分不产生定金的效力。"（2）法律行为的内容由数种不同事项合并而成，其中一项或数项无效。如约定赠与金钱与枪支若干，其中，仅赠与枪支的部分无效。（3）法律行为的非主要条款，因违反强制性规定或公序良俗而无效。如雇佣合同约定"工伤概不负责"，该条款被认定无效，并不会影响雇佣合同其他内容的效力。

2. 无效法律行为的种类。

根据《民法典》的规定，下列几种法律行为无效：

（1）无民事行为能力人独立实施的。

（2）当事人通谋虚假表示实施的。

《民法典》第一百四十六条第一款规定："行为人与相对人以虚假的意思表示实施的民事法律行为无效。"例如，债务人为避免财产被强制执行，虚假地将房子卖给自己的朋友。通谋虚假表示实施的法律行为之所以无效，主要是因为对于双方当事人而言，均无真实的意思表示。

（3）恶意串通，损害他人合法权益的。

《民法典》第一百五十四条规定："行为人与相对人恶意串通，损害他人合法权益的民事法律行为无效。"恶意串通实施的法律行为与通谋虚假表示实施的法律行为均包含串通或通谋，但前者强调恶意以损害他人，后者主要着眼于意思表示的虚假，所以，二者在适用对象上存在交叉，但不完全重合。

（4）违反强制性规定或违背公序良俗的。

如前文所述，违反强制性规定的法律行为不当然无效，仍须具体分析确定。

3. 无效法律行为的法律后果。

无效的法律行为，从行为开始起就没有法律约束力。其在法律上产生以下法律后果：

（1）恢复原状。

恢复原状，指恢复到无效法律行为发生之前的状态，当事人因该行为取得的财产应当返还给受损失的一方。

（2）赔偿损失。

有过错的一方应当赔偿对方因此所受的损失。如果双方都有过错的，应当各自承担相应的责任。

（3）收归国家、集体所有或返还第三人。

双方恶意串通，实施法律行为损害国家、集体或第三人利益的，应当追缴双方取得的财产，收归国家、集体所有或返还第三人。

（4）其他制裁。

对行为人实施无效法律行为损害国家利益或社会公共利益，依法需要给予行政制裁或刑事制裁的，还应当依法追究其行政责任或刑事责任。

（六）可撤销的法律行为

1. 可撤销法律行为的概念和效力。

可撤销法律行为是指可因行为人行使撤销权请求法院或仲裁机关予以撤销而归于无效的法律行为。

在效力方面，可撤销法律行为具有以下特征：

（1）在该行为被撤销前，其效力已经发生，未经撤销，其效力不消灭，即其效力的消灭以撤销为条件。

（2）该行为的撤销应由享有撤销权的当事人行使，且撤销权人须通过法院或仲裁机关行使撤销权。

（3）撤销权人对权利的行使拥有选择权，其可以选择撤销或不撤销其行为。

（4）撤销权的行使有时间限制。《民法典》第一百五十二条第一款规定："有下列情形之一的，撤销权消灭：（一）当事人自知道或者应当知道撤销事由之日起一年内、重大误解的当事人自知道或者应当知道撤销事由之日起九十日内没有行使撤销权；（二）当事人受胁迫，自胁迫行为终止之日起一年内没有行使撤销权；（三）当事人知道撤销事由后明确表示或者以自己的行为表明放弃撤销权。"第二款规定："当事人自民事法律行为发生之日起五年内没有行使撤销权的，撤销权消灭。"

（5）该行为一经撤销，其效力溯及自行为开始时无效。

2. 可撤销法律行为的种类。

根据《民法典》的规定，下列法律行为，一方有权请求人民法院或仲裁机关予以撤销：

（1）行为人对行为内容有重大误解的。

重大误解是指行为人因对行为的性质、对方当事人、标的物的品种、质量、规格和数量等的错误认识，使行为的后果与自己的真实意思相悖，并造成较大损失的情形。

（2）受欺诈的。

根据《民法典》第一百四十八条、第一百四十九条的规定，受欺诈而实施的法律行为可撤销，但"第三人实施欺诈行为，使一方在违背真实意思的情况下实施的民事法律行为，只有当对方知道或者应当知道该欺诈行为的，受欺诈方才有权请求人民法院或者仲裁机构予以撤销"。如标的物评估机构对买受人实施欺诈，使得买受人与出卖人签订买卖合同，若出卖人不知道且不应当知道该欺诈事由，买受人不得主张撤销买卖合同。其理由主要在于保护出卖人的合理信赖。

（3）受胁迫的。

《民法典》第一百五十条规定："一方或者第三人以胁迫手段，使对方在违背真实意思的情况下实施的民事法律行为，受胁迫方有权请求人民法院或者仲裁机构予以撤销。"

（4）乘人之危、显失公平的。

乘人之危、显失公平，是指行为人利用对方当事人的急迫需要、危难处境或判断能力不足等，迫使对方违背本意而作出意思表示，严重损害对方利益的情形。

3. 可撤销法律行为的法律后果。

可撤销法律行为被依法撤销后，法律行为从行为开始起无效，具有与无效法律行为相同的法律后果。如果撤销权人表示放弃撤销权或未在法定期间内行使撤销权的，则可撤销法律行为确定地成为完全有效的法律行为。

二、代理

（一）代理的概念和特征

代理是指代理人在代理权限内，以被代理人的名义与第三人实施法律行为，由此产生的法律后果直接由被代理人承担的法律制度。代理关系的主体包括代理人、被代理人（或称本人）和第三人（或称相对人）。代理人是替被代理人实施法律行为的人；被代理人是由代理人替自己实施法律行为并承担法律后果的人；第三人是与代理人实施法律行为的人。代理关系包括三种关系：一是被代理人与代理人之间的代理权关系；二是代理人与第三人之间实施法律行为的关系；三是被代理人与第三人之间的承受代理行为法律后果的关系。

代理具有以下特征：（1）代理人必须以被代理人的名义实施法律行为。这是因为代理的法律后果由被代理人承受，而非归属于代理人。非以被代理人名义而是以自己的名义代替他人实施的法律行为，不属于代理行为，例如行纪、寄售等受托处分财产的行为。（2）代理人在代理权限内独立地向第三人进行意思表示。代理行为属于法律行为，代理人在代理权限范围内，有权根据情况独立进行判断，并直接向第三人进行意思表示，以实现代理目的。非独立进行意思表示的行为，不属于代理行为，例如传递信息、中介行为等。（3）代理行为的法律后果直接归属于被代理人。虽然代理行为是在代理人与第三人之间进行的，但行为的目的是为了实现被代理人的利益，代理人并不因代理行为直接取得利益或负担，因此，其产生的权利义务等法律后果当然应由被代理人承担。这使代理行为与无效代理行为、冒名欺诈等行为区别开来。

（二）代理的适用范围

代理适用于民事主体之间设立、变更和终止权利义务的法律行为。依照法律规定或按照双方当事人约定，应当由本人实施的民事法律行为，不得代理，如订立遗嘱、婚姻登记、收养子女等；本人未亲自实施的，应当认定行为无效。

（三）代理的种类

代理可分为委托代理、法定代理。

1. 委托代理。

委托代理是指基于被代理人的授权委托而发生的代理。委托代理，可以用书面形式，也可以用口头形式。法律规定用书面形式的，应当用书面形式。书面委托代理的授权委托书应当载明代理人的姓名或名称、代理事项、权限和期间，并由委托人签名或盖章。委托书授权不明的，被代理人应当向第三人承担民事责任，代理人负连带责任。

2. 法定代理。

法定代理是指法律根据一定的社会关系的存在而设定的代理。法定代理一般适用于被代理人是无行为能力人、限制行为能力人的情况。

《民法典》第二十三条规定："无民事行为能力人、限制民事行为能力人的监护人是其法定代理人。"

（四）代理权的行使

1. 代理权行使的一般要求。

委托代理人应按照被代理人的委托授权行使代理权，法定代理人应依照法律的规定行使代理权。代理人行使代理权必须符合被代理人的利益，并做到勤勉尽职、审慎周到，不得与他人恶意串通损害被代理人利益，也不得利用代理权谋取私利。

2. 滥用代理权的禁止。

代理人不得滥用代理权。常见的滥用代理权的情形有：（1）代理人以被代理人的名义与自己实施民事法律行为；（2）同一代理人代理双方当事人实施同一民事法律行为；（3）代理人与第三人恶意串通损害被代理人的利益。

《民法典》第一百六十八条规定："代理人不得以被代理人的名义与自己实施民事法律行为，但是被代理人同意或者追认的除外。代理人不得以被代理人的名义与自己同时代理的其他人实施民事法律行为，但是被代理的双方同意或者追认的除外。"

代理人滥用代理权，给被代理人及他人造成损失的，应当承担相应的赔偿责任。代理人和第三人串通，损害被代理人的利益的，由代理人和第三人负连带责任。

【例1-1】甲行政机关依法委托专门从事政府采购代理业务的乙公司代理采购一批专用设备，并授权乙公司与中标供应商签订采购合同。乙公司在与中标供应商签订采购合同时，双方秘密商定，乙公司在若干合同条款上对中标供应商予以照顾，中标供应商作为答谢提供给乙公司一批办公设备。请问乙公司代理签订采购合同的行为是否有效，由此给甲行政机关造成的损失应由谁承担责任？

【解析】乙公司代理签订合同的行为无效，给甲行政机关造成的损失应由乙公司和中标供应商承担连带责任。乙公司在行使代理权时，利用代理权谋取私利，不符合被代理人的利益，其行为属于代理人与第三人恶意串通损害被代理人利益的滥用代理权行为。根据《民法典》的有关规定，代理人滥用代理权的，其行为视为无效行为，给被代理人及他人造成损失的，应当承担相应的赔偿责任。代理人和第三人串通，损害被代理人的利益的，由代理人和第三人负连带责任。

（五）无权代理

1. 无权代理的概念。

无权代理是指没有代理权而以他人名义进行的代理行为。无权代理表现为三种形式：（1）没有代理权而实施的代理；（2）超越代理权实施的代理；（3）代理权终止后而实施的代理。

2. 无权代理的法律后果。

在无权代理的情况下，只有经过被代理人的追认，被代理人才承担无权代理的法律后果。未经追认的行为，由行为人承担民事责任。但是，有以下几种情况的除外：（1）被代理人知道他人以本人名义实施代理行为而不作否认表示的，视为同意，即应由被代理人承担代理的法律后果。（2）无权代理人的代理行为，客观上使善意相对人有理由相信其有代理权的，被代理人应当承担代理的法律后果。《民法典》第一百七十二条规定："行为人没有代理权、超越代理权或者代理权终止后，仍然实施代理行为，相对人有理由相信行为人有代理权的，代理行为有效。"这种情况在法学理论上称为"表见代理"。法律确立表见代理规则的主要意义在于维护人们对代理外观的依赖，保护善意无过失的相对人，从而保障交易秩序和安全。表见代理的情形有：被代理人对第三人表示已将代理权授予他人，而实际并未授权；被代理人将某种有代理权的证明文件（如盖有公章的空白合同文本）交给他人，他人以该种文件使第三人相信其有代理权并与之进行法律行为；代理人违反被代理人的意思或者超越代理权，第三人无过失地相信其有代理权而与之进行法律行为；代理关系终止后未采取必要的措施而使第三人仍然相信行为人有代理权，并与之进行法律行为。

第三人知道行为人无权代理还与行为人实施法律行为给他人造成损害的，由第三人和行为人负连带责任。

（六）代理关系的终止

委托代理终止的法定情形有：（1）代理期间届满或者代理事务完成；（2）被代理人取消委托或代理人辞去委托；（3）代理人或者被代理人死亡；（4）代理人丧失民事行为能力；（5）作为代理人或被代理人的法人、非法人组织终止。

但根据《民法典》第一百七十四条第一款的规定，被代理人死亡后，有下列情形之一的，委托代理人实施的代理行为仍有效：（1）代理人不知道并且不应当知道被代理人死亡；（2）被代理人的继承人予以承认；（3）授权中明确代理权在代理事务完成时终止；（4）被代理人死亡前已经实施，为了被代理人的继承人的利益继续代理。作为被代理人的法人、非法人组织终止的，参照适用该款的规定。

法定代理终止的法定情形有：（1）被代理人取得或恢复民事行为能力；（2）被代理人或代理人死亡；（3）代理人丧失民事行为能力；（4）由其他原因引起的被代理人和代理人之间的监护关系消灭。

第三节　经济仲裁与诉讼

经济法主体在经济活动中不可避免地会产生纠纷，为了保护当事人的合法权益，维护社会经济秩序，必须采取有效手段，及时解决这些纠纷。由于经济关系的复杂性，导致经济纠纷具有多样性，因此，解决经济纠纷的途径也具有多元性特点，主要有：当事人协商和解、有权机关进行调解（包括民间调解、行政调解、仲裁调解和法院调解）、仲裁、诉讼。如果当事人不能通过协商或调解解决纠纷，就需要通过仲裁或诉讼方式来解决。

一、仲裁

（一）仲裁的概念

仲裁是指仲裁机构根据纠纷当事人之间自愿达成的协议，以第三者的身份对所发生的纠纷进行审理，并作出对争议各方均有约束力的裁决的解决纠纷活动。

仲裁是一种解决经济纠纷的有效方式，在现实生活中被广泛应用，与其他解决纠纷的方式相比，更为灵活便利。仲裁的基本法律规定是1994年8月31日第八届全国人民代表大会常务委员会第九次会议审议通过，并于次年9月1日起施行的《中华人民共和国仲裁法》（以下简称《仲裁法》）。

（二）仲裁的基本原则

根据《仲裁法》的规定，仲裁应遵循以下基本原则：

1. 自愿原则。

根据这一原则，当事人如果采取仲裁方式解决纠纷，必须首先由双方自愿达成仲裁协议。没有仲裁协议，一方申请仲裁的，仲裁组织不予受理；当事人还可以自愿选择仲裁机构及仲裁员；当事人也可以自行和解，达成和解协议后，可以请求仲裁庭根据和解协议作出仲裁裁决书，也可以撤回仲裁请求；当事人自愿调解的，仲裁庭应予调解。

2. 以事实为根据，以法律为准绳，公平合理地解决纠纷原则。

仲裁机构应以客观事实为根据，以民事实体法和程序法作为作出仲裁裁决的标准。为了准确地认定事实，仲裁庭必须充分听取双方当事人的陈述、证人证言和鉴定人的鉴定意见，防止偏听偏信和主观臆断。仲裁庭认为有必要收集的证据，可以自行收集。

在适用法律时，法律有明文规定的，按照法律的规定执行；无明文规定的，按照法律的基本精神和公平合理原则处理；不偏袒任何一方，也不对任何一方施加压力。

3. 仲裁组织依法独立行使仲裁权原则。

仲裁组织是民间组织，它不隶属于任何国家机关。仲裁组织仅对法律负责，依法独立进行仲裁，不受任何行政机关、社会团体和个人的干涉。人民法院可以依法对仲裁进行必要的监督。

4. 一裁终局原则。

仲裁裁决作出后，当事人就同一纠纷，不能再申请仲裁或向人民法院起诉。但是裁决被人民法院依法裁定撤销或不予执行的，当事人可以重新达成仲裁协议申请仲裁，也可以向人民法院起诉。

（三）《仲裁法》的适用范围

1. 根据《仲裁法》的规定，平等主体的公民、法人和其他组织之间发生的合同纠纷和其他财产纠纷，可以仲裁。这就是说，仲裁事项必须是合同纠纷和其他财产性法律关系的争议。与人身有关的婚姻、收养、监护、扶养、继承纠纷是不能进行仲裁的。

2. 仲裁事项必须是平等主体之间发生的且当事人有权处分的财产权益纠纷。由强制性法律规范调整的法律关系的争议不能进行仲裁。因此，行政争议不能仲裁。

3. 由于劳动争议和农业集体经济组织内部的农业承包合同纠纷不同于一般的经济纠纷，它们在解决纠纷的原则、程序等方面有自己的特点，应适用专门的规定，因此，《仲裁法》不适用于解决这两类纠纷。

💡**【例1-2】** 甲税务局向乙百货商场购买了一批办公用品，因办公用品质量问题与该百货商场发生纠纷。同时，甲税务局又因向乙百货商场征税而与其发生争议。请问这两项争议是否可以通过仲裁方式解决？

【解析】 在前一争议中，由于双方处于平等主体地位，所发生的争议属于平等主体之间发生的财产纠纷，根据《仲裁法》的规定，双方的纠纷可以通过仲裁方式解决。在后一争议中，双方属于行政管理与被管理的关系，所发生的争议属于行政争议，双方的纠纷不能通过仲裁方式解决。

（四）仲裁协议

仲裁协议包括合同中订立的仲裁条款以及在纠纷发生前后以其他书面方式达成的请求仲裁的协议。这里所称的其他书面形式，包括合同书、信件和数据电文（包括电报、传真、电传、电子数据交换和电子邮件）等形式。仲裁协议应具有下列内容：（1）请求仲裁的意思表示；（2）仲裁事项；（3）选定的仲裁委员会。

仲裁协议具有以下效力：（1）仲裁协议中为当事人设定的义务，不能任意更改、终止或撤销；（2）合法有效的仲裁协议对双方当事人诉权的行使产生一定的限制，在当事人双方发生协议约定的争议时，任何一方只能将争议提交仲裁，而不能向人民法院起诉；（3）对于仲裁组织来说，仲裁协议具有排除诉讼管辖权的作用；（4）仲裁协议具有独立性，合同的变更、解除、终止或无效，不影响仲裁协议的效力。

当事人对仲裁协议的效力有异议的，应当在仲裁庭首次开庭前请求仲裁委员会作出决定，或请求人民法院作出裁定。一方请求仲裁委员会作出决定，另一方请求人民法院作出裁定的，由人民法院裁定。

有下列情形之一的，仲裁协议无效：（1）约定的仲裁事项超过法律规定的仲裁范围的；（2）无民事行为能力人或限制民事行为能力人订立的仲裁协议；（3）一方采取胁迫手段，迫使对方订立仲裁协议的。此外，仲裁协议对仲裁事项或仲裁委员会没有约定或者约定不明确的，当事人可以补充协议；达不成补充协议的，仲裁协议无效。

当事人达成仲裁协议，一方向人民法院起诉未声明有仲裁协议，人民法院受理后，另一方在首次开庭前提交仲裁协议的，人民法院应当驳回起诉，但仲裁协议无效的除外；另一方在首次开庭前未对人民法院受理该起诉提出异议的，视为放弃仲裁协议，人民法院应当继续审理。

【例1－3】 甲公司与乙公司签订一份承揽合同，并在合同中单独规定了仲裁条款，约定双方发生合同争议时提请某仲裁机关仲裁（假定该仲裁条款合法有效）。事后，甲公司发现在订立合同时对有关事项存在重大误解。请问甲公司是否可以根据合同中的仲裁条款向某仲裁机构申请撤销合同？如果甲公司直接向人民法院申请撤销合同，人民法院是否应当受理？

【解析】 甲公司可以向某仲裁机构申请撤销合同。如果甲公司直接向人民法院申请撤销合同，人民法院不应受理。根据《仲裁法》和《民法典》的有关规定，仲裁协议包括合同中订立的仲裁条款，合同的变更、解除、终止或者无效，不影响仲裁协议的效力，当事人可以据此申请仲裁机构解决争议。仲裁协议合法有效的，具有排除诉讼管辖权的作用，对双方当事人诉权的行使产生一定的限制，在当事人双方发生协议约定的争议时，任何一方只能申请仲裁，而不能向人民法院起诉，当事人向人民法院起诉的，人民法院应当不予受理。

（五）仲裁程序

1. 仲裁申请和受理。

申请仲裁必须符合下列条件：（1）有仲裁协议；（2）有具体的仲裁请求和事实、理由；（3）属于仲裁委员会的受理范围。

当事人申请仲裁，应当向仲裁委员会递交仲裁协议、仲裁申请书及副本。仲裁申请书应载明下列事项：（1）当事人的姓名、性别、年龄、职业、工作单位和住所，法人或其他组织的名称、住所和法定代表人或主要负责人的姓名、职务；（2）仲裁请求和所根据的理由；（3）证据和证据来源、证人姓名和住所。

仲裁委员会收到仲裁申请书之日起5日内，认为符合受理条件的，应当受理，并通知当事人；认为不符合受理条件的，应当书面通知当事人不予受理，并说明理由。

仲裁委员会受理仲裁申请后，应当依法向被申请人送达仲裁申请书副本，并由其提交答辩书。被申请人未提交答辩书的，不影响仲裁程序的进行。

2. 仲裁庭的组成。

仲裁庭可以由 1 名仲裁员或 3 名仲裁员组成。由 3 名仲裁员组成的，设首席仲裁员。仲裁庭组成后，仲裁委员会应当将仲裁庭的组成情况书面通知当事人。

仲裁员有下列情况之一的，必须回避，当事人也有权提出回避申请：（1）是本案当事人，或者当事人、代理人的近亲属；（2）与本案有利害关系；（3）与本案当事人、代理人有其他关系，可能影响公正仲裁的；（4）私自会见当事人、代理人，或者接受当事人、代理人的请客送礼的。

当事人提出回避申请应当说明理由，并在首次开庭前提出。回避事由在首次开庭后知道的，可以在最后一次开庭终结前提出。仲裁员是否回避，由仲裁委员会主任决定；仲裁委员会主任担任仲裁员时，由仲裁委员会集体决定。仲裁员因回避或者其他原因不能履行职责的，应当依照《仲裁法》规定重新选定或者指定仲裁员。因回避而重新选定或者指定仲裁员后，已进行的仲裁程序是否重新进行由仲裁庭决定。

3. 仲裁裁决。

仲裁应当开庭进行。当事人协议不开庭的，仲裁庭可以根据仲裁申请书、答辩书以及其他材料作出裁决。仲裁一般不公开进行。仲裁委员会应当在仲裁规则规定的期限内，将开庭日期通知双方当事人。申请人经书面通知，无正当理由不到庭或未经仲裁庭许可中途退庭的，可视为撤回仲裁申请，对于被申请人则可以缺席裁决。当事人有正当理由的，可在仲裁规则规定的期限内请求延期开庭。

当事人应当对自己的主张提供证据，并有权申请证据保全。仲裁庭认为有必要收集的证据可以自行收集。证据应当在开庭时出示，当事人可以质证。当事人在仲裁过程中有权进行辩论，辩论终结时，仲裁庭应当征求当事人的最后意见。

申请仲裁后，当事人可以自行和解。达成和解协议的，可以请求仲裁庭根据和解协议作出裁决书，也可以撤回仲裁申请。达成和解协议，撤回仲裁申请后反悔的，也可以根据仲裁协议申请仲裁。

仲裁庭在作出裁决前，可以先行调解，当事人自愿调解的，仲裁庭应当调解；调解不成的，应当及时作出裁决。调解达成协议的，应当制作调解书或根据协议的结果制作裁决书，调解书经双方当事人签收后，即与裁决书具有同等的法律效力。当事人在调解书签收前反悔的，仲裁庭应当及时作出裁决。

裁决应按多数仲裁员的意见作出，少数仲裁员的不同意见可以记入笔录。仲裁庭不能形成多数意见时，裁决应当按首席仲裁员的意见作出。裁决书自作出之日起发生法律效力。

4. 仲裁效力。

当事人应当履行仲裁裁决。一方当事人不履行的，另一方当事人可以按照民事诉讼法的有关规定向人民法院申请执行，受理申请的人民法院应当执行。

当事人提出证据证明裁决有依法应撤销情形的，可在收到裁决书之日起 6 个月内，向仲裁委员会所在地的中级人民法院申请撤销裁决。人民法院经组成合议庭审查核实裁决有法定撤销情形之一的，或认定裁决违背社会公共利益的，应当裁定撤销。

仲裁裁决的上述法定撤销情形包括：（1）没有仲裁协议的；（2）裁决的事项不属于仲裁协议的范围或者仲裁委员会无权仲裁的；（3）仲裁庭的组成或者仲裁的程序违反法定程序的；（4）裁决所根据的证据是伪造的；（5）对方当事人隐瞒了足以影响公正裁决的证据的；（6）仲裁员在仲裁该案时有索贿受贿，徇私舞弊，枉法裁决行为的。

二、诉讼

（一）诉讼的概念

诉讼是指人民法院根据纠纷当事人的请求，运用审判权确认争议各方权利义务关系，解决经济纠纷的活动。

诉讼是解决经济纠纷的重要手段，大多数情况下是解决经济纠纷的最终办法。经济纠纷所涉及的诉讼包括行政诉讼和民事诉讼。这里所说的行政诉讼是指人民法院根据当事人的请求，依法审查并裁决行使行政管理职权的行政机关所作出的具体行政行为的合法性，以解决经济纠纷的活动，如人民法院依法审理作为经济法主体的公民与税务机关在税收征纳关系上发生争议的行政案件。民事诉讼是指人民法院在当事人及其他诉讼参与人的参加下，依法审理并裁决经济纠纷案件所进行的活动。由于解决经济纠纷所涉及的诉讼绝大部分属于民事诉讼，因此本节主要就民事诉讼予以介绍，民事诉讼适用《民事诉讼法》的有关规定。

（二）诉讼管辖

诉讼管辖是指各级人民法院之间以及不同地区的同级人民法院之间，受理第一审经济案件的分工和权限。管辖有许多种类，其中最重要的是地域管辖和级别管辖。

1. 地域管辖。

地域管辖，是指确定同级人民法院之间在各自管辖的地域内审理第一审经济案件的分工和权限。它又分为一般地域管辖和特殊地域管辖。

（1）一般地域管辖。

一般地域管辖是以被告住所地为依据来确定案件的管辖法院，即实行"原告就被告原则"。对公民提起的民事诉讼，由被告住所地人民法院管辖，被告住所地与经常居住地不一致的，由经常居住地人民法院管辖。公民的住所地是指该公民的户籍所在地，经常居住地是指公民离开住所地至起诉时已连续居住满 1 年的地方，但公民住院就医的地方除外。对法人或其他组织提起的民事诉讼，由被告住所地人民法院管辖。根据 2015 年 2 月 4 日起施行的《最高人民法院关于适用〈中华人民共和国民事诉讼法〉的解释》（以下简称《民事诉讼法》司法解释），同一诉讼的几个被告住所地、经常居住地在两个以上人民法院辖区的，各该人民法院都有管辖权。对没有办事机构的个人合伙、合伙型联营体提起的诉讼，由被告注册登记地人民法院管辖。没有注册登记，几个被告又不在同一辖区的，被告住所地的人民法院都有管辖权。

两个以上人民法院都有管辖权的诉讼，原告可以向其中一个人民法院起诉；原告向两个以上有管辖权的人民法院起诉的，由最先立案的人民法院管辖。先立案的人民法院不得将案件移送给另一个有管辖权的人民法院。人民法院在立案前发现其他有管辖权的人民法院已先立案的，不得重复立案；立案后发现其他有管辖权的人民法院已先立案的，裁定将案件移送给先立案的人民法院。

（2）特殊地域管辖。

特殊地域管辖是以诉讼标的所在地，或引起法律关系发生、变更、消灭的法律事实所在地为依据确定管辖。

适用特殊地域管辖的主要有以下几种情况：

①因合同纠纷引起的诉讼，由被告住所地或合同履行地人民法院管辖。

②因保险合同纠纷提起的诉讼，由被告住所地或保险标的物所在地人民法院管辖。

根据《民事诉讼法》司法解释的规定，因财产保险合同纠纷提起的诉讼，如果保险标的物是运输工具或者运输中的货物，可以由运输工具登记注册地、运输目的地、保险事故发生地人民法院管辖。因人身保险合同纠纷提起的诉讼，可以由被保险人住所地人民法院管辖。

③因票据纠纷提起的诉讼，由票据支付地或被告住所地人民法院管辖。

④因铁路、公路、水上和航空事故请求损害赔偿提起的诉讼，由事故发生地或车辆、船舶最先到达地、航空器最先降落地或被告住所地人民法院管辖。

⑤专利纠纷案件由知识产权法院、最高人民法院确定的中级人民法院和基层人民法院管辖。

⑥海事、海商案件由海事法院管辖。

2. 级别管辖。

级别管辖，是指根据案件的性质、影响范围来划分上下级人民法院受理第一审经济案件的分工和权限。我国人民法院分为四级，即基层人民法院、中级人民法院、高级人民法院和最高人民法院。此外，还有专门法院，即军事法院、海事法院和铁路运输法院。以上法院的分级设置，构成了我国法院的体制。基层人民法院原则上管辖第一审案件；中级人民法院管辖在本辖区有重大影响的案件、重大涉外案件及由最高人民法院确定由中级人民法院管辖的案件；高级人民法院管辖在辖区有重大影响的第一审案件；最高人民法院管辖在全国有重大影响的案件以及认为应当由它审理的案件。

3. 协议管辖。

协议管辖，又称合意管辖或者约定管辖，是指双方当事人在合同纠纷发生之前或发生之后，以协议的方式选择解决他们之间纠纷的管辖法院。债权纠纷中，只有合同之债可以协议管辖。2012 年，《民事诉讼法》修改了关于协议管辖的适用范围，在原有的"合同"纠纷的基础上，增加了"其他财产权益纠纷"。其他财产权益纠纷包括因物权、知识产权中的财产权而产生的民事纠纷。

根据管辖协议，起诉时能够确定管辖法院的，从其约定；不能确定的，依照民事诉讼法的相关规定确定管辖。管辖协议约定两个以上与争议有实际联系的地点的人民法院管辖，原告可以向其中一个人民法院起诉。

（三）诉讼参加人

诉讼参加人包括当事人和诉讼代理人。

1. 当事人，是指公民、法人和其他组织因经济权益发生争议或受到损害，以自己的名义进行诉讼，并受人民法院调解或裁判约束的利害关系人。当事人包括原告、被告、共同诉讼人、诉讼中的第三人。

2. 诉讼代理人，是指以被代理人的名义，在代理权限范围内，为了维护被代理人的合法权益而进行诉讼的人。代理人包括法定代理人、指定代理人、委托代理人。

（四）审判程序

审判程序包括第一审程序、第二审程序、审判监督程序等。

1. 第一审程序。

第一审程序，是指各级人民法院审理第一审经济案件适用的程序，分为普通程序、简易程序。

（1）普通程序。

普通程序是民事、经济案件审判中最基本的程序，主要包括以下内容：

①起诉和受理。

起诉是指公民、法人或其他组织在其民事权益受到损害或发生争议时，向人民法院提出诉讼请求的行为。起诉必须符合下列法定条件：原告是与本案有直接利害关系的公民、法人或其他组织；有明确的被告；有具体的诉讼请求和事实、理由；属于人民法院受理民事诉讼的范围和管辖范围，同时还必须办理法定手续。

受理是指人民法院通过对当事人的起诉进行审查，对符合法定条件的决定立案审理的行为。人民法院接到起诉状或口头起诉后，经审查认为符合起诉条件的，应当在7日内立案，并通知当事人。

②审理前的准备。

人民法院应当在立案之日起5日内将起诉状副本发送被告。被告在收到之日起15日内提出答辩状。答辩是被告对原告提出的诉讼请求及理由进行回答、辩解和反驳，是被告的一项重要的诉讼权利。被告提出答辩状的，人民法院在收到之日起5日内将答辩状副本发送原告。被告不提出答辩状的，不影响人民法院审理。

根据《民事诉讼法》司法解释的规定，人民法院应当在开庭3日前用传票传唤当事人。对诉讼代理人、证人、鉴定人、勘验人、翻译人员应当用通知书通知其到庭。当事人或者其他诉讼参与人在外地的，应当留有必要的在途时间。

③开庭审理。

开庭审理是指在审判人员主持和当事人及其他诉讼参与人的参加下，在法庭上对案件进行审理的诉讼活动。其目的是确认当事人的权利义务关系，以调解或判决的方式解决纠纷。

人民法院审理民事案件，除涉及国家秘密、个人隐私，或者法律另有规定的以外，应当公开进行。离婚案件，涉及商业秘密的案件，当事人申请不公开审理的，可以不公开审理。公开审理的，应当公告当事人的姓名、案由和开庭的时间、地点。

（2）简易程序。

简易程序是指基层人民法院及其派出的人民法庭，审理简单民事案件所适用的既独立又简便易行的诉讼程序。简易程序适用于事实清楚、权利义务关系明确，争议不大的简单案件。根据《民事诉讼法》司法解释的规定，事实清楚，是指当事人对争议的事实陈述基本一致，并能提供相应的证据，无须人民法院调查收集证据即可查明事实；权利义务关系明确是指能明确区分谁是责任的承担者，谁是权利的享有者；争议不大是指当事人对案件的是非、责任承担以及诉讼标的争执无原则分歧。

当事人双方可就开庭方式向人民法院提出申请，由人民法院决定是否准许。经当事人双方同意，可以采用视听传输技术等方式开庭。人民法院可以采取捎口信、电话、短信、传真、电子邮件等简便方式传唤双方当事人、通知证人和送达裁判文书以外的诉讼文书。以简便方式送达的开庭通知，未经当事人确认或者没有其他证据证明当事人已经收到的，人民法院不得缺席判决。适用简易程序审理案件，由审判员独任审判，书记员担任记录。

下列案件，不适用简易程序：起诉时被告下落不明的；发回重审的；当事人一方人数众多的；适用审判监督程序的；涉及国家利益、社会公共利益的；第三人起诉请求改变或者撤销生效判决、裁定、调解书的；其他不宜适用简易程序的案件。

人民法院发现案情复杂，需要转为普通程序审理的，应当在审理期限届满前作出裁定并将合议庭组成人员及相关事项书面通知双方当事人。案件转为普通程序审理的，审理期限自人民法院立案之日计算。已经按照普通程序审理的案件，在开庭后不得转为简易程序审理。

2. 第二审程序。

第二审程序，又称上诉程序，是指上级人民法院审理当事人不服第一审人民法院尚未生效的判决和裁定而提起的上诉案件所适用的程序。

我国实行两审终审制，当事人不服第一审人民法院判决、裁定的，有权向上一级人民法院提起上诉。《民事诉讼法》规定，上诉必须具备以下条件：只有第一审案件的当事人才可以提起上诉；只能对法律规定的可以上诉的判决、裁定提起上诉。当事人不服地方人民法院第一审判决的，有权在判决书送达之日起 15 日内向上一级人民法院提起上诉。当事人不服地方人民法院第一审裁定的，有权在裁定书送达之日起 10 日内向上一级人民法院提起上诉。上诉应当递交上诉状，上诉状应当通过原审人民法院提出，并按照对方当事人或者代理人的人数提出副本。

第二审人民法院应当对上诉请求的有关事实和适用法律进行审查，并组成合议庭开庭审理。经过阅卷和调查，询问当事人，在事实核对清楚后，合议庭认为不需要开庭审理的，也可以径行判决、裁定。第二审人民法院对上诉案件经过审理，按照下列情况分别处理：（1）原判决认定事实清楚，适用法律正确的，判决驳回上诉，维持原判决；（2）原判决适用法律错误，依法改判；（3）原判决认定事实错误，或者原判决认定事实不清，证据不足，裁定撤销原判决，发回原审人民法院重审，或者查清事实后改判；（4）原判决违反法定程序，可能影响案件正确判决的，裁定撤销原判决，发回原审人民法院重审。第二审人民法院的判决、裁定是终审的判决、裁定。当事人对重审案件的判决、裁定可以上诉。

3. 审判监督程序。

审判监督程序，是指有审判监督权的人员和机关，发现已经发生法律效力的判决、裁定确有错误的，依法提出对原案重新进行审理的一种特别程序，又称再审程序。《民事诉讼法》规定，各级人民法院院长对本院已经发生法律效力的判决、裁定，发现确有错误，认为需要再审的，提交审判委员会讨论决定。最高人民法院对地方各级人民法院、上级人民法院对下级人民法院已经发生法律效力的判决、裁定，发现确有错误的，有权提审或指令下级人民法院再审。

当事人对已经发生法律效力的判决、裁定，认为有错误的，可以向上一级人民法院申请再审；当事人一方人数众多或者当事人双方为公民的案件，也可以向原审人民法院申请再审。当事人申请再审的，不停止判决、裁定的执行。当事人对已经发生法律效力的调解书申请再审，应当在调解书发生法律效力后6个月内提出。

根据《民事诉讼法》司法解释的规定，当事人申请再审，有下列情形之一的，人民法院不予受理：（1）再审申请被驳回后再次提出申请的；（2）对再审判决、裁定提出申请的；（3）在人民检察院对当事人的申请作出不予提出再审检察建议或者抗诉决定后又提出申请的。上述第一项、第二项情形，人民法院应当告知当事人可以向人民检察院申请再审检察建议或者抗诉，但因人民检察院提出再审检察建议或者抗诉而再审作出的判决、裁定除外。

（五）执行程序

执行程序是人民法院依法对已经发生法律效力的判决、裁定及其他法律文书的规定，强制义务人履行义务的程序。对发生法律效力的判决、裁定、调解书和其他应由人民法院执行的法律文书，当事人必须履行。一方拒绝履行的，对方当事人可以向人民法院申请执行。申请执行的期间为2年。申请执行时效的中止、中断，适用法律有关诉讼时效中止、中断的规定。此处规定的期间，从法律文书规定履行期间的最后一日起计算；法律文书规定分期履行的，从规定的每次履行期间的最后一日起计算；法律文书未规定履行期间的，从法律文书生效之日起计算。

申请执行人超过申请执行时效期间向人民法院申请强制执行的，人民法院应予受理。被执行人对申请执行时效期间提出异议，人民法院经审查异议成立的，裁定不予执行。

被执行人履行全部或者部分义务后，又以不知道申请执行时效期间届满为由请求执行回转的，人民法院不予支持。

三、诉讼时效

（一）诉讼时效的概念

诉讼时效是指权利人不在法定期间内行使权利而失去诉讼保护的制度。上述"法定期间"即是诉讼时效期间。在法律规定的诉讼时效期间内，民事权利受到侵害的权利人提出请求的，人民法院会受理并强制义务人履行所承担的义务；权利人在法定的诉讼时效期间内不行使权利，人民法院对权利人的权利不再进行保护。

我国诉讼时效具有如下特点：

1. 诉讼时效以权利人不行使法定权利的事实状态的存在为前提。

2. 诉讼时效期间届满时债务人获得抗辩权，但债权人的实体权利并不消灭。

诉讼时效届满后，义务人虽可拒绝履行其义务，权利本身及请求权并不消灭。权利人超过诉讼时效期间后起诉的，人民法院应当受理。受理后，义务人提出诉讼时效抗辩的，人民法院查明无中止、中断、延长事由的，判决驳回权利人的诉讼请求。义务人未提出诉讼时效抗辩的，人民法院不应对诉讼时效问题进行释明及主动适用诉讼时效的规定进行裁判。

当事人在一审期间未提出诉讼时效抗辩，在二审期间提出的，人民法院不予支持，但其基于新的证据能够证明对方当事人的请求权已过诉讼时效期间的情形除外。当事人未按照规定提出诉讼时效抗辩，却以诉讼时效期间届满为由申请再审或者提出再审抗辩的，人民法院不予支持。

诉讼时效期间届满后，当事人自愿履行义务的，不受诉讼时效限制。义务人履行了义务后，又以诉讼时效期间届满为由抗辩的，人民法院不予支持。

3. 诉讼时效具有法定性和强制性。

《民法典》第一百九十七条规定："诉讼时效的期间、计算方法以及中止、中断的事由由法律规定，当事人约定无效。当事人对诉讼时效利益的预先放弃无效。"

（二）诉讼时效的适用对象

诉讼时效主要适用于请求权。所谓请求权，是指权利人请求特定人为或不为特定行为的权利。

根据《民法典》第一百九十六条的规定，下列请求权不适用诉讼时效的规定：（1）请求停止侵害、排除妨碍、消除危险；（2）不动产物权和登记的动产物权的权利人请求返还财产；（3）请求支付抚养费、赡养费或者扶养费；（4）依法不适用诉讼时效的其他请求权。

此外，根据最高人民法院《关于审理民事案件适用诉讼时效制度若干问题的规定》，当事人对下列债权请求权提出诉讼时效抗辩的，人民法院不予支持：（1）支付存款本金及利息请求权；（2）兑付国债、金融债券以及向不特定对象发行的企业债券本息请求权；（3）基于投资关系产生的缴付出资请求权；（4）其他依法不适用诉讼时效规定的债权请求权。

（三）诉讼时效期间的种类与起算

1. 诉讼时效期间的种类。

《民法典》第一百八十八条规定："向人民法院请求保护民事权利的诉讼时效期间为三年。法律另有规定的，依照其规定。诉讼时效期间自权利人知道或者应当知道权利受到损害以及义务人之日起计算。法律另有规定的，依照其规定。但是自权利受到损害之日起超过二十年的，人民法院不予保护，有特殊情况的，人民法院可以根据权利人的申请决定延长。"据此，按照期间的长度，可将诉讼时效期间分为3年的普通时效期间和20年的长期时效期间。

3年的普通时效期间和20年的长期时效期间的区别如下：（1）时效期间的起算点不同。3年的普通时效期间，又被称为主观时效期间，从权利人知道或者应当知道权利受到损害以及义务人之日起计算；20年的长期时效期间，又被称为客观时效期间，从权利受侵害之日起计算。（2）期间性质不同。3年的普通时效期间有中止、中断问题，性质上为可变期间；20年的长期时效期间不发生中止、中断问题，但可以延长。

《民法典》如此设计双重时效期间，法律适用的意义在于：凡是权利人知道或者应当知道权利被侵害以及义务人的，即应适用3年普通时效期间，期间进行中可因法定事由发生中止、中断，但最长不得超过从权利被侵害时起的20年。如权利人不知道且不应当知道权利被侵害以及义务人的，则应适用20年长期时效期间，从权利被侵害时起算超过20年的，诉讼时效期间届满；即使在20年后权利人知道权利被侵害及义务人，亦不得再适用3年的普通时效期间。就此而言，20年长期时效期间是对3年普通时效期间适用的补充，因为在权利人不知道且不应当知道权利被侵害及义务人的情形，3年普通时效期间不能开始计算。

除了《民法典》对于诉讼时效期间的一般规定外，一些民事单行法与特别法还针对特定请求权规定了特殊的时效期间，如《海商法》第二百五十七条、第二百六十条、第二百六十三条，分别就海上货物运输向承运人要求赔偿的请求权、海上拖航合同的请求权、有关共同海损分摊的请求权，规定时效期间为1年。《保险法》第二十六条规定，人寿保险的保险金请求权，其诉讼时效期间为5年，等等。这些法律针对某些请求权特殊诉讼时效期间的规定，均基于特定的政策考量，仍应肯定在《民法典》关于诉讼时效期间的一般规则之外，继续适用。

2. 诉讼时效期间的起算。

由于诉讼时效的法律后果是消灭权利人请求人民法院保护的权利，所以诉讼时效期间的起始时间就直接关系到权利人的切身权益。《民法典》第一百八十八条第二款规定："诉讼时效期间自权利人知道或者应当知道权利受到损害以及义务人之日起计算。法律另有规定的，依照其规定。"这里，"法律另有规定的"是指：（1）20 年长期时效期间，"自权利受到损害之日"起算；（2）债务分期履行的，诉讼时效期间"自最后一期履行期限届满之日"起算（《民法典》第一百八十九条）；（3）无民事行为能力人或者限制民事行为能力人对其法定代理人的请求权，诉讼时效期间"自该法定代理终止之日"起算（《民法典》第一百九十条）；（4）未成年人遭受性侵害的损害赔偿请求权的诉讼时效期间，"自受害人年满十八周岁之日"起算（《民法典》第一百九十一条）。但在（3）、（4）两种情形，应以满足"权利人知道或者应当知道权利受到损害以及义务人之日"为前提，否则，不应适用（3）、（4）的特别规定。例如，未成年人遭受性侵害，但满十八周岁时不知道且不应当知道义务人，则"自受害人年满十八周岁之日"起，仍不应开始计算诉讼时效期间。

根据上述规定，"诉讼时效期间自权利人知道或者应当知道权利受到损害以及义务人之日起计算"，这是关于 3 年普通时效期间起算的原则规定。关于普通时效期间的起算，考虑到具体请求权的发生根据及标的不同等，诉讼时效期间的起算时点，也可能略有差异。根据民法理论与相关司法解释，具体如下：

（1）侵权行为所生之债的诉讼时效，自权利人知道或应当知道权利被侵害事实和加害人之时开始计算。其中，人身损害赔偿的诉讼时效期间，伤势明显的，从受伤害之日起算；伤害当时未曾发现，后经检查确诊并能证明是由侵害引起的，从伤势确诊之日起算。

（2）约定履行期限之债的诉讼时效，自履行期限届满之日开始计算。

（3）未约定履行期限之债的诉讼时效，自权利人提出履行要求之日开始计算；债权人给予对方宽限期的，则自该宽限期届满之日起开始计算。

（4）不作为义务之债的诉讼时效，自债权人得知或应当知道债务人作为之时开始计算。在这类民事关系中，不实施相应行为是债务人的义务，则违约或侵权事实自债务人实施相应行为之时构成。债权人一旦知道或应当知道债务人违反不作为义务时即能行使请求权。例如，合同约定一方当事人保守秘密，以另一方当事人得知或应当知道保守秘密一方当事人泄密（即违反不作为义务）之时作为诉讼时效的起算点。

（5）附条件之债的诉讼时效，自该条件成就之日起计算。

（6）附期限之债的诉讼时效，自该期限届至之日起计算。

（7）其他法律对诉讼时效起算点有特别规定的，从其规定。例如，根据《国家赔偿法》第三十九条的规定，赔偿请求人请求国家赔偿的时效为两年，自其知道或者应当知道国家机关及其工作人员行使职权时的行为侵犯其人身权、财产权之日起计算，但被羁押等限制人身自由期间不计算在内。《民用航空法》第一百三十五条规定："航空运输的诉讼时效期间为 2 年，自民用航空器到达目的地点、应当到达目的地点或者运输终止之日起计算。"等等。

【例 1 - 4】 陈某从某百货商场购买了一个高压锅后，因其出国工作而一直没有使用。4 年后，陈某回国使用高压锅时，发现存在质量问题，他回忆当时购买高压锅时某百货商场并未声明高压锅存在质量问题。请问如果陈某向百货商场主张救济，是否已超过了诉讼时效期间？

【解析】 陈某起诉没有超过诉讼时效期间。根据《民法典》的规定，诉讼时效期间自权利人知道或者应当知道权利受到损害以及义务人之日起计算，由于百货商场并未声明高压锅存在质量问题，那么，诉讼时效期间应当从陈某使用并发现高压锅存在质量问题之日起开始计算，而且从陈某购买高压锅之日，即其权利被侵害之日起并未超过 20 年，因此，陈某向百货商场主张救济并未超过诉讼时效期间。

（四）诉讼时效期间的中止、中断与延长

1. 诉讼时效期间的中止。

（1）诉讼时效期间中止的概念。

诉讼时效期间的中止是指诉讼时效期间行将完成之际，因发生一定的法定事由而使权利人不能行使请求权，暂时停止计算诉讼时效期间，以前经过的时效期间仍然有效，待阻碍时效进行的事由消失后，继续计算诉讼时效期间。

（2）诉讼时效期间中止的条件。

《民法总则》第一百九十四条规定，在诉讼时效期间的最后 6 个月内，因不可抗力或其他障碍不能行使请求权的，诉讼时效中止。据此，发生诉讼时效期间中止的条件是：

①诉讼时效的中止必须是因法定事由而发生。这些法定事由包括两大类：一是不可抗力，如自然灾害、军事行动等，须属于当事人不可预见、不可避免和不可克服的客观情况；二是阻碍权利人行使请求权的其他障碍，即除不可抗力外使权利人无法行使请求权的客观情况，包括权利被侵害的无民事行为能力人或者限制民事行为能力人没有法定代理人，或者法定代理人死亡、丧失民事行为能力、丧失代理权；继承开始后未确定继承人或者遗产管理人；权利人被义务人或者其他人控制等。

②法定事由发生于或存续至诉讼时效期间的最后 6 个月内。如果在诉讼时效期间的最后 6 个月前发生上述法定事由，到最后 6 个月开始时法定事由已消除的，则不能发生诉讼时效期间中止；但如果该法定事由到最后 6 个月开始时仍然继续存在，则应自最后 6 个月开始时中止诉讼时效期间，直到该障碍消除。

（3）诉讼时效期间中止的效力。

诉讼时效期间中止的效力，在于使时效期间暂停计算，待中止的原因消灭后，即权利人能够行使其请求权时，再继续计算时效期间。继续计算的时效期间不足 6 个月的，应延长到 6 个月。《民法典》第一百九十四条第二款规定："自中止时效的原因消除之日起满六个月，诉讼时效期间届满。"

2. 诉讼时效期间的中断。

（1）诉讼时效期间中断的概念。

诉讼时效期间的中断是指在诉讼时效进行中，因发生一定的法定事由，致使已经经过的时效期间统归无效，待时效中断的法定事由消除后，诉讼时效期间重新计算。

（2）诉讼时效期间中断的事由。

①权利人向义务人提出请求履行义务的要求，即权利人直接向义务人请求履行义务的意思表示。这一行为是权利人在诉讼程序外向义务人行使请求权，改变了不行使请求权的状态，故应中断诉讼时效期间。

②义务人同意履行义务。义务人在诉讼时效期间进行中直接向权利人作出同意履行义务的意思表示，使双方当事人之间的权利义务关系重新得以明确，诉讼时效期间自此中断。同意履行义务的方式包括义务人作出分期履行、部分履行、请求延期履行、支付利息、提供履行担保等承诺。

③权利人提起诉讼或申请仲裁。起诉行为是权利人通过人民法院向义务人行使权利的方式，故诉讼时效期间因此而中断，并从人民法院裁判生效之时起重新起算。向仲裁机构申请仲裁，与起诉效力相同。

④与提起诉讼或者申请仲裁具有同等效力的其他情形。该其他情况具体包括：申请支付令；申请破产、申报破产债权；为主张权利而申请宣告义务人失踪或死亡；申请诉前财产保全、诉前临时禁令等诉前措施；申请强制执行；申请追加当事人或者被通知参加诉讼；在诉讼中主张抵销；权利人向人民调解委员会以及其他依法有权解决相关民事纠纷的国家机关、事业单位、社会团体等社会组织提出保护相应民事权利的请求；权利人向公安机关、人民检察院、人民法院报案或者控告，请求保护其民事权利。

（3）诉讼时效期间中断的效力。

诉讼时效期间中断的事由发生后，已经过的时效期间归于无效；中断事由存续期间，时效不进行；中断事由终止时，重新计算时效期间。

3. 诉讼时效期间的延长。

诉讼时效期间的延长是指人民法院对已经完成的诉讼时效期间，根据特殊情况而予以延长。诉讼时效期间的中止、中断的规定，只能对 3 年的普通时效期间适用，20 年的长期时效期间不适用中止、中断的规定。根据《民法典》第一百八十八条的规定，20 年长期时效期间，"有特殊情况的，人民法院可以根据权利人的申请决定延长"。由此可知，诉讼时效期间的延长，应只适用于 20 年长期时效期间。3 年普通时效期间，因有中止、中断的规定，不发生延长问题。特殊情况是指权利人由于客观的障碍在法定诉讼时效期间不能行使请求权的情形。能够引起诉讼时效期间延长的事由，具体由人民法院判定；延长的期间，也是由人民法院认定的，这是法律赋予司法机关的一种自由裁量权。

第二章　公司法律制度

第一节　公司法律制度概述

一、公司的概念和种类

（一）公司的概念

由于各国立法对公司规定不同，加之不同类型的公司法律特征有一定区别，因此，公司的概念并不统一。根据我国《公司法》的规定，公司是指依法设立的，以营利为目的的，由股东投资形成的企业法人。其特征为：

1. 依法设立。这是指公司必须依法定条件、法定程序设立。一方面，要求公司的章程、资本、组织机构、活动原则等必须合法；另一方面，要求公司设立必须经过法定程序，进行登记。

2. 以营利为目的。这是指公司设立以经营并获取利润为目的，且股东出资设立公司的目的也是为了营利，即从公司经营中取得利润。如果某些公司对经营利润不进行分配，而是用于社会公益等其他目的，则不属于以营利为目的的公司性质。

3. 以股东投资行为为基础设立。根据《公司法》的规定，公司设立必须具备的法定条件之一是达到法定的注册资本，而注册资本来源于股东的投资，即由股东按法定和章程约定的出资方式及约定比例出资形成，因此，没有股东的投资行为就不能设立公司。

4. 具有独立法人资格。公司具有独立法人资格，体现在公司拥有独立的法人财产，有独立的组织机构并能够独立承担民事责任。

（二）公司的种类

按照法律的规定及学理的解释，可以对公司作出以下分类：

1. 以公司资本结构和股东对公司债务承担责任的方式为标准，可以将公司分为以下几类：（1）有限责任公司，是指股东以其认缴的出资额为限对公司承担责任，公司以其全部财产对公司的债务承担责任的公司。（2）股份有限公司，是指将公司全部资本分为等额股份，股东以其认购的股份为限对公司承担责任，公司以其全部财产对公司的债务承担责任的公司。（3）无限公司，是指由两个以上的股东组成，全体股东对公司的债务承担无限连带责任的公司。无限公司与合伙企业具有基本相同的法律属性，但不同的是，有些国家规定无限公司具有法人资格。（4）两合公司，是指由负无限责任的股东和负有限责任的股东组成，无限责任股东对公司债务负无限连带责任，有限责任股东仅就其认缴的出资额为限对公司债务承担责任，其中，无限责任股东是公司经营管理者，有限责任股东则是不参与经营管理的出资者。我国《公司法》规定的公司形式仅为有限责任公司和股份有限公司。

2. 以公司的信用基础为标准，可以将公司分为以下几类：（1）资合公司，是指以公司资本作为信用基础的公司，其典型的形式为股份有限公司。此类公司仅以资本的实力取信于人，股东个人的财产、能力或者信誉与公司无关。（2）人合公司，是指以股东个人的财力、能力和信誉作为信用基础的公司，其典型的形式为无限公司。人合公司的财产及责任与股东的财产及责任没有完全分离，其不以自身资本为信用基础，法律上也不规定设立公司的最低资本额，股东可以用劳务、信用和其他权利出资，企业的所有权和经营权一般也不分离。（3）资合兼人合的公司，是指同时以公司资本和股东个人信用作为公司信用基础的公司，其典型的形式为两合公司。

3. 以公司组织关系为标准，可以将公司分为以下几类：（1）母公司和子公司。在不同公司之间基于股权而存在控制与依附关系时，因持有其他公司股权而处于控制地位的是母公司，因其股权被持有而处于依附地位的则是子公司。母子公司之间虽然存在控制与被控制的组织关系，但它们都具有法人资格，在法律上是彼此独立的企业。我国《公司法》规定，公司可以设立子公司，子公司具有法人资格，依法独立承担民事责任。（2）总公司与分公司。分公司是公司依法设立的以公司名义进行经营活动，其法律后果由本公司承担的分支机构。相对分公司而言，公司称为总公司或本公司。分公司没有独立的公司名称、章程，没有独立的财产，不具有法人资格，但可领取营业执照，进行经营活动，其民事责任由总公司承担。我国《公司法》规定，公司可以设立分公司，分公司不具有法人资格，其民事责任由公司承担。

我国《民法典》规定，法人可以依法设立分支机构。分支机构以自己的名义从事民事活动，产生的民事责任由法人承担；也可以先以该分支机构管理的财产承担，不足以承担的，由法人承担。

二、公司法的概念与性质

（一）公司法的概念

公司法是规定公司法律地位，调整公司组织关系，规范公司在设立、变更与终止过程中的组织行为的法律规范的总称。公司法的概念有广义和狭义之分。狭义的公司法，仅指《公司法》这一形式意义上的规范性文件；广义的公司法，则是调整公司组织关系、规范公司行为的法律规范的总称，其表现形式不仅包括《公司法》，还包括《公司登记管理条例》等。我国《公司法》由第八届全国人大常委会第五次会议于1993年12月29日通过，自1994年7月1日起施行。全国人大常委会于1999年、2004年对《公司法》进行了两次修正，2005年10月27日第十届全国人大常委会第十八次会议修订，并自 2006 年 1 月 1 日起施行。2013 年 12 月 28 日第十二届全国人大常委会第六次会议、2018 年 10 月 26 日第十三届全国人大常委会第六次会议进行了第三次、第四次修正。

（二）公司法的性质

公司法是组织法与行为法的结合，在调整公司组织关系的同时，也对与公司组织活动有关的行为加以调整，如公司股份的发行和转让等。公司法规定公司的法律地位，调整公司股东之间、股东与公司之间的关系，规范公司的设立、变更与终止活动，规范公司内部组织机构的设置与运作、公司与其他企业间的控制关系等。《公司法》的立法宗旨是规范公司的组织和行为，保护公司、股东和债权人的合法权益，维护社会经济秩序，促进社会主义市场经济的发展。为了实现上述立法宗旨，公司从事经营活动，必须遵守法律、行政法规，遵守社会公德、商业道德，诚实守信，接受政府和社会公众的监督，承担社会责任。公司的合法权益受法律保护，不受侵犯。

三、公司法人财产权

《公司法》规定，公司作为企业法人享有法人财产权。公司的财产虽然源于股东的投资，但股东一旦将财产投入公司，便丧失对该财产直接支配的权利，只享有公司的股权，由公司享有对该财产的支配权利，即法人财产权。法人财产权是指公司拥有由股东投资形成的法人财产，并依法对该财产行使占有、使用、受益、处分的权利。因此，股东投资于公司的财产需要通过对资本的注册与股东的其他财产明确分开，在公司成立后股东不得抽逃投资，或者占用、转移和支配公司的法人财产。公司的法人财产权既是公司作为法人对外承担责任的基础，也是公司对股东履行责任的基础，为了维持公司资本充足，保障公司债权人的利益，《公司法》对公司行使法人财产权作出如下限制性规定：

1. 公司向其他企业投资或者为他人提供担保，依照公司章程的规定，由董事会或者股东会、股东大会决议；公司章程对投资或者担保的总额及单项投资或者担保的数额有限额规定的，不得超过规定的限额。

2. 公司为公司股东或者实际控制人提供担保的，必须经股东会或者股东大会决议。接受担保的股东或者受实际控制人支配的股东，不得参加上述规定事项的表决。该项表决由出席会议的其他股东所持表决权的过半数通过。

3. 公司可以向其他企业投资；但是，除法律另有规定外，不得成为对所投资企业的债务承担连带责任的出资人。

💡【例 2-1】A 公司是由甲出资 20 万元、乙出资 50 万元、丙出资 30 万元、丁出资 80 万元共同设立的有限责任公司，丁申请 A 公司为其银行贷款作担保，为此，A 公司召开股东会，甲、乙、丙、丁均出席会议，甲、丙表示同意，乙明确表示不同意。根据《公司法》的规定，下列关于会议决议的表述中，正确的是（　　　）。

A. 该决议必须经甲、乙、丙、丁四个股东全部通过，因乙不同意而不能通过

B. 该决议必须经甲、乙、丙三个股东全部通过，因乙不同意而不能通过

C. 该决议必须经全体股东所持表决权的过半数通过，因甲、丙、丁所持表决权占72%，因此通过

D. 该决议必须经甲、乙、丙股东所持表决权的过半数通过，因甲、丙所持表决权仅占50%，因此不通过

【解析】正确答案为 D。根据《公司法》的规定，公司为公司股东提供担保，必须经股东会或者股东大会决议，接受担保的股东不得参加该事项的表决，该项表决由出席会议的其他股东所持表决权的过半数通过。上述公司为丁作担保的决议必须经出席会议的甲、乙、丙三股东所持表决权的过半数通过，因乙不同意，而甲、丙所持表决权仅占50%，未达过半数表决权，因此决议不通过。

第二节 公司的登记管理

公司登记是国家赋予公司法人资格与企业经营资格，并对公司的设立、变更、注销加以规范、公示的法律行为。《公司法》规定，设立公司，应当依法向公司登记机关申请设立登记。符合规定的设立条件的，由公司登记机关分别登记为有限责任公司或者股份有限公司。公司经公司登记机关依法登记，领取《企业法人营业执照》，方取得企业法人资格。未经公司登记机关登记的，不得以公司名义从事经营活动。

一、登记管辖

我国的公司登记机关是市场监督管理机关。公司登记机关实行国家、省（自治区、直辖市）、市（县）三级管辖制度。

（一）国家市场监督管理总局负责管辖的公司登记

根据《公司登记管理条例》的规定，国家市场监督管理总局负责下列公司的登记：

1. 国务院国有资产监督管理机构履行出资人职责的公司以及该公司投资设立并持有50%以上股份的公司；

2. 外商投资的公司；

3. 依照法律、行政法规或者国务院决定的规定，应当由国家市场监督管理总局登记的公司；

4. 国家市场监督管理总局规定应当由其登记的其他公司。

（二）省（自治区、直辖市）市场监督管理局负责管辖的公司登记

根据《公司登记管理条例》的规定，省（自治区、直辖市）市场监督管理局负责本辖区内下列公司的登记：

1. 省（自治区、直辖市）人民政府国有资产监督管理机构履行出资人职责的公司以及该公司投资设立并持有50%以上股份的公司；

2. 省（自治区、直辖市）市场监督管理局规定由其登记的自然人投资设立的公司；

3. 依照法律、行政法规或者国务院决定的规定，应当由省（自治区、直辖市）市场监督管理局登记的公司；

4. 国家市场监督管理总局授权登记的其他公司。

（三）省（自治区、直辖市）市场监督管理局以下公司登记机关负责管辖的公司登记

根据《公司登记管理条例》的规定，设区的市（地区）市场监督管理局、县市场监督管理局，以及直辖市的市场监督管理分局、设区的市市场监督管理局的区分局，负责本辖区内下列公司的登记：

1. 国家市场监督管理总局及省（自治区、直辖市）市场监督管理局负责登记公司以外的其他公司；

2. 国家市场监督管理总局和省、自治区、直辖市市场监督管理局授权登记的公司。但是，其中的股份有限公司由设区的市（地区）市场监督管理局负责登记。

二、登记事项

根据《公司登记管理条例》的规定，公司的登记事项包括：名称、住所、法定代表人姓名、注册资本、公司类型、经营范围、营业期限、有限责任公司股东或者股份有限公司发起人的姓名或者名称。

（一）公司名称

公司名称应当符合国家有关规定，并只能使用一个名称。有限责任公司必须在公司名称中标明"有限责任公司"或者"有限公司"字样；股份有限公司必须在公司名称中标明"股份有限公司"或者"股份公司"的字样。经公司登记机关核准登记的公司名称受法律保护。

（二）公司住所

公司住所是公司进行经营活动的场所，同时也是发生纠纷时确定诉讼及行政管辖的依据，是向公司送达文件的法定地址。公司的住所是公司主要办事机构所在地。经公司登记机关登记的公司的住所只能有一个。公司的住所应当在其公司登记机关辖区内。

（三）法定代表人

根据《公司法》的规定，公司的法定代表人依照公司章程的规定，由董事长、执行董事或者经理担任，并依法登记。公司法定代表人变更的，应当办理变更登记。

（四）公司类型

公司登记的类型包括有限责任公司和股份有限公司。一人有限责任公司应当在公司登记中注明自然人独资或者法人独资，并在公司营业执照中载明。

（五）公司的经营范围

经营范围是股东选择的公司生产和经营的商品类别、品种服务项目。根据《公司法》的规定，经营范围由公司章程规定，并应依法登记。公司的经营范围中属于法律、行政法规规定须经批准的项目，应当依法经过批准。公司可以修改公司章程，改变经营范围，但是应当办理变更登记。

（六）股东出资

股东出资应当符合《公司法》的规定。股东以货币、实物、知识产权、土地使用权以外的其他财产出资的，其登记办法由国家市场监督管理总局会同国务院有关部门规定。股东不得以劳务、信用、自然人姓名、商誉、特许经营权或者设定担保的财产等作价出资。公司的注册资本和实收资本应当以人民币表示，法律、行政法规另有规定的除外。

💡【例2－2】根据《公司法》的规定，公司的下列人员中，可以由公司章程规定担任公司法定代表人的有（　　　）。

A. 董事长　　　　　B. 执行董事　　　　C. 董事　　　　　D. 经理

【解析】正确答案为ABD。根据《公司法》的规定，公司的法定代表人依照公司章程的规定，由董事长、执行董事或者经理担任。故选项A、选项B、选项D正确。

三、设立登记

公司设立登记，是公司的设立人依照《公司法》规定的设立条件与程序向公司登记机关提出设立申请，并提交法定登记事项文件，公司登记机关审核后对符合法律规定的准予登记，并发给《企业法人营业执照》的活动。

（一）有限责任公司的设立登记

申请设立有限责任公司，应当由全体股东指定的代表或者共同委托的代理人向公司登记机关申请设立登记。设立国有独资公司，应当由国务院或者地方人民政府授权的本级人民政府国有资产监督管理机构作为申请人，申请设立登记。法律、行政法规或者国务院规定设立有限责任公司必须报经批准的，应当自批准之日起90日内向公司登记机关申请设立登记。逾期申请设立登记的，申请人应当报批准机关确认原批准文件的效力或者另行报批。

（二）股份有限公司的设立登记

设立股份有限公司，应当由董事会向公司登记机关申请设立登记。以募集方式设立股份有限公司的，应当于创立大会结束后30日内向公司登记机关申请设立登记。以募集方式设立股份有限公司公开发行股票的，还应当提交国务院证券监督管理机构的核准文件。法律、行政法规或者国务院决定规定设立股份有限公司必须报经批准的，应当提交有关批准文件。

依法设立的公司，由公司登记机关发给《企业法人营业执照》。公司营业执照签发日期为公司成立日期。公司凭公司登记机关核发的《企业法人营业执照》刻制印章，开立银行账户，申请纳税登记。

四、变更登记

公司变更登记事项，应当向原公司登记机关申请变更登记。未经变更登记的，公司不得擅自改变登记事项。

（一）变更登记应提交的文件

公司申请变更登记，应当向公司登记机关提交下列文件：（1）公司法定代表人签署的变更登记申请书；（2）依照《公司法》作出的变更决议或者决定；（3）国家市场监督管理总局规定要求提交的其他文件。公司变更登记事项涉及修改公司章程的，应当提交由公司法定代表人签署的修改后的公司章程或者公司章程修正案。变更登记事项依照法律、行政法规或者国务院决定规定在登记前须经批准的，还应当向公司登记机关提交有关批准文件。

（二）变更登记事项及要求

1. 名称、法定代表人、经营范围变更登记，公司应当自变更决议或者决定作出之日起 30 日内申请变更登记。

2. 住所变更登记。公司变更住所的，应当在迁入新住所前申请变更登记，并提交新住所使用证明。公司变更住所跨公司登记机关辖区的，应当在迁入新住所前向迁入地公司登记机关申请变更登记；迁入地公司登记机关受理的，由原公司登记机关将公司登记档案移送迁入地公司登记机关。

3. 注册资本变更登记。公司增加注册资本的，应当自变更决议或者决定作出之日起 30 日内申请变更登记。公司减少注册资本的，应当自公告之日起 45 日后申请变更登记，并应当提交公司在报纸上登载公司减少注册资本公告的有关证明和公司债务清偿或者债务担保情况的说明。

4. 股东变更登记。有限责任公司股东转让股权的，应当自转让股权之日起 30 日内申请变更登记，并应当提交新股东的主体资格证明或者自然人身份证明。有限责任公司的自然人股东死亡后，其合法继承人继承股东资格的，公司应当依照上述规定申请变更登记。有限责任公司的股东或者股份有限公司的发起人改变姓名或者名称的，应当自改变姓名或者名称之日起 30 日内申请变更登记。

5. 分公司变更登记。公司登记事项变更涉及分公司登记事项变更的，应当自公司变更登记之日起 30 日内申请分公司变更登记。

6. 公司合并、分立的变更登记。合并、分立而存续的公司，其登记事项发生变化的，应当申请变更登记；因合并、分立而解散的公司，应当申请注销登记；因合并、分立而新设立的公司，应当申请设立登记。公司合并、分立的，应当自公告之日起 45 日后申请登记，提交合并协议和合并、分立决议或者决定以及公司在报纸上登载公司合并、分立公告的有关证明和债务清偿或者债务担保情况的说明。法律、行政法规或者国务院决定规定公司合并、分立必须报经批准的，还应当提交有关批准文件。

变更登记事项涉及《企业法人营业执照》载明事项的，公司登记机关应当换发营业执照。

💡**【例2-3】** 根据公司法律制度的规定，下列有关公司变更登记的表述中，符合规定的是（　　）。

A. 有限责任公司股东转让股权的，应当自转让股权之日起60日内申请变更登记

B. 公司变更名称的，应当在作出变更决议或者决定之日起30日内申请变更登记

C. 公司减少注册资本的，应当自公告之日起60日后申请变更登记

D. 公司分立的，应当自分立决议或者决定作出之日起45日后申请变更登记

【解析】 正确答案为B。根据《公司法》的规定，选项A中有限责任公司股东转让股权的，应当自转让股权之日起30日内申请变更登记；选项C中公司减少注册资本和选项D中公司分立的，应当自公告之日起45日后申请变更登记，因此，B为正确选项。

（三）备案事项

公司章程修改未涉及登记事项的，公司应当将修改后的公司章程或者公司章程修正案送原公司登记机关备案。公司董事、监事、经理发生变动的，应当向原公司登记机关备案。

五、注销登记

公司解散有两种情况：一是不需要清算的，如因合并、分立而解散的公司，因其债权债务由合并、分立后继续存续的公司承继；二是应当清算的，即公司债权债务无人承继。公司解散应当申请注销登记，经公司登记机关注销登记，公司终止。《公司登记管理条例》规定，有下列情形之一的，公司清算组应当自公司清算结束之日起30日内向原公司登记机关申请注销登记：（1）公司被依法宣告破产；（2）公司章程规定的营业期限届满或者公司章程规定的其他解散事由出现，但公司通过修改公司章程而存续的除外；（3）股东会、股东大会决议解散或者一人有限责任公司的股东、外商投资的公司董事会决议解散；（4）依法被吊销营业执照、责令关闭或者被撤销；（5）人民法院依法予以解散；（6）法律、行政法规规定的其他解散情形。经公司登记机关注销登记，公司终止。

六、分公司的登记

分公司是指公司在其住所以外设立的从事经营活动的机构。分公司不具有企业法人资格。分公司的登记事项包括：名称、营业场所、负责人、经营范围。分公司的名称应当符合国家有关规定。分公司的经营范围不得超出公司的经营范围。公司设立分公司的，应当自决定作出之日起30日内向分公司所在地的公司登记机关申请登记；法

律、行政法规或者国务院决定规定必须报经有关部门批准的，应当自批准之日起30日内向公司登记机关申请登记。分公司的公司登记机关准予登记的，发给《营业执照》。公司应当自分公司登记之日起30日内，持分公司的《营业执照》到公司登记机关办理备案。分公司变更登记事项的，应当向公司登记机关申请变更登记。公司登记机关准予变更登记的，换发《营业执照》。分公司被公司撤销、依法责令关闭、吊销营业执照的，公司应当自决定作出之日起30日内向该分公司的公司登记机关申请注销登记。申请注销登记应当提交公司法定代表人签署的注销登记申请书和分公司的《营业执照》。公司登记机关准予注销登记后，应当收缴分公司的《营业执照》。

七、年度报告公示

公司应当于每年1月1日至6月30日，通过企业信用信息公示系统向公司登记机关报送上一年度年度报告，并向社会公示。年度报告公示的内容以及监督检查办法由国务院制定。

八、证照和档案管理

《企业法人营业执照》《营业执照》分为正本和副本，正本和副本具有同等法律效力。《企业法人营业执照》正本或者《营业执照》正本应当置于公司住所或者分公司营业场所的醒目位置。公司可以根据业务需要向公司登记机关申请核发营业执照若干副本。任何单位和个人不得伪造、涂改、出租、出借、转让营业执照。营业执照遗失或者毁坏的，由审批部门在其官方网站免费发布公告，申请补领。公司登记机关依法作出变更登记、注销登记、撤销变更登记决定，公司拒不缴回或者无法缴回营业执照的，由公司登记机关公告营业执照作废。公司登记机关对需要认定的营业执照，可以临时扣留，扣留期限不得超过10日。国家推行电子营业执照。电子营业执照与纸质营业执照具有同等法律效力。借阅、抄录、携带、复制公司登记档案资料的，应当按照规定的权限和程序办理。任何单位和个人不得修改、涂抹、标注、损毁公司登记档案资料。

第三节 有限责任公司

一、有限责任公司的设立

（一）有限责任公司设立的条件

根据《公司法》的规定，设立有限责任公司，应当具备下列条件：

1. 股东符合法定人数。

《公司法》规定，有限责任公司由50个以下股东出资设立。《公司法》对有限责任公司股东人数没有规定下限，有限责任公司股东人数可以为 1 个或 50 个以下股东，既可以是自然人，也可以是法人。

2. 有符合公司章程规定的全体股东认缴的出资额。

（1）注册资本。有限责任公司的注册资本为在公司登记机关登记的全体股东认缴的出资额。法律、行政法规以及国务院决定对有限责任公司注册资本实缴、注册资本最低限额另有规定的，从其规定。

（2）股东出资方式。股东可以用货币出资，也可以用实物、知识产权、土地使用权等可以用货币估价并可以依法转让的非货币财产作价出资。但是，法律、行政法规规定不得作为出资的财产除外。实物出资是指以房屋、机器设备、工具、原材料、零部件等有形资产的所有权出资。知识产权出资是指以无形资产，包括著作权、专利权、商标权、非专利技术等出资。对作为出资的非货币财产应当评估作价，核实财产，不得高估或者低估作价。根据《公司法》司法解释（三）的规定，出资人以非货币财产出资，未依法评估作价，公司、其他股东或者公司债权人请求认定出资人未履行出资义务的，人民法院应当委托具有合法资格的评估机构对该财产评估作价。评估确定的价额显著低于公司章程所定价额的，人民法院应当认定出资人未依法全面履行出资义务。但是，出资人以符合法定条件的非货币财产出资后，因市场变化或者其他客观因素导致出资财产贬值，公司、其他股东或者公司债权人请求该出资人承担补足出资责任的，人民法院不予支持。但是，当事人另有约定的除外。

根据《公司法》司法解释（三）的规定，出资人以划拨土地使用权出资，或者以设定权利负担的土地使用权出资，公司、其他股东或者公司债权人主张认定出资人未履行出资义务的，人民法院应当责令当事人在指定的合理期间内办理土地变更手续或者解除权利负担；逾期未办理或者未解除的，人民法院应当认定出资人未依法全面履行出资义务。

根据《公司法》司法解释（三）的规定，出资人以房屋、土地使用权或者需要办理权属登记的知识产权等财产出资，已经交付公司使用但未办理权属变更手续，公司、其他股东或者公司债权人主张认定出资人未履行出资义务的，人民法院应当责令当事人在指定的合理期间内办理权属变更手续；在前述期间内办理了权属变更手续的，人民法院应当认定其已经履行了出资义务；出资人主张自其实际交付财产给公司使用时享有相应股东权利的，人民法院应予支持。出资人已经就前述财产出资，办理权属变更手续但未交付给公司使用，公司或者其他股东主张其向公司交付，并在实际交付之前不享有相应股东权利的，人民法院应予支持。

3. 股东共同制定公司章程。

公司章程是记载公司组织、活动基本准则的公开性法律文件。设立有限责任公司必须由股东共同依法制定公司章程。股东应当在公司章程上签名、盖章。公司章程对公司、股东、董事、监事、高级管理人员具有约束力。公司章程所记载的事项可以分为必备事项和任意事项。必备事项是法律规定的在公司章程中必须记载的事项，或称绝对必要事项；任意事项是由公司自行决定是否记载的事项，包括公司有自主决定权的一些事项。

根据《公司法》的规定，有限责任公司章程应当载明下列事项：（1）公司名称和住所；（2）公司经营范围；（3）公司注册资本；（4）股东的姓名或者名称；（5）股东的出资方式、出资额和出资时间；（6）公司的机构及其产生办法、职权、议事规则；（7）公司法定代表人；（8）股东会会议认为需要规定的其他事项。

4. 有公司名称，建立符合有限责任公司要求的组织机构。

公司的名称是公司的标志。公司设立自己的名称时，必须符合法律、法规的规定。公司应当设立符合有限责任公司要求的组织机构，即股东会、董事会或者执行董事、监事会或者监事等。

5. 有公司住所。

设立公司必须有住所。没有住所的公司，不得设立。公司以其主要办事机构所在地为住所。

（二）有限责任公司设立的程序

1. 订立公司章程。

股东设立有限责任公司，必须先订立公司章程，将要设立的公司基本情况以及各方面的权利义务加以明确规定。

2. 股东缴纳出资。

股东应当按期足额缴纳公司章程中规定的各自所认缴的出资额。股东以货币出资的，应当将货币出资足额存入为设立有限责任公司而在银行开设的账户；以非货币财产出资的，应当依法办理其财产权的转移手续，该转移手续一般在6个月内办理完毕。这里的手续，是指过户手续，即将原来属于股东所有的财产，转移为属于公司所有的财产。如股东以房屋出资的，必须到房管部门办理房屋所有权转移手续，将房屋所有权人由股东改为公司。

对于股东不按照规定缴纳出资的，《公司法》规定，除该股东应当向公司足额缴纳外，还应当向已按期足额缴纳出资的股东承担违约责任。该违约责任除出资部分外，还包括未出资的利息。

有限责任公司成立后，发现作为设立公司出资的非货币财产的实际价额显著低于公司章程所定价额的，应当由交付该出资的股东补足其差额，公司设立时的其他股东承担连带责任。《公司法》司法解释（三）规定，股东在公司设立时未履行或者未全面履行出资义务，发起人与被告股东承担连带责任；公司的发起人承担责任后，可以向被告股东追偿。此外，股东在公司增资时未履行或者未全面履行出资义务，未尽《公司法》规定的义务而使出资未缴足的董事、高级管理人员承担相应责任；董事、高级管理人员承担责任后，可以向被告股东追偿。

此外，有限责任公司的股东未履行或者未全面履行出资义务即转让股权，受让人对此知道或者应当知道，公司请求该股东履行出资义务、受让人对此承担连带责任的，人民法院应予支持；公司债权人依照规定向该股东提起承担补充赔偿责任的诉讼，同时请求前述受让人对此承担连带责任的，人民法院应予支持。受让人根据上述规定承担责任后，向该未履行或者未全面履行出资义务的股东追偿的，人民法院应予支持。但是，当事人另有约定的除外。

以贪污、受贿、侵占、挪用等违法犯罪所得的货币出资后取得股权的，对违法犯罪行为予以追究、处罚时，应当采取拍卖或者变卖的方式处置其股权。这就是说，为维持公司资本，可采取将出资财产所形成的股权通过折价补偿受害人的损失，但不能直接将出资的财产从公司抽出。

此外，我国《公司法》还规定，有限责任公司成立后，股东不得抽逃出资。但在实践中，股东常常采取各种手段抽逃出资，导致公司资本不实。为了保障公司资本之维持，维护公司债权人利益，《公司法》司法解释（三）进一步作了具体规定。即：公司成立后，公司、股东或者公司债权人以相关股东的行为符合下列情形之一且损害公司权益为由，请求认定该股东抽逃出资的，人民法院应予支持：

（1）制作虚假财务会计报表虚增利润进行分配；

（2）通过虚构债权债务关系将其出资转出；

（3）利用关联交易将出资转出；

（4）其他未经法定程序将出资抽回的行为。

《公司法》司法解释（三）还规定了股东抽逃出资后的民事责任，进一步完善了公司法律制度。即，股东抽逃出资，公司或者其他股东请求其向公司返还出资本息。协助抽逃出资的其他股东、董事、高级管理人员或者实际控制人对此承担连带责任的，人民法院应予支持。公司债权人请求抽逃出资的股东在抽逃出资本息范围内对公司债务不能清偿的部分承担补充赔偿责任、协助抽逃出资的其他股东、董事、高级管理人员或者实际控制人对此承担连带责任的，人民法院应予支持；抽逃出资的股东已经承担上述责任，其他债权人提出相同请求的，人民法院不予支持。

此外，《公司法》司法解释（三）还规定，股东未履行或者未全面履行出资义务或者抽逃出资，公司根据公司章程或者股东会决议对其利润分配请求权、新股优先认购权、剩余财产分配请求权等股东权利作出相应的合理限制，该股东请求认定该限制无效的，人民法院不予支持。有限责任公司的股东未履行出资义务或者抽逃全部出资，经公司催告缴纳或者返还，其在合理期间内仍未缴纳或者返还出资，公司以股东会决议解除该股东的股东资格，该股东请求确认该解除行为无效的，人民法院不予支持。

公司股东未履行或者未全面履行出资义务或者抽逃出资，公司或者其他股东请求其向公司全面履行出资义务或者返还出资，被告股东以诉讼时效为由进行抗辩的，人民法院不予支持。公司债权人的债权未过诉讼时效期间，其依照规定请求未履行或者未全面履行出资义务或者抽逃出资的股东承担赔偿责任，被告股东以出资义务或者返还出资义务超过诉讼时效期间为由进行抗辩的，人民法院不予支持。

对于实践中发生的第三人垫付出资的行为，《公司法》司法解释（三）规定，第三人代垫资金协助发起人设立公司，双方明确约定在公司验资后或者在公司成立后将该发起人的出资抽回以偿还该第三人，发起人依照前述约定抽回出资偿还第三人后又不能补足出资，相关权利人请求第三人连带承担发起人因抽回出资而产生的相应责任的，人民法院应予支持。

3. 申请设立登记。

股东认足公司章程规定的出资后，由全体股东指定的代表或者共同委托的代理人向公司登记机关报送公司登记申请书、公司章程等文件，申请设立登记。公司经核准登记后，领取公司营业执照，公司企业法人营业执照签发日期为公司成立日期。

根据我国《公司法》的规定，有限责任公司成立后，应当向股东签发出资证明书。

出资证明书是确认股东出资的凭证，应当载明下列事项：（1）公司名称；（2）公司成立日期；（3）公司注册资本；（4）股东的姓名或者名称、缴纳的出资额和出资日期；（5）出资证明书的编号和核发日期，出资证明书由公司盖章。

有限责任公司应当置备股东名册。股东名册是公司为记载股东情况及其资本事项而设置的簿册。记载于股东名册的股东，可以依股东名册主张行使股东权利。公司应当将股东的姓名或者名称向公司登记机关登记，登记事项发生变更的，应当办理变更登记。未经登记或者变更登记的，不得对抗第三人。

💡【例2-4】甲、乙、丙共同出资设立一有限责任公司。其中，公司章程规定丙以房产出资30万元。公司成立后又吸收丁入股。后查明，丙作为出资的房产仅值20万元，丙现有可执行的个人财产6万元。下列处理方式中，符合《公司法》规定的是（　　）。

A. 丙以现有可执行财产补交差额，不足部分由丙在3年内用公司分得的利润予以补足

B. 丙以现有可执行财产补交差额，不足部分由甲、乙补足

C. 丙以现有可执行财产补交差额，不足部分由甲、乙、丁补足

D. 丙无须补交差额，甲、乙、丁都不承担补足出资的连带责任

【解析】正确答案为B。根据《公司法》的规定，有限责任公司成立后，发现作为设立公司出资的非货币财产的实际价额显著低于公司章程所定价额时，应当由交付该出资的股东补足其差额，公司设立时的其他股东承担连带责任。本例中，甲、乙为公司设立时的股东，故丙以现有可执行财产补交差额后，不足的部分应由甲、乙承担连带责任。

💡【例2-5】甲、乙、丙、丁、戊五人共同组建一家有限责任公司。出资协议约定

甲以现金20万元出资，其后甲缴纳15万元，尚有5万元未缴纳。某次公司股东会会议上，甲请求免除其5万元出资义务。四名股东表示同意，投反对票的股东丙向法院起诉，请求确认该股东会决议无效。关于本案，下列表述中正确的是（　　　）。

    A. 该决议有效，甲的出资义务已经免除

    B. 该决议无效，甲的出资义务未免除

    C. 该决议需经全体股东同意才能有效

    D. 该决议属于可撤销，除甲以外的任一股东均享有撤销权

【解析】正确答案是B。《公司法》规定，股东应当按期足额缴纳公司章程中规定的各自所认缴的出资额。股东以货币出资的，应当将货币出资足额存入有限责任公司在银行开设的账户；以非货币财产出资的，应当依法办理其财产权的转移手续。股东不按照规定缴纳出资的，除应当向公司足额缴纳外，还应当向已按期足额缴纳出资的股东承担违约责任。公司股东会或者股东大会、董事会的决议内容违反法律、行政法规的无效。因此，甲应向公司足额缴纳，还应当向已按期足额缴纳出资的股东承担违约责任，而股东会对于免除甲5万元出资义务的决议违反法律规定，应为无效决议。

二、有限责任公司的组织机构

（一）股东会

1. 股东会的职权。

有限责任公司股东会由全体股东组成。股东会是公司的权力机构，依法行使下列职权：（1）决定公司的经营方针和投资计划；（2）选举和更换非由职工代表担任的董事、监事，决定有关董事、监事的报酬事项；（3）审议批准董事会的报告；（4）审议批准监事会或者监事的报告；（5）审议批准公司的年度财务预算方案、决算方案；（6）审议批准公司的利润分配方案和弥补亏损方案；（7）对公司增加或者减少注册资本作出决议；（8）对发行公司债券作出决议；（9）对公司合并、分立、变更公司形式、解散和清算等事项作出决议；（10）修改公司章程；（11）公司章程规定的其他职权。

2. 股东会的形式。

股东会会议分为定期会议和临时会议。定期会议应当按照公司章程的规定按时召开。代表1/10以上表决权的股东，1/3以上的董事，监事会或者不设监事会的公司的监事提议召开临时会议的，应当召开临时会议。

3. 股东会的召开。

首次股东会会议由出资最多的股东召集和主持，依法行使职权。以后的股东会会议，公司设立董事会的，由董事会召集，董事长主持；董事长不能履行职务或者不履行职务的，由副董事长主持；副董事长不能履行职务或者不履行职务的，由半数以上董事共同推举1名董事主持。公司不设董事会的，股东会会议由执行董事召集和主持。

董事会或者执行董事不能履行或者不履行召集股东会会议职责的，由监事会或者不设监事会的公司的监事召集和主持；监事会或者监事不召集和主持的，代表 1/10 以上表决权的股东可以自行召集和主持。所谓不能履行职务，是指因生病、出差在外等客观原因导致其无法履行职务的情形。所谓不履行职务，是指不存在无法履行职务的客观原因，但以其他理由或者根本就没有理由而不履行职务的情形。召开股东会会议，应当于会议召开 15 日前通知全体股东；但是，公司章程另有规定或者全体股东另有约定的除外。股东会应当对所议事项的决定作成会议记录，出席会议的股东应当在会议记录上签名。

4. 股东会的决议。

股东会会议由股东按照出资比例行使表决权；但是，公司章程另有规定的除外。股东会的议事方式和表决程序，除《公司法》有规定的外，由公司章程规定。股东会会议作出修改公司章程、增加或者减少注册资本的决议，以及公司合并、分立、解散或者变更公司形式的决议，必须经代表 2/3 以上表决权的股东通过。

💡【例 2 - 6】辉煌有限责任公司由甲、乙、丙、丁四个股东共同出资设立，丙提议召开临时股东会会议，提议将公司变更为股份有限公司，在表决时，甲、丙两股东表示同意，丙占出资比例为 15%、甲占出资比例为 45%，根据《公司法》的规定，下列表述中，正确的有（　　）。

A. 丙股东依法不能提议召开临时股东会会议

B. 丙股东依法能够提议召开临时股东会会议

C. 因甲、丙股东所代表的表决权过半数，因此，变更公司形式的决议有效

D. 因甲、丙股东所代表的表决权未达到 2/3 以上，因此，变更公司形式的决议无效

【解析】正确答案为 BD。根据《公司法》的规定，代表 1/10 以上表决权的股东、1/3 以上的董事，监事会或者不设监事会的公司的监事提议召开临时会议的，应当召开临时会议。有限责任公司股东会会议作出修改公司章程、增加或者减少注册资本的决议，以及公司合并、分立、解散或者变更公司形式的决议，必须经代表 2/3 以上表决权的股东通过。

（二）董事会

董事会是公司股东会的执行机构，对股东会负责。

1. 董事会的组成。

有限责任公司设董事会（依法不设董事会的除外），其成员为 3～13 人。两个以上的国有企业或者其他两个以上的国有投资主体投资设立的有限责任公司，其董事会成员中应当有公司职工代表；其他有限责任公司董事会成员中也可以有公司职工代表。董事会中的职工代表由公司职工通过职工代表大会、职工大会或者其他形式民主选举产生。董事会设董事长 1 人，可以设副董事长。董事长、副董事长的产生办法由公司章程规定。董事任期由公司章程规定，但每届任期不得超过 3 年。董事任期届满，连

选可以连任。董事任期届满未及时改选，或者董事在任期内辞职导致董事会成员低于法定人数的，在改选出的董事就任前，原董事仍应当依照法律、行政法规和公司章程的规定，履行董事职务。

2. 董事会的职权。

董事会对股东会负责，行使下列职权：（1）召集股东会会议，并向股东会报告工作；（2）执行股东会的决议；（3）决定公司的经营计划和投资方案；（4）制订公司的年度财务预算方案、决算方案；（5）制订公司的利润分配方案和弥补亏损方案；（6）制订公司增加或者减少注册资本以及发行公司债券的方案；（7）制订公司合并、分立、变更公司形式、解散的方案；（8）决定公司内部管理机构的设置；（9）决定聘任或者解聘公司经理及其报酬事项，并根据经理的提名决定聘任或者解聘公司副经理、财务负责人及其报酬事项；（10）制定公司的基本管理制度；（11）公司章程规定的其他职权。

3. 董事会的召开。

董事会会议由董事长召集和主持；董事长不能履行职务或者不履行职务的，由副董事长召集和主持；副董事长不能履行职务或者不履行职务的，由半数以上董事共同推举1名董事召集和主持。

4. 董事会的决议。

董事会的议事方式和表决程序，除《公司法》有规定的外，由公司章程规定。董事会应当对所议事项的决定作成会议记录，出席会议的董事应当在会议记录上签名。董事会决议的表决，实行一人一票。有限责任公司股东人数较少或者规模较小的，可以设1名执行董事，不设董事会。执行董事可以兼任公司经理。执行董事的职权由公司章程规定。

💡【例2－7】下列关于有限责任公司董事会的表述中，不符合《公司法》规定的有（　　）。

A. 董事会成员中应当有公司职工代表

B. 董事任期由公司章程规定，但每届任期不得超过3年

C. 董事长和副董事长依法由公司董事会选举产生

D. 董事长和副董事长不召集和主持董事会的，必须由全体董事共同推举1名董事召集和主持

【解析】正确答案为ACD。根据我国《公司法》的规定，两个以上的国有企业或者其他两个以上的国有投资主体投资设立的有限责任公司，其董事会成员中应当有公司职工代表，其他有限责任公司董事会成员中也可以有，不是应当有。董事长、副董事长的产生办法由公司章程规定而不是由公司董事会选举产生。董事长和副董事长不召集和主持董事会的，由半数以上董事共同推举1名董事召集和主持，而不是必须由全体董事共同推举。

5. 经理。

有限责任公司可以设经理，由董事会决定聘任或者解聘。经理对董事会负责，行使下列职权：（1）主持公司的生产经营管理工作，组织实施董事会决议；（2）组织实施公司年度经营计划和投资方案；（3）拟订公司内部管理机构设置方案；（4）拟订公司的基本管理制度；（5）制订公司的具体规章；（6）提请聘任或者解聘公司副经理、财务负责人；（7）决定聘任或者解聘除应由董事会决定聘任或者解聘以外的负责管理人员；（8）董事会授予的其他职权。公司章程对经理职权另有规定的，从其规定。经理列席董事会会议。

（三）监事会

监事会是公司的监督机构。

1. 监事会的组成。

有限责任公司设立监事会，其成员不得少于 3 人。股东人数较少或者规模较小的有限责任公司，可以设 1~2 名监事，不设立监事会。监事会应当包括股东代表和适当比例的公司职工代表，其中，职工代表的比例不得低于 1/3，具体比例由公司章程规定。监事会中的职工代表由公司职工通过职工代表大会、职工大会或者其他形式民主选举产生。监事会设主席 1 人，由全体监事过半数选举产生。监事会主席召集和主持监事会会议；监事会主席不能履行职务或者不履行职务的，由半数以上监事共同推举 1 名监事召集和主持监事会会议。董事、高级管理人员不得兼任监事。监事的任期每届为 3 年。监事任期届满，连选可以连任。监事任期届满未及时改选，或者监事在任期内辞职导致监事会成员低于法定人数的，在改选出的监事就任前，原监事仍应当依照法律、行政法规和公司章程的规定，履行监事职务。

2. 监事会的职权。

监事会、不设监事会的公司的监事行使下列职权：（1）检查公司财务；（2）对董事、高级管理人员执行公司职务的行为进行监督，对违反法律、行政法规、公司章程或者股东会决议的董事、高级管理人员提出罢免的建议；（3）当董事、高级管理人员的行为损害公司的利益时，要求董事、高级管理人员予以纠正；（4）提议召开临时股东会会议，在董事会不履行规定的召集和主持股东会会议职责时召集和主持股东会会议；（5）向股东会会议提出提案；（6）依照《公司法》的规定，对董事、高级管理人员提起诉讼；（7）公司章程规定的其他职权。监事可以列席董事会会议，并对董事会决议事项提出质询或者建议。监事会、不设监事会的公司的监事发现公司经营情况异常，可以进行调查；必要时，可以聘请会计师事务所等协助其工作，费用由公司承担。监事会、不设监事会的公司的监事行使职权所必需的费用，由公司承担。

3. 监事会的决议。

监事会每年度至少召开一次会议，监事可以提议召开临时监事会会议。监事会的议事方式和表决程序，除《公司法》有规定的外，由公司章程规定。监事会决议应当经半数以上监事通过。监事会应当对所议事项的决定作成会议记录，出席会议的监事应当在会议记录上签名。

（四）公司决议效力

根据《公司法》司法解释（四）的规定，公司股东、董事、监事等请求确认股东会或者股东大会、董事会决议无效或者不成立的，人民法院应当依法予以受理。股东会或者股东大会、董事会决议存在下列情形之一，当事人主张决议不成立的，人民法院应当予以支持：（1）公司未召开会议的，但依据《公司法》第三十七条第二款①或者公司章程规定可以不召开股东会或者股东大会而直接作出决定，并由全体股东在决定文件上签名、盖章的除外；（2）会议未对决议事项进行表决的；（3）出席会议的人数或者股东所持表决权不符合《公司法》或者公司章程规定的；（4）会议的表决结果未达到《公司法》或者公司章程规定的通过比例的；（5）导致决议不成立的其他情形。

股东会或者股东大会、董事会的会议召集程序、表决方式违反法律、行政法规或者公司章程，或者决议内容违反公司章程的，股东可以自决议作出之日起60日内，请求人民法院撤销股东会或者股东大会、董事会决议，人民法院应当予以支持，但会议召集程序或者表决方式仅有轻微瑕疵，且对决议未产生实质影响的，人民法院不予支持。请求撤销股东会或者股东大会、董事会决议的原告，应当在起诉时具有公司股东资格。原告请求确认股东会或者股东大会、董事会决议不成立、无效或者撤销决议的案件，应当列公司为被告。对决议涉及的其他利害关系人，可以依法列为第三人。一审法庭辩论终结前，其他有原告资格的人以相同的诉讼请求申请参加上述规定诉讼的，可以列为共同原告。

股东会或者股东大会、董事会决议被人民法院判决确认无效或者撤销的，公司依据该决议与善意相对人形成的民事法律关系不受影响。

三、有限责任公司的股权转让

（一）股东

股东是公司成立、存续不可或缺的条件，可以为自然人，也可以为法人。有些自然人法律禁止其为股东，如国家公务员。法人作为股东应遵守法律、法规的相关规定，如公司不得自为股东。

股东是指出资或持有公司股份的人。但在实践中，有时会出现公司相关文件记名的股东（名义股东）并不是真正的投资人（实际投资人），这就导致名义股东与实际

---

① 《公司法》第三十七条第二款规定，对股东会行使职权事项，股东以书面形式一致表示同意的，可以不召开股东会会议，直接作出决定，并由全体股东在决定文件上签名、盖章。

投资人在股权认定及投资权益的归属上发生争议。对此，《公司法》司法解释（三）作了较为详细的规定。

1. 有限责任公司的实际出资人与名义出资人订立合同，约定由实际出资人出资并享有投资权益，以名义出资人为名义股东，实际出资人与名义股东对该合同效力发生争议的，如无《合同法》第五十二条①规定的情形，人民法院应当认定该合同有效。该条司法解释的规定尊重当事人之间的自由约定，因此，当实际出资人与名义股东因投资权益的归属发生争议，实际出资人以其实际履行了出资义务为由向名义股东主张权利的，人民法院应予支持。名义股东以公司股东名册记载、公司登记机关登记为由否认实际出资人权利的，人民法院不予支持。

2. 如果实际出资人未经公司其他股东半数以上同意，请求公司变更股东、签发出资证明书、记载于股东名册、记载于公司章程并办理公司登记机关登记的，人民法院不予支持。这是因为实际出资人并非公司相关文件上登记的股东，如果实际出资人请求将自己变更为股东并记载于股东名册上，说明实际出资人将从非公司股东身份转变为公司股东身份，而按照我国《公司法》第七十一条第二款的规定，股东向股东以外的人转让股权的，须经其他股东过半数同意。

3. 名义股东将登记于其名下的股权转让、质押或者以其他方式处分，实际出资人以其对于股权享有实际权利为由，请求认定处分股权行为无效的，人民法院可以参照《物权法》第一百零六条②的规定处理。这就是说，如果受让方符合善意取得的条件，受让方即可取得股权。当然，名义股东处分股权造成实际出资人损失，实际出资人请求名义股东承担赔偿责任的，人民法院应予支持。

此外，股权转让后尚未向公司登记机关办理变更登记，原股东将仍登记于其名下的股权转让、质押或者以其他方式处分，受让股东以其对于股权享有实际权利为由，请求认定处分股权行为无效的，人民法院可以参照《物权法》第一百零六条的规定处理。

原股东处分股权造成受让股东损失，受让股东请求原股东承担赔偿责任、对于未及时办理变更登记有过错的董事、高级管理人员或者实际控制人承担相应责任的，人民法院应予支持；受让股东对于未及时办理变更登记也有过错的，可以适当减轻上述董事、高级管理人员或者实际控制人的责任。

4. 公司债权人以登记于公司登记机关的股东未履行出资义务为由，请求其对公司

---

① 《合同法》第五十二条规定，有下列情形之一的，合同无效：（1）一方以欺诈、胁迫的手段订立合同，损害国家利益；（2）恶意串通，损害国家、集体或者第三人利益；（3）以合法形式掩盖非法目的；（4）损害社会公共利益；（5）违反法律、行政法规的强制性规定。

② 《物权法》第一百零六条规定，无处分权人将不动产或者动产转让给受让人的，所有权人有权追回；除法律另有规定外，符合下列情形的，受让人取得该不动产或者动产的所有权：（1）受让人受让该不动产或者动产是善意的；（2）以合理的价格转让；（3）转让的不动产或者动产依照法律规定应当登记的已经登记，不需要登记的已经交付给受让人。受让人依照前款规定取得不动产或者动产所有权的，原所有权人有权向无处分权人请求赔偿损失。当事人善意取得其他物权的，参照前两款规定。

债务不能清偿的部分在未出资本息范围内承担补充赔偿责任，股东以其仅为名义股东而非实际出资人为由进行抗辩的，人民法院不予支持。名义股东根据上述规定承担赔偿责任后，向实际出资人追偿的，人民法院应予支持。

5. 冒用他人名义出资并将该他人作为股东在公司登记机关登记的，冒名登记行为人应当承担相应责任；公司、其他股东或者公司债权人以未履行出资义务为由，请求被冒名登记为股东的承担补足出资责任或者对公司债务不能清偿部分的赔偿责任的，人民法院不予支持。

（二）股东权及其分类

公司股东是持有公司股份或者出资的人，股东权是基于股东资格而享有的权利，根据《公司法》的规定，公司股东依法享有资产受益、参与重大决策和选择管理者等权利。

1. 以股东权行使的目的是为股东个人利益还是涉及全体股东共同利益为标准，可以将股东权分为共益权和自益权。

共益权是指股东依法参加公司事务的决策和经营管理的权利，它是股东基于公司利益同时兼为自己的利益而行使的权利，包括股东会或股东大会参加权、提案权、质询权，在股东会或股东大会上的表决权、累积投票权，股东会或股东大会召集请求权和自行召集权，了解公司事务、查阅公司账簿和其他文件的知情权，提起诉讼权等权利。根据《公司法》规定，股东有权查阅、复制公司章程、股东名册、公司债券存根、股东会会议记录、董事会会议决议、监事会会议决议和财务会计报告。股东可以要求查阅公司会计账簿。股东要求查阅公司会计账簿的，应当向公司提出书面请求，说明目的。公司有合理根据认为股东查阅会计账簿有不正当目的，可能损害公司合法利益的，可以拒绝提供查阅，并应当自股东提出书面请求之日起 15 日内书面答复股东并说明理由。公司拒绝提供查阅的，股东可以请求人民法院要求公司提供查阅。根据《公司法》司法解释（四）规定，股东起诉请求查阅或者复制公司特定文件材料的，人民法院应当依法予以受理。公司有证据证明上述原告在起诉时不具有公司股东资格的，人民法院应当驳回起诉，但原告有初步证据证明在持股期间其合法权益受到损害，请求依法查阅或者复制其持股期间的公司特定文件材料的除外。有限责任公司有证据证明股东存在下列情形之一的，人民法院应当认定股东有上述"不正当目的"：（1）股东自营或者为他人经营与公司主营业务有实质性竞争关系业务的，但公司章程另有规定或者全体股东另有约定的除外；（2）股东为了向他人通报有关信息查阅公司会计账簿，可能损害公司合法利益的；（3）股东在向公司提出查阅请求之日前的 3 年内，曾通过查阅公司会计账簿，向他人通报有关信息损害公司合法利益的；（4）股东有不正当目的的其他情形。公司章程、股东之间的协议等实质性剥夺股东依据《公司法》规定查阅或者复制公司文件材料的权利，公司以此为由拒绝股东查阅或者复制的，人民法院不予支持。人民法院审理股东请求查阅或者复制公司特定文件材料的案件，对原告诉诉讼请求予以支持的，应当在判决中明确查阅或者复制公司特定文件材料的时间、地点和特定文件材料的名录。股东依据人民法院生效判决查阅公司文件材料的，在该股东在场的情况下，可以由会计师、律师等依法或者依据执业行为规范负有保密义务的中介机构执业人员辅助进行。股东行使知情权后泄露公司商业秘密导致公司合法利益受到损害，公司请求该股东赔偿相关损失的，人民法院应当予以支持。辅助股东查阅公司文件材料的会计师、律师等泄露公司商业秘密导致公司合法利益受到损害，公司请求其赔偿相关损失的，人民法院应当予以支持。

自益权是指股东仅以个人利益为目的而行使的权利，即依法从公司取得收益、财产或处分自己股权的权利，包括股利分配请求权、剩余财产分配权、新股认购优先权、股份质押权和股份转让权等。股东请求公司分配利润案件，应当列公司为被告。一审法庭辩论终结前，其他股东基于同一分配方案请求分配利润并申请参加诉讼的，应当列为共同原告。股东提交载明具体分配方案的股东会或者股东大会的有效决议，请求公司分配利润，公司拒绝分配利润且其关于无法执行决议的抗辩理由不成立的，人民法院应当判决公司按照决议载明的具体分配方案向股东分配利润。股东未提交载明具体分配方案的股东会或者股东大会决议，请求公司分配利润的，人民法院应当驳回其诉讼请求，但违反法律规定滥用股东权利导致公司不分配利润，给其他股东造成损失的除外。

2. 以股权行使的条件为标准划分，分为单独股东权和少数股东权。单独股东权是指每一单独股份均享有的权利，即只持有一股股份的股东也可单独行使的权利，如自益权、表决权等。少数股东权是指须单独或共同持有占股本总额一定比例以上股份方可行使的权利，如请求召开临时股东会或股东大会会议的权利等。

（三）股东滥用股东权的责任

《公司法》规定，公司股东应当遵守法律、行政法规和公司章程，依法行使股东权利，不得滥用股东权利损害公司或者其他股东的利益；不得滥用公司法人独立地位和股东有限责任损害公司债权人的利益。股东滥用股东权利应承担以下责任：

1. 公司股东滥用股东权利给公司或者其他股东造成损失的，应依法承担赔偿责任。

2. 公司股东滥用公司法人独立地位和股东有限责任，逃避债务，严重损害公司债权人利益的，应当对公司债务承担连带责任。这一规定表明在我国确立了公司法人人格否认原则。公司法人人格否认，是指为阻止公司独立人格的滥用和保护公司债权人利益及社会公共利益，就具体法律关系中的特定事实，否认公司与股东各自独立的人格及股东的有限责任，责令股东对公司债权人或公共利益直接负责，以实现公平、正义的法律制度。如果公司股东滥用公司法人独立地位和股东有限责任，转移公司资产，逃避债务，严重损害公司债权人利益，则公司债权人可以追究股东的连带责任。

3. 《公司法》规定公司的控股股东、实际控制人、董事、监事、高级管理人员不得利用其关联关系损害公司利益，违反规定给公司造成损失的，应当承担赔偿责任。这里的控股股东，是指其出资额占有限责任公司资本总额50%以上或者其持有的股份占股份有限公司股本总额50%以上的股东，以及出资额或者持有股份的比例虽然不足50%，但依其出资额或者持有的股份所享有的表决权已足以对股东会、股东大会的决议产生重大影响的股东。实际控制人，是指虽不是公司的股东，但通过投资关系、协议或者其他安排，能够实际支配公司行为的人。高级管理人员，是指公司的经理、副经理、财务负责人、上市公司董事会秘书和公司章程规定的其他人员。关联关系，是指公司控股股东、实际控制人、董事、监事、高级管理人员与其直接或者间接控制的企业之间的关系，以及可能导致公司利益转移的其他关系。但是，国家控股的企业之间不因为同受国家控股而具有关联关系。

根据《公司法》司法解释（五）的规定，关联交易损害公司利益，公司依据《公司法》规定请求控股股东、实际控制人、董事、监事、高级管理人员赔偿所造成的损失，被告仅以该交易已经履行了信息披露、经股东会或者股东大会同意等法律、行政法规或者公司章程规定的程序为由抗辩的，人民法院不予支持。公司没有提起诉讼的，符合《公司法》规定条件的股东，可以依据《公司法》规定向人民法院提起诉讼。

（四）有限责任公司股东转让股权

有限责任公司股东转让股权，包括股东之间转让股权、股东向股东以外的人转让股权和人民法院强制转让股东股权几种情形。

1. 股东之间转让股权。

《公司法》规定，有限责任公司的股东之间可以相互转让其全部或者部分股权。《公司法》对股东之间转让股权没有作任何限制，这是因为，股东向公司的其他股东转让股权，无论是转让全部股权还是转让部分股权，都不会有新股东的产生，因此也就没有必要对这种转让进行限制。

2. 股东向股东以外的人转让股权。

《公司法》规定，股东向股东以外的人转让股权，应当经其他股东过半数同意。股东应就其股权转让事项书面通知其他股东征求同意，其他股东自接到书面通知之日起满30日未答复的，视为同意转让。其他股东半数以上不同意转让的，不同意的股东应当购买该转让的股权；不购买的，视为同意转让。经股东同意转让的股权，在同等条件下，其他股东有优先购买权。两个以上股东主张行使优先购买权的，协商确定各自的购买比例；协商不成的，按照转让时各自的出资比例行使优先购买权。但是，公司章程对股权转让另有规定的，从其规定。即公司章程可以对股东之间的股权转让以及股东向股东以外的人转让股权作出与《公司法》不同的规定。一旦公司章程对股权转让作出了不同的规定，就应当依照公司章程的规定执行。

根据《公司法》司法解释（四）规定，有限责任公司的自然人股东因继承发生变化时，其他股东主张依据《公司法》规定行使优先购买权的，人民法院不予支持，但公司章程另有规定或者全体股东另有约定的除外。有限责任公司的股东向股东以外的人转让股权，应就其股权转让事项以书面或者其他能够确认收悉的合理方式通知其他股东征求同意。经股东同意转让的股权，其他股东主张转让股东应当向其以书面或者其他能够确认收悉的合理方式通知转让股权的同等条件的，人民法院应当予以支持。人民法院在判断是否符合《公司法》所称的"同等条件"时，应当考虑转让股权的数量、价格、支付方式及期限等因素。有限责任公司的股东主张优先购买转让股权的，应当在收到通知后，在公司章程规定的行使期间内提出购买请求。公司章程没有规定行使期间或者规定不明确的，以通知确定的期间为准，通知确定的期间短于30日或者未明确行使期间的，行使期间为30日。有限责任公司的转让股东，在其他股东主张优先购买后又不同意转让股权的，对其他股东优先购买的主张，人民法院不予支持，但公司章程另有规定或者全体股东另有约定的除外。其他股东主张转让股东赔偿其损失合理的，人民法院应当予以支持。有限责任公司的股东向股东以外的人转让股权，未就其股权转让事项征求其他股东意见，或者以欺诈、恶意串通等手段，损害其他股东优先购买权，其他股东主张按照同等条件购买该转让股权的，人民法院应当予以支持，但其他股东自知道或者应当知道行使优先购买权的同等条件之日起30日内没有主张，或者自股权变更登记之日起超过1年的除外。上述"其他股东"仅提出确认股权转让合同及股权变动效力等请求，未同时主张按照同等条件购买转让股权的，人民法院不予支持，但其他股东非因自身原因导致无法行使优先购买权，请求损害赔偿的除外。股东以外的股权受让人，因股东行使优先购买权而不能实现合同目的的，可以依法请求转让股东承担相应民事责任。

【例2-8】某有限责任公司的股东甲向公司股东以外的人乙转让其股权。下列关于甲转让股权的表述中，符合《公司法》规定的是（　　　）。

　　A. 甲可以将其股权转让给乙，无须经其他股东同意

　　B. 甲可以将其股权转让给乙，仅须通知其他股东

　　C. 甲可以将其股权转让给乙，但须经其他股东的过半数同意

　　D. 甲可以将其股权转让给乙，但须经其他股东的2/3以上同意

【解析】正确答案为C。根据《公司法》的规定，有限责任公司的股东向股东以外的人转让股权，应当经其他股东过半数同意。

　　3. 人民法院强制转让股东股权。

　　人民法院依照法律规定的强制执行程序转让股东的股权时，应当通知公司及全体股东，其他股东在同等条件下有优先购买权。其他股东自人民法院通知之日起满20日不行使优先购买权的，视为放弃优先购买权。人民法院依照法律规定的强制执行程序转让股东的股权，是指人民法院依照《民事诉讼法》等法律规定的执行程序，强制执行生效的法律文书时，以拍卖、变卖或者其他方式转让有限责任公司股

东的股权。

有限责任公司股东转让股权后，公司应当注销原股东的出资证明书，向新股东签发出资证明书，并相应修改公司章程和股东名册中有关股东及其出资额的记载。对公司章程的该项修改不需要再由股东会表决。

【例2-9】根据《公司法》的规定，有限责任公司的股东转让股权后，公司不必履行的程序是（　　）。

A. 注销原股东的出资证明书

B. 向新股东签发出资证明书

C. 召开股东会作出修改公司章程中有关股东及其出资额记载的决议

D. 相应修改公司股东名册中有关股东及其出资额的记载

【解析】正确答案为C。根据《公司法》的规定，有限责任公司股东转让股权后，公司应当注销原股东的出资证明书，向新股东签发出资证明书，并相应修改公司章程和股东名册中有关股东及其出资额的记载，对公司章程的该项修改不需再由股东会表决。

（五）有限责任公司股东退出公司

1. 股东退出公司的法定条件。

《公司法》规定，有下列情形之一的，对股东会该项决议投反对票的股东可以请求公司按照合理的价格收购其股权，退出公司：（1）公司连续5年不向股东分配利润，而公司该5年连续盈利，并且符合《公司法》规定的分配利润条件的；（2）公司合并、分立、转让主要财产的；（3）公司章程规定的营业期限届满或者章程规定的其他解散事由出现，股东会会议通过决议修改章程使公司存续的。根据上述规定，股东退出公司应当满足两个条件：一是具备上述三种情形之一；二是对股东会上述事项决议投了反对票。投赞成票的股东就不能以上述事项为由，要求退出公司。

2. 股东退出公司的法定程序。

（1）请求公司收购其股权。股东要求退出公司时，首先应当请求公司收购其股权。股东请求公司收购其股权时，其所要求的价格不应过高，而应当是合理的价格，这样才能既满足股东的要求，保护要求退出公司的股东的权益，又不损害公司和其他股东的权益。

（2）依法向人民法院提起诉讼。股东请求公司收购其股权，应当尽量通过协商的方式解决。但如果协商不成，根据《公司法》规定，自股东会会议决议通过之日起60日内，股东与公司不能达成股权收购协议的，股东可以自股东会会议决议通过之日起90日内向人民法院提起诉讼。

（3）注重调解。根据《公司法》司法解释（五）的规定，人民法院审理涉及有限责任公司股东重大分歧案件时，应当注重调解。当事人协商一致以下列方式解决分歧，且不违反法律、行政法规的强制性规定的，人民法院应予支持：①公司回购部分股东股权；②其他股东受让部分股东股权；③他人受让部分股东股权；④公司减资；⑤公司分立；⑥其他能够解决分歧，恢复公司正常经营，避免公司解散的方式。

四、一人有限责任公司的特别规定

（一）一人有限责任公司的概念

一人有限责任公司，是指只有一个自然人股东或者一个法人股东的有限责任公司。一人有限责任公司是独立的企业法人，具有完全的民事权利能力、民事行为能力和民事责任能力，是有限责任公司中的特殊类型。

（二）一人有限责任公司的特别规定

《公司法》规定，一人有限责任公司的设立和组织机构适用特别规定，没有特别规定的，适用有限责任公司的相关规定。这些特别规定，具体包括以下几个方面：

1. 一个自然人只能投资设立一个一人有限责任公司，该一人有限责任公司不能投资设立新的一人有限责任公司。

2. 一人有限责任公司应当在公司登记中注明自然人独资或者法人独资，并在公司营业执照中载明。

3. 一人有限责任公司不设股东会。法律规定的股东会职权由股东行使，当股东行使相应职权作出决定时，应当采用书面形式，并由股东签字后置备于公司。

4. 一人有限责任公司应当在每一会计年度终了时编制财务会计报告，并经会计师事务所审计。

5. 一人有限责任公司的股东不能证明公司财产独立于股东自己财产的，应当对公司债务承担连带责任。

五、国有独资公司的特别规定

（一）国有独资公司的概念

国有独资公司是指国家单独出资、由国务院或者地方人民政府委托本级人民政府国有资产监督管理机构履行出资人职责的有限责任公司。与一般意义上的有限责任公司相比较，国有独资公司具有以下特征：

1. 公司股东的单一性。国有独资公司的股东只有1个。

2. 单一股东的特定性。国有独资公司的股东只能是国有资产监督管理机构。

（二）国有独资公司的特别规定

《公司法》规定，国有独资公司的设立和组织机构适用特别规定，没有特别规定的，适用有限责任公司的相关规定。这些特别规定，具体包括以下几个方面：

1. 国有独资公司章程由国有资产监督管理机构制定，或者由董事会制定报国有资产监督管理机构批准。

2. 国有独资公司不设股东会，由国有资产监督管理机构行使股东会职权。国有资产监督管理机构可以授权公司董事会行使股东会的部分职权，决定公司的重大事项，但公司的合并、分立、解散、增减注册资本和发行公司债券，必须由国有资产监督管理机构决定；其中，重要的国有独资公司合并、分立、解散、申请破产的，应当由国有资产监督管理机构审核后，报本级人民政府批准。上述所称重要的国有独资公司，按照国务院的规定确定。

3. 国有独资公司设立董事会，依照法律规定的有限责任公司董事会的职权和国有资产监督管理机构的授权行使职权。董事会成员中应当有公司职工代表。董事会成员由国有资产监督管理机构委派；但是，董事会成员中的职工代表由公司职工代表大会选举产生。董事每届任期不得超过 3 年。董事会设董事长 1 人，可以设副董事长。董事长、副董事长由国有资产监督管理机构从董事会成员中指定。

4. 国有独资公司设经理，由董事会聘任或者解聘。国有独资公司经理的职权与一般有限责任公司经理的职权相同。经国有资产监督管理机构同意，董事会成员可以兼任经理。

5. 国有独资公司的董事长、副董事长、董事、高级管理人员，未经国有资产监督管理机构同意，不得在其他有限责任公司、股份有限公司或者其他经济组织兼职。

6. 国有独资公司设监事会，其成员不得少于 5 人，其中，职工代表的比例不得低于 1/3，具体比例由公司章程规定。监事会成员由国有资产监督管理机构委派；但是，监事会中的职工代表由公司职工代表大会选举产生。监事会主席由国有资产监督管理机构从监事会成员中指定。

💡【例 2-10】甲、乙两家国有企业与另外 7 家国有企业拟联合设立"丙航空货运有限责任公司"（以下简称"丙公司"），公司章程规定：公司股东会除召开定期会议外，还可以召开临时会议，临时会议须经代表 1/4 以上表决权的股东，1/2 以上的董事或 1/2 以上的监事提议召开。在申请公司设立登记时，登记机关指出了公司章程中的不合法之处。经全体股东协商后，予以纠正。

2018 年 1 月，丙公司依法登记成立，注册资本 1 亿元。甲以专利技术出资，协议作价出资 1 200 万元。乙认缴出资 1 400 万元，是出资最多的股东。公司成立后，由甲召集和主持首次股东会会议，设立了董事会和监事会。董事会有 9 名成员，分别是 9 家国有企业的负责人。监事会有 5 名成员，其中 1 人是公司职工代表。

2018 年 2 月，丙公司董事会发现，甲作为出资的专利技术的实际价额显著低于公司章程所定的价额，为了使公司股东出资总额仍达到 1 亿元，董事会提出了解决方案，即由甲补足差额；如果甲不能补足差额，则由其他股东按出资比例分担该差额。

2019 年 3 月，公司经过一段时间的运作后，经济效益较好，董事会拟订了一个增加注册资本的方案，方案提出将公司现有的注册资本由 1 亿元增加到 1.5 亿元。增资方案提交到股东会讨论表决时，有 5 家股东赞成增资，该 5 家股东出资总和为 5 830 万元，占表决权总数的 58.3%；有 4 家股东不赞成增资，4 家股东出资总和为 4 170

万元，占表决权总数的41.7%。股东会通过增资决议，并授权董事会执行。

2019年4月，丙公司因业务发展需要，依法成立了丁分公司。丁分公司在生产经营过程中，因违约被诉至法院。对方以丙公司是丁分公司的总公司为由，要求丙公司承担违约责任。

根据上述情况，回答下列问题：（1）丙公司设立过程中订立的公司章程中有哪些不合法之处？请说明理由。（2）丙公司首次股东会议的召开和决议有哪些不合法之处？请说明理由。（3）丙公司董事会作出的关于甲出资不足的解决方案是否合法？请说明理由。（4）丙公司股东会作出的增资决议是否合法？请说明理由。（5）丙公司是否应替丁分公司承担违约责任？请说明理由。

【解析】（1）丙公司章程中关于召开临时股东会会议提议权的规定不合法。根据《公司法》的规定，代表1/10以上表决权的股东，1/3以上董事，监事会或者不设监事会的公司的监事，均可以提议召开临时股东会会议。而在丙公司的章程中却规定代表1/2以上表决权的股东，1/2以上的董事或1/2以上的监事可以提议召开临时股东会会议，这是不符合法律规定的。

（2）有三处不合法：①丙公司首次股东会会议由甲召集和主持，不合法。根据《公司法》的规定，有限责任公司股东会的首次会议由出资最多的股东召集和主持。丙公司的股东乙出资1 400万元，是出资最多的股东。因此，首次股东会会议应由乙召集和主持。②董事会的组成不合法。根据《公司法》的规定，两个以上的国有企业或者其他两个以上的国有投资主体投资设立的有限责任公司，其董事会成员中应当有公司职工代表。丙公司由9家国有企业出资设立，董事会全部由企业负责人组成，没有公司职工代表，不合法。③监事会的组成不合法。根据《公司法》的规定，有限责任公司监事会应当包括股东代表和适当比例的公司职工代表，其中职工代表的比例不得低于1/3，具体比例由公司章程规定。丙公司监事会成员5人，职工代表1人，不足1/3，所以不符合法律规定。

（3）丙公司董事会作出的关于甲出资不足的解决方案不合法。根据《公司法》的规定，有限责任公司成立后，发现作为设立公司出资的非货币财产的实际价额显著低于公司章程所定价额的，应当由交付出资的股东补缴其差额，公司设立时的其他股东承担连带责任，而并非由其他股东按出资比例分担该差额。

（4）丙公司股东会作出的增资决议不合法。根据《公司法》的规定，股东会对公司增加注册资本作出决议，必须经代表2/3以上表决权的股东通过。而丙公司讨论表决时，同意的股东的出资额占表决权总数的58.3%，未达到2/3的比例。因此，增资决议不合法。

（5）丙公司应替丁分公司承担违约责任。根据《公司法》的规定，分公司是公司依法设立的以公司名义进行经营活动，其法律后果由本公司承担的分支机构。分公司没有独立的公司名称、章程，没有独立的财产，不具有法人资格，但可领取营业执照，进行经营活动，其民事责任由总公司承担。

第四节　股份有限公司

一、股份有限公司的设立

（一）股份有限公司的设立方式

股份有限公司可以采取发起设立或者募集设立的方式设立。发起设立，是指由发起人认购公司应发行的全部股份而设立公司。以发起设立的方式设立股份有限公司的，在设立时其股份全部由该公司的发起人认购，而不向发起人之外的任何社会公众发行股份。因此，以发起设立方式设立的股份有限公司，在其发行新股之前，其全部股份都由发起人持有，公司的全部股东都是设立公司的发起人。募集设立，是指由发起人认购公司应发行股份的一部分，其余股份向社会公开募集或者向特定对象募集而设立公司。以募集设立方式设立股份有限公司的，在公司设立时，认购公司应发行股份的人不仅有发起人，而且还有发起人以外的人。因此，法律对采用募集设立方式设立公司规定了较为严格的程序，以保护广大投资者的利益，保证正常的经济秩序。

（二）股份有限公司的设立条件

《公司法》规定，设立股份有限公司，应当具备下列条件：

1. 发起人符合法定人数。

发起人是指依法筹办创立股份有限公司事务的人。为设立公司而签署公司章程、向公司认购出资或者股份并履行公司设立职责的人，应当认定为公司的发起人。发起人既可以是自然人，也可以是法人；既可以是中国公民，也可以是外国公民。设立股份有限公司，应当有2人以上200人以下为发起人，其中，须有半数以上的发起人在中国境内有住所。发起人在中国境内有住所，是指中国公民以其户籍所在地为居住地，或者其经常居住地在中国境内；外国公民其经常居住地在中国境内；法人其主要办事机构所在地在中国境内。因此，发起人是否在中国有住所，要视其经常居住地或者主要办事机构所在地是否在中国境内。发起人应当签订发起人协议，明确各自在公司设立过程中的权利和义务。

2. 有符合公司章程规定的全体发起人认购的股本总额或者募集的实收股本总额。

股份有限公司采取发起设立方式设立的，注册资本为在公司登记机关登记的全体发起人认购的股本总额。在发起人认购的股份缴足前，不得向他人募集股份。股份有限公司采取募集方式设立的，注册资本为在公司登记机关登记的实收股本总额。法律、行政法规以及国务院决定对股份有限公司注册资本实缴、注册资本最低限额另有规定的，从其规定。发起人可以用货币出资，也可以用实物、知识产权、土地使用权等可以用货币估价并可以依法转让的非货币财产作价出资；但是，法律、行政法规规定不得作为出资的财产除外。对作为出资的非货币财产应当评估作价，核实财产，不得高估或者低估作价。法律、行政法规对评估作价有规定的，从其规定。

3. 股份发行、筹办事项符合法律规定。

发起人为设立股份有限公司发行股份，以及在进行其他的筹办事项时，都必须符合法律规定的条件和程序，不得违反。

4. 发起人制定公司章程，采用募集方式设立的须经创立大会通过。

股份有限公司的章程是指记载有关公司组织和行动基本规则的文件。公司章程对公司、股东、董事、监事、高级管理人员具有约束力。设立公司必须依法制定章程。对于以发起设立方式设立的股份有限公司，由全体发起人共同制定公司章程；对于以募集设立方式设立的股份有限公司，发起人制定的公司章程，还应当召开有其他认股人参加的创立大会，并经出席会议的认股人所持表决权的过半数通过，方为有效。

股份有限公司章程应当载明下列事项：（1）公司名称和住所；（2）公司经营范围；（3）公司设立方式；（4）公司股份总数、每股金额和注册资本；（5）发起人的姓名或者名称、认购的股份数、出资方式和出资时间；（6）董事会的组成、职权、任期和议事规则；（7）公司法定代表人；（8）监事会的组成、职权、任期和议事规则；（9）公司利润分配办法；（10）公司的解散事由与清算办法；（11）公司的通知和公告办法；（12）股东大会会议认为需要规定的其他事项。

5. 有公司名称，建立符合股份有限公司要求的组织机构。

6. 有公司住所。

（三）股份有限公司的设立程序

1. 发起设立方式设立股份有限公司的程序。

（1）发起人书面认足公司章程规定其认购的股份。

（2）缴纳出资。《公司法》规定，以发起设立方式设立股份有限公司的，发起人应当书面认足公司章程规定其认购的股份，并按照公司章程规定缴纳出资。以非货币财产出资的，应当依法办理其财产权的转移手续。发起人不按照规定缴纳出资的，应当按照发起人协议的约定承担违约责任。

（3）选举董事会和监事会。发起人首次缴纳出资后，应当选举董事会和监事会，建立公司的组织机构。

（4）申请设立登记。发起人在选举董事会和监事会后，董事会应当向公司登记机关报送公司章程、验资证明以及法律、行政法规规定的其他文件，申请设立登记。一旦公司登记机关依法予以登记，发给公司营业执照，公司即告成立。

2. 募集设立方式设立股份有限公司的程序。

（1）发起人认购股份。发起人认购的股份不得少于公司股份总数的35%；但是法律、行政法规另有规定的，从其规定。这里应当注意的是，发起人认购的股份是指所有发起人认购股份的总额，而不是某一个发起人认购的股份。

（2）向社会公开募集股份。发起人向社会公开募集股份，必须公告招股说明书，并制作认股书。认股书由认股人填写认购股数、金额、住所，并签名、盖章。认股人按照所认购股数缴纳股款。发起人向社会公开募集股份，应当由依法设立的证券公司承销，签订承销协议。发起人向社会公开募集股份，应当同银行签订代收股款协议。代收股款的银行应当按照协议代收和保存股款，向缴纳股款的认股人出具收款单据，并负有向有关部门出具收款证明的义务。

根据《公司法》司法解释（三）的规定，股份有限公司的认股人未按期缴纳所认股份的股款，经公司发起人催缴后在合理期间内仍未缴纳，公司发起人对该股份另行募集的，人民法院应当认定该募集行为有效。认股人延期缴纳股款给公司造成损失，公司请求该认股人承担赔偿责任的，人民法院应予支持。

（3）召开创立大会。发行股份的股款缴足后，必须经依法设立的验资机构验资并出具证明。发起人应当在股款缴足之日起30日内主持召开公司创立大会，创立大会由发起人、认股人组成。发起人应当在创立大会召开15日前将会议日期通知各认股人或者予以公告。创立大会应有代表股份总数过半数的发起人、认股人出席，方可举行。

创立大会行使下列职权：审议发起人关于公司筹办情况的报告；通过公司章程；选举董事会成员；选举监事会成员；对公司的设立费用进行审核；对发起人用于抵作股款的财产的作价进行审核；发生不可抗力或者经营条件发生重大变化直接影响公司设立的，可以作出不设立公司的决议。创立大会对上述所列事项作出决议，必须经出席会议的认股人所持表决权过半数通过。

发行的股份超过招股说明书规定的截止期限尚未募足的，或者发行股份的股款缴足后，发起人在30日内未召开创立大会的，或创立大会作出不设立公司决议的，认股人可以按照所缴股款并加算银行同期存款利息，要求发起人返还。发起人、认股人缴纳股款或者交付抵作股款的出资后，除上述情形外不得抽回其股本。

【例2－11】 下列关于创立大会的表述中，符合《公司法》规定的有（ ）。

A. 发起人应当在股款缴足之日起60日内主持召开公司创立大会

B. 发起人未按期召开创立大会的，认股人可以按照所缴股款并加算银行同期存款利息，要求发起人返还

C. 创立大会应有代表股份总数过半数的发起人、认股人出席，方可举行

D. 创立大会对通过公司章程作出决议，必须经出席会议的认股人所持表决权2/3以上通过

【解析】 正确答案为BC。根据我国《公司法》的规定，选项A中，发起人应当在股款缴足之日起30日内主持召开公司创立大会，而不是60日。选项D中，创立大会对通过公司章程作出决议，必须经出席会议的认股人所持表决权过半数通过，而不是

2/3 以上。

（4）申请设立登记。董事会应于创立大会结束后 30 日内，向公司登记机关申请设立登记。公司登记机关依法核准登记后，应当发给公司企业法人营业执照。自公司企业法人营业执照签发之日起，公司即告成立。

股份有限公司成立后，发起人未按照公司章程的规定缴足出资的，应当补缴；其他发起人承担连带责任。股份有限公司成立后，发现作为设立公司出资的非货币财产的实际价额显著低于公司章程所定价额的，应当由交付该出资的发起人补足其差额；其他发起人承担连带责任。股份有限公司应当将公司章程、股东名册、公司债券存根、股东大会会议记录、董事会会议记录、监事会会议记录、财务会计报告置备于本公司，供股东查阅。

（四）股份有限公司发起人承担的责任

根据《公司法》的规定，股份有限公司的发起人应当承担下列责任：（1）公司不能成立时，对设立行为所产生的债务和费用负连带责任。根据《公司法》司法解释（三）的规定，公司因故未成立，债权人请求全体或者部分发起人对设立公司行为所产生的费用和债务承担连带清偿责任的，人民法院应予支持。部分发起人依照前述规定承担责任后，请求其他发起人分担的，人民法院应当判令其他发起人按照约定的责任承担比例分担责任；没有约定责任承担比例的，按照约定的出资比例分担责任；没有约定出资比例的，按照均等份额分担责任。（2）公司不能成立时，对认股人已缴纳的股款，负返还股款并加算银行同期存款利息的连带责任。（3）在公司设立过程中，由于发起人的过失致使公司利益受到损害的，应当对公司承担赔偿责任。根据《公司法》司法解释（三）的规定，因部分发起人的过错导致公司未成立，其他发起人主张其承担设立行为所产生的费用和债务的，人民法院应当根据过错情况，确定过错一方的责任范围。发起人因履行公司设立职责造成他人损害，公司成立后受害人请求公司承担侵权赔偿责任的，人民法院应予支持；公司未成立，受害人请求全体发起人承担连带赔偿责任的，人民法院应予支持。公司或者无过错的发起人承担赔偿责任后，可以向有过错的发起人追偿。

此外，《公司法》司法解释（三）还规定了公司设立阶段的合同责任。这是因为在公司设立过程中，发起人可能会因筹办公司事务对外订立合同。此时，该合同责任应如何承担？《公司法》司法解释（三）对此作了具体的规定。（1）发起人为设立公司以自己名义对外签订合同，合同相对人请求该发起人承担合同责任的，人民法院应予支持。公司成立后对前述规定的合同予以确认，或者已经实际享有合同权利或者履行合同义务，合同相对人请求公司承担合同责任的，人民法院应予支持。（2）发起人以设立中公司名义对外签订合同，公司成立后合同相对人请求公司承担合同责任的，人民法院应予支持。公司成立后有证据证明发起人利用设立中公司的名义为自己的利益与相对人签订合同，公司以此为由主张不承担合同责任的，人民法院应予支持，但相对人为善意的除外。

二、股份有限公司的组织机构

股份有限公司的组织机构由股东大会，董事会、经理，监事会等组成。

（一）股东大会

1. 股东大会的性质和组成。

股份有限公司的股东大会是公司的权力机构，依法行使职权。股东大会作为公司的权力机构，虽然对外并不直接代表公司，对内也不直接从事经营活动，但却有权决定公司的重大事项。股份有限公司的股东大会由全体股东组成，公司的任何一个股东，无论其所持股份有多少，都是股东大会的成员。

2. 股东大会的职权。

股份有限公司股东大会的职权与有限责任公司股东会的职权的规定基本相同。此外，根据中国证券监督管理委员会发布的《上市公司章程指引》的规定，上市公司的股东大会还有权对公司聘用、解聘会计师事务所作出决议；审议公司在一年内购买、出售重大资产超过公司最近一期经审计总资产30%的事项；审议批准变更募集资金用途事项；审议股权激励计划；审议批准下列担保行为：（1）本公司及本公司控股子公司的对外担保总额，达到或超过最近一期经审计净资产的50%以后提供的任何担保；（2）公司的对外担保总额，达到或超过最近一期经审计总资产的30%以后提供的任何担保；（3）为资产负债率超过70%的担保对象提供的担保；（4）单笔担保额超过最近一期经审计净资产10%的担保；（5）对股东、实际控制人及其关联方提供的担保。

3. 股东大会的形式。

股份有限公司的股东大会分为年会和临时股东大会两种。年会是指依照法律和公司章程的规定每年按时召开的股东大会。《公司法》规定，股东大会应当每年召开1次年会。上市公司的年度股东大会应当于上一会计年度结束后的6个月内举行。临时股东大会是指股份有限公司在出现召开临时股东大会的法定事由时，应当在法定期限召开的股东大会。《公司法》规定，有下列情形之一的，应当在2个月内召开临时股东大会：（1）董事人数不足《公司法》规定人数或者公司章程所定人数的2/3时；（2）公司未弥补的亏损达实收股本总额1/3时；（3）单独或者合计持有公司10%以上股份的股东请求时；（4）董事会认为必要时；（5）监事会提议召开时；（6）公司章程规定的其他情形。

4. 股东大会的召开。

股东大会会议由董事会召集，董事长主持；董事长不能履行职务或者不履行职务的，由副董事长主持；副董事长不能履行职务或者不履行职务的，由半数以上董事共同推举1名董事主持。董事会不能履行或者不履行召集股东大会会议职责的，监事会应当及时召集和主持；监事会不召集和主持的，连续 90 日以上单独或者合计持有公司 10% 以上股份的股东可以自行召集和主持。

召开股东大会会议，应当将会议召开的时间、地点和审议的事项于会议召开 20 日前通知各股东；临时股东大会应当于会议召开 15 日前通知各股东；发行无记名股票的，应当于会议召开 30 日前公告会议召开的时间、地点和审议事项。

单独或者合计持有公司 3% 以上股份的股东，可以在股东大会召开 10 日前提出临时提案并书面提交董事会；董事会应当在收到提案后 2 日内通知其他股东，并将该临时提案提交股东大会审议。临时提案的内容应当属于股东大会职权范围，并有明确议题和具体决议事项。股东大会不得对上述通知中未列明的事项作出决议。无记名股票持有人出席股东大会会议的，应当于会议召开 5 日前至股东大会闭会时将股票交存于公司。

5. 股东大会的决议。

股东出席股东大会会议，所持每一股份有一表决权。股东可以委托代理人出席股东大会会议，代理人应当向公司提交股东授权委托书，并在授权范围内行使表决权。公司持有的本公司股份没有表决权。股东大会作出决议，必须经出席会议的股东所持表决权过半数通过。但是，股东大会作出修改公司章程、增加或者减少注册资本的决议，以及公司合并、分立、解散或者变更公司形式的决议，必须经出席会议的股东所持表决权的 2/3 以上通过。

股东大会选举董事、监事，可以依照公司章程的规定或者股东大会的决议，实行累积投票制。这里所称累积投票制，是指股东大会选举董事或者监事时，每一股份拥有与应选董事或者监事人数相同的表决权，股东拥有的表决权可以集中使用。例如，某股东拥有 100 股，每股 1 票，选出 6 位董事，通常的办法是让该股东给选中的 6 位董事候选人的每一位投 100 票，总共 600 票。而累积投票法则可以将这 600 票投给 1 位董事候选人，或根据自己的意愿分投给选中的各候选人。

股东大会应当对所议事项的决定作成会议记录，主持人、出席会议的董事应当在会议记录上签名。会议记录应当与出席股东的签名册及代理出席的委托书一并保存。

（二）董事会、经理

1. 董事会的性质和组成。

股份有限公司的董事会是股东大会的执行机构，对股东大会负责。股份有限公司设董事会，其成员为 5 ~ 19 人。董事会成员中可以有公司职工代表，董事会中的职工代表由公司职工通过职工代表大会、职工大会或者其他形式民主选举产生。股份有限公司的董事任期由公司章程规定，但每届任期不得超过 3 年。董事任期届满，连选可以连任。董事任期届满未及时改选，或者董事在任期内辞职导致董事会成员低于法定人数的，在改选出的董事就任前，原董事仍应当依照法律、行政法规和公司章程的规定，履行董事职务。

2. 董事会的职权。

股份有限公司董事会的职权与有限责任公司董事会的职权的规定基本相同。

3. 董事会的召开。

董事会设董事长1人，可以设副董事长。董事长和副董事长由董事会以全体董事的过半数选举产生。董事长召集和主持董事会会议，检查董事会决议的实施情况。副董事长协助董事长工作，董事长不能履行职务或者不履行职务的，由副董事长履行职务；副董事长不能履行职务或者不履行职务的，由半数以上董事共同推举1名董事履行职务。董事会每年度至少召开2次会议，每次会议应当于会议召开10日前通知全体董事和监事。代表1/10以上表决权的股东、1/3以上董事或者监事会，可以提议召开董事会临时会议。董事长应当自接到提议后10日内，召集和主持董事会会议。董事会召开临时会议，可以另定召集董事会的通知方式和通知时限。

4. 董事会的决议。

董事会会议应有过半数的董事出席方可举行。董事会作出决议，必须经全体董事的过半数通过。董事会决议的表决，实行一人一票，即每个董事只能享有一票表决权。董事会会议，应由董事本人出席；董事因故不能出席，可以书面委托其他董事代为出席，委托书中应当载明授权范围。董事会应当对会议所议事项的决定作成会议记录，出席会议的董事应当在会议记录上签名。董事应当对董事会的决议承担责任。董事会的决议违反法律、行政法规或者公司章程、股东大会决议，致使公司遭受严重损失的，参与决议的董事对公司负赔偿责任。但经证明在表决时曾表明异议并记载于会议记录的，该董事可以免除责任。这里需要注意的是，并不是在所有的情况下，也不是所有的董事都对公司负赔偿责任。只有具备了下列三个条件，董事才对公司负赔偿责任：一是董事会的决议违反了法律、行政法规或者公司章程、股东大会决议；二是董事会的决议致使公司遭受严重损失；三是该董事参与了董事会的决议并对某项决议表示了同意。对该决议持相反意见并记载于会议记录的董事，不对公司负赔偿责任。

5. 经理。

股份有限公司设经理，由董事会决定聘任或者解聘。股份有限公司经理的职权与有限责任公司经理的职权的规定基本相同。公司董事会可以决定由董事会成员兼任公司经理。

【例2－12】 某股份有限公司召开董事会，下列各项中，符合公司法律制度规定的有（   ）。

A. 董事长因故不能出席会议，会议由副董事长主持

B. 通过了有关公司董事报酬的决议

C. 通过了免除乙的经理职务，聘任副董事长甲担任经理的决议

D. 董事会的决议违反法律，致使公司遭受严重损失的，参与决议的全体董事对公

司负赔偿责任

【解析】正确答案为 AC。根据《公司法》的规定，董事长不能履行职务时，由副董事长履行职务，故选项 A 正确；决定董事报酬事项属于公司股东大会的职权，不属于董事会职权，故选项 B 错误；聘任或者解聘公司经理属于董事会职权，且公司董事会可以决定由董事会成员兼任经理，故选项 C 正确；董事会的决议违反法律、行政法规或者公司章程、股东大会决议，致使公司遭受严重损失的，参与决议的董事对公司负赔偿责任，但经证明在表决时曾表示异议并记载于会议记录的，该董事可以免除责任，故选项 D 错误。

【例 2 – 13】某股份有限公司于 2018 年 3 月 28 日召开董事会会议，该次会议召开情况及讨论的有关问题如下：（1）公司董事会由 7 名董事组成。出席该次会议的董事有董事王某、张某、李某、陈某；董事何某、孙某、肖某因事不能出席会议，其中，孙某电话委托董事王某代为出席会议并表决，肖某委托董事会秘书杨某代为出席会议并表决。（2）根据总经理提名，出席本次会议的董事讨论并一致同意，聘任顾某为公司财务负责人，并决定给予顾某年薪 10 万元；董事会会议讨论通过了公司内部机构设置的方案，表决时，董事张某反对，其他董事表示同意。（3）该次董事会会议记录，由出席董事会会议的全体董事和列席会议的监事签名后存档。

要求：（1）根据本题（1）所述内容，出席该次董事会会议的董事人数是否符合规定？董事孙某、肖某委托他人出席该次董事会会议是否有效？请分别说明理由。（2）根据本题（2）所述内容，董事会通过的两项决议是否符合规定？请分别说明理由。（3）指出本题（3）所述内容中不规范之处，并说明理由。

【解析】（1）出席该次董事会会议的董事人数符合规定。根据《公司法》的规定，董事会会议应有过半数的董事出席方可举行。董事孙某电话委托董事王某代为出席会议并表决不符合规定。根据《公司法》的规定，董事因故不能出席董事会会议时，可以书面委托其他董事代为出席。董事肖某委托董事会秘书杨某代为出席会议并表决不符合规定。根据《公司法》的规定，董事因故不能出席董事会会议时，只能委托其他董事出席，而不能委托董事之外的人代为出席。（2）首先，出席本次董事会会议的董事讨论并一致通过的聘任财务负责人并决定其报酬的决议符合规定。根据《公司法》的规定，该事项属于董事会职权范围。其次，批准公司内部设置方案不符合规定。根据《公司法》的规定，董事会作出决议必须经全体董事的过半数通过。公司董事由 7 人组成，董事张某反对，何某未出席，孙某、肖某委托不合法，实际只有 3 名董事同意，未达到全体董事的过半数。（3）该次会议记录无须列席会议的监事签名。根据《公司法》的规定，董事会应当对会议所议事项的决定作成会议记录，出席会议的董事应当在会议记录上签名。

（三）监事会

股份有限公司依法应当设立监事会，监事会为公司的监督机构。

1. 监事会的组成。

股份有限公司监事会成员不得少于 3 人，应当包括股东代表和适当比例的公司职工代表，其中，职工代表的比例不得低于 1/3，具体比例由公司章程规定。监事会中的职工代表由公司职工通过职工代表大会、职工大会或者其他形式民主选举产生。董事、高级管理人员不得兼任监事。监事的任期每届为 3 年。监事任期届满，连选可以连任。监事任期届满未及时改选，或者监事在任期内辞职导致监事会成员低于法定人数的，在改选出的监事就任前，原监事仍应当依照法律、行政法规和公司章程的规定，履行监事职务。

2. 监事会的职权。

股份有限公司监事会的职权与有限责任公司监事会的职权的规定基本相同。监事可以列席董事会会议，并对董事会决议事项提出质询或者建议。监事会发现公司经营情况异常，可以进行调查；必要时，可以聘请会计师事务所等协助其工作，费用由公司承担。监事会行使职权所必需的费用，由公司承担。

3. 监事会的召开。

监事会设主席 1 人，可以设副主席。监事会主席和副主席由全体监事过半数选举产生。监事会主席召集和主持监事会会议；监事会主席不能履行职务或者不履行职务的，由监事会副主席召集和主持监事会会议；监事会副主席不能履行职务或者不履行职务的，由半数以上监事共同推举 1 名监事召集和主持监事会会议。监事会每 6 个月至少召开 1 次会议。监事可以提议召开临时监事会会议。监事会的议事方式和表决程序，除《公司法》有规定的外，由公司章程规定。监事会应当对所议事项的决定作成会议记录，出席会议的监事应当在会议记录上签名。

三、上市公司组织机构的特别规定

上市公司，是指其股票在证券交易所上市交易的股份有限公司。《公司法》对上市公司组织及活动原则的特别规定，主要包括以下几个方面：

（一）增加股东大会特别决议事项

上市公司在 1 年内购买、出售重大资产或者担保金额超过公司资产总额 30% 的，应当由股东大会作出决议，并经出席会议的股东所持表决权的 2/3 以上通过。

（二）上市公司设立独立董事

上市公司独立董事，是指不在公司担任除董事外的其他职务，并与其受聘的上市公司及其主要股东不存在可能妨碍其进行独立客观判断的关系的董事。独立董事除了应履行董事的一般职责外，主要职责在于对控股股东及其选任的上市公司的董事、高级管理人员，以及其与公司进行的关联交易等进行监督。中国证券监督管理委员会发布《关于在上市公司建立独立董事制度的指导意见》（以下简称《指导意见》）的通知，要求上市公司建立独立董事制度。独立董事应当具备与其行使职权相适应的任职条件。担任独立董事应当符合下列基本条件：（1）根据法律、行政法规及其他有关规定，具备担任上市公司董事的资格；（2）具有《指导意见》所要求的独立性；（3）具备上市公司运作的基本知识，熟悉相关法律、行政法规、规章及规则；（4）具有5年以上法律、经济或者其他履行独立董事职责所必需的工作经验；（5）公司章程规定的其他条件。

下列人员不得担任独立董事：（1）在上市公司或者其附属企业任职的人员及其直系亲属、主要社会关系（直系亲属是指配偶、父母、子女等；主要社会关系是指兄弟姐妹、岳父母、儿媳女婿、兄弟姐妹的配偶、配偶的兄弟姐妹等）；（2）直接或间接持有上市公司已发行股份1%以上或者是上市公司前10名股东中的自然人股东及其直系亲属；（3）在直接或间接持有上市公司已发行股份5%以上的股东单位或者在上市公司前5名股东单位任职的人员及其直系亲属；（4）最近一年内曾经具有前三项所列举情形的人员；（5）为上市公司或者其附属企业提供财务、法律、咨询等服务的人员；（6）公司章程规定的其他人员；（7）中国证监会认定的其他人员。

独立董事除依法行使股份有限公司董事的职权外，还行使下列职权：对公司关联交易、聘用或者解聘会计师事务所等重大事项进行审核并发表独立意见；就上市公司董事、高级管理人员的提名、任免、报酬、考核事项以及其认为可能损害中小股东权益的事项发表独立意见。独立董事发表的独立意见应当作成记录，并经独立董事书面签字确认。股东有权查阅独立董事发表的独立意见。

（三）上市公司设立董事会秘书

董事会秘书是指掌管董事会文件并协助董事会成员处理日常事务的人员。董事会秘书是董事会设置的服务席位，既不能代表董事会，也不能代表董事长。上市公司董事会秘书是公司的高级管理人员，承担法律、行政法规以及公司章程对公司高级管理人员所要求的义务，享有相应的工作职权，获得相应的报酬。上市公司设立董事会秘书，负责公司股东大会和董事会会议的筹备、文件保管以及公司股东资料的管理，办理信息披露事务等事宜。

（四）增设关联关系董事的表决权排除制度

上市公司董事与董事会会议决议事项所涉及的企业有关联关系的，不得对该项决议行使表决权，也不得代理其他董事行使表决权。该董事会会议由过半数的无关联关系董事出席即可举行，董事会会议所作决议须经无关联关系董事过半数通过。出席董事会的无关联关系董事人数不足3人的，应将该事项提交上市公司股东大会审议。这里所称关联关系，是指上市公司的董事与董事会决议事项所涉及的企业之间存在直接或者间接的利益关系。

【例2-14】某上市公司董事会成员有11人，根据公司章程的规定，对与其甲股东签订重要采购合同的事宜召开临时董事会会议，其中，张董事是甲股东的公司董事长，李董事、刘董事因故没有参加会议，表决时有 3 个董事不同意。下列关于该次决议的表述中，正确的有（ 　　）。

A. 该董事会会议由于过半数的无关联关系董事出席，因此可以举行

B. 该董事会会议决议经参加会议的无关联关系董事半数以上通过，有效

C. 该董事会会议决议未经无关联关系董事过半数通过，无效

D. 该董事会会议决议经全体董事过半数以上通过，有效

【解析】正确答案为 AC。根据我国《公司法》的规定，上市公司董事与董事会会议决议事项所涉及的企业有关联关系的，不得对该项决议行使表决权，因此，能够行使表决权的董事只有 10 人。该董事会会议由过半数的无关联关系董事出席即可举行，本公司有无关联关系董事 8 人参加，已过半数。董事会会议所作决议须经无关联关系董事（10 人）过半数通过，即至少应当经无关联关系董事 6 人同意，但决议只有 5 人同意，因此不通过，无效。

第五节　公司董事、监事、高级管理人员的资格和义务

一、公司董事、监事、高级管理人员的资格

公司董事、监事、高级管理人员在公司中处于重要的地位并具有法定的职权，因此需要对其任职资格作一些限制性的规定，以保证其具有正确履行职责的能力和条件。因此，《公司法》规定，有下列情形之一的，不得担任公司的董事、监事、高级管理人员：

（1）无民事行为能力或者限制民事行为能力。无民事行为能力的人包括不满 8 周岁的未成年人和不能辨认自己行为的成年人。限制民事行为能力的人包括 8 周岁以上的未成年人和不能完全辨认自己行为的成年人，但 16 周岁以上的未成年人，以自己的劳动收入为主要生活来源的，视为完全民事行为能力人。

（2）因贪污、贿赂、侵占财产、挪用财产或者破坏社会主义市场经济秩序，被判处刑罚，执行期满未逾 5 年，或者因犯罪被剥夺政治权利，执行期满未逾 5 年。

（3）担任破产清算的公司、企业的董事或者厂长、经理，对该公司、企业的破产负有个人责任的，自该公司、企业破产清算完结之日起未逾 3 年。

（4）担任因违法被吊销营业执照、责令关闭的公司、企业的法定代表人，并负有个人责任的，自该公司、企业被吊销营业执照之日起未逾 3 年。

（5）个人所负数额较大的债务到期未清偿。

公司违反《公司法》的上述规定选举、委派董事、监事或者聘任高级管理人员的，该选举、委派或者聘任无效。公司董事、监事、高级管理人员在任职期间出现上

述所列情形的，公司应当解除其职务。

二、公司董事、监事、高级管理人员的义务

公司董事、监事、高级管理人员应当遵守法律、行政法规和公司章程，对公司负有忠实义务和勤勉义务。公司董事、监事、高级管理人员不得利用职权收受贿赂或者其他非法收入，不得侵占公司的财产。

《公司法》规定，公司董事、高级管理人员不得有下列行为：（1）挪用公司资金；（2）将公司资金以其个人名义或者以其他个人名义开立账户存储；（3）违反公司章程的规定，未经股东会、股东大会或者董事会同意，将公司资金借贷给他人或者以公司财产为他人提供担保；（4）违反公司章程的规定或者未经股东会、股东大会同意，与本公司订立合同或者进行交易；（5）未经股东会或者股东大会同意，利用职务便利为自己或者他人谋取属于公司的商业机会，自营或者为他人经营与所任职公司同类的业务；（6）接受他人与公司交易的佣金归为己有；（7）擅自披露公司秘密；（8）违反对公司忠实义务的其他行为。

公司董事、高级管理人员违反上述规定所得的收入应当归公司所有。公司董事、监事、高级管理人员执行公司职务时违反法律、行政法规或者公司章程的规定，给公司造成损失的，应当承担赔偿责任。公司股东会或者股东大会要求董事、监事、高级管理人员列席会议的，董事、监事、高级管理人员应当列席并接受股东的质询。董事、高级管理人员应当如实向公司监事会或者不设监事会的有限责任公司的监事提供有关情况和资料，不得妨碍监事会或者监事行使职权。

三、股东诉讼

（一）股东代表诉讼

股东代表诉讼，也称股东间接诉讼，是指当董事、监事、高级管理人员或者他人违反法律、行政法规或者公司章程的行为给公司造成损失，公司拒绝或者怠于向该违法行为人请求损害赔偿时，具备法定资格的股东有权代表其他股东，代替公司提起诉讼，请求违法行为人赔偿公司损失的行为。股东代表诉讼的目的，是为了保护公司利益和股东整体利益，而不仅仅是个别股东的利益。为保护个别股东利益而进行的诉讼是股东直接诉讼。根据侵权人身份的不同与具体情况的不同，提起股东代表诉讼有以下几种程序：

1. 公司董事、监事、高级管理人员的行为给公司造成损失时股东代表公司提起诉讼的程序。按照《公司法》的规定，公司董事、监事、高级管理人员执行公司职务时违反法律、行政法规或者公司章程的规定，给公司造成损失的，应当承担赔偿责任。

为了确保责任者真正承担相应的赔偿责任，《公司法》对股东代表诉讼作了如下规定：

（1）公司董事、高级管理人员执行公司职务时违反法律、行政法规或者公司章程的规定的，股东通过监事会或者监事提起诉讼。公司董事、高级管理人员执行公司职务时违反法律、行政法规或者公司章程的规定，给公司造成损失的，有限责任公司的股东、股份有限公司连续180日以上单独或者合计持有公司1%以上股份的股东，可以书面请求监事会或者不设监事会的有限责任公司的监事向人民法院提起诉讼。根据《公司法》司法解释（一）的规定，180日以上连续持股期间，应为股东向人民法院提起诉讼时，已期满的持股时间；规定的合计持有公司1%以上股份，是指两个以上股东持股份额的合计。

（2）监事执行公司职务时违反法律、行政法规或者公司章程的规定的，股东通过董事会或者董事提起诉讼。监事执行公司职务时违反法律、行政法规或者公司章程的规定，给公司造成损失的，有限责任公司的股东、股份有限公司连续180日以上单独或者合计持有公司1%以上股份的股东，可以书面请求董事会或者不设董事会的有限责任公司的执行董事向人民法院提起诉讼。

（3）股东直接提起诉讼。监事会、不设监事会的有限责任公司的监事，或者董事会、执行董事，收到有限责任公司的股东、股份有限公司连续180日以上单独或者合计持有公司1%以上股份的股东的书面请求后，拒绝提起诉讼，或者自收到请求之日起30日内未提起诉讼，或者情况紧急、不立即提起诉讼将会使公司利益受到难以弥补的损害的，有限责任公司的股东、股份有限公司连续180日以上单独或者合计持有公司1%以上股份的股东，有权为了公司的利益，以自己的名义直接向人民法院提起诉讼。股东直接对董事、监事、高级管理人员或者他人提起诉讼的，应当列公司为第三人参加诉讼。一审法庭辩论终结前，符合《公司法》规定条件的其他股东，以相同的诉讼请求申请参加诉讼的，应当列为共同原告。股东直接提起诉讼的案件，胜诉利益归属于公司，其诉讼请求部分或者全部得到人民法院支持的，公司应当承担股东因参加诉讼支付的合理费用，股东请求被告直接向其承担民事责任的，人民法院不予支持。

2. 其他人的行为给公司造成损失时股东提起诉讼的程序。公司董事、监事、高级管理人员以外的其他人侵犯公司合法权益，给公司造成损失的，有限责任公司的股东、股份有限公司连续180日以上单独或者合计持有公司1%以上股份的股东，可以通过监事会或者监事、董事会或者董事向人民法院提起诉讼，或者直接向人民法院提起诉讼。提起诉讼的具体程序，依照上述股东对公司董事、监事、高级管理人员给公司造成损失的行为提起诉讼的程序进行。

（二）股东直接诉讼

股东直接诉讼，是指股东对董事、高级管理人员违反规定损害股东利益的行为提起的诉讼。《公司法》规定，公司董事、高级管理人员违反法律、行政法规或者公司章程的规定，损害股东利益的，股东可以依法直接向人民法院提起诉讼。

💡【例2－15】公司所有股东对公司董事、高级管理人员执行公司职务时违反法律规

定给公司造成损失的，可以自己的名义直接向人民法院提起诉讼。（　　）

【解析】正确答案为×。根据我国《公司法》的规定，公司董事、高级管理人员执行公司职务时违反法律、行政法规或者公司章程的规定，给公司造成损失的，有限责任公司的股东、股份有限公司连续180日以上单独或者合计持有公司1%以上股份的股东，可以书面请求监事会或者不设监事会的有限责任公司的监事向人民法院提起诉讼。监事会、不设监事会的有限责任公司的监事，收到有限责任公司的股东、股份有限公司连续180日以上单独或者合计持有公司1%以上股份的股东的书面请求后，拒绝提起诉讼，或者自收到请求之日起30日内未提起诉讼，或者情况紧急、不立即提起诉讼将会使公司利益受到难以弥补的损害的，有限责任公司的股东、股份有限公司连续180日以上单独或者合计持有公司1%以上股份的股东，才有权为了公司的利益，以自己的名义直接向人民法院提起诉讼。

第六节　公司股票和公司债券

一、股份发行

（一）股份和股票的概念

股份是指将股份有限公司的注册资本按相同的金额或比例划分为相等的份额。股份作为代表公司资本的一部分，是公司资本的最小划分单位，股东根据其出资额度计算出其持有的股份数量，所有股东持有的股份加起来所代表的资本数额即为公司的资本总额。股份有限公司的股份具有平等性，公司每股金额相等，所表现出的股东权利和义务是相等的。股票是指公司签发的证明股东所持股份的凭证，是股份的表现形式。

股票具有以下性质：（1）股票是有价证券。股票是一种具有财产价值的证券，股票记载着股票种类、票面金额及代表的股份数，反映着股票的持有人对公司的权利。（2）股票是证权证券。股票表现的是股东的权利，任何人只要合法占有股票，其就可以依法向公司行使权利，而且公司股票发生转移时，公司股东的权益也即随之转移。（3）股票是要式证券。股票应当采取纸面形式或者国务院证券监督管理机构规定的其他形式，其记载的内容和事项应当符合法律的规定。（4）股票是流通证券。股票可以在证券交易市场依法进行交易。

（二）股票的种类

依据不同的标准，可以将股票分为以下几类：

1. 普通股和优先股。

这是按照股东权利、义务的不同进行的分类。普通股是指享有普通权利、承担普通义务的股份，是股份的最基本形式。依照规定，普通股股东享有决策参与权、利润分配权、优先认股权和剩余资产分配权。优先股是指享有优先权的股份。公司对优先股的股利须按约定的股利率支付，有特别约定时，当年可供分配股利的利润不足以按约定的股利率支付优先股利的，还可由以后年度可供分配股利的利润补足。在公司进行清算时，优先股股东先于普通股股东取得公司剩余财产。但是，优先股股东不参与公司决策，不参与公司红利分配。

2013 年 11 月 30 日，国务院发布《关于开展优先股试点的指导意见》，中国证监会 2014 年 3 月 21 日发布《优先股试点管理办法》，自公布之日起施行（以下简称《管理办法》）。

《管理办法》所称优先股是指依照《公司法》，在一般规定的普通种类股份之外，另行规定的其他种类股份，其股份持有人优先于普通股股东分配公司利润和剩余财产，但参与公司决策管理等权利受到限制。

试点期间不允许发行在股息分配和剩余财产分配上具有不同优先顺序的优先股，但允许发行在其他条款上具有不同设置的优先股。同一公司既发行强制分红优先股，又发行不含强制分红条款优先股的，不属于发行在股息分配上具有不同优先顺序的优先股。

相同条款的优先股应当具有同等权利。同次发行的相同条款优先股，每股发行的条件、价格和票面股息率应当相同；任何单位或者个人认购的股份，每股应当支付相同价额。

试点期间，上市公司可以采取公开或非公开方式发行优先股，非上市公众公司可以非公开发行优先股。但公司已发行的优先股不得超过公司普通股股份总数的 50%，且筹资金额不得超过发行前净资产的 50%，已回购、转换的优先股不纳入计算。

《管理办法》还规定了优先股股东的分类表决权，出现以下情况之一的，公司召开股东大会会议应通知优先股股东，并遵循《公司法》及公司章程通知普通股股东的规定程序。优先股股东有权出席股东大会会议，就以下事项与普通股股东分类表决，其所持每一优先股有一表决权，但公司持有的本公司优先股没有表决权：（1）修改公司章程中与优先股相关的内容；（2）一次或累计减少公司注册资本超过 10%；（3）公司合并、分立、解散或变更公司形式；（4）发行优先股；（5）公司章程规定的其他情形。上述事项的决议，除须经出席会议的普通股股东（含表决权恢复的优先股股东）所持表决权的 2/3 以上通过之外，还须经出席会议的优先股股东（不含表决权恢复的优先股股东）所持表决权的 2/3 以上通过。

优先股股东的主要权利是优先分配利润和剩余财产。在利润分配上，《管理办法》规定公司股东大会可授权公司董事会按公司章程的约定向优先股支付股息。公司累计 3 个会计年度或连续 2 个会计年度未按约定支付优先股股息的，股东大会批准当年不按约定分配利润的方案次日起，优先股股东有权出席股东大会与普通股股东共同表决，每股优先股股份享有公司章程规定的一定比例表决权。对于股息可累积到下一会计年度的优先股，表决权恢复直至公司全额支付所欠股息。对于股息不可累积的优先股，表决权恢复直至公司全额支付当年股息。公司章程可规定优先股表决权恢复的其他情形。

2. 国有股、发起人股和社会公众股。

这是按照投资主体性质的不同进行的分类。国有股包括国家股和国有法人股，国家股是指有权代表国家投资的政府部门或机构以国有资产投入公司形成的股份或依法定程序取得的股份。国有法人股是指具有法人资格的国有企业、事业及其他单位以其依法占用的法人资产向独立于自己的股份公司出资形成或依法定程序取得的股份。发起人股是指股份公司的发起人认购的股份。社会公众股是指个人和机构以合法财产购买并可依法流通的股份。

3. 记名股票和无记名股票。

这是按照票面上是否记载股东的姓名或名称进行的分类。记名股票是指在票面上记载股东姓名或名称的股票。我国《公司法》规定，公司向发起人、法人发行的股票，应当为记名股票，并应当记载该发起人、法人的名称或者姓名，不得另立户名或者以代表人姓名记名。无记名股票是指在票面上不记载股东姓名或名称的股票。我国《公司法》规定，发行无记名股票的，公司应当记载其股票数量、编号及发行日期。

除上述分类以外，我国的股票还可根据发行对象的不同分为 A 股、B 股、H 股等；按股东有无表决权分为表决权股和无表决权股等。

（三）股份的发行原则

股份的发行是指股份有限公司为了筹集公司资本而出售和分配股份的法律行为。《公司法》规定："股份的发行，实行公平、公正的原则，同种类的每一股份应当具有同等权利。同次发行的同种类股票，每股的发行条件和价格应当相同；任何单位或者个人所认购的股份，每股应当支付相同价额。"据此，股份发行应当遵循下列原则：

1. 公平、公正的原则。

所谓公平，首先是指发行的股份所代表权利的公平，即在同一次发行中的同一种股份应当具有同等的权利，享有同等的利益，同类股份必须同股同权、同股同利；其次是指股份发行条件的公平，即在同次股份发行中，相同种类的股份，每股的发行条件和发行价格应当相同。所谓公正，是指在股份的发行过程中，应保持公正性，不允许任何人通过内幕交易、价格操纵、价格欺诈等不正当行为获得超过其他人的利益。

2. 同股同价原则。

同股同价，是指同次发行的同种类股票，每股的发行条件和价格应当是相同的，任何单位或者个人所认购的股份，每股应当支付相同价额，对于同一种类的股票不允许针对不同的投资主体规定不同的发行条件和发行价格。这是股权平等原则在股份发行中的具体体现。

存在特别表决权股份的上市公司，应当在公司章程中规定特别表决权股份的持有人资格、特别表决权股份拥有的表决权数量与普通股份拥有的表决权数量的比例安排、持有人所持特别表决权股份能够参与表决的股东大会事项范围、特别表决权股份锁定安排及转让限制、特别表决权股份与普通股份的转换情形等事项。公司章程有关上述事项的规定，应当符合交易所的有关规定。

（四）股票的发行价格

股票的发行价格是指股票发行时所使用的价格，也是投资者认购股票时所支付的价格。股票的发行价格可以分为平价发行的价格和溢价发行的价格。平价发行是指股票的发行价格与股票的票面金额相同，也称为等价发行、券面发行。溢价发行是指股票的实际发行价格超过其票面金额。《公司法》规定，股票发行价格可以按票面金额，也可以超过票面金额，但不得低于票面金额。

（五）公司发行新股

股份有限公司发行新股，股东大会应当对下列事项作出决议：（1）新股种类及数额；（2）新股发行价格；（3）新股发行的起止日期；（4）向原有股东发行新股的种类及数额。公司经国务院证券监督管理机构核准公开发行新股时，必须公告新股招股说明书和财务会计报告，并制作认股书。公司公开发行新股应当由依法设立的证券公司承销，签订承销协议，并同银行签订代收股款协议。公司发行新股，可以根据公司经营情况和财务状况，确定其作价方案。公司发行新股募足股款后，必须向公司登记机关办理变更登记，并公告。

（六）股份转让

股份转让，是指股份有限公司的股份持有人依法自愿将自己所拥有的股份转让给他人，使他人取得股份成为股东或增加股份数额的法律行为。

1. 股份转让的法律规定。

《公司法》对股份有限公司的股份转让作出了具体的规定，主要包括以下内容：

（1）股份转让的地点。股东持有的股份可以依法转让。股东转让其股份，应当在依法设立的证券交易场所进行或者按照国务院规定的其他方式进行。上市公司的股票，依照有关法律、行政法规及证券交易所交易规则上市。

（2）股份转让的方式。记名股票，由股东以背书方式或者法律、行政法规规定的其他方式转让，转让后由公司将受让人的姓名或者名称及住所记载于股东名册。股东大会召开前20日内或者公司决定分配股利的基准日前5日内，不得进行股东名册的变更登记。但是，法律对上市公司股东名册变更登记另有规定的，从其规定。无记名股票的转让，由股东将该股票交付给受让人后即发生转让的效力。

2. 股份转让的限制。

（1）对发起人转让股份的限制。根据《公司法》的规定，发起人持有的本公司股份，自公司成立之日起1年内不得转让。公司公开发行股份前已发行的股份，自公司股票在证券交易所上市交易之日起1年内不得转让。

（2）对公司董事、监事、高级管理人员转让股份的限制。根据《公司法》的规定，公司董事、监事、高级管理人员应当向公司申报所持有的本公司的股份及其变动情况，在任职期间每年转让的股份不得超过其所持有本公司股份总数的 25%；所持本公司股份自公司股票上市交易之日起 1 年内不得转让。上述人员离职后半年内，不得转让其所持有的本公司股份。公司章程可以对公司董事、监事、高级管理人员转让其所持有的本公司股份作出其他限制性规定。

上市公司的董事、监事和高级管理人员除了遵守上述规定外，还应遵守《上市公司董事、监事和高级管理人员所持本公司股份及其变动管理规则》（以下简称《管理规则》）的规定。《管理规则》规定，上市公司董事、监事和高级管理人员在任职期间，每年通过集中竞价、大宗交易、协议转让等方式转让的股份不得超过其所持本公司股份总数的 25%，因司法强制执行、继承、遗赠、依法分割财产等导致股份变动的除外。上市公司董事、监事和高级管理人员所持股份不超过 1 000 股的，可一次全部转让，不受上述转让比例的限制。

上市公司董事、监事和高级管理人员在下列期间不得买卖本公司股票：①上市公司定期报告公告前 30 日内；②上市公司业绩预告、业绩快报公告前 10 日内；③自可能对本公司股票交易价格产生重大影响的重大事项发生之日或在决策过程中，至依法披露后 2 个交易日内；④证券交易所规定的其他期间。

（3）对公司收购自身股票的限制。根据《公司法》的规定，公司不得收购本公司股份。但是，有下列情形之一的除外：①减少公司注册资本；②与持有本公司股份的其他公司合并；③将股份用于员工持股计划或者股权激励；④股东因对股东大会作出的公司合并、分立决议持异议，要求公司收购其股份；⑤将股份用于转换上市公司发行的可转换为股票的公司债券；⑥上市公司为维护公司价值及股东权益所必需。公司因上述第①项、第②项规定的情形收购本公司股份的，应当经股东大会决议；公司因上述第③项、第⑤项、第⑥项规定的情形收购本公司股份的，可以依照公司章程的规定或者股东大会的授权，经 2/3 以上董事出席的董事会会议决议。公司收购本公司股份，可以通过公开的集中交易方式，或者法律法规和中国证监会认可的其他方式进行。

公司依照上述规定收购本公司股份后，属于第①项情形的，应当自收购之日起 10 日内注销；属于第②项、第④项情形的，应当在 6 个月内转让或者注销；属于第③项、第⑤项、第⑥项情形的，公司合计持有的本公司股份数不得超过本公司已发行股份总额的 10%，并应当在 3 年内转让或者注销。

上市公司收购本公司股份的，应当依照《证券法》的规定履行信息披露义务。上市公司因上述第③项、第⑤项、第⑥项规定的情形收购本公司股份的，应当通过公开的集中交易方式进行。

（4）对公司股票质押的限制。根据《公司法》的规定，公司不得接受本公司的股票作为质押权的标的。

3. 记名股票被盗、遗失或者灭失，股东可以依照《民事诉讼法》规定的公示催告程序，请求人民法院宣告该股票失效。人民法院宣告该股票失效后，股东可以向公司申请补发股票。公示催告的期间，由人民法院根据情况决定，但不得少于60日。

4. 上市公司的股票，依照有关法律、行政法规及证券交易所交易规则上市交易。

💡【例2-16】甲公司、乙公司和朱某作为发起人募集设立了丙股份有限公司（简称"丙公司"），丙公司共有200万股股份，甲公司持有丙公司40万股股份，乙公司持有丙公司20万股股份，朱某持有丙公司10万股股份，其余股份以无记名股票的形式发放募集。丙公司章程中规定实行累积投票制。丙公司为奖励公司杰出员工王某，经公司过半数董事出席的董事会决议收购了本公司1万股股票，但是在转让给王某前，王某辞职，丙公司遂决定由公司自己长期持有这1万股股票。丙公司董事会成员之间发生矛盾，公司章程规定的9名董事有4名辞职，公司管理混乱，董事会于4名董事辞职3个月后决定召开临时股东大会增选4名董事。临时股东大会会议召开12日前董事会通知了甲公司、乙公司和朱某，并公告了会议召开的时间、地点和审议事项。张某持有丙公司6万股股票，张某在临时股东大会召开10日前提出临时提案并书面提交董事会，提案要求股东大会作出解散公司的决议，董事会认为张某的提案是无稽之谈，未予理会。丙公司临时股东大会增选出4名董事。周某持有丙公司2万股股票，但由于周某没有看到丙公司的公告，便没有参加临时股东大会。周某在股东大会决议作出之日起第45日向法院申请撤销丙公司此次临时股东大会增选4名董事的决议。根据以上情况，回答下列问题：（1）丙公司是否有权收购本公司股份？为什么？（2）本案中丙公司收购本公司股份的行为有哪些不符合法律规定之处？（3）丙公司召开临时股东大会的程序有哪些不符合法律规定之处？（4）丙公司董事会对张某提案的处理是否符合法律规定？为什么？（5）甲公司、乙公司、朱某、丙公司在增选4名董事的表决中各拥有多少表决权？（6）法院是否应当支持周某的主张？为什么？

【解析】（1）丙公司有权收购本公司股份。根据《公司法》的规定，为将股份用于员工持股计划或者股权激励，公司可以收购本公司股份。（2）本案中丙公司收购本公司股份的行为有两处不符合法律规定：①公司因将股份用于员工持股计划或者股权激励而收购本公司股份的，如果公司章程有规定或者有股东大会的授权，可以经2/3以上董事出席的董事会会议决议，本案未提及公司章程规定或者股东大会授权，直接由过半数董事出席的董事会决议不合法；②丙公司收购本公司股份用于员工持股计划或者股权激励的，应当在3年内转让或者注销，不能自己长期持有。（3）有两处不符合法律规定：①丙公司应当在董事会只有5名成员之日起2个月内召开临时股东大会，不应该在3个月后方决定召开临时股东大会；②董事会应当于临时股东大会召开15日前公告会议的召开时间、地点和审议事项，不应当在召开12日前才通知和公告。（4）丙公司董事会对张某提案的处理不符合法律规定。根据《公司法》的规定，张某拥有丙公司3%的股份，有权在股东大会召开10日前提出临时提案，董事会应当在收到提案2日内通知其他股东，并将该临时提案提交股东大会审议。丙公司董事会不应该对张某的提案不予理会。（5）甲公司拥有 160 万表决权，乙公司拥有 80 万表决权，朱某拥有 40 万表决权，丙公司没有表决权。根据《公司法》的规定，股东大会选举董事、监事，可以依照公司章程的规定或者股东大会的决议，实行累积投票制。累积投票制，是指股东大会选举董事或者监事时，每 1 股份拥有与应选董事或者监事人数相同的表决权，股东拥有的表决权可以集中使用。丙公司的章程中规定实行累积投票制，临时股东大会表决增选 4 名董事，所以每 1 股份拥有 4 个表决权。甲企业持有 40 万股股份，所以拥有 160 万表决权；乙企业持有 20 万股股份，所以拥有 80 万表决权；朱某持有 10 万股股份，所以拥有 40 万表决权。根据《公司法》的规定，公司持有的本公司股份没有表决权，所以丙公司没有表决权。（6）法院应当支持周某的主张。丙公司临时股东大会的会议召集程序违反法律规定，根据《公司法》的规定，周某有权自决议作出之日起 60 日内请求法院撤销股东大会作出的决议。

二、公司债券

（一）公司债券的概念和特征

公司债券是指公司依照法定程序发行、约定在一定期限还本付息的有价证券。公司债券与股票相比，具有下列特征：

1. 公司债券的持有人是公司的债权人，对于公司享有民法上规定的债权人的所有权利，而股票的持有人则是公司的股东，享有《公司法》所规定的股东权利；

2. 公司债券的持有人，无论公司是否有盈利，对公司享有按照约定给付利息的请求权，而股票持有人，则必须在公司有盈利时才能依法获得股利分配；

3. 公司债券到了约定期限，公司必须偿还债券本金，而股票持有人仅在公司解散时方可请求分配剩余财产；

4. 公司债券的持有人享有优先于股票持有人获得清偿的权利，而股票持有人必须在公司全部债务清偿之后，方可就公司剩余财产请求分配；

5. 公司债券的利率一般是固定不变的，风险较小，而股票股利分配的高低，与公司经营好坏密切相关，故常有变动，风险较大。

（二）公司债券的种类

依照不同的标准，对公司债券可作以下分类：

1. 记名公司债券和无记名公司债券。

记名公司债券是指在公司债券上记载债权人姓名或者名称的债券；无记名公司债券是指在公司债券上不记载债权人姓名或者名称的债券。区分记名公司债券和无记名公司债券的法律意义在于两者转让的要求不同。记名公司债券的转让，转让人须在债券上背书；而无记名公司债券的转让，转让人交付债券即发生转让的法律效力。

2. 可转换公司债券和不可转换公司债券。

可转换公司债券是指可以转换成公司股票的公司债券。这种公司债券在发行时规定了转换为公司股票的条件与办法。当条件具备时，债券持有人拥有将公司债券转换为公司股票的选择权。不可转换公司债券是指不能转换为公司股票的公司债券。凡在发行债券时未作出转换约定的，均为不可转换公司债券。

（三）公司债券的发行

1. 公司债券发行的条件。

公司发行公司债券应当符合《证券法》和《公司债券发行与交易管理办法》规定的发行条件与程序。具体内容见证券法律制度。

2. 公司债券募集办法。

公司发行债券，应当公告公司债券募集办法。公司债券募集办法中应当载明下列主要事项：（1）公司名称；（2）债券募集资金的用途；（3）债券总额和债券的票面金额；（4）债券利率的确定方式；（5）还本付息的期限和方式；（6）债券担保情况；（7）债券的发行价格、发行的起止日期；（8）公司净资产额；（9）已发行的尚未到期的公司债券总额；（10）公司债券的承销机构。

公司以实物券方式发行公司债券的，必须在债券上载明公司名称、债券票面金额、利率、偿还期限等事项，并由法定代表人签名，公司盖章。

3. 置备公司债券存根簿。

公司债券，可以为记名债券，也可以为无记名债券。公司发行公司债券应当置备公司债券存根簿。发行记名公司债券的，应当在公司债券存根簿上载明下列事项：（1）债券持有人的姓名或者名称及住所；（2）债券持有人取得债券的日期及债券的编号；（3）债券总额，债券的票面金额、利率、还本付息的期限和方式；（4）债券的发行日期。发行无记名公司债券的，应当在公司债券存根簿上载明债券总额、利率、偿还期限和方式、发行日期及债券的编号。发行可转换为股票的公司债券的，应当在债券上标明可转换公司债券字样，并在公司债券存根簿上载明可转换公司债券的数额。

（四）公司债券的转让

《公司法》规定，公司债券可以转让，转让价格由转让人与受让人约定。公司债券在证券交易所上市交易的，按照证券交易所的交易规则转让。根据公司债券种类的不同，公司债券的转让有不同的方式。记名公司债券，由债券持有人以背书方式或者法律、行政法规规定的其他方式转让；转让后，由公司将受让人的姓名或者名称及住所记载于公司债券存根簿，以备公司存查。无记名公司债券的转让，由债券持有人将该债券交付给受让人后即发生转让的效力。受让人一经持有该债券，即成为公司的债权人。

发行可转换为股票的公司债券的，公司应当按照其转换办法向债券持有人换发股票，但债券持有人对转换股票或者不转换股票有选择权。

第七节 公司财务、会计

一、公司财务、会计的作用

公司财务、会计工作是公司经营活动中的一项基础工作，它有利于保护投资者和债权人的利益；有利于吸收社会投资；有利于政府的宏观管理；有利于政府掌握情况，制定政策，实施管理。

二、公司财务、会计的基本要求

（一）公司应当依法建立财务、会计制度

公司应当依照法律、行政法规和国务院财政部门的规定建立本公司的财务、会计制度。

（二）公司应当依法编制财务会计报告

公司应当在每一会计年度终了时编制财务会计报告，并依法经会计师事务所审计。公司财务会计报告主要包括：资产负债表、利润表、现金流量表、所有者权益（或股东权益）变动表等报表及附注。

（三）公司应当依法披露有关财务、会计资料

有限责任公司应当按照公司章程规定的期限将财务会计报告送交各股东。股份有限公司的财务会计报告应当在召开股东大会年会的 20 日前置备于本公司，供股东查阅；公开发行股票的股份有限公司必须公告其财务会计报告。

（四）公司应当依法建立账簿、开立账户

公司除法定的会计账簿外，不得另立会计账簿。对公司资产，不得以任何个人名义开立账户存储。

（五）公司应当依法聘用会计师事务所对财务会计报告审查验证

公司聘用、解聘承办公司审计业务的会计师事务所，依照公司章程的规定，由股东会、股东大会或者董事会决定。公司股东会、股东大会或者董事会就解聘会计师事务所进行表决时，应当允许会计师事务所陈述意见。公司应当向聘用的会计师事务所提供真实和完整的会计凭证、会计账簿、财务会计报告及其他会计资料，不得拒绝、隐匿、谎报。

三、利润分配

（一）公司利润分配顺序

根据我国《公司法》等相关法律的规定，公司应当按照如下顺序进行利润分配：

1. 弥补以前年度的亏损，但不得超过税法规定的弥补期限。

2. 缴纳所得税。即公司应依我国《企业所得税法》的规定缴纳企业所得税。

3. 弥补在税前利润弥补亏损之后仍存在的亏损。

4. 提取法定公积金。

5. 提取任意公积金。

6. 向股东分配利润。

公司弥补亏损和提取公积金后所余税后利润，有限责任公司按照股东实缴的出资比例分配，但全体股东约定不按照出资比例分配的除外；股份有限公司按照股东持有的股份分配，但股份有限公司章程规定不按持股比例分配的除外。

公司股东会、股东大会或者董事会违反规定，在公司弥补亏损和提取法定公积金之前向股东分配利润的，股东必须将违反规定分配的利润退还公司。公司持有的本公司股份不得分配利润。

根据《公司法》司法解释（五）的规定，分配利润的股东会或者股东大会决议作出后，公司应当在决议载明的时间内完成利润分配。决议没有载明时间的，以公司章程规定的为准。决议、章程中均未规定时间或者时间超过一年的，公司应当自决议作出之日起一年内完成利润分配。决议中载明的利润分配完成时间超过公司章程规定时间的，股东可以依据《公司法》规定请求人民法院撤销决议中关于该时间的规定。

（二）公积金

公积金是公司在资本之外所保留的资金金额，又称为附加资本或准备金。公司为增强自身财力，扩大营业范围和预防意外亏损，从利润中提取一定的资金，以用于扩大资本，或弥补亏损。

1. 公积金的种类。

公积金分为盈余公积金和资本公积金两类。

（1）盈余公积金。盈余公积金是从公司税后利润中提取的公积金，分为法定公积金和任意公积金两种。法定公积金按照公司税后利润的10%提取，当公司法定公积金累计额为公司注册资本的50%以上时可以不再提取。公司的法定公积金不足以弥补以前年度亏损的，在依照规定提取法定公积金之前，应当先用当年利润弥补亏损。任意公积金按照公司股东会或者股东大会决议，从公司税后利润中提取。

（2）资本公积金。资本公积金是直接由资本原因等形成的公积金，股份有限公司以超过股票票面金额的发行价格发行股份所得的溢价款，以及国务院财政部门规定列入资本公积金的其他收入，应当列为公司资本公积金。

2. 公积金的用途。

公司的公积金应当按照规定的用途使用。公司的公积金主要有以下用途：

（1）弥补公司亏损。公司的亏损按照国家税法规定可以用缴纳所得税前的利润弥补，超过用所得税前利润弥补期限仍未补足的亏损，可以用公司税后利润弥补；发生特大亏损，税后利润仍不足弥补的，可以用公司的公积金弥补。但是，资本公积金不得用于弥补公司的亏损。

（2）扩大公司生产经营。公司可以根据生产经营的需要，用公司的公积金来扩大公司的生产经营规模，增强公司实力。

（3）转增公司资本。公司为了实现增加资本的目的，可以将公积金的一部分转为资本。对用任意公积金转增资本的，法律没有限制，但用法定公积金转增资本时，《公司法》规定，法定公积金转为资本时，所留存的该项公积金不得少于转增前公司注册资本的25%。

第八节　公司合并、分立、增资、减资

一、公司合并

公司合并是指两个以上的公司依照法定程序变为一个公司的行为。其形式有两种：一是吸收合并；二是新设合并。吸收合并是指一个公司吸收其他公司加入本公司，被吸收的公司解散。新设合并是指两个以上公司合并设立一个新的公司，合并各方解散。公司合并应遵循以下程序：

（一）签订合并协议

公司合并，应当由合并各方签订合并协议。合并协议应当包括：合并后存续公司或新设公司的名称、住所；合并各方的债权债务处理办法；合并各方的资产状况及其处理办法等其他事项。

（二）编制资产负债表及财产清单

（三）作出合并决议

签订合并协议并编制资产负债表及财产清单后，应当就公司合并的有关事项作出合并决议。有限责任公司的股东会在对公司合并作出决议时，必须经代表2/3以上表决权的股东通过；股份有限公司的股东大会在对公司合并作出决议时，必须经出席会议的股东所持表决权的2/3以上通过；国有独资公司的合并决议，由国有资产监督管理机构决定。重要的国有独资公司的合并，应当由国有资产监督管理机构审核后，报本级人民政府批准。

（四）通知债权人

公司应当自作出合并决议之日起10日内通知债权人，并于30日内在报纸上公告。债权人自接到通知书之日起30日内，未接到通知书的自公告之日起45日内，可以要求公司清偿债务或者提供相应的担保。

（五）依法进行登记

公司合并后，登记事项发生变更的，应当依法向公司登记机关办理变更登记；公司解散的，应当依法办理公司注销登记；设立新公司的，应当依法办理公司设立登记。公司合并时，合并各方的债权、债务，应当由合并后存续的公司或者新设的公司承继。

二、公司分立

公司分立是指一个公司依法分为两个以上的公司。《公司法》未明确规定公司分立的形式，一般有两种：第一种是派生分立，即公司以其部分财产和业务另设一个新的公司，原公司存续；第二种是新设分立，即公司以其全部财产设立两个以上的新公司，原公司解散。公司分立的程序与公司合并的程序基本一样，要签订分立协议，编制资产负债表及财产清单，作出分立决议，通知债权人，办理公司登记等。公司分立前的债务由分立后的公司承担连带责任。但是，公司在分立前与债权人就债务清偿达成的书面协议另有约定的除外。

三、公司注册资本的减少和增加

（一）公司注册资本的减少

公司需要减少注册资本时，必须编制资产负债表及财产清单。公司减少注册资本时，应当自作出减少注册资本决议之日起 10 日内通知债权人，并于 30 日内在报纸上公告。债权人自接到通知书之日起 30 日内，未接到通知书的自公告之日起 45 日内，有权要求公司清偿债务或者提供相应的担保。公司减少注册资本，应当依法向公司登记机关办理变更登记。

（二）公司注册资本的增加

有限责任公司增加注册资本时，股东认缴新增资本的出资，依照《公司法》设立有限责任公司缴纳出资的有关规定执行。股份有限公司为增加注册资本发行新股时，股东认购新股，依照《公司法》设立股份有限公司缴纳股款的有关规定执行。公司增加注册资本，应当依法向公司登记机关办理变更登记。

第九节　公司解散和清算

一、公司解散的原因

根据《公司法》的规定，公司解散的原因有以下情形：（1）公司章程规定的营业期限届满或者公司章程规定的其他解散事由出现；（2）股东会或者股东大会决议解散；（3）因公司合并或者分立需要解散；（4）依法被吊销营业执照、责令关闭或者被撤销；（5）人民法院依法予以解散。

公司有上述第（1）项情形的，可以通过修改公司章程而存续。公司依照规定修改公司章程的，有限责任公司须经持有 2/3 以上表决权的股东通过，股份有限公司须经出席股东大会会议的股东所持表决权的 2/3 以上通过。《公司法》规定，公司经营管理发生严重困难，继续存续会使股东利益受到重大损失，通过其他途径不能解决的，持有公司全部股东表决权 10% 以上的股东，可以请求人民法院解散公司。

根据《公司法》司法解释（二）的规定，单独或者合计持有公司全部股东表决权 10% 以上的股东，以下列事由之一提起解散公司诉讼，并符合《公司法》有关规定的，人民法院应予受理：

（1）公司持续两年以上无法召开股东会或者股东大会，公司经营管理发生严重困难的；

（2）股东表决时无法达到法定或者公司章程规定的比例，持续两年以上不能作出有效的股东会或者股东大会决议，公司经营管理发生严重困难的；

（3）公司董事长期冲突，且无法通过股东会或者股东大会解决，公司经营管理发生严重困难的；

（4）经营管理发生其他严重困难，公司继续存续会使股东利益受到重大损失的情形。

股东以知情权、利润分配请求权等权益受到损害，或者公司亏损、财产不足以偿还全部债务，以及公司被吊销企业法人营业执照未进行清算等为由，提起解散公司诉讼的，人民法院不予受理。股东提起解散公司诉讼应当以公司为被告。经人民法院调解公司收购原告股份的，公司应当自调解书生效之日起 6 个月内将股份转让或者注销。股份转让或者注销之前，原告不得以公司收购其股份为由对抗公司债权人。公司被依法宣告破产的，依照有关企业破产的法律制度实施破产清算。

二、公司清算

（一）成立清算组

公司解散时，应当依法进行清算。根据《公司法》的规定，公司应当在解散事由出现之日起 15 日内成立清算组。根据最高人民法院的司法解释，有下列情形之一，债权人申请人民法院指定清算组进行清算的，人民法院应予受理：（1）公司解散逾期不成立清算组进行清算的；（2）虽然成立清算组但故意拖延清算的；（3）违法清算可能严重损害债权人或者股东利益的。具有上述情形，而债权人未提起清算申请，公司股东申请人民法院指定清算组对公司进行清算的，人民法院应予受理。

有限责任公司的股东、股份有限公司的董事和控股股东未在法定期限内成立清算组开始清算，导致公司财产贬值、流失、毁损或者灭失，债权人主张其在造成损失范围内对公司债务承担赔偿责任的，人民法院应依法予以支持。

有限责任公司的股东、股份有限公司的董事和控股股东因怠于履行义务，导致公司主要财产、账册、重要文件等灭失，无法进行清算，债权人主张其对公司债务承担连带清偿责任的，人民法院应依法予以支持。

上述情形系实际控制人原因造成，债权人主张实际控制人对公司债务承担相应民事责任的，人民法院应依法予以支持。

有限责任公司的清算组由股东组成，股份有限公司的清算组由董事或者股东大会确定的人员组成。人民法院受理公司清算案件，应当及时指定有关人员组成清算组。清算组成员可以从下列人员或者机构中产生：（1）公司股东、董事、监事、高级管理人员；（2）依法设立的律师事务所、会计师事务所、破产清算事务所等社会中介机构；（3）依法设立的律师事务所、会计师事务所、破产清算事务所等社会中介机构中具备相关专业知识并取得执业资格的人员。

公司自行清算的，清算方案应当报股东会或者股东大会决议确认；人民法院组织清算的，清算方案应当报人民法院确认。未经确认的清算方案，清算组不得执行。

执行未经确认的清算方案给公司或者债权人造成损失，公司、股东或者债权人主张清算组成员承担赔偿责任的，人民法院应依法予以支持。

人民法院组织清算的，清算组应当自成立之日起6个月内清算完毕。因特殊情况无法在6个月内完成清算的，清算组应当向人民法院申请延长。

（二）清算组的职权

根据《公司法》的规定，清算组在清算期间行使下列职权：（1）清理公司财产，分别编制资产负债表和财产清单；（2）通知、公告债权人；（3）处理与清算有关的公司未了结的业务；（4）清缴所欠税款以及清算过程中产生的税款；（5）清理债权、债务；（6）处理公司清偿债务后的剩余财产；（7）代表公司参与民事诉讼活动。清算组在公司清算期间代表公司进行一系列民事活动，全权处理公司经济事务和民事诉讼活动。根据《公司法》的规定，清算组成员应当忠于职守，依法履行清算义务。清算组成员不得利用职权收受贿赂或者其他非法收入，不得侵占公司财产。清算组成员因故意或者重大过失给公司或者债权人造成损失的，应当承担赔偿责任。

（三）清算工作程序

清算工作程序一般如下：

1. 登记债权。

清算组应当自成立之日起10日内通知债权人，并于60日内在报纸上公告。债权人应当自接到通知书之日起30日内，未接到通知书的自公告之日起45日内，向清算组申报其债权。债权人在规定的期限内未申报债权，在公司清算程序终结前补充申报的，清算组应予登记。债权人补充申报的债权，可以在公司尚未分配财产中依法清偿。公司清算程序终结，是指清算报告经股东会、股东大会或者人民法院确认完毕。清算组未按照上述规定履行通知和公告义务，导致债权人未及时申报债权而未获清偿，清算组成员对因此造成的损失承担赔偿责任。债权人申报债权，应当说明债权的有关事项，并提供证明材料。清算组应当对债权进行登记。在申报债权期间，清算组不得对债权人进行清偿。

2. 清理公司财产，制订清算方案。

清算组应当对公司财产进行清理，编制资产负债表和财产清单，制订清算方案。清算方案应当报股东会、股东大会或者人民法院确认。清算组执行未经确认的清算方案给公司或者债权人造成损失，公司、股东或者债权人有权要求清算组人员承担赔偿责任。公司解散时，股东尚未缴纳的出资均应作为清算财产。股东尚未缴纳的出资，包括到期应缴未缴的出资，以及依照《公司法》第二十六条和第八十条的规定分期缴纳尚未届满缴纳期限的出资。

清算组在清理公司财产、编制资产负债表和财产清单后，发现公司财产不足清偿债务的，应当依法向人民法院申请宣告破产。人民法院指定的清算组在清理公司财产、编制资产负债表和财产清单时，发现公司财产不足清偿债务的，可以与债权人协商制订有关债务清偿方案。债务清偿方案经全体债权人确认且不损害其他利害关系人利益的，人民法院可依清算组的申请裁定予以认可。

3. 清偿债务。

公司财产在分别支付清算费用、职工的工资、社会保险费用和法定补偿金，缴纳所欠税款，清偿公司债务后的剩余财产，有限责任公司按照股东的出资比例分配，股份有限公司按照股东持有的股份比例分配。清算期间，公司存续，但不得开展与清算无关的经营活动。公司财产在未按上述规定清偿前，不得分配给股东。

4. 公告公司终止。

公司清算结束后，清算组应当制作清算报告，报股东会、股东大会或者人民法院确认，并报送公司登记机关，申请注销公司登记，公告公司终止。公司未经清算即办理注销登记，导致公司无法进行清算，债权人有权要求有限责任公司的股东、股份有限公司的董事和控股股东，以及公司的实际控制人对公司债务承担清偿责任。

有限责任公司的股东、股份有限公司的董事和控股股东，以及公司的实际控制人在公司解散后，恶意处置公司财产给债权人造成损失，或者未经依法清算，以虚假的清算报告骗取公司登记机关办理法人注销登记，债权人主张其对公司债务承担相应赔偿责任的，人民法院应依法予以支持。

💡【例2-17】甲公司、乙公司、丙公司和张某、李某共同出资设立了丁有限责任公司（以下简称"丁公司"），其中甲公司出资40%，乙公司和丙公司各出资20%，张某和李某各出资10%。公司成立后，乙公司未征求其他股东的意见，直接将自己10%的股权转让给丙公司。张某拟将自己的股权转让给陈某，书面征求其他股东的意见，甲公司和李某表示同意，但都表示要购买张某的股权，乙公司一直不作回复，丙公司明确表示反对。张某与甲公司、李某和陈某谈判，甲公司、李某和陈某的出价均为50万元，甲公司和李某表示要分期支付，陈某同意一次性支付，张某遂将股权转让给陈某。陈某受让股权后，向董事会提议召开股东会临时会议更换公司董事，董事会不予理会，陈某要求丁公司购买自己的股权，丁公司拒绝，陈某起诉丁公司要求收购自己的股权，法院判决陈某败诉。丁公司总经理王某购买的新设备质次价高，李某经调查了解到王某收受了对方公司的贿赂，李某向监事会反映，监事会迟迟不予答复。根据上述情况，回答下列问题：（1）乙公司直接将股权转让给丙公司的做法是否合法？请说明理由。（2）张某将股权转让给陈某的做法是否合法？请说明理由。（3）法院判决陈某败诉是否正确？请说明理由。（4）李某如何保护公司利益？

【解析】（1）合法。根据《公司法》的规定，有限责任公司的股东之间可以相互转让其全部或者部分股权。（2）合法。根据《公司法》的规定，股东向股东以外的人转让股权，应当经其他股东过半数同意。股东应就其股权转让事项书面通知其他股东征求同意，其他股东自接到书面通知之日起满30日未答复的，视为同意转让。其他股东半数以上不同意转让的，不同意的股东应当购买该转让的股权；不购买的，视为同意转让。经股东同意转让的股权，在同等条件下，其他股东有优先购买权。两个以上股东主张行使优先购买权的，协商确定各自的购买比例；协商不成的，按照转让时各自的出资比例行使优先购买权。张某根据法律的规定，书面征求其他股东的同意，甲公司和李某同意，乙公司迟迟不答复，视为同意，除张某外，4名股东有3名同意，张某可以将股权转让给陈某。虽然甲公司和李某主张优先购买权，但是陈某的条件优于甲公司和李某，所以张某可以将股权转让给陈某。（3）法院判决陈某败诉符合法律规定。根据《公司法》的规定，公司经营管理发生严重困难，继续存续会使股东利益受到重大损失，通过其他途径不能解决的，持有公司全部股东表决权10%以上的股东，可以请求人民法院解散公司。股东以下列事由之一提起解散公司诉讼的，人民法院应予受理：①公司持续两年以上无法召开股东会或者股东大会，公司经营管理发生严重困难的；②股东表决时无法达到法定或者公司章程规定的比例，持续两年以上不能做出有效的股东会或者股东大会决议，公司经营管理发生严重困难的；③公司董事长期冲突，且无法通过股东会或者股东大会解决，公司经营管理发生严重困难的；④经营管理发生其他严重困难，公司继续存续会使股东利益受到重大损失的情形。本题中董事会不依法召集股东会会议不属于股东要求公司收购自己股权的法定情形。（4）李某可以书面请求监事会以公司名义起诉王某，要求王某赔偿公司损失，监事会拒绝起诉或者自收到请求之日起30日内未起诉，李某有权以自己名义起诉王某，要求王某赔偿公司损失。

第十节 违反《公司法》的法律责任

一、公司发起人、股东的法律责任

1. 虚报注册资本、提交虚假材料或者采取其他欺诈手段隐瞒重要事实取得公司登记的，由公司登记机关责令改正，对虚报注册资本的公司，处以虚报注册资本金额5%以上15%以下的罚款；对提交虚假材料或者采取其他欺诈手段隐瞒重要事实的公司，处以5万元以上50万元以下的罚款；情节严重的，撤销公司登记或者吊销营业执照。构成犯罪的，依《刑法》规定追究刑事责任，处3年以下有期徒刑或者拘役，并处或者单处虚报注册资本金1%以上5%以下的罚金。单位犯此罪的，对单位处以罚金，并对其直接负责的主管人员和其他直接责任人员，处3年以下有期徒刑或者拘役。

2. 公司的发起人、股东虚假出资，未交付或者未按期交付作为出资的货币或者非货币财产的，由公司登记机关责令改正，处以虚假出资金额5%以上15%以下的罚款。构成犯罪的，依《刑法》规定追究刑事责任，处5年以下有期徒刑或者拘役，并处或者单处虚假出资金额2%以上10%以下的罚金。单位犯此罪的，对单位处以罚金，并对其直接负责的主管人员和其他直接责任人员，处5年以下有期徒刑或者拘役。

3. 公司的发起人、股东在公司成立后，抽逃其出资的，由公司登记机关责令改正，处以所抽逃出资金额5%以上15%以下的罚款。构成犯罪的，依《刑法》规定追究刑事责任，处5年以下有期徒刑或者拘役，并处或者单处抽逃出资金额2%以上10%以下的罚金。单位犯此罪的，对单位处以罚金，并对其直接负责的主管人员和其他直接责任人员，处5年以下有期徒刑或者拘役。

【例2-18】甲公司为股份有限公司。甲公司的主要发起人乙企业以经营性资产投入甲公司，并认购了相应的发起人股份。在甲公司成立后，乙企业将已经作为出资应当交付给甲公司的部分机器设备（价值200万元）作为自己的资产使用了3年有余，至今尚未交付给甲公司。根据《公司法》等法律的规定，乙企业的行为属于何种性质的违法行为？乙企业应当承担何种法律责任？

【解析】乙企业的行为属于虚假出资行为。乙企业应承担的法律责任为：由公司登记机关责令改正，处以虚假出资金额5%以上15%以下的罚款。构成犯罪的，依法追究刑事责任。

二、公司的法律责任

1. 在法定的会计账簿以外另立会计账簿的，由县级以上人民政府财政部门责令改正，处以5万元以上50万元以下的罚款。构成犯罪的，依法追究刑事责任。

2. 公司在依法向有关主管部门提供的财务会计报告等材料上作虚假记载或者隐瞒重要事实的，由有关主管部门对直接负责的主管人员和其他直接责任人员处以3万元以上30万元以下的罚款。

3. 公司不依照《公司法》规定提取法定公积金的，由县级以上人民政府财政部门责令如数补足应当提取的金额，可以对公司处以20万元以下的罚款。

4. 公司在合并、分立、减少注册资本或者进行清算时，不依照《公司法》规定通知或者公告债权人的，由公司登记机关责令改正，对公司处以1万元以上10万元以下的罚款。

5. 公司在进行清算时，隐匿财产，对资产负债表或者财产清单作虚假记载或者在未清偿债务前分配公司财产的，由公司登记机关责令改正，对公司处以隐匿财产或者未清偿债务前分配公司财产金额 5% 以上 10% 以下的罚款；对直接负责的主管人员和其他直接责任人员处以 1 万元以上 10 万元以下的罚款。构成犯罪的，依《刑法》规定追究刑事责任，对直接负责的主管人员和其他直接责任人员处 5 年以下有期徒刑或者拘役，并处或者单处 2 万元以上 20 万元以下罚金。

6. 公司在清算期间开展与清算无关的经营活动的，由公司登记机关予以警告，没收违法所得。

7. 公司成立后无正当理由超过 6 个月未开业的，或者开业后自行停业连续 6 个月以上的，可以由公司登记机关吊销营业执照。

8. 公司登记事项发生变更时，未依照《公司法》规定办理有关变更登记的，由公司登记机关责令限期登记；逾期不登记的，处以 1 万元以上 10 万元以下的罚款。

9. 外国公司违反《公司法》规定，擅自在中国境内设立分支机构的，由公司登记机关责令改正或者关闭，可以并处 5 万元以上 20 万元以下的罚款。

10. 公司违反《公司法》规定，应当承担民事赔偿责任和缴纳罚款、罚金，其财产不足以支付时，先承担民事赔偿责任。

三、清算组的法律责任

1. 清算组成员从事清算事务时，违反法律、行政法规或者公司章程给公司或者债权人造成损失，公司或者债权人有权要求其承担赔偿责任。

2. 清算组不依照《公司法》规定向公司登记机关报送清算报告，或者报送清算报告隐瞒重要事实或者有重大遗漏的，由公司登记机关责令改正。隐匿财产，对资产负债表或者财产清单作虚假记载或者在未清偿债务前分配公司财产，严重损害债权人或者其他人利益的，依《刑法》规定追究刑事责任，对其直接负责的主管人员和其他直接责任人员，处 5 年以下有期徒刑或者拘役，并处或者单处 2 万元以上 20 万元以下罚金。

3. 清算组成员利用职权徇私舞弊、谋取非法收入或者侵占公司财产的，由公司登记机关责令退还公司财产，没收违法所得，并可以处以违法所得 1 倍以上 5 倍以下的罚款。构成犯罪的，依法追究刑事责任。

四、承担资产评估、验资或者验证机构的法律责任

1. 承担资产评估、验资或者验证的机构提供虚假材料的，由公司登记机关没收违法所得，处以违法所得 1 倍以上 5 倍以下的罚款，并可以由有关主管部门依法责令该机构停业、吊销直接责任人员的资格证书，吊销营业执照。构成犯罪的，依《刑法》规定追究刑事责任，处 5 年以下有期徒刑或者拘役，并处罚金。如果犯此罪并有索取

他人财物或者非法收受他人财物的，处 5 年以上 10 年以下有期徒刑，并处罚金。

2. 承担资产评估、验资或者验证的机构因过失提供有重大遗漏的报告的，由公司登记机关责令改正，情节较重的，处以所得收入 1 倍以上 5 倍以下的罚款，并可以由有关主管部门依法责令该机构停业、吊销直接责任人员的资格证书，吊销营业执照。严重不负责任，出具的证明文件重大失实，造成严重后果的，依《刑法》规定追究刑事责任，处 3 年以下有期徒刑或者拘役，并处或者单处罚金。

3. 承担资产评估、验资或者验证的机构因其出具的评估结果、验资或者验证证明不实，给公司债权人造成损失的，除能够证明自己没有过错的外，在其评估或者证明不实的金额范围内承担赔偿责任。

【例 2 - 19】甲资产评估公司在乙股份有限公司的设立中，为该股份有限公司的发起人丙出具了虚假的证明文件，收取了 15 万元的评估费。有关机构拟对甲资产评估公司采取的下列处罚措施中，符合法律规定的有（　　）。

　　A. 对甲公司处以 60 万元的罚款

　　B. 没收甲公司 15 万元的违法所得

　　C. 责令甲公司停业

　　D. 吊销甲公司负责该评估项目责任人的执业资格证书

【解析】正确答案为 ABCD。根据《公司法》的规定，承担资产评估的机构提供虚假材料的，由公司登记机关没收违法所得，处以违法所得 1 倍以上 5 倍以下的罚款，并可以由有关主管部门依法责令该机构停业、吊销直接责任人员的资格证书，吊销营业执照。

五、公司登记机关的法律责任

公司登记机关对不符合《公司法》规定条件的登记申请予以登记，或者对符合《公司法》规定条件的登记申请不予登记的，对直接负责的主管人员和其他直接责任人员，依法给予行政处分。

公司登记机关的上级部门强令公司登记机关对不符合规定条件的登记申请予以登记，或者对符合规定条件的登记申请不予登记，或者对违法登记进行包庇的，对直接负责的主管人员和其他直接责任人员依法给予行政处分。

六、其他主体的相关法律责任

未依法登记为有限责任公司或者股份有限公司，而冒用有限责任公司或者股份有限公司名义的，或者未依法登记为有限责任公司或者股份有限公司的分公司，而冒用有限责任公司或者股份有限公司的分公司名义的，由公司登记机关责令改正或者予以取缔，可以并处 10 万元以下的罚款。

85

【例 2 - 20】甲、乙、丙、丁共同出资设立太平有限责任公司（以下简称"太平公司")，拟订的公司章程部分内容为：公司除每年召开 1 次会议外，还可以召开临时会议，临时会议须经代表 1/2 以上表决权的股东或 1/2 以上董事提议召开。在申请设立登记时，公司登记机关指出了公司章程中存在的问题，经全体股东协商后予以纠正。2018 年 3 月，太平公司依法成立，注册资本为 3 600 万元，其中，甲以工业产权作价出资 800 万元，乙以现金出资 1 200 万元，丙、丁各以现金出资 800 万元。公司成立后，由甲召集和主持了股东会首次会议，设立了董事会。2018 年 5 月，太平公司董事会发现，甲作为出资的工业产权实际价额仅为 600 万元，为了使公司注册资本达到 3 600 万元，公司董事会提出解决方案，即由甲补足其差额 200 万元，如果甲不能补足差额，则由其他股东按照出资比例分担该差额。2019 年 6 月太平公司董事会制订了一个增资方案，方案提出将公司注册资本增到 5 000 万元。增资方案提交股东会表决时，甲、乙、丙同意，丁不同意。股东会通过了增资决议，并授权董事会执行。2020 年 1 月，太平公司在北京依法成立了北京分公司。北京分公司在经营过程中，因违反合同被诉至法院，原告以太平公司是北京分公司的总公司为由，要求太平公司承担违约责任。

要求：根据上述情况，回答下列问题：（1）太平公司在设立前拟订的公司章程中有关召开临时股东大会的规定是否符合《公司法》的规定？请说明理由。（2）太平公司首次股东会由甲召集和主持是否符合《公司法》的规定？请说明理由。（3）太平公司作出的关于甲出资不足的解决方案是否符合《公司法》的规定？请说明理由。（4）太平公司股东会作出的增资决议是否符合《公司法》的规定？请说明理由。（5）太平公司是否应为北京分公司承担责任？请说明理由。

【解析】（1）太平公司在设立前拟订的公司章程中有关召开临时股东大会的规定不符合《公司法》的规定。根据《公司法》的规定，代表 1/10 以上表决权的股东，1/3 以上的董事，监事会或者不设监事会的公司的监事提议召开临时会议的，应当召开临时会议。（2）太平公司首次股东会由甲召集和主持不符合《公司法》的规定。根据《公司法》的规定，首次股东会会议由出资最多的股东召集和主持，依法行使职权，故应由乙召集并主持。（3）太平公司作出的关于甲出资不足的解决方案不符合《公司法》的规定。《公司法》规定：有限责任公司成立后，发现作为设立公司出资的非货币财产的实际价额显著低于公司章程所定价额的，应当由交付该出资的股东补足其差额；公司设立时的其他股东承担连带责任。（4）太平公司股东会作出的增资决议符合《公司法》的规定。《公司法》规定，股东会对公司增加注册资本作出决议时，须经代表 2/3 以上表决权的股东通过。甲、乙、丙的表决权超过了 2/3。（5）太平公司应为北京分公司承担责任。《公司法》规定，分公司的民事责任由设立该公司的总公司承担。

第三章 合伙企业法律制度

第一节 合伙企业法律制度概述

一、合伙企业的概念及分类

合伙是指两个以上的人为着共同目的，相互约定共同出资、共同经营、共享收益、共担风险的自愿联合。合伙企业，是指自然人、法人和其他组织依照《中华人民共和国合伙企业法》（以下简称《合伙企业法》）在中国境内设立的普通合伙企业和有限合伙企业。

合伙企业分为普通合伙企业和有限合伙企业。普通合伙企业由普通合伙人组成，合伙人对合伙企业债务承担无限连带责任。《合伙企业法》对普通合伙人承担责任的形式有特别规定的，从其规定。有限合伙企业由普通合伙人和有限合伙人组成，普通合伙人对合伙企业债务承担无限连带责任，有限合伙人以其认缴的出资额为限对合伙企业债务承担责任。

二、合伙企业法的概念和基本原则

（一）合伙企业法的概念

合伙企业法有狭义和广义之分。狭义的合伙企业法，是指由国家立法机关依法制定的、规范合伙企业合伙关系的专门法律，即《合伙企业法》。该法于1997年2月23日由第八届全国人民代表大会常务委员会第二十四次会议通过，2006年8月27日第十届全国人民代表大会常务委员会第二十三次会议修订。广义的合伙企业法，是指国家立法机关或者其他有权机关依法制定的、调整合伙企业合伙关系的各种法律规范的总称。

根据《合伙企业法》，在理解和掌握我国《合伙企业法》的适用范围时，需要注意以下两个问题：

第一，采取合伙制的非企业专业服务机构的合伙人承担责任形式的法律适用问题。《合伙企业法》规定，非企业专业服务机构依据有关法律采取合伙制的，其合伙人承担责任的形式可以适用《合伙企业法》关于特殊的普通合伙企业合伙人承担责任的规定。非企业专业服务机构，是指不采取企业（如公司制）形式成立的、以自己的专业知识提供特定咨询等方面服务的组织。如律师事务所、会计师事务所等专业服务机构。

第二，外国企业或者个人在中国境内设立合伙企业的管理问题。《合伙企业法》

规定，外国企业或者个人在中国境内设立合伙企业的管理办法由国务院规定。外国企业是指依照外国法律在中国境外设立的企业，外国个人即外国自然人，是指不具有中华人民共和国国籍的人。《合伙企业法》没有禁止外国企业或者个人在中国境内设立合伙企业，但具体的诸如一些程序性的问题，需要由国务院作出具体的规定。

（二）合伙企业法的基本原则

《合伙企业法》规定了下列基本原则：（1）协商原则；（2）自愿、平等、公平、诚实信用原则；（3）守法原则；（4）合法权益受法律保护原则；（5）依法纳税原则。

第二节　普通合伙企业

一、普通合伙企业的概念

普通合伙企业，是指由普通合伙人组成，合伙人对合伙企业债务依照《合伙企业法》规定承担无限连带责任的一种合伙企业。普通合伙企业具有以下特点：

1. 由普通合伙人组成。所谓普通合伙人，是指在合伙企业中对合伙企业的债务依法承担无限连带责任的自然人、法人和其他组织。《合伙企业法》规定，国有独资公司、国有企业、上市公司以及公益性的事业单位、社会团体不得成为普通合伙人。

2. 合伙人对合伙企业债务依法承担无限连带责任，法律另有规定的除外。所谓无限连带责任，包括两个方面：一是连带责任。即所有的合伙人对合伙企业的债务都有责任向债权人偿还，不管自己在合伙协议中所确定的承担比例如何。一个合伙人不能清偿对外债务的，其他合伙人都有清偿的责任。但是，当某一合伙人偿还合伙企业的债务超过自己所应承担的数额时，有权向其他合伙人追偿。二是无限责任。即所有的合伙人不以自己投入合伙企业的资金和合伙企业的其他资金为限对债权人承担清偿责任，在这些财产不够清偿时还要以合伙人自己所有的财产对债权人承担清偿责任。

但是，在特殊情况下，合伙人可以不承担无限连带责任。按照《合伙企业法》中"特殊普通合伙企业"的规定，对以专业知识和专门技能为客户提供有偿服务的专业服务机构，可以设立为普通合伙企业。在这种特殊的普通合伙企业中，对合伙人本人执业行为中因故意或者重大过失引起的合伙企业债务，其他合伙人以其在合伙企业中的财产份额为限承担责任；执业行为中因故意或者重大过失引起合伙企业债务的合伙人，应当承担无限连带责任；对合伙人本人执业行为中非故意或者重大过失引起的合伙企业的债务和合伙企业的其他债务，全体合伙人承担无限连带责任。对合伙人执业行为中因故意或者重大过失引起的合伙企业债务，以合伙企业财产对外承担责任后，该合伙人应当按照合伙协议的约定对给合伙企业造成的损失承担赔偿责任。

二、普通合伙企业的设立

（一）普通合伙企业的设立条件

根据《合伙企业法》的规定，设立普通合伙企业，应当具备下列条件：

1. 有两个以上合伙人。合伙人为自然人的，应当具有完全民事行为能力。合伙企业合伙人至少为 2 人以上，对于合伙企业合伙人数的最高限额，我国《合伙企业法》未作规定，完全由设立人根据所设企业的具体情况决定。

关于合伙人的资格，《合伙企业法》作了以下限定：①合伙人可以是自然人，也可以是法人或者其他组织。如何组成，除法律另有规定外不受限制。②合伙人为自然人的，应当具有完全民事行为能力。无民事行为能力人和限制民事行为能力人不得成为合伙企业的合伙人。③国有独资公司、国有企业、上市公司以及公益性的事业单位、社会团体不得成为普通合伙人。

2. 有书面合伙协议。合伙协议是指由各合伙人通过协商，共同决定相互间的权利义务，达成的具有法律约束力的协议。合伙协议应当依法由全体合伙人协商一致，以书面形式订立。合伙协议应当载明下列事项：合伙企业的名称和主要经营场所的地点；合伙目的和合伙经营范围；合伙人的姓名或者名称、住所；合伙人的出资方式、数额和缴付期限；利润分配、亏损分担方式；合伙事务的执行；入伙与退伙；争议解决办法；合伙企业的解散与清算；违约责任等。合伙协议经全体合伙人签名、盖章后生效。合伙人按照合伙协议享有权利，履行义务。修改或者补充合伙协议，应当经全体合伙人一致同意；但是，合伙协议另有约定的除外。合伙协议未约定或者约定不明确的事项，由合伙人协商决定；协商不成的，依照《合伙企业法》和其他有关法律、行政法规的规定处理。

3. 有合伙人认缴或者实际缴付的出资。合伙协议生效后，合伙人应当按照合伙协议的规定缴纳出资。合伙人可以用货币、实物、知识产权、土地使用权或者其他财产权利出资，也可以用劳务出资。合伙人的劳务出资形式是有别于公司出资形式的重要不同之处。合伙人以实物、知识产权、土地使用权或者其他财产权利出资，需要评估作价的，可以由全体合伙人协商确定，也可以由全体合伙人委托法定评估机构评估。合伙人以劳务出资的，其评估办法由全体合伙人协商确定，并在合伙协议中载明。合伙人应当按照合伙协议约定的出资方式、数额和缴付期限履行出资义务。以非货币财产出资的，依照法律、行政法规的规定，需要办理财产权转移手续的，应当依法办理。

4. 有合伙企业的名称和生产经营场所。普通合伙企业应当在其名称中标明"普通合伙"字样，其中，特殊的普通合伙企业应当在其名称中标明"特殊普通合伙"字样，合伙企业的名称必须和"合伙"联系起来，名称中必须有"合伙"二字。合伙企业名称中的组织形式可以直接使用"合伙企业"字样。

5. 法律、行政法规规定的其他条件。

💡【例 3 - 1】甲、乙、丙拟设立一普通合伙企业，并订立了一份合伙协议，部分内容如下：（1）甲的出资为现金1 000元和劳务作价5万元；（2）乙的出资为现金5万元，于合伙企业成立后半年内缴付；（3）丙的出资为作价8万元的房屋一栋，不办理财产权转移手续，且丙保留对该房屋的处分权；（4）合伙企业的经营期限，于合伙企业成立满1年时再协商确定。

要求：分析该协议的上述四项内容是否符合《合伙企业法》的规定。

【解析】（1）根据《合伙企业法》的规定，合伙人可以用货币、实物、知识产权、土地使用权或者其他财产权利出资，也可以用劳务出资；合伙人以实物、知识产权、土地使用权或者其他财产权利出资，需要评估作价的，可以由全体合伙人协商确定，也可以由全体合伙人委托法定评估机构评估；合伙人以劳务出资的，其评估办法由全体合伙人协商确定，并在合伙协议中载明。因此，甲以现金和劳务出资，符合《合伙企业法》的规定。

（2）根据《合伙企业法》的规定，设立合伙企业，应当具备下列条件：①有两个以上合伙人。合伙人为自然人的，应当具有完全民事行为能力；②有书面合伙协议；③有各合伙人认缴或者实际缴付的出资；④有合伙企业的名称和生产经营场所；⑤法律、行政法规规定的其他条件。从上述合伙企业设立条件第3项的规定，有各合伙人认缴或者实际缴付的出资，可知合伙人可以实际一次性缴付出资，也可以"认缴"的形式分期出资，但"认缴"必须在合伙协议中有所体现，不能随意进行。乙的出资于合伙企业成立后半年内缴付符合《合伙企业法》的规定。

（3）根据《合伙企业法》的规定，合伙人应当按照合伙协议约定的出资方式、数额和缴付期限履行出资义务；以非货币财产出资的，依照法律、行政法规的规定，需要办理财产权转移手续的，应当依法办理。丙以房屋出资，但不办理财产权转移手续，且保留对该房屋的处分权，则该房屋并未成为合伙企业的财产。因此，丙的出资不符合《合伙企业法》的规定。

（4）根据《合伙企业法》的规定，合伙协议应当载明的事项中并不包括合伙企业的经营期限，因此，合伙企业的经营期限并不一定要在合伙企业成立时确定，该项内容符合《合伙企业法》的规定。

【例3－2】甲、乙、丙、丁四人计划设立一家普通合伙企业。关于该企业的设立，下列表述中正确的是（　　　）。

A. 各合伙人不得以劳务作为出资

B. 如乙仅以其房屋使用权作为出资，则不必办理房屋产权过户登记

C. 该合伙企业名称中不得出现任何一个合伙人的名字

D. 合伙协议经全体合伙人签名、盖章并经备案后生效

【解析】正确答案是B。《合伙企业法》规定，以非货币财产出资的，依照法律、行政法规的规定，需要办理财产权转移手续的，应当依法办理。因此，乙若以房屋使用权而非房屋所有权作为出资的话，不必须办理房屋产权过户登记。

选项 A 错误。《合伙企业法》规定，合伙人可以用货币、实物、知识产权、土地使用权或者其他财产权利出资，也可以用劳务出资。因此，各合伙人可以以劳务作为出资。

选项 C 错误。《合伙企业法》规定，合伙企业名称中必须有"合伙"二字，普通合伙企业应在名称中标明"普通合伙"字样，特殊的普通合伙企业必须在其名称中标明"特殊普通合伙"字样，并未禁止以合伙人的名字命名。因此，合伙企业名称中可以出现合伙人的名字。

选项 D 错误。《合伙企业法》规定，合伙协议经全体合伙人签名、盖章后生效。合伙人按照合伙协议享有权利，履行义务。合伙协议的生效不需要备案。

（二）普通合伙企业的设立登记

1. 申请人向企业登记机关提交相关文件。该类文件有：①全体合伙人签署的设立登记申请书；②合伙协议书；③全体合伙人的身份证明；④全体合伙人指定的代表或者共同委托代理人的委托书；⑤全体合伙人对各合伙人认缴或者实际缴付出资的确认书；⑥经营场所证明；⑦其他法定的证明文件。

此外，法律、行政法规规定设立合伙企业须经批准的，还应当提交有关批准文件。合伙协议约定或者全体合伙人决定，委托一个或者数个合伙人执行合伙事务的，还应当提交全体合伙人的委托书。

2. 企业登记机关核发营业执照。合伙企业的营业执照签发日期，为合伙企业的成立日期。合伙企业领取营业执照前，合伙人不得以合伙企业名义从事合伙业务。

合伙企业设立分支机构，应当向分支机构所在地的企业登记机关申请登记，领取营业执照。合伙企业登记事项发生变更的，执行合伙事务的合伙人应当自作出变更决定或者发生变更事由之日起 15 日内，向企业登记机关申请办理变更登记。

三、普通合伙企业财产

（一）合伙企业财产的构成

根据《合伙企业法》的规定，合伙人的出资、以合伙企业名义取得的收益和依法取得的其他财产，均为合伙企业的财产。从这一规定可以看出，合伙企业财产由以下三部分构成：

1. 合伙人的出资。《合伙企业法》规定，合伙人可以用货币、实物、知识产权、土地使用权或者其他财产权利出资，也可以用劳务出资。这些出资形成合伙企业的原始财产。需要注意的是，合伙企业的原始财产是全体合伙人"认缴"的财产，而非各合伙人"实际缴纳"的财产。

2. 以合伙企业名义取得的收益。合伙企业作为一个独立的经济实体，有自己的独立利益，因此，企业以其名义取得的收益作为合伙企业获得的财产，当然归属于合伙企业，成为合伙财产的一部分。以合伙企业名义取得的收益，主要包括合伙企业的公共积累资金、未分配的盈余、合伙企业债权、合伙企业取得的工业产权和非专利技术等财产权利。

3. 依法取得的其他财产。即根据法律、行政法规的规定合法取得的其他财产，如合法接受的赠与财产等。

（二）合伙企业财产的性质

合伙企业的财产具有独立性和完整性两方面的特征。所谓独立性，是指合伙企业的财产独立于合伙人，合伙人出资以后，一般来说，便丧失了对其作为出资部分的财产的所有权或者持有权、占有权，合伙企业的财产权主体是合伙企业，而不是单独的每一个合伙人。所谓完整性，是指合伙企业的财产作为一个完整的统一体而存在，合伙人对合伙企业财产权益的表现形式仅是依照合伙协议所确定的财产收益份额或者比例。

根据《合伙企业法》的规定，合伙人在合伙企业清算前，不得请求分割合伙企业的财产；但是，法律另有规定的除外。合伙人在合伙企业清算前私自转移或者处分合伙企业财产的，合伙企业不得以此对抗善意第三人。在确认善意取得的情况下，合伙企业的损失只能向合伙人进行追索，而不能向善意第三人追索。合伙企业也不能以合伙人无权处分其财产而对善意第三人的权利要求进行对抗，即不能以合伙人无权处分其财产而主张其与善意第三人订立的合同无效。当然，如果第三人是恶意取得，即明知合伙人无权处分而与之进行交易，或者与合伙人通谋共同侵犯合伙企业权益，则合伙企业可以据此对抗第三人。

（三）合伙人财产份额的转让

合伙人财产份额的转让，是指合伙企业的合伙人向他人转让其在合伙企业中的全部或者部分财产份额的行为。由于合伙人财产份额的转让将会影响到合伙企业以及各合伙人的切身利益，因此，《合伙企业法》对合伙人财产份额的转让作了以下限制性规定：

1. 除合伙协议另有约定外，合伙人向合伙人以外的人转让其在合伙企业中的全部或者部分财产份额时，须经其他合伙人一致同意。这一规定适用于合伙人财产份额的外部转让。所谓合伙人财产份额的外部转让，是指合伙人把其在合伙企业中的全部或者部分财产份额转让给合伙人以外的第三人的行为。合伙人财产份额的外部转让，只有经其他合伙人一致同意，才表明其他合伙人同意与受让人共同维持原合伙企业，合伙企业才能存续下去。如果其他合伙人不同意接受受让人，则合伙企业无法存续下去。当然，"合伙人向合伙人以外的人转让其在合伙企业中的全部或者部分财产份额时，须经其他合伙人一致同意"是一项法定的原则，且这项原则是在合伙协议中没有规定的情况下才有法律效力。如果合伙协议有另外的约定，即合伙协议约定，合伙人向合伙人以外的人转让其在合伙企业中的全部或者部分财产份额时，无须经过其他合伙人一致同意，比如约定2/3以上合伙人同意或者一定出资比例同意的情况下，则应执行合伙协议的规定。

2. 合伙人之间转让在合伙企业中的全部或者部分财产份额时，应当通知其他合伙人。这一规定适用于合伙人财产份额的内部转让。所谓合伙人财产份额的内部转让，是指合伙人将其在合伙企业中的全部或者部分财产份额转让给其他合伙人的行为。合伙人财产份额的内部转让因不涉及合伙人以外的人参加，合伙企业存续的基础没有发生实质性变更，因此不需要经过其他合伙人一致同意，只需要通知其他合伙人即可产生法律效力。

3. 合伙人向合伙人以外的人转让其在合伙企业中的财产份额的，在同等条件下，其他合伙人有优先购买权；但是，合伙协议另有约定的除外。所谓优先购买权，是指在合伙人转让其财产份额时，在多数人接受转让的情况下，其他合伙人基于同等条件可优先于其他非合伙人购买的权利。优先购买权的发生存在两个前提：一是合伙人财产份额的转让没有约定的转让条件、转让范围的限制。也就是说，合伙协议没有"另有约定"或者另外的限制，如有另外约定或者限制，则应依约定或限制办理。二是优先受让的前提是同等条件。同等条件，主要是指受让的价格条件，当然也包括其他条件。这一规定的目的在于维护合伙企业现有合伙人的利益，维护合伙企业在现有基础上的稳定。

合伙人以外的人依法受让合伙人在合伙企业中的财产份额的，经修改合伙协议即成为合伙企业的合伙人，依照《合伙企业法》和修改后的合伙协议享有权利，履行义务。合伙人以外的人成为合伙人须修改合伙协议，未修改合伙协议的，不应视为"合伙企业的合伙人"。

此外，由于合伙人以财产份额出质可能导致该财产份额依法发生权利转移，《合伙企业法》规定，合伙人以其在合伙企业中的财产份额出质的，须经其他合伙人一致同意；未经其他合伙人一致同意，其行为无效，由此给善意第三人造成损失的，由行为人依法承担赔偿责任。合伙人财产份额的出质，是指合伙人将其在合伙企业中的财产份额作为质押物来担保债权人债权实现的行为。对合伙人财产份额出质的规定，包括以下两方面的内容：一是合伙人可以以其在合伙企业中的财产份额作为质物，与他人签订质押合同，但必须经其他合伙人一致同意，否则，合伙人的出质行为无效，即不产生法律上的效力，不受法律的保护。二是合伙人非法出质给善意第三人造成损失的，依法承担赔偿责任。合伙人擅自以其在合伙企业中的财产份额出质，违背了合伙企业存续的基础，具有主观上的过错。合伙人非法出质给善意第三人造成损失的，应当依法赔偿因其过错行为给善意第三人所造成的损失。

💡【例3-3】根据《合伙企业法》的规定，普通合伙企业的下列行为中，必须经全体合伙人一致同意的有（　　）。

A. 合伙人之间转让其在合伙企业中的财产份额

B. 合伙人向合伙人以外的人转让其在合伙企业中的财产份额

C. 合伙人以其在合伙企业中的财产份额出质

D. 执行合伙企业事务的合伙人以合伙企业名义为他人提供担保

【解析】正确答案是BCD。合伙人之间转让在合伙企业中的全部或者部分财产份额时，应当通知其他合伙人，无须经全体合伙人一致同意。

四、合伙事务执行

（一）合伙事务执行的形式

根据《合伙企业法》的规定，合伙人执行合伙企业事务，可以有以下两种形式：

1. 全体合伙人共同执行合伙事务。这是合伙事务执行的基本形式，也是在合伙企业中经常使用的一种形式，尤其是在合伙人较少的情况下更为适宜。在采取这种形式的合伙企业中，按照合伙协议的约定，各个合伙人都直接参与经营，处理合伙企业的事务，对外代表合伙企业。

2. 委托一个或者数个合伙人执行合伙事务。该形式是在各合伙人共同执行合伙事务的基础上引申而来的。在合伙企业中，有权执行合伙事务的合伙人并不都愿意行使这种权利，而愿意委托其中的一个或者数个合伙人执行合伙事务，从而就从共同执行合伙事务的基本形式中，引申出了共同委托一部分人去执行合伙事务的形式。按照合伙协议的约定或者经全体合伙人决定，可以委托一个或者数个合伙人对外代表合伙企业，执行合伙事务。

关于合伙企业事务委托给一个或者数个合伙人执行时，其他未接受委托的合伙人是否还可以再执行合伙企业事务的问题，《合伙企业法》对此作了明确规定，即委托一个或者数个合伙人执行合伙事务的，其他合伙人不再执行合伙事务。这一规定主要是考虑到按照合伙协议的约定或者经全体合伙人决定，将合伙事务委托给部分合伙人执行，没有必要再由其他合伙人执行，否则容易引起冲突与矛盾。当然，对合伙协议或者全体合伙人作出的决定以外的某些事项，如果没有委托一个或数个合伙人执行时，可以由全体合伙人共同执行或者由全体合伙人决定委托给某一个特定的合伙人办理。

合伙人可以将合伙事务委托一个或者数个合伙人执行，但并非所有的合伙事务都可以委托给部分合伙人决定。根据《合伙企业法》的规定，除合伙协议另有约定外，合伙企业的下列事项应当经全体合伙人一致同意：①改变合伙企业的名称；②改变合伙企业的经营范围、主要经营场所的地点；③处分合伙企业的不动产；④转让或者处分合伙企业的知识产权和其他财产权利；⑤以合伙企业名义为他人提供担保；⑥聘任合伙人以外的人担任合伙企业的经营管理人员。

（二）合伙人在执行合伙事务中的权利和义务

1. 合伙人在执行合伙事务中的权利。根据《合伙企业法》的规定，合伙人在执行合伙事务中的权利主要包括以下内容：

（1）合伙人对执行合伙事务享有同等的权利。合伙企业的特点之一就是合伙经营，各合伙人无论其出资多少，都有权平等享有执行合伙企业事务的权利。

（2）执行合伙事务的合伙人对外代表合伙企业。合伙人在代表合伙企业执行事务时，不是以个人的名义进行一定的民事行为，而是以合伙企业事务执行人的身份组织实施企业的生产经营活动。合伙企业事务执行人与代理人不同，代理人以被代理人的名义行事，代理权源于被代理人的授权；而合伙企业事务执行人虽以企业名义活动，但其权利来自法律的直接规定。合伙企业事务执行人与法人的法定代表人也不同，法定代表人是法律规定的并经过一定登记手续而产生的法人单位的代表，他不一定是该法人单位的出资者；而合伙企业事务执行人则是因其出资行为取得合伙人身份，并可以对外代表合伙企业。考虑到法人和其他组织可以参与合伙，《合伙企业法》同时规定，作为合伙人的法人、其他组织执行合伙企业事务的，由其委托的代表执行。

（3）不执行合伙事务的合伙人的监督权利。《合伙企业法》规定，不执行合伙事务的合伙人有权监督执行事务合伙人执行合伙事务的情况。这一规定有利于维护全体合伙人的共同利益，同时也可以促进合伙事务执行人更加认真谨慎地处理合伙企业事务。合伙事务是合伙企业的公共事务，事务的执行情况涉及每个合伙人的个人利益，每个合伙人都有权去关心合伙企业的利益。因此，不执行合伙事务的合伙人有权监督执行事务的合伙人执行合伙事务的情况。

（4）合伙人查阅合伙企业会计账簿等财务资料的权利。合伙经营是一种以营利为目的的经济活动，合伙人之间的财产共有关系、共同经营关系、连带责任关系决定了全体合伙人形成了以实现合伙目的为目标的利益共同体。每个合伙人都有权利而且有责任关心了解合伙企业的全部经营活动。因此，查阅合伙企业会计账簿等财务资料，作为了解合伙企业经营状况和财务状况的有效手段，成为合伙人的一项重要权利。

（5）合伙人有提出异议的权利和撤销委托的权利。在合伙人分别执行合伙事务的情况下，由于执行合伙事务的合伙人的行为所产生的亏损和责任要由全体合伙人承担，因此，《合伙企业法》规定，合伙人分别执行合伙事务的，执行事务合伙人可以对其他合伙人执行的事务提出异议。提出异议时，应当暂停该项事务的执行。如果发生争议，依照有关规定作出决定。受委托执行合伙事务的合伙人不按照合伙协议或者全体合伙人的决定执行事务的，其他合伙人可以决定撤销该委托。上述"依照有关规定作出决定"是指，合伙人对合伙企业有关事项作出决议，按照合伙协议约定的表决办法办理。合伙协议未约定或者约定不明确的，实行合伙人一人一票并经全体合伙人过半数通过的表决办法。

2. 合伙人在执行合伙事务中的义务。根据《合伙企业法》的规定，合伙人在执行合伙事务中的义务主要包括以下内容：

（1）合伙事务执行人向不参加执行事务的合伙人报告企业经营状况和财务状况。《合伙企业法》规定，由一个或者数个合伙人执行合伙事务的，执行事务合伙人应当定期向其他合伙人报告事务执行情况以及合伙企业的经营和财务状况，其执行合伙事务所产生的收益归合伙企业，所产生的费用和亏损由合伙企业承担。

（2）合伙人不得自营或者同他人合作经营与本合伙企业相竞争的业务。各合伙人组建合伙企业是为了合伙经营、共享收益，如果某一合伙人自己又从事或者与他人合作从事与合伙企业相竞争的业务，势必影响合伙企业的利益，背离合伙的初衷；同时还可能形成不正当竞争，使合伙企业处于不利地位，损害其他合伙人的利益。因此，

《合伙企业法》规定，合伙人不得自营或者同他人合作经营与本合伙企业相竞争的业务。

（3）合伙人不得同本合伙企业进行交易。合伙企业中每一个合伙人都是合伙企业的投资者，如果自己与合伙企业交易，就包含了与自己交易，也包含了与别的合伙人交易，而这种交易极易损害他人的利益。因此，《合伙企业法》规定，除合伙协议另有约定或者经全体合伙人一致同意外，合伙人不得同本合伙企业进行交易。

（4）合伙人不得从事损害本合伙企业利益的活动。合伙人在执行合伙事务过程中，不得为了自己的私利，损害其他合伙人的利益，也不得与其他人恶意串通，损害合伙企业的利益。

（三）合伙事务执行的决议办法

《合伙企业法》规定，合伙人对合伙企业有关事项作出决议，按照合伙协议约定的表决办法办理。合伙协议未约定或者约定不明确的，实行合伙人一人一票并经全体合伙人过半数通过的表决办法。《合伙企业法》对合伙企业的表决办法另有规定的，从其规定。这一规定确定了合伙事务执行决议的三种办法：

1. 由合伙协议对决议办法作出约定。这种约定有两个前提：一是不与法律相抵触，即法律有规定的按照法律的规定执行，法律未作规定的可在合伙协议中约定。二是在合伙协议中作出的约定，应当由全体合伙人协商一致共同作出。至于在合伙协议中所约定的决议办法，是采取全体合伙人一致通过，还是采取 2/3 以上多数通过，或者采取其他办法，由全体合伙人视所决议的事项而作出约定。

2. 实行合伙人一人一票并经全体合伙人过半数通过的表决办法。这种办法也有一个前提，即合伙协议未约定或者约定不明确的，才实行合伙人一人一票并经全体合伙人过半数通过的表决办法。需要注意的是，对各合伙人，无论出资多少和以何物出资，表决权数应以合伙人的人数为准，也即每一个合伙人对合伙企业有关事项均有同等的表决权，采用经全体合伙人过半数通过的表决办法。

3. 依照《合伙企业法》的规定作出决议。如《合伙企业法》规定，合伙人按照合伙协议的约定或者经全体合伙人决定，可以增加或者减少对合伙企业的出资；又如《合伙企业法》规定，处分合伙企业的不动产、改变合伙企业的名称等，除合伙协议另有约定外，应当经全体合伙人一致同意，等等。

（四）合伙企业的损益分配

1. 合伙损益。合伙损益包括两方面的内容：一是合伙利润，是指以合伙企业的名义从事经营活动所取得的经济利益，它反映了合伙企业在一定期间的经营成果。二是合伙亏损，是指以合伙企业的名义从事经营活动所形成的亏损。合伙亏损是全体合伙人所共同面临的风险，或者说是共同承担的经济责任。

2. 合伙损益分配原则。合伙损益分配包含合伙企业的利润分配与亏损分担两个方面，对合伙损益分配原则，《合伙企业法》作了原则规定，主要内容为：

（1）合伙企业的利润分配、亏损分担，按照合伙协议的约定办理；合伙协议未约定或者约定不明确的，由合伙人协商决定；协商不成的，由合伙人按照实缴出资比例分配、分担；无法确定出资比例的，由合伙人平均分配、分担。

（2）合伙协议不得约定将全部利润分配给部分合伙人或者由部分合伙人承担全部亏损。

（五）非合伙人参与经营管理

在合伙企业中，往往由于合伙人经营管理能力不足，需要在合伙人之外聘任非合伙人担任合伙企业的经营管理人员，参与合伙企业的经营管理工作。《合伙企业法》规定，除合伙协议另有约定外，经全体合伙人一致同意，可以聘任合伙人以外的人担任合伙企业的经营管理人员。被聘任的经营管理人员，仅是合伙企业的经营管理人员，不是合伙企业的合伙人，因而不具有合伙人的资格。

关于被聘任的经营管理人员的职责，《合伙企业法》作了明确规定，主要有：（1）被聘任的合伙企业的经营管理人员应当在合伙企业授权范围内履行职务；（2）被聘任的合伙企业的经营管理人员，超越合伙企业授权范围履行职务，或者在履行职务过程中因故意或者重大过失给合伙企业造成损失的，依法承担赔偿责任。

五、合伙企业与第三人关系

合伙企业与第三人关系，实际是指有关合伙企业的对外关系，涉及合伙企业对外代表权的效力、合伙企业和合伙人的债务清偿等问题。

（一）合伙企业对外代表权的效力

1. 合伙企业与第三人关系。所谓合伙企业与第三人关系，是指合伙企业的外部关系，即合伙企业与合伙企业的合伙人以外的第三人的关系。合伙企业是由自然人、法人和其他组织依照《合伙企业法》，通过订立合伙协议而设立的营利性组织。在合伙企业设立以后，必然要以合伙企业的名义从事生产经营活动，进行商品的交换、服务的供需和财产的流转，从而与其他市场主体（包括自然人、法人和其他组织）发生联系，形成其外部关系。因此，合伙企业与第三人关系也就是合伙企业与外部的关系。由于合伙企业在债务承担上是一种连带责任关系，这种关系在一定程度上就会与合伙人自身发生一定的牵连，例如，当合伙企业对外发生了债务并且合伙企业的财产不能清偿其债务时，这一关系即可转化为合伙人与债权人（第三人）之间的关系。

2. 合伙事务执行中的对外代表权。可以取得合伙企业对外代表权的合伙人，主要有三种情况：一是由全体合伙人共同执行合伙企业事务的，全体合伙人都有权对外代表合伙企业，即全体合伙人都取得了合伙企业的对外代表权；二是由部分合伙人执行合伙企业事务的，只有受委托执行合伙企业事务的那一部分合伙人有权对外代表合伙企业，而不参加执行合伙企业事务的合伙人则不具有对外代表合伙企业的权利；三是由于特别授权在单项合伙事务上有执行权的合伙人，依照授权范围可以对外代表合伙企业。执行合伙企业事务的合伙人在取得对外代表权后，即可以合伙企业的名义进行经营活动，在其授权的范围内作出法律行为。合伙人的这种代表行为，对全体合伙人发生法律效力，即其执行合伙事务所产生的收益归合伙企业，所产生的费用和亏损由合伙企业承担。

3. 合伙企业对外代表权的限制。合伙人执行合伙事务的权利和对外代表合伙企业的权利，都会受到一定的内部限制。如果这种内部限制对第三人发生效力，必须以第三人知道这一情况为条件，否则，该内部限制不对该第三人产生抗辩力。《合伙企业法》规定，合伙企业对合伙人执行合伙事务以及对外代表合伙企业权利的限制，不得对抗善意第三人。这里所指的合伙人，是指在合伙企业中有合伙事务执行权与对外代表权的合伙人；这里所指的限制，是指合伙企业对合伙人所享有的事务执行权与对外代表权权利能力的一种界定；这里所指的对抗，是指合伙企业否定第三人的某些权利和利益，拒绝承担某些责任；这里所指的不知情，是指与合伙企业有经济联系的第三人不知道合伙企业所作的内部限制，或者不知道合伙企业对合伙人行使权利所作限制的事实；这里所指的善意第三人，是指本着合法交易的目的，诚实地通过合伙企业的事务执行人，与合伙企业之间建立民事、商事法律关系的法人、非法人团体或自然人。如果第三人与合伙企业事务执行人恶意串通、损害合伙企业利益，则不属善意的情形。需要注意的是，不得对抗善意第三人，主要是针对给第三人造成的损失而言，即当执行合伙事务的合伙人给善意第三人造成损失时，合伙企业不能因为有对合伙人执行合伙事务以及对外代表合伙企业权利的限制，就不对善意第三人承担责任。

保护善意第三人的利益是为了维护经济往来的交易安全，这是一项被广泛认同的法律原则。例如，合伙企业内部规定，有对外代表权的合伙人甲在签订合同时，须经乙和丙两个执行事务的合伙人同意，如果甲自作主张没有征求乙和丙的同意，与第三人丁签订了一份买卖合同，而丁不知道在合伙企业内部对甲所作的限制，在合同的履行中，也没有从中获得不正当的利益，在这种情况下，第三人丁应当为善意第三人，丁所得到的利益应当予以保护，合伙企业不得以其内部所作的在行使权利方面的限制为由，否定善意第三人丁的正当权益，拒绝履行合伙企业应承担的责任。

（二）合伙企业和合伙人的债务清偿

1. 合伙企业的债务清偿与合伙人的关系。

（1）合伙企业财产优先清偿。《合伙企业法》规定，合伙企业对其债务，应先以其全部财产进行清偿。所谓合伙企业的债务，是指在合伙企业存续期间产生的债务。合伙企业对其债务，应先以其全部财产进行清偿，即合伙企业的债务，应先由合伙企业的财产来承担，合伙企业有自己的财产时，合伙企业的债权人应首先从合伙企业的全部财产中求偿，而不应当向合伙人个人直接请求债权。这样，既有利于理顺合伙企业与第三人的法律关系，明确合伙企业的偿债责任，也有利于保护债权人的债权实现。

（2）合伙人的无限连带清偿责任。《合伙企业法》规定，合伙企业不能清偿到期债务的，合伙人承担无限连带责任。所谓合伙人的无限责任，是指当合伙企业的全部财产不足以偿付到期债务时，各个合伙人承担合伙企业的债务不是以其出资额为限，而是以其自有财产来清偿合伙企业的债务。所谓合伙人的连带责任，是指当合伙企业的全部财产不足以偿付到期债务时，合伙企业的债权人对合伙企业所负债务，可以向任何一个合伙人主张，该合伙人不得以其出资的份额大小、合伙协议有特别约定、合伙企业债务另有担保人或者自己已经偿付所承担的份额等理由来拒绝。当然，合伙人由于承担连带责任，所清偿数额超过其应分担的比例时，有权向其他合伙人追偿。

（3）合伙人之间的债务分担和追偿。《合伙企业法》规定，合伙人由于承担无限连带责任，清偿数额超过规定的其亏损分担比例的，有权向其他合伙人追偿。这一规定在重申合伙人对合伙企业债务负无限连带责任的基础上，明确了合伙人分担合伙债务的比例，是以合伙企业亏损分担的比例为准。关于合伙企业亏损分担比例，《合伙企业法》规定，合伙企业的亏损分担，按照合伙协议的约定办理；合伙协议未约定或者约定不明确的，由合伙人协商决定；协商不成的，由合伙人按照实缴出资比例分担；无法确定出资比例的，由合伙人平均分担。

合伙人之间的分担比例对债权人没有约束力。债权人可以根据自己的清偿利益，请求全体合伙人中的一人或数人承担全部清偿责任，也可以按照自己确定的清偿比例向各合伙人分别追索。如果某一合伙人实际支付的清偿数额超过其依照既定比例所应承担的数额，依照《合伙企业法》的规定，该合伙人有权就超过部分向其他未支付或者未足额支付应承担数额的合伙人追偿。但是，合伙人的这种追偿权，应当具备以下三个条件：一是追偿人已经实际承担连带责任，并且其清偿数额超过了其应当承担的数额；二是被追偿人未实际承担或者未足额承担其应当承担的数额；三是追偿的数额不得超过追偿人超额清偿部分的数额或被追偿人未足额清偿部分的数额。

2. 合伙人的债务清偿与合伙企业的关系。在合伙企业存续期间，可能发生个别合伙人因不能偿还其私人债务而被追索的情况。由于合伙人在合伙企业中拥有财产权益，合伙人的债权人可能向合伙企业提出各种清偿请求。为了保护合伙企业和其他合伙人的合法权益，同时也保护债权人的合法权益，《合伙企业法》作了如下规定：

（1）合伙人发生与合伙企业无关的债务，相关债权人不得以其债权抵销其对合伙企业的债务；也不得代位行使合伙人在合伙企业中的权利。首先，合伙人发生与合伙企业无关的债务，相关债权人不得以其债权抵销其对合伙企业的债务。这是因为该债权人对合伙企业的负债，实际上是对全体合伙人的负债，而合伙企业某一合伙人对该债权人的负债，只限于该合伙人个人。如果允许两者抵销，就等于强迫合伙企业其他合伙人对个别合伙人的个人债务承担责任，这违反了合伙制度的本意，加大了合伙人的风险，也不利于合伙企业这种经济组织形式的发展。其次，合伙人发生与合伙企业无关的债务，相关债权人不得代位行使该合伙人在合伙企业中的权利。这是因为合伙人之间的相互了解和信任是合伙关系稳定的基础，如果允许个别合伙人的债权人代位行使该合伙人在合伙企业中的权利，如参与管理权、事务执行权等，则不利于合伙关系的稳定和合伙企业的正常运营。况且，该债权人因无合伙人身份，只行使合伙人的权利而不承担无限连带责任，无异于允许他将自己行为的责任风险转嫁于合伙企业的全体合伙人，这显然是不公平的。

（2）合伙人的自有财产不足清偿其与合伙企业无关的债务的，该合伙人可以其从合伙企业中分取的收益用于清偿；债权人也可以依法请求人民法院强制执行该合伙人在合伙企业中的财产份额用于清偿。这既保护了债权人的清偿利益，也无损于全体合伙人的合法权益。因为在债权人取得其债务人从合伙企业中分取的收益用来清偿的情况下，该债权人并不参与合伙企业的内部事务，也不妨碍其债务人作为合伙人正常行使其正当的权利。而在债权人依法请求人民法院强制执行债务人在合伙企业中的财产份额作为清偿的情况下，如果该债权人因取得该财产份额而成为合伙企业合伙人，则无异于合伙份额的转让。因此，债权人在取得合伙人地位后，就要承担与其他合伙人同样的责任，因而不存在转嫁责任风险的问题。

人民法院强制执行合伙人的财产份额时，应当通知全体合伙人，其他合伙人有优先购买权；其他合伙人未购买，又不同意将该财产份额转让给他人的，依照《合伙企业法》的规定为该合伙人办理退伙结算，或者办理削减该合伙人相应财产份额的结算。这里需要注意三点：一是这种清偿必须通过《民事诉讼法》规定的强制执行程序进行，债权人不得自行接管债务人在合伙企业中的财产份额；二是人民法院强制执行合伙人的财产份额时，应当通知全体合伙人；三是在强制执行个别合伙人在合伙企业中的财产份额时，其他合伙人有优先购买权。也就是说，如果其他合伙人不愿意接受该债权人成为其合伙企业新的合伙人，可以由他们中的一人或者数人行使优先购买权，取得该债务人的财产份额。受让人支付的价金，用于向该债权人清偿债务。

【例3-4】 某合伙企业合伙人甲因个人购房，向非合伙人乙借款2万元，而乙曾与该合伙企业签订了一个买卖合同，还欠该合伙企业货款3万元。当该合伙企业向乙催要货款时，乙提出因甲欠其2万元，所以他只需付合伙企业1万元即可。

要求：分析乙的说法是否正确。

【解析】 根据《合伙企业法》的规定，合伙人发生与合伙企业无关的债务，相关债权人不得以其债权抵销其对合伙企业的债务；也不得代位行使合伙人在合伙企业中的权利。因此，合伙人的债权人不得对合伙企业主张抵销权。因该债权人对合伙企业的负债，实际上是对全体合伙人的负债；而对他欠债的，只是个别合伙人。如果允许两者抵销，就等于强迫合伙企业其他合伙人对个别合伙人的个人债务承担责任。这样做，违反了合伙制度的本意，加大了合伙人的风险，不利于合伙企业这种经济组织形式的发展。所以，乙的说法不正确。

六、入伙与退伙

（一）入伙

入伙，是指在合伙企业存续期间，合伙人以外的第三人加入合伙，从而取得合人资格。

1. 入伙的条件和程序。《合伙企业法》规定，新合伙人入伙，除合伙协议另有约定外，应当经全体合伙人一致同意，并依法订立书面入伙协议。订立入伙协议时，原合伙人应当向新合伙人如实告知原合伙企业的经营状况和财务状况。这一规定包括四层含义：一是新合伙人入伙，应当经全体合伙人一致同意，未获得一致同意的，不得入伙；二是合伙协议无另外约定，如果合伙协议对新合伙人入伙约定了相应的条件，则必须按照约定执行；三是新合伙人入伙，应当依法订立书面入伙协议，入伙协议应当以原合伙协议为基础，并对原合伙协议事项作相应变更，订立入伙协议不得违反公平原则、诚实信用原则；四是订立入伙协议时，原合伙人应当向新合伙人如实告知原合伙企业的经营状况和财务状况。

2. 新合伙人的权利和责任。一般来讲，入伙的新合伙人与原合伙人享有同等权利，承担同等责任。但是，如果原合伙人愿意以更优越的条件吸引新合伙人入伙，或者新合伙人愿意以较为不利的条件入伙，也可以在入伙协议中另行约定。关于新入伙人对入伙前合伙企业的债务承担问题，《合伙企业法》规定，新合伙人对入伙前合伙企业的债务承担无限连带责任。

（二）退伙

退伙，是指合伙人退出合伙企业，从而丧失合伙人资格。

1. 退伙的原因。合伙人退伙，一般有两种原因：一是自愿退伙；二是法定退伙。

（1）自愿退伙，是指合伙人基于自愿的意思表示而退伙。自愿退伙可以分为协议退伙和通知退伙两种。

关于协议退伙，《合伙企业法》规定，合伙协议约定合伙期限的，在合伙企业存续期间，有下列情形之一的，合伙人可以退伙：①合伙协议约定的退伙事由出现；②经全体合伙人一致同意；③发生合伙人难以继续参加合伙的事由；④其他合伙人严重违反合伙协议约定的义务。合伙人违反上述规定退伙的，应当赔偿由此给合伙企业造成的损失。

关于通知退伙，《合伙企业法》规定，合伙协议未约定合伙期限的，合伙人在不给合伙企业事务执行造成不利影响的情况下，可以退伙，但应当提前30日通知其他合伙人。由此可见，法律对通知退伙有一定的限制，即附有以下三项条件：①必须是合伙协议未约定合伙企业的经营期限；②必须是合伙人的退伙不给合伙企业事务执行造成不利影响；③必须提前30日通知其他合伙人。这三项条件必须同时具备，缺一不可。合伙人违反上述规定退伙的，应当赔偿由此给合伙企业造成的损失。

（2）法定退伙，是指合伙人因出现法律规定的事由而退伙。法定退伙分为当然退伙和除名两类。

关于当然退伙，《合伙企业法》规定，合伙人有下列情形之一的，当然退伙：①作为合伙人的自然人死亡或者被依法宣告死亡；②个人丧失偿债能力；③作为合伙人的法人或者其他组织依法被吊销营业执照、责令关闭、撤销，或者被宣告破产；④法律规定或者合伙协议约定合伙人必须具有相关资格而丧失该资格；⑤合伙人在合伙企业中的全部财产份额被人民法院强制执行。此外，合伙人被依法认定为无民事行为能力人或者限制民事行为能力人的，经其他合伙人一致同意，可以依法转为有限合伙人，普通合伙企业依法转为有限合伙企业。其他合伙人未能一致同意的，该无民事行为能力或者限制民事行为能力的合伙人退伙。当然退伙以退伙事由实际发生之日为退伙生效日。

关于除名，《合伙企业法》规定，合伙人有下列情形之一的，经其他合伙人一致同意，可以决议将其除名：①未履行出资义务；②因故意或者重大过失给合伙企业造成损失；③执行合伙事务时有不正当行为；④发生合伙协议约定的事由。对合伙人的除名决议应当书面通知被除名人。被除名人接到除名通知之日，除名生效，被除名人退伙。被除名人对除名决议有异议的，可以自接到除名通知之日起30日内，向人民法院起诉。

2. 退伙的效果。退伙的效果，是指退伙时退伙人在合伙企业中的财产份额和民事责任的归属变动，分为两类情况：一是财产继承；二是退伙结算。

（1）关于财产继承。《合伙企业法》规定，合伙人死亡或者被依法宣告死亡的，对该合伙人在合伙企业中的财产份额享有合法继承权的继承人，按照合伙协议的约定或者经全体合伙人一致同意，从继承开始之日起，取得该合伙企业的合伙人资格。有下列情形之一的，合伙企业应当向合伙人的继承人退还被继承合伙人的财产份额：①继承人不愿意成为合伙人；②法律规定或者合伙协议约定合伙人必须具有相关资格，而该继承人未取得该资格；③合伙协议约定不能成为合伙人的其他情形。合伙人的继承人为无民事行为能力人或者限制民事行为能力人的，经全体合伙人一致同意，可以依法成为有限合伙人，普通合伙企业依法转为有限合伙企业。全体合伙人未能一致同意的，合伙企业应当将被继承合伙人的财产份额退还该继承人。根据这一法律规定，合伙人死亡时其继承人可依以下法定条件取得该合伙企业的合伙人资格：一是有合法继承权；二是有合伙协议的约定或者全体合伙人的一致同意；三是继承人愿意。死亡的合伙人的继承人取得该合伙企业的合伙人资格，从继承开始之日起获得。若有数个继承人，数人只能作为一个整体继承被继承人的合伙份额，否则会破坏合伙企业原有的结构。

（2）关于退伙结算。除合伙人死亡或者被依法宣告死亡的情形外，《合伙企业法》对退伙结算作了以下规定：①合伙人退伙，其他合伙人应当与该退伙人按照退伙时的合伙企业财产状况进行结算，退还退伙人的财产份额。退伙人对给合伙企业造成的损失负有赔偿责任的，相应扣减其应当赔偿的数额。退伙时有未了结的合伙企业事务的，待该事务了结后进行结算。②退伙人在合伙企业中财产份额的退还办法，由合伙协议约定或者由全体合伙人决定，可以退还货币，也可以退还实物。③合伙人退伙时，合伙企业财产少于合伙企业债务的，退伙人应当依照法律规定分担亏损，即如果合伙协议约定亏损分担比例的，按照合伙协议的约定办理；合伙协议未约定或者约定不明确的，由合伙人协商决定；协商不成的，由合伙人按照实缴出资比例分担；无法确定出资比例的，由合伙人平均分担。

合伙人退伙以后，并不能解除对于合伙企业既往债务的连带责任。根据《合伙企业法》的规定，退伙人对基于其退伙前的原因发生的合伙企业债务，承担无限连带责任。

【例3-5】甲、乙、丙、丁四人设立合伙企业经营长途运输，后甲介绍其弟戊加入合伙企业，甲、乙、丙同意，丁不同意。戊以多数人同意为由在合伙企业开车从事运输。2019年8月，戊因超速驾驶发生交通事故，造成经济损失5万元，戊主张每人承担1万元。关于该笔损失的承担，下列表述中正确的是（　　）。

A. 应由甲、乙、丙、丁、戊每人承担1万元损失

B. 应由甲、乙、丙、戊每人承担1.25万元损失

C. 应由甲和戊每人承担2.5万元损失

D. 应由戊自行承担5万元损失

【解析】正确答案是D。《合伙企业法》规定，新合伙人入伙，除合伙协议另有约定外，应当经全体合伙人一致同意，并依法订立书面入伙协议。本案中，丁不同意戊入伙，因此，戊不是合伙企业的合伙人。对于戊造成的损失，应由戊自行承担，其他合伙人不承担。

【例3-6】依照《合伙企业法》的规定，下列情形中，属于普通合伙人可以经其他合伙人一致决议而被除名的情形有（　　）。

A. 甲合伙人在执行合伙事务中有贪污合伙企业财产的行为

B. 乙合伙人尚有部分出资尚未缴付

C. 丙合伙人个人丧失偿债能力

D. 丁合伙人在执行合伙事务的同时参加了另一同类营业的合伙组织

【解析】正确答案是AD。《合伙企业法》规定，普通合伙人有下列情形之一的，经其他合伙人一致同意，可以决议将其除名：①未履行出资义务；②因故意或者重大过失给合伙企业造成损失；③执行合伙事务时有不正当行为；④发生合伙协议约定的事由。对合伙人的除名决议应当书面通知被除名人。被除名人接到除名通知之日起，除名生效，被除名人退伙。据此，选项A、选项D的表述属于上述规定第3项所规定的情形，构成除名退伙原因。

选项B不选，乙尚有部分出资未缴付并不违反《合伙企业法》的规定。

选项C不选，丙个人丧失偿债能力，导致丙当然退伙，属当然退伙的情形，而不构成除名退伙的原因。

七、特殊的普通合伙企业

（一）特殊的普通合伙企业的概念

特殊的普通合伙企业，是指以专业知识和专门技能为客户提供有偿服务的专业服

务机构。特殊的普通合伙企业名称中应当标明"特殊普通合伙"字样。

（二）特殊的普通合伙企业的责任形式

1. 责任承担。《合伙企业法》规定，一个合伙人或者数个合伙人在执业活动中因故意或者重大过失造成合伙企业债务的，应当承担无限责任或者无限连带责任，其他合伙人以其在合伙企业中的财产份额为限承担责任。合伙人在执业活动中非因故意或者重大过失造成的合伙企业债务以及合伙企业的其他债务，由全体合伙人承担无限连带责任。所谓重大过失，是指明知可能造成损失而轻率地作为或者不作为。根据这一法律规定，特殊的普通合伙企业的责任形式分为两种：

（1）有限责任与无限连带责任相结合。即一个合伙人或者数个合伙人在执业活动中因故意或者重大过失造成合伙企业债务的，应当承担无限责任或者无限连带责任，其他合伙人以其在合伙企业中的财产份额为限承担责任。由于特殊普通合伙企业的特殊性，为了保证特殊的普通合伙企业的健康发展，必须对合伙人的责任形式予以改变，否则以专业知识和专门技能为客户提供服务的专业服务机构难以存续。因此，对一个合伙人或者数个合伙人在执业活动中的故意或者重大过失行为与其他合伙人应当区别对待，对于负有重大责任的合伙人应当承担无限责任或者无限连带责任，其他合伙人只以其在合伙企业中的财产份额为限承担责任。这也符合公平、公正原则，如果不分清责任，简单地归于无限连带责任或者有限责任，不但对其他合伙人不公平，而且债权人的利益也难以得到保障。

（2）无限连带责任。对合伙人在执业活动中非因故意或者重大过失造成的合伙企业债务以及合伙企业的其他债务，全体合伙人承担无限连带责任。这是在责任划分的基础上作出的合理规定，以最大限度地实现公平、正义和保障债权人的合法权益。这种责任形式的前提是，合伙人在执业过程中不存在重大过错，即既没有故意，也不存在重大过失。

2. 责任追偿。《合伙企业法》规定，合伙人执业活动中因故意或者重大过失造成的合伙企业债务，以合伙企业财产对外承担责任后，该合伙人应当按照合伙协议的约定，对给合伙企业造成的损失承担赔偿责任。

（三）特殊的普通合伙企业的执业风险防范

特殊的普通合伙企业应当建立执业风险基金、办理职业保险。

执业风险基金，主要是指为了化解经营风险，特殊的普通合伙企业从其经营收益中提取相应比例的资金留存或者根据相关规定上缴至指定机构所形成的资金。执业风险基金用于偿付合伙人执业活动造成的债务。执业风险基金应当单独立户管理。

职业保险，又称职业责任保险，是指承保各种专业技术人员因工作上的过失或者疏忽大意所造成的合同一方或者他人的人身伤害或者财产损失的经济赔偿责任的保险。

第三节　有限合伙企业

一、有限合伙企业的概念及法律适用

（一）有限合伙企业的概念

有限合伙企业，是指由有限合伙人和普通合伙人共同组成，普通合伙人对合伙企业债务承担无限连带责任，有限合伙人以其认缴的出资额为限对合伙企业债务承担责任的合伙组织。有限合伙企业引入有限责任制度，有利于调动各方的投资热情，实现投资者与创业者的最佳结合。

有限合伙企业与普通合伙企业和有限责任公司相比较，具有以下显著特征：（1）在经营管理上，普通合伙企业的合伙人一般均可参与合伙企业的经营管理；有限责任公司的股东有权参与公司的经营管理（含直接参与和间接参与）；而在有限合伙企业中，有限合伙人不执行合伙事务，而由普通合伙人从事具体的经营管理。（2）在风险承担上，普通合伙企业的合伙人之间对合伙债务承担无限连带责任；有限责任公司的股东对公司债务以其各自的出资额为限承担有限责任；而在有限合伙企业中，不同类型的合伙人所承担的责任则存在差异，其中有限合伙人以其各自的出资额为限承担有限责任，普通合伙人之间承担无限连带责任。

（二）有限合伙企业的法律适用

《合伙企业法》规定了两种类型的企业，即普通合伙企业和有限合伙企业。有限合伙企业与普通合伙企业之间既有相同点，也有差异处，其中两者的差别主要表现在合伙企业的内部构造上。普通合伙企业的成员均为普通合伙人（特殊的普通合伙企业除外），而有限合伙企业的成员则被划分为两部分，即有限合伙人和普通合伙人。这两部分合伙人在主体资格、权利享有、义务承受与责任承担等方面存在着明显的差异。在法律适用中，凡是《合伙企业法》中对有限合伙企业有特殊规定的，应当适用有关特殊规定；无特殊规定的，适用有关普通合伙企业及其合伙人的一般规定。下面主要介绍有限合伙企业的有关特殊规定。

二、有限合伙企业设立的特殊规定

（一）有限合伙企业的合伙人

《合伙企业法》规定，有限合伙企业由2个以上50个以下合伙人设立；但是，法律另有规定的除外。有限合伙企业至少应当有1个普通合伙人。按照规定，自然人、法人和其他组织可以依照法律规定设立有限合伙企业，但国有独资公司、国有企业、上市公司以及公益性的事业单位、社会团体不得成为有限合伙企业的普通合伙人。

在有限合伙企业存续期间，有限合伙人的人数可能发生变化。然而，无论如何变化，有限合伙企业中必须包括有限合伙人与普通合伙人两部分，否则，有限合伙企业应当进行组织形式变化。《合伙企业法》规定，有限合伙企业仅剩有限合伙人的，应当解散；有限合伙企业仅剩普通合伙人的，应当转为普通合伙企业。

（二）有限合伙企业名称

《合伙企业法》规定，有限合伙企业名称中应当标明"有限合伙"字样。按照企业名称登记管理的有关规定，企业名称中应当含有企业的组织形式。为便于社会公众以及交易相对人对有限合伙企业的了解，有限合伙企业名称中应当标明"有限合伙"的字样，而不能标明"普通合伙""特殊普通合伙""有限公司""有限责任公司"等字样。

（三）有限合伙企业协议

有限合伙企业协议是有限合伙企业生产经营的重要法律文件。有限合伙企业协议除符合普通合伙企业合伙协议的规定外，还应当载明下列事项：（1）普通合伙人和有限合伙人的姓名或者名称、住所；（2）执行事务合伙人应具备的条件和选择程序；（3）执行事务合伙人权限与违约处理办法；（4）执行事务合伙人的除名条件和更换程序；（5）有限合伙人入伙、退伙的条件、程序以及相关责任；（6）有限合伙人和普通合伙人相互转变程序。

（四）有限合伙人出资形式

《合伙企业法》规定，有限合伙人可以用货币、实物、知识产权、土地使用权或者其他财产权利作价出资。有限合伙人不得以劳务出资。劳务出资的实质是用未来劳动创造的收入来投资，其难以通过市场变现，法律上执行困难。如果普通合伙人用劳务出资，有限合伙人也用劳务出资，将来该有限合伙企业将难以承担债务责任，这将不利于保护债权人的利益。

（五）有限合伙人出资义务

《合伙企业法》规定，有限合伙人应当按照合伙协议的约定按期足额缴纳出资；未按期足额缴纳的，应当承担补缴义务，并对其他合伙人承担违约责任。按期足额缴纳出资是有限合伙人必须履行的义务，因此，有限合伙人应当按照合伙协议的约定按期足额缴纳出资。合伙人未按照协议的约定履行缴纳出资义务的，首先应当承担补缴出资的义务，同时还应对其他合伙人承担违约责任。

（六）有限合伙企业登记事项

《合伙企业法》规定，有限合伙企业登记事项中应当载明有限合伙人的姓名或者名称及认缴的出资数额。

三、有限合伙企业事务执行的特殊规定

（一）有限合伙企业事务执行人

《合伙企业法》规定，有限合伙企业由普通合伙人执行合伙事务。执行事务合伙人可以要求在合伙协议中确定执行事务的报酬及报酬提取方式。如合伙协议约定数个普通合伙人执行合伙事务，这些普通合伙人均为合伙事务执行人。如合伙协议无约定，全体普通合伙人是合伙事务的共同执行人。合伙事务执行人除享有一般合伙人相同的权利外，还有接受其他合伙人的监督和检查、谨慎执行合伙事务的义务，若因自己的过错造成合伙财产损失的，应向合伙企业或其他合伙人负赔偿责任。此外，由于执行事务合伙人较不执行事务合伙人对有限合伙企业要多付出劳动，因此，执行事务合伙人可以就执行事务的劳动付出要求企业支付报酬。对于报酬的支付方式及其数额，应由合伙协议规定或全体合伙人讨论决定。

（二）禁止有限合伙人执行合伙事务

《合伙企业法》规定，有限合伙人不执行合伙事务，不得对外代表有限合伙企业。有限合伙人的下列行为，不视为执行合伙事务：（1）参与决定普通合伙人入伙、退伙；（2）对企业的经营管理提出建议；（3）参与选择承办有限合伙企业审计业务的会计师事务所；（4）获取经审计的有限合伙企业财务会计报告；（5）对涉及自身利益的情况，查阅有限合伙企业财务会计账簿等财务资料；（6）在有限合伙企业中的利益受到侵害时，向有责任的合伙人主张权利或者提起诉讼；（7）执行事务合伙人怠于行使权利时，督促其行使权利或者为了本企业的利益以自己的名义提起诉讼；（8）依法为本企业提供担保。

另外，《合伙企业法》规定，第三人有理由相信有限合伙人为普通合伙人并与其交易的，该有限合伙人对该笔交易承担与普通合伙人同样的责任。有限合伙人未经授权以有限合伙企业名义与他人进行交易，给有限合伙企业或者其他合伙人造成损失的，该有限合伙人应当承担赔偿责任。

（三）有限合伙企业利润分配

《合伙企业法》规定，有限合伙企业不得将全部利润分配给部分合伙人；但是，合伙协议另有约定的除外。

（四）有限合伙人权利

1. 有限合伙人可以同本企业进行交易。《合伙企业法》规定，有限合伙人可以同本有限合伙企业进行交易；但是，合伙协议另有约定的除外。因为有限合伙人并不参与有限合伙企业事务的执行，对有限合伙企业的对外交易行为，有限合伙人并无直接或者间接的控制权，有限合伙人与本有限合伙企业进行交易时，一般不会损害本有限合伙企业的利益。有限合伙协议可以对有限合伙人与有限合伙企业之间的交易进行限定，如果有限合伙协议另有约定的，则必须按照约定的要求进行。普通合伙人如果禁止有限合伙人同本有限合伙企业进行交易，应当在合伙协议中作出约定。

2. 有限合伙人可以经营与本企业相竞争的业务。《合伙企业法》规定，有限合伙人可以自营或者同他人合作经营与本有限合伙企业相竞争的业务；但是，合伙协议另有约定的除外。与普通合伙人不同，有限合伙人一般不承担竞业禁止义务。普通合伙人如果禁止有限合伙人自营或者同他人合作经营与本有限合伙企业相竞争的业务，应当在合伙协议中作出约定。

四、有限合伙企业财产出质与转让的特殊规定

（一）有限合伙人财产份额出质

《合伙企业法》规定，有限合伙人可以将其在有限合伙企业中的财产份额出质；但是，合伙协议另有约定的除外。所谓有限合伙人将其在有限合伙企业中的财产份额出质，是指有限合伙人以其在合伙企业中的财产份额对外进行权利质押。有限合伙人在有限合伙企业中的财产份额是有限合伙人的财产权益，在有限合伙企业存续期间，有限合伙人可以对该财产权利进行一定的处分。有限合伙人将其在有限合伙企业中的财产份额进行出质，产生的后果仅仅是有限合伙企业的有限合伙人存在变更的可能，这对有限合伙企业的财产基础并无根本的影响。因此，有限合伙人可以按照《民法典》等相关法律规定进行财产份额的出质。但是，有限合伙企业合伙协议可以对有限合伙人的财产份额出质作出约定，如有特殊约定，应按特殊约定进行。

（二）有限合伙人财产份额转让

《合伙企业法》规定，有限合伙人可以按照合伙协议的约定向合伙人以外的人转让其在有限合伙企业中的财产份额，但应当提前 30 日通知其他合伙人。这是因为，有限合伙人向合伙人以外的其他人转让其在有限合伙企业中的财产份额，并不影响有限合伙企业债权人的利益。但是，有限合伙人对外转让其在有限合伙企业中的财产份额应当依法进行：一是要按照合伙协议的约定进行转让；二是应当提前 30 日通知其他合伙人。有限合伙人对外转让其在有限合伙企业的财产份额时，有限合伙企业的其他合伙人有优先购买权。

五、有限合伙人债务清偿的特殊规定

《合伙企业法》规定，有限合伙人的自有财产不足清偿其与合伙企业无关的债务的，该合伙人可以以其从有限合伙企业中分取的收益用于清偿；债权人也可以依法请求人民法院强制执行该合伙人在有限合伙企业中的财产份额用于清偿。人民法院强制执行有限合伙人的财产份额时，应当通知全体合伙人。在同等条件下，其他合伙人有优先购买权。由此，有限合伙人清偿其债务时，首先应当以自有财产进行清偿，只有自有财产不足清偿时，有限合伙人才可以使用其在有限合伙企业中分取的收益进行清偿，也只有在有限合伙人的自有财产不足清偿其与合伙企业无关的债务时，人民法院才可以应债权人请求强制执行该合伙人在有限合伙企业中的财产份额用于清偿。人民法院强制执行有限合伙人的财产份额时，应当通知全体合伙人，且在同等条件下，其他合伙人有优先购买权。

六、有限合伙企业入伙与退伙的特殊规定

（一）入伙

《合伙企业法》规定，新入伙的有限合伙人对入伙前有限合伙企业的债务，以其认缴的出资额为限承担责任。需要注意的是，在普通合伙企业中，新入伙的合伙人对入伙前合伙企业的债务承担连带责任，而在有限合伙企业中，新入伙的有限合伙人对入伙前有限合伙企业的债务，以其认缴的出资额为限承担责任。

（二）退伙

1. 有限合伙人当然退伙。《合伙企业法》规定，有限合伙人出现下列情形时当然退伙：（1）作为合伙人的自然人死亡或者被依法宣告死亡；（2）作为合伙人的法人或者其他组织依法被吊销营业执照、责令关闭、撤销，或者被宣告破产；（3）法律规定或者合伙协议约定合伙人必须具有相关资格而丧失该资格；（4）合伙人在合伙企业中的全部财产份额被人民法院强制执行。

2. 有限合伙人丧失民事行为能力的处理。《合伙企业法》规定，作为有限合伙人的自然人在有限合伙企业存续期间丧失民事行为能力的，其他合伙人不得因此要求其退伙。这是因为有限合伙人对有限合伙企业只进行投资，而不负责事务执行。作为有限合伙人的自然人在有限合伙企业存续期间丧失民事行为能力，并不影响有限合伙企业的正常生产经营活动，其他合伙人不能要求该丧失民事行为能力的合伙人退伙。

3. 有限合伙人继承人的权利。《合伙企业法》规定，作为有限合伙人的自然人死亡、被依法宣告死亡或者作为有限合伙人的法人及其他组织终止时，其继承人或者权利承受人可以依法取得该有限合伙人在有限合伙企业中的资格。

4. 有限合伙人退伙后的责任承担。《合伙企业法》规定，有限合伙人退伙后，对基于其退伙前的原因发生的有限合伙企业债务，以其退伙时从有限合伙企业中取回的财产承担责任。

七、有限合伙企业合伙人性质转变的特殊规定

《合伙企业法》规定，除合伙协议另有约定外，普通合伙人转变为有限合伙人，或者有限合伙人转变为普通合伙人，应当经全体合伙人一致同意。有限合伙人转变为普通合伙人的，对其作为有限合伙人期间有限合伙企业发生的债务承担无限连带责任。普通合伙人转变为有限合伙人的，对其作为普通合伙人期间合伙企业发生的债务承担无限连带责任。

【例3-7】 下列关于有限合伙企业的表述中，正确的是（ ）。

A. 有限合伙企业名称中应当标明"有限"字样

B. 有限合伙企业至少应当有一个普通合伙人

C. 有限合伙人可以用劳务出资

D. 有限合伙企业登记事项中应当载明有限合伙人的姓名或者名称及实缴的出资数额

【解析】 正确答案是 B。《合伙企业法》规定，有限合伙企业由 2 个以上 50 个以下合伙人设立；但是，法律另有规定的除外。有限合伙企业至少应当有 1 个普通合伙人。有限合伙企业名称中应当标明"有限合伙"字样，而不能仅仅标明"有限"字样。有限合伙人可以用货币、实物、知识产权、土地使用权或者其他财产权利作价出资，但不得以劳务出资。有限合伙企业登记事项中应当载明有限合伙人的姓名或者名称及认缴的出资数额。

【例 3 - 8】 王先生退休后于 2019 年 4 月，以 50 万元加入甲有限合伙企业，成为有限合伙人。后该企业的另一名有限合伙人退出，王先生便成为唯一的有限合伙人。2019 年 7 月，王先生不幸发生车祸，虽经抢救保住性命，但已成为植物人。关于本案，下列表述中正确的是（ ）。

A. 就王先生入伙前该合伙企业的债务，王先生仅需以 50 万元为限承担责任

B. 如王先生因负债累累而丧失偿债能力，该合伙企业有权要求其退伙

C. 因王先生已成为植物人，故该合伙企业有权要求其退伙

D. 因唯一的有限合伙人已成为植物人，故该有限合伙企业应转为普通合伙企业

【解析】 正确答案是 A。《合伙企业法》规定，新入伙的有限合伙人对入伙前有限合伙企业的债务，以其认缴的出资额为限承担责任。因此，就王先生入伙前该合伙企业的债务，王先生仅需以 50 万元为限承担责任。

选项 B 错误。《合伙企业法》规定，合伙人有下列情形之一的，当然退伙：（1）作为合伙人的自然人死亡或者被依法宣告死亡；（2）个人丧失偿债能力；（3）作为合伙人的法人或者其他组织依法被吊销营业执照、责令关闭撤销，或者被宣告破产；（4）法律规定或者合伙协议约定合伙人必须具有相关资格而丧失该资格；（5）合伙人在合伙企业中的全部财产份额被人民法院强制执行。有限合伙人有第 1 项、第 3 项至第 5 项所列情形之一的，当然退伙。"个人丧失偿债能力"不是有限合伙人当然退伙的法定事由。

选项 C 和选项 D 错误。《合伙企业法》规定，作为有限合伙人的自然人在有限合伙企业存续期间丧失民事行为能力的，其他合伙人不得因此要求其退伙。因此，王先生成为植物人后，其他合伙人不能以此为由要求其退伙。王先生仍是有限合伙人，该合伙企业依然是有限合伙企业，而不应转为普通合伙企业。

第四节　合伙企业的解散和清算

一、合伙企业的解散

合伙企业的解散，是指各合伙人解除合伙协议，合伙企业终止活动。

根据《合伙企业法》的规定，合伙企业有下列情形之一的，应当解散：（1）合伙期限届满，合伙人决定不再经营；（2）合伙协议约定的解散事由出现；（3）全体合伙人决定解散；（4）合伙人已不具备法定人数满 30 天；（5）合伙协议约定的合伙目的已经实现或者无法实现；（6）依法被吊销营业执照、责令关闭或者被撤销；（7）法律、行政法规规定的其他原因。

二、合伙企业的清算

合伙企业解散后应当进行清算。《合伙企业法》对合伙企业清算作了以下几方面的规定：

（一）确定清算人

合伙企业解散，应当由清算人进行清算。清算人由全体合伙人担任；经全体合伙人过半数同意，可以自合伙企业解散事由出现后 15 日内指定一个或者数个合伙人，或者委托第三人担任清算人。自合伙企业解散事由出现之日起 15 日内未确定清算人的，合伙人或者其他利害关系人可以申请人民法院指定清算人。

（二）清算人职责

清算人在清算期间执行下列事务：（1）清理合伙企业财产，分别编制资产负债表和财产清单；（2）处理与清算有关的合伙企业未了结事务；（3）清缴所欠税款；（4）清理债权、债务；（5）处理合伙企业清偿债务后的剩余财产；（6）代表合伙企业参加诉讼或者仲裁活动。

（三）通知和公告债权人

清算人自被确定之日起 10 日内将合伙企业解散事项通知债权人，并于 60 日内在报纸上公告。债权人应当自接到通知书之日起 30 日内，未接到通知书的自公告之日起 45 日内，向清算人申报债权。债权人申报债权，应当说明债权的有关事项并提供证明材料。清算人应当对债权进行登记。清算期间，合伙企业存续，但不得开展与清算无关的经营活动。

（四）财产清偿顺序

合伙企业财产在支付清算费用和职工工资、社会保险费用、法定补偿金以及缴纳所欠税款、清偿债务后的剩余财产，依照《合伙企业法》关于利润分配和亏损分担的规定进行分配。

合伙企业财产清偿问题主要包括以下三方面的内容：

1. 合伙企业的财产首先用于支付合伙企业的清算费用。清算费用包括：（1）管理合伙企业财产的费用，如仓储费、保管费、保险费等；（2）处分合伙企业财产的费用，如聘任工作人员的费用等；（3）清算过程中的其他费用，如通告债权人的费用、调查债权的费用、咨询费用、诉讼费用等。

2. 合伙企业的财产支付合伙企业的清算费用后的清偿顺序如下：合伙企业职工工

资、社会保险费用和法定补偿金；缴纳所欠税款；清偿债务。其中，法定补偿金主要是指法律、行政法规和规章所规定的应当支付给职工的补偿金，如《劳动合同法》规定的解除劳动合同的补偿金等。

3. 分配财产。合伙企业财产依法清偿后仍有剩余时，对剩余财产依照《合伙企业法》的规定进行分配，即按照合伙协议的约定办理；合伙协议未约定或者约定不明确的，由合伙人协商决定；协商不成的，由合伙人按照实缴出资比例分配；无法确定出资比例的，由合伙人平均分配。

（五）注销登记

清算结束，清算人应当编制清算报告，经全体合伙人签名、盖章后，在15日内向企业登记机关报送清算报告，申请办理合伙企业注销登记。经企业登记机关注销登记，合伙企业终止。合伙企业注销后，原普通合伙人对合伙企业存续期间的债务仍应承担无限连带责任。

（六）合伙企业不能清偿到期债务的处理

合伙企业不能清偿到期债务的，债权人可以依法向人民法院提出破产清算申请，也可以要求普通合伙人清偿。合伙企业依法被宣告破产的，普通合伙人对合伙企业债务仍应承担无限连带责任。

第五节　违反《合伙企业法》的法律责任

一、违法行为及其法律责任

（一）合伙人违法行为应承担的法律责任

1. 违反《合伙企业法》规定，提交虚假文件或者采取其他欺骗手段，取得合伙企业登记的，由企业登记机关责令改正，处以5 000元以上5万元以下的罚款；情节严重的，撤销企业登记，并处以5万元以上20万元以下的罚款。

2. 违反《合伙企业法》规定，合伙企业未在其名称中标明"普通合伙""特殊普通合伙"或者"有限合伙"字样的，由企业登记机关责令限期改正，处以2 000元以上1万元以下的罚款。

3. 违反《合伙企业法》规定，未领取营业执照，而以合伙企业或者合伙企业分支机构名义从事合伙业务的，由企业登记机关责令停止，处以5 000元以上5万元以下的罚款。

4. 合伙企业登记事项发生变更时，未依照规定办理变更登记的，由企业登记机关责令限期登记；逾期不登记的，处以2 000元以上2万元以下的罚款。合伙企业登记事项发生变更，执行合伙事务的合伙人未按期申请办理变更登记的，应当赔偿由此给合伙企业、其他合伙人或者善意第三人造成的损失。

5. 合伙人执行合伙事务，或者合伙企业从业人员利用职务上的便利，将应当归合伙企业的利益据为己有的，或者采取其他手段侵占合伙企业财产的，应当将该利益和财产退还合伙企业；给合伙企业或者其他合伙人造成损失的，依法承担赔偿责任。

6. 合伙人对《合伙企业法》规定或者合伙协议约定必须经全体合伙人一致同意始得执行的事务擅自处理，给合伙企业或者其他合伙人造成损失的，依法承担赔偿责任。

7. 不具有事务执行权的合伙人擅自执行合伙事务，给合伙企业或者其他合伙人造成损失的，依法承担赔偿责任。

8. 合伙人违反《合伙企业法》规定或者合伙协议的约定，从事与本合伙企业相竞争的业务或者与本合伙企业进行交易的，该收益归合伙企业所有；给合伙企业或者其他合伙人造成损失的，依法承担赔偿责任。

9. 合伙人违反合伙协议的，应当依法承担违约责任。合伙人履行合伙协议发生争议的，合伙人可以通过协商或者调解解决。不愿通过协商、调解解决或者协商、调解不成的，可以按照合伙协议约定的仲裁条款或者事后达成的书面仲裁协议，向仲裁机构申请仲裁。合伙协议中未订立仲裁条款，事后又没有达成书面仲裁协议的，可以向人民法院起诉。

（二）合伙企业清算人违法行为应承担的法律责任

1. 清算人未依照《合伙企业法》规定向企业登记机关报送清算报告，或者报送清算报告隐瞒重要事实，或者有重大遗漏的，由企业登记机关责令改正。由此产生的费用和损失，由清算人承担和赔偿。

2. 清算人执行清算事务，谋取非法收入或者侵占合伙企业财产的，应当将该收入和侵占的财产退还合伙企业；给合伙企业或者其他合伙人造成损失的，依法承担赔偿责任。

3. 清算人违反《合伙企业法》规定，隐匿、转移合伙企业财产，对资产负债表或者财产清单作虚假记载，或者在未清偿债务前分配财产，损害债权人利益的，依法承担赔偿责任。

（三）行政管理机关及其人员违法行为应承担的法律责任

有关行政管理机关的工作人员违反规定，滥用职权、徇私舞弊、收受贿赂、侵害合伙企业合法权益的，依法给予行政处分。

二、其他有关规定

（一）违反《合伙企业法》的刑事责任

违反《合伙企业法》的规定，构成犯罪的，依法追究刑事责任。

（二）民事赔偿和缴纳罚款、罚金的承担顺序

违反《合伙企业法》的规定，应当承担民事赔偿责任和缴纳罚款、罚金，其财产不足以同时支付的，先承担民事赔偿责任。

第四章　金融法律制度

第一节　证券法律制度

一、证券法律制度概述

（一）证券的概念与种类

1. 证券的概念。

证券是以证明或设定权利为目的所做成的一种书面凭证。证券有广义和狭义之分。广义的证券是证明持券人享有一定的经济权益的书面凭证，包括资本证券（如股票、债券、证券衍生品种等）、货币证券（如汇票、本票、支票等）、商品证券（如提单、仓单、栈单等）。狭义的证券仅指资本证券，这也是证券法和本节所要介绍的证券。

2. 证券的种类。

按照不同的标准，证券可以分为不同的种类。目前我国证券市场上发行和流通的证券主要有以下几类：

（1）股票。股票是股份有限公司签发的，证明股东所持股份的凭证。我国证券市场上流通的股票有人民币普通股（A股）和境内上市外资股（B股）。另外，中国境内注册的公司还可以发行境外上市外资股，包括H股（香港上市）、N股（纽约上市）、S股（新加坡上市）等。

（2）债券。债券是政府、金融机构、公司企业等单位依照法定程序发行的、约定在一定期限还本付息的有价证券。债券是一种债权凭证，是一种到期还本付息的有价证券，它具有风险性小和流通性强的特点。债券按发行主体不同可分为企业、公司债券（含可转换公司债券）、金融债券和政府债券。

（3）存托凭证。存托凭证是指在一国证券市场流通的代表外国公司有价证券的可转让凭证，由存托人签发，以境外证券为基础在境内发行，代表境外基础证券权益的证券。中国存托凭证（Chinese Depository Receipt，CDR）是指境外（包含中国香港）的上市公司将部分已发行上市的股票托管在当地保管银行，由中国境内的存托银行发行、在境内A股市场上市、以人民币交易结算、供国内投资者买卖的投资凭证。只有注册地在中国境外的公司才能在国内发行中国存托凭证，发行目的是进行内地融资，实现股票的异地买卖。

（4）证券投资基金份额。证券投资基金份额是基金投资人持有基金单位的权利凭证。

（5）资产支持证券。资产支持证券（Asset - backed Securities，ABS）是由受托机构发行的、代表特定目的信托的信托受益权份额。受托机构以信托财产为限向投资者承担支付资产支持证券收益的义务，其支付基本来源于支持证券的资产池产生的现金流。资产支持证券的基础资产最常见的是金融资产，如信贷资产。我国的资产支持证券多是由银行业金融机构作为发起机构，将信贷资产信托给受托机构，由受托机构发行的，以该财产所产生的现金支付其收益的收益证券。本质上，资产支持证券是一种债券性质的金融工具，其向投资者支付的本息来自于基础资产池产生的现金流或剩余权益，与股票和一般债券不同，资产支持证券不是对某一经营实体的利益要求权，而是对基础资产池所产生的现金流和剩余权益的要求权，是一种资产信用支持的证券。

（6）资产管理产品。资产管理产品是指接受投资者委托，对受托投资者提供财产投资和管理服务的银行、信托、证券、基金、期货、保险资产管理机构、金融资产投资公司等金融机构发行的，由其担任资产管理人，由托管机构担任资产托管人，为资产委托人的利益运用委托财产进行投资的一种标准化金融产品。资产管理产品按照募集方式的不同，分为公募产品和私募产品；按照投资性质的不同，分为固定收益类产品、权益类产品、商品及金融衍生品类产品和混合类产品。

（7）认股权证。认股权证是股份有限公司给予持证人的无限期或在一定期限内，以确定价格购买一定数量普通股份的权利凭证。认股权证是持证人认购公司股票的一种长期选择权，本身不是权利证明书，其持有人不具备股东资格，认股权证的收益主要来自其依法转让的收益。

（8）期货。期货是一种跨越时间的交易方式。买卖双方通过签订标准化合约，同意按指定的时间、价格与其他交易条件，交收指定数量的现货。按照现货标的物的种类不同，期货可以分为商品期货与金融期货。

（9）期权。期权是一种选择权，本质上是一种合约，该合约赋予持有人在某一特定日期或该日之前的任何时间以固定价格购进或售出一种资产的权利。期权可以分为看涨期权和看跌期权。

认股权证与期货、期权属于金融衍生产品，其中认股权证是证券型衍生产品，期权、期货属于契约型衍生产品，它们具有保值和投机双重功能。

（二）证券市场

1．证券市场的结构。

证券市场是指证券发行与交易的场所。证券发行市场一般被称为一级市场，证券交易市场也就相应被称为二级市场。证券交易市场可以按照不同标准，再区分为不同的市场。场内交易市场与场外交易市场是一种传统的区分方式。场内交易市场，一般为证券交易所设立的交易场所，即所谓的交易所市场。场外交易市场则是泛指在交易所外进行的交易。两个市场的不同主要在于交易方式不同。场内市场的交易方式是集中交易的方式，多个买者和卖者之间进行价格磋商，体现价格发现机制；而场外交易市场则多采取一对一的交易磋商机制。因此，在每一时刻，场内交易市场往往只有一个最佳的价格，而场外交易市场则存在多个价格。

（1）交易所市场。目前我国的交易所市场，主要由两个交易所（上海证券交易所和深圳证券交易所）、四个板块（主板市场、中小企业板、创业板、科创板）构成，在交易模式上又区分为集中竞价的交易模式和大宗交易模式。

①主板市场。上海证券交易所、深圳证券交易所的部分板块为主板市场。主板市场主要为那些资质较高的企业股票提供交易服务，上市门槛较高。目前，我国证券交易所已基本实现了交易的自动化，两个证券交易所的主要交易大多通过计算机系统报单、配对成交，不再需要有形的交易大厅和场内报单的交易代理人。由于交易所只接受会员的申报，因此，投资者必须委托作为交易所会员的证券经纪商下达买卖股票的指令，经纪商按照接受客户委托的先后顺序向交易主机申报。我国目前证券集中竞价交易一般采用电脑集合竞价和连续竞价两种交易方式。集合竞价是指对一段时间内接受的买卖申报一次性集中撮合的竞价方式；连续竞价是指对买卖申报连续撮合的竞价方式。在连续交易市场，交易是在交易日的各个时点连续不断地进行，只要存在两个相匹配的订单，交易就会发生。而集合竞价市场则是一个间断性的市场，投资者作出买卖委托后，不能立即按照有关规则执行并成交，而是在某一规定的时间，由有关机构将在不同时点收到的订单集中起来，按照统一价格进行匹配成交。证券交易按价格优先、时间优先的原则竞价撮合成交。成交时价格优先的原则为：较高价格买进申报优先于较低价格买进申报，较低价格卖出申报优先于较高价格卖出申报。成交时时间优先的原则为：买卖方向、价格相同的，先申报者优先于后申报者。先后顺序按交易主机接受申报的时间确定。

②中小企业板块。2004年5月，深圳证券交易所发布《设立中小企业板实施方案》，宣布在停止接受新上市公司3年后，深圳证券交易所转型为面向中小企业的证券发行和上市的专门板块。中小企业板块并非是原有交易所市场之外的独立市场，中小企业板块运行所遵循的法律、法规和部门规章，与主板市场相同，中小企业板块的上市公司符合主板市场的发行上市条件和信息披露要求。中小企业板块是主板市场的组成部分，同时实行运行独立、监察独立、代码独立、指数独立。中小企业板块主要安排主板市场拟发行上市企业中流通股本规模相对较小的公司在该板块上市，并根据市场需求，确定适当的发行规模和发行方式。目前，深圳证券交易所要求的中小企业主要是业绩突出、具有较好成长性和较高科技含量的中小企业。

③创业板。与中小企业板不同，创业板是不同于主板的一个交易所市场，俗称"二板市场"。由于交易所的主板市场上市条件比较高，不利于中小企业特别是高新技术企业上市融资，因此，为中小企业能够顺利获得资金，有必要开设专门的股票交易市场，即二板市场。2009年3月31日，中国证监会发布《首次公开发行股票并在创

业板上市管理暂行办法》，自该年 5 月 1 日起实施。2009 年 9 月 21 日，第一批创业板公司公开发行，同年 10 月 30 日，第一批 28 家公司的股票在创业板上市交易。创业板采用了与主板市场和中小企业板有所不同的上市标准，主要表现为在具体盈利要求等方面有所放松。但由于创业板市场仍然属于交易所市场，在创业板挂牌交易仍然属于证券上市。2020 年 6 月 12 日，中国证监会发布《创业板首次公开发行股票注册管理办法（试行）》《创业板上市公司证券发行注册管理办法（试行）》《创业板上市公司持续监管办法（试行）》和《证券发行上市保荐业务管理办法》，自发布之日起创业板证券发行全面推行注册制。2020 年 8 月 24 日，创业板注册制首批企业在深圳证券交易所上市。

④科创板。科创板是建设多层次资本市场和支持创新型科技型企业的产物，是设置在上海证券交易所内独立于现有主板市场的新设板块，在该板块内实行注册制。2015 年 12 月 9 日全国人大常委会授权国务院在实施股票发行注册制改革中调整适用《证券法》的有关规定，授权期限为 2 年；2018 年 2 月经过全国人大常委会审议，决定将授权期限延长到 2020 年 2 月 29 日。授权期限内科创板进行注册制试点，随着 2019 年 3 月 1 日新《证券法》的实施，科创板正式实行注册制。2019 年 1 月 30 日，中国证监会发布《关于在上海证券交易所设立科创板并试点注册制的实施意见》，3 月 1 日，证监会发布《科创板首次公开发行股票注册管理办法（试行）》《科创板上市公司持续监管办法（试行）》《公开发行证券的公司信息披露内容与格式准则第 41 号——科创板公司招股说明书》《公开发行证券的公司信息披露内容与格式准则第 42 号——首次公开发行股票并在科创板上市申请文件》。2019 年 6 月 13 日，科创板正式开板；7 月 22 日，首批 25 家公司上市，科创板正式开市。科创板采取独立交易模块和独立行情，交易日历、证券账户、申报成交等安排与上海证券交易所主板一致。科创板是资本市场基础制度改革创新的"试验田"，发行人符合发行条件、上市条件和相关信息披露要求，经上海证券交易所发行上市审核，并报经中国证监会履行发行注册程序，即可公开发行并上市。与主板、中小板不同，科创板对发行人在行业、技术等方面有特别要求，发行条件上更加精简优化；上市条件上更具包容性，允许特殊股权结构企业和红筹企业上市；受理与审核实行全流程电子化，全流程的重要节点对社会公开；信息披露上更有针对性，严格落实发行人等相关主体责任，强化持续性监管；对投资者实行适当性管理，不符合适当性管理的投资者可以通过公募基金等方式参与科创板投资；退市程序上更为简明、清晰，严格实施退市制度。

（2）全国中小企业股份转让系统。全国中小企业股份转让系统是经国务院批准，依据《证券法》设立的全国性证券交易所，2012 年 9 月正式注册成立，是继上海证券交易所、深圳证券交易所之后第三家全国性证券交易场所，俗称"新三板"。在场所性质和法律定位上，全国中小企业股份转让系统与证券交易所是相同的，都是多层次资本市场体系的重要组成部分。全国中小企业股份转让系统主要是为创新型、创业型、成长型中小微企业发展服务，这类企业普遍规模较小，尚未形成稳定的盈利模式。在准入条件上，不设财务门槛，申请挂牌的公司可以尚未盈利，只要股权结构清晰、经营合法规范、公司治理健全、业务明确的股份公司均可以经主办券商推荐申请在全国中小企业股份转让系统挂牌。但挂牌公司必须履行信息披露义务，所披露的信息应当真实、准确、完整。我国交易所市场的投资者结构以中小投资者为主，而全国中小企业股份转让系统实行了较为严格的投资者适当性制度，发展方向是一个以机构投资者为主的市场。全国中小企业股份转让系统是中小微企业与产业资本的服务媒介，主要是为企业发展、资本投入与退出服务，不是以交易为主要目的。

（3）产权交易所。产权交易所是伴随着企业兼并活动在中国的增多而产生的。1988年5月，武汉市成立了我国第一家企业产权转让市场，并制定相应的交易规则。此后经过多次清理整顿，我国目前有产权交易所300多家，分布在全国各地。

2. 证券市场的主体。

证券市场的主体是指参与证券市场的各类法律主体，包括证券发行人、投资者、中介机构、交易场所以及自律性组织和监管机构等。

（1）证券发行人，是指证券市场上发行证券的单位，一般包括公司、企业、金融机构和政府部门等。

（2）投资者，是指证券的买卖者，也是证券融资方式的资金供给者。投资者分为机构投资者和个人投资者。机构投资者是指有资格进行证券投资的法人单位，一般包括公司、企业、金融机构、基金组织和政府机构等；个人投资者可以直接参与证券的买卖，也可以通过证券经纪人买卖证券。

（3）证券中介机构，是指为证券发行和交易提供服务的各种中介机构，一般包括证券登记结算机构、证券经营机构、财务顾问机构、资信评级机构、资产评估机构、会计师事务所、律师事务所等。

（4）证券交易场所，是指为证券发行和交易提供场所和设施的服务机构，如上海证券交易所、深圳证券交易所等。

（5）证券自律性组织，通常是指证券业行业协会，如证券业协会、交易所协会等。

（6）证券监管机构，是指代表政府对证券市场进行监督管理的机构，在我国为中国证券监督管理委员会及其派出机构，需要说明的是，《证券法》中所指的"国务院证券监督管理机构"即为中国证券监督管理委员会（简称"中国证监会"）。

（三）证券活动和证券监管原则

根据《证券法》的规定，在证券发行、交易及监管中应当坚持以下原则：

1. 公开、公平、公正原则。

公开、公平、公正原则是证券法的基本原则。公开原则是指市场信息要公开，在内容上，凡是影响投资者决策的信息都应当公开，如公司章程、招股说明书、有关财务会计资料等。公开的形式包括向社会公告，将有关信息刊登在报纸或刊物上，将有关资料置备于有关场所，供公众随时查阅等。公开的信息必须及时、准确、真实、完整。公平原则是指所有市场参与者都具有平等的地位，其合法权益都应受到公平的保护，在证券发行和交易中应当机会均等、待遇相同。公正原则是指在证券发行和交易的有关事务处理上，要在坚持客观事实的基础上，做到一视同仁，对所有证券市场参与者都要给予公正的待遇。

2. 自愿、有偿、诚实信用原则。

自愿是指当事人有权按照自己的意愿参与证券发行与证券交易活动，其他人不得干涉，也不得采取欺骗、威吓或胁迫等手段影响当事人决策。在市场交易活动中，任何一方都不得把自己的意志强加给对方。有偿是指在证券发行和交易活动中，一方当事人不得无偿占有他方当事人的财产和劳动。诚实是指要客观真实，不欺人、不骗人；信用是指遵守承诺，并及时、全面地履行承诺。

3. 守法原则。

《证券法》规定，证券的发行、交易活动，必须遵守法律、行政法规；禁止欺诈、内幕交易和操纵证券市场的行为。遵守法律、法规是我们在一切社会活动中都必须遵守的原则。

4. 分业经营、分业管理原则。

《证券法》规定，证券业和银行业、信托业、保险业实行分业经营、分业管理，证券公司与银行、信托、保险业务机构分别设立。国家另有规定的除外。

5. 保护投资者合法权益原则。

"保护投资者的合法权益"是《证券法》的立法宗旨之一。证券市场的发展必须依靠社会公众的支持，投资者的热情和信心是证券市场稳健发展的重要保证。为了切实保护投资者的合法权益，《证券法》设专章规定了投资者保护制度，并作出了一系列的制度安排，包括投资者适当性管理制度、证券公司与普通投资者发生纠纷的自证清白制度、股东权利代为行使征集制度、上市公司现金分红制度、公司债券持有人会议制度与受托管理人制度、先行赔付的赔偿机制、普通投资者与证券公司纠纷的强制调解制度、代表人诉讼制度，等等。此外，国家设立证券投资者保护基金、投资者保护机构、中小投资者服务中心加强投资者保护。《证券法》中的一些具体规则，诸如发行保荐、控股股东、实际控制人、高管人员诚信义务与责任、关联融资、担保的限制、信息披露、禁止证券欺诈行为等，均贯彻了保护投资者的合法权益原则。

6. 监督管理与自律管理相结合原则。

《证券法》规定，国务院证券监督管理机构依法对全国证券市场实行集中统一监督管理。国务院证券监督管理机构根据需要可以设立派出机构，按照授权履行监督管理职责。在国家对证券发行、交易活动实行集中统一监督管理的前提下，依法设立证券业协会，实行自律性管理。国家审计机关依法对证券交易所、证券公司、证券登记结算机构、证券监督管理机构进行审计监督。

（四）证券法

1. 证券法的概念。

证券法有广义和狭义之分。广义的证券法是指一切与证券有关的法律规范的总称。狭义的证券法专指《证券法》，它是规范证券发行、交易及监管过程中产生的各种法律关系的基本法，是证券市场各类行为主体必须遵守的行为规范。

2. 我国证券立法。

1998 年 12 月 29 日，第九届全国人民代表大会常务委员会第六次会议通过了《证券法》，自 1999 年 7 月 1 日起施行。2004 年 8 月 28 日，第十届全国人民代表大会常务委员会第十一次会议对《证券法》进行第一次修正。2005 年 10 月 27 日，第十届全国人民代表大会常务委员会第十八次会议对《证券法》作了大幅修订后重新颁布，自 2006 年 1 月 1 日起施行。2013 年 6 月 29 日第十二届全国人民代表大会常务委员会第三次会议对《证券法》进行第二次修正。2014 年 8 月 31 日第十二届全国人民代表大会常务委员会第十次会议对《证券法》进行第三次修正。2019 年 12 月 28 日第十三届全国人民代表大会常务委员会第十五次会议对《证券法》进行第二次大幅度修订，新修订的《证券法》于 2020 年 3 月 1 日实施。

《证券法》共十四章二百二十六条，对我国证券的发行、交易、信息披露、投资者保护、中介机构和监督管理等内容作出了详细的规定。《证券法》以及其他法律中有关证券管理的规定、国务院和政府有关部门发布的有关证券方面的法规、规章以及规范性文件，构成了我国的证券法律体系。我国《证券法》的调整范围是指在中华人民共和国境内，股票、公司债券、存托凭证和国务院依法认定的其他证券的发行和交易行为。《证券法》未规定的，适用《公司法》和其他法律、行政法规的规定。政府债券、证券投资基金份额的上市交易，适用《证券法》，其他法律、行政法规有特别规定的，适用其规定。资产支持证券、资产管理产品发行、交易的管理办法，由国务院依照《证券法》的原则规定。我国《证券法》主要对股票、公司债券的发行与交易作出了规定。

此外，《证券法》实行有条件的域外管辖，在中华人民共和国境外的证券发行和交易活动，扰乱中华人民共和国境内市场秩序，损害境内投资者合法权益的，依照《证券法》有关规定处理并追究法律责任。

二、证券发行

证券发行和证券交易是证券市场的主要构成部分，两者相辅相成。证券发行是发行人、上市公司筹集资金的基本途径。依据发行的证券品种不同，证券发行可以分为股票发行、公司债券发行、存托凭证发行与投资基金份额发售。本部分主要介绍股票与公司债券发行和投资基金份额发售的条件和程序。

（一）证券发行概述

1. 证券发行的概念。

证券发行有广义和狭义之分。广义的证券发行，是指符合发行条件的商业组织或政府组织（发行人），以筹集资金为目的，依照法律规定的程序向公众投资者出售代表一定权利的资本证券的行为。狭义的证券发行，是指发行人在所需资金募集后，做成证券并交付投资人受领的单方行为。通常所说的证券发行，是指广义的证券发行。证券发行本质上是一种直接融资方式，与通过银行等金融机构进行的间接融资方式相对应。

2. 证券发行的分类。

根据不同的标准，证券发行可以分为不同的类型：

（1）公开发行和非公开发行。根据证券发行的对象不同，证券发行可以分为公开发行和非公开发行。公开发行又称公募发行，是指发行人面向社会公众，即不特定的公众投资者进行的证券发行。公开发行必须严格遵循《证券法》有关信息披露的规定。非公开发行又称私募发行，是指向少数特定的投资者进行的证券发行。有下列情形之一的，为公开发行：①向不特定对象发行证券；②向累计超过200人的特定对象发行证券，但依法实施员工持股计划的员工人数不计算在内；③法律、行政法规规定的其他发行行为。非公开发行证券，不得采用广告、公开劝诱和变相公开方式。

（2）设立发行和增资发行。根据证券发行的目的不同，证券发行可以分为设立发行和增资发行。设立发行是为成立新的股份有限公司而发行股票；增资发行是为增加已有公司的资本总额或改变其股本结构而发行新股。增发新股，既可以公开发行，也可以采取配股或赠股的形式。

（3）直接发行和间接发行。根据证券发行的方式不同，证券发行可以分为直接发行和间接发行。直接发行是指证券发行人不通过证券承销机构，而自行承担证券发行风险，办理证券发行事宜的发行方式。间接发行是指证券发行人委托证券承销机构发行证券，并由证券承销机构办理证券发行事宜，承担证券发行风险的发行方式。

（4）平价发行、溢价发行和折价发行。根据证券发行价格与证券票面金额之间的关系，证券发行可以分为平价发行、溢价发行和折价发行。平价发行，又称面值发行或等价发行，是指证券发行时的发行价格与票面金额相同的发行方式。溢价发行，是指证券发行时的发行价格超过票面金额的发行方式。折价发行，又称贴现发行，是指证券发行时的发行价格低于票面金额的发行方式。我国《公司法》规定："股票发行价格可以按票面金额，也可以超过票面金额，但不得低于票面金额。"可见，我国允许股票平价发行、溢价发行，但禁止折价发行，以保障公司资本的充足。《证券法》还规定："股票发行采取溢价发行的，其发行价格由发行人与承销的证券公司协商确定。"

（二）证券发行的审核制度

证券发行的审核制度分为两种体制：一是实行公开主义的注册制；二是实行准则主义的核准制。

1. 注册制。

注册制是证券发行申请人依法将与证券发行有关的信息和资料公开，制成法律文件，送交监管机构审核，监管机构只负责审查发行申请人提供的信息和资料是否履行了信息披露义务的制度。注册制下，审核机构只负责对注册文件进行形式审查，不对证券发行行为及证券本身进行实质判断，申报文件提交后，经过法定期间，监管机构若无异议，即可发行证券。注册制对于发行人而言，是一种相对宽松的发行机制，只要发行人依法将有关信息与资料完全公开，监管机构就不得以发行人的财务状况未达到一定标准而拒绝其发行。

2. 核准制。

核准制是指发行人发行证券，不仅要公开全部的，可以供投资人判断的信息与资料，还要符合证券发行的实质性条件，证券监管机构有权依照法律的规定，对发行人提出的申请以及有关材料，进行实质性审查，发行人得到批准以后，才可以发行证券。核准制度并不排除注册制所要求的形式审查，监管机构还要对将公开的信息与证券发行的实质性条件一一进行严格的审查，对确已具备发行条件的发行申请作出核准发行的决定。发行人没有核准发行的决定不得发行证券。

新《证券法》规定：公开发行证券，必须符合法律、行政法规规定的条件，并依法报经国务院证券监督管理机构或者国务院授权的部门注册。未经依法注册，任何单位和个人不得公开发行证券。证券发行注册制的具体范围、实施步骤，由国务院规定。新《证券法》的实施表明我国证券公开发行将全面推行注册制，结束证券发行的核准制。但是，授权国务院对证券发行注册制的具体范围、实施步骤进行规定，意味着，证券发行的注册制将是全面推行、渐进落地。目前，我国公司债券、企业债券公开发行实行注册制，科创板与创业板公开股票发行实行注册制。科创板与创业板实行的股票发行注册制由证券交易所负责发行上市审核，证监会负责发行注册，证监会对证券交易所发行上市审核工作进行监督。

（三）股票的发行

1. 首次公开发行股票的一般条件。

设立股份有限公司公开发行股票（以下简称"首次公开发行股票"），应当符合《证券法》《公司法》规定的发行条件和经国务院批准的国务院证券监督管理机构规定的其他发行条件。

根据新《证券法》的规定，首次公开发行股票的基本条件包括：

（1）具备健全且运行良好的组织机构；

（2）具有持续经营能力；

（3）最近3年财务会计报告被出具无保留意见审计报告；

（4）发行人及其控股股东、实际控制人最近3年不存在贪污、贿赂、侵占财产、挪用财产或者破坏社会主义市场经济秩序的刑事犯罪；

（5）经国务院批准的国务院证券监督管理机构规定的其他条件。

公开发行存托凭证的，应当符合首次公开发行新股的条件以及国务院证券监督管理机构规定的其他条件。

上述基本条件是注册制下在主板、中小板、创业板、科创板上市的公司都应遵守的共性规则。

2. 主板和中小板上市公司的首次公开发行条件。

随着 2020 年 3 月 1 日新《证券法》的实施，证券发行的注册制将在科创板结束试行，步入正式实施阶段，在资本市场其他板块的落实是渐进式的。目前，创业板股票公开发行已经试行注册制，在主板、中小板落实注册制的具体时间尚未确定的情况下，本部分依然介绍证券发行核准制下的发行条件。

2018 年 6 月 6 日，中国证监会修订发布《首次公开发行股票并上市管理办法》，其第二章对发行条件作出如下规定：

（1）主体资格。①发行人应当是依法设立且合法存续的股份有限公司。经国务院批准，有限责任公司在依法变更为股份有限公司时，可以采取募集设立方式公开发行股票。②发行人自股份有限公司成立后，持续经营时间应当在 3 年以上，但经国务院批准的除外。有限责任公司按原账面净资产值折股整体变更为股份有限公司的，持续经营时间可以从有限责任公司成立之日起计算。③发行人的注册资本已足额缴纳，发起人或者股东用作出资的资产的财产权转移手续已办理完毕，发行人的主要资产不存在重大权属纠纷。④发行人的生产经营符合法律、行政法规和公司章程的规定，符合国家产业政策。⑤发行人最近 3 年内主营业务和董事、高级管理人员没有发生重大变化，实际控制人没有发生变更。⑥发行人的股权清晰，控股股东和受控股股东、实际控制人支配的股东持有的发行人股份不存在重大权属纠纷。

（2）规范运行。①发行人的董事、监事和高级管理人员符合法律、行政法规和规章规定的任职资格，且不得有下列情形：一是被中国证监会采取证券市场禁入措施尚在禁入期的；二是最近 36 个月内受到中国证监会行政处罚，或者最近 12 个月内受到证券交易所公开谴责的；三是因涉嫌犯罪被司法机关立案侦查或者涉嫌违法违规被中国证监会立案调查，尚未有明确结论意见的。②发行人不得有下列情形：一是最近 36 个月内未经法定机关核准，擅自公开或者变相公开发行过证券；或者有关违法行为虽然发生在 36 个月前，但目前仍处于持续状态。二是最近 36 个月内违反工商、税收、土地、环保、海关以及其他法律、行政法规，受到行政处罚，且情节严重。三是最近 36 个月内曾向中国证监会提出发行申请，但报送的发行申请文件有虚假记载、误导性陈述或重大遗漏；或者不符合发行条件以欺骗手段骗取发行核准；或者以不正当手段干扰中国证监会及其发行审核委员会审核工作；或者伪造、变造发行人或其董事、监事、高级管理人员的签字、盖章。四是本次报送的发行申请文件有虚假记载、误导性陈述或者重大遗漏。五是涉嫌犯罪被司法机关立案侦查，尚未有明确结论意见。六是严重损害投资者合法权益和社会公共利益的其他情形。③发行人的公司章程中已明确对外担保的审批权限和审议程序，不存在为控股股东、实际控制人及其控制的其他企业进行违规担保的情形。④发行人有严格的资金管理制度，不得有资金被控股股东、实际控制人及其控制的其他企业以借款、代偿债务、代垫款项或者其他方式占用的情形。

（3）财务与会计。①发行人应当符合下列条件：一是最近3个会计年度净利润均为正数且累计超过人民币3 000万元，净利润以扣除非经常性损益前后较低者为计算依据。二是最近3个会计年度经营活动产生的现金流量净额累计超过人民币5 000万元；或者最近3个会计年度营业收入累计超过人民币3亿元。三是发行前股本总额不少于人民币3 000万元。四是最近一期末无形资产（扣除土地使用权、水面养殖权和采矿权等后）占净资产的比例不高于20%。五是最近一期末不存在未弥补亏损。②发行人申报文件中不得有下列情形：一是故意遗漏或虚构交易、事项或者其他重要信息；二是滥用会计政策或者会计估计；三是操纵、伪造或篡改编制财务报表所依据的会计记录或者相关凭证。③发行人不得有下列影响持续盈利能力的情形：一是发行人的经营模式、产品或服务的品种结构已经或者将发生重大变化，并对发行人的持续盈利能力构成重大不利影响；二是发行人的行业地位或发行人所处行业的经营环境已经或者将发生重大变化，并对发行人的持续盈利能力构成重大不利影响；三是发行人最近1个会计年度的营业收入或净利润对关联方或者存在重大不确定性的客户存在重大依赖；四是发行人最近1个会计年度的净利润主要来自合并财务报表范围以外的投资收益；五是发行人在用的商标、专利、专有技术以及特许经营权等重要资产或技术的取得或者使用存在重大不利变化的风险；六是其他可能对发行人持续盈利能力构成重大不利影响的情形。

主板、中小板块推行注册制后，在发行条件上将不再对发行人的财务状况与盈利能力进行要求，也将不再存在证监会及其发行审核委员会的实质性审核。

3. 主板、中小板上市公司配股的条件。

新《证券法》的注册制改革将是贴合中国资本市场实际的渐进式过程，在国务院对注册制在主板、中小板的实施时间尚未做出规定的情况下，本部分依然介绍核准制下上市公司配股的条件。

依据中国证监会发布的《上市公司证券发行管理办法》的规定，向原股东配售股份（简称"配股"），除符合上述公开发行证券的条件外，还应当符合下列条件：

（1）配售股份数量不超过本次配售股份前股本总额的30%。

（2）控股股东应当在股东大会召开前公开承诺认配股份的数量。

（3）用证券法规定的代销方式发行。控股股东不履行认配股份的承诺，或者代销期限届满，原股东认购股票的数量未达到拟配售数量70%的，发行人应当按照发行价并加算银行同期存款利息返还已经认购的股东。

4. 主板、中小板上市公司增发的条件。

依据新《证券法》的规定，上市公司发行新股，应当符合经国务院批准的国务院证券监督管理机构规定的条件，具体管理办法由国务院证券监督管理机构规定。在证监会对上市公司发行新股的条件尚未发布具体管理办法，国务院对注册制在主板、中小板实施的时间尚未作出规定的情况下，本部分依然介绍核准制下上市公司增发新股的条件。

依据中国证监会发布的《上市公司证券发行管理办法》的规定，向不特定对象公开募集股份（简称"增发"），除符合上述公开发行证券的条件外，还应符合下列条件：

（1）最近3个会计年度加权平均净资产收益率平均不低于6％。扣除非经常性损益后的净利润与扣除前的净利润相比，以低者作为加权平均净资产收益率的计算依据。

（2）除金融类企业外，最近一期末不存在持有金额较大的交易性金融资产和可供出售的金融资产、借予他人款项、委托理财等财务性投资的情形。

（3）发行价格应不低于公告招股意向书前20个交易日公司股票均价或前1个交易日的均价。

5. 科创板、创业板上市公司的首次公开发行条件。

2019年3月1日，中国证监会发布《科创板首次公开发行股票注册管理办法（试行）》；随着新《证券法》的实施，2020年6月12日，中国证监会发布《创业板首次公开发行股票注册管理办法（试行）》，申请人申请首次公开发行股票并在科创板、创业板上市，应当符合下列条件：

（1）符合科创板、创业板定位。在科创板上市的发行人应当面向世界科技前沿、面向经济主战场、面向国家重大需求，符合国家战略，拥有关键核心技术，科技创新能力突出，主要依靠核心技术开展生产经营，具有稳定的商业模式，市场认可度高，社会形象良好，具有较强成长性。在创业板上市的发行人应当为成长型的创新创业企业，与新技术、新产业、新业态、新模式深度融合的传统企业。

（2）组织机构健全，持续经营满3年。发行人应当是依法设立且持续经营3年以上的股份有限公司，具备健全且运行良好的组织机构，相关机构和人员能够依法履行职责。有限责任公司按原账面净资产值折股整体变更为股份有限公司的，持续经营时间可以从有限责任公司成立之日起计算。

（3）会计基础工作规范，内控制度健全有效。发行人应当是会计基础工作规范，财务报表的编制和披露符合企业会计准则和相关信息披露规则的规定，在所有重大方面公允地反映了发行人的财务状况、经营成果和现金流量，并由注册会计师出具无保留意见的审计报告。发行人内部控制制度应当健全且被有效执行，能够合理保证公司运行效率、合法合规和财务报告的可靠性，并由注册会计师出具无保留结论的内部控制鉴证报告。

（4）业务完整并具有直接面向市场独立持续经营的能力。①资产完整，业务及人员、财务、机构独立，与控股股东、实际控制人及其控制的其他企业间不存在对发行人构成重大不利影响的同业竞争，以及严重影响独立性或者显失公平的关联交易。

②发行人主营业务、控制权、管理团队和核心技术人员稳定，最近2年内主营业务和董事、高级管理人员及核心技术人员均没有发生重大不利变化；控股股东和受控股股东、实际控制人支配的股东所持发行人的股份权属清晰，最近2年实际控制人没有发生变更，不存在导致控制权可能变更的重大权属纠纷。③发行人不存在主要资产、核心技术、商标等的重大权属纠纷，重大偿债风险，重大担保、诉讼、仲裁等或有事项，经营环境已经或者将要发生的重大变化等对持续经营有重大不利影响的事项。

（5）生产经营合法合规。发行人生产经营应当符合法律、行政法规的规定，符合国家产业政策。最近3年内，发行人及其控股股东、实际控制人不存在贪污、贿赂、侵占财产、挪用财产或者破坏社会主义市场经济秩序的刑事犯罪，不存在欺诈发行、重大信息披露违法或者其他涉及国家安全、公共安全、生态安全、生产安全、公众健康安全等领域的重大违法行为。董事、监事和高级管理人员不存在最近3年内受到中国证监会行政处罚，或者因涉嫌犯罪被司法机关立案侦查或者涉嫌违法违规被中国证监会立案调查，尚未有明确结论意见等情形。

6. 科创板、创业板上市公司配股与增发的条件。

依据2020年5月14日中国证监会发布的《科创板上市公司证券发行注册管理办法（试行）》、2020年6月12日中国证监会发布的《创业板上市公司证券发行注册管理办法（试行）》，科创板、创业板上市公司发行证券可以向不特定对象发行，也可以向特定对象发行。向不特定对象发行证券包括上市公司向原股东配股、向不特定对象增发和向不特定对象发行可转债。向特定对象发行证券包括上市公司向特定对象发行股票、向特定对象发行可转债。

其中，科创板、创业板上市公司向不特定对象发行股票，应当符合下列规定：

（1）具备健全且运行良好的组织机构；

（2）现任董事、监事和高级管理人员符合法律、行政法规规定的任职要求；

（3）具有完整的业务体系和直接面向市场独立经营的能力，不存在对持续经营有重大不利影响的情形；

（4）会计基础工作规范，内部控制制度健全且有效执行，财务报表的编制和披露符合企业会计准则和相关信息披露规则的规定，在所有重大方面公允反映了上市公司的财务状况、经营成果和现金流量，最近3年财务会计报告被出具无保留意见审计报告；

（5）除金融类企业外，最近一期末不存在金额较大的财务性投资。

创业板上市公司还应当符合盈利要求，即最近2年盈利，净利润以扣除非经常性损益前后孰低者为计算依据。

科创板、创业板上市公司公开发行股票所募集资金，必须按照招股说明书所列资金用途使用，改变资金用途，必须经股东大会作出决议。

科创板、创业板上市公司存在下列情形之一的，不得向不特定对象发行股票：

（1）擅自改变前次募集资金用途未作纠正，或者未经股东大会认可；

（2）上市公司及其现任董事、监事和高级管理人员最近3年受到中国证监会行政处罚，或者最近一年受到证券交易所公开谴责，或者因涉嫌犯罪正在被司法机关立案侦查或者涉嫌违法违规正在被中国证监会立案调查；

（3）上市公司及其控股股东、实际控制人最近一年存在未履行向投资者作出的公开承诺的情形；

（4）上市公司及其控股股东、实际控制人最近3年存在贪污、贿赂、侵占财产、挪用财产或者破坏社会主义市场经济秩序的刑事犯罪，或者存在严重损害上市公司利益、投资者合法权益、社会公共利益的重大违法行为。

科创板、创业板上市公司存在下列情形之一的，不得向特定对象发行股票：

（1）擅自改变前次募集资金用途未作纠正，或者未经股东大会认可；

（2）最近一年财务报表的编制和披露在重大方面不符合企业会计准则或者相关信息披露规则的规定；最近一年财务会计报告被出具否定意见或者无法表示意见的审计报告；最近一年财务会计报告被出具保留意见的审计报告，且保留意见所涉及事项对上市公司的重大不利影响尚未消除。本次发行涉及重大资产重组的除外；

（3）现任董事、监事和高级管理人员最近3年受到中国证监会行政处罚，或者最近一年受到证券交易所公开谴责；

（4）上市公司及其现任董事、监事和高级管理人员因涉嫌犯罪正在被司法机关立案侦查或者涉嫌违法违规正在被中国证监会立案调查；

（5）控股股东、实际控制人最近3年存在严重损害上市公司利益或者投资者合法权益的重大违法行为；

（6）最近3年存在严重损害投资者合法权益或者社会公共利益的重大违法行为。

科创板、创业板上市公司发行股票，募集资金使用应当符合下列规定：

（1）符合国家产业政策和有关环境保护、土地管理等法律、行政法规规定；

（2）募集资金项目实施后，不会与控股股东、实际控制人及其控制的其他企业新增构成重大不利影响的同业竞争、显失公平的关联交易，或者严重影响公司生产经营的独立性；

（3）科创板上市公司募集资金应当投资于科技创新领域的业务；创业板上市公司除金融类企业外，本次募集资金使用不得为持有财务性投资，不得直接或者间接投资于以买卖有价证券为主要业务的公司。

（四）公司债券的发行

1. 一般规定。

根据《证券法》及相关规定，发行公司债券，发行人应当依照《公司法》或者公司章程相关规定对以下事项作出决议：

（1）发行债券的数量；

（2）发行方式；

（3）债券期限；

（4）募集资金的用途；

（5）其他按照法律法规及公司章程规定需要明确的事项。

发行公司债券，如果对增信机制、偿债保障措施作出安排的，也应当在决议事项中载明。

公司债券可以公开发行，也可以非公开发行。公开发行包括面向公众投资者公开发行、面向合格投资者公开发行两种方式。所谓合格投资者，应当具备相应的风险识别和承担能力，知悉并自行承担公司债券的投资风险，并符合下列资质条件：

（1）经有关金融监管部门批准设立的金融机构，包括证券公司、基金管理公司及其子公司、期货公司、商业银行、保险公司和信托公司等，以及经中国证券投资基金业协会登记的私募基金管理人；

（2）上述金融机构面向投资者发行的理财产品，包括但不限于证券公司资产管理产品、基金及基金子公司产品、期货公司资产管理产品、银行理财产品、保险产品、信托产品以及经中国证券投资基金业协会备案的私募基金；

（3）净资产不低于人民币1 000万元的企事业单位法人、合伙企业；

（4）合格境外机构投资者（QFII）、人民币合格境外机构投资者（RQFII）；

（5）社会保障基金、企业年金等养老基金，慈善基金等社会公益基金；

（6）名下金融资产不低于人民币300万元的个人投资者；

（7）经中国证监会认可的其他合格投资者。

公开发行公司债券筹集的资金，必须按照公司债券募集办法所列资金用途使用；非公开发行公司债券，募集资金应当用于约定的用途。除金融类企业外，募集资金不得转借他人。发行人应当指定专项账户，用于公司债券募集资金的接收、存储、划转与本息偿付。

2. 公开发行公司债券。

公开发行公司债券，应当符合新《证券法》《公司法》的相关规定，由证券交易所负责受理、审核并经中国证监会注册。公开发行公司债券，应当符合下列条件：

（1）具备健全且运行良好的组织机构；

（2）最近3年平均可分配利润足以支付公司债券1年的利息；

（3）国务院规定的其他条件。

存在下列情形之一的，不得再次公开发行公司债券：

（1）对已公开发行的公司债券或者其他债务有违约或者延迟支付本息的事实，仍处于继续状态；

（2）违反证券法规定，改变公开发行公司债券所募资金的用途。

公开发行公司债券筹集的资金，必须按照公司债券募集办法所列资金用途使用；改变资金用途，必须经债券持有人会议作出决议。公开发行公司债券筹集的资金，不得用于弥补亏损和非生产性支出。

上市公司发行可转换为股票的公司债券，除应当符合上述条件外，还应当遵守上市公司增发新股的规定。但是，按照公司债券募集办法，上市公司通过收购本公司股份的方式进行公司债券转换的除外。

国务院证券监督管理机构或者国务院授权的部门应当自受理公司债券发行申请文件之日起3个月内，依照法定条件和法定程序作出予以注册或者不予注册的决定。公司债券发行申请经注册后，发行人应当依照法律、行政法规的规定，按照证监会和证券交易场所规定的内容与格式披露信息。

随着新《证券法》的实施，公司债券发行实行注册制改革，但是证监会尚未对《公司债券发行与交易管理办法》进行修订。根据《公司债券发行与交易管理办法》的规定，资信状况符合以下标准的公司债券可以向公众投资者公开发行，也可以自主选择仅面向合格投资者公开发行：

（1）发行人最近3年无债务违约或者迟延支付本息的事实；

（2）发行人最近3个会计年度实现的年均可分配利润不少于债券一年利息的1.5倍；

（3）中国证监会根据投资者保护的需要规定的其他条件。

未达到上述规定标准的公司债券公开发行应当面向合格投资者。

公开发行公司债券，可以申请一次注册，分期发行。自证监会注册之日起，发行人应当在12个月内完成首期发行，剩余数量应当在24个月内发行完毕。公开发行公司债券的募集说明书自最后签署之日起6个月内有效。采用分期发行方式的，发行人应当在后续发行中及时披露更新后的债券募集说明书，并在每期发行前报证券交易所备案。

3. 非公开发行公司债券。

非公开发行公司债券不得采用广告、公开劝诱和变相公开方式。非公开发行的对象应当是合格投资者，每次发行对象不得超过200人。

发行人、承销机构应当按照中国证监会、证券自律组织规定的投资者适当性制度，了解和评估投资者对非公开发行公司债券的风险识别和承担能力，确认参与非公开发行公司债券认购的投资者为合格投资者，并充分揭示风险。非公开发行公司债券是否进行信用评级由发行人确定，并在债券募集说明书中披露。

非公开发行的公司债券仅限于合格投资者范围内转让。转让后，持有同次发行债券的合格投资者合计不得超过200人。发行人的董事、监事、高级管理人员及持股比例超过5%的股东，可以参与本公司非公开发行公司债券的认购与转让，不受合格投资者资质条件的限制。

（五）证券投资基金的募集

1. 证券投资基金的概念。

证券投资基金是指通过公开或者非公开方式募集投资者资金，由基金管理人管理，基金托管人托管，从事股票、债券等金融工具组合投资的一种利益共享、风险共担的集合证券投资方式。通过公开募集方式设立的基金（以下简称"公开募集基金"）的基金份额持有人按其所持基金份额享受收益和承担风险，通过非公开募集方式设立的基金（以下简称"非公开募集基金"）的收益分配和风险承担由基金合同约定。基金管理人由依法设立的公司或者合伙企业担任。公开募集基金的基金管理人，由基金管理公司或者经国务院证券监督管理机构按照规定核准的其他机构担任。基金托管人由依法设立的商业银行或者其他金融机构担任。证券投资基金，依照其运作方式不同，可以分为封闭式基金和开放式基金。

（1）封闭式基金，是指基金份额总额在基金合同期限内固定不变，基金份额持有人不得申请赎回的基金。

（2）开放式基金，是指基金份额总额不固定，基金份额可以在基金合同约定的时间和场所申购或者赎回的基金。

2. 公开募集基金。

公开募集基金，应当经国务院证券监督管理机构注册。未经注册，不得公开或者变相公开募集基金。注册公开募集基金，由拟任基金管理人向国务院证券监督管理机构提出申请，并提交规定文件。国务院证券监督管理机构应当自受理公开募集基金的募集注册申请之日起6个月内依照法律、行政法规及国务院证券监督管理机构的规定进行审查，作出注册或者不予注册的决定，并通知申请人；不予注册的，应当说明理由。

基金募集申请经注册后，方可发售基金份额。基金份额的发售，由基金管理人或者其委托的基金销售机构办理。基金管理人应当在基金份额发售的3日前公布招募说明书、基金合同及其他有关文件。基金管理人应当自收到准予注册文件之日起6个月内进行基金募集。超过6个月开始募集，原注册的事项未发生实质性变化的，应当报国务院证券监督管理机构备案；发生实质性变化的，应当向国务院证券监督管理机构重新提交注册申请。

基金募集不得超过国务院证券监督管理机构准予注册的基金募集期限。基金募集期限自基金份额发售之日起计算。基金募集期限届满，封闭式基金募集的基金份额总额达到准予注册规模的80%以上，开放式基金募集的基金份额总额超过准予注册的最低募集份额总额，并且基金份额持有人人数符合国务院证券监督管理机构规定的，基金管理人应当自募集期限届满之日起10日内聘请法定验资机构验资，自收到验资报告之日起10日内，向国务院证券监督管理机构提交验资报告，办理基金备案手续，并予以公告。

3. 非公开募集基金。

非公开募集基金即私募投资基金（简称"私募基金"），是指在中华人民共和国境内，以非公开方式向投资者募集资金设立的投资基金，其投资包括买卖股票、股权、债券、期货、期权、基金份额及投资合同约定的其他投资标的。中国证监会2014年公布并实施的《私募投资基金监督管理暂行办法》，确立了对私募基金的适度监管制度。

（1）设立原则。《私募投资基金监督管理暂行办法》规定，设立私募基金管理机构和发行私募基金不设行政审批，允许各类发行主体在依法合规的基础上，向累计不超过法律规定数量的投资者发行私募基金。建立健全私募基金发行监管制度，切实强化事中事后监管，依法严厉打击以私募基金为名的各类非法集资活动。中国证券投资基金业协会依照《证券投资基金法》及有关规定和基金业协会自律规则，对私募基金业开展行业自律，协调行业关系，提供行业服务，促进行业发展。各类私募基金管理人应当向基金业协会申请登记，并在各类私募基金募集完毕后，向基金业协会办理备案手续。

（2）合格投资者。私募基金应当向合格投资者募集，单只私募基金的投资者人数累计不得超过《证券投资基金法》《公司法》《合伙企业法》等法律规定的特定数量。合格投资者是指具备相应风险识别能力和风险承担能力，投资于单只私募基金的金额不低于100万元且符合下列相关标准的单位和个人：①净资产不低于1 000万元的单位；②金融资产不低于300万元或者最近3年个人年均收入不低于50万元的个人。此外，下列投资者视为合格投资者：①社会保障基金、企业年金等养老基金，慈善基金等社会公益基金；②依法设立并在基金业协会备案的投资计划；③投资于所管理私募基金的私募基金管理人及其从业人员；④中国证监会规定的其他投资者。以合伙企业、契约等非法人形式，通过汇集多数投资者的资金直接或者间接投资于私募基金的，私募基金管理人或者私募基金销售机构应当穿透核查最终投资者是否为合格投资者，并合并计算投资者人数。但是，符合上述第①、②、④项规定的投资者投资私募基金的，不再穿透核查最终投资者是否为合格投资者和合并计算投资者人数。

（3）募集规则。私募基金的募资规则具体包括：①不得向合格投资者之外的单位和个人募集资金，不得通过报刊、电台、电视、互联网等公众传播媒体或者讲座、报告会、分析会和布告、传单、手机短信、微信、博客和电子邮件等方式，向不特定对象宣传推介。②不得向投资者承诺投资本金不受损失或者承诺最低收益。③私募基金管理人或私募基金销售机构要对投资者的风险识别能力和风险承担能力进行评估，并由投资者书面承诺符合合格投资者条件。④私募基金管理人自行销售或者委托销售机构销售私募基金，应当自行或者委托第三方机构对私募基金进行风险评级，向风险识别能力和风险承担能力相匹配的投资者推介私募基金。⑤投资者应当如实填写风险识别能力和承担能力问卷，如实承诺资产或者收入情况，并对其真实性、准确性和完整性负责。⑥投资者应当确保投资资金来源合法，不得非法汇集他人资金投资私募基金。

（4）投资运作。规范投资运作行为的规则具体包括：①募集私募基金，应当根据或者参照《证券投资基金法》制定并签订基金合同。②除基金合同另有约定外，私募基金应当由基金托管人托管。基金合同约定私募基金不进行托管的，应当在基金合同中明确保障私募基金财产安全的制度措施和纠纷解决机制。③同一私募基金管理人管理不同类别私募基金的，应当坚持专业化管理原则。④私募基金管理人、私募基金托管人、私募基金销售机构及其他私募服务机构及其从业人员从事私募基金业务，不得将其固有财产或者他人财产混同于基金财产从事投资活动，不公平地对待其管理的不同基金财产等法律、行政法规和中国证监会规定禁止的其他行为。⑤私募基金管理人、私募基金托管人应当按照合同约定，如实向投资者披露基金投资、资产负债、投资收益分配、基金承担的费用和业绩报酬、可能存在的利益冲突情况以及可能影响投资者合法权益的其他重大信息，不得隐瞒或者提供虚假信息。

（六）证券发行的程序

由于证券发行种类、发行方式的不同，资本市场不同板块推行注册制的情况不同，不同板块证券的发行程序不尽一致。

1. 主板、中小板证券发行的程序。

主板、中小板尚未落实证券发行注册制，在核准制下，依据《首次公开发行股票并上市管理办法》《上市公司证券发行管理办法》等规定，证券公开发行大体有以下步骤。

（1）作出发行决议。发行人发行证券一般先由董事会就有关发行事项作出决议，并提请股东大会批准。

（2）提出发行申请。发行人应按照规定制作和报送证券发行申请文件。

（3）依法核准申请。公开发行证券由国务院证券监督管理机构或者国务院授权的部门核准。

（4）公开发行信息。证券发行申请经核准后，发行人应当依照法律、行政法规的规定，在证券公开发行前，公告公开发行募集文件，并将该文件置备于指定场所供公众查阅。

（5）签订承销协议，进行证券销售。发行人向不特定对象发行的证券，法律、行政法规规定应当由证券公司承销的，发行人应当同证券公司签订承销协议。向不特定对象公开发行的证券票面总值超过人民币5 000万元的，应当由承销团承销。

（6）备案。证券公司实施承销前，应当向中国证监会报送发行与承销方案。公开发行股票，代销、包销期限届满，发行人应当在规定的期限内将股票发行情况报国务院证券监督管理机构备案。

（7）撤销核准决定。国务院证券监督管理机构或国务院授权的部门对已作出的核准证券发行的决定，发现不符合法定条件或法定程序，尚未发行证券的，应当予以撤销，停止发行。已经发行尚未上市的，撤销发行核准决定，发行人应按发行价并加算银行同期存款利息返还证券持有人；保荐人应当与发行人承担连带责任，但是能够证明自己没有过错的除外；发行人的控股股东、实际控制人有过错的，应当与发行人承担连带责任。

　　主板、中小板落实证券发行注册制后，证券发行在程序上将发生一些改变。依据新《证券法》的规定，证券发行程序有以下步骤：

　　（1）作出发行决议。发行人发行证券一般先由其董事会就有关发行事项作出决议，并提请股东大会批准。设立股份公司公开发行股票的，应当有发起人协议。

　　（2）聘请保荐人。发行人申请公开发行股票、可转换为股票的公司债券，依法采取承销方式的，或者公开发行法律、行政法规规定实行保荐制度的其他证券的，应当聘请证券公司担任保荐人。

　　（3）签订承销协议。向不特定对象发行的证券，法律、行政法规规定应当由证券公司承销的，发行人应当同证券公司签订承销协议。证券承销业务采取代销或者包销方式。证券代销是指证券公司代发行人发售证券，在承销期结束时，将未售出的证券全部退还给发行人的承销方式。证券包销是指证券公司将发行人的证券按照协议全部购入或者在承销期结束时将售后剩余证券全部自行购入的承销方式。向不特定对象发行证券聘请承销团承销的，承销团应当由主承销和参与承销的证券公司组成。证券的代销、包销期限最长不得超过90日。证券公司在代销、包销期内，对所代销、包销的证券应当保证先行出售给认购人，证券公司不得为本公司预留所代销的证券和预先购入并留存所包销的证券。

　　（4）提出发行申请。发行人应按照规定制作和报送证券发行申请文件。法律、行政法规规定设立公司必须报经批准的，应当提交相应的批准文件；依照法律规定属于保荐范围的，还应当报送保荐人出具的发行保荐书；属于应当由证券公司承销的，应当报送承销机构名称及有关的协议。

　　（5）预披露。如果发行人申请首次公开发行股票，在提交申请文件后，还应按国务院证券监督管理机构的规定预先披露有关申请文件，以此提高发行审核的透明度，拓宽社会监督渠道，防范发行人采取虚假欺骗手段骗取发行上市资格，提高上市公司的质量。

　　（6）发行注册。国务院证券监督管理机构或者国务院授权的部门依照法定条件负责证券发行申请的注册。证券公开发行注册的具体办法由国务院规定。按照国务院的规定，证券交易所等可以审核公开发行证券申请，判断发行人是否符合发行条件、信息披露要求，督促发行人完善信息披露内容。参与证券发行申请注册的人员，不得与发行申请人有利害关系，不得直接或者间接接受发行申请人的馈赠，不得持有所注册的发行申请的证券，不得私下与发行申请人进行接触。

　　国务院证券监督管理机构或者国务院授权的部门应当自受理证券发行申请文件之日起3个月内，依照法定条件和法定程序作出予以注册或者不予注册的决定，发行人根据要求补充、修改发行申请文件的时间不计算在内。不予注册的，应当说明理由。

　　（7）信息披露、发行证券。证券发行申请经注册后，发行人应当依照法律、行政法规的规定，在证券公开发行前公告公开发行募集文件，并将该文件置备于指定场所供公众查阅。发行证券的信息依法公开前，任何知情人不得公开或者泄露该信息。发行人不得在公告公开发行募集文件前发行证券。

股票发行采用代销方式的，代销期限届满，向投资者出售的股票数量未达到拟公开发行股票数量70%的，为发行失败。发行人应当按照发行价并加算银行同期存款利息返还股票认购人。

（8）备案。公开发行股票，代销、包销期限届满，发行人应当在规定的期限内将股票发行情况报国务院证券监督管理机构备案。

（9）撤销注册决定。国务院证券监督管理机构或者国务院授权的部门对已作出的证券发行注册的决定，发现不符合法定条件或者法定程序，尚未发行证券的，应当予以撤销，停止发行。已经发行尚未上市的，撤销发行注册决定，发行人应当按照发行价并加算银行同期存款利息返还证券持有人；发行人的控股股东、实际控制人以及保荐人，应当与发行人承担连带责任，但是能够证明自己没有过错的除外。

股票的发行人在招股说明书等证券发行文件中隐瞒重要事实或者编造重大虚假内容，已经发行并上市的，国务院证券监督管理机构可以责令发行人回购证券，或者责令负有责任的控股股东、实际控制人买回证券。

💡【例4-1】2008年，甲股份有限公司拟公开发行股票，甲公司得知本公司的股票发行申请已通过审核后，在公告公开发行募集文件前，将拟发行股票总额的15%自行卖给当地投资者，其余部分委托乙证券公司代销，并确定代销期限为4个月。请问甲公司的哪些行为不符合规定？

【解析】不符合规定之处有：（1）甲公司不应在公告公开发行募集文件前发行股票；（2）甲公司不应私自将拟发行股票总额的15%卖给当地投资者，而应通过证券公司承销；（3）代销证券的期限最长不应超过90天。

2. 科创板、创业板股票的发行程序。

新《证券法》全面推行注册制之前，科创板试行注册制，新《证券法》实施后，创业板试行注册制，依据中国证监会《科创板首次公开发行股票注册管理办法（试行）》《创业板首次公开发行股票注册管理办法（试行）》，试行注册制的科创板、创业板股票发行程序有以下步骤：

（1）发行人内部决议。发行人董事会就有关股票发行的具体方案、本次募集资金使用的可行性及其他必须明确的事项作出决议，并提请股东大会批准。

（2）保荐人保荐并向证券交易所申报。发行人申请公开发行股票并在科创板、创业板上市，应当按照规定制作注册申请文件，由保荐人保荐并向证券交易所申报。证券交易所收到注册申请文件后5个工作日内作出是否受理的决定。

自注册申请文件受理之日起，发行人及其控股股东、实际控制人、董事、监事、高级管理人员，以及与本次股票公开发行并上市相关的保荐人、证券服务机构及相关责任人员，即承担相应法律责任。

（3）证券交易所审核并报送证监会发行注册。证券交易所设立独立的审核部门，负责审核发行人公开发行并上市申请；科创板设立科技创新咨询委员会，负责为科创板建设和发行上市审核提供专业咨询和政策建议；创业板设立行业咨询专家库，负责为创业板建设和发行上市审核提供专业咨询和政策建议，设立科创板上市委员会、创业板上市委员会负责对审核部门出具的审核报告提出审议意见。证券交易所按照规定的条件和程序，作出同意或者不同意发行人股票公开发行并上市的审核意见。同意发行人股票公开发行并上市的，将审核意见、发行人注册申请文件及相关审核资料报送中国证监会履行发行注册程序。不同意发行人股票公开发行并上市的，作出终止发行上市审核决定。

证券交易所应当自受理注册申请文件之日在规定的期限内形成审核意见。发行人根据要求补充、修改注册申请文件，以及交易所按照规定对发行人实施现场检查，或者要求保荐人、证券服务机构对有关事项进行专项核查的时间不计算在内。

（4）证监会发行注册。证监会收到证券交易所报送的审核意见及发行人注册申请文件后，应当依照规定的发行条件和信息披露要求，在证券交易所发行上市审核工作的基础上，履行发行注册程序。证监会认为存在需要进一步说明或者落实事项的，可以提出反馈意见。证监会认为证券交易所对影响发行条件的重大事项未予关注或者证券交易所的审核意见依据明显不充分的，可以退回证券交易所补充审核。证券交易所补充审核后，同意发行人股票公开发行并上市的，重新向中国证监会报送审核意见及相关资料，注册期限重新计算。

证监会依照法定条件，应当在20个工作日内对发行人的注册申请作出同意注册或者不予注册的决定。发行人根据要求补充、修改注册申请文件，以及证监会要求保荐人、证券服务机构等对有关事项进行核查的时间不计算在内。

（5）信息披露。发行人首次公开发行股票并在科创板、创业板上市，应当按照证监会制定的信息披露规则，编制并披露招股说明书，保证相关信息真实、准确、完整。信息披露内容应当简明清晰，通俗易懂，不得有虚假记载、误导性陈述或者重大遗漏。证监会制定的信息披露规则是信息披露的最低要求。不论上述规则是否有明确规定，凡是投资者作出价值判断和投资决策所必需的信息，发行人均应当充分披露，内容应当真实、准确、完整。发行人除了遵守证监会规定的一般性信息披露规则外，还要求进行针对性的信息披露，以科创板为例，其针对性信息披露主要包括：①有针对性地披露企业的行业特点、业务模式、公司治理、发展战略、经营政策、会计政策，充分披露科研水平、科研人员、科研资金投入等相关信息，并充分揭示可能对公司核心竞争力、经营稳定性以及未来发展产生重大不利影响的风险因素；②发行人尚未盈利的，应当充分披露尚未盈利的成因，以及对公司现金流、业务拓展、人才吸引、团队稳定性、研发投入、战略性投入、生产经营可持续性等方面的影响；③公司发行募集资金使用管理制度以及募集资金重点投向科技创新领域的具体安排；④存在"同股不同权"的科技创新企业，应当披露并特别提示差异化表决安排的主要内容、相关风险和对公司治理的影响，以及依法落实保护投资者合法权益的各项措施；⑤公开发行股份前已发行股份的，应当披露已发行股份的锁定期安排，特别是核心技术团队股份的锁定期安排以及尚未盈利情况下发行人控股股东、实际控制人、董事、监事、高级管理人员、核心技术人员股份的锁定期安排。保荐人和发行人律师应当就公司章程规定的特别表决权股份的持有人资格、特别表决权股份拥有的表决权数量与普通股份拥有的表决权数量的比例安排、持有人所持特别表决权股份能够参与表决的股东大会事项范围、特别表决权股份锁定安排及转让限制、未盈利企业有关股东的股份锁定期、核心技术团队的股份锁定期等事项是否符合交易所有关规定发表专业意见。

证券交易所受理注册申请文件后，发行人应当按证券交易所规定，将招股说明书、发行保荐书、上市保荐书、审计报告和法律意见书等文件在证券交易所网站预先披露。预先披露的招股说明书及其他注册申请文件不能含有价格信息，发行人不得据此发行股票。发行人应当在预先披露的招股说明书显要位置作如下声明："本公司的发行申请尚需经上海证券交易所（创业板为深圳证券交易所）和中国证监会履行相应程序。本招股说明书不具有据以发行股票的法律效力，仅供预先披露之用。投资者应当以正式公告的招股说明书作为投资决定的依据。"证券交易所审核同意后，将发行人注册申请文件报送证监会时，招股说明书、发行保荐书、上市保荐书、审计报告和法律意见书等文件应在证券交易所网站和证监会网站公开。发行人股票发行前应当在证券交易所网站和符合证监会规定条件的网站全文刊登招股说明书，同时在符合证监会规定条件的报刊刊登提示性公告，告知投资者网上刊登的地址及获取文件的途径。

发行人可以将招股说明书以及有关附件刊登于其他报刊和网站，但披露内容应当完全一致，且不得早于在证券交易所网站、符合证监会规定条件的网站的披露时间。

（6）报备发行与承销方案、发行股票。获证监会同意注册后，发行人与主承销商应当及时向证券交易所报备发行与承销方案。交易所5个工作日内无异议的，发行人与主承销商可依法刊登招股意向书，启动发行工作。

证监会予以注册的决定自作出之日1年内有效，发行人应当在注册决定有效期内发行股票，发行时点由发行人自主选择。

（7）撤销注册。证监会作出注册决定后、发行人股票上市交易前，发现可能影响本次发行的重大事项的，证监会可以要求发行人暂缓或者暂停发行、上市；相关重大事项导致发行人不符合发行条件的，可以撤销注册。证监会撤销注册后，股票尚未发行的，发行人应当停止发行；股票已经发行尚未上市的，发行人应当按照发行价并加算银行同期存款利息返还股票持有人。

科创板、创业板首次公开发行股票注册程序如图4-1所示。

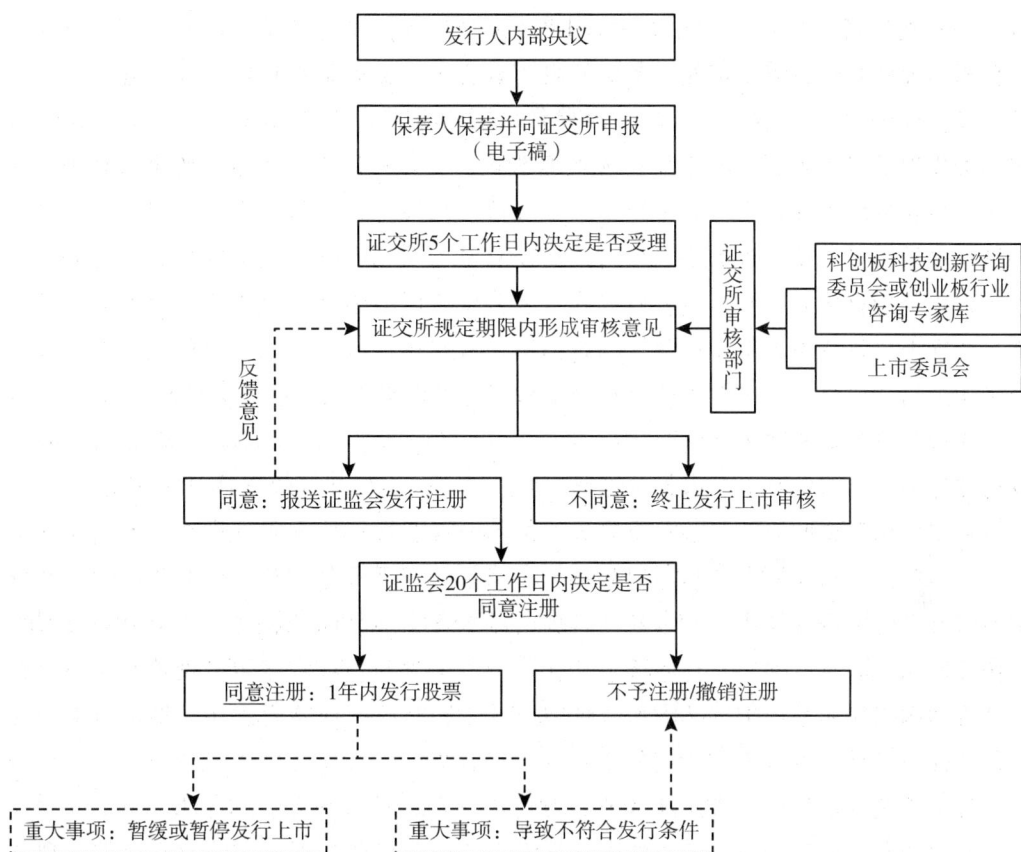

图 4 - 1

三、证券交易

（一）证券交易概述

1. 证券交易的概念。

证券交易，主要指证券买卖，即证券持有人依照证券交易规则，将已依法发行的证券转让给其他证券投资者的行为。证券交易具有流动性、收益性和风险性等特征。证券交易的方式可以分为集中交易和非集中交易两种，分别适用于证券交易所和场外交易市场。

2. 证券交易的一般规定。

（1）证券交易的标的与主体必须合法。首先，交易的证券，必须是依法发行并交付的证券。非依法发行的证券，不得买卖。证券交易当事人买卖的证券，可以采用纸面形式，也可以采用国务院证券监督管理机构规定的其他形式。其次，依法发行的证券，法律对其转让期限有限制性规定的，在限定的期限内不得买卖。根据《公司法》和《证券法》的有关规定，涉及该限制性规定的有：

①发起人持有的本公司股份，自公司成立之日起1年内不得转让。公司公开发行

股份前已发行的股份，自公司股票在证券交易所上市交易之日起 1 年内不得转让。

②公司董事、监事、高级管理人员在任职期间每年转让的股份不得超过其所持有本公司股份总数的 25%；所持本公司股份自公司股票上市交易之日起 1 年内不得转让。上述人员离职后半年内，不得转让其所持有的本公司股份。

③证券交易场所、证券公司和证券登记结算机构的从业人员，证券监督管理机构的工作人员以及法律、行政法规规定禁止参与股票交易的其他人员，在任期或者法定限期内，不得直接或者以化名、借他人名义持有、买卖股票或者其他具有股权性质的证券，也不得收受他人赠送的股票或者其他具有股权性质的证券。任何人在成为上述所列人员时，其原已持有的股票或者其他具有股权性质的证券，必须依法转让。但是，实施股权激励计划或者员工持股计划的证券公司的从业人员，可以按照国务院证券监督管理机构的规定持有、卖出本公司股票或者其他具有股权性质的证券。

④为证券发行出具审计报告或者法律意见书等文件的证券服务机构和人员，在该证券承销期内和期满后 6 个月内，不得买卖该证券。为发行人及其控股股东、实际控制人，或者收购人、重大资产交易方出具审计报告或者法律意见书等文件的证券服务机构和人员，自接受委托之日起至上述文件公开后 5 日内，不得买卖该证券。实际开展上述有关工作之日早于接受委托之日的，自实际开展上述有关工作之日起至上述文件公开后 5 日内，不得买卖该证券。

⑤上市公司、股票在国务院批准的其他全国性证券交易场所交易的公司持有 5% 以上股份的股东、董事、监事、高级管理人员，将其持有的该公司的股票或者其他具有股权性质的证券在买入后 6 个月内卖出，或者在卖出后 6 个月内又买入，由此所得收益归该公司所有，公司董事会应当收回其所得收益。但是，证券公司因购入包销售后剩余股票而持有 5% 以上股份，以及有国务院证券监督管理机构规定的其他情形的除外。上述董事、监事、高级管理人员、自然人股东持有的股票或者其他具有股权性质的证券，包括其配偶、父母、子女持有的及利用他人账户持有的股票或者其他具有股权性质的证券。公司董事会不按照上述规定执行的，股东有权要求董事会在 30 日内执行。公司董事会未在上述期限内执行的，股东有权为了公司的利益以自己的名义直接向人民法院提起诉讼。公司董事会不按照规定执行的，负有责任的董事依法承担连带责任。

⑥上市公司持有 5% 以上股份的股东、实际控制人、董事、监事、高级管理人员，以及其他持有发行人首次公开发行前发行的股份或者上市公司向特定对象发行的股份的股东，转让其持有的本公司股份的，不得违反法律、行政法规和国务院证券监督管理机构关于持有期限、卖出时间、卖出数量、卖出方式、信息披露等规定，并应当遵守证券交易所的业务规则。上市公司董事、监事和高级管理人员在下列期间不得买卖本公司股票：上市公司定期报告公告前 30 日内；上市公司业绩预告、业绩快报公告前 10 日内；自可能对本公司股票交易价格产生重大影响的重大事项发生之日或在决策过程中，至依法披露后 2 个交易日内；证券交易所规定的其他期间。

⑦通过证券交易所的证券交易，投资者持有或者通过协议、其他安排与他人共同持有一个上市公司已发行的有表决权股份达到5%时，应当在该事实发生之日起3日内，向国务院证券监督管理机构、证券交易所作出书面报告，通知该上市公司，并予公告，在上述期限内不得再行买卖该上市公司的股票，但国务院证券监督管理机构规定的情形除外。投资者持有或者通过协议、其他安排与他人共同持有一个上市公司已发行的有表决权股份达到5%后，其所持该上市公司已发行的有表决权股份比例每增加或者减少5%，应当依照前述规定进行报告和公告，在该事实发生之日起至公告后3日内，不得再行买卖该上市公司的股票，但国务院证券监督管理机构规定的情形除外。

（2）在合法的证券交易场所交易。公开发行的证券，应当在依法设立的证券交易所上市交易或者在国务院批准的其他全国性证券交易场所交易。非公开发行的证券，可以在证券交易所、国务院批准的其他全国性证券交易场所、按照国务院规定设立的区域性股权市场转让。

（3）以合法方式交易。证券在证券交易所上市交易，应当采用公开的集中交易方式或者国务院证券监督管理机构批准的其他方式。

（4）规范交易服务。首先，证券交易场所、证券公司、证券登记结算机构、证券服务机构及其工作人员应当依法为投资者的信息保密，不得非法买卖、提供或者公开投资者的信息。证券交易场所、证券公司、证券登记结算机构、证券服务机构及其工作人员不得泄露所知悉的商业秘密。其次，证券交易的收费必须合理，并公开收费项目、收费标准和管理办法。

（5）规范程序化交易。通过计算机程序自动生成或者下达交易指令进行程序化交易的，应当符合国务院证券监督管理机构的规定，并向证券交易所报告，不得影响证券交易所系统安全或者正常交易秩序。

（二）证券上市

证券上市是公开发行的证券依法在证券交易所或其他依法设立的交易市场公开挂牌交易的过程。证券上市是连接证券发行市场和证券交易市场的桥梁。新《证券法》扩大了上市规则适用证券的品种，包括股票、公司债券、存托凭证等常规证券和政府债券、证券投资基金份额等特殊证券。申请证券上市交易，应当向证券交易所提出申请，由证券交易所依法审核同意，并由双方签订上市协议。政府债券上市由国务院授权的部门决定，证券交易所根据国务院授权部门的决定安排政府债券的上市交易。

1. 常规证券上市。

（1）常规证券的主板、中小板、创业板上市条件。

常规证券的上市条件由证券交易所规定，证券交易所上市规则规定的上市条件，应当对发行人的经营年限、财务状况、最低公开发行比例和公司治理、诚信记录等提出要求。

申请证券上市交易，应当符合证券交易所上市规则规定的上市条件。新《证券法》发布后，随着创业板实施注册制，深圳证券交易所于 2020 年 6 月 12 日修订了《深圳证券交易所创业板股票上市规则》，对注册制下创业板股票上市条件进行了调整。由于股票发行的注册制尚未在主板、中小板推行，证券交易所尚未制定上市规则对主板、中小板上市的各证券品种的上市条件作出规定。随着有关板块和证券品种分步实施注册制，证券交易所将依法制定上市规则并具体明确不同板块、不同证券品种的上市条件。

（2）股票的科创板上市条件。

上海证券交易所对股票的科创板上市制定有明确的上市规则，依据 2019 年 3 月 1 日经证监会批准、上海证券交易所发布的《上海证券交易所科创板股票上市规则》，向上海证券交易所申请股票的科创板上市，发行人除应当符合中国证监会《科创板首次公开发行股票注册管理办法（试行）》规定的发行条件外，还应当满足下列条件：①发行后股本总额不低于人民币 3 000 万元；②公开发行的股份达到公司股份总数的 25% 以上，公司股本总额超过人民币 4 亿元的，公开发行股份的比例为 10% 以上；③市值及财务指标符合本规则规定的标准；④交易所规定的其他上市条件。

股票的科创板上市，实行差异化的上市条件，主要体现在上市市值及财务指标标准上，具体如下：

第一，股票首次发行上市。发行人首次发行股票上市的，其市值及财务指标应当至少符合下列标准中的一项：①预计市值不低于 10 亿元，最近两年净利润均为正且累计净利润不低于 5 000 万元，或者预计市值不低于 10 亿元，最近一年净利润为正且营业收入不低于 1 亿元；②预计市值不低于 15 亿元，最近一年营业收入不低于 2 亿元，且最近 3 年研发投入合计占最近 3 年营业收入的比例不低于 15%；③预计市值不低于 20 亿元，最近一年营业收入不低于 3 亿元，且最近三年经营活动产生的现金流量净额累计不低于 1 亿元；④预计市值不低于 30 亿元，且最近一年营业收入不低于 3 亿元；⑤预计市值不低于 40 亿元，主要业务或产品需经国家有关部门批准，市场空间大，目前已取得阶段性成果，并获得知名投资机构一定金额的投资。医药行业企业需取得至少一项一类新药二期临床试验批件，其他符合科创板定位的企业需具备明显的技术优势并满足相应条件。

第二，红筹企业上市。红筹企业是指注册地在境外、主要经营活动在境内的企业。红筹企业可以申请发行股票或存托凭证并在科创板上市。营业收入快速增长，拥有自主研发、国际领先技术，同行业竞争中处于相对优势地位的尚未在境外上市的红筹企业，申请发行股票或存托凭证并在科创板上市的，其市值及财务指标应当至少符合下列标准中的一项：①预计市值不低于人民币 100 亿元；②预计市值不低于人民币 50 亿元，且最近一年营业收入不低于人民币 5 亿元。

第三，表决权差异企业上市。表决权差异企业是指发行有特别表决权股份的企业，在这种企业中每一特别表决权股份拥有的表决权数量大于每一普通股份拥有的表决权数量，在其他股东权利方面，特别表决权股份与普通股份是相同的。存在表决权差异安排的发行人申请股票或者存托凭证首次公开发行并在科创板上市的，其表决权安排等应当符合《上海证券交易所科创板股票上市规则》等规则的规定；发行人应当至少符合下列标准中的一项：①预计市值不低于人民币 100 亿元；②预计市值不低于人民币 50 亿元，且最近一年营业收入不低于人民币 5 亿元。

发行人所选择的具体上市市值、财务指标标准在发行人的招股说明书和保荐人的上市保荐书应当明确说明。

（3）终止上市。上市交易的证券，有证券交易所规定的终止上市情形的，由证券交易所按照业务规则终止其上市交易。证券交易所决定终止证券上市交易的，应当及时公告，并报国务院证券监督管理机构备案。

对证券交易所作出的不予上市交易、终止上市交易决定不服的，可以向证券交易所设立的复核机构申请复核。

2. 证券投资基金份额的交易。

（1）公开募集基金的基金份额的交易、申购与赎回。依据《证券投资基金法》的规定，申请公开募集基金的基金份额上市交易，基金管理人应当向证券交易所提出申请，证券交易所依法审核同意的，双方应当签订上市协议。

基金份额上市交易，应当符合下列条件：①基金的募集符合《证券投资基金法》的规定；②基金合同期限为 5 年以上；③基金募集金额不低于 2 亿元人民币；④基金份额持有人不少于 1 000 人；⑤基金份额上市交易规则规定的其他条件。基金份额上市交易规则由证券交易所制定，报国务院证券监督管理机构批准。

基金份额上市交易后，有下列情形之一的，由证券交易所终止其上市交易，并报国务院证券监督管理机构备案：①不再具备《证券投资基金法》规定的上市交易条件；②基金合同期限届满；③基金份额持有人大会决定提前终止上市交易；④基金合同约定的或者基金份额上市交易规则规定的终止上市交易的其他情形。

开放式基金的基金份额的申购、赎回和登记，由基金管理人或者其委托的基金服务机构办理。基金管理人应当在每个工作日办理基金份额的申购、赎回业务；基金合同另有约定的，按照其约定办理。投资人交付申购款项，申购成立；基金份额登记机构确认基金份额时，申购生效。基金份额持有人递交赎回申请，赎回成立；基金份额登记机构确认赎回时，赎回生效。

（2）非公开募集基金的基金份额的转让。投资者转让基金份额的，受让人应当为合格投资者且基金份额受让后投资者人数应当符合有关规定，即单只私募基金的投资者人数累计不得超过《证券投资基金法》《公司法》《合伙企业法》等法律规定的特定数量。

3. 禁止的交易行为。

根据《证券法》的规定，禁止的交易行为主要包括内幕交易行为、操纵证券市场行为、虚假陈述行为和欺诈客户行为。

（1）内幕交易行为。内幕交易行为是指证券交易内幕信息的知情人员利用内幕信息进行证券交易的行为。内幕交易的主体是内幕信息知情人员，行为特征是利用自己掌握的内幕信息买卖证券，或者建议他人买卖证券。内幕信息知情人员自己未买卖证券，也未建议他人买卖证券，但将内幕信息泄露给他人，接受内幕信息的人依此买卖证券的，也属于内幕交易行为。

内幕交易行为是一种违法行为，它不仅侵犯了广大投资者的利益，违反了证券发行与交易"公开、公平、公正"原则，而且还会扰乱证券市场。因此，《证券法》规定，禁止证券交易内幕信息的知情人和非法获取内幕信息的人利用内幕信息从事证券交易活动。

根据新《证券法》的规定，证券交易内幕信息的知情人包括：①发行人及其董事、监事、高级管理人员；②持有公司5%以上股份的股东及其董事、监事、高级管理人员，公司的实际控制人及其董事、监事、高级管理人员；③发行人控股或者实际控制的公司及其董事、监事、高级管理人员；④由于所任公司职务或者因与公司业务往来可以获取公司有关内幕信息的人员；⑤上市公司收购人或者重大资产交易方及其控股股东、实际控制人、董事、监事和高级管理人员；⑥因职务、工作可以获取内幕信息的证券交易场所、证券公司、证券登记结算机构、证券服务机构的有关人员；⑦因职责、工作可以获取内幕信息的证券监督管理机构工作人员；⑧因法定职责对证券的发行、交易或者对上市公司及其收购、重大资产交易进行管理可以获取内幕信息的有关主管部门、监管机构的工作人员；⑨国务院证券监督管理机构规定的可以获取内幕信息的其他人员。

在证券交易活动中，涉及发行人的经营、财务或者对该发行人证券的市场价格有重大影响的尚未公开的信息，为内幕信息。于股票而言，《证券法》第八十条第二款所列应报送临时报告的重大事件（见下文"信息披露"中股票发行公司临时报告涉及的重大事件）属于内幕信息；于公司债券而言，《证券法》第八十一条第二款所列应报送临时报告的重大事件（见下文"信息披露"中公司债券上市交易公司临时报告涉及的重大事件）属于内幕信息。

证券交易内幕信息的知情人和非法获取内幕信息的人，在内幕信息公开前，不得买卖该公司的证券，或者泄露该信息，或者建议他人买卖该证券。持有或者通过协议、其他安排与他人共同持有公司5%以上股份的自然人、法人、非法人组织收购上市公司的股份，证券法另有规定的，适用其规定。内幕交易行为给投资者造成损失的，应当依法承担赔偿责任。

新《证券法》在内幕交易知情人之外，增加了禁止相关从业人员与工作人员利用未公开信息进行证券交易或者明示、暗示他人从事相关交易活动的规定，提升了对投资者的保护。新《证券法》第五十四条规定：禁止证券交易场所、证券公司、证券登记结算机构、证券服务机构和其他金融机构的从业人员、有关监管部门或者行业协会的工作人员，利用因职务便利获取的内幕信息以外的其他未公开的信息，违反规定，从事与该信息相关的证券交易活动，或者明示、暗示他人从事相关交易活动。利用未公开信息进行交易给投资者造成损失的，应当依法承担赔偿责任。

（2）操纵证券市场行为。操纵证券市场行为是指单位或个人以获取利益或减少损失为目的，利用其资金、信息等优势影响证券市场价格，制造证券市场假象，诱导或者致使投资者在不了解事实真相的情况下作出买卖证券的决定，扰乱证券市场秩序的行为。我国《证券法》禁止任何操纵证券市场的行为。

根据新《证券法》的规定，操纵证券市场的行为主要有以下情形：①单独或者通过合谋，集中资金优势、持股优势或者利用信息优势联合或者连续买卖；②与他人串通，以事先约定的时间、价格和方式相互进行证券交易；③在自己实际控制的账户之间进行证券交易；④不以成交为目的，频繁或者大量申报并撤销申报；⑤利用虚假或者不确定的重大信息，诱导投资者进行证券交易；⑥对证券、发行人公开作出评价、预测或者投资建议，并进行反向证券交易；⑦利用在其他相关市场的活动操纵证券市场；⑧操纵证券市场的其他手段。操纵证券市场行为给投资者造成损失的，行为人应当依法承担赔偿责任。

（3）虚假陈述行为。虚假陈述行为是指行为人在提交和公布的信息文件中作出违背事实真相的虚假记载、误导性陈述或者发生重大遗漏的行为。虚假陈述行为的主体是指依法承担信息披露义务的人；虚假陈述包括虚假记载、误导性陈述和重大遗漏以及不正当披露。信息披露是证券法的核心，信息披露制度是证券市场公平、公正与投资者保障的基石，虚假陈述违背信息披露制度的基本要求，为《证券法》所禁止。

为防止疏漏，新《证券法》禁止任何单位和个人编造、传播虚假信息或者误导性信息，扰乱证券市场；禁止证券交易场所、证券公司、证券登记结算机构、证券服务机构及其从业人员，证券业协会、证券监督管理机构及其工作人员，在证券交易活动中作出虚假陈述或者信息误导。新《证券法》规定：各种传播媒介传播证券市场信息必须真实、客观，禁止误导；传播媒介及其从事证券市场信息报道的工作人员不得从事与其工作职责发生利益冲突的证券买卖。编造、传播虚假信息或者误导性信息，扰乱证券市场，给投资者造成损失的，应当依法承担赔偿责任。也就是说，信息披露义务人以外的机构和人员编造、传播虚假信息或者误导性信息、虚假陈述，误导投资者的行为，虽然不构成虚假陈述，但却同样是证券违法行为，依法也要承担民事赔偿责任。

（4）欺诈客户行为。欺诈客户行为是指证券公司及其从业人员在证券交易及相关活动中，违背客户真实意愿，侵害客户利益的行为。欺诈客户行为的主体是证券公司及其从业人员，行为人在主观上具有故意特征，即故意隐瞒或者故意作出与事实不符的虚假陈述，使客户陷入不明真相的境地而作出错误的意思表示。

根据新《证券法》的规定，证券公司及其从业人员损害客户利益的欺诈行为有以下情形：①违背客户的委托为其买卖证券；②不在规定时间内向客户提供交易的确认文件；③未经客户的委托，擅自为客户买卖证券，或者假借客户的名义买卖证券；④为牟取佣金收入，诱使客户进行不必要的证券买卖；⑤其他违背客户真实意思表示，损害客户利益的行为。欺诈客户行为给客户造成损失的，应当依法承担赔偿责任。

💡**【例4－2】** 根据《证券法》的规定，下列各项中，属于禁止的证券交易行为的有（　　）。

    A. 甲证券公司在证券交易活动中传播了虚假信息，对市场交易量产生了一定影响

    B. 乙证券公司不在规定的时间内向客户李某提供交易的书面确认文件

    C. 丙证券公司利用其资金优势连续买入某上市公司股票，造成该股票价格大幅上涨

    D. 丁证券公司在自身网站上发布对某上市公司股票价格的预测信息

【解析】 正确答案是ABC。根据规定，前三种行为属于禁止的证券交易行为，第四种行为中，丁证券公司自身并未进行反向交易，不属于操纵市场行为。

（5）其他禁止的交易行为。我国《证券法》还规定了下列禁止的交易行为：禁止任何单位和个人违反规定出借自己的证券账户或者借用他人的证券账户从事证券交易；禁止资金违规流入股市；禁止投资者违规利用财政资金、银行信贷资金买卖证券。

《证券法》还规定，国有企业和国有资产控股的企业买卖上市交易的股票，必须遵守国家有关规定。证券交易所、证券公司、证券登记结算机构、证券服务机构及其从业人员对证券交易中发现的禁止的交易行为，应当及时向证券监督管理机构报告。

四、上市公司收购

（一）上市公司收购概述

1. 上市公司收购的概念。

上市公司收购，是指收购人通过在证券交易所的股份转让活动，持有一个上市公司的已发行的表决权股份达到一定比例或通过证券交易所股份转让活动以外的其他合法方式控制一个上市公司的表决权股份达到一定程度，导致其获得或者可能获得对该公司的实际控制权的行为。

上市公司收购的对象是上市公司；收购的标的是上市公司的股份；收购的主体是收购人，包括投资者及其一致行动人；收购的目的是为了获得或者巩固对上市公司的控制权。不以达到对上市公司实际控制权而受让上市公司股票的行为，不能称为收购。这里所指的实际控制权是指：（1）投资者为上市公司持股50%以上的控股股东；（2）投资者可以实际支配上市公司股份表决权超过30%；（3）投资者通过实际支配上市公司股份表决权能够决定公司董事会半数以上成员选任；（4）投资者依其可实际支配的上市公司股份表决权足以对公司股东大会的决议产生重大影响；（5）国务院证券监督管理机构认定的其他情形。收购人可以通过取得股份的方式成为一个上市公司的控股股东，或通过投资关系、协议和其他安排的途径成为一个上市公司的实际控制人，也可以同

时采取上述方式和途径取得上市公司控制权。

2. 上市公司收购人。

收购人包括投资者及与其一致行动的他人。一致行动，是指投资者通过协议、其他安排，与其他投资者共同扩大其所能够支配的一个上市公司股份表决权数量的行为或者事实。在上市公司的收购及相关股份权益变动活动中有一致行动情形的投资者，互为一致行动人。如果没有相反证据，投资者有下列情形之一的，为一致行动人：①投资者之间有股权控制关系；②投资者受同一主体控制；③投资者的董事、监事或者高级管理人员中的主要成员，同时在另一个投资者担任董事、监事或者高级管理人员；④投资者参股另一投资者，可以对参股公司的重大决策产生重大影响；⑤银行以外的其他法人、其他组织和自然人为投资者取得相关股份提供融资安排；⑥投资者之间存在合伙、合作、联营等其他经济利益关系；⑦持有投资者30%以上股份的自然人，与投资者持有同一上市公司股份；⑧在投资者任职的董事、监事及高级管理人员，与投资者持有同一上市公司股份；⑨持有投资者30%以上股份的自然人和在投资者任职的董事、监事及高级管理人员，其父母、配偶、子女及其配偶、配偶的父母、兄弟姐妹及其配偶、配偶的兄弟姐妹及其配偶等亲属，与投资者持有同一上市公司股份；⑩在上市公司任职的董事、监事、高级管理人员及其前项所述亲属同时持有本公司股份的，或者与其自己或者其前项所述亲属直接或者间接控制的企业同时持有本公司股份；⑪上市公司董事、监事、高级管理人员和员工与其所控制或者委托的法人或者其他组织持有本公司股份；⑫投资者之间具有其他关联关系。投资者认为其与他人不应被视为一致行动人的，可以向国务院证券监督管理机构提供相反证据。

上市公司收购人应当具备一定实力，具有良好的信誉。为了防止收购人虚假收购或者恶意收购，利用上市公司的收购损害被收购公司及其股东的合法权益，《上市公司收购管理办法》规定，有下列情形之一的，不得收购上市公司：①收购人负有数额较大债务，到期未清偿，且处于持续状态；②收购人最近3年有重大违法行为或者涉嫌有重大违法行为；③收购人最近3年有严重的证券市场失信行为；④收购人为自然人的，存在《公司法》规定的依法不得担任公司董事、监事、高级管理人员的情形；⑤法律、行政法规规定以及国务院证券监督管理机构认定的不得收购上市公司的其他情形。

3. 上市公司收购中有关当事人的义务。

（1）收购人的义务。一是公告义务。实施要约收购的收购人应当编制要约收购报告书，聘请财务顾问，通知被收购公司，同时对要约收购报告书摘要作出提示性公告。要约收购完成后，收购人应当在15日内将收购情况报告国务院证券监督管理机构和证券交易所，并予以公告。二是禁售义务。收购人在要约收购期内，不得卖出被收购公司的股票，也不得采取要约规定以外的形式和超出要约的条件买入被收购公司的股票。三是锁定义务。收购人持有的被收购的上市公司的股票，在收购行为完成后的18个月内不得转让。但是，收购人在被收购公司中拥有表决权的股份在同一实际控制人控制的不同主体之间进行转让不受前述 18 个月的限制，但应当遵守《上市公司收购管理办法》有关豁免申请的有关规定。同时，收购人还应当履行守约义务，平等对待被收购公司所有股东的义务等。

（2）被收购公司的控股股东、实际控制人的义务。被收购公司的控股股东或者实际控制人不得滥用股东权利，损害被收购公司或者其他股东的合法权益。

（3）被收购公司的董事、监事和高级管理人员的义务。被收购公司的董事、监事和高级管理人员对公司负有忠实义务和勤勉义务，应当公平对待收购本公司的所有收购人。

4. 上市公司收购的支付方式。

收购人可以采用现金、依法可以转让的证券、现金与证券相结合等合法方式支付收购上市公司的价款。收购人为终止上市公司的上市地位而发出全面要约的，或者按照国务院证券监督管理机构的规定不能免除要约收购而发出全面要约的，应当以现金支付收购价款；以依法可以转让的证券支付收购价款的，应当同时提供现金方式供被收购公司股东选择。

（二）上市公司收购的权益披露

权益披露是指投资者及其一致行动人对其拥有上市公司的股份权益及权益变动情况进行的披露。投资者收购上市公司，在持股达到一定限度时，要依法披露其在上市公司中拥有的权益，包括登记在其名下的股份和虽未登记在其名下但该投资者可以实际支配表决权的股份。投资者及其一致行动人在一个上市公司中拥有的权益应当合并计算。权益披露的义务人是投资者及其一致行动人。

1. 进行权益披露的情形与时间。

（1）场内交易受让股份。通过证券交易所的证券交易，投资者及其一致行动人拥有一个上市公司已发行的有表决权股份达到 5% 时，应当在该事实发生之日起 3 日内编制权益变动报告书，向国务院证券监督管理机构、证券交易所作出书面报告，通知该上市公司，并予公告，在上述期限内不得再行买卖该上市公司的股票，但国务院证券监督管理机构规定的情形除外。

投资者及其一致行动人拥有一个上市公司已发行的有表决权股份达到 5% 后，其所持该上市公司已发行的有表决权股份比例每增加或者减少 5%，应当依照上述规定进行报告和公告，在该事实发生之日起至公告后 3 日内，不得再行买卖该上市公司的股票，但国务院证券监督管理机构规定的情形除外。投资者及其一致行动人拥有一个上市公司已发行的有表决权股份达到 5% 后，其所持该上市公司已发行的有表决权股份比例每增加或者减少 1%，应当在该事实发生的次日通知该上市公司，并予公告。

违反上述规定买入上市公司有表决权的股份的，在买入后的 36 个月内，对该超过规定比例部分的股份不得行使表决权。

依照上述规定所做的持股权益变动公告应当包括下列内容：①持股人的名称、住所；②持有的股票的名称、数额；③持股达到法定比例或者持股增减变化达到法定比例的日期、增持股份的资金来源；④在上市公司中拥有有表决权的股份变动的时间及方式。

（2）协议转让受让股份。通过协议转让方式，投资者及其一致行动人在一个上市公司中拥有表决权的股份拟达到或者超过5%时，应当在该事实发生之日起3日内编制权益变动报告书，向国务院证券监督管理机构、证券交易所提交书面报告，通知该上市公司，并予公告。

投资者及其一致行动人拥有表决权的股份达到5%后，其拥有表决权的股份比例每增加或者减少达到或者超过5%的，应当依照上述规定履行报告、公告义务。投资者及其一致行动人在作出报告、公告前，不得再行买卖该上市公司的股票。

（3）被动受让股份。投资者及其一致行动人通过行政划转或者变更、执行法院裁定、继承、赠与等方式拥有表决权的股份变动达到5%时，同样应当按照协议转让的规定履行报告、公告义务。

2. 权益变动的披露文件。

（1）简式权益变动报告书。简式权益变动报告书是一种内容相对简化的权益披露文件，投资者及其一致行动人不是上市公司的第一大股东或者实际控制人，其拥有表决权的股份达到或者超过5%但未达到20%的，应当编制简式权益变动报告书。

（2）详式权益变动报告书。详式权益变动报告书是一种内容较为详实的权益披露文件，投资者及其一致行动人是上市公司第一大股东或者实际控制人，或者拥有表决权的股份达到20%但未超过30%的，应当编制详式权益变动报告书。详式权益变动报告书除须披露简式权益变动报告书规定的信息外，还增加了部分披露内容。

（三）要约收购

1. 要约收购的概念。

要约收购是指通过证券交易所的证券交易，投资者持有或通过协议、其他安排与他人共同持有一个上市公司已发行的有表决权股份达到30%时，继续增持股份的，应当采取向被收购公司的股东发出收购要约的方式进行的收购。

投资者选择向被收购公司的所有股东发出收购其所持有的全部股份要约的，称为全面要约；投资者选择向被收购公司所有股东发出收购其所持有的部分股份要约的，称为部分要约。

2. 要约收购的适用条件。

（1）持股比例达到30%。投资者通过证券交易所的证券交易，或者协议、其他安排持有或与他人共同持有一个上市公司的已发行的有表决权股份达到30%（含直接持有和间接持有）。

（2）继续增持股份。在前一个条件下，投资者继续增持表决权股份时，即触发依法向上市公司所有股东发出收购上市公司全部或者部分股份的要约的义务。

只有在上述两个条件同时具备时，才适用要约收购。

收购人应当公平对待被收购公司的所有股东。持有同一种类股份的股东应当得到同等对待。上市公司发行不同种类股份的，收购人可以针对不同种类股份提出不同的收购条件。

3. 收购要约的期限。

收购要约约定的收购期限不得少于 30 日，并不得超过 60 日，但是出现竞争要约的除外。

4. 收购要约的撤销。

在收购要约确定的承诺期限内，收购人不得撤销其收购要约。投资者持有或者通过协议、其他安排与他人共同持有该上市公司 30% 以上的表决权股份，其发出收购要约已经将收购的有关信息作了披露，这些经披露的信息对该上市公司的股票交易将发生重要影响。如果收购人撤销收购要约，会对该上市公司的股票交易产生新的影响，有可能损害中小股东的利益。因此，《证券法》规定在收购要约确定的承诺期限内，收购人不得撤销其收购要约。

5. 收购要约的变更。

收购人需要变更收购要约的，应当及时公告，载明具体变更事项。收购要约的变更不得存在下列情形：（1）降低收购价格；（2）减少预定收购股份数额；（3）缩短收购期限；（4）国务院证券监督管理机构规定的其他情形。

收购要约期限届满前 15 日内，收购人不得变更收购要约，但是出现竞争要约的除外。在要约收购期间，被收购公司董事不得辞职。

（四）协议收购

协议收购是指收购人在证券交易所之外，通过与被收购公司的股东协商一致达成协议，受让其持有的上市公司的股份而进行的收购。以协议方式收购上市公司时，收购协议的各方应当获得相应的内部批准（如股东大会、董事会等）。收购协议达成后，收购人必须在 3 日内将该收购协议向国务院证券监督管理机构及证券交易所作出书面报告，并予公告。在公告前不得履行收购协议。

采取协议收购方式的，协议双方可以临时委托证券登记结算机构保管协议转让的股票，并将资金存放于指定的银行。

采取协议收购方式的，收购人收购或者通过协议、其他安排与他人共同收购一个上市公司已发行的有表决权股份达到 30% 时，继续进行收购的，应当依法向该上市公司所有股东发出收购上市公司全部或者部分股份的要约，转而进行要约收购。但是，按照国务院证券监督管理机构的规定免除发出要约的除外。如果收购人依照上述规定触发以要约方式收购上市公司股份，应当能够遵守前述有关要约收购的规定。

【例4-3】甲在证券市场上陆续买入力扬股份公司的表决权股票，持股达6%时才公告，被证券监督管理机构以信息披露违法为由实施处罚。之后甲欲继续购入力扬公司股票，力扬公司的股东乙、丙反对，持股4%的股东丁同意。对此，下列说法正确的有（　　）。

A. 甲的行为已违法，故无权再买入力扬公司股票

B. 乙可邀请其他公司对力扬公司展开要约收购

C. 丙可主张甲已违法，故应撤销其先前购买股票的行为

D. 丁可与甲签订股权转让协议，将自己所持全部股份卖给甲

【解析】正确答案是BD。根据规定，甲违反权益披露的规定，但不影响交易行为的有效，也不影响甲依法继续买入股票。乙反对甲收购，可以独自或是邀请其他投资者发起收购，甲持股未触及强制要约收购的触发点，可以与丁进行协议收购。

（五）其他合法方式收购

其他合法收购方式是指要约收购与协议收购两种上市公司收购的基本方式之外的各种收购方式，如认购股份收购、集中竞价收购等。认购股份收购是指收购人经上市公司非关联股东批准，通过认购上市公司发行的新股使其在公司拥有的表决权的股份能够达到控制权的获得与巩固；集中竞价收购是指收购人在场内交易市场上，通过证券交易所集中竞价交易的方式对目标上市公司进行的收购。随着证券市场的不断成熟，上市公司收购方式不断完善，收购方式也不断创新。

依据《上市公司收购管理办法》的规定，其他合法方式还包括国有股权的行政划转或变更、执行法院裁定、继承、赠与等方式。需要说明的是，在国有股行政划转或变更、司法裁定等方式构成的上市公司收购中，收购人（即行政划转或变更的受让方和司法裁决的胜诉方）可能没有取得上市公司控制权的主观动机，但如果上述行为的结果使收购人获得了或可能获得上市公司的控制权，即是收购，收购人就应履行相关义务。

（六）上市公司收购的法律后果

上市公司收购完成后，将产生一系列的法律后果。

1. 终止上市与余额股东强制性出售权。

收购期限届满，被收购公司股权分布不符合证券交易所规定的上市交易要求的，该上市公司的股票应当由证券交易所依法终止上市交易；其余仍持有被收购公司股票的股东，有权向收购人以收购要约的同等条件出售其股票，收购人应当收购。

2. 变更企业形式。

收购行为完成后，被收购公司不再具备股份有限公司条件的，应当依法变更企业形式。

3. 限期禁止转让股份。

在上市公司收购中，收购人持有的被收购的上市公司的股票，在收购行为完成后

的 18 个月内不得转让。

4. 更换股票。

收购行为完成后，收购人与被收购公司合并，并将该公司解散的，被解散公司的原有股票由收购人依法更换。

收购行为完成后，收购人应当在 15 日内将收购情况报告国务院证券监管机构和证券交易所，并予以公告。

五、信息披露

信息披露也称信息公开，两种称谓本质上并无区别，在体现政府对证券市场的干预方面，"公开"一词更为贴切。信息披露制度包括强制性信息披露制度和自愿性信息披露制度，强制性信息披露制度是证券法强制性要求证券发行人和其他法定的相关负有信息公开义务的人在证券发行和交易过程中，按照法定要求以一定方式向社会公众公开与证券有关的一切信息，以便投资者能够获得真实信息而作出投资判断的法律制度；自愿性信息披露制度是对作为基本信息披露制度的强制性信息披露的补充与深化，是信息披露义务人在法定披露信息以外披露与投资者作出价值判断和投资决策有关的信息，这些信息对于提高公司信息披露质量，展现公司未来和真正价值具有重要意义。通常所说的信息披露制度，主要指强制性信息披露制度。按照信息披露阶段的不同，信息披露制度分为证券发行市场信息披露（首次信息披露）和证券交易市场信息披露（持续信息披露）。

信息披露是证券资本市场的"灵魂"，是建立公开、公平和公正证券市场的基石，也是证券市场赖以存在和发展的前提。新《证券法》设专章对信息披露的义务人范围、信息披露的原则与要求、信息披露的内容、自愿信息披露、信息披露的责任、信息披露的监督管理等作出了系统规定。

（一）信息披露的义务人

信息披露义务是一种法定义务，而非合同义务。信息披露义务人的范围由《证券法》规定，除发行人外，法律、行政法规和国务院证券监督管理机构规定的其他信息披露义务人，如发起人、控股股东等实际控制人、保荐人、证券承销商等，均应当及时依法履行信息披露义务。

（二）信息披露的原则与要求

信息披露的对象是不特定的社会公众，信息披露义务人披露的信息，应当真实、准确、完整，简明清晰，通俗易懂，不得有虚假记载、误导性陈述或者重大遗漏。

真实性要求披露信息应以客观事实或在事实基础上的分析判断为基础，以没有扭曲和不加粉饰的方式，再现和反映真实状态，对发布的信息不存在虚假陈述、不合理评价、夸张性描述或恭维性的评价；准确性要求披露信息时必须用精确不含糊的语言表达其含义，在内容与表达方式上不得使人误解；完整性要求披露信息时必须将所有可能影响投资者决策的信息全面、充分披露；简明清晰、通俗易懂要求披露的信息应当清晰明了，避免信息冗长、语言晦涩难懂，以投资者能理解、使用为宜。

信息披露义务人披露信息时还应贯彻一致性原则，包括时间一致性与内容一致性。时间一致性要求：（1）证券同时在境内境外公开发行、交易的，信息披露义务人在境外披露的信息，应当在境内同时披露；（2）除法律、行政法规另有规定的外，信息披露义务人披露的信息应当同时向所有投资者披露，不得提前向任何单位和个人泄露。任何单位和个人不得非法要求信息披露义务人提供依法需要披露但尚未披露的信息，任何单位和个人对于依法提前获知的信息，在依法披露前应当保密。内容一致性要求信息披露义务人在强制信息披露以外，自愿披露信息的，所披露的信息不得与依法披露的信息相冲突，不得误导投资者。

（三）证券发行市场信息披露

证券发行市场信息披露是指证券公开发行时对发行人、拟发行的证券以及与发行证券有关的信息进行披露。证券发行市场信息披露制度是保证证券市场有序发展的基础。

1. 发行文件的预先披露制度。

发行文件的预先披露制度是指发行人申请公开发行证券的，在依法向文件审核部门报送注册申请文件后，预先向社会公众披露有关注册申请文件，而不是等监管部门对发行注册之后再进行披露的制度。依据新《证券法》的规定，发行人申请首次公开发行股票的，在提交申请文件后，应当按照国务院证券监督管理机构的规定预先披露有关申请文件。

2. 证券发行信息披露制度。

证券发行申请经注册后，发行人应当依照法律、行政法规的规定，在证券公开发行前公告公开发行募集文件，并将该文件置备于指定场所供公众查阅。发行证券的信息依法公开前，任何知情人不得公开或者泄露该信息。该类信息披露文件主要有招股说明书、公司债券募集办法、上市公告书等。

（四）证券交易市场信息披露

证券交易市场信息披露是指证券进入交易市场依法进行交易期间，证券发行人定期或不定期地公开披露与其发行证券相关的影响证券交易的所有重要信息。该类信息披露文件主要有定期报告和临时报告。

1. 定期报告。

定期报告是公司在一定时期内（某一会计核算期间）分别向证券监管机构、证券交易场所报送和向社会公众公布的反映上市公司等信息披露义务人某个会计期间的财务状况、经营情况、股本变动和股东的情况、募集资金的使用情况和公司重要事项的报告。其报告形式有年度报告、中期报告和季度报告。新《证券法》规定了年度报告和中期报告，上市公司、公司债券上市交易的公司、股票在国务院批准的其他全国性证券交易场所交易的公司，应当按照国务院证券监督管理机构和证券交易场所规定的内容和格式编制定期报告，并按照以下规定报送和公告：（1）在每一会计年度结束之日起4个月内，报送并公告年度报告，其中的年度财务会计报告应当经符合证券法规定的会计师事务所审计；（2）在每一会计年度的上半年结束之日起2个月内，报送并公告中期报告。

2. 临时报告。

临时报告是指在定期报告之外临时发布的报告。凡发生可能对股票、上市交易公司债券交易价格产生较大影响的重大事件，投资者尚未得知时，公司应当立即提出临时报告，披露事件内容，说明事件的起因、目前的状态和可能产生的影响。依据新《证券法》的规定，上市公司、股票在国务院批准的其他全国性证券交易场所交易的公司、公司债券上市交易的公司负有通过临时报告披露信息的义务。

（1）股票发行公司发布临时报告的重大事件。发生可能对上市公司、股票在国务院批准的其他全国性证券交易场所交易的公司的股票交易价格产生较大影响的重大事件，投资者尚未得知时，公司应当立即将有关该重大事件的情况向国务院证券监督管理机构和证券交易场所报送临时报告，并予公告，说明事件的起因、目前的状态和可能产生的法律后果。这里的重大事件包括：①公司的经营方针和经营范围的重大变化；②公司的重大投资行为，公司在一年内购买、出售重大资产超过公司资产总额30%，或者公司营业用主要资产的抵押、质押、出售或者报废一次超过该资产的30%；③公司订立重要合同、提供重大担保或者从事关联交易，可能对公司的资产、负债、权益和经营成果产生重要影响；④公司发生重大债务和未能清偿到期重大债务的违约情况；⑤公司发生重大亏损或者重大损失；⑥公司生产经营的外部条件发生的重大变化；⑦公司的董事、1/3以上监事或者经理发生变动，董事长或者经理无法履行职责；⑧持有公司5%以上股份的股东或者实际控制人持有股份或者控制公司的情况发生较大变化，公司的实际控制人及其控制的其他企业从事与公司相同或者相似业务的情况发生较大变化；⑨公司分配股利、增资的计划，公司股权结构的重要变化，公司减资、合并、分立、解散及申请破产的决定，或者依法进入破产程序、被责令关闭；⑩涉及公司的重大诉讼、仲裁，股东大会、董事会决议被依法撤销或者宣告无效；⑪公司涉嫌犯罪被依法立案调查，公司的控股股东、实际控制人、董事、监事、高级管理人员涉嫌犯罪被依法采取强制措施；⑫国务院证券监督管理机构规定的其他事项。公司的控股股东或者实际控制人对重大事件的发生、进展产生较大影响的，应当及时将其知悉的有关情况书面告知公司，并配合公司履行信息披露义务。

（2）公司债券上市交易公司发布临时报告的重大事件。发生可能对上市交易公司债券的交易价格产生较大影响的重大事件，投资者尚未得知时，公司应当立即将有关该重大事件的情况向国务院证券监督管理机构和证券交易场所报送临时报告，并予公告，说明事件的起因、目前的状态和可能产生的法律后果。这里的重大事件包括：①公司股权结构或者生产经营状况发生重大变化；②公司债券信用评级发生变化；③公司重大资产抵押、质押、出售、转让、报废；④公司发生未能清偿到期债务的情况；⑤公司新增借款或者对外提供担保超过上年末净资产的20%；⑥公司放弃债权或者财产超过上年末净资产的10%；⑦公司发生超过上年末净资产10%的重大损失；⑧公司分配股利，作出减资、合并、分立、解散及申请破产的决定，或者依法进入破产程序、被责令关闭；⑨涉及公司的重大诉讼、仲裁；⑩公司涉嫌犯罪被依法立案调查，公司的控股股东、实际控制人、董事、监事、高级管理人员涉嫌犯罪被依法采取强制措施；⑪国务院证券监督管理机构规定的其他事项。

临时报告是证券市场持续信息披露制度的重要组成部分，可以有效弥补定期报告信息公开滞后的缺陷，将发生重大事件的信息迅速传递给投资人。及时披露是证券市场对临时报告的基本要求，公司应当在最先发生的以下任一时点，履行重大事件的信息披露义务：董事会或者监事会就该重大事件形成决议时；有关各方就该重大事件签署意向书或者协议时；董事、监事或者高级管理人员知悉该重大事件发生并报告时。这里说的及时是指自起算日起或者触及披露时点的两个交易日内。在上述规定的时点之前出现下列情形之一的，上市公司应当及时披露相关事项的现状、可能影响事件进展的风险因素：①该重大事件难以保密；②该重大事件已经泄露或者市场出现传闻；③公司证券及其衍生品种出现异常交易情况。公司披露重大事件后，已披露的重大事件出现可能对公司证券及其衍生品种交易价格产生较大影响的进展或者变化的，应当及时披露进展或者变化情况及可能产生的影响。公司控股子公司发生重大事件，可能对公司证券及其衍生品种交易价格产生较大影响的，公司应当履行信息披露义务。

（五）董事、监事、高管的信息披露职责

发行人的董事、高级管理人员应当对证券发行文件和定期报告签署书面确认意见；发行人的监事会应当对董事会编制的证券发行文件和定期报告进行审核并提出书面审核意见，监事应当签署书面确认意见。

发行人的董事、监事和高级管理人员应当保证发行人及时、公平地披露信息，所披露的信息真实、准确、完整。董事、监事和高级管理人员无法保证证券发行文件和定期报告内容的真实性、准确性、完整性或者有异议的，应当在书面确认意见中发表意见并陈述理由，发行人应当披露。发行人不予披露的，董事、监事和高级管理人员可以直接申请披露。

（六）信息的发布与信息披露的监督

1. 信息的发布。

证券发行信息的发布由发行人在发行前依法公告公开，并将发行募集文件置备于指定场所供公众查阅。涉及承销的，承销的证券公司对公开发行募集文件的真实性、准确性、完整性进行核查。交易期间信息的发布则是定期或不定期持续性进行的。

（1）定期报告的编制、审议和披露程序。负有定期报告披露义务的公司应当制定定期报告的编制、审议、披露程序。经理、财务负责人、董事会秘书等高级管理人员应当及时编制定期报告草案，提请董事会审议；董事会秘书负责送达董事审阅；董事长负责召集和主持董事会会议审议定期报告；监事会负责审核董事会编制的定期报告；董事会秘书负责组织定期报告的披露工作。

（2）重大事件的报告、传递、审核和披露程序。负有定期报告披露义务的公司应当制定重大事件的报告、传递、审核、披露程序。董事、监事、高级管理人员知悉重大事件发生时，应当按照公司规定立即履行报告义务；董事长在接到报告后，应当立即向董事会报告，并敦促董事会秘书组织临时报告的披露工作。

依法披露的信息，应当在证券交易场所的网站和符合国务院证券监督管理机构规定条件的媒体发布，同时将其置备于公司住所、证券交易场所，供社会公众查阅。

2. 信息披露的监督管理。

国务院证券监督管理机构对信息披露义务人的信息披露行为进行监督管理。

证券交易场所应当对其组织交易证券的信息披露义务人的信息披露行为进行监督，督促其依法及时、准确地披露信息。

（七）信息披露的民事责任

发行人及其控股股东、实际控制人、董事、监事、高级管理人员等作出公开承诺的，其承诺属于强制披露内容，不履行承诺给投资者造成损失的，应当依法承担赔偿责任。

信息披露义务人未按照规定披露信息，或者公告的证券发行文件、定期报告、临时报告及其他信息披露资料存在虚假记载、误导性陈述或者重大遗漏，致使投资者在证券交易中遭受损失的，信息披露义务人应当承担赔偿责任；发行人的控股股东、实际控制人、董事、监事、高级管理人员和其他直接责任人员以及保荐人、承销的证券公司及其直接责任人员，应当与发行人承担连带赔偿责任，但是能够证明自己没有过错的除外。

六、投资者保护

投资者是证券市场最重要的主体，没有投资者就没有证券市场。保护投资者权益是证券法的核心宗旨之一，也是证券监管的目标之一。证券市场存在与发展的核心在于投资者信心的维持，而维持信心最基本的要求就是要建立各种有效机制，做好对于各类投资者的多重保护。《公司法》通过限制控股股东、保护少数股东、落实管理层诚信义务等机制进行投资者保护，《证券法》在强制性信息披露、发行保荐、禁止内幕交易等行为、投资者保护机构、投资者保护基金等一系列机制之外，增设专章规定投资者保护制度。本部分仅介绍新《证券法》上专章规定的制度内容。

（一）投资者适当性管理制度

在证券公司与投资者的关系上，证券公司依法承担适当性管理义务。证券公司向投资者销售证券、提供服务时，应当按照规定充分了解投资者的基本情况、财产状况、金融资产状况、投资知识和经验、专业能力等相关信息；如实说明证券、服务的重要内容，充分揭示投资风险；销售、提供与投资者上述状况相匹配的证券、服务。投资者在购买证券或者接受服务时，应当按照证券公司明示的要求提供上述所列真实信息。拒绝提供或者未按照要求提供信息的，证券公司应当告知其后果，并按照规定拒绝向其销售证券、提供服务。证券公司违反适当性义务规定导致投资者损失的，应当承担相应的赔偿责任。

（二）证券公司与普通投资者纠纷的自证清白制度

新《证券法》根据财产状况、金融资产状况、投资知识和经验、专业能力等因素，将投资者分为普通投资者和专业投资者，对于普通投资者实行特殊保护。专业投资者的标准授权国务院证券监督管理机构规定，专业投资者以外的人为普通投资者。普通投资者与证券公司发生纠纷的，证券公司应当证明其行为符合法律、行政法规以及国务院证券监督管理机构的规定，不存在误导、欺诈等情形。证券公司不能证明的，应当承担相应的赔偿责任。

（三）股东权利代为行使征集制度

股权征集是指上市公司董事会、独立董事、持有1%以上有表决权股份的股东，依照法律、行政法规或者国务院证券监督管理机构的规定设立的投资者保护机构（以下简称"投资者保护机构"），可以作为征集人，自行或者委托证券公司、证券服务机构，公开请求上市公司股东委托其代为出席股东大会，并代为行使提案权、表决权等股东权利。股权征集能够在同一时间实现零散股权的聚集，扩大中小股东的声音。依照规定征集股东权利的，征集人应当披露征集文件，上市公司应当予以配合，禁止以有偿或者变相有偿的方式公开征集股东权利。

公开征集股东权利违反法律、行政法规或者国务院证券监督管理机构有关规定，导致上市公司或者其股东遭受损失的，应当依法承担赔偿责任。

（四）上市公司现金分红制度

上市公司应当在章程中明确分配现金股利的具体安排和决策程序，依法保障股东的资产收益权。上市公司当年税后利润，在弥补亏损及提取法定公积金后有盈余的，应当按照公司章程的规定分配现金股利。

（五）公司债券持有人会议制度与受托管理人制度

公司债券持有人会议是为了公司债权人的共同利益设立的，通过会议的形式集体行权的法律机制。公开发行公司债券的，应当设立债券持有人会议，并应当在募集说明书中说明债券持有人会议的召集程序、会议规则和其他重要事项。

公开发行公司债券的，发行人应当为债券持有人聘请债券受托管理人，并订立债券受托管理协议。受托管理人应当由本次发行的承销机构或者其他经国务院证券监督管理机构认可的机构担任，债券持有人会议可以决议变更债券受托管理人。债券受托管理人应当勤勉尽责，公正履行受托管理职责，不得损害债券持有人利益。债券发行人未能按期兑付债券本息的，债券受托管理人可以接受全部或者部分债券持有人的委托，以自己名义代表债券持有人提起、参加民事诉讼或者清算程序。

（六）先行赔付的赔偿机制

没有救济就没有权利，对于证券欺诈行为等对投资者的侵害，相关责任人的先期赔付是对投资者最为有效的救助机制。新《证券法》确立了先行赔付制度，发行人因欺诈发行、虚假陈述或者其他重大违法行为给投资者造成损失的，发行人的控股股东、实际控制人、相关的证券公司可以委托投资者保护机构，就赔偿事宜与受到损失的投资者达成协议，予以先行赔付。先行赔付后，可以依法向发行人以及其他连带责任人追偿。

（七）普通投资者与证券公司纠纷的强制调解制度

投资者与发行人、证券公司等发生纠纷的，双方可以向投资者保护机构申请调解。普通投资者与证券公司发生证券业务纠纷，普通投资者提出调解请求的，证券公司不得拒绝。

投资者保护机构对损害投资者利益的行为，可以依法支持投资者向人民法院提起诉讼。

（八）投资者保护机构的代表诉讼制度

对于股东代表诉讼，《公司法》已有规定，但是，提起诉讼的主体限于持股达一定比例满足一定期限的股东。《公司法》股东代表诉讼不足以充分发挥对违法行为的抑制机能，新《证券法》确立了投资者保护机构的代表诉讼，发行人的董事、监事、高级管理人员执行公司职务时违反法律、行政法规或者公司章程的规定给公司造成损失，发行人的控股股东、实际控制人等侵犯公司合法权益给公司造成损失，投资者保护机构持有该公司股份的，可以为公司的利益以自己的名义向人民法院提起诉讼，持股比例和持股期限不受《公司法》规定的限制。

（九）代表人诉讼制度

代表人诉讼是一种团体诉讼、共同诉讼，是在当事人一方人数众多，其诉讼标的是同一种类的情况下，由其中一人或数人代表全体相同权益人进行诉讼，法院判决效力及于全体相同权益人的诉讼。新《证券法》的代表人诉讼区分为投资者代表人诉讼和投资者保护机构的代表人诉讼。

投资者代表人诉讼是由依法推选出的投资者代表其他众多投资者进行的诉讼。投资者提起虚假陈述等证券民事赔偿诉讼时，诉讼标的是同一种类，且当事人一方人数众多的，可以依法推选代表人进行诉讼。对按照上述规定提起的诉讼，可能存在有相同诉讼请求的其他众多投资者的，人民法院可以发出公告，说明该诉讼请求的案件情况，通知投资者在一定期间向人民法院登记。人民法院作出的判决、裁定，对参加登记的投资者发生效力。

投资者保护机构的代表人诉讼是由投资者保护机构代表投资者进行的诉讼。投资者保护机构受 50 名以上投资者委托，可以作为代表人参加诉讼，并为经证券登记结算机构确认的权利人依照上述规定向人民法院登记，但投资者明确表示不愿意参加该诉讼的除外。即投资者保护机构作为诉讼代表人时，对受损害投资者实行"默示加入、明示退出"的规则。投资者保护机构的代表诉讼与投资者保护机构的代表人诉讼相结合，利于从源头上堵截证券市场的侵权违法行为，维护投资者的切实利益。

第二节　保险法律制度

一、保险法律制度概述

保险法是调整保险关系的法律规范的总称。保险法有广义和狭义之分。狭义的保险法仅指保险法典，广义的保险法不仅包括保险法典，而且还包括其他法律法规中有关保险的规定。保险法的内容一般包括保险业法、保险合同法和保险特别法。

1995 年 6 月 30 日第八届全国人大常委会第十四次会议通过了我国第一部完备的保险基本法——《中华人民共和国保险法》（以下简称《保险法》），该法自 1995 年 10 月 1 日起施行。2002 年 10 月 28 日第九届全国人大常委会第三十次会议第一次修正。2009 年 2 月 28 日第十一届全国人大常委会第七次会议修订通过新的《保险法》，自 2009 年 10 月 1 日起施行。2014 年 8 月 31 日、2015 年 4 月 24 日第十二届全国人民代表大会常务委员会第十次会议、第十四次会议分别修正。

（一）保险的概念及分类

1. 保险的概念。

根据我国《保险法》的规定，保险是指投保人根据合同约定，向保险人支付保险费，保险人对于合同约定的可能发生的事故因其发生所造成的财产损失承担赔偿保险金责任，或者当被保险人死亡、伤残、疾病或者达到合同约定的年龄、期限等条件时承担给付保险金责任的商业保险行为。可见，保险是发生在投保人、被保险人或受益人与保险人之间的一种合同权利义务关系，它包括财产保险合同和人身保险合同，是一种商业保险。

2. 保险的本质。

保险的本质并不是保证危险不发生，或不遭受损失，而是对危险发生后遭受的损失予以经济补偿。保险是一种经济保障制度，现代保险是建立在"我为人人，人人为我"这一社会互助基础之上的，其基本原理是集合危险，分散损失。为了维护社会安定，通过运用多数社会成员的集合力量，只有众多的社会成员参加保险，其所缴纳的保险费才能积聚成为巨额的保险基金，用于补偿少数社会成员的特定危险事故或因特定人身事件发生而造成的经济损失。保险是一种具有经济补偿内容的法律制度。保险的功能并非消灭危险，而是在保险事故发生后使得被保险人或受益人能够获得经济补偿。

应当注意的是，保险的经济补偿功能，在财产保险和人身保险中的体现不尽相同。财产保险的标的是能够用货币准确衡量的财产或与财产有关的利益，保险人给予被保险人的保险金可以用来补偿被保险人所遭受的经济损失，而人身保险的标的是无法用货币来衡量的人的寿命和身体，所以，一旦发生保险事故，只能按照合同约定的数额给付保险金。

3. 保险的构成要素。

保险得以存在的基本要件有三：（1）可保危险的存在。无危险则无保险。人类社会可能遭遇到的危险大体包括人身危险、财产危险和法律责任危险。但保险所承保的是可保危险，即上述三类危险中可能引起损失的偶然事件，其特征包括：①危险发生与否很难确定，不可能或不会发生的危险投保人不会投保，可能或肯定会发生的危险保险人也不会承保；②危险何时发生很难确定；③危险发生的原因与后果很难确定；④危险的发生对于投保人或被保险人来说，必须是非故意的。（2）以多数人参加保险并建立基金为基础。保险是一种集合危险、分散损失的经济制度，参加保险的人越多，积聚的保险基金就越多，损失补偿的能力就越强。（3）以损失赔付为目的。

4. 保险的分类。

（1）根据保险责任发生的效力依据划分，保险可分为强制保险和自愿保险。强制保险又称法定保险，是指国家法律、法规直接规定必须进行的保险。如机动车第三者责任就属于强制保险。自愿保险是投保人与保险人双方平等协商，自愿签订保险合同而产生的一种保险，这种保险责任发生的效力依据是保险合同，投保人享有是否投保的自由，保险人享有是否承保或承保多少的自由。

（2）根据保险设立是否以营利为目的划分，保险可分为商业保险和政策性保险。政策性保险是指国家基于社会、经济政策的需要，不以营利为目的而举办的保险，如存款保险、社会保险，前者属于经济政策性保险，后者属于社会政策性保险。商业保险是指政策性保险以外的普通保险，是以营利为目的的，其费用主要来源于投保人缴纳的保险费。我国《保险法》明确规定保险是一种商业保险行为。

（3）根据保险标的的不同，保险可分为财产保险与人身保险。财产保险是以财产及其有关利益为保险标的的保险，包括财产损失保险、保证保险、责任保险和信用保险等。人身保险是以人的寿命和身体为保险标的的保险，包括意外伤害保险、健康保险和人寿保险等。

（4）根据保险人是否转移保险责任划分，保险可分为原保险和再保险。原保险也称第一次保险，是指保险人对被保险人因保险事故所致损害直接由自己承担赔偿责任的保险。再保险又称第二次保险，或称分保，是指原保险人为减轻或避免所负风险把原保险责任的一部分或全部转移给其他保险人的保险。我国《保险法》第二十八条第一款规定，保险人将其承担的保险业务，以分保形式部分转移给其他保险人的，为再保险。第一百零三条第一款规定，保险公司对每一危险单位，即对一次保险事故可能造成的最大损失范围所承担的责任，不得超过其实有资本金加公积金总和的10%；超过的部分应当办理再保险。

（5）根据保险人的人数划分，保险可分为单保险和复保险。单保险是指投保人对同一保险标的、同一保险利益、同一保险事故与一个保险人订立保险合同的保险。复保险又称重复保险，是指投保人对同一保险标的、同一保险利益、同一保险事故分别与两个以上保险人订立保险合同，且保险金额总和超过保险价值的保险。

（二）保险法的基本原则

1. 最大诚信原则。

任何民事活动，都应遵循诚实信用原则。但保险活动要求的诚信程度比一般民事活动更高。这是因为在投保时，如果是财产保险，投保人对自己的财产状况、生产经营状况最为了解，如果是人身保险，对自己的年龄及身体状况也更为了解，而保险人只能根据投保人的陈述来决定是否承保以及所应适用的保险费率。所以，保险法要求双方当事人在签订合同时必须最大限度地如实告知自己所知道的有关事实；在保险合同生效后不论何方当事人违反最大诚信原则，对方都有权解除保险合同。

保险合同中的最大诚信原则，其基本内容有三：即告知、保证、弃权与禁止反言。

（1）告知。告知是指投保人在订立保险合同时应当将与保险标的有关的重要事实如实向保险人陈述。由于保险人决定是否予以承保以及如何确定保险费率完全取决于投保人在投保时所告知的事实，因此，"重要事实"是指影响保险人决定是否接受承保或确定保险费率的事实。投保人的告知义务仅限于订立合同之时，投保人不履行如实告知义务的法律后果，是产生保险合同的解除权而并不导致保险合同的无效。

对此，我国《保险法》第十六条第一款、第二款规定："订立保险合同，保险人就保险标的或者被保险人有关情况提出询问的，投保人应当如实告知。投保人故意或者因重大过失未履行如实告知义务，足以影响保险人决定是否同意承保或者提高保险费率的，保险人有权解除合同。"

根据《保险法》司法解释（二）的规定，投保人的告知义务限于保险人询问的范围和内容。当事人对询问范围及内容有争议的，保险人负举证责任。保险人以投保人违反了对投保单询问表中所列概括性条款的如实告知义务为由请求解除合同的，人民法院不予支持。但该概括性条款有具体内容的除外。

告知的另一个重要问题是义务违反的后果。我国《保险法》第十六条第四款、第五款分别规定了故意不履行告知义务与重大过失不履行告知义务的法律后果。对投保人故意不履行如实告知义务的，保险人对于解除合同前发生的保险事故，不承担赔偿或给付保险金的责任，并不退还保费。对投保人因重大过失未履行如实告知义务，对保险事故的发生有严重影响的，保险人对于合同解除前发生的保险事故，不承担赔偿或给付保险金的责任，但应当退还保险费。当然，保险人在合同订立时已经知道投保人未如实告知情况的，保险人不得解除合同；发生保险事故的，保险人应当承担赔偿或给付保险金的责任。

💡【例4-4】甲以自己为被保险人向某保险公司投保健康险，指定其子乙为受益人，保险公司承保并出具保单。两个月后，甲突发心脏病死亡。保险公司经调查发现，甲两年前曾做过心脏搭桥手术，但在填写投保单以及回答保险公司相关询问时，甲均未如实告知。对此，下列表述中，正确的是（　　）。

　A. 因甲违反如实告知义务，故保险公司对甲可主张违约责任

　B. 保险公司有权解除保险合同

　C. 保险公司即使不解除保险合同，仍有权拒绝乙的保险金请求

　D. 保险公司虽可不必支付保险金，但须退还保险费

【解析】正确答案是B。投保人甲故意不履行告知义务，保险人有权解除保险合同，对解除前发生的保险事故不承担给付保险金责任，并不退还保险费。

（2）保证。保证是指投保人在保险合同中向保险人作出的履行某种特定义务的承诺，或担保某一事项的真实性。如人身保险合同中投保人保证在一定时间内不去某个发生战争的国家；财产保险合同的投保人承诺在保险合同有效期限内不改变保险标的的用途等。

构成最大诚信原则内容的保证，是保险合同的基础。这是由于保险人无法直接控制保险标的的使用情况，只有在保险事故发生时才能了解事故发生的原因和结果、保险标的的受损原因和受损状况，因此，如果投保人违反保证义务，保险人即可取得解除合同的权利或不负赔偿责任。

（3）弃权与禁止反言。弃权是指保险人放弃因投保人或被保险人违反告知义务或保证而产生的保险合同解除权。禁止反言是指保险人既然放弃自己的权利，将来不得反悔再向对方主张已经放弃的权利。弃权与禁止反言是两个相互对应的概念，弃权是禁止反言的前提，禁止反言是弃权引起的法律后果。我国《保险法》第十六条第二款、第三款规定，投保人故意或者因重大过失未履行如实告知义务，足以影响保险人决定是否同意承保或者提高保险费率的，保险人有权解除合同。根据《保险法》司法解释（二）的规定，保险人在保险合同成立后知道或者应当知道投保人未履行如实告知义务，仍然收取保险费，又依照《保险法》第十六条第二款的规定主张解除合同的，人民法院不予支持。保险人解除合同的权利，自保险人知道有解除事由之日起，超过30日不行使而消灭；自合同成立之日起超过2年的，保险人不得解除合同。发生保险事故的保险人应当承担赔偿或者给付保险金的责任。

2. 保险利益原则。

我国《保险法》规定，人身保险的投保人在保险合同订立时，对被保险人应当具有保险利益。投保人对被保险人不具有保险利益的，保险合同无效，但投保人主张保险人退还扣减相应手续费后的保险费的，人民法院应予支持。财产保险的被保险人在

保险事故发生时，对保险标的应当具有保险利益。可见，投保人对被保险人或保险标的有无保险利益，对人身保险合同来说关系到合同的效力问题，对财产保险合同来说关系到保险人是否履行保险责任的问题。

保险利益是指投保人或者被保险人对保险标的具有的法律上承认的利益。其构成要件包括：①保险利益必须是法律上承认的利益，即必须是得到法律认可和保护的合法利益，法律不予认可或不予保护的利益不构成保险利益。②保险利益必须具有经济性。保险利益必须是可以用货币计算估价的利益。③保险利益必须具有确定性。保险利益必须是确定的、客观存在的利益，包括现有利益和期待利益。

财产保险和人身保险均适用保险利益原则。在人身保险中，保险利益表现为一种人与人之间的利害关系，这种利害关系在多大范围内存在是法定的。我国《保险法》第三十一条规定，投保人对下列人员具有保险利益：①本人；②配偶、子女、父母；③上述人员以外的与投保人有抚养、赡养或者扶养关系的家庭其他成员、近亲属；④与投保人有劳动关系的劳动者。除上述规定外，被保险人同意投保人为其订立合同的，视为投保人对被保险人具有保险利益。而在财产保险中，保险利益有三种形式：现有利益、期待利益（如合同利益）、责任利益（限于民事赔偿责任）。我国《保险法》未明确规定保险利益的适用范围，一般来讲，财产保险中享有保险利益的人员范围主要有：对财产享有法律上权利的人，如所有权人、抵押权人、留置权人等；财产保管人；合法占有财产的人，如承租人、承包人等。

应当注意的是，人身保险合同仅在合同订立时要求投保人对被保险人具有保险利益，并不要求保险责任期间始终存在保险利益关系，根据《保险法》司法解释（三）的规定，（人身）保险合同订立后，因投保人丧失对被保险人的保险利益，当事人主张保险合同无效的，人民法院不予支持。

3. 损失补偿原则。

损失补偿原则是财产保险合同所特有的一项原则。这是由财产保险合同的经济补偿性所决定的。保险的功能是损失补偿，而人们参加保险不是为了盈利，而是为了保障其经济利益。其基本含义包括：（1）被保险人只有遭受约定的保险危险所造成的损失才能获得赔偿，如果有险无损或者有损但并非约定的保险事故所造成，被保险人都无权要求保险人给予赔偿。（2）补偿的金额等于实际损失的金额。投保人或者被保险人在约定的保险事故发生后遭受损失是多少，保险人就补偿多少；没有损失就不补偿，即保险人的补偿恰好能使保险标的恢复到保险事故发生前的状态，投保人或被保险人不能获得多于或少于损失的赔偿。

应当注意的是，保险人的赔付以投保时约定的保险金额为限，而且保险金额不得超过保险标的的实际价值，超过保险金额的损失，保险人不予赔偿。根据我国《保险法》的规定，保险金额是指保险人承担赔偿或者给付保险金责任的最高限额，也即保险人的最高赔偿限额。

损失补偿原则还派生出代位求偿原则和重复保险分摊原则。代位求偿制度、重复保险分摊制度将在财产保险合同中予以介绍。

4. 近因原则。

近因原则是指保险人对承保范围内的保险事故作为直接的、最接近的原因所引起的损失，承担保险责任。也就是说，保险事故与损害后果之间应具有因果关系。此处的近因并非是指时间上最接近损失的原因，而是指有支配力或一直有效的原因。

💡【例 4 - 5】根据我国《保险法》的规定，人身保险的投保人在（ ）时应对被保险人具有保险利益，财产保险的投保人在（ ）时应对保险标的具有保险利益。

A. 保险合同订立　保险合同订立　　　B. 保险事故发生　保险事故发生

C. 保险事故发生　保险合同订立　　　D. 保险合同订立　保险事故发生

【解析】正确答案为 D。因为根据我国《保险法》的规定，人身保险的投保人在保险合同订立时，对保险合同应当具有保险利益。投保人对被保险人不具有保险利益的，保险合同无效。财产保险的被保险人在保险事故发生时，对保险标的应当具有保险利益。

二、保险业与保险业监管

（一）保险公司

保险业属于经营风险的特殊行业，各国对于保险业的经营主体都有严格的限制性条件和资格要求。我国对保险实行专营原则。对此，我国《保险法》规定，保险业务由依照保险法设立的保险公司以及法律、行政法规规定的其他保险组织经营，其他单位和个人不得经营保险业务。

1. 保险公司的设立。

（1）保险公司的设立条件。我国《保险法》第六十八条规定，设立保险公司应当具备下列条件：①主要股东具有持续盈利能力，信誉良好，最近 3 年内无重大违法违规记录，净资产不低于人民币 2 亿元。②有符合保险法和公司法规定的章程。③有符合保险法规定的注册资本。《保险法》第六十九条规定，设立保险公司，其注册资本的最低限额为人民币 2 亿元。国务院保险监督管理机构（具体为中国银保监会）根据保险公司的业务范围、经营规模，可以调整其注册资本的最低限额，但不得低于人民币 2 亿元。保险公司的注册资本必须为实缴货币资本。④有具备任职专业知识和业务工作经验的董事、监事和高级管理人员。⑤有健全的组织机构和管理制度。⑥有符合要求的营业场所和与经营有关的其他设施。⑦法律、行政法规和国务院保险监督管理机构规定的其他条件。

（2）申请、批准和登记。设立保险公司应当经国务院保险监督管理机构批准。申请设立保险公司，应当向国务院保险监督管理机构提出书面申请，并提交设立申请书、可行性研究报告、筹建方案、投资人的营业执照等其他材料。国务院保险监督管理机构应当自受理申请之日起 6 个月内作出批准或者不批准筹建的决定，并书面通知申请人。申请人应自收到批准筹建通知之日起 1 年内完成筹建工作，筹建期间不得从事保险经营活动。筹建工作完成后，申请人可向国务院保险监督管理机构提出开业申请，国务院保险监督管理机构应自受理开业申请之日起 60 日内，作出批准或者不批准开业的决定。决定批准的，颁发经营保险业务许可证，并凭许可证办理公司登记。保险公司及其分支机构自取得经营许可证之日起 6 个月内，无正当理由未办理公司登记的，其经营业务许可证失效。

（3）分支机构。保险公司在中国境内、境外设立分支机构，应当经国务院保险监督管理机构批准。保险公司分支机构不具有法人资格，其民事责任由保险公司承担。

2. 保险公司的变更。

根据我国《保险法》的规定，保险公司变更有下列情形之一的，应当经国务院保险监督管理机构批准：变更名称、变更注册资本、变更公司或者分支机构的营业场所、撤销分支机构、公司分立或者合并、修改公司章程、变更出资额占有限责任公司资本总额 5% 以上的股东，或者变更持有股份有限公司股份 5% 以上的股东以及国务院保险监督管理机构规定的其他情形。

3. 保险公司的终止。

保险公司终止的原因有以下几点：

（1）解散。保险公司因合并、分立需要解散，或者股东会、股东大会决议解散，或者公司章程规定的解散事由出现，经国务院保险监督管理机构批准后解散。经营有人寿保险业务的保险公司，除因合并、分立或者被依法撤销外，不得解散。保险公司解散，应当依法成立清算组进行清算。

（2）被撤销。保险公司违反保险法有关规定，被保险监督管理机构依法吊销保险经营业务许可证的，依法撤销。

（3）破产。保险公司不能清偿到期债务，并且资产不足以清偿全部债务或者明显缺乏清偿能力的，经国务院保险监督管理机构同意，保险公司或者其债权人可以依法向人民法院申请重整、和解或者破产清算；国务院保险监督管理机构也可以依法向人民法院申请对该保险公司进行重整或破产清算。

保险公司依法终止业务活动，应当注销其经营保险业务许可证。经营有人寿保险业务的保险公司被依法撤销或者被依法宣告破产的，其持有的人寿保险合同及责任准备金，必须转让给其他经营有人寿保险业务的保险公司；不能同其他保险公司达成转让协议的，由国务院保险监督管理机构指定经营有人寿保险业务的保险公司接受转让。

4. 保险公司的业务范围。

保险公司的业务范围有：人身保险业务（包括人寿保险、健康保险、意外伤害保险等）、财产保险业务（包括财产损失保险、责任保险、信用保险、保证保险等）以及国务院保险监督管理机构批准的与保险有关的其他业务。

保险公司不得兼营人身保险业务和财产保险业务。但是，经营财产保险业务的保险公司经国务院保险监督管理机构批准，可以经营短期健康保险业务和意外伤害保险业务。

5. 保险公司的资金运用限制。

保险公司的资金运用必须稳健，遵循安全性原则。保险公司的资金运用限于下列形式：（1）银行存款；（2）买卖债券、股票、证券投资基金份额等有价证券；（3）投资不动产；（4）国务院规定的其他资金运用形式。保险公司资金运用的具体管理办法，由国务院保险监督管理机构制定。

（二）保险代理人

保险代理人是指根据保险人的委托，向保险人收取佣金，并在保险人授权的范围内代为办理保险业务的机构或者个人。可从以下几个方面来理解：

1. 保险代理人是保险人的代理人。保险代理人接受保险人的委托，代表保险人的利益，以保险人的名义，在保险人授权范围内代理保险人进行保险业务。保险代理人的保险代理活动所产生的法律后果，由保险人承担。

2. 保险代理人必须与保险人签订委托代理合同。根据我国《保险法》规定，保险人委托保险代理人代为办理保险业务，应当与保险代理人签订委托代理协议，依法约定双方的权利和义务。这表明，保险代理人的代理权来源于保险人的委托授权。如果保险代理人没有代理权、超越代理权或者代理权终止后以保险人的名义订立合同，使投保人有理由相信其有代理权的，该代理行为有效。可见，保险代理也适用表见代理的规定。

3. 保险代理人以保险人的名义，在保险人授权范围内代为保险业务的行为，由保险人承担责任。如果保险代理人存在表见代理的情形，保险人可以依法追究越权的保险代理人的责任。

4. 保险代理人可以是单位，也可以是个人。保险代理机构包括专门从事保险代理业务的保险专业代理机构和兼营保险代理业务的保险兼业代理机构。保险代理机构应当具备国务院保险监督管理机构规定的条件，取得经营保险代理业务许可证，并办理登记。保险代理人个人，应当具备国务院保险监督管理机构规定的资格条件，并取得保险监督管理机构颁发的资格证书。

应当注意的是，个人保险代理人在代为办理人寿保险业务时，不得同时接受两个以上保险人的委托。

（三）保险经纪人

保险经纪人是指基于投保人的利益，为投保人与保险人订立保险合同提供中介服务，并依法收取佣金的机构。可从以下几个方面加以理解：

1. 保险经纪人是以自己的名义独立实施保险经纪行为。保险经纪人是为投保人、被保险人与保险人订立保险合同提供中介服务的机构。保险经纪人虽然是为投保人、被保险人的利益而安排投保事宜，但也只是向投保人报告订立保险合同的机会、信息，或者促成投保人与保险人订立保险合同。所以说，保险经纪人既不是保险合同的当事人，也不是任何一方的代理人，它是具有独立法律地位的经营组织，在从事保险经纪行为时是以自己的名义与保险人进行活动的，且自行承担由此产生的法律后果。因此，保险经纪人因过错给投保人、被保险人造成损失的，依法承担赔偿责任。

2. 保险经纪人代表投保人的利益从事保险经纪行为。与保险代理人不同的是，保险经纪人是接受投保人的委托，代表的是投保人的利益，因此，在选择保险人并与保险人进行洽谈时，应当按照投保人的指示和要求行事，维护投保人、被保险人的利益。

3. 保险经纪人可以依法收取佣金。一般来讲，经纪合同的委托人应当向经纪人支付佣金作为报酬。但根据保险业的通例，保险经纪人虽然接受投保人委托并代表投保人利益，为投保人与保险人签订保险合同提供中介服务，但其佣金一般由保险人支付。当然，如果保险经纪人与投保人约定，投保人应当为保险经纪人的中介服务提供佣金的，投保人应当按照合同约定予以支付。但是，保险经纪机构不得同时向投保人和保险人双方收取佣金。

保险佣金只限于向具有合法资格的保险代理人、保险经纪人支付，不得向其他人支付。

4. 保险经纪人是专门从事保险经纪活动的单位，而不能是个人。作为保险经纪人必须具备国务院保险监督管理机构规定的条件，取得保险监督管理机构颁发的经营保险代理业务许可证，并办理登记，领取营业执照。

（四）保险监管机构

1. 保险业监管机构。

我国《保险法》第九条规定，国务院保险监督管理机构依法对保险业实施监管。国务院保险监督管理机构根据履行职责的需要设立派出机构。派出机构按照国务院保险监督管理机构的授权履行职责。保险监督管理机构依照《保险法》和国务院规定的职责，遵循依法、公开、公正的原则，对保险业实施监督管理，维护保险市场秩序，保护投保人、被保险人和受益人的合法权益。

2. 主要监管职责。

（1）依照法律、行政法规制定并发布有关保险业监督管理的规章。

（2）审批关系到社会公众利益的保险险种、依法实行强制保险的险种和新开发的人寿保险险种等的保险条款和保险费率。对其他保险险种的保险条款和保险费率，报保险监督管理机构备案。这说明，保险条款与保险费率由保险公司拟订，保险公司应当按照中国银保监会的规定，公平、合理拟订保险条款和保险费率，不得损害投保人、被保险人和受益人的合法权益。

（3）依法监管保险公司的偿付能力。对偿付能力不足的保险公司，中国银保监会应当将其列为重点监管对象，并采取下列措施：责令增加资本金、办理再保险；限制业务范围；限制向股东分红；限制固定资产购置或者经营费用规模；限制资金运用的比例和形式；限制增设分支机构；责令拍卖不良资产、转让保险业务；限制董事、监事、高级管理人员的薪酬水平；限制商业性广告；责令停止接受新业务。

（4）对保险公司的整顿监管。保险公司未依法提取或者结转各项责任准备金，或者未依法办理再保险，或者严重违反保险法关于资金运用的规定的，由保险监督管理机构责令限期改正，并可以责令调整负责人及有关管理人员。保险公司逾期未改正的，中国银保监会可以决定选派保险专业人员和指定该保险公司的有关人员组成整顿组，对保险公司进行整顿。整顿过程中，被整顿保险公司的原有业务继续进行。但是，中国银保监会可以责令被整顿公司停止部分原有业务、停止接受新业务，调整资金运用。被整顿保险公司经整顿恢复正常经营状况的，经中国银保监会批准，结束整顿并予以公告。

（5）对保险公司的接管。保险公司有下列情形之一的，中国银保监会可对其进行接管：①公司的偿付能力严重不足的。②违反《保险法》规定，损害社会公共利益，可能严重危及或已经严重危及公司的偿付能力的。被接管的保险公司的债权债务关系不因接管而变化。接管组的组成和接管的实施办法，由中国银保监会决定并予以公告。接管期限届满，中国银保监会可以决定延长接管期限，但接管期限最长不得超过两年。接管期限届满，被接管的公司已恢复正常经营能力的，由中国银保监会决定终止接管并予以公告。

（6）对保险公司的股东的监管。保险公司的股东利用关联交易严重损害公司利益，危及公司偿付能力的，由中国银保监会责令改正。在按照要求改正前，中国银保监会可以限制其股东权利；拒不改正的，可以责令其转让所持的保险公司股权。

三、保险合同

（一）保险合同的特征

根据我国《保险法》的规定，保险合同是指投保人与保险人约定保险权利义务关系的协议。其特征主要表现为：

1. 保险合同是双务有偿合同。

保险合同的当事人按照合同的约定互相负有义务，保险人在合同约定的保险事故发生时或者在保险期限届满时，向投保人（或被保险人，或受益人）支付赔偿金或保险金；投保人按照合同约定向保险人缴纳保险费，并以此为代价将一定范围内的危险转移给保险人。当然，保险合同的双务性与一般的双务合同不同，一般双务合同中双方当事人承担的合同义务必须履行，否则，将构成违约。而在保险合同中，因为合同约定的保险事故不一定发生，因此，保险公司所承担的保险责任是否履行就具有了不确定性。如果在保险合同有效期内约定的保险事故发生了，则保险人承担保险责任。反之，则不承担。保险合同的有偿性与一般有偿合同也不同。一般有偿合同中，是以等价交换为基础来确立双方的权利义务的，而在保险合同中，除长期人身保险合同以外，保险人可能因合同有效期内未发生保险事故而无须承担保险责任，也可能保险事故发生后承担的保险金或赔偿金的数额大于保险人收取的保险费。

2. 保险合同是射幸合同。

射幸合同，即为碰运气的机会性合同。在保险合同中，投保人缴纳保险费的义务是确定的，而合同约定的保险事故是否发生是不确定的，即保险人是否承担保险责任是机会性的，具有偶然性。危险发生的偶然性，决定了保险合同的射幸性质。

3. 保险合同是诺成合同。

我国《保险法》第十三条规定，投保人提出保险要求，经保险人同意承保，保险合同成立。保险人应当及时向投保人签发保险单或者其他保险凭证。保险单或者其他保险凭证上应当载明当事人双方约定的合同内容。当事人也可以约定采用其他书面形式载明合同内容。依法成立的保险合同，自成立时生效。

4. 保险合同是格式合同。

保险合同的内容或主要条款或保险单一般是由保险人一方根据相关规定拟定和提供的，投保人在投保时，通常只能决定是否接受保险人制定的保险条款，一般没有拟定、磋商或更改保险合同条款的自由。

鉴于保险合同的格式化特点，为了确保保险合同订立的公正性，我国《保险法》规定了对格式条款的制约机制：

（1）订立保险合同，采用保险人提供的格式条款的，保险人向投保人提供的投保单应当附格式条款，保险人应当向投保人说明合同的内容。对保险合同中免除保险人责任的条款，保险人在订立合同时应当在投保单、保险单或者其他保险凭证上作出足以引起投保人注意的提示，并对该条款的内容以书面或者口头形式向投保人作出明确说明；未作提示或者明确说明的，该条款不产生效力。

（2）采用保险人提供的格式条款订立的保险合同中的下列条款无效：①免除保险人依法应承担的义务或者加重投保人、被保险人责任的。②排除投保人、被保险人或者受益人依法享有的权利的。

（3）采用保险人提供的格式条款订立的保险合同，保险人与投保人、被保险人或者受益人对合同条款有争议的，应当按照通常理解予以解释。对合同条款有两种以上解释的，人民法院或仲裁机构应当作出有利于被保险人和受益人的解释。

5. 保险合同是最大诚信合同。

见前述保险法的基本原则之"最大诚信原则"。

（二）保险合同的分类

保险合同依据不同标准，可作以下分类：

1. 根据保险合同中的保险价值是否先予确定为标准，可将保险合同分为定值保险合同与不定值保险合同。定值保险合同是指投保人和保险人约定保险标的的保险价值并在合同中载明的，保险标的发生损失时，以约定的保险价值为赔偿计算标准的保险合同。不定值保险合同是指投保人和保险人未约定保险标的的保险价值，保险标的的发生损失时，以保险事故发生时保险标的的实际价值为赔偿计算标准的保险合同。由于人身保险不存在保险价值问题，这种分类只适用于财产保险合同。

2. 根据保险价值与保险金额的关系，可将保险合同分为足额保险合同、不足额保险合同和超额保险合同。足额保险合同是指保险金额等于保险价值的保险合同，即以保险标的的全部价值投保所签订的保险合同。如果保险标的遭受全部损失，保险人即按保险金额赔偿；如为部分损失，则按实际损失赔偿。不足额保险合同又称低额保险，是指保险金额小于保险价值的保险合同，即以保险标的的部分投保。这意味着保险财产的实际价值与保险金额的差额部分，由被保险人自行承担。根据我国《保险法》第五十五条第四款的规定，保险金额低于保险价值的，除合同另有约定外，保险人按照保险金额与保险价值的比例承担赔偿保险金的责任。超额保险合同是指保险金额高于保险价值的保险合同，即超额保险。根据我国《保险法》第五十五条第三款的规定，保险金额不得超过保险价值。超过保险价值的，超过部分无效，保险人应当退还相应的保险费。

除此之外，根据保险标的的不同，保险合同还可分为人身保险合同和财产保险合同；根据保险人所承担的危险状况不同，可将保险合同分为特定危险保险合同和一切险保险合同等。

（三）保险合同的当事人及关系人

1. 保险合同的当事人。

保险合同的当事人是指投保人和保险人，即订立保险合同的双方当事人。保险人是指与投保人订立保险合同，并按照合同约定承担赔偿或者给付保险金责任的保险公司。对于保险公司设立的条件及经营范围见前述"保险公司"部分。投保人是指与保险人订立保险合同，并按照合同约定负有支付保险费义务的人。投保人可以是自然人，也可以是法人。其应具备的条件是：具有相应的民事权利能力和民事行为能力；对被保险人或保险标的的具有保险利益。

2. 保险合同的关系人。

（1）被保险人。被保险人是指其财产或者人身受保险合同保障，享有保险金请求权的人。投保人可以为被保险人。一般来讲，财产保险中自然人和法人均可以作为被保险人，但人身保险的被保险人只能是自然人。同时，应当注意的是，我国《保险法》第三十三条规定，投保人不得为无民事行为能力人投保以死亡为给付保险金条件的人身保险，保险人也不得承保。父母为其未成年子女投保的人身保险，不受此限。一般地，被保险人享有以下权利：①对保险金的给付享有独立的请求权。②根据我国《保险法》的有关规定，被保险人享有如下同意权：人身保险的受益人由被保险人或投保人指定，投保人指定受益人时须经被保险人同意，投保人变更受益人时也须经被保险人同意；以死亡为给付保险金条件的合同，未经被保险人同意并认可保险金额的，保险合同无效，父母为其未成年子女投保的人身保险不受此限；按照以死亡为给付保险金条件的合同所签发的保险单，未经被保险人书面同意，不得转让或质押。根据

《保险法》及《保险法》司法解释（三）的规定，当事人订立以死亡为给付保险金条件的合同，被保险人可以在合同订立时采取书面形式、口头形式或者其他形式同意并认可保险金额，也可以在合同订立后追认。

有下列情形之一的，应认定为被保险人同意投保人为其订立保险合同并认可保险金额：①被保险人明知他人代其签名同意而未表示异议的。②被保险人同意投保人指定的受益人的。③有证据足以认定被保险人同意投保人为其投保的其他情形。

（2）受益人。受益人是指人身保险合同中由被保险人或者投保人指定的享有保险金请求权的人。投保人、被保险人可以为受益人。受益人的资格一般没有限制，自然人、法人均可为受益人，胎儿作为受益人应以活着出生为限。已经死亡的人不得作为受益人。根据我国《保险法》第四十条的规定，被保险人或者投保人可以指定一人或数人为受益人。根据《保险法》司法解释（三）的规定，投保人指定受益人未经被保险人同意的，人民法院应认定指定行为无效。

当事人对保险合同约定的受益人存在争议，除投保人、被保险人在保险合同之外另有约定的，按照以下情形分别处理：①受益人约定为"法定"或者"法定继承人"的，以继承法规定的法定继承人为受益人。②受益人仅约定为身份关系，投保人与被保险人为同一主体的，根据保险事故发生时与被保险人的身份关系确定受益人；投保人与被保险人为不同主体的，根据保险合同成立时与被保险人的身份关系确定受益人。③受益人的约定包括姓名和身份关系，保险事故发生时身份关系发生变化的，认定为未指定受益人。

受益人为数人的，被保险人或者投保人可以确定受益顺序和受益份额；未确定受益份额的，受益人按照相等份额享有受益权。根据《保险法》司法解释（二）的规定，投保人或者被保险人指定数人为受益人，部分受益人在保险事故发生前死亡、放弃受益权或者依法丧失受益权的，该受益人应得的受益份额按照保险合同的约定处理；保险合同没有约定或者约定不明的，该受益人应得的受益份额按照以下情形分别处理：①未约定受益顺序及受益份额的，由其他受益人平均享有。②未约定受益顺序但约定受益份额的，由其他受益人按照相应比例享有。③约定受益顺序但未约定受益份额的，由同顺序的其他受益人平均享有；同一顺序没有其他受益人的，由后一顺序的受益人平均享有。④约定受益顺序及受益份额的，由同顺序的其他受益人按照相应比例享有；同一顺序没有其他受益人的，由后一顺序的受益人按照相应比例享有。

此外，我国《保险法》第四十二条规定，被保险人死亡后，有下列情形之一的，保险金作为被保险人的遗产，由保险人依照《继承法》的规定履行给付保险金的义务：①没有指定受益人，或者受益人指定不明无法确定的。②受益人先于被保险人死亡，没有其他受益人的。③受益人依法丧失受益权或者放弃受益权，没有其他受益人的。受益人与被保险人在同一事件中死亡，且不能确定死亡先后顺序的，推定受益人死亡在先。

《保险法》第四十三条第二款规定，受益人故意造成被保险人死亡、伤残、疾病的，或者故意杀害被保险人未遂的，该受益人丧失受益权。

💡【例4-6】在人身保险合同中，受益人故意造成被保险人死亡、伤残、疾病的，或者故意杀害被保险人未遂的，保险人不承担给付保险金的责任。（ ）

【解析】正确答案是×。根据我国《保险法》的有关规定，受益人故意造成被保险人死亡、伤残、疾病的，或者故意杀害被保险人未遂的，只是受益人丧失受益权，并不能免除保险人承担给付保险金的责任。

（四）保险合同的订立

1. 保险合同的订立程序。

与其他合同一样，保险合同的订立有要约与承诺两个程序。具体到保险合同中，就是投保人投保与保险人承保的过程。

（1）投保。投保是指投保人向保险人提出的要求保险的意思表示。由于保险合同条款一般是统一的和公开的，故投保人填写投保单，就意味着投保人已确认保险人事先制定好的保险合同条款。投保既然是一种要约，投保人在其投保的要约有效期内，受其所填写的投保单的约束。保险人在此期限内向投保人承保的，投保人应当与保险人签订保险合同。

（2）承保。承保是指保险人同意投保人提出的保险要求的意思表示，亦即保险人接受投保人在投保单中提出的全部条件，同意在发生保险事故或者在约定的保险事件到来时承担保险责任。由于保险合同为诺成合同，保险人同意承保就意味着承诺，因此，保险合同成立。值得注意的是，根据《保险法》司法解释（二）的规定，保险人接受了投保人提交的投保单并收取了保险费，尚未作出是否承保的意思表示，发生保险事故，被保险人或者受益人请求保险人按照保险合同承担赔偿或者给付保险金责任，符合承保条件的，人民法院应予支持；不符合承保条件的，保险人不承担保险责任，但应当退还已经收取的保险费。保险人主张不符合承保条件的，应承担举证责任。

2. 保险合同成立的时间。

我国《保险法》第十三条第一款规定，投保人提出保险要求，经保险人同意承保，保险合同成立。

根据《保险法》司法解释（二）的规定，投保人或者投保人的代理人订立保险合同时没有亲自签字或者盖章，而由保险人或者保险人的代理人代为签字或者盖章的，对投保人不生效。但投保人已经交纳保险费的，视为其对代签字或者盖章行为的追认。

💡【例4-7】甲保险公司代理人谢某代投保人何某签字，签订了保险合同，何某也依约交纳了保险费。在保险期间内发生保险事故，何某要求甲保险公司承担保险责任。对此，下列表述中，正确的是（ ）。

A. 谢某代签字，应由谢某承担保险责任

B. 保险合同不成立，甲保险公司无须承担保险责任

C. 何某已经交纳了保险费，甲保险公司应当承担保险责任

D. 何某默认谢某代签字有过错，应由何某和甲保险公司按过错比例承担责任

【解析】 正确答案是C。何某订立保险合同时没有亲自签字或者盖章，而由保险人的代理人谢某代为签字，保险合同对何某原本不生效。但何某已经交纳保险费，在法律上视为其对谢某的代签字行为予以追认，故而，保险合同已经成立，保险人应承担保险责任。

（五）保险合同的条款

根据我国《保险法》第十八条的规定，保险合同应当包括下列事项：

1. 保险人的名称和住所。

2. 投保人、被保险人的姓名或者名称、住所，以及人身保险的受益人的姓名或者名称、住所。

3. 保险标的。保险标的是指保险合同所要保障的对象。财产保险合同的保险标的是被保险的财产及其有关利益。以有形财产为保险标的的，应明确其种类、坐落地点，以便于保险人能据此评估危险，确定是否承保和保险费率的多少。人身保险合同的保险标的是被保险人的寿命、身体和健康。

4. 保险责任和责任免除。保险责任是指保险合同约定的保险事故的发生造成被保险人财产损失或在约定的人身事件到来时，保险人所应承担的责任。一般情况下，保险人事先在保险合同格式条款中已制定责任条款供投保人选择。责任免除条款又称除外责任，是指保险人不承担保险责任的范围。保险人对在责任免除范围内发生的危险事故造成的损害，不承担保险责任。具体采取的方式主要有责任免除条款或规定免赔额条款。责任免除条款一般采用列举式加以规定，免赔额条款则是规定一定数额内的损失免除保险人的保险责任。对保险人的免责条款，保险人在订立合同时应以书面或口头形式向投保人说明，未作提示或未明确说明的，该条款不产生效力。《保险法》司法解释（四）规定，保险人已向投保人履行了保险法规定的提示和明确说明义务，保险标的受让人以保险标的转让后保险人未向其提示或者明确说明为由，主张免除保险人责任的条款不生效的，人民法院不予支持。

根据《保险法》司法解释（二）的规定，保险人将法律、行政法规中的禁止性规定情形作为保险合同免责条款的免责事由，保险人对该条款作出提示后，投保人、被保险人或者受益人以保险人未履行明确说明义务为由主张该条款不生效的，人民法院不予支持。保险合同订立时，保险人在投保单或者保险单等其他保险凭证上，对保险合同中免除保险人责任的条款，以足以引起投保人注意的文字、字体、符号或者其他明显标志作出提示的，人民法院应当认定其履行了《保险法》规定的提示义务。保险人对保险合同中有关免除保险人责任条款的概念、内容及其法律后果以书面或者口头

形式向投保人作出常人能够理解的解释说明的，人民法院应当认定保险人履行了《保险法》规定的明确说明义务。通过网络、电话等方式订立的保险合同，保险人以网页、音频、视频等形式对免除保险人责任条款予以提示和明确说明的，人民法院可以认定其履行了提示和明确说明义务。

保险人对其履行了明确说明义务负举证责任。

投保人对保险人履行了符合本解释要求的明确说明义务在相关文书上签字、盖章或者以其他形式予以确认的，应当认定保险人履行了该项义务。但另有证据证明保险人未履行明确说明义务的除外。

5. 保险期间和保险责任开始期间。保险期间是指保险人提供保险保障的期间，在该期间内发生保险事故并致使保险标的损害的，保险人承担保险责任。可见，保险期间就是保险责任从开始到终止的期间，即为保险责任起讫期间。保险期间也是计算保险费率的依据之一。保险责任开始的时间是指从确定的某一时刻起保险人承担保险责任。保险责任开始的时间与保险合同生效的时间不一定一致，我国《保险法》第十三条、第十四条规定，依法成立的保险合同，自成立时生效。保险合同成立后，投保人按照约定交付保险费，保险人按照约定的时间开始承担保险责任。因此，保险合同中确定保险责任开始的时间十分重要。保险责任期间的计算一般有两种方法：一是按年、月、日计算，如财产保险合同多为1年，从起保日0时始至终保日24时止；二是按特定事项的存续期确定，如货物运输保险合同是以运输期作为保险责任期间。

6. 保险金额。保险金额是指保险人承担赔偿或者给付保险金责任的最高限额，也是保险人计算保险费的依据之一。财产保险合同中保险金额与保险价值关系密切，保险金额可以等于或少于保险价值，但不得超过保险价值，超过的部分无效。人身保险的保险金额是根据投保人的投保要求，由双方协商确定的。

7. 保险费以及支付办法。保险费是投保人依合同约定向保险人支付的费用，是投保人为获得保险保障应支付的对价。投保人缴纳的保费为保险金额与保险费率之乘积。投保人缴纳的保险费的数量与保险金额、保险危险、保险费率及保险期间的长短等因素有关。投保人缴纳保险费可一次性支付，也可以分期分批支付。

8. 保险金赔偿或者给付办法。保险金是指保险合同约定的保险事故发生或者在约定的保险事件到来后，保险人实际支付的赔款。保险人在保险事故发生后，应依约定的标准和方法及时向被保险人或受益人支付保险金。保险金的数额、支付方式及支付时间涉及双方当事人的权利和义务的实现等重要问题，因此，保险合同必须确定保险金的计算及给付办法。

9. 违约责任和争议处理。

10. 订立合同的年、月、日。

此外，投保人和保险人还可以约定与保险有关的其他事项。

（六）保险合同的形式

保险单或其他保险凭证是保险合同的表现形式。

1. 保险单。保险单是保险人签发的关于保险合同的正式的书面凭证。保险单由保险人签发并交给投保人。投保人以其持有的保险单来证明其与保险人之间存在的合同关系。保险单中一般印有保险条款，当保险标的遭受损失时，保险单就成为被保险人向保险人索赔的主要凭证，是保险人向被保险人理赔的主要依据。

据此，保险单具有以下作用：（1）保险单是证明保险合同成立的书面凭证；（2）是双方当事人履约的依据；（3）在某些情况下，保险单具有有价证券的效用。如人寿保险单可转让或质押。

2. 保险凭证。俗称"小保单"，是一种内容简化了的保险单，一般不列明具体的保险条款，只记载投保人和保险人约定的主要内容，但与保险单具有同等的法律效力。对于保险凭证未列明的内容，以相应的保险单的记载为准。

3. 暂保单。暂保单是在保险单发出以前由保险人出具给投保人的一种临时保险凭证。暂保单不同于保险单，在保险人正式签发保险单之前，与保险单具有同等法律效力。暂保单的有效期限较短，可由保险人具体规定，一般 15~30 日不等。若保险人出具正式保险单或暂保单的有效期限届满，暂保单的法律效力自动终止。

4. 投保单。投保单是保险人事先制定的供投保人提出保险要约时使用的格式文件。投保单本身不是保险合同，但投保单经投保人填具后，如果其内容被保险人完全接受，并在投保单上加盖承保印章时，就成为保险合同的组成部分，补充保险单的不清或遗漏。投保人在其填写的投保单中如有告知不实，又不声明修正的，投保单就会成为保险人解除保险合同或者拒绝承担保险责任的依据。

5. 其他书面形式。除上述四种形式外，当事人可约定采用其他的书面形式。应当注意的是，根据《保险法》司法解释（二）的规定，保险合同中记载的内容不一致的，按照下列规则认定：（1）投保单与保险单或者其他保险凭证不一致的，以投保单为准。但不一致的情形系经保险人说明并经投保人同意的，以投保人签收的保险单或者其他保险凭证载明的内容为准；（2）非格式条款与格式条款不一致的，以非格式条款为准；（3）保险凭证记载的时间不同的，以形成时间在后的为准；（4）保险凭证存在手写和打印两种方式的，以双方签字、盖章的手写部分的内容为准。

（七）保险合同的履行

1. 投保人、被保险人的义务。

（1）支付保险费的义务。支付保险费是投保人最基本和最主要的义务。投保人支付保险费，应按照保险合同约定的数额、期限及方式等条件支付。当事人以被保险人、受益人或者他人已经代为支付保险费为由，主张投保人对应的交费义务已经履行的，人民法院应予支持。我国《保险法》第三十六条规定，人身保险合同约定分期支付保险费，投保人支付首期保险费后，除合同另有约定外，投保人自保险人催告之日起超过 30 日未支付当期保险费，或者超过约定的期限 60 日未支付当期保险费的，合同效力中止，或者由保险人按照合同约定的条件减少保险金额。对于人寿保险的保险费，保险人不得用诉讼方式要求投保人支付。

（2）危险增加的通知义务。"危险增加"是指订立保险合同时双方当事人未曾估计到危险发生的可能性增大，其后果是保险人有权要求提高保险费或解除合同的责任。认定保险标的是否构成"危险程度显著增加"时，应当综合考虑以下因素：保险标的用途的改变；保险标的使用范围的改变；保险标的所处环境的变化；保险标的因改装等原因引起的变化；保险标的使用人或者管理人的改变；危险程度增加持续的时间以及其他可能导致危险程度显著增加的因素。我国《保险法》第五十二条规定，在合同有效期内，保险标的的危险显著增加的，被保险人应当按照合同约定及时通知保险人，保险人可以按照合同约定增加保险费或者解除合同。保险人解除合同的，应当将已收取的保险费，按照合同约定扣除自保险责任开始之日起至合同解除之日止应收的部分后，退还投保人。被保险人未履行危险增加的通知义务的，因保险标的的危险显著增加而发生的保险事故，保险人不承担赔偿保险金的责任。

（3）保险事故发生后的通知义务。该义务又称"通知出险"义务。我国《保险法》第二十一条规定，投保人、被保险人或者受益人知道保险事故发生后，应当及时通知保险人。故意或者因重大过失未及时通知，致使保险事故的性质、原因、损失程度等难以确定的部分，不承担赔偿或者给付保险金的责任，但保险人通过其他途径已经及时知道或者应当及时知道保险事故发生的除外。

（4）接受保险人检查，维护保险标的安全义务。我国《保险法》第五十一条规定，被保险人应当遵守国家有关消防、安全、生产操作、劳动保护等方面的规定，维护保险标的的安全。保险人可以按照合同约定对保险标的的状况进行检查，及时向投保人、被保险人提出消除不安全因素和隐患的书面建议。投保人、被保险人未按照约定履行其对保险标的的安全应尽责任的，保险人有权要求增加保险费或者解除合同。

（5）积极施救义务。我国《保险法》第五十七条第一款规定，保险事故发生时，被保险人应当尽力采取必要的措施，防止或者减少损失。

【例 4-8】姜某的私家车投保商业车险，年保险费为 3 000 元。姜某发现当网约车司机收入不错，便用手机软件接单载客，后辞职专门跑网约车。某晚，姜某载客途中与他人相撞，造成车损 10 万元。姜某向保险公司索赔，保险公司调查后拒赔。关于本案，下列选项中，正确的是（　　）。

A. 保险合同无效

B. 姜某有权主张约定的保险金

C. 保险公司不承担赔偿保险金的责任

D. 保险公司有权解除保险合同并不退还保险费

【解析】正确答案是 C。私家车改为网约车属于保险标的的用途的改变，用途改变导致危险明显增加，姜某未通知保险公司，因此导致的车损10万元，保险公司免于承担赔偿保险金责任。

2. 保险人的义务。

（1）给付保险赔偿金或保险金的义务。这是保险人最基本和最主要的义务。保险人应按照保险合同约定的时间开始承担保险责任，并在保险事故发生后或保险合同约定的事件到来时对损失给予赔偿或向受益人支付保险金。我国《保险法》第二十三条、第二十四条、第二十五条规定，保险人收到被保险人或受益人的赔偿或者给付保险金的请求后，应当及时作出核定；情形复杂的，应当在30日内作出核定，但合同另有约定的除外。保险人应当将核定结果通知被保险人或者受益人；对属于保险责任的，在与被保险人或者受益人达成赔偿或者给付保险金的协议后10日内，履行赔偿或给付保险金义务。保险合同对赔偿或者给付保险金的期限有约定的，保险人应当按照约定履行赔偿或者给付保险金的义务。保险人未及时履行前述义务的，除支付保险金外，应当赔偿被保险人或者受益人因此受到的损失。对不属于保险责任的，应当自作出核定之日起3日内向被保险人或者受益人发出拒绝赔偿或者拒绝给付保险金通知书，并说明理由。保险人自收到赔偿或者给付保险金的请求和有关证明、资料之日起60日内，对其赔偿或者给付保险金的数额不能确定的，应当根据已有证明和资料可以确定的数额先予支付；保险人最终确定赔偿或者给付保险金的数额后，应当支付相应的差额。

（2）支付其他合理、必要费用的义务。包括：①为防止或者减少保险标的损失所支付的合理、必要的费用，如施救费用等。我国《保险法》第五十七条第二款规定，保险事故发生后，被保险人为防止或者减少保险标的的损失所支付的必要的、合理的费用，由保险人承担；保险人所承担的费用数额在保险标的的损失赔偿金额以外另行计算，最高不超过保险金额的数额。《保险法》司法解释（四）规定，保险事故发生后，被保险人依照《保险法》第五十七条的规定，请求保险人承担为防止或者减少保险标的的损失所支付的必要、合理费用，保险人以被保险人采取的措施未产生实际效果为由抗辩的，人民法院不予支持。②为查明和确定保险事故的性质、原因和保险标的的损失程度所支付的合理的、必要的费用。如为确定事故性质进行鉴定支出的费用。我国《保险法》第六十四条规定，保险人、被保险人为查明和确定保险事故的性质、原因和保险标的的损失程度所支付的必要的、合理的费用，由保险人承担。③责任保险中被保险人被提起诉讼或仲裁的费用及其他合理的、必要的费用。我国《保险法》第六十六条规定，责任保险中被保险人因给第三者造成损害的保险事故而被提起仲裁或者诉讼的，被保险人支付的仲裁或者诉讼费用以及其他必要的、合理的费用，除合同另有约定外，由保险人承担。

3. 索赔。

（1）索赔的时效。索赔是法律赋予被保险人（投保人）或受益人的一项权利。财产保险合同的索赔权利人是被保险人，且其在保险事故发生时对保险标的应具有保险利益；人身保险合同的索赔权利人是被保险人或受益人。

保险事故发生后，索赔权利人应在规定的时间内向保险人索赔。我国《保险法》第二十六条规定，人寿保险的被保险人或者受益人向保险人请求给付保险金的诉讼时效期间为 5 年，自其知道或者应当知道保险事故发生之日起计算。人寿保险以外的其他保险的被保险人或者受益人，向保险人请求赔偿或者给付保险金的诉讼时效期间为 2 年，自其知道或者应当知道保险事故发生之日起计算。《保险法》司法解释（四）特别规定，商业责任险的被保险人请求赔偿保险金的诉讼时效期间，自被保险人对第三者应负的赔偿责任确定之日起计算。

（2）索赔的程序。投保人、被保险人或者受益人知道保险事故发生后，应当及时通知保险人，并有义务保护现场，接受保险人的检验与勘查，进而提出索赔请求，提供索赔证据，领取保险赔偿金或保险金。

4. 理赔。

理赔是指保险人接受索赔权利人的索赔要求后所进行的检验损失、调查原因、搜集证据、确定责任范围直至赔偿、给付的全部工作和过程。

（八）保险合同的变更

保险合同的变更包括主体变更、内容变更和效力变更。

1. 投保人、被保险人的变更。投保人、被保险人的变更又称为保险合同的转让，是指保险人、保险标的和保险内容均不改变，而投保人或被保险人发生变更的行为。如因买卖而发生的保险标的的所有权发生转移等。根据《保险法》第四十九条及《保险法》司法解释（四）的规定，在财产保险合同中，保险标的转让或被继承的，保险标的的受让人或继承人承继被保险人的权利和义务。保险标的已交付受让人，但尚未依法办理所有权变更登记，承担保险标的的毁损灭失风险的受让人主张行使被保险人权利的，人民法院应予支持。保险标的的转让，被保险人或者受让人应当及时通知保险人，但货物运输保险合同和另有约定的合同除外。货物运输合同允许保险单随货物所有权的转移而转移，只需投保方背书即可转让。被保险人、受让人依法及时向保险人发出保险标的的转让通知后，保险人作出答复前，发生保险事故，被保险人或者受让人主张保险人按照保险合同承担赔偿保险金的责任的，人民法院应予支持。

2. 保险合同内容的变更。我国《保险法》第二十条规定，投保人和保险人可以协商变更合同内容。变更保险合同内容的，应当由保险人在保险单上或者其他保险凭证上批注或者附贴批单，或者由投保人和保险人订立变更的书面协议。一般情况下，变更保险合同的内容需要取得保险人的同意，但是，在人身保险合同中，根据《保险法》司法解释（三）的规定，投保人或者被保险人变更受益人，当事人主张变更行为自变更意思表示发出时生效的，人民法院应予支持。此时，这种变更行为属于单方法律行为，有利于投保人和被保险人自主决定权的实现。但是，投保人或者被保险人变更受益人未通知保险人，保险人主张变更对其不发生效力的，人民法院应予支持。这是为了保护保险人的合理信赖，变更受益人没有通知保险人的，不得对抗保险人。投保人变更受益人未经被保险人同意，人民法院应认定变更行为无效。投保人或者被保险人在保险事故发生后变更受益人，变更后的受益人请求保险人给付保险金的，人民法院不予支持。

3. 保险合同效力的变更。它是指人身保险合同失效后又复效的情况。我国《保险法》第三十七条规定，因投保人未按照第三十六条规定支付保费而导致合同效力中止的，经保险人与投保人协商并达成协议，在投保人补交保险费后，合同效力恢复。但是，自合同效力中止之日起满 2 年未达成协议的，保险人有权解除合同。

（九）保险合同的解除

1. 投保人的合同解除权。根据我国《保险法》第十五条的规定，除保险法另有规定或者保险合同另有约定外，保险合同成立后，投保人可以解除合同，保险人不得解除合同。保险合同本是为了分担投保人的损失，所以法律赋予了投保人单方解除合同的权利。在人身保险合同中，根据我国《保险法》第四十七条的规定，投保人解除合同的，保险人应当自收到解除通知之日起 30 日内，按照合同约定退还保险单的现金价值。在财产保险合同中，根据我国《保险法》第五十四条的规定，保险责任开始前，投保人要求解除合同的，应当按照合同约定向保险人支付手续费，保险人应当退还保险费。保险责任开始后，投保人要求解除合同的，保险人应当将已收取的保险费，按照合同约定扣除自保险责任开始之日起至合同解除之日止应收的部分后，退还投保人。

2. 保险人的合同解除权。根据《保险法》第十五条的规定，除保险法另有规定或者保险合同另有约定外，保险合同成立后，保险人不得解除合同。保险合同采用保险人提供的合同文本，属于格式合同，所以法律限制保险人的合同解除权。保险法规定的保险人具有解除合同权利的情形有：

（1）投保人故意或者因重大过失未履行如实告知义务，足以影响保险人决定是否同意承保或者提高保险费率的，保险人有权解除合同（《保险法》第十六条第二款）。

（2）被保险人或者受益人未发生保险事故，谎称发生了保险事故，向保险人提出赔偿或者给付保险金请求的，保险人有权解除合同，并不退还保险费。投保人、被保险人故意制造保险事故的，保险人有权解除合同，不承担赔偿或者给付保险金的责任（《保险法》第二十七条）。

（3）投保人、被保险人未按照合同约定履行其对保险标的的安全应尽责任的，保险人有权解除合同（《保险法》第五十一条第三款）。

（4）在合同有效期内，保险标的的危险程度显著增加，被保险人未按合同约定及时通知保险人的或者保险人要求增加保险费被拒绝的，保险人有权解除合同（《保险法》第五十二条）。

（5）投保人申报的被保险人年龄不真实，并且其真实年龄不符合合同约定的年龄限制的，保险人可以解除合同（《保险法》第三十二条第一款）。

（6）人身保险合同效力中止后两年保险合同双方当事人未达成协议恢复合同效力的，保险人有权解除合同（《保险法》第三十七条第一款）。

此外，根据我国《保险法》第五十八条的规定，保险标的发生部分损失的，自保险人赔偿之日起30日内，投保人可以解除合同；除合同另有约定外，保险人也可以解除合同，但应当提前15日通知投保人，合同解除的，保险人应将保险标的的未受损失部分的保险费，按照合同约定扣除自保险责任开始之日起至合同解除之日止应收的部分后，退还投保人。

3. 当事人不得解除的保险合同。根据我国《保险法》第五十条的规定，货物运输保险合同和运输工具航程保险合同，其保险责任开始后，合同当事人不得解除合同。货物运输保险合同和运输工具航程保险合同基本是以货物运输的过程或运输工具航程为保险期限的，也有以时间为限的。这两种保险的保险责任开始时间不同于其他险种，货物开始启运、运输工具投入使用，保险人的保险责任即开始。保险责任开始后，保险人已实际承担了风险，或被保险人的财产在开始后就可能发生了损失，进入请求赔偿阶段，并且这两种保险承保的风险还处于变动之中，由不得合同当事人控制。因此，这两种保险合同的当事人在保险责任开始后均不得解除合同。

（十）财产保险合同中的特殊制度

财产保险的显著特征是损失补偿，补偿的金额等于实际损失金额；不足额保险的情况下，除合同另有约定外，保险人按照保险金额与保险价值的比例承担损失赔偿责任，即比例赔偿。财产保险的被保险人不能因保险关系获得任何额外利益，基于此，财产保险中存在重复保险的分摊制度、物上代位制度与代位求偿制度。

1. 重复保险的分摊制度。

（1）重复保险的界定。依据《保险法》司法解释（二）的规定，不同投保人就同一保险标的分别投保，保险事故发生后，被保险人在其保险利益范围内依据保险合同主张保险赔偿的，人民法院应予支持。同一投保人对同一保险标的、同一保险利益、同一保险事故分别与两个以上保险人订立保险合同，各保险合同的保险金额总和并未超过保险标的的价值，也不是重复保险，此种情况称为共同保险，共同保险的单个保险合同均为不足额保险，各个保险合同的保险人只就其承保部分在保险事故发生时，按比例承担保险赔偿的责任，被保险人无不当得利的可能性。重复保险因与两个以上保险人订立保险合同，区别于单保险中保险金额超过保险价值的超额保险，故而不能适用《保险法》第五十五条关于超额保险的规定。重复保险是否成立的判断时点是保险事故发生时，而不是保险合同订立时。

（2）投保人的通知义务。重复保险因保险金额总和超过保险价值，并且同一投保人与数个保险人订立有保险合同，在存在保险责任期间重合的期间内发生保险事故，若保险人不知重复保险的存在，各自进行赔偿，有可能出现超额赔偿，有悖财产保险损失补偿原则，因此，《保险法》第五十六条第一款规定：重复保险的投保人应当将重复保险的有关情况通知各保险人。对投保人课以通知义务，在于避免因超额保险，违反损失补偿的原理，造成道德风险。通知的方式，我国《保险法》没有特别规定，口头、书面或其他方式均可。

（3）重复保险的责任分摊。为维护补偿原则，防止被保险人利用重复保险获得超额赔款，我国《保险法》第五十六条第二款规定：重复保险的各保险人赔偿保险金的总和不得超过保险价值。除合同另有约定外，各保险人按照其保险金额与保险金额总和的比例承担赔偿保险金的责任。可见，保险法确立的是比例责任分摊方式，各保险人共同补偿被保险人的实际损失，并以保险标的的实际价值为限。但是，我国保险法允许合同当事人约定重复保险责任分担方式，如合同约定采用顺序责任分摊方式，则应当按投保或签单的先后顺序依次赔偿，赔偿总额仍以被保险人的实际损害赔偿责任为限，先签单的先独自履行赔偿义务，依序类推，直到赔足被保险人的损失为止。在法律规定的比例责任分摊方式下，各保险人承担的保险责任互不连带，当重复保险的各保险人中有一人破产或丧失清偿能力时，由于各保险人所应负担的比例是固定的，故而，有可能导致被保险人无法获得完全补偿。

基于公平原则，超额投保的多余保费予以退还，《保险法》第五十六条第三款规定：重复保险的投保人可以就保险金额总和超过保险价值的部分，请求各保险人按比例返还保险费。由于重复保险的保险责任法定承担方式是按照保险金额占总额的比例承担，如合同没有对重复保险的责任分摊方式另行约定，多余保险费的退还也应是按各保险人承保的保险金额占总额的比例再乘以多余的保费退还。

2. 物上代位制度。

（1）物上代位的概念。物上代位是一种所有权的代位，当保险标的因遭受保险事故而发生全损，保险人在支付全部保险金额之后，即拥有对该保险标的的物的所有权，即保险人代位取得对受损保险标的的权利。财产保险的物上代位是一种赔偿代位，与代位求偿权一样，是以公平为原则，以求得当事人之间利益均衡为目的的法律制度，目的在于防止被保险人获得双重利益。

（2）物上代位的成立要件。保险事故发生时，有全部损失和部分损失两种结果：全部损失时，保险人支付全部保险金额；部分损失时，保险人仅支付部分保险金额。只有支付了全部保险金额，保险人才享有物上代位权。根据我国《保险法》第五十九条的规定，保险事故发生后，保险人已支付了全部保险金额，并且保险金额等于保险价值的，受损保险标的的全部权利归于保险人；保险金额低于保险价值的，保险人按照保险金额与保险价值的比例取得受损保险标的的部分权利。

物上代位权是一种法定的权利，只要保险事故发生，保险人已支付全部保险金额，受损保险标的全部或部分权利即法定转移，保险人随即代位取得受损保险标的物上的权利，处理该受损标的所得的全部或部分收益归其所有。

3. 代位求偿制度。

（1）代位求偿的概念。代位求偿是指保险人在向被保险人赔偿损失后，取得了该被保险人享有的依法向负有民事赔偿责任的第三人追偿的权利，并据此权利予以追偿的制度。代位求偿制度是损失补偿原则的体现。损失补偿原则的核心是被保险人所得赔偿，不得超过其因保险事故所遭受的实际损失，被保险人不能因保险关系而取得额外利益。也就是说，被保险人因第三者的过错遭受损失并获得保险人赔偿后，如果还有权向第三者索赔，则被保险人所得将超过其遭受的实际损失，这将会违背损失补偿原则。因此，被保险人获得保险赔偿后，应当将其享有的向第三者追偿的权利转让给保险人。

我国《保险法》第六十条规定，因第三者对保险标的的损害而造成保险事故的，保险人自向被保险人赔偿保险金之日起，在赔偿金额范围内代位行使被保险人对第三者请求赔偿的权利。《保险法》司法解释（四）规定，投保人和被保险人为不同主体，因投保人对保险标的的损害而造成保险事故，保险人依法主张代位行使被保险人对投保人请求赔偿的权利的，人民法院应予支持，但法律另有规定或者保险合同另有约定的除外。根据《保险法》司法解释（二）的规定，保险人代位求偿权的诉讼时效期间应自其取得代位求偿权之日起算。

（2）代位求偿的成立要件。

①保险事故的发生是由第三者的行为引起的，也就是说，保险事故的发生与第三人的过错行为须有因果关系。

②被保险人未放弃向第三者的赔偿请求权。因为，我国《保险法》第六十一条规定，因第三者对保险标的的损害而造成的保险事故发生后，保险人未赔偿保险金之前，被保险人放弃对第三者请求赔偿的权利的，保险人不承担赔偿保险金的责任。保险人向被保险人赔偿保险金后，被保险人未经保险人同意放弃对第三者请求赔偿权利的，该行为无效。如果因被保险人故意或重大过失致使保险人不能行使代位请求赔偿的权利的，保险人可以扣减或者要求返还相应的保险金。但是，根据《保险法》司法解释（四）的规定，在保险人以第三者为被告提起的代位求偿权之诉中，第三者以被保险人在保险合同订立前已放弃对其请求赔偿的权利为由进行抗辩，人民法院认定上述放弃行为合法有效，保险人就相应部分主张行使代位求偿权的，人民法院不予支持。保险合同订立时，保险人就是否存在上述放弃情形提出询问，投保人未如实告知，导致保险人不能代位行使请求赔偿的权利，保险人请求返还相应保险金的，人民法院应予支持，但保险人知道或者应当知道上述情形仍同意承保的除外。

③代位求偿权的产生须在保险人支付保险金之后。只有当被保险人未从负有赔偿责任的第三者处获得赔偿或先向保险人索赔时，经保险人进行赔付后，才有赔偿请求权转让给保险人的必要，代位求偿权才得以产生和适用。《保险法》司法解释（四）规定，因第三者对保险标的的损害而造成保险事故，保险人获得代位请求赔偿的权利

的情况未通知第三者或者通知到达第三者前，第三者在被保险人已经从保险人处获赔的范围内又向被保险人作出赔偿，保险人主张代位行使被保险人对第三者请求赔偿的权利的，人民法院不予支持。保险人就相应保险金主张被保险人返还的，人民法院应予支持。保险人获得代位请求赔偿的权利的情况已经通知到第三者，第三者又向被保险人作出赔偿，保险人主张代位行使请求赔偿的权利，第三者以其已经向被保险人赔偿为由抗辩的，人民法院不予支持。

（3）代位求偿权的行使。根据《保险法》第六十二条、第六十三条及《保险法》司法解释（二）、（四）的规定，保险人应以自己的名义行使保险代位求偿权。除被保险人的家庭成员或者其组成人员故意对保险标的损害而造成保险事故外，保险人不得对被保险人的家庭成员或者其组成人员行使代位请求赔偿的权利。保险人向第三者行使代位请求赔偿的权利时，被保险人应当向保险人提供必要的文件和所知道的有关情况。被保险人因故意或者重大过失未履行该义务，致使保险人未能行使或者未能全部行使代位请求赔偿的权利，保险人主张在其损失范围内扣减或者返还相应保险金的，人民法院应予支持。

（十一）人身保险合同的特殊条款

1. 迟交宽限条款。前已述及。

2. 中止、复效条款。前已述及。

3. 不丧失价值条款。由于人身保险具有储蓄性质，投保人缴纳保险费达到一定年限后，保险单就具有相当的现金价值。如果投保人不愿意继续投保而要求退保时，保险单所具有的现金价值并不因此而丧失。如我国《保险法》第三十二条规定，投保人申报的被保险人年龄不真实，并且其真实年龄不符合合同约定的年龄限制的，保险人可以解除合同，并按照合同约定退还保险单的现金价值。即使投保人故意造成被保险人死亡、伤残或者疾病的，保险人虽不承担给付保险金的责任，但若投保人已交足2年以上保险费的，保险人就应当按照合同约定向其他权利人退还保险单的现金价值（《保险法》第四十三条）。又如该法第四十五条规定，因被保险人故意犯罪或者抗拒依法采取的刑事强制措施导致其伤残或者死亡的，保险人不承担给付保险金的责任。投保人已交足2年以上保险费的，保险人应当按照合同约定退还保险单的现金价值。

4. 误告年龄条款。人身保险合同中，被保险人的年龄是一个重要的因素，关系到保费的数额。若投保人申报的被保险人的年龄不真实，致使投保人支付的保险费少于应付保险费的，保险人有权更正并要求投保人补交保险费，或在给付保险金时按照实付保险费与应付保险费的比例支付。但若投保人为此支付的保险费多于应交的保险费，保险人应当将多收的保险费退还投保人。

5. 自杀条款。为了防止道德危险的发生，避免自杀者通过蓄意自杀谋取保险金，人身保险合同一般把自杀条款作为除外责任条款。为此，我国《保险法》第四十四条规定，以被保险人死亡为给付保险金条件的合同，自合同成立或者合同效力恢复之日起 2 年内，被保险人自杀的，保险人不承担给付保险金的责任，但被保险人自杀时为无民事行为能力人的除外。也就是说，如果保险合同届满 2 年后，被保险人自杀的，保险人应按合同约定给付保险金。保险人依照规定不承担给付保险金责任的，应当按照合同约定退还保险单的现金价值。

第三节　票据法律制度

一、票据法基础理论

（一）票据的概念

票据的概念有广义和狭义之分。广义的票据包括各种有价证券和凭证，如股票、国库券、企业债券、发票、提单等；狭义的票据，即我国《票据法》中规定的"票据"，包括汇票、本票和支票，是指由出票人依法签发的，约定自己或委托付款人在见票时或指定的日期向收款人或持票人无条件支付一定金额的有价证券。

（二）票据法的概念

票据法的概念有广义和狭义之分。广义的票据法是指各种法律规范中有关票据规定的总称，包括专门的票据法律以及其他法律中有关票据的规定。如《民法》中有关民事法律行为、代理的规定等；《刑法》中有关伪造有价证券罪的规定；《民事诉讼法》中有关票据诉讼、公示催告等的规定等。狭义的票据法则仅是指票据的专门立法。本节介绍的主要是狭义的票据法。

我国的票据法律制度主要包括：1995 年 5 月 10 日第八届全国人大常委会第十三次会议通过、2004 年 8 月 28 日第十届全国人大常委会第十一次会议修订、自 1996 年 1 月 1 日起施行的《中华人民共和国票据法》（以下简称《票据法》）；1997 年 6 月 23 日经国务院批准、中国人民银行于 1997 年 8 月 21 日发布的《票据管理实施办法》；1997 年 9 月 19 日中国人民银行发布的《支付结算办法》；2000 年 2 月 24 日最高人民法院通过的《关于审理票据纠纷案件若干问题的规定》（以下简称"《票据法》司法解释"）等。

（三）票据法上的关系和票据基础关系

1. 票据法上的关系。

票据法上的关系是指因票据行为及与票据行为有关的行为而产生的票据当事人之间的法律关系。票据法上的关系可分为票据法上的票据关系和票据法上的非票据关系。

（1）票据法上的票据关系，是指当事人基于票据行为而产生的票据权利义务关系。其中，票据的持有人（持票人）享有票据权利，对在票据上签名的票据债务人可以主张行使票据法规定的相关权利。票据上签名的票据债务人负担票据责任（即票据义务），依自己在票据上的签名按照票据上记载的文义承担相应的义务。票据关系当事人较复杂，一般包括出票人、收款人、付款人、持票人、承兑人、背书人、被背书人、保证人等。票据关系在不同的当事人之间基于不同的票据行为而不同，如因出票行为而产生出票人与收款人之间的关系、收款人与付款人之间的关系；因汇票的承兑行为而产生持票人与承兑人之间的关系；因背书行为而产生背书人与被背书人之间的关系；因保证行为而产生保证人与持票人之间的关系以及保证人与被保证人及其前手的关系等。在各种票据关系中，出票人、持票人、付款人三者之间的关系是票据的基本关系。

（2）票据法上的非票据关系，是指由票据法直接规定的，不基于票据行为而发生的票据当事人之间与票据有关的法律关系。如票据上的正当权利人对于因恶意而取得票据的人行使票据返还请求权而发生的关系，因时效届满或手续欠缺而丧失票据上权利的持票人对于出票人或承兑人行使利益偿还请求权而发生的关系，票据付款人付款后请求持票人交还票据而发生的关系等。

2. 票据基础关系。

票据关系的发生是基于票据的授受行为，那么当事人之间为何而授受票据，则是基于一定的原因或前提，这种授受票据的原因或前提关系即是票据的基础关系，如基于购买货物或返还资金而授受票据，该购货关系和返还资金关系即票据的基础关系。在法理上，票据的基础关系往往都是民法上的法律关系。

票据关系与票据的基础关系具有密切的联系。一般来说，票据关系的发生总是以票据的基础关系为原因和前提的，正因如此，《票据法》规定："票据的签发、取得和转让，应当遵循诚实信用的原则，具有真实的交易关系和债权债务关系。"这里的交易关系和债权债务关系就是基础关系的范畴。但是，票据关系一经形成，就与基础关系相分离，基础关系是否存在、是否有效，对票据关系都不起作用。这就是说，如果票据当事人违反《票据法》的上述规定而签发、取得和转让了没有真实交易关系和债权债务关系的票据，该票据只要符合法定的形式要件，票据关系就是有效的，该票据关系的债务人就必须依票据上的记载事项对票据债权人承担票据责任，而不得以该票据没有真实的交易和债权债务关系为由进行抗辩。除非依《票据法》规定，持票人是不履行约定义务的与自己有直接债权债务关系的人，票据债务人才可进行抗辩。此外，票据关系因一定原因失效，也不影响基础关系的效力。《票据法》明确规定："持票人因超过票据权利时效或者因票据记载事项欠缺而丧失票据权利的，仍享有民事权利，可以请求出票人或者承兑人返还其与未支付的票据金额相当的利益。"因此，票据关系与票据的基础关系不容混淆。

（四）票据行为

1. 票据行为的概念。

票据行为是指票据当事人以发生票据债务为目的的、以在票据上签章为权利义务成立要件的法律行为。不同的票据所涉及的票据行为是不同的，有些票据行为是汇票、本票、支票共有的行为，如出票、背书；而有的只是某一种票据所独有的行为，如承兑是汇票所独有的行为，保付是支票所独有的行为。

2. 票据行为成立的有效条件。

票据行为是一种民事法律行为，必须符合民事法律行为成立的一般条件。同时，票据行为又是特殊的要式民事法律行为，必须具备《票据法》规定的特别要件。根据有关规定，票据行为的成立，必须符合以下条件：

（1）行为人必须具有从事票据行为的能力。从事票据行为的能力即票据能力，包括票据权利能力和票据行为能力。票据权利能力是指行为人可以享有票据上的权利和承担票据上的义务的资格。只要具备民事主体资格，公民（自然人）、法人和其他组织，都具有票据权利能力。票据行为能力是指行为人可以通过自己的票据行为取得票据上的权利和承担票据上的义务的资格。《票据法》规定，无民事行为能力人或者限制民事行为能力人在票据上签章的，其签章无效。也就是说，无民事行为能力人或者限制民事行为能力人不具有票据行为能力，只有具备完全民事行为能力的自然人才具有票据行为能力。法人的票据行为能力一般不受限制。

（2）行为人的意思表示必须真实或无缺陷。《票据法》规定，以欺诈、偷盗或者胁迫等手段取得票据的，或者明知有前列情形，出于恶意取得票据的，不得享有票据权利。这一规定表明，尽管票据的形式符合法定条件，但从事票据行为的意思表示不真实或存在缺陷，票据持有人也不得享有票据上的权利。

（3）票据行为的内容必须符合法律、法规的规定。《票据法》规定，票据活动应当遵守法律、行政法规，不得损害社会公共利益。凡违背法律的规定而进行的行为，将不能取得票据行为的法律效力。需要明确的是，这里所指的合法主要是指票据行为本身必须合法，即票据行为的进行程序、记载的内容等合法，至于票据的基础关系涉及的行为是否合法，则与此无关。例如，当事人发出票据是基于买卖关系，如果该买卖关系违反法律、法规而无效，则不影响票据行为的有效性。

（4）票据行为必须符合法定形式。

①关于签章。签章是票据行为生效的一个重要条件。我国《票据法》规定："票据上的签章，为签名、盖章或者签名加盖章。"即行为人在票据上签章，可以采用签名、盖章或者签名加盖章的其中之一。

票据上的签章是票据行为表现形式中绝对应记载的事项，如无该项内容，票据行为即为无效。票据上的签章因票据行为不同，签章人也不相同。票据签发时，由出票人签章；票据转让时，由背书人签章；票据承兑时，由承兑人签章；票据保证时，由保证人签章；票据代理时，由代理人签章；持票人行使票据权利时，由持票人签章；等等。

《票据法》规定："法人和其他使用票据的单位在票据上的签章，为该法人或者该单位的盖章加其法定代表人或者其授权的代理人的签章。"

　　《票据法》司法解释第四十一条和《支付结算办法》第二十三条，就票据的签章要求作出了详尽的规定：银行汇票的出票人在票据上的签章和银行承兑汇票的承兑人的签章，应为经中国人民银行批准使用的该银行汇票专用章加其法定代表人或其授权的代理人的签名或者盖章；商业汇票的出票人在票据上的签章，为该法人或者该单位的财务专用章或者公章加其法定代表人、单位负责人或者其授权的代理人的签名或者盖章；银行本票的出票人在票据上的签章，应为经中国人民银行批准使用的该银行本票专用章加其法定代表人或者授权的代理人的签名或者盖章；单位在票据上的签章，应为该单位的财务专用章或者公章加其法定代表人或其授权的代理人的签名或者盖章；个人在票据上的签章，应为该个人的签名或者盖章；支票的出票人和商业承兑汇票的承兑人在票据上的签章，应为其预留银行的签章。

　　根据《票据法》司法解释第四十二条的规定，银行汇票、银行本票的出票人以及银行承兑汇票的承兑人在票据上未加盖规定的专用章而加盖该银行的公章，支票的出票人在票据上未加盖与该单位在银行预留签章一致的财务专用章而加盖该出票人公章的，签章人应当承担票据责任。

　　关于票据的签名。《票据法》规定："在票据上的签名，应当为该当事人的本名。"这一规定主要是强调公民在票据上签名时只能使用本名。《票据管理实施办法》第十六条规定，该本名是指符合法律、行政法规以及国家有关规定的身份证件上的姓名。

　　根据《票据法》司法解释第四十六条和《支付结算办法》第二十四条的规定，出票人在票据上的签章不符合规定的，票据无效；承兑人、保证人在票据上的签章不符合规定的，或者无民事行为能力人、限制民事行为能力人在票据上签章的，其签章无效，但不影响其他符合规定签章的效力；背书人在票据上的签章不符合规定的，其签章无效，但不影响其前手符合规定签章的效力。

　　②关于票据记载事项。票据记载事项一般分为绝对记载事项、相对记载事项、任意记载事项等。绝对记载事项是指票据法明文规定必须记载的，如无记载，票据或票据行为即为无效的事项；相对记载事项是指某些应该记载而未记载，适用法律有关规定而不使票据或票据行为失效的事项；任意记载事项是指《票据法》规定由当事人任意记载、一经记载即发生票据上效力的事项。

　　票据上可以记载《票据法》及《支付结算办法》规定事项以外的其他出票事项，但是该记载事项不具有票据上的效力，银行不负审查责任。由于票据种类、票据行为的不同，记载的事项也不一样。各类票据出票必须绝对记载的内容包括：票据种类的记载，即汇票、本票、支票的记载；票据金额的记载，《票据法》规定票据金额以中文大写和数码同时记载，两者必须一致，两者不一致的，票据无效；票据收款人的记载，收款人是票据到期收取票款的人，并且是票据的初始权利人，因此，票据必须记载这一内容，否则票据即为无效；年月日的记载，一般是指出票年月日的记载，它是判定票据权利义务的发生、变更和终止的重要标准，因此，票据必须将此作为必须记载的事项，否则票据即为无效。

正是基于票据金额、日期、收款人名称等内容在票据上的重要性，《票据法》规定："票据金额、日期、收款人名称不得更改，更改的票据无效。"有关人员在进行票据行为时，必须严格审查这三项内容是否有过更改。如果确属记载错误或需要重新记载的，只能由出票人重新签发票据。在前述情形下，付款人或者代理人对此类票据付款的，应当承担责任。

票据行为只有同时具备以上四个条件，才能发生法律效力，达到行为人预期的目的，否则票据行为即为无效。

3. 票据行为的代理。

（1）代理概述。票据行为作为一种法律行为，可以由代理人代理进行。《票据法》规定，票据当事人可以委托其代理人在票据上签章，并应当在票据上表明其代理关系。票据行为的代理必须具备以下条件：①票据当事人必须有委托代理的意思表示。该种授权委托一般以书面形式，即授权委托书的方式为宜。②代理人必须按被代理人的委托在票据上签章。代理人在行使代理权时，必须在票据上签章。如果代理人未在票据上签章，则不产生票据代理的效力。③代理人应在票据上表明代理关系，即注明"代理"字样或类似的文句。符合上述条件的，该票据行为的代理对被代理人产生法律效力，其后果由被代理人承担。

（2）无权代理。无权代理是指行为人没有被代理人的授权而以代理人名义在票据上签章的行为。《票据法》规定，没有代理权而以代理人名义在票据上签章的，应当由签章人承担票据责任，即签章人应承担向持票人支付票据金额的义务。

（3）越权代理。越权代理是指代理人超越代理权限而使被代理人增加票据责任的代理行为。《票据法》规定，代理人超越代理权限的，应当就其超越权限的部分承担票据责任。

（五）票据权利

1. 票据权利的概念。

票据权利是指持票人向票据债务人请求支付票据金额的权利。根据我国《票据法》的规定，票据权利包括付款请求权和追索权。

2. 票据权利的取得。

票据权利的取得，也称票据权利的发生。票据权利以持有票据为依据，行为人合法取得票据，即取得了票据权利。当事人取得票据的情形主要有：①出票取得。出票是创设票据权利的票据行为，从出票人处取得票据，即取得票据权利。②转让取得。票据通过背书或交付等方式可以转让他人，以此取得票据即获得票据权利。③通过税收、继承、赠与、企业合并等方式取得票据。

行为人依法取得票据权利，必须注意以下几个问题：一是票据的取得，必须给付对价，即应当给付票据双方当事人认可的相对应的代价。无对价或无相当对价取得票据的，不享有票据权利。二是因税收、继承、赠与可以依法无偿取得票据的，不受给付对价的限制。但是，所享有的票据权利不得优于其前手。三是因欺诈、偷盗、胁迫、恶意取得票据或因重大过失取得不符合法律规定的票据的，不得享有票据权利。

3. 票据权利的行使与保全。

票据权利的行使，是指票据权利人向票据债务人提示票据，请求实现票据权利的行为。如请求承兑、提示票据请求付款、行使追索权等。持票人行使票据权利，应当按照法定程序在票据上签章，并出示票据。票据权利的保全，是指票据权利人为防止票据权利的丧失而实施的行为。如为防止付款请求权与追索权因时效而丧失，采取中断时效的行为；为防止追索权丧失而请求作成拒绝证明的行为等。

票据权利人为了防止票据权利丧失，在人民法院审理、执行票据纠纷案件时，可以请求人民法院依法对票据采取保全措施或者执行措施。根据《票据法》司法解释的规定，经当事人申请并提供担保，对具有下列情形之一的票据，可以依法采取保全措施和执行措施：（1）不履行约定义务，与票据债务人有直接债权债务关系的票据当事人所持有的票据；（2）持票人恶意取得的票据；（3）应付对价而未付对价的持票人持有的票据；（4）记载有"不得转让"字样而用于贴现的票据；（5）记载有"不得转让"字样而用于质押的票据；（6）法律或者司法解释规定有其他情形的票据。

《票据法》规定，持票人对票据债务人行使票据权利，或者保全票据权利，应当在票据当事人的营业场所和营业时间内进行，票据当事人无营业场所的，应当在其住所进行。

4. 票据权利的补救。

票据权利与票据紧密相连，如果票据丧失，票据权利的实现就会受到影响。由于票据丧失并非出于持票人的本意，《票据法》规定了票据丧失后的三种补救措施，即挂失止付、公示催告和普通诉讼。

（1）挂失止付。挂失止付是指失票人将票据丧失的情况通知付款人并由接受通知的付款人暂停支付的一种方法。《票据法》规定，票据丧失，失票人可以及时通知票据的付款人挂失止付，但是，未记载付款人或者无法确定付款人及其代理付款人的票据除外。在票据实务中，已承兑的商业汇票、支票、填明"现金"字样和代理付款人的银行汇票以及填明"现金"字样的银行本票丧失，可以由失票人通知付款人或者代理付款人挂失止付。挂失止付并不是票据丧失后票据权利补救的必经程序，而只是一种暂时的预防措施，最终要通过申请公示催告或提起普通诉讼来补救票据权利。但需注意的是，根据《票据管理实施办法》的规定，付款人或者代理付款人自收到挂失止付通知之日起12日内没有收到人民法院的止付通知书的，自第13日起，挂失止付通知书失效。但是，如果付款人或者代理付款人在收到挂失止付通知书前，已经依法向持票人付款的，不再接受挂失止付。

（2）公示催告。公示催告是指在票据丧失后，由失票人向人民法院提出申请，请求人民法院以公告方法通知不确定的利害关系人限期申报权利，逾期未申报者，由人民法院通过除权判决宣告所丧失票据无效的一种制度。在该程序之下，申请人声称自己是已丧失特定票据上的权利人，法院则向社会发出公告，催促可能存在的票据利害关系人申报权利。如果没有人在指定期限内申报权利，则可以推定申请人的主张成立。如果有利害关系人前来就同一票据申报权利，法院并不在该程序之下对申请人与申报权利人之间的争议进行实体审理，而是会裁定终结该程序。申请人如欲主张票据权利，可以向对方提起普通民事诉讼。《民事诉讼法》规定，可以背书转让的票据丧失的，失票人可以申请公示催告。一般票据均属于这个范围，只有较少的例外。如填明"现金"字样的银行汇票、银行本票和现金支票不得背书转让，因此这些票据不能申请公示催告。可以申请公示催告的失票人，是指在丧失票据占有以前的最后合法持票人，也就是票据所记载的票据权利人。出票人已经签章的授权补记的支票丧失后，持票人也可以申请公示催告。失票人先行挂失止付的，应在通知付款人挂失止付后 3 日内向人民法院申请公示催告。人民法院收到公示催告的申请后，应当立即审查，并决定是否受理。经审查认为符合受理条件的，通知予以受理，并同时通知支付人停止支付；认为不符合受理条件的，7 日内裁定驳回申请。法院在受理后的 3 日内发出公告，催促利害关系人申报权利。公示期间不得少于 60 日，且公示催告期间届满日不得早于票据付款日后 15 日。在申报期届满后、判决作出之前，利害关系人申报权利，法院应当通知其向法院出示票据，并通知公示催告申请人在指定的期间查看该票据。公示催告申请人申请公示催告的票据与利害关系人出示的票据不一致的，应当裁定驳回利害关系人的申报。在申报权利的期间无人申报权利，或者申报被驳回的，申请人应当自公示催告期间届满之日起 1 个月内申请作出除权判决。逾期不申请除权判决的，终结公示催告程序。裁定终结公示催告程序的，应当通知申请人和支付人。判决公告之日起，公示催告申请人有权依据除权判决向付款人请求付款。

（3）普通诉讼。普通诉讼是指丧失票据的失票人向人民法院提起民事诉讼，要求法院判定付款人向其支付票据金额的活动。丧失票据的失票人提起诉讼应注意以下几点：第一，票据丧失后的诉讼被告一般是付款人，但在找不到付款人或付款人不能付款时，也可将其他票据债务人（出票人、背书人、保证人等）作为被告。第二，诉讼请求的内容是要求付款人或其他票据债务人在票据的到期日或判决生效后支付或清偿票据金额。第三，失票人在向法院起诉时，应提供所丧失票据的有关书面证明。第四，失票人向法院起诉时，应当提供担保，以防由于付款人支付已丧失票据票款后可能出现的损失。担保的数额相当于票据载明的金额。第五，在判决前，丧失的票据出现时，付款人应以该票据正处于诉讼阶段为由暂不付款，而将情况迅速通知失票人和人民法院，法院应终结诉讼程序。

【例4-9】 甲向乙购买原材料，为支付货款，甲向乙出具金额为50万元的商业汇票一张，丙银行对该汇票进行了承兑。后乙不慎将该汇票丢失，被丁拾到。乙立即向付款人丙银行办理了挂失止付手续。关于本案，下列选项中，正确的有（　　）。

A. 乙因丢失票据而确定性地丧失了票据权利

B. 乙在遗失汇票后，可直接提起诉讼要求丙银行付款

C. 如果丙银行向丁支付了票据上的款项，则丙银行应向乙承担赔偿责任

D. 乙在通知挂失止付后15日内，应向法院申请公示催告

【解析】正确答案是BC。票据丧失后，失票人可以进行权利救济，并非必然丧失票据权利。本案涉及票据是银行承兑汇票，承兑银行负有绝对付款责任，失票人起诉可以证明自己的票据权利，要求承兑人付款；由于失票人及时进行了挂失支付，承兑人此后支付票款，应向挂失人承担赔偿责任。失票人需在挂失后3日内申请公示催告。

5. 票据权利的消灭。

票据权利的消灭是指因发生一定的法律事实而使票据权利不复存在。票据权利消灭之后，票据上的债权债务关系也随之消灭。我国《票据法》着重规定了持票人的票据权利因时效届满而消灭的四种情形，即票据权利在下列期限内不行使而消灭：①持票人对票据的出票人和承兑人的权利，自票据到期日起2年。见票即付的汇票、本票，自出票日起2年。②持票人对支票出票人的权利，自出票日起6个月。③持票人对前手（不包括出票人）的追索权，自被拒绝承兑或者被拒绝付款之日起6个月。④持票人对前手（不包括出票人）的再追索权，自清偿日或者被提起诉讼之日起3个月。

（六）票据抗辩

1. 票据抗辩的概念。

票据抗辩是指票据债务人依照《票据法》的规定，对票据债权人拒绝履行义务的行为。票据抗辩是票据债务人的一种权利，是债务人保护自己的一种手段。

2. 票据抗辩的种类。

根据抗辩原因及抗辩效力的不同，票据抗辩可分为两种：

（1）对物抗辩，是指基于票据本身存在的事由而发生的抗辩。这一抗辩可以对任何持票人提出。其主要包括以下情形：第一，票据行为不成立而为的抗辩。如票据应记载的内容有欠缺；票据债务人无行为能力；无权代理或超越代理权进行票据行为；票据上有禁止记载的事项（如付款附有条件，记载到期日不合法）；背书不连续；持票人的票据权利有瑕疵（如因欺诈、偷盗、胁迫、恶意、重大过失取得票据）等。第二，依票据记载不能提出请求而为的抗辩。如票据未到期、付款地不符等。第三，票据载明的权利已消灭或已失效而为的抗辩。如票据债权因付款、抵销、提存、免除、除权判决、时效届满而消灭等。第四，票据权利的保全手续欠缺而为的抗辩。如应作成拒绝证书而未作等。第五，票据上有伪造、变造情形而为的抗辩。

（2）对人抗辩，是指票据债务人对抗特定债权人的抗辩。这一抗辩多与票据的基础关系有关。例如，甲签发一张票据给乙而购买商品，甲就可以乙未交货，不具有对价为由向乙主张抗辩。为此，《票据法》规定："票据债务人可以对不履行约定义务的

与自己有直接债权债务关系的持票人，进行抗辩。"在理解这一规定时，应注意的是：票据债务人只能对基础关系中的直接相对人不履行约定义务的行为进行抗辩，该基础关系必须是该票据赖以产生的民事法律关系，而不是其他的民事法律关系；如果该票据已被不履行约定义务的持票人转让给第三人，而该第三人属善意、已对价取得票据的持票人，则票据债务人不能对其进行抗辩。

3. 票据抗辩的限制。

《票据法》中对票据抗辩的限制主要表现在：

（1）票据债务人不得以自己与出票人之间的抗辩事由对抗持票人。这就是说，如果票据债务人（如承兑人、付款人）与出票人之间存在抗辩事由（如出票人与票据债务人存在合同纠纷；出票人存入票据债务人的资金不够等），该票据债务人不得以此抗辩事由对抗持票人。

（2）票据债务人不得以自己与持票人的前手之间的抗辩事由对抗持票人。例如，票据债务人与持票人的前手（如背书人、保证人等）存在抵销关系，而持票人的前手将票据转让给了持票人，票据债务人就不能以其与持票人的前手存在抗辩事由而拒绝向持票人付款。

（3）凡是善意的、已付对价的正当持票人可以向票据上的一切债务人请求付款，不受前手权利瑕疵和前手相互间抗辩的影响。如持票人不知道其前手取得票据存在欺诈、偷盗、胁迫、重大过失等情形，并已为取得票据支付了相应的代价，那么票据债务人不能以持票人的前手存在权利瑕疵而对抗持票人。

持票人因税收、继承、赠与依法无偿取得票据的，由于其享有的权利不能优于其前手，故票据债务人可以对持票人前手的抗辩事由对抗该持票人。

【例 4 - 10】根据票据法律制度的相关规定，下列有关票据权利的表述，正确的有（   ）。

A. 因税收、继承、赠与可以依法无偿取得票据，不受给付对价的限制，但所享有的票据权利不得优于其前手

B. 以欺诈、偷盗或者胁迫等手段取得票据的，不得享有票据权利

C. 持票人因重大过失取得不符合法律规定的票据的，不得享有票据权利

D. 票据债务人无论如何不得以自己与出票人或者与持票人的前手之间的抗辩事由对抗持票人

【解析】正确答案是ABC。《票据法》规定，票据债务人不得以自己与出票人或者与持票人的前手之间的抗辩事由，对抗持票人。但是，持票人明知存在抗辩事由而取得票据的除外。

（七）票据的伪造和变造

1. 票据的伪造。

票据的伪造是指假冒他人名义或虚构人的名义而进行的票据行为，包括票据的伪

造和票据上签章的伪造。前者是指假冒他人或虚构人的名义进行出票行为，如在空白票据上伪造出票人的签章或者盗盖出票人的印章而进行出票；后者是指假冒他人名义进行出票行为之外的其他票据行为，如伪造背书签章、承兑签章、保证签章等。

票据的伪造行为是一种扰乱社会经济秩序、损害他人利益的行为，在法律上不具有任何票据行为的效力。由于其自始无效，故持票人即使是善意取得，对被伪造人也不能行使票据权利。对伪造人而言，由于票据上没有以自己名义所作的签章，因此也不承担票据责任。但是，如果伪造人的行为给他人造成损害的，应承担民事责任，构成犯罪的，还应承担刑事责任。

根据《票据法》的规定，票据上有伪造签章的，不影响票据上其他真实签章的效力。持票人依法提示承兑、提示付款或行使追索权时，在票据上真实签章人不能以票据伪造为由进行抗辩。

2. 票据的变造。

票据的变造是指无权更改票据内容的人，对票据上签章以外的记载事项加以变更的行为。例如，变更票据上的到期日、付款日、付款地、金额等。构成票据的变造，须符合以下条件：①变造的票据是合法成立的有效票据；②变造的内容是票据上所记载的除签章以外的事项；③变造人无权变更票据的内容。

有些行为与票据的变造相似，但不属于票据的变造：①有变更权限的人依法对票据进行的变更，这属于有效变更，不属于票据的变造；②在空白票据上经授权进行补记的，由于该空白票据欠缺有效成立的条件，此等补记只是使票据符合有效票据的条件，不属于票据的变造；③变更票据上的签章的，属于票据的伪造，而不属于票据的变造。

票据的变造应依照签章是在变造之前或之后来承担责任。如果当事人签章在变造之前，应按原记载的内容负责；如果当事人签章在变造之后，则应按变造后的记载内容负责；如果无法辨别是在票据被变造之前或之后签章的，视同在变造之前签章。同时，尽管被变造的票据仍为有效，但是，票据的变造是一种违法行为，所以变造人的变造行为给他人造成经济损失的，应对此承担赔偿责任，构成犯罪的，应承担刑事责任。

另外，银行以善意且符合规定和正常操作程序的要求，对伪造、变造的票据的签章以及需要交验的个人有效身份证件进行了审查，未发现异常情况而支付金额的，对出票人或付款人不再承担受托付款的责任，对持票人或收款人不再承担付款的责任。

二、汇票

（一）汇票的概念

汇票是出票人签发的、委托付款人在见票时或者在指定日期无条件支付确定的金额给收款人或者持票人的票据。它具有以下法律特征：第一，汇票有三个基本当事人，即出票人、付款人和收款人。由于这三个当事人在汇票发行时既已存在，故属基本当事人，缺一不可。但是随着汇票的背书转让、汇票上设立保证等，被背书人、保证人等也成为汇票上的当事人。第二，汇票是由出票人委托他人支付的票据，是一种委付证券，而非自付证券。第三，汇票是在见票时或指定到期日付款的票据。指定到期日是指定日付款、出票后定期付款、见票后定期付款三种形式。第四，汇票是付款人无条件支付票据金额给持票人的票据，此处的持票人包括收款人、被背书人或受让人。

根据不同的标准，汇票可作不同的分类：

（1）依出票人的不同，可分为银行汇票和商业汇票。银行汇票是出票银行签发的，由其在见票时按照实际结算金额无条件支付给收款人或者持票人的票据。银行汇票的出票银行为银行汇票的付款人。银行汇票一般由汇款人将款项交存当地银行，由银行签发给汇款人持往异地办理转账结算或支取现金。单位、个体经济户和个人需要使用各种款项，均可使用银行汇票。银行汇票可以用于转账，填明"现金"字样的银行汇票也可以用于支取现金。银行汇票的提示付款期限自出票日起1个月。商业汇票是出票人签发的，委托付款人在指定日期无条件支付确定的金额给收款人或者持票人的票据。商业汇票的出票人为银行以外的企业或其他组织；其付款人可以是银行，也可以是银行以外的企业或其他组织。凡由银行承兑的，称为银行承兑汇票；凡由银行以外的付款人承兑的，称为商业承兑汇票。商业汇票的付款期限，最长不得超过6个月；商业汇票的提示付款期限，自汇票到期日起10日。

（2）依汇票到期日的不同，汇票分为即期汇票和远期汇票。即期汇票是指见票即行付款的汇票，包括注明：见票即付的汇票、到期日与出票日相同的汇票以及未记载到期日的汇票（以提示日为到期日）。远期汇票是指约定一定的到期日付款的汇票，包括定期付款汇票、出票后定期付款汇票（也叫计期汇票）和见票后定期付款汇票。

另外，依记载收款人的方式不同为标准，汇票可分为记名汇票和无记名汇票。以签发和支付地点不同，汇票可分为国内汇票和国际汇票。以银行对付款的要求不同，汇票可分为跟单汇票和原票。

（二）汇票的出票

1. 出票的概念。

出票也称发票，是指出票人签发票据并将其交付给收款人的票据行为。出票包括两个行为：一是出票人依照《票据法》的规定作成票据，即在原始票据上记载法定事项并签章；二是交付票据，即将作成的票据交付给他人占有。这两者缺一不可。

汇票的出票人在为出票行为时，必须与付款人具有真实的委托付款关系，并且具有支付汇票金额的可靠资金来源；汇票的出票人不得签发无对价的汇票用以骗取银行或者其他票据当事人的资金。由于汇票是出票人委托付款人向持票人支付票据金额的一种委付证券，故出票人与付款人之间必须存在真实的支付委托关系，即出票人与付款人之间必须存在事实上的资金关系或者其他的债权债务关系。与此同时，出票人在出票时，必须确保在汇票不承兑或不获付款时，具有足够的清偿能力。汇票的签发，必须给付对价，即出票人不得与其他当事人相互串通，利用签发没有对价的承兑汇票，通过转让、贴现来骗取银行或其他票据当事人的资金。

2. 出票的记载事项。

汇票是要式证券，出票是要式行为，汇票出票必须依据《票据法》的规定记载一定的事项，符合法定的格式。

（1）绝对记载事项。汇票的绝对记载事项包括七个方面的内容，如果汇票上未记载其中内容之一的，汇票无效。

①表明"汇票"的字样。在票据上必须记载足以表明该票据是汇票的文字。如果没有该等文字，则汇票无效。

②无条件支付的委托。这是汇票的支付文句，表明出票人委托付款人支付汇票金额是不附带任何条件的。如果汇票附有条件（如收货后付款），则汇票无效。

③确定的金额。这是指汇票上记载的金额必须是固定的数额。如果汇票上记载的金额是不确定的，如人民币10万元以下、5万元以上等，汇票将无效。在实践中，银行汇票记载的金额有汇票金额和实际结算金额。汇票金额是指出票时汇票上应该记载的确定金额；实际结算金额是指不超过汇票金额，而另外记载的具体结算的金额。汇票上记载有实际结算金额的，以实际结算金额为汇票金额。如果银行汇票记载汇票金额而未记载实际结算金额，并不影响该汇票的效力，而以汇票金额为实际结算金额。实际结算金额只能小于或等于汇票金额，如果实际结算金额大于汇票金额的，实际结算金额无效，以汇票金额为付款金额。收款人受理申请人交付的银行汇票时，应在出票金额以内，根据实际需要的款项办理结算，并将实际结算金额和多余金额准确、清晰地填入银行汇票解讫通知的有关栏内。未填明实际结算金额和多余金额或实际结算金额超过出票金额的，银行不予受理。

④付款人名称。付款人是指出票人在汇票上记载的委托支付汇票金额的人。汇票上未记载付款人，则汇票无效。

⑤收款人名称。收款人是指出票人在汇票上记载的受领汇票金额的最初票据权利人。我国《票据法》不允许签发无记名汇票，汇票上应将收款人名称作为应记载的绝对事项，以利于汇票的转让和流通，减少发生纠纷。

⑥出票日期。这是指出票人在汇票上记载的签发汇票的日期。出票日期在法律上具有重要的作用，可以确定出票后定期付款汇票的付款日期、见票即付汇票的付款提示期限、见票后定期付款汇票的承兑提示期限；确定利息起算日；确定某些票据权利的时效期限；确定保证成立的日期；判定出票人在出票时的行为能力状态以及代理人的代理权限状态等。

⑦出票人签章。这是指出票人在票据上亲自书写自己的姓名或盖章。这一问题在前述有关内容已作说明。如果汇票出票人不在汇票上签章，则汇票无效。

（2）相对记载事项。相对记载事项是指在出票时应当予以记载，但如果未作记载，可以通过法律的直接规定来补充确定的事项。未记载该事项并不影响汇票本身的效力，汇票仍然有效。

①付款日期。这是指支付汇票金额的日期。汇票除见票即付外，其金额一般是在签发汇票后一段时间才支付。因此，汇票应记载一个付款日期以作为票据权利人行使票据权利的依据。但是，如果汇票上未记载付款日期，并不必然导致票据的无效，根据《票据法》的规定，此为见票即付。

关于付款日期，《票据法》规定了四种形式，即见票即付、定日付款、出票后定期付款、见票后定期付款。付款日期为汇票到期日。出票人签发汇票时，只能在这四种法定形式中选定，而不能选用法定形式以外的其他任何形式。

②付款地。这是指汇票金额的支付地点。付款地应在票据上加以明确记载，以便于收款人或持票人知道在何地提示付款。但是，如果汇票上未记载付款地的，也不必然导致票据无效，而是依据法律的规定确定付款地。根据《票据法》的规定，汇票上未记载付款地的，付款地为付款人的营业场所、住所或者经常居住地。付款人的营业场所为其从事生产经营活动的固定场所，付款人没有经营场所的，以其住所为付款地，住所与经常居住地不一致的，则以其经常居住地为付款地。

③出票地。这是指出票人签发票据的地点。如果汇票上未记载出票地的，根据《票据法》的规定，出票人的营业场所、住所或者经常居住地为出票地。

（3）非法定记载事项。非法定记载事项是指法律规定以外的记载事项。《票据法》规定，汇票上可以记载《票据法》规定事项以外的其他出票事项，但是该记载事项不具有汇票上的效力。法律规定以外的事项主要是指与汇票的基础关系有关的事项，如签发票据的原因或用途、该票据项下交易的合同号码等。

3. 出票的效力。

出票是以创设票据权利为目的的票据行为。出票人依照《票据法》的规定完成出票行为之后，即对汇票当事人产生票据法上的效力。

（1）对出票人的效力。出票人签发汇票后，即承担保证该汇票承兑和付款的责任。出票人在汇票得不到承兑和付款时，应当向持票人清偿法律规定的金额和费用。

（2）对付款人的效力。出票行为是单方行为，付款人并不因此而有付款义务，只是基于出票人的付款委托而使其具有承兑人的地位，只有在其对汇票进行承兑后，付款人才成为汇票上的主债务人。

（3）对收款人的效力。收款人取得出票人发出的汇票后，即取得票据权利，一方面，就票据金额享有付款请求权；另一方面，在该请求权不能满足时，享有追索权。同时，收款人享有依法转让票据的权利。

（三）汇票的背书

1. 背书概述。

背书是指持票人以转让汇票权利或授予他人一定的票据权利为目的，按法定的事项和方式在票据背面或者粘单上记载有关事项并签章的票据行为。《票据法》规定，持票人可以将汇票权利转让给他人或者将一定的汇票权利授予他人行使，持票人行使此项权利时，应当背书并交付汇票。

如果出票人在汇票上记载"不得转让"字样，该汇票不得转让。根据《票据法》司法解释的规定，对于记载"不得转让"字样的票据，其后手以此票据进行贴现、质押的，通过贴现、质押取得票据的持票人主张票据权利的，人民法院不予支持。这是有关出票人的禁止背书的规定。尽管此处标明的是"不得转让"，但在实践中只要表明了禁止背书的含义，如"禁止背书""禁止转让"等字样，也是有效的。依此规定，如果收款人或持票人将出票人作禁止背书的汇票转让的，该转让不发生票据法上的效力，出票人和承兑人对受让人不承担票据责任。

2. 背书的形式。

背书是一种要式行为，必须符合法定的形式，即其必须作成背书并交付，才能有效成立。背书应当在票据背面或粘单上完成，票据凭证不能满足背书人记载的需要时，可以加附粘单，粘贴于票据上，粘单上的第一记载人应当在汇票与粘单的粘接处签章。根据《票据法》的有关规定，背书应记载的事项内容包括：

（1）背书签章和背书日期的记载。背书由背书人签章并记载背书日期。背书未记载日期的，视为在汇票到期日前背书。

（2）被背书人名称的记载。汇票以背书转让或者以背书将一定的票据权利授予他人行使时，必须记载被背书人名称。如果背书人不作成记名背书，即不记载被背书人名称，而将票据交付他人的，持票人在票据被背书人栏内记载自己的名称与背书人记载具有同等法律效力。

背书人可以在汇票上记载"不得转让"或类似字样，背书人在汇票上记载"不得转让"字样，其后手再背书转让的，原背书人对其后手的被背书人不承担保证责任。背书人的禁止背书是背书行为的一项任意记载事项，如果背书人不愿意对其后手以后的当事人承担票据责任，即可在背书时记载禁止背书。

背书不得记载的内容有两项：一是附有条件的背书；二是部分背书。附有条件的背书是指背书人在背书时，记载一定的条件，以限制或者影响背书效力。背书时附有条件的，所附条件不具有汇票上的效力。部分背书是指背书人在背书时，将汇票金额的一部分或者将汇票金额分别转让给两人以上的背书。将汇票金额的一部分或者将汇票金额分别转让给两人以上的背书无效。

3. 背书连续。

背书连续是指在票据转让中，转让汇票的背书人与受让汇票的被背书人在汇票上的签章依次前后衔接。也就是说，票据上记载的多次背书，从第一次到最后一次在形式上都是连续而无间断的。以背书转让的汇票，背书应当连续。如果背书不连续，付款人可以拒绝向持票人付款，否则付款人自行承担责任。

背书连续主要是指背书在形式上连续，如果背书在实质上不连续，如有伪造签章等，付款人仍应对持票人付款。但是，如果付款人明知持票人不是真正票据权利人，则不得向持票人付款，否则应自行承担责任。

对于非经背书转让，而以其他合法方式取得票据的，如继承，不涉及背书连续的问题。只要取得票据的人依法举证，表现其合法取得票据的方式，证明其汇票权利，就能享有票据上的权利。

4. 委托收款背书和质押背书。

委托收款背书和质押背书属非转让背书，具有自己的特殊性。

（1）委托收款背书，是指持票人以行使票据上的权利为目的，而授予被背书人以代理权的背书。该背书方式不以转让票据权利为目的，而是以授予他人一定的代理权为目的，其确立的法律关系不属于票据上的权利转让与被转让关系，而是背书人（原持票人）与被背书人（代理人）之间在民法上的代理关系，该关系形成后，被背书人可以代理行使票据上的一切权利。在此情形下，被背书人只是代理人，而未取得票据权利，背书人仍是票据权利人。

《票据法》规定，背书记载"委托收款"字样的，被背书人有权代背书人行使被委托的汇票权利。但是，被背书人不得再以背书转让汇票权利。被背书人因委托收款背书而取得代理权后，可以代为行使付款请求权和追索权，在具体行使这些权利的过程中，还可以请求作成拒绝证明、发出拒绝事由通知、行使利益偿还请求权等，但不能行使转让票据等处分权利，否则，原背书人对后手的被背书人不承担票据责任，但不影响出票人、承兑人以及原背书人的前手的票据责任。

委托收款背书与其他背书一样，持票人依据法律规定的记载事项作成背书并交付，才能生效。

（2）质押背书，是指持票人以票据权利设定质权为目的而在票据上作成的背书。背书人是原持票人，也是出质人，被背书人则是质权人。质押背书确立的是一种担保关系，即在背书人（原持票人）与被背书人之间产生一种质押关系，而不是一种票据权利的转让与被转让关系。因此，质押背书成立后，即背书人作成背书并交付，背书人仍然是票据权利人，被背书人并不因此而取得票据权利。但是，被背书人取得质权人地位后，在背书人不履行其债务的情况下，可以行使票据权利，并从票据金额中按担保债权的数额优先得到偿还。如果背书人履行了所担保的债务，被背书人则必须将票据返还背书人。

质押背书与其他背书一样，也必须依照法定的形式作成背书并交付。《票据法》规定，质押时应当以背书记载"质押"字样。但如果在票据上记载质押文句表明了质押意思的，如"为担保""为设质"等，也应视为其有效。如果记载"质押"文句的，其后手再背书转让或者质押的，原背书人对后手的被背书人不承担票据责任，但不影响出票人、承兑人以及原背书人的前手的票据责任。被背书人依法实现其质权时，可以行使汇票权利。这里所指的汇票权利包括付款请求权和追索权以及为实现这些权利而进行的一切行为，如提示票据、请求付款、受领票款、请求作成拒绝证明、进行诉讼等。

以汇票设定质押时，出质人在汇票上只记载了"质押"字样而未在票据上签章的，或者出质人未在汇票、粘单上记载"质押"字样而另行签订质押合同、质押条款的，不构成票据质押。此外，贷款人恶意或者有重大过失从事票据质押贷款的，质押行为无效。

5. 法定禁止背书。

法定禁止背书是指根据《票据法》的规定而禁止背书转让的情形。由于法律规定在某些情况下，汇票不得背书转让，因此，如果背书人将此类汇票以背书方式转让的，应当承担汇票责任。《票据法》规定，汇票被拒绝承兑、被拒绝付款或者超过付款提示期限的，不得背书转让；背书转让的，背书人应当承担汇票责任。法定禁止背书的情形有三种：（1）被拒绝承兑的汇票，是指持票人在汇票到期日前，向付款人提示承兑而遭拒绝的汇票。汇票上的付款人只有在汇票承兑后，才是汇票上的主债务人。如果付款人对汇票拒绝承兑的，就不具有汇票上债务人的地位，不承担支付票据金额的责任。因此，收款人或持票人虽然在汇票成立时即已取得付款请求权，但因付款人拒绝承兑，该付款请求权也就无法确定，当然也就不能将这种付款请求权再背书转让。在付款人拒绝承兑的情况下，收款人或持票人只能向其前手行使追索权，取得票据金额；如果其将这种票据转让，受让人取得该汇票时，也只能通过向该背书人行使追索权，取得票据金额。（2）被拒绝付款的汇票，是指对不需承兑的汇票或者已经付款人承兑的汇票，持票人于汇票到期日向付款人提示付款而被拒绝的汇票。被拒绝付款的汇票，付款人即使对汇票已作承兑，负有于汇票到期日无条件付款的责任，但是，付款人在汇票到期日拒绝付款的，收款人或者持票人的付款请求权也不能得到实现。如果持票人将该种汇票再行转让，受让人尽管也可以取得付款请求权，但实现的可能性极小。因此，《票据法》禁止将该种票据再行背书转让，如果背书转让的，背书人应承担汇票责任，受让人有权向该背书人行使追索权。（3）超过付款提示期限的汇票，是指持票人未在法定付款提示期间内向付款人提示付款的汇票。法定付款提示期间是法律规定的由收款人或者持票人行使付款请求权的期限。收款人或者持票人应当在汇票到期日起至法定提示期间届满前行使付款请求权，如果收款人或持票人未在此期间内行使付款请求权，即丧失对其前手的追索权。因此，《票据法》规定不允许将该种汇票再行转让，否则，受让人的利益就可能受到损害。背书人以背书将该种票据进行转让，应该承担汇票责任。

（四）汇票的承兑

1. 承兑的概念。

承兑是指汇票付款人承诺在汇票到期日支付汇票金额的票据行为。承兑是汇票特有的制度。付款人承兑汇票后，作为汇票承兑人，便成为汇票的主债务人，应当承担到期付款的责任。

2. 承兑的程序。

（1）提示承兑。提示承兑是指持票人向付款人出示汇票，并要求付款人承兑付款的行为。因汇票付款日期的形式不同，提示承兑的期限也不一样。

①定日付款和出票后定期付款汇票的提示承兑期限。定日付款或者出票后定期付款的汇票，持票人应当在汇票到期日前向付款人提示承兑。上述两类汇票的提示承兑期限是从出票人出票日起至汇票到期日止。在此期间，持票人应当向付款人提示承兑，否则，丧失对其前手的追索权。

②见票后定期付款汇票的提示承兑期限。见票后定期付款的汇票，持票人应当自出票日起 1 个月内向付款人提示承兑。汇票未按照规定期限提示承兑的，持票人丧失对其前手的追索权。见票后定期付款汇票的付款日期，是以见票日为起算日期来确定的，汇票不经提示承兑，就无法确定见票日，也就无法确定付款日期，持票人便无法行使票据权利，因此，该种汇票属于必须提示承兑的汇票。

③见票即付汇票的提示承兑问题。见票即付的汇票无须提示承兑。这种汇票主要包括两种：一是汇票上明确记载有"见票即付"的汇票；二是汇票上没有记载付款日期，根据法律规定视为见票即付的汇票。我国的银行汇票，未记载付款日期，属于见票即付的汇票，该汇票无须提示承兑。

（2）承兑成立。

①承兑时间。持票人向付款人提示承兑后，付款人应决定是否承兑。《票据法》规定，付款人对向其提示承兑的汇票，应当自收到提示承兑的汇票之日起 3 日内承兑或者拒绝承兑。如果付款人在 3 日内不作承兑与否表示的，应视为拒绝承兑，持票人可以请求其作出拒绝承兑证明，向其前手行使追索权。

②接受承兑。付款人收到持票人提示承兑的汇票时，应当向持票人签发收到汇票的回单。回单是持票人收到付款人向其出具的已收到请求承兑汇票的证明。回单上应当记明汇票提示承兑日期并签章。

③承兑的格式。付款人承兑汇票的，应当在汇票正面记载"承兑"字样和承兑日期并签章；见票后定期付款的汇票，应当在承兑时记载付款日期。汇票上未记载承兑日期的，以持票人提示承兑之日起的第 3 日，即付款人 3 天承兑期的最后一日为承兑日期。

汇票承兑的应记载事项必须记载于汇票的正面，而不能记载于汇票的背面或粘单上。在实务中，承兑的应记载事项一般已全部印在正式的标准格式上，因而只需付款人填写即可。

④退回已承兑的汇票。付款人依承兑格式填写完毕应记载事项后，并不意味着承兑生效，只有在其将已承兑的汇票退回持票人时才产生承兑的效力。付款人承兑汇票，

不得附有条件；承兑附有条件的，视同拒绝承兑。

3. 承兑的效力。

付款人承兑汇票后，应当承担到期付款的责任。到期付款的责任是一种绝对责任，具体表现在：（1）承兑人于汇票到期日必须向持票人无条件地支付汇票上的金额，否则其必须承担延迟付款责任；（2）承兑人必须对汇票上的一切权利人承担责任，这些权利人包括付款请求权人和追索人；（3）承兑人不得以其与出票人之间的资金关系来对抗持票人，拒绝支付汇票金额；（4）承兑人的票据责任不因持票人未在法定期限提示付款而解除。

（五）汇票的保证

1. 保证的概念。

保证是指票据债务人以外的他人充当保证人，担保票据债务履行的票据行为。保证的作用在于加强持票人票据权利的实现，确保票据付款义务的履行，促进票据流通。

2. 保证的当事人与格式。

（1）保证的当事人。保证的当事人为保证人与被保证人。保证人必须是由汇票债务人以外的他人担当。已成为票据债务人的，不得再充当票据上的保证人。此外，保证人应是具有代为清偿票据债务能力的法人、其他组织或者个人。国家机关、以公益为目的的事业单位、社会团体、企业法人的分支机构和职能部门不得为保证人；但是经国务院批准为使用外国政府或者国际经济组织贷款进行转贷，国家机关提供票据保证的，以及企业法人的分支机构在法人书面授权范围内提供票据保证的除外。票据保证无效的，票据的保证人应当承担与其过错责任相应的民事责任。被保证人是指票据关系中已有的债务人，包括出票人、背书人、承兑人等。票据债务人一旦由他人为其提供保证，其在保证关系中就被称为被保证人。

（2）保证的格式。在办理保证手续时，保证人必须在汇票或粘单上记载下列事项：①表明"保证"的字样。②保证人名称和住所。③被保证人的名称。④保证日期。⑤保证人签章。其中，"保证"的字样和保证人签章为绝对记载事项，被保证人的名称、保证日期和保证人住所为相对记载事项。保证人在汇票或者粘单上未记载被保证人的名称的，已承兑的汇票，以承兑人为被保证人；未承兑的汇票，以出票人为被保证人。保证人在汇票或者粘单上未记载保证日期的，以出票日期为保证日期。同时，保证不得附有条件；附有条件的，不影响对汇票的保证责任。

保证人为出票人、承兑人保证的，应将保证事项记载于汇票的正面；保证人为背书人保证的，应将保证事项记载于汇票的背面或粘单上。

3. 保证的效力。

保证一旦成立，即在保证人与被保证人之间产生法律效力，保证人必须对保证行为承担相应的责任。

（1）保证人的责任。保证人对合法取得汇票的持票人所享有的汇票权利，承担保证责任。但是，被保证人的债务因票据记载事项欠缺而无效的除外。被保证的汇票，保证人应当与被保证人对持票人承担连带责任。汇票到期后得不到付款的，持票人有权向保证人请求付款，保证人应当足额付款。

（2）共同保证人的责任。共同保证是指保证人为两人以上的保证。保证人为两人以上的，保证人之间承担连带责任。

（3）保证人的追索权。保证人清偿汇票债务后，可以行使持票人对被保证人及其前手的追索权。

（六）汇票的付款

1. 付款的概念。

付款是指付款人依据票据文义支付票据金额，以消灭票据关系的行为。

2. 付款的程序。

付款的程序包括付款提示与支付票款。

（1）付款提示。付款提示是指持票人向付款人或承兑人出示票据，请求付款的行为。《票据法》规定，持票人应当按照下列期限提示付款：①见票即付的汇票，自出票日起1个月内向付款人提示付款。②定日付款、出票后定期付款或者见票后定期付款的汇票，自到期日起10日内向承兑人提示付款。持票人未按照上述规定期限内提示付款的，在作出说明后，承兑人或者付款人仍应当继续对持票人承担付款责任。通过委托收款银行或者通过票据交换系统向付款人提示付款的，视同持票人提示付款。

此外，持票人在以下情形下可不为付款提示：①付款人拒绝承兑，无须再为其提示。②票据丧失，只能通过公示催告或普通诉讼来救济。③因不可抗力不能在规定期限提示，可直接行使追索权。④付款人或承兑人主体资格消灭，持票人无法提示。

（2）支付票款。持票人向付款人进行付款提示后，付款人无条件地在当日按票据金额足额支付给持票人。

在支付票款的过程中，持票人必须向付款人履行一定的手续，持票人获得付款的，应当在汇票上签收，即在票据的正面签章，表明持票人已经获得付款，并将汇票交给付款人。

付款人或者代理付款人在付款时应当履行审查义务，即应当审查持票人提示的汇票背书是否连续，并应审查提示付款人的合法身份证明或者有效证件。该等审查义务仅限于汇款格式是否合法，即汇票形式上的审查，而不负责实质上的审查。如果付款人或者其代理付款人以恶意或者有重大过失付款的，应当自行承担责任。此外，如果付款人对定日付款、出票后定期付款或者见票后定期付款的汇票在到期日前付款，应由付款人自行承担所产生的责任。在持票人不是票据权利人时，对于真正的票据权利人并不能免除其票据责任，而对由此造成损失的，付款人只能向非正当持票人请求赔偿。

如果汇票金额为外币的，应按照付款日的市场汇价，以人民币支付。汇票当事人对汇票支付的货币种类另有约定的，从其约定。

3. 付款的效力。

付款人依法足额付款后，全体汇票债务人的责任解除。付款人依照票据文义及时足额支付票据金额之后，票据关系随之消灭，汇票上的全体债务人的责任予以解除。但是，如果付款人付款存在瑕疵，即未尽审查义务而对不符合法定形式的票据付款，或其存在恶意或者重大过失而付款的，则不发生上述法律效力，付款人的义务不能免除，其他债务人也不能免除责任。

（七）汇票的追索权

1. 追索权的概念。

追索权是指持票人在票据到期后不获付款或到期前不获承兑或有其他法定原因，并在实施行使或保全票据上权利的行为后，可以向其前手请求偿还票据金额、利息及其他法定款项的一种票据权利。追索权是在票据权利人的付款请求权得不到满足之后，法律赋予持票人对票据债务人进行追偿的权利。追索权与付款请求权在权利行使对象上有一定的区别：后者的行使对象是票据上的付款人；前者的行使对象可以是票据上的主债务人，但主要还是票据上的次债务人，如票据上的出票人、背书人、保证人等。

2. 追索权发生的原因。

（1）追索权发生的实质条件。根据《票据法》的规定，追索权发生的实质要件包括：①汇票到期被拒绝付款。②汇票在到期日前被拒绝承兑。③在汇票到期日前，承兑人或付款人死亡、逃匿的。④在汇票到期日前，承兑人或付款人被依法宣告破产或因违法被责令终止业务活动。发生上述情形之一的，持票人可以对背书人、出票人以及汇票的其他债务人行使追索权。

（2）追索权发生的形式要件。追索权的发生除了构成前述实质条件外，还须具有一定的形式条件。这一形式条件即持票人行使追索权必须履行一定的保全手续而不致使追索权丧失。该等保全手续包括：第一，在法定提示期限提示承兑或提示付款；第二，在不获承兑或不获付款时，在法定期限内作成拒绝证明。根据《票据法》的有关规定，拒绝证明主要有：

①拒绝证书。拒绝证书是由国家授权的机关制作的用以证明持票人已依法行使票据权利而被拒绝，或者无法行使票据权利的一种公证书。拒绝证书分拒绝承兑证书和拒绝付款证书。持票人已请求作成拒绝承兑证书的，无须再请求作成拒绝付款证书。拒绝证书是公证机关制作的公证书，有一定的格式要求。

②退票理由书。汇票的持票人委托银行办理票据托收，或者向代理付款银行提示付款时，如果付款人或者代理付款银行拒绝付款，可由其出具退票理由书，说明退票理由。该退票理由书可起到拒绝证书的作用，即证明持票人已行使其权利而未获结果，故持票人有退票理由书就无须再请求作成拒绝证书。

③承兑人、付款人或者代理付款银行直接在汇票上记载提示日期、拒绝事由、拒绝日期并盖章。这也是拒绝证明的形式之一，可起到证明持票人已行使其权利而无结

果的作用，可代替拒绝证书。

④持票人因承兑人或者付款人死亡、逃匿或者其他原因，不能取得拒绝证明的，可以依法取得其他有关证明。包括死亡证明、失踪证明书等。这些证明也具有拒绝证明的作用。

⑤人民法院的有关司法文件。承兑人或者付款人被人民法院依法宣告破产的，人民法院的有关司法文书具有拒绝证明的效力。这表明持票人在上述情形下无法向承兑人或者付款人提示承兑或者提示付款，故有权向其前手行使追索权。

⑥有关行政主管部门的处罚决定。承兑人或者付款人因违法被责令终止业务活动的，持票人也无法向承兑人或者付款人提示承兑或者付款，因而，处罚决定便具有拒绝证明的作用。

持票人出具上述文书之一的，即构成其行使追索权的形式要件。《票据法》规定，持票人不能出示拒绝证明、退票理由书或者未按照规定期限提供其他合法证明的，丧失对其前手的追索权。但是，承兑人或者付款人仍应当对持票人承担责任。

3. 追索权的行使。

行使追索权一般包括：由持票人发出追索通知、确定追索对象、请求偿还金额和受领清偿金额等。

（1）发出追索通知。

①追索通知的当事人。追索通知的当事人分为通知人和被通知人。通知人是指持票人以及收到通知后再为通知的背书人及其保证人。持票人是最初的通知人，但收到持票人发来追索通知的债务人，如果在其前手还存在债务人，必须向其前手发出该追索通知，因此收到追索通知的债务人也可以成为通知人，这些债务人一般包括背书人及其保证人。被通知人是指向持票人承担担保承兑和付款的票据上的次债务人，他们都是被追索的当事人，因此被通知人可泛指持票人的一切前手，包括出票人、背书人、保证人等。

②通知的期限。《票据法》规定，持票人应当自收到被拒绝承兑或者被拒绝付款的有关证明之日起3日内，将被拒绝事由书面通知其前手；其前手应当自收到通知之日起3日内书面通知其再前手。持票人也可以同时向各汇票债务人发出书面通知。无论是持票人，还是收到追索通知的背书人及其保证人，发出追索通知的期限都是3天。持票人发出追索通知的起算日为其收到拒绝证明之日，收到追索通知的背书人及其保证人发出追索通知的起算日为其收到追索通知之日。

③通知的方式和通知应记载的内容。通知应当以书面形式发出，书面形式包括书信、电报、电传等。在规定期限内将通知按照法定地址或约定的地址邮寄的，视为已发出通知。书面通知应记明汇票的主要记载事项，并说明该汇票已被退票。主要记载事项包括出票人、背书人、保证人以及付款人的名称和地址、汇票金额、出票日期、付款日期等。汇票退票的说明主要是指汇票不获承兑或者不获付款的原因。

④未在规定期限内发出追索通知的后果。如果持票人未按规定期限发出追索通知或其前手收到通知未按规定期限再通知其前手，持票人仍可以行使追索权，因延期通知给其前手或者出票人造成损失的，由没有按照规定期限通知的汇票当事人承担对该损失的赔偿责任，但是所赔偿的金额以汇票金额为限。

（2）确定追索对象。

①确定追索对象。被追索人包括出票人、背书人、承兑人和保证人。持票人可以不按照汇票债务人的先后顺序，对其中任何一人、数人或者全体行使追索权。持票人对票据债务人中的一人或者数人已经进行追索的，对其他票据债务人仍可以行使追索权。但是，持票人为出票人的，对其前手无追索权。持票人为背书人的，对其后手无追索权。

②被追索人的责任承担。出票人、背书人、承兑人和保证人均为被追索人。被追索人对持票人承担连带责任。持票人对汇票债务人中的一人或者数人已经进行追索的，对其他汇票债务人仍可以行使追索权。被追索人清偿债务后，与持票人享有同一权利。

（3）请求偿还金额和受领清偿金额。

①请求偿还金额。持票人行使追索权，可以请求被追索人支付的金额和费用包括：被拒绝付款的汇票金额；汇票金额自到期日或者提示付款日起至清偿日止，按照中国人民银行规定的同档次流动资金贷款利率计算的利息；取得有关拒绝证明和发出通知书的费用。由此可见，作为追索权标的的追索金额，通常要比作为付款请求权标的的票据金额要大。

被追索人在依前述内容向持票人支付清偿金额及费用后，可以向其他汇票债务人行使再追索权，请求其他汇票债务人支付相应的金额和费用，包括已清偿的全部金额，即为满足其后手（包括持票人或者其他追索权人）的追索权而支付的全部金额；前项金额自清偿日起至再追索日止，按照中国人民银行规定的同档次流动资金贷款利率计算的利息；发出通知书的费用，即指被追索人在追索过程中发生的费用。

②受领清偿金额。这是指持票人或行使再追索权的被追索人接受被追索人的清偿金额。持票人或行使再追索权的被追索人在接受清偿金额时，应当履行相应的义务，交出汇票和有关拒绝证明，并出具所收到利息和费用的收据。如果持票人或行使再追索权的被追索人拒绝履行该等义务的，被追索人即可拒绝清偿有关金额和费用。

③被追索人清偿债务后的效力。被追索人清偿债务后，其票据责任解除。同时，被追索人清偿债务后，与持票人享有同一票据权利，可以向其他汇票债务人行使再追索权，请求其他汇票债务人支付相应的金额和费用。

💡【例4-11】根据票据法律制度的相关规定，下列有关汇票的表述中，正确的是（　　）。

A. 汇票金额中文大写与阿拉伯数码记载不一致的，以中文大写金额为准

B. 汇票保证中，被保证人的名称属于绝对记载事项

C. 见票即付的汇票，无须提示承兑

D. 汇票承兑后，承兑人如果未受有出票人的资金，则可对抗持票人

【解析】正确答案为 C。汇票金额中文大写与阿拉伯数码记载不一致的，票据无效，因此选项 A 是错误的；汇票保证中，被保证人的名称属于相对记载事项，因此选项 B 是错误的；汇票承兑后，承兑人负有绝对付款的义务，不能以与出票人的资金关系对抗持票人，因此选项 D 错误。

三、本票

（一）本票概述

1. 本票的概念。

本票是出票人签发的，承诺自己在见票时无条件支付确定的金额给收款人或者持票人的票据。我国《票据法》规定的本票，是指银行本票。

与汇票相比，本票具有下列特征：（1）本票是自付证券。本票是由出票人约定自己付款的一种自付证券，其基本当事人有两个，即出票人和收款人，在出票人之外不存在独立的付款人。（2）本票无须承兑。在出票人完成出票行为之后，即承担了到期日无条件支付票据金额的责任，不需要在到期日前进行承兑。

2. 本票的种类。

依照不同的标准，可以对本票作不同分类，例如记名本票、指示本票和不记名本票；远期本票和即期本票；银行本票和商业本票等。在我国，本票仅限于银行本票，且为记名本票和即期本票。

银行本票是银行签发的，承诺自己在见票时无条件支付确定的金额给收款人或者持票人的票据。单位和个人在同一票据交换区域需要支付各种款项，均可以使用银行本票。银行本票可以用于转账，注明"现金"字样的银行本票可以用于支取现金。银行本票分为定额银行本票和不定额银行本票。定额银行本票面额为 1 000 元、5 000 元、1 万元和 5 万元。

3. 本票适用汇票的有关规定。

本票作为票据的一种，具有与其他票据相同的一般性质和特征，《票据法》只是对本票与其他票据不同的方面加以规定，即对其个性方面的问题作了特别规定，而有关其一般性的问题，则适用《票据法》总则有关的规定和汇票中的相关规定。除特别规定外，本票的背书、保证、付款行为和追索权的行使，适用汇票的有关规定。

（二）出票

本票的出票与汇票一样，包括作成票据和交付票据。本票的出票行为是以自己负担支付本票金额的债务为目的的票据行为。

1. 本票的出票人。

本票的出票人必须具有支付本票金额的可靠资金来源，并保证支付。银行本票的出票人，为经中国人民银行当地分支行批准办理银行本票业务的银行机构。

2. 本票的记载事项。

（1）本票的绝对记载事项。本票的绝对记载事项包括以下六个方面的内容：①表明"本票"字样。这是本票文句记载事项。②无条件支付的承诺。这是有关支付文句，表明出票人无条件支付票据金额，而不附加任何条件。③确定的金额。④收款人名称。⑤出票日期。⑥出票人签章。

（2）本票的相对记载事项。本票的相对记载事项包括两项内容：①付款地。本票上未记载付款地的，以出票人的营业场所为付款地。②出票地。本票上未记载出票地的，以出票人的营业场所为出票地。

此外，本票上可以记载《票据法》规定事项以外的其他出票事项，但是这些事项并不发生本票上的效力。

（三）见票付款

根据《票据法》的规定，银行本票是见票付款的票据，收款人或持票人在取得银行本票后，随时可以向出票人请求付款。

本票自出票日起，付款期限最长不得超过2个月。持票人在规定的期限提示本票的，出票人必须承担付款的责任。如果持票人超过提示付款期限不获付款的，在票据权利时效内向出票银行作出说明，并提供本人身份证或单位证明，可持银行本票向出票银行请求付款。

如果本票的持票人未按照规定期限提示本票的，丧失对出票人以外的前手的追索权。由于本票的出票人是票据上的主债务人，对持票人负有绝对付款责任，除票据时效届满而使票据权利消灭或者要式欠缺而使票据无效外，并不因持票人未在规定期限内向其行使付款请求权而使其责任得以解除。因此，持票人仍对出票人享有付款请求权，只是丧失对背书人及其保证人的追索权。

【例4－12】甲出具一张银行本票给乙，乙将该本票背书转让给丙，丁作为乙的保证人在票据上签章。丙又将该本票背书转让给戊，戊作为持票人未按规定期限向出票人提示本票。根据《票据法》的有关规定，下列选项中，戊不得行使追索权的有（　　）。

A. 甲　　　　　　B. 乙　　　　　　C. 丙　　　　　　D. 丁

【解析】正确答案为BCD。《票据法》规定，本票的持票人未按照规定期限提示见票的，丧失对出票人以外的前手的追索权。故选项A错误。

四、支票

（一）支票概述

1. 支票的概念。

支票是出票人签发的，委托银行或者其他金融机构在见票时无条件支付一定金额给收款人或者持票人的票据。支票的基本当事人有三个：出票人、付款人和收款人。

支票是一种委付证券，与汇票相同，与本票不同。支票与汇票和本票相比，有两个显著特征：第一，以办理存款业务的银行业金融机构作为付款人；第二，见票即付。

2. 支票的种类。

依据不同的分类标准，可以对支票作不同的分类。《票据法》按照支付票款方式，将支票分为现金支票、转账支票和普通支票。

（1）现金支票。支票正面印有"现金"字样的为现金支票，现金支票只能用于支取现金。

（2）转账支票。支票正面印有"转账"字样的为转账支票，转账支票只能用于转账，不得支取现金。

（3）普通支票。支票上未印有"现金"或"转账"字样的为普通支票，普通支票可以用于支取现金，也可用于转账。普通支票用于转账时，应当在支票正面注明，即在普通支票左上角划两条平行线。有该划线标志的支票，也称为划线支票，划线支票只能用于转账，不得支取现金。

3. 支票适用汇票的有关规定。

与本票一样，《票据法》只是对支票的个性方面的问题作了规定，而有关其一般性的问题，则适用《票据法》总则中的有关规定和汇票中的相关规定。除特别规定外，支票的背书、付款行为和追索权的行使，适用汇票的有关规定。

（二）支票的出票

1. 支票出票的概念。

出票人签发支票并交付的行为即为出票。支票出票人为在经中国人民银行当地分支行批准办理支票业务的银行机构开立可以使用支票的存款账户的单位和个人。其签发支票必须具备一定的条件：（1）开立账户。开立支票存款账户，申请人必须使用其本名，并提交证明其身份的合法证件。（2）存入足够支付的款项。开立支票存款账户和领用支票，应当有可靠的资信，并存入一定的资金。（3）预留印鉴。开立支票存款账户，申请人应当预留其本名的签名式样和印鉴。

2. 支票的记载事项。

支票出票人作成有效的支票，必须按法定要求记载有关事项。

（1）绝对记载事项。签发支票必须记载下列事项：表明"支票"字样，这是支票文句的记载事项；无条件支付的委托，这是支票有关支付文句的记载事项，我国现行使用的支票记载支付的文句，一般是支票上已印好"上列款项请从我账户内支付"的字样；确定的金额；付款人名称，支票的付款人为支票上记载的出票人开户银行；出票日期；出票人签章。支票上未记载前款规定事项之一的，支票无效。

为了发挥支票灵活便利的特点，《票据法》规定了可以通过授权补记的方式记载两项绝对记载事项：一是支票上的金额可以由出票人授权补记，未补记前的支票，不得使用。这就是说，在支票金额未补记之前，收款人不得背书转让、提示付款。二是支票上未记载收款人名称的，经出票人授权，可以补记。这可以理解为，出票人既可以授权收取支票的相对人补记，也可以由相对人再授权他人补记。例如，甲公司签发支票给乙公司，但是未记载收款人。乙公司为支付货款，直接将支票交付给丙公司，未作任何记载。丙公司将自己的名称记载为收款人后，持票向付款人主张票据权利。甲公司、乙公司的行为，均符合《票据法》。也就是说，就支票而言，我国《票据法》承认了转让背书之外的这种票据权利转让方式。此外，出票人可以在支票上记载自己为收款人。

（2）相对记载事项。相对记载事项包括两项内容：一是付款地。支票上未记载付款地的，付款人的营业场所为付款地。二是出票地。支票上未记载出票地的，出票人的营业场所、住所或者经常居住地为出票地。

此外，支票上可以记载非法定记载事项，但这些事项并不发生支票上的效力。

3. 出票的其他法定条件。

支票的出票行为取得法律上的效力，必须依法进行，除须按法定格式签发票据外，还须符合其他法定条件。这些法定条件包括：（1）禁止签发空头支票。出票人签发的支票金额超过其付款时在付款人处实有的存款金额的，为空头支票。支票的出票人签发支票的金额不得超过付款时其在付款人处实有的存款金额。（2）支票的出票人不得签发与其预留本名的签名式样或者印鉴不符的支票，使用支付密码的，出票人不得签发支付密码错误的支票。（3）签发现金支票和用于支取现金的普通支票，必须符合国家现金管理的规定。

4. 出票的效力。

出票人作成支票并交付之后，对出票人产生相应的法律效力。《票据法》规定，出票人必须按照签发的支票金额承担保证向该持票人付款的责任。这一责任包括两项：一是出票人必须在付款人处存有足够可处分的资金，以保证支票票款的支付；二是当付款人对支票拒绝付款或者超过支票付款提示期限的，出票人应向持票人当日足额付款。

（三）支票的付款

支票属于见票即付的票据，因此，《票据法》规定，支票限于见票即付，不得另行记载付款日期。另行记载付款日期的，该记载无效。

1. 支票的提示付款期限。

持票人在请求付款时，必须为付款提示。支票的持票人应当自出票日起10日内提示付款；异地使用的支票，其提示付款的期限由中国人民银行另行规定。

超过提示付款期限提示付款的，付款人可以不予付款。付款人不予付款的，出票人仍应当对持票人承担票据责任。持票人超过提示付款期限的，并不丧失对出票人的追索权，出票人仍应当对持票人承担支付票款的责任。

2. 付款。

持票人在提示期间内向付款人提示票据，付款人在对支票进行审查之后，如未发现有不符规定之处,即应向持票人付款。出票人在付款人处的存款足以支付支票金额时,付款人应当在当日足额付款。

3. 付款责任的解除。

付款人依法支付支票金额的,对出票人不再承担受委托付款的责任,对持票人不再承担付款的责任。但是,付款人以恶意或者有重大过失付款的除外。这里所指的恶意或者有重大过失付款是指付款人在收到持票人提示的支票时,明知持票人不是真正的票据权利人,支票的背书以及其他签章系属伪造,或者付款人不按照正常的操作程序审查票据等情形。在此情况下,付款人不能解除付款责任,由此造成损失的,由付款人承担赔偿责任。

第五章　合同法律制度

第一节　合同法律制度概述

一、合同的概念和分类

我国现行的合同法律制度主要规定在《民法典》合同编。根据《民法典》第四百六十四条的规定，合同是指民事主体之间设立、变更、终止民事法律关系的协议。

按照不同的标准可以将合同划分成不同的类型，合同主要有以下分类：

1. 以法律、法规是否对其名称作出明确规定为标准，分为有名合同和无名合同。有名合同是指法律设有规范，并赋予一定名称的合同。无名合同是指法律尚未特别规定，也未赋予一定名称的合同。

当事人之间依合意成立的无名合同，只要不违反法律、行政法规的强制性规范，不违背公序良俗，即属有效。在无名合同因当事人意思不完备而出现纠纷时，应适用《民法典》合同编通则的规定，并可以参照适用合同编分则或者其他法律最相类似合同的规定。

2. 按照除双方意思表示一致外，是否尚需交付标的物才能成立为标准，分为诺成合同与实践合同。诺成合同是指当事人的意思表示一致即成立的合同，如买卖合同、租赁合同。实践合同是指除当事人的意思表示一致以外，尚须交付标的物或完成其他给付才能成立的合同，如自然人之间的借贷合同、定金合同。

3. 按照法律、法规或者当事人约定是否要求具备特定形式和手续为标准，分为要式合同和不要式合同。要式合同是指法律或当事人要求必须具备一定形式的合同。不要式合同即法律或当事人不要求必须具备一定形式的合同。

4. 按照双方是否互负给付义务为标准，分为双务合同和单务合同。双务合同是双方当事人互负给付义务的合同，如买卖、租赁、承揽等合同。单务合同是只有一方当事人负给付义务的合同，如赠与合同。

5. 以合同相互间的主从关系为标准，分为主合同与从合同。凡不以他种合同的存在为前提即能独立存在的合同为主合同，而必须以他种合同的存在为前提，自身不能独立存在的合同为从合同。如贷款合同与作为履行债务担保的保证合同，前者为主合同，后者为从合同。

《民法典》合同编按照合同业务性质和权利义务内容的不同，将合同分为买卖合同；供用电、水、气、热力合同；赠与合同；借款合同；保证合同；租赁合同；融资租赁合同；保理合同；承揽合同；建设工程合同；运输合同；技术合同；保管合同；仓储合同；委托合同；物业服务合同；行纪合同；中介合同；合伙合同等。同时，合同编第四百六十七条第一款规定，"本法或者其他法律没有明文规定的合同，适用本编通则的规定，并可以参照适用本编或者其他法律最相类似合同的规定"，说明《民法典》也承认无名合同和其他特别法上的债权合同。

二、合同编的调整范围和基本原则

（一）合同编的调整范围

《民法典》合同编主要调整作为平等主体的自然人、法人、非法人组织之间的经济合同关系，如买卖、租赁、借贷、赠与、融资租赁等合同关系。在政府机关参与的合同中，政府机关作为平等的主体与对方签订合同时，适用合同编的规定。合同编及其他法律没有明文规定的合同，适用合同编通则的规定；其他法律对合同另有规定的，依照其规定。

婚姻、收养、监护等有关身份关系的协议，适用有关该身份关系的法律规定；没有规定的，可以根据其性质参照适用合同编的规定。

我国境内的企业、个体经济组织、民办非企业单位等组织（以下称"用人单位"）与劳动者之间，国家机关、事业单位、社会团体和与其建立劳动关系的劳动者之间，依法订立、履行、变更、解除或者终止劳动合同的，适用《劳动合同法》。

（二）合同编的基本原则

合同编的基本原则是合同当事人在合同活动中应当遵守的基本准则，也是人民法院、仲裁机构在审理、仲裁合同纠纷时应当遵循的原则。我国《民法典》合同编基本原则包括：平等原则；自愿原则；公平原则；诚实信用原则；不违反法律或公序良俗原则。

第二节　合同的订立

一、合同订立的形式

（一）书面形式

书面形式是指合同书、信件和数据电文（包括电报、电传、传真、电子数据交换和电子邮件）等可以有形地表现所载内容的形式。法律、行政法规规定或者当事人约定采用书面形式的，应当采用书面形式。

（二）口头形式

口头形式是指当事人双方就合同内容面对面或以通信设备交谈达成的协议。

（三）其他形式

除了书面形式和口头形式，合同还可以其他形式成立。法律没有列举具体的"其他形式"。例如，交易实践中，可以根据当事人的行为或者特定情形推定合同的成立。这种形式的合同可以称为默示合同，指当事人未用语言或文字明确表示意见，而是根据当事人的行为表明其已经接受合同内容或在特定的情形下推定成立的合同。

二、合同订立的方式

当事人可以采取要约、承诺方式订立合同。

（一）要约

要约是一方当事人以缔结合同为目的，向对方当事人提出合同条件，希望对方当事人接受的意思表示。发出要约的当事人称为要约人，要约所指向的对方当事人则称为受要约人。

1. 要约应具备的条件。

（1）要约须由要约人向特定相对人作出意思表示。要约必须经过相对人的承诺才能成立合同，因此要约必须是要约人向相对人发出的意思表示。相对人一般为特定的人，但在特殊情况下，对不特定的人作出但不妨碍要约所达目的时，相对人也可以是不特定人。《民法典》第四百七十三条第二款规定："商业广告和宣传的内容符合要约条件的，构成要约。"

（2）要约的内容必须具有足以使合同成立的条款，如标的、数量、质量、价款或者报酬、履行期限、地点和方式等，一经受要约人承诺，合同即可成立。

（3）要约须表明经受要约人承诺，要约人即受该意思表示约束。要约人发出的要约的内容必须能够表明：如果对方接受要约，合同即告成立。

2. 要约邀请。

要约邀请是希望他人向自己发出要约的表示。要约邀请与要约不同，要约是一经承诺就成立合同的意思表示；而要约邀请的目的则是邀请他人向自己发出要约，一旦他人发出要约，要约邀请人则处于一种可以选择是否接受对方要约的承诺人地位。要约邀请处于合同的准备阶段，没有法律约束力。《民法典》第四百七十三条第一款规定：拍卖公告、招标公告、招股说明书、债券募集办法、基金招募说明书、商业广告和宣传、寄送的价目表等为要约邀请。

💡【例5-1】某化妆品广告称：水晶四季是引进日本全新技术专业除皱消眼袋组合，能有效消除眼袋、黑眼圈及周围暗沉。咨询订购热线××××，免费送货。该广告属于要约还是要约邀请？

【解析】这是一个要约邀请，目的是希望他人看到广告后向自己发出订立合同的要约。

3. 要约生效时间。

以对话方式作出的要约，自相对人知道其内容时生效。

以非对话方式作出的要约，自到达受要约人时生效。要约到达受要约人，并不是指要约一定实际送达到受要约人或者其代理人手中，要约只要送达到受要约人通常的地址、住所或者其他能够控制的现实或虚拟空间（如信箱或邮箱等），即为送达。《民法典》第一百三十七条第二款规定："以非对话方式作出的采用数据电文形式的意思表示，相对人指定特定系统接收数据电文的，该数据电文进入该特定系统时生效；未指定特定系统的，相对人知道或者应当知道该数据电文进入其系统时生效。当事人对采用数据电文形式的意思表示的生效时间另有约定的，按照其约定。"

4. 要约的效力。

要约一经生效，要约人即受到要约的约束，不得随意撤销或对要约加以限制、变更和扩张。

受要约人在要约生效时即取得了依其承诺而成立合同的法律地位，所以受要约人可以承诺，也可以不承诺。

5. 要约的撤回、撤销与失效。

（1）要约撤回。

要约撤回是指要约在发出后、生效前，要约人使要约不发生法律效力的意思表示。法律规定要约可以撤回，原因在于这时要约尚未发生法律效力，撤回要约不会对受要约人产生任何影响，也不会对交易秩序产生不良影响。原则上，只有以非对话方式作出的要约可能被撤回。由于该种要约在到达受要约人时即生效，因此，撤回要约的通知应当在要约到达受要约人之前或者与要约同时到达受要约人。

（2）要约撤销。

要约撤销是指要约人在要约生效后、受要约人承诺前，使要约丧失法律效力的意思表示。撤销要约的意思表示以对话方式作出的，该意思表示的内容应当在受要约人作出承诺之前为受要约人所知道；撤销要约的意思表示以非对话方式作出的，应当在受要约人作出承诺之前到达受要约人。也就是说，要约已经到达受要约人，在受要约人做出承诺之前，要约人可以撤销要约。由于撤销要约可能会给受要约人带来不利的影响，损害受要约人的利益，法律规定了两种不得撤销要约的情形：①要约人以确定承诺期限或者其他形式明示要约不可撤销；②受要约人有理由认为要约是不可撤销的，并已经为履行合同做了合理准备工作。

（3）要约失效。

要约失效是指要约丧失法律效力，即要约人与受要约人均不再受其约束，要约人不再承担接受承诺的义务，受要约人也不再享有通过承诺使合同得以成立的权利。

①拒绝要约的通知到达要约人。受要约人接到要约后，通知要约人不同意与之签

订合同，则拒绝了要约，在拒绝要约的通知到达要约人时，该要约失去法律效力。

②要约人依法撤销要约。

③承诺期限届满，受要约人未作出承诺。要约中确定了承诺期限的，超过这个期限不承诺，则要约失效；要约中没有规定承诺期限的，在通常情况下，要约发出后受要约人在合理时间内不承诺的，要约失效。

④受要约人对要约的内容做出实质性变更。有关合同标的、数量、质量、价款或者报酬、履行期限、履行地点和方式、违约责任和解决争议方法等内容的变更，是对要约内容的实质性变更。受要约人由此作出的意思表示为反要约，反要约是一个新的要约。提出反要约就是对原要约的拒绝，使原要约失去效力，原要约人不再受该要约的约束。

（二）承诺

承诺是受要约人同意要约的意思表示。

1. 承诺应当具备的条件。

（1）承诺必须由受要约人作出。要约和承诺是相对人之间的行为，只有受要约人享有承诺的资格，所以承诺必须由受要约人作出。如由代理人作出承诺，则代理人须有合法的委托手续。

（2）承诺必须向要约人作出。受要约人承诺的目的在于同要约人订立合同，所以承诺只有向要约人作出才有意义。

（3）承诺的内容必须与要约的内容一致。承诺是受要约人愿意按照要约的内容与要约人订立合同的意思表示，所以要取得成立合同的法律效果，承诺就必须在内容上与要约的内容一致。承诺不得对要约的内容作出实质性变更。

（4）承诺必须在承诺期限内作出并到达要约人。承诺期间，即为要约存续期间。要约在其存续期间内才有效力，包括一旦受要约人承诺便可成立合同的效力，所以承诺必须在此期间内作出并到达要约人。

2. 承诺的方式。

承诺应当以通知的方式作出，通知的方式可以是口头的，也可以是书面的。一般来说，如果法律或要约中没有规定必须以书面形式表示承诺，当事人就可以口头形式表示承诺。根据交易习惯或当事人之间的约定，承诺也可以不以通知的方式，而通过实施一定的行为或以其他方式作出。如果要约人在要约中规定承诺需用特定方式的，只要该种方式不为法律所禁止或不属于在客观上根本不可能，承诺人在作出承诺时就必须符合要约人规定的承诺方式。

3. 承诺的期限。

承诺应当在要约确定的期限内到达要约人。要约以信件或者电报作出的，承诺期限自信件载明的日期或者电报交发之日开始计算。信件未载明日期的，自投寄该信件的邮戳日期开始计算。要约以电话、传真、电子邮件等快速通信方式作出的，承诺期限自要约到达受要约人时开始计算。

要约没有确定承诺期限的，承诺应当依照下列规定到达：（1）要约以对话方式作出的，应当即时作出承诺；（2）要约以非对话方式作出的，承诺应当在合理期限内到达。

受要约人超过承诺期限发出承诺，或者在承诺期限内发出承诺，按照通常情形不能及时到达要约人的，除要约人及时通知受要约人该承诺有效的以外，为新要约。受要约人在承诺期限内发出承诺，按照通常情形能够及时到达要约人，但因其他原因承诺到达要约人时超过承诺期限的，除要约人及时通知受要约人因承诺超过期限不接受该承诺的以外，该承诺有效。

4. 承诺的生效。

承诺通知到达要约人时生效。承诺不需要通知的，根据交易习惯或者要约的要求作出承诺的行为时生效。采用数据电文形式订立合同的，承诺到达的时间同上述要约到达时间的规定相同。

承诺可以撤回。承诺的撤回是指受要约人阻止承诺发生法律效力的意思表示。撤回承诺的通知应当在承诺通知到达要约人之前或者与承诺通知同时到达要约人。

受要约人对要约的内容作出实质性变更的，为新要约。承诺对要约的内容作出非实质性变更的，除要约人及时表示反对或者要约表明承诺不得对要约的内容作出任何变更的以外，该承诺有效，合同的内容以承诺的内容为准。

💡【例5－2】乙接到甲发出的电报，电报称："现有100吨白糖，每吨售价2 000元，如有意购买，请于6月1日前到我厂提货。"于是乙给甲回了一封电报，称：我厂同意按你厂提出的条件购买白糖，并将于5月30日到你厂提货。乙给甲发出的电报是否属于承诺？

【解析】乙给甲发出的电报是承诺，因为乙完全同意了甲的要约的内容。

三、合同格式条款

（一）格式条款的概念

格式条款是当事人为了重复使用而预先拟订，并在订立合同时未与对方协商的条款。格式条款的适用可以简化签约程序，加快交易速度，减少交易成本。但是，由于格式条款是当事人一方预先拟定，且在合同谈判中不容许对方协商修改，条款内容可能对于对方当事人不公平。所以，当事人采用格式条款订立合同时，提供格式条款的一方应当遵循公平原则确定当事人之间的权利和义务。

（二）对格式条款适用的限制

1. 提供格式条款一方的义务。

提供格式条款的一方应当遵循公平原则确定当事人之间的权利和义务，并采取合理的方式提请对方注意免除或者限制其责任的条款，按照对方的要求，对该条款予以说明。

提供格式条款的一方对格式条款中免除或者限制其责任的内容，在合同订立时应采用足以引起对方注意的文字、符号、字体等特别标识，并按照对方的要求对该格式条款予以说明。提供格式条款一方对已尽合理提示及说明义务承担举证责任。提供格式条款的一方未履行提示或者说明义务，致使对方没有注意或者理解与其有重大利害关系的条款的，对方可以主张该条款不成为合同的内容。

2. 格式条款无效的情形。

格式条款有下列情形之一的无效：

（1）提供格式条款的一方不合理地免除或减轻其责任，加重对方责任，限制对方主要权利。

（2）提供格式条款的一方排除对方主要权利。

（3）格式条款具有《民法典》总则编第六章规定的无效情形，包括行为人与相对人以虚假的意思表示实施；恶意串通，损害他人合法权益；违反法律、行政法规的强制性规定或违背公序良俗等。

（4）格式条款具有《民法典》第五百零六条规定的无效情形，包括造成对方人身损害的免责条款；因故意或重大过失造成对方财产损失的免责条款。

3. 对格式条款的解释。

对格式条款的理解发生争议的，应当按照通常理解予以解释。对格式条款有两种以上解释的，应当作出不利于提供格式条款一方的解释；格式条款和非格式条款不一致的，应当采用非格式条款。

四、合同成立的时间和地点

（一）合同成立的时间

一般来说，合同谈判成立的过程，就是要约、新要约、更新的要约直到承诺的过程。一般情况下，承诺作出生效后合同即告成立，当事人于合同成立时开始享有合同权利、承担合同义务。但在一些特殊情况下，合同成立的具体时间依不同情况而定：

1. 当事人采用合同书形式订立合同的，自双方当事人签名、盖章或者按指印时合同成立。在签名、盖章或者按指印之前，当事人一方已经履行主要义务并且对方接受的，该合同成立。

2. 当事人采用信件、数据电文等形式订立合同的，可以在合同成立之前要求签订确认书，签订确认书时合同成立。

3. 当事人一方通过互联网等信息网络发布的商品或者服务信息符合要约条件的，对方选择该商品或者服务并提交订单成功时合同成立，但是当事人另有约定的除外。

4. 当事人以直接对话方式订立的合同，承诺人的承诺生效时合同成立；法律、行政法规规定或者当事人约定采用书面形式订立合同，当事人未采用书面形式但一方已经履行主要义务并且对方接受的，该合同成立。

5. 当事人签订要式合同的，以法律、法规规定的特殊形式要求完成的时间为合同成立时间。

💡【例5-3】甲公司与乙公司就一批货物的买卖进行磋商，甲公司在传真中表示，如达成协议则以最终签订售货确认书为准。乙公司在接到甲公司的最后一份传真时认为，双方已就该笔买卖的价格、期限等主要问题达成一致，遂向甲公司开出信用证，但甲公司以信用证上注明的价格条件不能接受为由拒绝发货。下列有关该案的表述中，符合法律规定的是（　　　）。

A. 合同不成立，甲公司有权拒绝发货

B. 合同不成立，甲公司有权拒绝发货，但应补偿乙公司相应的损失

C. 买卖合同已成立，甲公司应履行合同

D. 买卖合同已成立，但因未发生实际损失，甲公司不承担法律责任

【解析】正确答案为A。本题考核在采用确认书的情况下合同的成立时间。《民法典》第四百九十一条第一款规定：当事人采用信件、数据电文等形式订立合同要求签订确认书的，签订确认书时合同成立。

（二）合同成立的地点

一般来说，承诺生效的地点为合同的成立地点，但在特殊情况下，合同可以有不同的成立地点：

1. 采用数据电文形式订立合同的，收件人的主营业地为合同成立的地点，没有主营业地的，其住所地为合同成立的地点。

2. 当事人采用合同书、确认书形式订立合同的，双方当事人签名、盖章或者按指印的地点为合同成立的地点。双方当事人签名、盖章或者按指印不在同一地点的，最后签名、盖章或者按指印的地点为合同成立地点。

3. 合同需要完成特殊的约定或法定形式才能成立的，以完成合同的约定形式或法定形式的地点为合同的成立地点。

4. 当事人对合同的成立地点另有约定的，按照其约定。采用书面形式订立合同，合同约定的成立地点与实际签字或者盖章地点不符的，应当认定约定的地点为合同成立地点。

五、缔约过失责任

（一）缔约过失责任的概念

缔约过失责任是指当事人在订立合同过程中，因故意或过失致使合同未成立、未生效、被撤销或无效，给他人造成损失应承担的损害赔偿责任。

（二）承担缔约过失责任的情形

在订立合同过程中有下列情形之一，给对方造成损失，应当承担损害赔偿责任：

（1）假借订立合同，恶意进行磋商；（2）故意隐瞒与订立合同有关的重要事实或者提供虚假情况；（3）当事人泄露或不正当地使用在订立合同过程中知悉的商业秘密或其他应当保密的信息；（4）有其他违背诚实信用原则的行为。

（三）承担缔约过失责任的内容

缔约过失责任与违约责任不同，违约责任产生于合同生效之后，适用于生效合同，赔偿的是可期待利益的损害；缔约过失责任适用于合同不成立、无效、被撤销等情形，赔偿的是信赖利益的损失。

信赖利益损失，一般以实际损失为限，包括所受损失与所失利益。所受损失包括为订立合同而支出的缔约费用、交通费、鉴定费、咨询费等；所失利益主要指丧失订约机会的损失，如因缔约过失而导致与第三人另订合同机会丧失的损失。信赖利益的赔偿不得超过合同有效时相对人所可能得到的履行利益。

第三节　合同的效力

一、合同的生效

《民法典》根据合同类型的不同，分别规定了合同不同的生效时间：

1. 依法成立的合同，原则上自成立时生效；

2. 法律、行政法规规定应当办理批准、登记等手续生效的，自批准、登记时生效；

3. 当事人对合同的效力可以附条件或附期限。附生效条件的合同，自条件成就时生效。附解除条件的合同，自条件成就时失效。当事人为自己的利益不正当地阻止条件成就的，视为条件已成就；不正当地促成条件成就的，视为条件不成就。附生效期限的合同，自期限届至时生效。附终止期限的合同，自期限届满时失效。

二、效力待定合同

合同依效力层次可分为有效合同、效力待定合同、可撤销合同和无效合同。由于合同属于典型的法律行为，无效法律行为与可撤销法律行为的相关内容在第一章第二节民事法律行为部分已有详细阐述，此处不再进行分析。

效力待定合同是指合同订立后尚未生效，须经同意权人追认才能生效的合同。追认的意思表示自到达相对人时生效，合同自订立时起生效。效力待定合同主要包括以下几种情形：

1. 限制民事行为能力人超出自己的行为能力范围与他人订立的合同，为效力待定合同。经法定代理人追认后，该合同有效。但限制民事行为能力人订立的纯获利益的合同或者是与其年龄、智力、精神健康状况相适应的合同有效，不必经法定代理人追认。对于此类效力待定合同，相对人可以催告法定代理人在 30 日内予以追认。法定代理人未作表示的，视为拒绝追认。合同被追认之前，善意相对人有撤销的权利。撤销应当以通知的方式作出。

2. 行为人没有代理权、超越代理权或者代理权终止后以被代理人名义订立的合同，为效力待定合同。未经被代理人追认，该合同对被代理人不发生效力，由行为人承担责任。相对人可以催告被代理人在 30 日内予以追认。被代理人未作表示的，视为拒绝追认。被代理人已经开始履行合同义务或者接受相对人履行的，视为对合同的追认。合同被追认之前，善意相对人有撤销的权利。撤销应当以通知的方式作出。

行为人实施的行为未被追认的，善意相对人有权请求行为人履行债务或者就其受到的损害请求行为人赔偿，但是赔偿的范围不得超过被代理人追认时相对人所能获得的利益。相对人知道或者应当知道行为人无权代理的，相对人和行为人按照各自的过错承担责任。

第四节　合同的履行

一、合同履行的规则

（一）当事人就有关合同内容约定不明确时的履行规则

合同生效后，当事人就质量、价款或者报酬、履行地点等内容没有约定或者约定不明确的，可以协议补充；不能达成补充协议的，按照合同有关条款或者交易习惯确定；仍不能确定的，适用下列规定：（1）质量要求不明确的，按照强制性国家标准履行；没有强制性国家标准的，按照推荐性国家标准履行；没有推荐性国家标准的，按照行业标准履行；没有国家标准、行业标准的，按照通常标准或者符合合同目的的特定标准履行。（2）价款或者报酬不明确的，按照订立合同时履行地的市场价格履行；依法应当执行政府定价或者政府指导价的，依照规定履行。（3）履行地点不明确，给付货币的，在接受货币一方所在地履行；交付不动产的，在不动产所在地履行；其他标的，在履行义务一方所在地履行。（4）履行期限不明确的，债务人可以随时履行，债权人也可以随时请求履行，但是应当给对方必要的准备时间。（5）履行方式不明确的，按照有利于实现合同目的的方式履行。（6）履行费用的负担不明确的，由履行义务一方负担；因债权人原因增加的履行费用，由债权人负担。

（二）涉及第三人的合同履行

1. 向第三人履行的合同。

向第三人履行的合同又称利他合同，指双方当事人约定，由债务人向第三人履行债务的合同。

债务人向第三人履行的合同的法律效力为：（1）法律规定或者当事人约定第三人可以直接请求债务人向其履行债务，第三人表示接受该权利或未在合理期限内明确拒绝，债务人未向第三人履行债务或者履行债务不符合约定的，第三人可以请求债务人承担违约责任。（2）债务人对于合同债权人可行使的一切抗辩权，对该第三人均可行使。（3）因向第三人履行债务增加的费用，除双方当事人另有约定外，由债权人承担。

2. 由第三人履行的合同。

由第三人履行的合同又称第三人负担的合同，指双方当事人约定债务由第三人履行的合同，该债务履行的约定必须征得第三人同意。该合同以债权人、债务人为合同双方当事人，第三人不是合同的当事人。

由第三人履行的合同的法律效力为：（1）第三人不履行债务或履行债务不符合约定的，债务人应当向债权人承担违约责任。（2）第三人向债权人履行债务所增加的费用，除合同另有约定外，一般由债务人承担。

3. 第三人代替履行的合同。

债务人不履行债务，第三人对履行该债务具有合法利益的，第三人有权向债权人代为履行；但是，根据债务性质、按照当事人约定或者依照法律规定只能由债务人履行的除外。

债权人接受第三人履行后，其对债务人的债权转让给第三人，但是债务人和第三人另有约定的除外。

💡【例5－4】甲乙签订了一份合同，约定由丙向甲履行债务，但丙履行债务的行为不符合合同的约定，下列有关甲请求承担违约责任的表述中，正确的是（　　　）。

A. 请求丙承担　　　　　　　　B. 请求乙承担

C. 请求丙和乙共同承担　　　　D. 请求丙或乙承担

【解析】正确答案为B。本题考核第三人代为履行合同的责任承担。《民法典》第五百二十三条规定：当事人约定由第三人向债权人履行债务的，第三人不履行债务或者履行债务不符合约定，债务人应当向债权人承担违约责任。

二、抗辩权的行使

抗辩权是指在双务合同中，一方当事人在对方不履行或履行不符合约定时，依法对抗对方请求或否认对方权利主张的权利。《民法典》规定了同时履行抗辩权、后履行抗辩权和不安抗辩权三种。

（一）同时履行抗辩权

同时履行抗辩权，是指无给付先后顺序的双务合同当事人一方在他方当事人未为对待给付前，有拒绝自己给付的抗辩权。

《民法典》规定，当事人互负债务，没有先后履行顺序的，应当同时履行。一方在对方履行之前有权拒绝其履行要求；一方在对方履行债务不符合约定时，有权拒绝其相应的履行要求。

1. 同时履行抗辩权行使的条件。

（1）双方因同一双务合同互负债务。（2）双方债务已届清偿期。（3）行使抗辩权之当事人无先为给付义务，即双方的互负债务没有先后履行顺序。"没有先后履行顺序"，或者是当事人约定同时履行，也可能是当事人对履行顺序未约定或约定不明确，且根据交易习惯不能确定。（4）须对方当事人未履行或未适当履行合同债务。

2. 同时履行抗辩权的效力。

同时履行抗辩权只是暂时阻止对方当事人请求权的行使，而不是永久地消灭对方当事人的请求权。当对方当事人完全履行了合同义务，同时履行抗辩权即告消灭，主张抗辩权的当事人就应当履行自己的义务。当事人因行使同时履行抗辩权致使合同迟延履行的，迟延履行责任由对方当事人承担。

（二）后履行抗辩权

后履行抗辩权是指合同当事人互负债务，有先后履行顺序，先履行一方未履行的，后履行一方有权拒绝其履行要求。先履行一方履行债务不符合约定的，后履行一方有权拒绝其相应的履行要求。

1. 后履行抗辩权行使的条件。

（1）当事人基于同一双务合同，互负债务。（2）当事人的履行有先后顺序。（3）应当先履行的当事人不履行合同或不适当履行合同。（4）后履行抗辩权的行使人是履行义务顺序在后的一方当事人。

2. 后履行抗辩权的效力。

后履行抗辩权不是永久性的，它的行使只是暂时阻止了当事人请求权的行使。先履行一方的当事人如果完全履行了合同义务，则后履行抗辩权消灭，后履行当事人就应当按照合同约定履行自己的义务。

（三）不安抗辩权

不安抗辩权，是指当事人互负债务，有先后履行顺序的，先履行的一方有确切证据证明另一方丧失履行债务能力时，在对方没有履行或者没有提供担保之前，有拒绝自己履行的权利。规定不安抗辩权是为了切实保护当事人的合法权益，防止借合同进行欺诈，促使对方履行义务。

1. 不安抗辩权行使的条件。

（1）当事人基于同一双务合同，互负债务；（2）当事人的履行有先后顺序；（3）不安抗辩权的行使人是履行义务顺序在先的一方当事人；（4）后履行合同的一方当事人有丧失或可能丧失履行债务能力的情形；（5）后履行合同的一方当事人未履行或提供担保。

2. 不安抗辩权适用的情形。

应当先履行债务的当事人，有确切证据证明对方有下列情形之一的，可以中止履行：（1）经营状况严重恶化；（2）转移财产、抽逃资金，以逃避债务；（3）丧失商业信誉；（4）有丧失或可能丧失履行债务能力的其他情形。

先履行合同义务的当事人应当有证据证明对方不能履行合同或者有不能履行合同的可能性；没有确切证据而行使不安抗辩权，造成对方损失的，应当承担违约责任。

3. 不安抗辩权的效力。

（1）中止履行，即应当先履行债务的当事人中止先为履行。应当先履行债务的当事人行使中止权时，应当及时通知对方，以免给对方造成损失，也便于对方在接到通知后，提供相应的担保，使合同得以履行。如果对方当事人恢复了履行能力或提供了相应的担保后，先履行一方当事人"不安"的原因消除，应当恢复合同的履行。（2）解除合同。中止履行合同后，如果对方在合理期限内未恢复履行能力并且未提供适当担保的，视为以自己的行为表明不履行主要债务，中止履行合同的一方可以解除合同，并可以请求对方承担违约责任。

💡【例5-5】甲乙签订了一份买卖合同，双方约定由甲向乙提供一批生产用原材料，总货款为100万元，甲最晚于6月底前供货，乙收到货后在10日内付款。5月甲从报纸上得知：乙为逃避债务私自转移财产，被法院依法查封扣押了财产。于是甲通知乙，在乙付款或提供担保前中止履行合同。甲行使的是什么权利？

【解析】甲行使的是不安抗辩权。根据合同法律制度规定，先履行的一方有确切证据证明另一方丧失履行债务能力时，在对方没有履行或者没有提供担保之前，有权中止合同的履行，即有权行使不安抗辩权。本案中甲明确得知乙丧失了履行能力，于是依法行使了不安抗辩权。

三、保全措施

（一）代位权

1. 代位权的概念。

代位权，是指债务人怠于行使其对第三人（次债务人）享有的到期债权或者与该债权相关的从权利，危及债权人债权的实现时，债权人为了保障自己的债权，可以自己的名义代位行使债务人对次债务人的权利，但该债权专属于债务人自身的除外。

2. 代位权的构成要件。

（1）债务人对第三人享有合法债权或者与该债权有关的从权利。

（2）债务人怠于行使其债权，如果债务人已经行使了权利，即使不尽如人意，债权人也不能行使代位权。

（3）因债务人怠于行使权利已害及债权人的债权，即债务人不履行其对债权人的到期债务，又不以诉讼方式或仲裁方式向其债务人主张其享有的到期债权，致使债权人的到期债权未能实现。

（4）债务人的债务已到期，债务人已陷于迟延履行，如果债务人的债务未到履行期或履行期间未届满的，债权人不能行使代位权。

债权人的债权到期前，债务人的债权或者与该债权有关的从权利存在诉讼时效期间即将届满或者未及时申报破产债权等情形，影响债权人的债权实现的，债权人可以代位向债务人的相对人请求其向债务人履行、向破产管理人申报或者作出其他必要的行为。

（5）债务人的债权不是专属于债务人自身的债权。专属于债务人自身的债权是指，基于扶养关系、抚养关系、赡养关系、继承关系产生的给付请求权和劳动报酬、退休金、养老金、抚恤金、安置费、人寿保险、人身伤害赔偿请求权等权利。

3. 代位权的行使与效力。

（1）代位权的行使。

①债权人必须以自己的名义通过诉讼形式行使代位权。债权人以次债务人为被告向人民法院提起代位权诉讼，未将债务人列为第三人的，人民法院可以追加债务人为第三人。

②代位权的行使范围以债权人的到期债权为限。债权人行使代位权的请求数额不能超过债务人所负债务的数额，否则对超出部分人民法院不予支持。

③债权人行使代位权的必要费用，由债务人负担。

④次债务人对债务人的抗辩，可以向债权人主张。

（2）代位权行使的效力。

债权人向次债务人（即债务人的债务人）提起的代位权诉讼，经人民法院审理后认定代位权成立的，由次债务人向债权人履行清偿义务。债权人接受履行后，债权人与债务人、债务人与次债务人之间相应的权利义务关系即予消灭。债务人对相对人的债权或者与该债权有关的从权利被采取保全、执行措施，或者债务人破产的，依照相关法律的规定处理。

在代位权诉讼中，债权人胜诉的，诉讼费由次债务人负担，从实现的债权中优先支付。

💡【例5-6】甲对乙享有100万元的到期合同债权。乙又是丙的债权人，债权为200万元，乙因怠于行使其对丙的到期债权，致使甲的到期债权得不到清偿，甲是否可以行使代位权？如何行使？数额是多少？如果甲对乙的债权为200万元，乙对丙的债权为100万元，甲行使代位权的数额是多少？

【解析】甲可以行使代位权。甲可以向人民法院请求以自己的名义代位行使乙对丙的债权，甲请求的数额应该以其所保全的债权为限，即只能请求丙向其清偿100万元。如果甲对乙的债权为200万元，乙对丙的债权为100万元，则甲请求的数额应以乙对丙的债权数额为限，即只能请求丙向其清偿 100 万元。

（二）撤销权

1. 撤销权的概念。

撤销权，是指债务人实施了减少财产或增加财产负担的行为并危及债权人债权实现时，债权人为了保障自己的债权，请求人民法院撤销债务人行为的权利。

2. 撤销权的构成要件。

（1）债权人对债务人享有有效的债权。

（2）债务人实施了处分其财产的行为。这些行为包括：①放弃到期债权。②无偿转让财产。③以明显不合理的低价转让财产或以明显不合理高价受让他人财产。所谓"明显不合理的低价"，人民法院应当以交易当地一般经营者的判断，并参考交易当时交易地的物价部门指导价或者市场交易价，结合其他相关因素综合考虑予以确认。转让价格达不到交易时交易地的指导价或者市场交易价 70% 的，一般可以视为明显不合理的低价。债务人以明显不合理的高价收购他人财产，人民法院可以根据债权人的申请，予以撤销。对转让价格高于当地指导价或者市场交易价 30% 的，一般可以视为明显不合理的高价。④债务人放弃其未到期的债权或者放弃债权担保，或者恶意延长到期债权的履行期或者为他人的债务提供担保。

（3）债务人处分其财产的行为有害于债权人债权的实现。若债务人实施减少其财产或增加其财产负担的处分行为，但不影响其清偿债务，则债权人不能行使撤销权。

（4）对于债务人有偿转让、受让财产，或者为他人债务提供担保的行为，债权人行使撤销权须以第三人的恶意为要件；若第三人无恶意，则不能撤销其取得财产的行为。《民法典》第五百三十九条规定："债务人以明显不合理的低价转让财产、以明显不合理的高价受让他人财产或者为他人的债务提供担保，影响债权人的债权实现，债务人的相对人知道或者应当知道该情形的，债权人可以请求人民法院撤销债务人的行为。"相反，债权人放弃到期债权、无偿转让财产等无偿行为，不论第三人善意或恶意，债权人均得以请求撤销。

3. 撤销权的行使与效力。

（1）撤销权的行使。

①债权人行使撤销权应以自己的名义，向被告住所地人民法院提起诉讼，请求法院撤销债务人因处分财产而危害债权的行为。

②撤销权自债权人知道或者应当知道撤销事由之日起 1 年内行使。自债务人的行为发生之日起 5 年内没有行使撤销权的，该撤销权消灭。

③撤销权的行使范围以债权人的债权为限。

④债权人行使撤销权的必要费用，由债务人承担。

（2）撤销权行使的效力。

债务人、第三人的行为被撤销的，其行为自始无效。第三人应向债务人返还财产或折价补偿。

第三人返还或折价补偿的财产构成债务人全部财产的一部分，债权人对于撤销权行使的结果并无优先受偿的权利。

第五节　合同的担保

一、合同担保概论

（一）担保的概念及方式

担保是指依照法律规定，或由当事人双方经过协商一致而约定的，为保障合同债权实现的法律措施。

根据《民法典》物权编和合同编的规定，担保的方式包括保证、抵押、质押、留置和定金五种方式。其中，保证属于人的担保，定金属于金钱担保，其余为物的担保。第三人为债务人向债权人提供担保的，可以要求提供反担保。反担保人可以是债务人，也可以是债务人之外的其他人。反担保方式可以是债务人提供的抵押或者质押，也可以是其他人提供的保证、抵押或者质押。

（二）担保合同的性质

担保合同是主债权债务合同的从合同，主债权债务合同有效，担保合同有效；主债权债务合同无效，担保合同无效，但法律另有规定的除外。

（三）担保合同的无效

1. 国家机关和以公益为目的的事业单位、社会团体违反法律规定提供担保的，担保合同无效。

2. 以法律、法规禁止流通的财产或者不可转让的财产设定担保的，担保合同无效。

（四）担保合同无效的法律责任

担保合同被确认无效后，债务人、担保人、债权人有过错的，应当根据其过错各自承担相应的民事责任。

《最高人民法院关于适用〈中华人民共和国担保法〉若干问题的解释》（以下简称《担保法》司法解释）对担保合同无效的法律责任规定如下：

1. 主合同有效而担保合同无效，债权人无过错的，担保人与债务人对主合同债权人的经济损失，承担连带赔偿责任；债权人、担保人有过错的，担保人承担民事责任的部分，不应超过债务人不能清偿部分的1/2。

2. 主合同无效而导致担保合同无效，担保人无过错的，担保人不承担民事责任；担保人有过错的，担保人承担民事责任的部分，不应超过债务人不能清偿部分的1/3。

3. 担保人因无效担保合同向债权人承担赔偿责任后，可以向债务人追偿，或者在承担赔偿责任的范围内，要求有过错的反担保人承担赔偿责任。担保人可以根据承担赔偿责任的事实对债务人或者反担保人另行提起诉讼。

4. 主合同解除后，担保人对债务人应当承担的民事责任仍应承担担保责任，但是，担保合同另有约定的除外。

二、保证

（一）保证和保证人

1. 保证。

保证是指第三人为债务人的债务履行作担保，由第三人和债权人约定，当债务人不履行债务时，第三人按照约定履行债务或者承担责任的行为。该第三人被称作保证人。保证是保证人和债权人之间的合同关系。

2. 保证人。

（1）保证人资格的一般规定。

保证人可以是具有完全民事行为能力的自然人及法人、非法人组织。

不具有完全代偿能力的法人、其他组织或者自然人，以保证人身份订立保证合同后，又以自己没有代偿能力要求免除保证责任的，人民法院不予支持。

（2）保证人资格的限制。

①国家机关以及学校、幼儿园、医院等以公益为目的的非营利法人、非法人组织，企业法人的分支机构、职能部门，不得作保证人。但是，经国务院批准为使用外国政府或者国际经济组织贷款进行转贷的情况下，国家机关可以作保证人。

②企业法人的分支机构有法人书面授权的，可以在授权范围内提供保证。企业法人的分支机构经营管理的财产不足以承担保证责任的，由企业法人承担民事责任。

企业法人的分支机构未经法人书面授权或者超出授权范围提供保证的，保证合同无效或超出授权范围的部分无效，债权人和企业法人有过错的，应当根据其过错各自承担相应的民事责任，债权人无过错的，由企业法人承担民事责任。

企业法人的分支机构经法人书面授权提供保证的，如果法人的书面授权范围不明，法人的分支机构应当对保证合同约定的全部债务承担保证责任。

企业法人的分支机构提供的保证无效后应当承担赔偿责任的，由分支机构经营管理的财产承担。

③企业法人的职能部门提供保证的，保证合同无效。债权人知道或者应当知道保证人为企业法人的职能部门的，因此造成的损失由债权人自行承担；债权人不知保证人为企业法人的职能部门，因此造成的损失，由债权人和保证人根据其过错各自承担相应的民事责任。

④法人或者非法人组织的法定代表人、负责人超越权限订立的担保合同，包括保证合同，除相对人知道或者应当知道其超越权限的以外，该代表行为有效。订立的担

保合同对法人或者非法人组织发生效力。

（二）保证合同和保证方式

1. 保证合同。

保证人与债权人应当以书面形式订立保证合同，保证的内容在保证合同中加以确定，保证人与债权人可以就单个主合同分别订立保证合同，也可以协议在最高债权额限度内就一定期间连续发生的借款合同或者某项商品交易合同订立一个保证合同。

保证合同可以是单独订立的书面合同，也可以是主债权债务合同中的保证条款。第三人单方以书面形式向债权人作出保证，债权人接收且未提出异议的，保证合同成立。

保证合同应当包括以下内容：被保证的主债权（即主合同债权，下同）种类、数额；债务人履行债务的期限；保证的方式、范围、期间；以及双方认为需要约定的其他事项。保证合同不完全具备上述规定内容的，可以补正。

2. 保证方式。

保证的方式有一般保证和连带责任保证两种。

（1）一般保证。

当事人在保证合同中约定，在债务人不能履行债务时，由保证人承担保证责任的，为一般保证。

一般保证的保证人享有先诉抗辩权。所谓先诉抗辩权，是指在主合同纠纷未经审判或者仲裁，并就债务人财产依法强制执行仍不能履行债务前，保证人对债权人可拒绝承担保证责任。

有下列情形之一的，保证人不得行使先诉抗辩权：①债务人住所变更，致使债权人要求其履行债务发生重大困难的，如债务人下落不明、移居境外，且无财产可供执行；②人民法院受理债务人破产案件，中止执行程序的；③债权人有证据证明债务人的财产不足以履行全部债务或者丧失履行债务能力的；④保证人以书面形式放弃先诉抗辩权的。

（2）连带责任保证。

当事人在保证合同中约定保证人与债务人对债务承担连带责任的，为连带责任保证。

连带责任保证的债务人不履行到期债务或者发生当事人约定的情形时，债权人可以要求债务人履行债务，也可以要求保证人在其保证范围内承担保证责任。

当事人对保证方式没有约定或者约定不明确的，按照一般保证承担保证责任。

需注意的是，作为保证方式的连带责任保证与共同保证形式之一的连带共同保证不应混淆。同一债务有两个或两个以上保证人的，为共同保证。共同保证人应当按照保证合同约定的保证份额，承担保证责任。各保证人与债权人没有约定保证份额的，应当认定为连带共同保证。

连带责任保证与连带共同保证是不同的：连带责任保证是保证的一种方式，是保证人与债务人之间的连带；而连带共同保证是共同保证的一种形式，是保证人之间的连带。连带保证的共同保证人在保证方式上同样可能承担的是一般保证或连带责任保证，如果承担的是一般保证，共同保证人同样享有先诉抗辩权；如果承担的是连带责任保证，当债务人到期不履行债务时，债权人才可以直接选择要求共同保证人承担连带责任。

无论连带共同保证的保证人承担保证的方式是一般保证或连带责任保证，在债权人有权利要求保证人承担保证责任时，债权人可以要求任何一个保证人在保证范围内承担全部保证责任，保证人负有担保全部债权实现的义务。连带共同保证的保证人以其相互之间约定各自承担的份额对抗债权人的，人民法院不予支持。

（三）保证责任

1. 保证责任的范围。

保证人在约定的保证担保范围内承担保证责任。当事人对保证担保的范围没有约定或者约定不明确的，保证人应当对全部债务承担责任。全部债务包括主债权及利息、违约金、损害赔偿金和实现债权的费用。

2. 主合同变更与保证责任承担。

（1）保证期间，债权人依法将主债权转让给第三人并通知保证人的，保证债权同时转让，保证人在原保证担保的范围内对受让人承担保证责任；未通知保证人的，该转让对保证人不发生效力。但是，保证人与债权人事先约定仅对特定的债权人承担保证责任或者禁止债权转让的，债权人未经保证人书面同意转让债权的，保证人对于受让人不再承担保证责任。

（2）保证期间，债权人许可债务人转让债务的，应当取得保证人书面同意，保证人对未经其同意转让的债务部分，不再承担保证责任。

（3）第三人加入债务的，保证人的保证责任不受影响。

（4）保证期间，债权人与债务人对主合同数量、价款、币种、利率等内容做了变动，未经保证人书面同意的，如果减轻债务人债务的，保证人仍应当对变更后的合同承担保证责任；如果加重债务人债务的，保证人对加重的部分不承担保证责任。债权人与债务人对主合同履行期限做了变动，未经保证人书面同意的，保证期间为原合同约定的或者法律规定的期间。债权人与债务人协议变更主合同内容，但并未实际履行的，保证人仍应当承担保证责任。

（5）主合同当事人双方协议以新贷偿还旧贷，除保证人知道或应当知道外，保证人不承担民事责任，但是新贷与旧贷系同一保证人的除外。

3. 保证担保与物的担保并存的保证责任。

同一债权既有保证又有物的担保的，属于共同担保。被担保的债权既有物的担保又有人的担保，债务人不履行到期债务或发生当事人约定的实现担保物权的情形，债权人应当按照约定实现债权；没有约定或者约定不明确，债务人自己提供物的担保的，债权人应当先就该物的担保实现债权；第三人提供物的担保的，债权人可以就物的担保实现债权，也可以要求保证人承担保证责任。提供担保的第三人承担担保责任后，有权向债务人追偿。

4. 保证责任承担的其他规定。

（1）一般保证的保证人在主债权履行期间届满后，向债权人提供了债务人可供执行财产的真实情况的，债权人放弃或者怠于行使权利致使该财产不能被执行，保证人在其提供可供执行财产的实际价值范围内不再承担保证责任。

（2）保证合同中约定保证人代为履行非金钱债务的，如果保证人不能实际代为履行，对债权人因此造成的损失，保证人应当承担赔偿责任。

（3）第三人向债权人保证监督支付专款专用的，在履行了监督支付专款专用的义务后，不再承担责任。未尽监督义务造成资金流失的，应当对流失的资金承担补充赔偿责任。

（4）保证人对债务人的注册资金提供保证的，债务人的实际投资与注册资金不符，或者抽逃转移注册资金的，保证人在注册资金不足或者抽逃转移注册资金的范围内承担连带保证责任。

（5）债务人对债权人享有抵销权或者撤销权的，保证人可以在相应范围内拒绝承担保证责任。

5. 保证人的追偿权。

保证人承担保证责任后，有权向债务人追偿。

保证期间，人民法院受理债务人破产案件的，债权人既可以向人民法院申报债权，也可以向保证人主张权利。债权人申报债权后在破产程序中未受清偿的部分，保证人仍应当承担保证责任。债权人要求保证人承担保证责任的，应当在破产程序终结后 6 个月内提出。债权人知道或者应当知道债务人破产，既未申报债权也未通知保证人，致使保证人不能预先行使追偿权的，保证人在该债权破产程序中可能受偿的范围内免除保证责任。人民法院受理债务人破产案件后，债权人未申报债权的，各连带共同保证的保证人应当作为一个主体申报债权，预先行使追偿权。

6. 保证责任的免除。

有下列情形之一的，保证人不承担民事责任：

（1）主合同当事人双方串通，骗取保证人提供保证的；

（2）主合同债权人采取欺诈、胁迫等手段，使保证人在违背真实意思的情况下提供保证的；

（3）主合同债务人采取欺诈、胁迫等手段，使保证人在违背真实意思的情况下提供保证的，债权人知道或者应当知道欺诈、胁迫事实的。但债务人与保证人共同欺骗债权人，订立主合同和保证合同的，债权人可以请求人民法院予以撤销。因此给债权人造成损失的，由保证人与债务人承担连带赔偿责任。

（四）保证期间

保证期间，是指当事人约定或者法律规定的保证人承担保证责任的时间期限。保证人在与债权人约定的保证期间或者法律规定的保证期间内承担保证责任。

保证人与债权人约定保证期间的，按照约定执行。未约定的，保证期间为6个月。一般保证情况下，债权人有权自主债务履行期届满之日起6个月内对债务人提起诉讼或申请仲裁。在保证期间债权人未对债务人提起诉讼或者申请仲裁的，保证人不再承担保证责任。在连带责任保证的情况下，债权人有权自主债务履行期届满之日起6个月内要求保证人承担保证责任。

保证合同约定的保证期间早于或者等于主债务履行期限的，视为没有约定，保证期间为主债务履行期届满之日起6个月。

债权人与债务人对主债务履行期限没有约定或者约定不明的，保证期间自债权人请求债务人履行义务的宽限期届满之日起计算。

保证人与债权人协议在最高债权额限度内就一定期间连续发生的债权作保证，未约定保证期间的，保证人可以随时书面通知债权人终止保证合同，但保证人对于通知到债权人前所发生的债权，承担保证责任。最高额保证合同对保证期间没有约定或者约定不明的，如最高额保证合同约定有保证人清偿债务期限的，保证期间为清偿期限届满之日起6个月。没有约定债务清偿期限的，保证期间自最高额保证终止之日或自债权人收到保证人终止保证合同的书面通知到达之日起6个月。

（五）保证债务的诉讼时效

一般保证的债权人在保证期间届满前对债务人提起诉讼或者申请仲裁的，从保证人拒绝承担保证责任的权利（先诉抗辩权）消灭之日起，开始计算保证债务的诉讼时效。连带责任保证的债权人在保证期间届满前请求保证人承担保证责任的，从债权人请求保证人承担保证责任之日起，开始计算保证合同的诉讼时效。保证人对已经超过诉讼时效期间的债务承担保证责任或者提供保证的，又以超过诉讼时效为由抗辩的，人民法院不予支持。

保证人对债务人行使追偿权的诉讼时效，自保证人向债权人承担责任之日起开始计算。

三、抵押

抵押是指为担保债务的履行，债务人或者第三人不转移财产的占有，将该财产作为债权的担保，债务人不履行到期债务或者发生当事人约定的实现抵押权的情形，债权人有权就该财产优先受偿。

提供财产担保的债务人或者第三人为抵押人，债权人为抵押权人，提供担保的财产为抵押财产。

（一）抵押合同

设立抵押权，当事人应当采取书面形式订立抵押合同。抵押合同一般包括下列条款：（1）被担保债权的种类和数额；（2）债务人履行债务的期限；（3）抵押财产的名称、数量等情况；（4）担保的范围；（5）当事人认为需要约定的其他事项。

抵押合同对被担保的主债权种类、抵押财产没有约定或者约定不明，根据主合同和抵押合同不能补正或者无法推定的，抵押不成立。

抵押权人在债务履行期届满前，不得与抵押人约定债务人不履行到期债务时抵押财产归债权人所有。这种条款称为"流押条款"。如果当事人在抵押合同中约定了流押条款，该条款无效。该条款的无效不影响抵押合同其他部分内容的效力。

（二）抵押财产

1. 可以设立抵押权的财产。

债务人或者第三人有权处分的下列财产可以抵押：（1）建筑物和其他土地附着物；（2）建设用地使用权；（3）海域使用权；（4）生产设备、原材料、半成品、产品；（5）正在建造的建筑物、船舶、航空器；（6）交通运输工具；（7）法律、行政法规未禁止抵押的其他财产。抵押人可以将上述所列财产一并抵押。

2. 不得设立抵押权的财产。

（1）土地所有权；（2）宅基地、自留地、自留山等集体所有的土地使用权，但法律规定可以抵押的除外；（3）学校、幼儿园、医院等为公益目的成立的非营利法人的教育设施、医疗卫生设施和其他公益设施；（4）所有权、使用权不明或者有争议的财产；（5）依法被查封、扣押、监管的财产，但是，已经设定抵押的财产被采取查封、扣押等财产保全或执行措施的，不影响抵押权的效力；（6）法律、行政法规规定不得抵押的其他财产，例如，以法定程序确认为违法、违章的建筑物抵押的，抵押无效。

3. 关于抵押财产的其他规定。

（1）以建筑物抵押的，该建筑物占用范围内的建设用地使用权一并抵押。以建设用地使用权抵押的，该土地上的建筑物一并抵押。抵押人未将前述财产一并抵押的，未抵押的财产视为一并抵押。

（2）建设用地使用权抵押后，该土地上新增的建筑物不属于抵押财产。该建设用地使用权实现抵押权时，应当将该土地上新增的建筑物与建设用地使用权一并处分，但新增建筑物所得的价款，抵押权人无权优先受偿。

（3）乡镇、村企业的建设用地使用权不得单独抵押。以乡镇、村企业的厂房等建筑物抵押的，其占用范围内的建设用地使用权一并抵押。实现抵押权后，未经法定程序，不得改变土地所有权的性质和土地用途。

（4）以集体所有土地的使用权依法抵押的，实现抵押权后，未经法定程序，不得改变土地所有权的性质和土地用途。

（三）抵押登记

1. 以登记为生效要件的抵押。

以建筑物和其他土地附着物、建设用地使用权、海域使用权、正在建造的建筑物设定抵押的，应当办理抵押登记，抵押权自登记时起设立。

抵押登记记载的内容与抵押合同约定的内容不一致的，以登记记载的内容为准。以尚未办理权属证书的财产抵押的，只要当事人在一审法庭辩论终结前能够提供权利证书或者补办登记手续的，法院可以认定抵押有效。

2. 以登记为对抗要件的抵押。

当事人以生产设备、原材料、半成品、产品、交通运输工具和正在建造的船舶、航空器抵押或其他动产设定抵押，抵押权自抵押合同生效时设立；抵押权未经登记，不得对抗善意第三人。

【例 5－7】甲向乙借款 4 万元办加工厂，乙要求甲以其新购置的一辆吉普车作为抵押，甲同意了，双方遂签订了借款合同约定：如果甲到期无法偿还，乙可将其吉普车变卖后受偿。合同签订后，双方并未到车管所办理抵押登记。后甲因加工厂倒闭，无力偿还乙的借款，又恐乙廉价变卖吉普车使其遭受更大的损失，遂将其吉普车卖给了丙，丙并不知该车已抵押给乙。乙得知后，向法院起诉，要求法院从丙处追回吉普车变卖受偿。

问题：乙能否从丙处追回吉普车优先受偿？

【解析】以车辆抵押的，抵押登记不属于抵押权设立的生效要件，但未办理抵押登记的，不能对抗善意第三人。本案中，抵押合同成立生效，抵押权即设立，但抵押未办理登记，不得对抗善意的丙。因此，乙无权请求法院从丙处追回吉普车，也就无法优先受偿。

（四）抵押的效力

抵押担保的范围包括主债权及利息、违约金、损害赔偿金和实现抵押权的费用。抵押合同另有约定的，按照约定。

1. 抵押权对抵押物所生孳息的效力。

债务人不履行到期债务或者发生当事人约定的实现抵押权的情形，致使抵押财产被人民法院依法扣押的，自扣押之日起抵押权人有权收取该抵押财产的天然孳息或者法定孳息，但抵押权人未通知应当清偿法定孳息的义务人的除外。孳息的清偿顺序为：（1）充抵收取孳息的费用；（2）主债权的利息；（3）主债权。

2. 抵押权对于抵押物上租赁权的效力。

抵押权设立前，抵押财产已经出租并转移占有的，原租赁关系不受该抵押权的影响。

抵押人将已抵押的财产出租时，如果抵押人未书面告知承租人该财产已抵押的，抵押人对出租抵押物造成承租人的损失承担赔偿责任；如果抵押人已书面告知承租人该财产已抵押的，抵押权实现造成承租人的损失，由承租人自己承担。

抵押权设立后抵押财产出租的，该租赁关系不得对抗已登记的抵押权，即因租赁关系的存在致使抵押权实现时无人应买抵押物，或出价降低导致不足以清偿抵押债权等情况下，抵押权人有权主张租赁终止。

3. 抵押期间抵押物的转让。

《民法典》第四百零六条第一款规定："抵押期间，抵押人可以转让抵押财产。当事人另有约定的，按照其约定。抵押财产转让的，抵押权不受影响。"但事实上，动产抵押权未经登记，不得对抗善意第三人，所以，抵押人若将未办理抵押登记的动产抵押物转让给善意买受人，抵押权仍受影响。此外，如后文所述，动产抵押还将受制于"正常买受人"规则。所以，"抵押财产转让的，抵押权不受影响"，并非可一概而论。

抵押人转让抵押财产的，应当及时通知抵押权人。抵押权人能够证明抵押财产转让可能损害抵押权的，可以请求抵押人将转让所得的价款向抵押权人提前清偿债务或者提存。转让的价款超过债权数额的部分归抵押人所有，不足部分由债务人清偿。

4. 抵押权转移及消灭的从属性。

抵押权不得与债权分离而单独转让或者作为其他债权的担保。债权转让的，担保该债权的抵押权一并转让，但法律另有规定或者当事人另有约定的除外。

主债权未受全部清偿的，抵押权人可以就抵押物的全部行使其抵押权。

主债权被分割或者部分转让的，各债权人可以就其享有的债权份额行使抵押权。

主债务被分割或者部分转让的，抵押人仍以其抵押物担保数个债务人履行债务。但是，第三人提供抵押的，债权人许可债务人转让债务未经抵押人书面同意的，抵押人对未经其同意转让的债务，不再承担担保责任。

5. 抵押财产价值减少或毁损的处理。

抵押人的行为足以使抵押财产价值减少的，抵押权人有权请求抵押人停止其行为。抵押财产价值减少的，抵押权人有权请求恢复抵押财产的价值，或者提供与减少的价值相应的担保。抵押人不恢复抵押财产的价值也不提供担保的，抵押权人有权请求债务人提前清偿债务。

在抵押物灭失、毁损或者被征用的情况下，抵押权人可以就该抵押物的保险金、赔偿金或者补偿金优先受偿。抵押权所担保的债权未届清偿期的，抵押权人可以请求人民法院对保险金、赔偿金或补偿金等采取保全措施。

6. 抵押权效力的其他规定。

（1）以动产抵押的，不得对抗正常经营活动中已经支付合理价款并取得抵押财产的买受人。此被称为"正常买受人"规则，即无论动产抵押权是否登记，均不得对抗此类买受人。

（2）抵押物因附合、混合或者加工使抵押物的所有权为第三人所有的，抵押权的效力及于补偿金；抵押物所有人为附合物、混合物或者加工物的所有人的，抵押权的效力及于附合物、混合物或者加工物；第三人与抵押物所有人为附合物、混合物或者加工物的共有人的，抵押权的效力及于抵押人对共有物享有的份额。

（3）抵押权设定前为抵押物的从物的，抵押权的效力及于抵押物的从物。但是，抵押物与其从物为两个以上的人分别所有时，抵押权的效力不及于抵押物的从物。

（4）动产抵押担保的主债权是抵押物的价款，标的物交付后十日内办理抵押登记的，该抵押权人优先于抵押物买受人的其他担保物权人受偿，但是留置权人除外。此种抵押权被称为"价款债权抵押权"，是对如下两种价款债权提供特别担保的抵押权：①融资机构提供贷款专用于购置标的物形成的债权；②出卖人允许买受人赊购标的物形成的债权。

（5）同一财产既设立抵押权又设立质权的，拍卖、变卖该财产所得的价款按照登记、交付的时间先后确定清偿顺序。

（五）抵押权的实现

1. 抵押权实现的条件、方式和程序。

债务人不履行到期债务或者发生当事人约定的实现抵押权的情形，抵押权人可以与抵押人协议以抵押财产折价或者以拍卖、变卖该抵押财产所得的价款优先受偿。协议损害其他债权人利益的，其他债权人可以请求人民法院撤销该协议。

抵押权人与抵押人未就抵押权实现方式达成协议的，抵押权人可以请求人民法院拍卖、变卖抵押财产。

抵押财产折价或者变卖的，应当参照市场价格。

抵押财产折价或者拍卖、变卖后，其价款超过债权数额的部分归抵押人所有，不足部分由债务人清偿。

抵押物折价或者拍卖、变卖所得的价款，当事人没有约定的，按下列顺序清偿：（1）实现抵押权的费用；（2）主债权的利息；（3）主债权。

抵押权人应当在主债权诉讼时效期间行使抵押权；未行使的，人民法院不予保护。

2. 抵押权的顺位及确定抵押权次序的规则。

抵押权人可以放弃抵押权或者抵押权的顺位。抵押权人与抵押人可以协议变更抵押权顺位以及被担保的债权数额等内容。但是，抵押权的变更未经其他抵押权人书面同意的，不得对其他抵押权人产生不利影响。

债务人以自己的财产设定抵押，抵押权人放弃该抵押权、抵押权顺位或者变更抵押权的，其他担保人在抵押权人丧失优先受偿权益的范围内免除担保责任，但是其他担保人承诺仍然提供担保的除外。

同一财产向两个以上债权人抵押的，顺序在先的抵押权与该财产的所有权归属一人时，该财产的所有权人可以以其抵押权对抗顺序在后的抵押权；顺序在后的抵押权所担保的债权先到期的，抵押权人只能就抵押物价值超出顺序在先的抵押担保债权的部分受偿；顺序在先的抵押权所担保的债权先到期的，抵押权实现后的剩余价款应予提存，留待清偿顺序在后的抵押担保债权。

同一财产向两个以上债权人抵押的，拍卖、变卖抵押财产所得的价款依照下列规定清偿：（1）抵押权已经登记的，按照登记的时间先后确定清偿顺序；（2）抵押权已经登记的先于未登记的受偿；（3）抵押权未登记的，按照债权比例清偿。

💡【例5－8】甲以自己的一辆汽车作抵押，获得乙银行贷款20万元，办理了抵押登记。由于甲的汽车价值80万元，所以甲又将该汽车抵押给丁，获得丁的借款10万元，但未办理抵押登记。后甲又将其抵押给丙银行，获得贷款20万元，办理了抵押登记。后甲做生意亏本，导致无法偿还乙银行、丙银行的贷款和丁的借款。于是三个债权人同时要求实现其抵押权。但抵押物拍卖后仅获得45万元，不足以清偿甲的全部债务。

问题：本案中，乙银行、丙银行、丁的债权应按什么顺序受偿？

【解析】本案中，由于乙银行和丙银行的抵押权都经过了登记，而丁的抵押权没有登记，所以，乙银行和丙银行的债权先于丁的受偿。同时，乙银行的抵押权先于丙银行的抵押权登记，因此，乙银行先受偿，接着是丙银行，最后是丁。

（六）最高额抵押

最高额抵押，是指为担保债务的履行，债务人或者第三人对一定期间内将要连续发生的债权提供担保财产的，债务人不履行到期债务或者发生当事人约定的实现抵押权的情形，抵押权人有权在最高债权额限度内就该担保财产优先受偿。

1. 最高额抵押的特征。

（1）抵押担保的是将来发生的债权，现在尚未发生，但最高额抵押权设立前已经存在的债权，经当事人同意，可以转入最高额抵押担保的债权范围；

（2）抵押担保的债权额不确定，但设有最高限制额；

（3）实际发生的债权是连续的，不特定的，即债权人并不规定对方实际发生债权的次数和数额；

（4）债权人仅对抵押财产行使最高限度内的优先受偿权；

（5）最高额抵押只需首次登记即可设立，即尽管最高额抵押权所担保的是一定期间内连续发生的债权，但无须每个新生债权都到登记部门办理抵押登记，只需办理首次抵押登记即可。

2. 最高额抵押权的转让及变更。

最高额抵押担保的债权确定前，部分债权转让的，最高额抵押权不得转让，但当事人另有约定的除外。

最高额抵押担保的债权确定前，抵押权人与抵押人可以通过协议变更债权确定的期间、债权范围以及最高债权额，但变更的内容不得对其他抵押权人产生不利影响。

3. 最高额抵押权所担保的债权确定。

有下列情形之一的，抵押权人的债权确定：

（1）约定的债权确定期间届满；

（2）没有约定债权确定期间或者约定不明确，抵押权人或者抵押人自最高额抵押权设立之日起满2年后请求确定债权；

（3）新的债权不可能发生；

（4）抵押权人知道或者应当知道抵押财产被查封、扣押；

（5）债务人、抵押人被宣告破产或者被解散；

（6）法律规定债权确定的其他情形。

4. 最高额抵押权的行使。

最高额抵押权所担保的不特定债权，在特定后，债权已届清偿期的，最高额抵押权人可以根据普通抵押权的规定行使其抵押权。

抵押权人实现最高额抵押权时，如果实际发生的债权余额高于最高限额的，以最高限额为限，超过部分不具有优先受偿的效力；如果实际发生的债权余额低于最高限额的，以实际发生的债权余额为限对抵押物优先受偿。

（七）动产浮动抵押

企业、个体工商户、农业生产经营者可以将现有的以及将有的生产设备、原材料、半成品、产品抵押，债务人不履行到期债务或者发生当事人约定的实现抵押权的情形，债权人有权就抵押财产确定时的动产优先受偿。这种抵押称为动产浮动抵押。

抵押权人应当向抵押人住所地的市场监督管理部门办理登记。抵押权自抵押合同生效时设立；未经登记，不得对抗善意第三人。动产浮动抵押无论是否办理抵押登记，均不得对抗正常经营活动中已支付合理价款并取得抵押财产的买受人。

动产浮动抵押，抵押财产自下列情形之一发生时确定：（1）债务履行期限届满，债权未实现；（2）抵押人被宣告破产或者解散；（3）当事人约定的实现抵押权的情形；（4）严重影响债权实现的其他情形。

四、质押

质押分为动产质押和权利质押。

（一）动产质押

1. 动产质押的概念。

动产质押是以动产作为标的物的质押，指为担保债务的履行，债务人或者第三人将其动产出质给债权人占有，债务人不履行到期债务或者发生当事人约定的实现质权的情形，债权人有权就该动产优先受偿。

该债务人或者第三人为出质人，债权人为质权人，交付的动产为质押财产。

2. 质押合同。

为设立质权，当事人应当采取书面形式订立质押合同。质押合同一般包括以下条款：（1）被担保债权的种类和数额；（2）债务人履行债务的期限；（3）质押财产的名称、数量等情况；（4）担保的范围；（5）质押财产交付的时间、方式。其中，质押担保的范围由当事人约定；当事人未约定的，质押担保范围包括主债权及利息、违约金、损害赔偿金、质物保管费用和实现质权的费用。

质权人在债务履行期届满前，不得与出质人约定债务人不履行到期债务时质押财产归债权人所有。这类条款称为"流质条款"。当事人在质押合同中约定流质条款的，流质条款无效，但不影响质押合同其他部分内容的效力及质权的设立。

3. 动产质押的生效。

（1）质押合同自成立时生效，但质权自出质人交付质押财产时设立，即动产质权的设立以质物的交付为生效要件。

（2）债务人或者第三人未按质押合同约定的时间移交质物的，因此给质权人造成损失的，出质人应当根据其过错承担赔偿责任。

（3）出质人代质权人占有质物的，质权不设立；质权人将质物返还于出质人后，以其质权对抗第三人的，人民法院不予支持。

（4）出质人以间接占有的财产出质的，质物自书面通知送达占有人时视为移交。占有人收到出质通知后，仍接受出质人的指示处分出质财产的，该行为无效。

（5）质押合同中对质押的财产约定不明，或者约定的出质财产与实际移交的财产不一致的，以实际交付占有的财产为准。

（6）债务人以自己的财产出质，质权人放弃该质权的，其他担保人在质权人丧失优先受偿权益的范围内免除担保责任，但其他担保人承诺仍然提供担保的除外。

4. 质权人对质物的权利和责任。

（1）质权人对质物的权利。

①质权人有权收取质押财产的孳息，但合同另有约定的除外。上述孳息应当先充抵收取孳息的费用。

②质物有隐蔽瑕疵造成质权人其他财产损害的，应由出质人承担赔偿责任。但是，质权人在质物移交时明知质物有瑕疵而予以接受的除外。

③因不能归责于质权人的事由可能使质押财产毁损或者价值明显减少，足以危害质权人权利的，质权人有权要求出质人提供相应的担保；出质人不提供的，质权人可以拍卖、变卖质押财产，并与出质人通过协议将拍卖、变卖所得的价款提前清偿债务或者提存。

（2）质权人对质物的责任。

①质权人在质权存续期间，未经出质人同意，擅自使用、处分质押财产，给出质人造成损害的，应当承担赔偿责任。

②质权人负有妥善保管质押财产的义务；因保管不善致使质押财产毁损、灭失的，应当承担赔偿责任。

质权人的行为可能使质押财产毁损、灭失的，出质人可以请求质权人将质押财产提存，或者请求提前清偿债务并返还质押财产。质物提存费用由质权人负担，出质人提前清偿债权的，应当扣除未到期部分的利息。

③质权人在质权存续期间，未经出质人同意转质，造成质押财产毁损、灭失的，应当向出质人承担赔偿责任。

5. 质权的实现。

债务人履行债务或者出质人提前清偿所担保的债权的，质权人应当返还质押财产。

债务人不履行到期债务或者发生当事人约定的实现质权的情形，质权人可以与出质人协议以质押财产折价，也可以就拍卖、变卖质押财产所得的价款优先受偿。质押财产折价或者变卖的，应当参照市场价格。

出质人可以请求质权人在债务履行期届满后及时行使质权；质权人不行使的，出质人可以请求人民法院拍卖、变卖质押财产。出质人请求质权人及时行使质权，因质权人怠于行使权利造成损害的，由质权人承担赔偿责任。

质押财产折价或者拍卖、变卖后，其价款超过债权数额的部分归出质人所有，不足部分由债务人清偿。

为债务人质押担保的第三人，在质权人实现质权后，有权向债务人追偿。

（二）权利质押

1. 权利质押的概念。

权利质押是指债务人或者第三人以其财产权利作为债权的担保，当债务人不履行到期债务或者发生当事人约定的实现质权的情形，债权人有权依照法律规定，以该财产权利折价或者以拍卖、变卖该财产权利的价款优先受偿。

债务人或者第三人有权处分的下列权利可以出质：（1）汇票、支票、本票；（2）债券、存款单；（3）仓单、提单；（4）可以转让的基金份额、股权；（5）可以转让的注册商标专用权、专利权、著作权等知识产权中的财产权；（6）现有的以及将有的应收账款；（7）法律、行政法规规定可以出质的其他财产权利。

《民法典》对于权利质押未作特别规定的，应适用有关动产质押的规定。

2. 以不同种类权利出质的法律规定。

（1）以汇票、本票、支票、债券、存款单、仓单、提单出质的，质权自权利凭证交付质权人时设立；没有权利凭证的，质权自办理出质登记时设立。法律另有规定的，依照其规定。汇票、本票、支票、债券、存款单、仓单、提单的兑现日期或者提货日期先于主债权到期的，质权人可以兑现或者提货，并与出质人协议将兑现的价款或者提取的货物提前清偿债务或者提存。

（2）以基金份额、股权出质的，质权自办理出质登记时设立。基金份额、股权出质后，不得转让，但是出质人与质权人协商同意的除外。出质人转让基金份额、股权所得的价款，应当向质权人提前清偿债务或者提存。

（3）以注册商标专用权、专利权、著作权等知识产权中的财产权出质的，质权自办理出质登记时设立。知识产权中的财产权出质后，出质人不得转让或者许可他人使用，但是出质人与质权人协商同意的除外。出质人转让或者许可他人使用出质的知识产权中的财产权所得的价款，应当向质权人提前清偿债务或者提存。

（4）以应收账款出质的，质权自办理出质登记时设立。应收账款出质后，不得转让，但是出质人与质权人协商同意的除外。出质人转让应收账款所得的价款，应当向质权人提前清偿债务或者提存。

💡【例5-9】甲于5月12日向银行借款10 000元，以其在该银行的11 000元1年期定期存单出质。8月20日，10 000元借款到期，甲无力偿还，银行支取了存单金额11 000元及利息300元。甲存单上的本息是否应全部归银行所有？

【解析】这是一个实现质权的问题。如果质押合同中没有特别约定，应就全部债务承担质押保证责任，包括主债务及利息、违约金、损害赔偿金、质物保管费用和实现质权的费用。银行支取的11 000元本金和300元利息，应扣除银行的10 000元借款及其利息、违约金，如有剩余应返还给甲。

五、留置

（一）留置权的概念

留置权是指债务人不履行到期债务，债权人可以留置已经合法占有的债务人的动产，并有权就该动产优先受偿。其中债权人为留置权人，占有的动产为留置财产，即留置物。

留置权属于法定担保物权。

留置担保的范围包括主债权及利息、违约金、损害赔偿金、留置物保管费用和实现留置权的费用。

（二）留置权的成立要件

1. 债权人占有债务人的动产。原则上动产应属于债务人所有。留置财产为可分物的，留置财产的价值应当相当于债务的金额。当事人可以在合同中约定不得留置的物。法律规定或者当事人约定不得留置的动产，不得留置。

2. 占有的动产应与债权属于同一法律关系，但企业之间留置的除外。留置权的适用范围不限于保管合同、运输合同、承揽合同等特定的合同关系，其他债权债务关系，只要法律规定不禁止留置，债务人不履行债务的，债权人均可以留置已经合法占有的动产。

3. 债权已届清偿期且债务人未按规定的期限履行义务。

（三）留置权的实现

留置权人负有妥善保管留置财产的义务；因保管不善致使留置财产毁损、灭失的，应当承担赔偿责任。留置权人有权收取留置财产的孳息。孳息应当先充抵收取孳息的费用。

留置权人与债务人应当约定留置财产后的债务履行期间；没有约定或者约定不明确的，留置权人应当给债务人60日以上履行债务的期间，但鲜活易腐等不易保管的动产除外。债务人逾期未履行的，留置权人可以与债务人协议以留置财产折价，也可以就拍卖、变卖留置财产所得的价款优先受偿。留置财产折价或者变卖的，应当参照市场价格。

债务人可以请求留置权人在债务履行期届满后行使留置权；留置权人不行使的，债务人可以请求人民法院拍卖、变卖留置财产。留置财产折价或者拍卖、变卖后，其价款超过债权数额的部分归债务人所有，不足部分由债务人清偿。

留置权人在债权未受全部清偿前，留置物为不可分物的，留置权人可以就其留置物的全部行使留置权。留置的财产为可分物的，留置物的价值应当相当于债务的金额。

同一动产上已设立抵押权或者质权，该动产又被留置的，留置权人优先受偿。

（四）留置权的消灭

留置权因下列原因而消灭：（1）留置权人对留置财产丧失占有。（2）留置物灭失、损毁而无代位物。（3）与留置物有同一法律关系的债权消灭。（4）债务人另行提供价值相当的担保并被债权人接受。（5）实现留置权。

六、定金

（一）定金的概念与种类

定金是指合同当事人约定一方向对方给付一定数额的货币作为债权的担保。

定金根据当事人的约定，有以下种类：

（1）违约定金。

违约定金指定金设立的目的在于保障合同的履行。当事人约定以交付定金作为主合同债务履行担保的，给付定金的一方未履行主合同债务的，无权要求返还定金；收受定金的一方未履行主合同债务的，应当双倍返还定金。

（2）成约定金。

当事人约定以交付定金作为主合同成立或者生效要件的，给付定金的一方未支付定金，但主合同已经履行或者已经履行主要部分的，不影响主合同的成立或者生效。

（3）解约定金。

定金交付后，交付定金的一方可以按照合同的约定以丧失定金为代价而解除主合同，收受定金的一方可以双倍返还定金为代价而解除主合同。

（二）定金的生效

定金合同是实践性合同，从实际交付定金时成立。

定金的数额由当事人约定，但不得超过主合同标的额的20%。超过部分不产生定金的效力。

实际交付的定金数额多于或者少于约定数额，视为变更约定的定金数额。收受定金一方提出异议并拒绝接受定金的，定金合同不成立。

（三）定金的效力

债务人履行债务的，定金应当抵作价款或者收回。给付定金的一方不履行债务或者履行债务不符合约定，致使不能实现合同目的的，无权请求返还定金；收受定金的一方不履行债务或者履行债务不符合约定，致使不能实现合同目的的，应当双倍返还定金。

因不可抗力、意外事件致使主合同不能履行的，不适用定金罚则。因合同关系以外第三人的过错，致使主合同不能履行的，适用定金罚则。受定金处罚的一方当事人，可以依法向第三人追偿。

第六节　合同的变更和转让

一、合同的变更

合同的变更仅指合同内容的变更，是指合同成立后，当事人双方根据客观情况的变化，依照法律规定的条件和程序，经协商一致，对原合同内容进行修改、补充或者完善。合同的变更是在合同的主体不改变的前提下对合同内容的变更，合同性质并不改变。

（一）合同变更的要件

（1）当事人之间已存在合同关系。（2）合同内容发生了变化。（3）必须遵守法律的规定和当事人的约定。

合同的变更可以依据法律的规定产生，当法律规定的情形出现时，合同内容可能发生变化，如遇有不可抗力导致债务不能履行时，合同可以延期履行。当事人约定变更合同有两种情形：一是由合同当事人达成变更合同的协议；二是当事人可以在订立合同时即约定，当某种特定情况出现时，当事人有权变更合同。

（二）合同变更的形式和程序

合同变更除法律规定的变更和人民法院依法变更外，主要是当事人协议变更。

合同约定变更适用《民法典》合同编关于要约、承诺的规定，双方经协商取得一致，并采用书面形式。如原合同是经过公证、鉴证的，变更后的合同应报原公证、鉴证机关备案，必要时应对变更的事实予以公证、鉴证；如原合同按照法律、行政法规的规定是经过有关部门批准、登记的，变更后仍应报原批准机关批准、登记。

合同变更后，变更后的内容就取代了原合同的内容，当事人就应当按照变更后的内容履行合同，合同各方当事人均应受变更后的合同的约束。为了减少在合同变更时可能发生的纠纷，当事人对合同变更的内容约定不明确的，推定为未变更。合同变更的效力原则上仅对未履行的部分有效，对已履行的部分没有溯及力，但法律另有规定或当事人另有约定的除外。

二、合同的转让

合同的转让是指合同当事人一方将其合同的权利和义务全部或部分转让给第三人

的行为。合同的转让仅指合同主体的变更，不改变合同约定的权利义务。

（一）合同权利转让

1. 合同权利转让的概念。

合同权利转让，是指债权人将合同的权利全部或部分转让给第三人。其中，转让权利的债权人称为让与人，接受权利的第三人称为受让人。

2. 合同权利转让的条件。

债权人转让权利无须经债务人同意，但应当通知债务人。未经通知，该转让对债务人不发生效力。债务人接到债权转让通知后，债权让与行为对债务人就生效，债务人应对受让人履行义务。

但下列情形的合同权利，债权人不得转让：

（1）根据合同性质不得转让。

①根据当事人之间信任关系而发生的债权。如委托合同中，受托人基于对委托人的信任，愿意接受委托，债权人不得任意将请求实施委托事务的权利转让给他人。

②因债权目的的达成须对特定债权人为给付之债权，如扶养请求权、慰抚金请求权等。

③合同内容中包括了针对特定当事人的不作为义务。如合同约定了一方承担竞业禁止义务，另一方不得将请求承担该不作为义务的权利转让给他人。

（2）根据当事人约定不得转让。

当事人在订立合同时，可以对权利的转让作出特别的约定，禁止债权人将权利转让给第三人。当事人约定非金钱债权不得转让的，不得对抗善意第三人，如果一方当事人违反约定，将合同权利转让给善意第三人，则善意第三人可以取得该项权利。当事人约定金钱债权不得转让的，不得对抗第三人。

（3）依照法律规定不得转让。

3. 合同权利转让的效力。

合同权利全部转让的，原合同关系消灭，受让人取代原债权人的地位，成为新的债权人，原债权人脱离合同关系。合同权利部分转让的，受让人作为第三人加入到合同关系中，与原债权人共同享有债权。

债权人转让主权利时，附属于主权利的从权利也一并转让，受让人在取得债权时，也取得与债权有关的从权利，但该从权利专属于债权人自身的除外。受让人取得从权利不因该从权利未办理转移登记手续或者未转移占有而受到影响。

债务人接到债权转让通知后，债务人对让与人的抗辩，可以向受让人主张，如权利无效、权利已过诉讼时效期间等抗辩。

有下列情形之一的，债务人可以向受让人主张抵销：（1）债务人接到债权转让通知时，债务人对让与人享有债权，且债务人的债权先于转让的债权到期或者同时到期；（2）债务人的债权与转让的债权是基于同一合同产生。

因债权转让增加的履行费用，由让与人负担。

（二）合同义务转移

债务人将合同的义务全部或者部分转移给第三人，应当经债权人同意，否则债务人转移合同义务的行为对债权人不发生效力，债权人有权拒绝第三人向其履行，同时有权要求债务人履行义务并承担不履行或迟延履行义务的法律责任。

债务人或者第三人可以催告债权人在合理期限内予以同意，债权人未作表示的，视为不同意。

第三人与债务人约定加入债务并通知债权人，或者第三人向债权人表示愿意加入债务，债权人未在合理期限内明确拒绝的，债权人可以请求第三人在其愿意承担的债务范围内和债务人承担连带债务。

合同义务转移的法律后果：（1）新债务人成为合同一方当事人，如不履行或不适当履行合同义务，债权人可以向其请求履行债务或承担违约责任。（2）债务人转移义务的，新债务人可以主张原债务人对债权人的抗辩。但原债务人对债权人享有债权的，新债务人不得向债权人主张抵销。（3）从属于主债务的从债务，随主债务的转移而转移，但该从债务专属于原债务人自身的除外。（4）第三人向债权人提供的担保，若担保人未明确表示继续承担担保责任，则担保责任因债务转移而消灭。

（三）合同权利义务的一并转让

合同关系的一方当事人将权利和义务一并转让时，除了应当征得另一方当事人的同意外，还应当遵守有关转让权利和义务的规定。

（四）法人或其他组织合并或分立后债权债务关系的处理

当事人订立合同后合并的，由合并后的法人或者其他组织行使合同权利，履行合同义务。当事人订立合同后分立的，除债权人和债务人另有约定的以外，由分立的法人或者其他组织对合同的权利和义务享有连带债权，承担连带债务。

第七节 合同的权利义务终止

合同权利义务终止是指依法生效的合同，因具备法定情形和当事人约定的情形，合同债权、债务归于消灭，债权人不再享有合同权利，债务人也不必再履行合同义务，合同当事人双方终止合同关系，合同的效力随之消灭。

一、合同权利义务终止的具体情形

（一）债务已经按照约定履行

债务已经按照约定履行是指债务人按照约定的标的、质量、数量、价款或报酬、履行期限、履行地点和方式全面履行。

债务人对同一债权人负担的数项债务种类相同，债务人的给付不足以清偿全部债务的，除当事人另有约定外，由债务人在清偿时指定其履行的债务。债务人未作指定的，应当优先履行已经到期的债务；数项债务均到期的，优先履行对债权人缺乏担保或者担保最少的债务；均无担保或者担保相等的，优先履行债务人负担较重的债务；负担相同的，按照债务到期的先后顺序履行；到期时间相同的，按照债务比例履行。

债务人在履行主债务外还应当支付利息和实现债权的有关费用，其给付不足以清偿全部债务的，除当事人另有约定外，应当按照下列顺序履行：（1）实现债权的有关费用；（2）利息；（3）主债务。

（二）合同解除

合同解除是指合同有效成立后，因主客观情况发生变化，使合同的履行成为不必要或不可能，根据双方当事人达成的协议或一方当事人的意思表示提前终止合同效力。合同解除有约定解除和法定解除两种情况。

1. 约定解除。

当事人约定解除合同包括两种情况：

（1）协商解除，指合同生效后，未履行或未完全履行之前，当事人以解除合同为目的，经协商一致，订立一个解除原来合同的协议，使合同效力消灭的行为。

（2）约定解除权。解除权可以在订立合同时约定，也可以在履行合同的过程中约定，可以约定一方解除合同的权利，也可以约定双方解除合同的权利。

2. 法定解除。

有下列情形之一的，当事人可以解除合同：（1）因不可抗力致使不能实现合同目的。只有不可抗力致使合同目的不能实现时，当事人才可以解除合同。（2）因预期违约解除合同。即在履行期限届满之前，当事人一方明确表示或者以自己的行为表明不履行主要债务的，对方当事人可以解除合同。（3）当事人一方迟延履行主要债务，经催告后在合理期限内仍未履行。（4）当事人一方迟延履行债务或者有其他违约行为致使不能实现合同目的。这种情形中的迟延履行因致使合同目的不能实现，债权人可不经催告直接解除合同。（5）法律规定的其他情形。

以持续履行的债务为内容的不定期合同，当事人可以随时解除合同，但是应当在合理期限之前通知对方。

合同成立后，合同的基础条件发生了当事人在订立合同时无法预见的、不属于商业风险的重大变化，继续履行合同对于当事人一方明显不公平的，受不利影响的当事人可以与对方重新协商；在合理期限内协商不成的，当事人可以请求人民法院或者仲裁机构变更或者解除合同。人民法院或者仲裁机构应当结合案件的实际情况，根据公平原则变更或者解除合同。

3. 解除权的行使及其效力。

（1）解除权的行使。

法律规定或者当事人约定解除权行使期限，期限届满当事人不行使的，该权利消灭。法律没有规定或者当事人没有约定解除权行使期限，自解除权人知道或者应当知道解除事由之日起一年内不行使，或者经对方催告后在合理期限内不行使的，该权利消灭。

当事人一方依法主张解除合同的，应当通知对方。合同自通知到达对方时解除。通知载明债务人在一定期限内不履行债务则合同自动解除，债务人在该期限内未履行债务的，合同自通知载明的期限届满时解除。对方对解除合同有异议的，任何一方当事人均可以请求人民法院或者仲裁机构确认解除行为的效力。

当事人一方未通知对方，直接以提起诉讼或者申请仲裁的方式依法主张解除合同，人民法院或者仲裁机构确认该主张的，合同自起诉状副本或者仲裁申请书副本送达对方时解除。

（2）解除权行使的效力。

合同解除后尚未履行的，终止履行；已经履行的，根据履行情况和合同性质，当事人可以要求恢复原状、采取其他补救措施，并有权要求赔偿损失。合同的权利义务终止，不影响合同中结算和清理条款的效力。

合同因违约解除的，解除权人可以请求违约方承担违约责任，但是当事人另有约定的除外。

主合同解除后，担保人对债务人应当承担的民事责任仍应当承担担保责任，但是担保合同另有约定的除外。

（三）抵销

抵销是指双方当事人互负债务时，一方通知对方以其债权充当债务的清偿或者双方协商以债权充当债务的清偿，使得双方的债务在对等额度内消灭的行为。抵销包括法定抵销和约定抵销。抵销具有简化交易程序、降低交易成本以及确保债权实现的作用。

1. 法定抵销。

当事人互负债务，该债务的标的物种类、品质相同的，任何一方可以将自己的债务与对方的到期债务抵销，但根据债务性质、按照当事人约定或依照法律规定不得抵销的除外。

当事人主张抵销的，应当通知对方。通知自到达对方时生效。抵销不得附条件或者附期限。

下列债务不得抵销：

（1）按债务性质不能抵销。不作为债务、提供劳务的债务、与人身不可分离的债务，如抚恤金、退休金、人身损害赔偿债务等，均不得抵销。

（2）按照约定应当向第三人给付的债务。如果双方当事人在订立合同时已约定债务人应向第三人履行义务，则债务人不得以对合同对方当事人享有债权而主张抵销该义务，否则将损害第三人的利益。

（3）当事人约定不得抵销的债务。

（4）因故意实施侵权行为产生的债务。这种债务是对被害人的赔偿，如允许抵销，则意味着可以用金钱补偿对债务人的人身和财产权利的任意侵犯，是有悖社会正义的。

（5）法律规定不得抵销的其他情形。如法律禁止扣押和强制执行的债务。

2. 约定抵销。

当事人互负债务，标的物种类、品质不相同的，经双方协商一致，也可以抵销。此种抵销即属经双方协商一致发生的约定抵销。

（四）提存

1. 提存的概念。

提存是指由于债权人的原因，债务人无法向其交付合同标的物而将该标的物交给提存机关，从而消灭债务的制度。

2. 提存的原因。

有下列情形之一，难以履行债务的，债务人可以将标的物提存：

（1）债权人无正当理由拒绝受领。例如，在仓储合同中，存储期届满，仓单持有人不提取仓储物，保管人催告其在合理期限内提取货物后，逾期仍不提取的，保管人可以提存该货物。

（2）债权人下落不明。此类情形包括债权人失踪，其财产尚无人代管、债权人不清、地址不详、无法查找等。

（3）债权人死亡未确定继承人、遗产管理人或者丧失民事行为能力未确定监护人。此时债权人的财产没有合法的管理人，债务人无法交付。

（4）法律规定的其他情形。

3. 提存的法律效力。

标的物提存后，除债权人下落不明的以外，债务人应当及时通知债权人或者债权人的继承人、遗产管理人、监护人、财产代管人。标的物不适于提存或者提存费用过高的，债务人依法可以拍卖或者变卖标的物，提存所得的价款。

提存期间，标的物的孳息归债权人所有。提存费用由债权人负担。标的物提存后，毁损、灭失的风险由债权人承担。债权人可以随时领取提存物，但债权人对债务人负有到期债务的，在债权人未履行债务或者提供担保之前，提存部门根据债务人的要求应当拒绝其领取提存物。

债权人领取提存物的权利，自提存之日起5年内不行使而消灭，提存物扣除提存费用后归国家所有。但是，债权人未履行对债务人的到期债务，或者债权人向提存部门书面表示放弃领取提存物权利的，债务人负担提存费用后有权取回提存物。此5年期间为不变期间，不适用诉讼时效中止、中断或延长的规定。

（五）免除

债务的免除是指权利人放弃自己的全部或部分权利，从而使合同义务减轻或使合同终止的一种形式。

债权人免除债务人部分或者全部债务的，合同的权利义务部分或者全部终止，但是债务人在合理期限内拒绝的除外。免除债权，债权的从权利如从属于债权的担保权利、利息权利、违约金请求权等也随之消灭。

（六）混同

混同，即债权债务同归于一人。例如由于甲、乙两企业合并，甲、乙企业之间原先订立的合同中的权利义务同归于合并后的企业，债权债务关系自然终止。《民法典》第五百七十六条规定：债权和债务同归于一人的，债权债务终止，但是损害第三人利益的除外。如债权为他人权利质押的标的，债权债务即使同归于一人，债权也不消灭，否则将损害质权人的利益。此外，"法律另有规定的"，债权债务不因混同而消灭。如《票据法》规定，票据未到期前依背书转让的，票据上债权债务即使同归于一人，票据仍可流通，票据上的债权债务不消灭。

（七）法律规定或者当事人约定终止的其他情形

二、合同权利义务终止的法律后果

（一）负债字据的返还

负债字据是债权债务关系的证明，债权人应当在合同关系消灭后，将负债字据返还债务人。

（二）在合同当事人之间发生后合同义务

债权债务终止后，当事人应当遵循诚信等原则，根据交易习惯履行通知、协助、保密、旧物回收等义务。

（三）合同中关于解决争议的方法、结算和清理条款的效力

合同无效、被撤销或者终止的，不影响合同中独立存在的有关解决争议方法的条款的效力。合同的权利义务终止，不影响合同中结算和清理条款的效力。

第八节 违 约 责 任

违约责任即违反合同的民事责任，是指合同当事人一方或双方不履行合同义务或者履行合同义务不符合约定时，依照法律规定或者合同约定所承担的法律责任。依法订立的有效合同对当事人双方来说，都具有法律约束力。如果不履行或者履行义务不符合约定，就要承担违约责任。

一、承担违约责任的形式

当事人一方不履行合同义务或者履行合同义务不符合约定的，应当承担继续履行、采取补救措施或者赔偿损失等违约责任。当事人一方明确表示或者以自己的行为表明不履行合同义务的，对方可以在履行期限届满之前要求其承担违约责任。

（一）继续履行

订立合同的目的是为了实现合同的约定，继续履行合同既是为了实现合同目的，又是一种违约责任。当事人一方未支付价款或者报酬的，对方可以要求其支付价款或者报酬。当事人一方不履行非金钱债务或者履行非金钱债务不符合约定的，对方可以要求履行，但有下列情形之一的除外：（1）法律上或者事实上不能履行；（2）债务的标的不适于强制履行或者履行费用过高，前者如以具有人身性质的劳务为债务的，后者指履行费用大大超过实际履行合同所能获得的利益；（3）债权人在合理期限内未请求履行。有前述除外情形之一，致使不能实现合同目的的，人民法院或者仲裁机构可以根据当事人的请求终止合同权利义务关系，但是不影响违约责任的承担。

（二）采取补救措施

当事人一方履行合同义务不符合约定的，应当按照当事人的约定承担违约责任。受损害方可以根据受损害的性质以及损失的大小，合理选择要求对方适当履行，如采取修理、更换、重作、退货、减少价款或者报酬等措施，也可以选择解除合同、中止履行合同、通过提存履行债务、行使担保债权等补救措施。

（三）赔偿损失

赔偿损失，是指当事人一方不履行合同义务或者履行合同义务不符合约定而给对方造成损失的，依法或根据合同约定应承担赔偿对方当事人所受损失的责任。当事人一方不履行合同义务或者履行合同义务不符合约定的，在履行义务或者采取补救措施后，对方还有其他损失的，应当赔偿损失。当然，对方也可以不选择要求继续履行或采取补救措施，直接主张赔偿损失。损失赔偿额应当相当于因违约所造成的损失，包括合同履行后可以获得的利益，但不得超过违反合同一方订立合同时预见到或者应当预见到的因违反合同可能造成的损失。

当事人一方违约后，对方应当采取适当措施防止损失的扩大；没有采取适当措施致使损失扩大的，不得就扩大的损失要求赔偿。当事人因防止损失扩大而支出的合理费用，由违约方承担。

（四）支付违约金

为了保证合同的履行，合同当事人可以约定一方违约时应当根据情况向对方支付一定数额的违约金，也可以约定因违约产生的损失赔偿额的计算方法。与损失赔偿相比，违约金的支付可以避免损失赔偿方式在适用中经常遇到的计算损失范围和举证的困难。

合同违约方支付违约金不足以弥补非违约方遭受的损失的，非违约方仍然可以向违约方请求赔偿损失。但原则上，非违约方获得的赔偿应与其实际受到的损失大致相当，所以，《民法典》规定了如下的违约金调整情形：

约定的违约金低于造成的损失的，人民法院或者仲裁机构可以根据当事人的请求予以增加；约定的违约金过分高于造成的损失的，人民法院或者仲裁机构可以根据当事人的请求予以适当减少。

约定的违约金过分高于造成的损失的，当事人可以请求人民法院或者仲裁机构予以适当减少。当事人主张约定的违约金过高请求予以适当减少的，人民法院应当以实际损失为基础，兼顾合同的履行情况、当事人的过错程度以及预期利益等综合因素，根据公平原则和诚实信用原则予以衡量，并作出裁决。当事人约定的违约金超过造成损失30%的，一般可以认定为"过分高于造成的损失"。

当事人就迟延履行约定违约金的，违约方支付违约金后，还应当履行债务。

在同一合同中，当事人既约定违约金，又约定定金的，一方违约时，对方可以选择适用违约金或者定金条款，即二者不能同时主张。买卖合同约定的定金不足以弥补一方违约造成的损失，对方可以请求赔偿超过定金部分的损失，但定金和损失赔偿的数额总和不应高于因违约造成的损失。

二、免责事由

（一）法定事由

因不可抗力不能履行合同的，根据不可抗力的影响，部分或者全部免除责任，但法律另有规定的除外。当事人迟延履行后发生不可抗力的，不能免除责任。

当事人一方因不可抗力不能履行合同的，应当及时通知对方不能履行或不能完全履行合同的情况和理由，并在合理期限内提供有关机关的证明，证明不可抗力及其影响当事人履行合同的具体情况。

（二）免责条款

免责条款是指合同双方当事人在合同中约定，当出现一定的事由或条件时，可免除违约方的违约责任。

（三）法律的特别规定

在法律有特别规定的情况下，可以免除当事人的违约责任。如《民法典》第八百三十二条规定："承运人对运输过程中货物的毁损、灭失承担赔偿责任。但是，承运人证明货物的毁损、灭失是因不可抗力、货物本身的自然性质或者合理损耗以及托运人、收货人的过错造成的，不承担赔偿责任。"

第九节 主要合同

一、买卖合同

(一) 买卖合同概述

买卖合同是出卖人转移标的物的所有权于买受人，买受人支付价款的合同。转移买卖标的物的一方为出卖人，即卖方；受领买卖标的物、支付价款的一方是买受人，即买方。买卖合同是诺成、双务、有偿合同，可以是要式的，也可以是不要式的。

出卖人因未取得所有权或者处分权致使标的物所有权不能转移，买受人可以解除合同并请求出卖人承担违约责任。

(二) 买卖合同的标的物

出卖的标的物，应当属于出卖人所有或者出卖人有权处分。

1. 标的物交付和所有权转移。

(1) 标的物为动产的，所有权自标的物交付时起转移；标的物为不动产的，所有权自标的物登记时起转移。

(2) 标的物为数物，其中一物不符合约定的，买受人可以就该物解除，但该物与他物分离使标的物的价值显受损害的，当事人可以就数物解除合同。

(3) 出卖人分批交付标的物的，出卖人对其中一批标的物不交付或者交付不符合约定，致使该批标的物不能实现合同目的的，买受人可以就该批标的物解除。出卖人不交付其中一批标的物或者交付不符合约定，致使今后其他各批标的物的交付不能实现合同目的的，买受人可以就该批以及今后其他各批标的物解除。买受人如果就其中一批标的物解除，该批标的物与其他各批标的物相互依存的，可以就已经交付和未交付的各批标的物解除。

(4) 标的物为无须以有形载体交付的电子信息产品，当事人对交付方式约定不明确，且依照法律规定仍不能确定的，买受人收到约定的电子信息产品或者权利凭证即为交付。

(5) 买受人拒绝接收多交部分标的物的，可以代为保管多交部分标的物。买受人主张出卖人负担代为保管期间的合理费用的，人民法院应予支持。

买受人主张出卖人承担代为保管期间非因买受人故意或者重大过失造成的损失的，人民法院应予支持。

(6) 出卖人仅以增值税专用发票及税款抵扣资料证明其已履行交付标的物义务，买受人不认可的，出卖人应当提供其他证据证明交付标的物的事实。

合同约定或者当事人之间习惯以普通发票作为付款凭证，买受人以普通发票证明已经履行付款义务的，人民法院应予支持，但有相反证据足以推翻的除外。

（7）出卖人就同一普通动产订立多重买卖合同，在买卖合同均有效的情况下，买受人均要求实际履行合同的，应当按照以下情形分别处理：先行受领交付的买受人请求确认所有权已经转移的，人民法院应予支持；均未受领交付，先行支付价款的买受人请求出卖人履行交付标的物等合同义务的，人民法院应予支持；均未受领交付，也未支付价款，依法成立在先合同的买受人请求出卖人履行交付标的物等合同义务的，人民法院应予支持。

（8）出卖人就同一船舶、航空器、机动车等特殊动产订立多重买卖合同，在买卖合同均有效的情况下，买受人均要求实际履行合同的，应当按照以下情形分别处理：先行受领交付的买受人请求出卖人履行办理所有权转移登记手续等合同义务的，人民法院应予支持；均未受领交付，先行办理所有权转移登记手续的买受人请求出卖人履行交付标的物等合同义务的，人民法院应予支持；均未受领交付，也未办理所有权转移登记手续，依法成立在先合同的买受人请求出卖人履行交付标的物和办理所有权转移登记手续等合同义务的，人民法院应予支持；出卖人将标的物交付给买受人之一，又为其他买受人办理所有权转移登记，已受领交付的买受人请求将标的物所有权登记在自己名下的，人民法院应予支持。

2. 标的物毁损、灭失风险的承担。

（1）标的物毁损、灭失的风险，在标的物交付之前由出卖人承担，交付之后由买受人承担，但是法律另有规定或者当事人另有约定的除外。因买受人的原因致使标的物不能按照约定的期限交付的，买受人应当自违反约定之日起承担标的物毁损、灭失的风险。

（2）在标的物由出卖人负责办理托运，承运人系独立于买卖合同当事人之外的运输业者的情况下，如买卖双方当事人没有约定交付地点或者约定不明确，出卖人将标的物交付给第一承运人后，标的物毁损、灭失的风险由买受人承担。当事人另有约定的除外。

（3）出卖人根据合同约定将标的物运送至买受人指定地点并交付给承运人后，标的物毁损、灭失的风险由买受人负担。当事人另有约定的除外。

（4）出卖人按照约定或者依照法律规定将标的物置于交付地点，买受人违反约定没有收取的，标的物毁损、灭失的风险自违反约定之日起由买受人承担。

（5）出卖人出卖交由承运人运输的在途标的物，在合同成立时知道或者应当知道标的物已经毁损、灭失却未告知买受人，买受人主张出卖人负担标的物毁损、灭失的风险的，人民法院应予支持。

（6）出卖人按照约定未交付有关标的物的单证和资料的，不影响标的物毁损、灭失风险的转移。标的物毁损、灭失的风险由买受人承担的，不影响因出卖人履行债务不符合约定，买受人要求其承担违约责任的权利。

（7）当事人对风险负担没有约定，标的物为种类物，出卖人未以装运单据、加盖标记、通知买受人等可识别的方式清楚地将标的物特定于买卖合同，买受人主张不负担标的物毁损、灭失的风险的，人民法院应予支持。

（8）因标的物质量不符合要求，致使不能实现合同目的的，买受人可以拒绝接受标的物或者解除合同。买受人拒绝接受标的物或者解除合同的，标的物毁损、灭失的风险由出卖人承担。买受人有确切证据证明第三人可能就标的物主张权利的，可以中止支付相应的价款，但出卖人提供适当担保的除外。

3．标的物检验。

（1）当事人对标的物的检验期间未作约定，买受人签收的送货单、确认单等载明标的物数量、型号、规格的，推定买受人已对数量和外观瑕疵进行了检验，但有相反证据足以推翻的除外。

（2）出卖人依照买受人的指示向第三人交付标的物，出卖人和买受人之间约定的检验标准与买受人和第三人之间约定的检验标准不一致的，应当以出卖人和买受人之间约定的检验标准为标的物的检验标准。

（3）出卖人交付标的物后，买受人应对收到的标的物在约定的检验期间内检验。没有约定检验期间的，应当及时检验。当事人约定检验期间的，买受人应当在检验期间内将标的物的数量或者质量不符合约定的情形通知出卖人。买受人怠于通知的，视为标的物的数量或者质量符合约定。当事人没有约定检验期间的，买受人应当在发现或者应当发现标的物的数量或者质量不符合约定的合理期间内通知出卖人。买受人在合理期间内未通知或者自标的物收到之日起 2 年内未通知出卖人的，视为标的物的数量或者质量符合约定。出卖人知道或者应当知道提供的标的物不符合约定的，买受人不受前述规定的通知时间的限制。

在上述"检验期间""合理期间""2 年期间"经过后，买受人主张标的物的数量或者质量不符合约定的，人民法院不予支持。

出卖人自愿承担违约责任后，又以上述期间经过为由反悔的，人民法院不予支持。

4．有关买卖合同标的物的其他规定。

（1）出卖人就交付的标的物，负有保证第三人不得向买受人主张任何权利的义务，但买受人订立合同时知道或者应当知道第三人对买卖的标的物享有权利的，出卖人不承担该义务。

（2）出卖具有知识产权的计算机软件等标的物的，除法律另有规定或者当事人另有约定的以外，该标的物的知识产权不属于买受人。

（3）因标的物的主物不符合约定而解除合同的，解除合同的效力及于从物。因标的物的从物不符合约定被解除的，解除的效力不及于主物。

（三）买卖双方当事人的权责

1. 出卖人的权责。

（1）出卖人应当履行向买受人交付标的物或者交付提取标的物的单证，并转移标的物所有权的义务。出卖人还应当按照约定或者交易习惯向买受人交付提取标的物单证以外的有关单证和资料，主要应当包括保险单、保修单、普通发票、增值税专用发票、产品合格证、质量保证书、质量鉴定书、品质检验证书、产品进出口检疫书、原产地证明书、使用说明书、装箱单等。

（2）出卖人应当按照约定的期限交付标的物。约定交付期间的，出卖人可以在该交付期间内的任何时间交付。没有约定标的物的交付期限或者约定不明确的，当事人可以协商达成补充协议；不能达成补充协议的，按照合同有关条款或交易习惯确定；如仍不能确定，出卖人就可以随时履行，买受人也可以随时要求出卖人履行，但应当给对方必要的准备时间。

（3）出卖人应当按照约定的地点交付标的物。当事人没有约定交付地点或者约定不明确，可以协商达成补充协议；不能达成补充协议的，按照合同有关条款或交易习惯确定。仍不能确定的，适用下列规定：①标的物需要运输的，出卖人应当将标的物交付给第一承运人以运交给买受人；②标的物不需要运输，出卖人和买受人订立合同时知道标的物在某一地点的，出卖人应当在该地点交付标的物；不知道标的物在某一地点的，应当在出卖人订立合同时的营业地交付标的物。

（4）出卖人应当按照约定的质量要求交付标的物。当事人对标的物的质量要求没有约定或者约定不明确的，依照《民法典》有关规定执行。出卖人交付的标的物不符合质量要求的，买受人可以依照合同约定要求出卖人承担违约责任，对违约责任没有约定或约定不明确，并不能达成补充协议或按有关条款或交易习惯确定的，买受人可以根据标的物的性质及损失的大小，合理选择要求对方承担修理、更换、重作、退货、减少价款或者报酬等违约责任。

（5）出卖人应当按照约定的包装方式交付标的物。对包装方式没有约定或者约定不明确的，依照《民法典》第五百一十条的规定仍不能确定的，应当按照通用的方式包装，没有通用方式的，应当采取足以保护标的物且有利于节约资源、保护生态环境的包装方式。

（6）出卖人应保证标的物的价值或使用效果。买受人依约保留部分价款作为质量保证金，出卖人在质量保证期间未及时解决质量问题而影响标的物的价值或者使用效果，出卖人主张支付该部分价款的，人民法院不予支持。

（7）买受人在检验期间、质量保证期间、合理期间内提出质量异议，出卖人未按要求予以修理或者因情况紧急，买受人自行或者通过第三人修理标的物后，主张出卖人负担因此发生的合理费用的，人民法院应予支持。

（8）出卖人没有履行或者不当履行从给付义务，致使买受人不能实现合同目的，买受人主张解除合同的，应予支持。

（9）合同约定减轻或者免除出卖人对标的物的瑕疵担保责任，但出卖人故意或者因重大过失不告知买受人标的物的瑕疵，出卖人无权主张减轻或者免除责任。

（10）买受人在缔约时知道或者应当知道标的物质量存在瑕疵，主张出卖人承担瑕疵担保责任的，人民法院不予支持，但买受人在缔约时不知道该瑕疵会导致标的物的基本效用显著降低的除外。

2. 买受人的权责。

（1）买卖合同中买受人应当按照约定的数额和支付方式支付价款。对价款的数额和支付方式没有约定或者约定不明确的，适用《民法典》第五百一十条、第五百一十一条第二项和第五项的规定。出卖人多交标的物的，买受人可以接收或者拒绝接收多交的部分。买受人接收多交部分的，按照合同的价格支付价款；买受人拒绝接收多交部分的，应当及时通知出卖人。标的物在交付之前产生的孳息，归出卖人所有，交付之后产生的孳息，归买受人所有，但是，当事人另有约定的除外。

（2）买受人应当按照约定的地点支付价款。对支付地点没有约定或者约定不明确的，可以协议补充；不能达成补充协议的，买受人应当在出卖人的营业地支付，但约定支付价款以交付标的物或者交付提取标的物单证为条件的，在交付标的物或者交付提取标的物单证的所在地支付。

（3）买受人应当按照约定的时间支付价款。对支付时间没有约定或者约定不明确的，可以协议补充；不能达成协议的，买受人应当在收到标的物或者提取标的物单证的同时支付。

（4）分期付款的买受人未支付到期价款的金额达到全部价款的1/5，经催告后在合理期限内仍未支付到期价款的，出卖人可以请求买受人支付全部价款或者解除合同。出卖人解除合同的，可以向买受人请求支付该标的物的使用费。

（5）标的物质量不符合约定，买受人请求减少价款的，人民法院应予支持。当事人主张以符合约定的标的物和实际交付的标的物按交付时的市场价值计算差价的，人民法院应予支持。

价款已经支付，买受人主张返还减价后多出部分价款的，人民法院应予支持。

（四）所有权保留

所有权保留是指在移转财产所有权的交易中，根据法律的规定或者当事人的约定，财产所有人将标的物移转给对方当事人占有，但仍保留其对该财产的所有权，待对方当事人支付合同价款或完成特定条件时，该财产的所有权才发生移转的一种法律制度。

出卖人对标的物保留的所有权，未经登记，不得对抗善意第三人。

当事人约定出卖人保留合同标的物的所有权，在标的物所有权转移前，买受人有下列情形之一，造成出卖人损害的，除当事人另有约定外，出卖人有权取回标的物：（1）未按照约定支付价款，经催告后在合理期限内仍未支付；（2）未按照约定完成特定条件；（3）将标的物出卖、出质或者作出其他不当处分。

在将标的物出卖、出质或者作出其他不当处分的情形下，第三人依据《民法典》的规定已经善意取得标的物所有权或者其他物权，出卖人不得主张取回标的物。

取回的标的物价值显著减少，出卖人可以请求买受人赔偿损失。

出卖人依法取回标的物后，买受人在双方约定或者出卖人指定的合理回赎期限内，消除出卖人取回标的物的事由的，可以请求回赎标的物。

买受人在回赎期限内没有回赎标的物，出卖人可以以合理价格将标的物出卖给第三人，出卖所得价款扣除买受人未支付的价款以及必要费用后仍有剩余的，应当返还买受人；不足部分由买受人清偿。

（五）试用买卖

试用买卖的买受人在试用期内可以购买标的物，也可以拒绝购买。试用期限届满，买受人对是否购买标的物未作表示的，视为购买。

试用买卖的买受人在试用期内已经支付部分价款或者对标的物实施出卖、出租、设立担保物权等行为的，视为同意购买。

买卖合同存在下列约定内容之一的，不属于试用买卖：（1）约定标的物经过试用或者检验符合一定要求时，买受人应当购买标的物；（2）约定第三人经试验对标的物认可时，买受人应当购买标的物；（3）约定买受人在一定期间内可以调换标的物；（4）约定买受人在一定期间内可以退还标的物。

试用买卖的当事人没有约定使用费或者约定不明确，出卖人无权主张买受人支付使用费。

标的物在试用期内毁损、灭失的风险由出卖人承担。

（六）商品房买卖合同

商品房买卖合同，是指房地产开发企业（出卖人）将尚未建成或者已竣工的房屋向社会销售并转移房屋所有权于买受人，买受人支付价款的合同，包括期房买卖合同和现房买卖合同。《最高人民法院关于审理商品房买卖合同纠纷案件适用法律若干问题的解释》对商品房买卖的相关问题做了规定。

1. 商品房销售广告的性质。

商品房的销售广告和宣传资料为要约邀请，但是出卖人就商品房开发规划范围内的房屋及相关设施所作的说明和允诺具体确定，并对商品房买卖合同的订立以及房屋价格的确定有重大影响的，应当视为要约。该说明和允诺即使未载入商品房买卖合同，亦应当视为合同内容，当事人违反的，应当承担违约责任。

2. 商品房预售合同的效力。

出卖人预售商品房，必须申领商品房预售许可证明。出卖人未取得商品房预售许可证明，与买受人订立的商品房预售合同，应当认定无效，但是在起诉前取得商品房预售许可证明的，可以认定有效。

当事人以商品房预售合同未按照法律、行政法规规定办理登记备案手续为由，请求确认合同无效的，不予支持。当事人约定以办理登记备案手续为商品房预售合同生效条件的，从其约定，但当事人一方已经履行主要义务，对方接受的除外。

3. 被拆迁人的优先权。

拆迁人与被拆迁人按照所有权调换形式订立拆迁补偿安置协议，明确约定拆迁人以位置、用途特定的房屋对被拆迁人予以补偿安置，如果拆迁人将该补偿安置房屋另行出卖给第三人，被拆迁人请求优先取得补偿安置房屋的，应予支持。

4. 解除权的行使。

（1）买受人因以下原因无法取得房屋，导致商品房买卖合同目的不能实现的，可以请求解除合同、返还已付购房款及利息、赔偿损失，并可以请求出卖人承担不超过已付购房款1倍的赔偿责任。第一，商品房买卖合同订立后，出卖人未告知买受人又将该房屋抵押给第三人；第二，商品房买卖合同订立后，出卖人又将该房屋出卖给第三人。

（2）因房屋主体结构质量不合格不能交付使用，或者房屋交付使用后，房屋主体结构质量经核验确属不合格，买受人请求解除合同和赔偿损失的，应予支持。

（3）因房屋质量问题严重影响正常居住使用，买受人请求解除合同和赔偿损失的，应予支持。

（4）买受人因出卖人订立商品房买卖合同时具有下列情形，导致合同无效或者被撤销、解除的，可以请求返还已付购房款及利息、赔偿损失，并可以请求出卖人承担不超过已付购房款1倍的赔偿责任。第一，故意隐瞒没有取得商品房预售许可证明的事实或者提供虚假商品房预售许可证明；第二，故意隐瞒所售房屋已经抵押的事实；第三，故意隐瞒所售房屋已经出卖给第三人或者为拆迁补偿安置房屋的事实。

（5）出卖人交付使用的房屋套内建筑面积或者建筑面积与商品房买卖合同约定面积不符，合同有约定的，按照约定处理；合同没有约定或者约定不明确的，按照以下原则处理：第一，面积误差比绝对值在3%以内（含3%），按照合同约定的价格据实结算，买受人请求解除合同的，不予支持；第二，面积误差比绝对值超出3%，买受人请求解除合同、返还已付购房款及利息的，应予支持。买受人同意继续履行合同，房屋实际面积大于合同约定面积的，面积误差比在3%以内（含3%）部分的房价款由买受人按照约定的价格补足，面积误差比超出3%部分的房价款由出卖人承担，所有权归买受人；房屋实际面积小于合同约定面积的，面积误差比在3%以内（含3%）部分的房价款及利息由出卖人返还买受人，面积误差比超过3%部分的房价款由出卖人双倍返还买受人。

（6）出卖人迟延交付房屋或者买受人迟延支付购房款，经催告后在3个月的合理期限内仍未履行，当事人一方请求解除合同的，应予支持，但当事人另有约定的除外。

法律没有规定或者当事人没有约定，经对方当事人催告后，解除权行使的合理期限为3个月。对方当事人没有催告的，解除权应当在解除权发生之日起一年内行使；逾期不行使的，解除权消灭。

5. 商品房买卖中贷款合同的效力。

因当事人一方原因未能订立商品房担保贷款合同并导致商品房买卖合同不能继续履行的，对方当事人可以请求解除合同和赔偿损失。因不可归责于当事人双方的事由未能订立商品房担保贷款合同并导致商品房买卖合同不能继续履行的，当事人可以请求解除合同，出卖人应当将收受的购房款本金及其利息或者定金返还买受人。

因商品房买卖合同被确认无效或者被撤销、解除，致使商品房担保贷款合同的目的无法实现，当事人请求解除商品房担保贷款合同的，应予支持。出卖人应当将收受的购房贷款和购房款的本金及利息分别返还担保权人和买受人。

二、赠与合同

赠与合同是赠与人将自己的财产无偿给予受赠人，受赠人表示接受赠与的合同。

赠与合同是一种单务、无偿合同。在附义务的赠与中，赠与人负有将其财产给付受赠人的义务，受赠人按照合同约定负担某种义务，但受赠人所负担的义务并非赠与人所负义务的对价，双方的义务并不是对应的，赠与人不能以受赠人不履行义务为抗辩。

（一）当事人的权利义务

经过公证的赠与合同或者依法不得撤销的具有救灾、扶贫、助残等公益、道德义务性质的赠与合同，赠与人不交付赠与财产的，受赠人可以请求交付。

因赠与人故意或者重大过失致使应当交付的赠与的财产毁损、灭失的，赠与人应当承担损害赔偿责任。

赠与的财产有瑕疵的，赠与人不承担责任。但附义务的赠与，赠与的财产有瑕疵的，赠与人在附义务的限度内承担与出卖人相同的责任。赠与人故意不告知瑕疵或者保证无瑕疵，造成受赠人损失的，应当承担损害赔偿责任。

赠与可以附义务。赠与附义务的，受赠人应当按照约定履行义务。

赠与人的经济状况显著恶化，严重影响其生产经营或者家庭生活的，可以不再履行赠与义务。

（二）赠与的撤销

赠与人在赠与财产的权利转移之前可以撤销赠与。但经过公证的赠与合同或者依法不得撤销的具有救灾、扶贫、助残等公益、道德义务性质的赠与合同，不得撤销。即除了法定不得撤销的赠与合同外，赠与人在给付之前，可以任意撤销赠与；但对于已经给付或部分给付的，不得撤销。

另外，受赠人有下列法律规定的情形之一的，赠与人可以撤销赠与：（1）严重侵害赠与人或者赠与人近亲属的合法权益；（2）对赠与人有扶养义务而不履行；（3）不履行赠与合同约定的义务。

因受赠人的违法行为致使赠与人死亡或者丧失民事行为能力的，赠与人的继承人或者法定代理人可以撤销赠与。

赠与人的撤销权，自知道或者应当知道撤销事由之日起1年内行使。赠与人的继承人或者法定代理人的撤销权，自知道或者应当知道撤销事由之日起6个月内行使。撤销权人撤销赠与的，可以向受赠人要求返还赠与的财产。

三、借款合同

借款合同是借款人向贷款人借款，到期返还借款并支付利息的合同。

借款合同采用书面形式，但自然人之间借款另有约定的除外。

自然人之间的借款合同，自贷款人提供借款时成立。

（一）当事人的权利义务

订立借款合同，借款人应当按照贷款人的要求提供与借款有关的业务活动和财务状况的真实情况以及相应的担保，并应当按照约定向贷款人定期提供有关财务会计报表等资料。贷款人按照约定可以检查、监督借款的使用情况。借款人未按照约定的借款用途使用借款的，贷款人可以停止发放借款，提前收回借款或者解除合同。

贷款人未按照约定的日期、数额提供借款，造成借款人损失的，应当赔偿损失。借款人未按照约定的日期、数额收取借款的，应当按照约定的日期、数额支付利息。

借款人应当按照约定的期限返还借款。对借款期限没有约定或者约定不明确时，当事人可以协议补充；不能达成补充协议的，借款人可以随时返还，贷款人也可以催告借款人在合理期限内返还。借款人可以在还款期限届满之前向贷款人申请展期，贷款人同意的，可以展期。

（二）借款利息的规定

1. 借款利息不得预先扣除。

借款的利息不得预先在本金中扣除。利息预先在本金中扣除的，应当按照实际借款数额返还借款并计算利息。

2. 借款利息的确定。

（1）禁止高利放贷，借款的利率不得违反国家有关规定。借款合同对支付利息没有约定的，视为没有利息。借款合同对支付利息约定不明确，当事人不能达成补充协议的，按照当地或者当事人的交易方式、交易习惯、市场利率等因素确定利息；自然人之间借款的，视为没有利息。

（2）出借人请求借款人按照合同约定利率支付利息的，人民法院应予支持，但是双方约定的利率超过合同成立时一年期贷款市场报价利率四倍的除外。"一年期贷款市场报价利率"，是指中国人民银行授权全国银行间同业拆借中心自2019年8月20日起每月发布的一年期贷款市场报价利率。

借贷双方对前期借款本息结算后将利息计入后期借款本金并重新出具债权凭证，如果前期利率没有超过合同成立时一年期贷款市场报价利率四倍，重新出具的债权凭证载明的金额可认定为后期借款本金。超过部分的利息，不应认定为后期借款本金。借款人在借款期间届满后应当支付的本息之和，超过以最初借款本金与以最初借款本金为基数、以合同成立时一年期贷款市场报价利率四倍计算的整个借款期间的利息之和的，人民法院不予支持。

（3）借贷双方对逾期利率有约定的，从其约定，但是以不超过合同成立时一年期贷款市场报价利率四倍为限。未约定逾期利率或者约定不明的，人民法院可以区分不同情况处理：①既未约定借期内利率，也未约定逾期利率，出借人主张借款人自逾期还款之日起承担逾期还款违约责任的，人民法院应予支持；②约定了借期内利率但是未约定逾期利率，出借人主张借款人自逾期还款之日起按照借期内利率支付资金占用期间利息的，人民法院应予支持。

（4）出借人与借款人既约定了逾期利率，又约定了违约金或者其他费用，出借人可以选择主张逾期利息、违约金或者其他费用，也可以一并主张，但是总计超过合同成立时一年期贷款市场报价利率四倍的部分，人民法院不予支持。

3. 利息支付期限。

借款人应当按照约定的期限支付利息。借款人未按照约定的期限返还借款的，应当按照约定或者国家有关规定支付逾期利息。在借款人未按照约定的日期、数额收取借款的情况下，仍应当按照约定的日期、数额支付利息。借款人提前偿还借款的，除当事人另有约定的以外，应当按照实际借款的期间计算利息。

对支付利息的期限没有约定或者约定不明确的，当事人可以协议补充；不能达成补充协议时，借款期间不满 1 年的，应当在返还借款时一并支付；借款期间 1 年以上的，应当在每届满 1 年时支付，剩余期间不满 1 年的，应当在返还借款时一并支付。

四、租赁合同

（一）租赁合同概述

租赁合同是出租人将租赁物交付承租人使用、收益，承租人支付租金的合同。

租赁合同中租赁期限为 6 个月以上的，应当采用书面形式。当事人未采用书面形式无法确定租赁期限的，视为不定期租赁。

租赁期限不得超过 20 年。超过 20 年的，超过部分无效。租赁期间届满，当事人可以续订租赁合同，但约定的租赁期限自续订之日起不得超过 20 年。

当事人对租赁期限没有约定或者约定不明确，可以协议补充，不能达成补充协议的，按照合同有关条款或者交易习惯确定，仍不能确定的，视为不定期租赁。对于不定期租赁，当事人可以随时解除合同，但是应当在合理期限之前通知对方。

（二）当事人的权利义务

1. 租赁物的交付及维修。

出租人应当按照约定将租赁物交付承租人，并在租赁期间保持租赁物符合约定的用途。

出租人应当履行租赁物的维修义务，但当事人另有约定的除外。承租人在租赁物需要维修时可以要求出租人在合理期限内维修。出租人未履行维修义务的，承租人可以自行维修，维修费用由出租人负担。因维修租赁物影响承租人使用的，应当相应减少租金或者延长租期。因承租人的过错致使租赁物需要维修的，出租人不承担前款规定的维修义务。

租赁物危及承租人的安全或者健康的，即使承租人订立合同时明知该租赁物质量不合格，承租人仍然可以随时解除合同。

2. 租赁物的使用、收益。

承租人应当按照约定的方法或按照租赁物的性质使用租赁物，并应当妥善保管租赁物，如因保管不善造成租赁物毁损、灭失的，应当承担损害赔偿责任。承租人经出租人同意，可以对租赁物进行改善或增设他物，如未经出租人同意，出租人可以要求承租人恢复原状或赔偿损失。

在租赁期间因占有、使用租赁物获得的收益，归承租人所有，但当事人另有约定的除外。

租赁物在租赁期间发生所有权变动的，不影响租赁合同的效力。

3. 租金的支付。

承租人应当按照约定的期限支付租金。对支付期限没有约定或约定不明确的，可以协议补充，不能达成补充协议的，按照合同有关条款或者交易习惯确定。仍不能确定的，租赁期间不满 1 年的，应当在租赁期间届满时支付；租赁期间 1 年以上的，应当在每届满 1 年时支付，剩余期间不满 1 年的，应当在租赁期间届满时支付。

承租人无正当理由未支付或者迟延支付租金的，出租人可以要求承租人在合理期限内支付，承租人逾期不支付的，出租人可以解除合同。

因不可归责于承租人的事由，致使租赁物部分或者全部毁损、灭失的，承租人可以要求减少租金或者不支付租金；因租赁物部分或者全部毁损、灭失，致使不能实现合同目的的，承租人可以解除合同。

4. 转租。

承租人经出租人同意，可以将租赁物转租给第三人，在这种情况下，承租人与出租人之间的租赁合同继续有效，第三人对租赁物造成损失的，承租人应当赔偿损失。承租人未经出租人同意转租的，出租人可以解除合同。出租人知道或者应当知道承租人转租，但是在六个月内未提出异议的，视为出租人同意转租。

5. 租赁物的返还。

租赁期间届满，承租人应当返还租赁物。返还的租赁物应当符合按照约定或者租赁物的性质使用后的状态。承租人继续使用租赁物，出租人没有提出异议的，原租赁合同继续有效，但租赁期限为不定期。租赁期限届满，房屋承租人享有以同等条件优先承租的权利。

（三）房屋租赁合同

房屋租赁合同是指以房屋为租赁标的物的租赁合同。

1. 房屋租赁合同的效力。

（1）房屋租赁合同效力的特别规定。

①出租人就未取得建设工程规划许可证或者未按照建设工程规划许可证的规定建设的房屋，与承租人订立的租赁合同无效。但在一审法庭辩论终结前取得建设工程规划许可证或者经主管部门批准建设的，人民法院应当认定有效。

②出租人就未经批准或者未按照批准内容建设的临时建筑，与承租人订立的租赁合同无效。但在一审法庭辩论终结前经主管部门批准建设的，人民法院应当认定有效。

③租赁期限超过临时建筑的使用期限，超过部分无效。但在一审法庭辩论终结前经主管部门批准延长使用期限的，人民法院应当认定延长使用期限内的租赁期间有效。

④当事人以房屋租赁合同未按照法律、行政法规规定办理登记备案手续为由，请求确认合同无效的，人民法院不予支持。

当事人约定以办理登记备案手续为房屋租赁合同生效条件的，从其约定。但当事人一方已经履行主要义务，对方接受的除外。

（2）"一房数租"的处理。

出租人就同一房屋订立数份租赁合同，在合同均有效的情况下，承租人均主张履行合同的，人民法院按照下列顺序确定履行合同的承租人：①已经合法占有租赁房屋的；②已经办理登记备案手续的；③合同成立在先的。

（3）房屋租赁合同无效的法律后果。

房屋租赁合同无效，当事人请求参照合同约定的租金标准支付房屋占有使用费的，人民法院一般应予支持。

2. 房屋租赁合同的解除。

发生下列情形之一，导致租赁房屋无法使用，承租人请求解除合同的，人民法院应予支持：（1）租赁房屋被司法机关或者行政机关依法查封的；（2）租赁房屋权属有争议的；（3）租赁房屋具有违反法律、行政法规关于房屋使用条件强制性规定情况的。

3. 承租人的优先权。

出租人出卖出租房屋的，应当在出卖之前的合理期限内通知承租人，承租人享有以同等条件优先购买的权利。

（1）出租人出卖租赁房屋未在合理期限内通知承租人或者存在其他侵害承租人优先购买权的情形，承租人可以请求出租人承担赔偿责任的。但是，出租人与第三人订立的房屋买卖合同的效力不受影响。

（2）租赁房屋在租赁期间发生所有权变动，承租人请求房屋受让人继续履行原租赁合同的，人民法院应予支持。但租赁房屋具有下列情形或者当事人另有约定的除外：①房屋在出租前已设立抵押权，因抵押权人实现抵押权发生所有权变动的；②房屋在出租前已被人民法院依法查封的。

（3）出租人出卖租赁房屋的，应当在出卖之前的合理期限内通知承租人，承租人享有以同等条件优先购买的权利；但是，房屋按份共有人行使优先购买权或者出租人将房屋出卖给近亲属的除外。近亲属包括配偶、父母、子女、兄弟姐妹、祖父母、外祖父母、孙子女、外孙子女。出租人履行通知义务后，承租人在十五日内未明确表示购买的，视为承租人放弃优先购买权。出租人委托拍卖人拍卖租赁房屋的，应当在拍卖五日前通知承租人。承租人未参加拍卖的，视为放弃优先购买权。

💡【例5-10】孙某与李某签订房屋租赁合同，李某承租后与陈某签订了转租合同，孙某表示同意。但是，孙某在与李某签订租赁合同之前，已经把该房租给了王某并已交付。李某、陈某、王某均要求继续租赁该房屋。下列哪一表述是正确的？（　　　）

A. 李某有权要求王某搬离房屋

B. 陈某有权要求王某搬离房屋

C. 李某有权解除合同，要求孙某承担赔偿责任

D. 陈某有权解除合同，要求孙某承担赔偿责任

【解析】正确答案为C。本题考核"一房数租"情况下承租人的确定、合同解除与合同相对性。选项A、选项B错误。根据法律规定，出租人就同一房屋订立数份租赁合同，在合同均有效的情况下，承租人均主张履行合同的，人民法院按照下列顺序确定履行合同的承租人：（一）已经合法占有租赁房屋的；（二）已经办理登记备案手续的；（三）合同成立在先的。本题中，王某与孙某签订租赁合同在先，且其已经合法占有租赁房屋。因此，王某应作为优先顺位的合同履行人，李某、陈某无权要求王某搬离房屋。

选项C正确。当事人一方迟延履行债务或者有其他违约行为致使不能实现合同目的，当事人可以解除合同。本题中，因孙某违约导致李某的租房合同无法实现合同目的，李某有权解除合同，并要求孙某承担赔偿责任。

选项D错误。本题中，陈某与孙某之间不存在合同关系，根据合同的相对性，陈某不能要求孙某承担赔偿责任。但陈某与李某之间存在转租合同关系，陈某有权解除其与李某之间的转租合同，并要求李某承担赔偿责任。

💡【例5-11】2010年，甲租用乙的房屋，双方签订了租赁合同，约定租赁期限为5年。2013年，甲因租用的房屋年久失修，乙又无力维修，故提议乙出卖，乙同意以30万元的价格卖给甲，甲表示价格太高不买。此时丙愿意以32万元的价格购买此房，乙、丙遂签订房屋买卖合同，乙以32万元的价格将该房卖给了丙。

根据上述事实及有关法律规定回答下列问题：

（1）乙、丙的房屋买卖合同是否影响甲对该房的租用？

（2）甲是否对该房有优先购买权？

【解析】（1）租赁物在租赁期间发生所有权变动的，不影响租赁合同的效力。所以乙、丙的房屋买卖合同并不影响甲对该房的租用直至租赁期满。

（2）出租人出卖租赁房屋的，应当在出卖之前的合理期限内通知承租人，承租人享有以同等条件优先购买的权利。本案中乙以32万元的价格将房屋卖给丙，高于告知甲的30万元价格，况且甲也表示不买，已经放弃了优先购买权。

五、融资租赁合同

（一）融资租赁合同概述

融资租赁合同是出租人根据承租人对出卖人、租赁物的选择，向出卖人购买租赁物，提供给承租人使用，承租人支付租金的合同。

融资租赁合同的租金，除当事人另有约定的以外，应当根据购买租赁物的大部分或者全部成本以及出租人的合理利润确定。

融资租赁合同应当采用书面形式。

（二）当事人的权利义务

出租人根据承租人对出卖人、租赁物的选择订立的买卖合同，未经承租人同意，出租人不得变更与承租人有关的合同内容。

出租人应当保证承租人对租赁物的占有和使用，租赁物不符合约定或者不符合使用目的的，出租人不承担责任，但承租人依赖出租人的技能确定租赁物或者出租人干预选择租赁物的除外。

出租人享有租赁物的所有权；承租人破产的，租赁物不属于破产财产。出租人对租赁物享有的所有权，未经登记，不得对抗善意第三人。

承租人享有与受领标的物有关的买受人的权利，承租人应当妥善保管、使用租赁物，履行占有租赁物期间的维修义务，承租人占有租赁物期间，租赁物造成第三人的人身伤害或者财产损害的，出租人不承担责任。

出租人、出卖人、承租人可以约定，出卖人不履行买卖合同义务的，由承租人行使索赔的权利。承租人行使索赔权利的，出租人应当协助。

承租人应按照约定支付租金，经催告后在合理期限内仍不支付租金的，出租人可以要求支付全部租金；也可以解除合同，收回租赁物。

出租人和承租人可以约定租赁期间届满租赁物的归属。当事人约定租赁期间届满租赁物归承租人所有，承租人已经支付大部分租金，但无力支付剩余租金，出租人因此解除合同收回租赁物的，收回的租赁物的价值超过承租人欠付的租金以及其他费用的，承租人可以请求相应返还。对租赁物的归属没有约定或者约定不明确，可以协议补充，不能达成补充协议的，按照合同有关条款或者交易习惯确定。仍不能确定的，租赁物的所有权归出租人。当事人约定租赁期限届满，承租人仅需向出租人支付象征性价款的，视为约定的租金义务履行完毕后租赁物的所有权归承租人。

六、承揽合同

承揽合同是承揽人按照定作人的要求完成工作，交付工作成果，定作人给付报酬的合同。承揽包括加工、定作、修理、复制、测试、检验等工作。

（一）承揽人的权利义务

承揽人应当以自己的设备、技术和劳力，完成主要工作，但当事人另有约定的除外。

承揽人将其承揽的主要工作交由第三人完成的，应当就该第三人完成的工作成果向定作人负责；未经定作人同意的，定作人可以解除合同。承揽人可以将其承揽的辅助工作交由第三人完成。承揽人将其承揽的辅助工作交由第三人完成的，应当就该第三人完成的工作成果向定作人负责。

承揽人提供材料的，承揽人应当按照约定选用材料，并接受定作人检验。

承揽人发现定作人提供的图纸或者技术要求不合理的，应当及时通知定作人。因定作人怠于答复等原因造成承揽人损失的，应当赔偿损失。承揽人不得擅自更换定作人提供的材料，不得更换不需要修理的零部件。

承揽人应当妥善保管定作人提供的材料以及完成的工作成果，因保管不善造成毁损、灭失的，应当承担损害赔偿责任。

承揽人在工作期间，应当接受定作人必要的监督检验。定作人不得因监督检验妨碍承揽人的正常工作。承揽人完成工作的，应当向定作人交付工作成果，并提交必要的技术资料和有关质量证明。

承揽人应当按照定作人的要求保守秘密，未经定作人许可，不得留存复制品或者技术资料。

（二）定作人的权利义务

定作人提供材料的，定作人应当按照约定提供材料。承揽人对定作人提供的材料，应当及时检验，发现不符合约定时，应当及时通知定作人更换、补齐或者采取其他补救措施。

承揽工作需要定作人协助的，定作人有协助的义务。定作人不履行协助义务致使承揽工作不能完成的，承揽人可以催告定作人在合理期限内履行义务，并可以顺延履行期限；定作人逾期不履行的，承揽人可以解除合同。

　　定作人应当验收承揽工作成果。对于承揽人交付的工作成果不符合质量要求的，定作人可以要求承揽人承担修理、重作、减少报酬、赔偿损失等违约责任。

　　定作人应当按照约定的期限支付报酬。对支付报酬的期限没有约定或者约定不明确的，可以协议补充，不能达成补充协议的，按照合同有关条款或者交易习惯确定。仍不能确定的，定作人应当在承揽人交付工作成果时支付；工作成果部分交付的，定作人应当相应支付。

　　定作人未向承揽人支付报酬或者材料费等价款的，承揽人对完成的工作成果享有留置权，但当事人另有约定的除外。

　　定作人中途变更承揽工作的要求，造成承揽人损失的，应当赔偿损失。定作人可以随时解除承揽合同，造成承揽人损失的，应当赔偿损失。

七、建设工程合同

　　建设工程合同是承包人进行工程建设，发包人支付价款的合同。建设工程合同包括工程勘察、设计、施工合同。

　　建设工程合同应当采用书面形式。

　　（一）发包人的权利义务

　　发包人可以与总承包人订立建设工程合同，也可以分别与勘察人、设计人、施工人订立勘察、设计、施工承包合同。发包人不得将应当由一个承包人完成的建设工程支解成若干部分发包给几个承包人。建设工程实行监理的，发包人应当与监理人采用书面形式订立委托监理合同。发包人与监理人的权利和义务以及法律责任，应当依照合同编委托合同以及其他有关法律、行政法规的规定。

　　发包人在不妨碍承包人正常作业的情况下，可以随时对作业进度、质量进行检查。因施工人的原因致使建设工程质量不符合约定的，发包人有权要求施工人在合理期限内无偿修理或者返工、改建。经过修理或者返工、改建后，造成逾期交付的，施工人应当承担违约责任。

　　建设工程竣工后，发包人应当根据施工图纸及说明书、国家颁发的施工验收规范和质量检验标准及时进行验收。验收合格的，发包人应当按照约定支付价款，并接收该建设工程。建设工程竣工经验收合格后，方可交付使用；未经验收或者验收不合格的，不得交付使用。

　　发包人未按照约定的时间和要求提供原材料、设备、场地、资金、技术资料的，承包人可以顺延工程日期，并有权要求赔偿停工、窝工等损失。发包人提供的主要建筑材料、建筑构配件和设备不符合强制性标准或者不履行协助义务，致使承包人无法施工，经催告后在合理期限内仍未履行相应义务的，承包人可以解除合同。

　　因发包人的原因致使工程中途停建、缓建的，发包人应当采取措施弥补或者减少损失，赔偿承包人因此造成的停工、窝工、倒运、机械设备调迁、材料和构件积压等损失和实际费用。因发包人变更计划，提供的资料不准确，或者未按照期限提供必需的勘察、设计工作条件而造成勘察、设计的返工、停工或者修改设计，发包人应当按照勘察人、设计人实际消耗的工作量增付费用。

发包人未按照约定支付价款的，承包人可以催告发包人在合理期限内支付价款。发包人逾期不支付的，除按照建设工程的性质不宜折价、拍卖的以外，承包人可以与发包人协议将该工程折价，也可以申请人民法院将该工程依法拍卖。建设工程的价款就该工程折价或者拍卖的价款优先受偿。

（二）承包人的权利义务

总承包人或者勘察、设计、施工承包人经发包人同意，可以将自己承包的部分工作交由第三人完成。第三人就其完成的工作成果与总承包人或者勘察、设计、施工承包人向发包人承担连带责任。承包人不得将其承包的全部建设工程转包给第三人或者将其承包的全部建设工程支解以后以分包的名义分别转包给第三人。

禁止承包人将工程分包给不具备相应资质条件的单位。禁止分包单位将其承包的工程再分包。建设工程主体结构的施工必须由承包人自行完成。承包人将建设工程转包、违法分包的，发包人可以解除合同。

勘察、设计的质量不符合要求或者未按照期限提交勘察、设计文件拖延工期，造成发包人损失的，勘察人、设计人应当继续完善勘察、设计，减收或者免收勘察、设计费并赔偿损失。

隐蔽工程在隐蔽以前，承包人应当通知发包人检查。发包人没有及时检查的，承包人可以顺延工程日期，并有权请求赔偿停工、窝工等损失。

因承包人的原因致使建设工程在合理使用期限内造成人身损害和财产损失的，承包人应当承担赔偿责任。

【例5-12】甲、乙两公司采用合同书形式订立了一份买卖合同，双方约定由甲公司向乙公司提供100台精密仪器，甲公司于8月31日以前交货，并负责将货物运至乙公司，乙公司在收到货物后10日内付清货款。合同订立后，双方均未签字盖章。7月28日，甲公司与丙运输公司订立货物运输合同，双方约定由丙公司将100台精密仪器运至乙公司；8月1日，丙公司先运了70台精密仪器至乙公司，乙公司全部收到，并于8月8日将70台精密仪器的货款付清。8月20日，甲公司掌握了乙公司转移财产、逃避债务的确切证据，随即通知丙公司暂停运输其余30台精密仪器，并通知乙公司中止交货，要求乙公司提供担保，乙公司及时提供了担保。8月26日，甲公司通知丙公司将其余30台精密仪器运往乙公司，丙公司在运输途中发生交通事故，30台精密仪器全部毁损，致使甲公司8月31日前不能按时全部交货。9月5日，乙公司要求甲公司承担违约责任。

要求：根据以上事实及《民法典》的规定，回答下列问题。

（1）甲、乙公司订立的买卖合同是否成立？说明理由。

（2）甲公司8月20日中止履行合同的行为是否合法？说明理由。

（3）乙公司9月5日要求甲公司承担违约责任是否合法？说明理由。

【解析】（1）甲、乙公司订立的买卖合同成立。根据《民法典》的规定，采用合同书形式订立合同，在签字或者盖章之前，当事人一方已经履行主要义务，对方接受的，该合同成立。虽然甲、乙公司没有在合同书上签字盖章，但甲公司已将70台精密仪器交付了乙公司，乙公司也接受并付款，所以合同成立。

（2）甲公司8月20日中止履行合同的行为合法。应当先履行债务的当事人，有确切证据证明对方有转移财产、逃避债务的情形，可以中止履行合同。

（3）乙公司9月5日要求甲公司承担违约责任的行为合法。当事人一方因第三人的原因造成违约的，应当向对方承担违约责任。

第六章　增值税法律制度

我国的税制主要由货物和劳务税类以及所得税类构成。其中，货物和劳务税类包括增值税、消费税、关税等多个税种。各个税种之间密切联系，覆盖商品的生产、分配、交换、消费以及提供劳务的各个环节，是国家财政收入的重要来源。

增值税属于货物和劳务税的一种，主要以货物或者应税劳务作为征税的对象。从2012年1月1日开始，我国实施"营业税改征增值税"的试点改革。自2016年5月1日起，在全国范围内全面开展"营改增"试点，建筑业、房地产业、金融业、生活服务业等营业税纳税人均纳入试点范围，由缴纳营业税改为缴纳增值税，增值税发挥着越来越重要的作用。

第一节　增值税法律制度概述

我国现行的增值税法律制度主要由增值税的行政法规、部门规章及规范性文件等法律渊源构成。《中华人民共和国增值税暂行条例》（以下简称《增值税暂行条例》）由国务院于1993年12月13日制定，并于2008年11月5日、2017年10月30日进行了修订。据此，财政部、国家税务总局于1993年12月25日制定，并于2008年12月15日修订了《中华人民共和国增值税暂行条例实施细则》（以下简称《增值税实施细则》）。以上暂行条例及实施细则明确了增值税的一些重要概念、税收政策以及税收征管问题。

一、增值税的概念

增值税（Value - added Tax，VAT），是以商品在流转过程中产生的增值额为计税依据而征收的一种货物和劳务税。

（一）增值额

所谓增值额，有理论增值额和法定增值额之分。

1. 理论增值额，是指生产者或经营者于一定时期内，在商品生产经营过程中新创造的那部分价值，包括工资、奖金、利息、利润和其他增值项目。

2. 法定增值额，是指各国根据各自的国情和政策需要，在其增值税法中明确规定的增值额。各国在确定法定增值额时，允许纳税人从其销售额或收入额中扣除的项目或范围有所不同，主要表现为对购进固定资产的处理方法不同。

理论增值额与法定增值额可能一致，也可能不一致。本章所称的增值额均指法定增值额。

早在 1917 年，美国学者亚当斯（Adams）即已提出增值税的雏形；1921 年，德国学者西蒙士（Siemens）正式提出"增值税"的名称。1948 年，法国对生产税进行改造，将一次课征改为分段征收、道道扣税，并允许从应纳税额中扣除购进原材料、零部件或半成品价款中的已纳税款，从而实质性地改进了传统流转税，使之初具增值税的特征。1954 年，在莫里斯·劳莱（Maurice Lauré）的倡导下，法国将生产税的扣除范围扩大到生产经营的一切收入，并将征收范围扩大到商业批发环节，并更名为增值税。从此，增值税制度在实践中得以确立，并推广到欧洲诸国及其他国家。迄今为止，已有 170 多个国家和地区开征了增值税或商品和服务税等。

（二）增值税的优点

增值税之所以受到各国青睐，源于其自身设计具有的一系列优点，堪称一种"良税"，主要表现在以下几个方面：

1. 增值税是一个"中性"税种，它以商品流转的增值额为计税依据，可以有效地避免重复征税，促进纳税人之间的公平竞争，使税收效率原则得到充分体现。

2. 增值税实行"道道课征、税不重征"，能够体现经济链条各个环节的内在联系，促进相互监督，从而保障征税过程的普遍性、连续性和合理性，保证税收稳定增长。

3. 增值税的税收负担在商品流转的各个环节合理分配，可以促进生产的专业化和纳税人的横向联合，从而提高劳动生产率、鼓励产品出口和促进本国经济的发展。

二、增值税的类型

各国在增值税立法中，出于财政收入或者投资政策的考虑，在确定法定增值额时，除了对一般性外购生产资料（即非固定资产项目）普遍实行扣除外，对于某一纳税人的外购生产资料中的固定资产的价值扣除，规定不完全相同。根据税基和购进固定资产的进项税额是否扣除及如何扣除的不同，各国增值税可以分为生产型、收入型和消费型三种类型：

1. 生产型增值税，是指在计算应纳税额时，只允许从当期销项税额中扣除原材料等劳动对象的已纳税款，而不允许扣除固定资产所含税款的增值税。生产型增值税以销售收入总额减去所购中间产品价值后的余额为税基。

2. 收入型增值税，是指在计算应纳税额时，除扣除中间产品已纳税款，还允许在当期销项税额中扣除固定资产折旧部分所含税款的增值税。

收入型增值税以销售收入总额减去所购中间产品价值与固定资产折旧额后的余额为税基。

3. 消费型增值税，是指在计算应纳税额时，除扣除中间产品已纳税款，对纳税人购入固定资产的已纳税款，允许一次性地从当期销项税额中全部扣除，从而使纳税人用于生产应税产品的全部外购生产资料都不负担增值税。

消费型增值税以销售收入总额减去所购中间产品价值与固定资产投资额后的余额为税基。

目前，只有极少数发展中国家实行生产型增值税，极少数拉丁美洲国家实行收入型增值税，90% 以上的国家开征的都是消费型增值税。相比之下，生产型增值税的税基最大，消费型增值税的税基最小、纳税人的税负最小。我国原来开征的是生产型增值税，2009 年 1 月 1 日后全面改征消费型增值税，实现了"增值税转型"。尽管短期内增值税的转型会造成税收的减收效应，但是，由于外购生产经营用固定资产的成本可以凭增值税专用发票一次性全部扣除，更有利于进行税收征管，也有利于鼓励投资，加速设备更新，因而，消费型增值税被认为最能体现增值税的优越性。

三、我国增值税的历史沿革

1979 年，我国开始对开征增值税的可行性进行调研；继而在 1980 年选择在柳州、长沙、襄樊和上海等城市，对重复征税矛盾较为突出的机器机械和农业机具两个行业试点开征增值税；1981 年，试点范围扩大到自行车、电风扇和缝纫机三种产品；1983 年，征税地点扩大到全国范围；1984 年，国务院发布《中华人民共和国增值税暂行条例（草案）》。这一阶段的增值税的税率档次过多，征税范围并不包括全部产品和所有环节，只是引进了增值税计税方法，并非真正意义上的增值税。

1993 年底，我国工商税制进行了较为彻底的全面改革。1993 年 12 月 13 日发布的《增值税暂行条例》，确立了自 1994 年 1 月 1 日起，增值税的征税范围为销售货物，加工、修理修配劳务和进口货物，因不允许一般纳税人扣除固定资产的进项税额，故称"生产型增值税"。实行生产型增值税，主要是基于控制投资规模、引导投资方向和调整投资结构的需要。

1994 年后征收的增值税，与此前试行开征的增值税相比，具有以下几个方面的特点：（1）实行价外税，即与销售货物相关的增值税额独立于价格之外单独核算，不作为价格的组成部分；（2）扩大了征收范围，即征收范围除了生产、批发、零售和进口环节外，还扩展到劳务活动中的加工和修理修配；（3）简化了税率，即重新调整了税率档次，采用基本税率、低税率和零税率；（4）采用凭发票计算扣税的办法，即采用以票控税的征收管理办法，按照增值税专用发票等抵扣凭证上注明的税款确定进项税额，将其从销项税额中抵扣后计算出应纳税额；（5）对纳税人进行了区分，即按销售额的大小和会计核算的健全与否，将纳税人划分为一般纳税人和小规模纳税人，对小规模纳税人实行简易征收办法。

2004 年，我国开始实行由生产型增值税向消费型增值税的转型试点。自 2004 年 7 月 1 日起，东北地区的辽宁省、吉林省、黑龙江省和大连市实行扩大增值税抵扣范围政策的试点；自 2007 年 7 月 1 日起，扩大增值税抵扣范围的改革由东北三省一市扩大到中部地区 26 个老工业基地城市；自 2008 年 7 月 1 日起，东北老工业基地扩大增值税抵扣范围试点政策适用于内蒙古东部地区；与此同时，增值税转型试点扩大到汶川地震中受灾严重地区，包括极重灾区 10 个县市和重灾区 41 个县区。2008 年 11 月 5 日，国务院修订《增值税暂行条例》，决定自 2009 年 1 月 1 日起，在全国范围内实施增值税转型改革。

自 2012 年 1 月 1 日起，我国率先在上海实行交通运输业及部分现代服务业的营业税改征增值税试点改革。所谓营业税改增值税制度，是指部分原缴纳营业税的应税劳务改为缴纳增值税，即"营改增"。"营改增"有利于消除重复征税，增强服务业竞争能力，促进社会专业化分工，推动三次产业融合；有利于降低企业税收负担，扶持小微企业发展，带动扩大就业；有利于推动结构调整，促进科技创新，增强经济发展的内生动力。"营改增"不仅是与世界通行做法接轨的举措，而且是健全我国税收制度的必然选择。随后，北京市、天津市、江苏省、安徽省、浙江省（含宁波市）、福建省（含厦门市）、湖北省、广东省（含深圳市）自 2012 年 9 月 1 日起先后纳入营业税改征增值税的试点地区。

经国务院批准，自 2013 年 8 月 1 日起，在全国范围内开展交通运输业和部分现代服务业营业税改征增值税（以下简称"营改增"）试点。自 2014 年 1 月 1 日起，铁路运输和邮政业也纳入了"营改增"的试点。自 2014 年 6 月 1 日起，经国务院批准，电信业纳入"营改增"试点。经国务院批准，自 2016 年 5 月 1 日起，在全国范围内全面推开"营改增"试点，建筑业、房地产业、金融业、生活服务业等全部营业税纳税人，均纳入试点范围，由缴纳营业税改为缴纳增值税。

【例 6 – 1】我国现行增值税的类型属于（　　　）。

　A. 生产型　　　　　B. 消费型　　　　　C. 收入型　　　　　D. 未定型

【解析】正确答案是 B。自 2009 年 1 月 1 日起，我国全面改征消费型增值税。

四、增值税的计税方法

增值税的计税方法，即增值税应纳税额的计算方法。增值税的计税方法主要有三种，即税基列举法、税基相减法和购进扣税法。各国最常采用的计税方法是购进扣税法。

购进扣税法，又称进项税额扣除法、税额扣减法，简称扣税法。其基本步骤是先用销售额乘以税率，得出销项税额，然后再减去同期各项外购项目的已纳税额，从而得出应纳税额。

应纳税额 = 增值额 × 税率 =（产出 – 投入）× 税率

= 销售额 × 税率 – 同期外购项目已纳税额

= 当期销项税额 – 当期进项税额

在实行购进扣税法的情况下，销售额、税率、当期外购项目已纳税额（体现在购进商品的增值税专用发票上）都是已知的，既计算简便，又能体现出增值税的"中性"特征。这种方法虽然并不直接计算增值额，但可以便捷地计算出应纳税额，因而成为各国增值税最常采用的计税方法。

第二节　增值税的纳税人、征税范围和税率

一、增值税的纳税人

增值税的纳税人，是在中华人民共和国境内（以下简称"中国境内"）销售货物或者加工、修理修配劳务（以下简称"劳务"），销售服务、无形资产、不动产以及进口货物的单位和个人。"单位"是指企业、行政单位、事业单位、军事单位、社会团体及其他单位；"个人"是指个体工商户和其他个人。

在中国境内销售货物，或者提供加工、修理修配劳务，销售服务、无形资产、不动产，是指：

（1）销售货物的起运地或者所在地在境内；

（2）销售劳务的应税劳务发生地在境内；

（3）服务（租赁不动产除外）或者无形资产（自然资源使用权除外）的销售方或者购买方在境内；

（4）所销售或者租赁的不动产在境内；

（5）所销售自然资源使用权的自然资源在境内。

单位以承包、承租、挂靠方式经营的，承包人、承租人、挂靠人（以下统称"承包人"）以发包人、出租人、被挂靠人（以下统称"发包人"）名义对外经营并由发包人承担相关法律责任的，以该发包人为纳税人。否则，以承包人为纳税人。

中华人民共和国境外（以下简称"中国境外"）的单位或者个人在中国境内销售劳务，在境内未设有经营机构的，以其境内代理人为扣缴义务人；在境内没有代理人的，以购买方为扣缴义务人。

根据纳税人的经营规模以及会计核算的健全程度不同，增值税的纳税人，可以分为小规模纳税人和一般纳税人。

1. 小规模纳税人。

增值税小规模纳税人标准为年应征增值税销售额（以下简称"年应税销售额"）500万元及以下。年应税销售额，是指纳税人在连续不超过12个月或四个季度的经营期内累计应征增值税销售额，包括纳税申报销售额、稽查查补销售额、纳税评估调整销售额。

除此之外，还有三种特殊情形：

（1）小规模纳税人会计核算健全，能够提供准确税务资料的，可以向主管税务机关申请一般纳税人资格认定，不作为小规模纳税人，依法计算增值税应纳税额。

会计核算健全，是指能够按照国家统一的会计制度规定设置账簿，根据合法、有效凭证核算。

（2）年应税销售额超过小规模纳税人标准的其他个人按小规模纳税人纳税。

（3）非企业性单位、不经常发生应税行为的企业，可选择按小规模纳税人纳税。

小规模纳税人的销售额不包括其应纳税额。

小规模纳税人实行简易征税办法，并且一般不使用增值税专用发票，但基于增值税征收管理中一般纳税人与小规模纳税人之间客观存在的经济往来的情况，小规模纳税人发生增值税应税行为需要开具增值税专用发票的，可以到税务机关代开增值税专用发票，也可以自愿使用增值税发票管理系统自行开具（其他个人除外）。选择自行开具增值税专用发票的小规模纳税人，税务机关不再为其代开增值税专用发票。

2. 一般纳税人。

一般纳税人，是指年应税销售额超过财政部、国家税务总局规定的小规模纳税人标准的企业和企业性单位。

自 2015 年 3 月 30 日起，增值税一般纳税人资格实行登记制，登记事项由增值税纳税人向其主管税务机关办理。

下列纳税人不办理一般纳税人登记：

（1）按照政策规定，选择按照小规模纳税人纳税的；

（2）年应税销售额超过规定标准的其他个人。

纳税人自一般纳税人生效之日起，按照增值税一般计税方法计算应纳税额，并可以按照规定领用增值税专用发票，财政部、国家税务总局另有规定的除外。生效之日，是指纳税人办理登记的当月 1 日或者次月 1 日，由纳税人在办理登记手续时自行选择。

纳税人登记为一般纳税人后，不得转为小规模纳税人，国家税务总局另有规定的除外。

有下列情形之一者，应按销售额依照增值税税率计算应纳税额，不得抵扣进项税额，也不得使用增值税专用发票：

（1）一般纳税人会计核算不健全，或者不能够提供准确税务资料的；

（2）除年应税销售额超过小规模纳税人标准的其他个人按小规模纳税人纳税、非企业性单位和不经常发生应税行为的企业可选择按小规模纳税人纳税以外，纳税人销售额超过小规模纳税人标准，未申请办理一般纳税人认定手续的。

区分一般纳税人和小规模纳税人的重要意义在于，两者的税法地位、计税方法都是不同的。两者的税法地位或称税法待遇的差别主要表现在：一般纳税人用购进扣税法抵扣发票上注明的已纳增值税额，而小规模纳税人不能进行税款抵扣。由于两者在税法地位上的差异，计税方法也各有不同。

二、增值税的征税范围

增值税的征税范围包括在中华人民共和国境内销售货物或劳务，销售服务、无形资产、不动产以及进口货物。

（一）销售货物

1. 一般销售货物。

一般销售货物，是指通常情况下，在中国境内有偿转让货物的所有权。货物，是指除土地、房屋和其他建筑物等不动产之外的有形动产，包括电力、热力、气体在内；有偿，是指从购买方取得货币、货物或者其他经济利益。

2. 视同销售货物。

视同销售货物，是指某些行为虽然不同于有偿转让货物所有权的一般销售，但基于保障财政收入、防止避税以及保持经济链条的连续性和课税的连续性等考虑，税法仍将其视同销售货物的行为，缴纳增值税。

单位或者个体工商户的下列行为，虽然没有取得销售收入，也视同销售货物，依法应当缴纳增值税：

（1）将货物交付其他单位或者个人代销。

（2）销售代销货物。

（3）设有两个以上机构并实行统一核算的纳税人，将货物从一个机构移送其他机构用于销售，但相关机构设在同一县（市）的除外。

（4）将自产、委托加工的货物用于集体福利或者个人消费。

（5）将自产、委托加工或者购进的货物作为投资，提供给其他单位或者个体工商户。

（6）将自产、委托加工或者购进的货物分配给股东或者投资者。

（7）将自产、委托加工或者购进的货物无偿赠送其他单位或者个人。

以上视同销售货物行为，可以归纳为下列三种情形：

（1）转移货物但未发生所有权转移；

（2）虽然货物所有权发生了变动，但货物的转移不一定采取直接销售的方式；

（3）货物所有权没有发生变动，货物的转移也未采取销售的形式，而是用于类似销售的其他用途。

💡【例6-2】下列行为中，涉及的进项税额不得从销项税额中抵扣的是（　　　）。

A. 将外购的货物用于本单位集体福利

B. 将外购的货物分配给股东和投资者

C. 将外购的货物无偿赠送给其他个人

D. 将外购的货物作为投资提供给其他单位

【解析】 正确答案是 A。根据规定，将外购的货物分配给股东和投资者、无偿赠送给其他个人、作为投资提供给其他单位，都是视同销售行为，进项税额可以从销项税额中抵扣。

（二）销售劳务

销售加工、修理修配劳务，是指有偿销售加工、修理修配劳务。单位或者个体工商户聘用的员工为本单位或者雇主销售加工、修理修配劳务，不包括在内。

1. 加工，是指受托加工货物，即委托方提供原料及主要材料，受托方按照委托方的要求，制造货物并收取加工费的业务；

2. 修理修配，是指受托对损伤和丧失功能的货物进行修复，使其恢复原状和功能的业务。

（三）销售服务

1. 交通运输服务。

交通运输服务，是指使用运输工具将货物或者旅客送达目的地，使其空间位置得到转移的业务活动。包括：陆路运输服务、水路运输服务、航空运输服务和管道运输服务。

（1）陆路运输服务，是指通过陆路（地上或者地下）运送货物或者旅客的运输业务活动，包括铁路运输和其他陆路运输。

（2）水路运输服务，是指通过江、河、湖、川等天然、人工水道或者海洋航道运送货物或者旅客的运输业务活动。

（3）航空运输服务，是指通过空中航线运送货物或者旅客的运输业务活动。

（4）管道运输服务，是指通过管道设施输送气体、液体、固体物质的运输业务活动。

2. 邮政服务。

邮政服务，是指中国邮政集团公司及其所属邮政企业提供邮件寄递、邮政汇兑、机要通信和邮政代理等邮政基本服务的业务活动。包括邮政普遍服务、邮政特殊服务和其他邮政服务。

（1）邮政普遍服务，是指函件、包裹等邮件寄递，以及邮票发行、报刊发行和邮政汇兑等业务活动。

（2）邮政特殊服务，是指义务兵平常信函、机要通信、盲人读物和革命烈士遗物的寄递等业务活动。

（3）其他邮政服务，是指邮册等邮品销售、邮政代理等业务活动。

3. 电信服务。

电信服务，是指利用有线、无线的电磁系统或者光电系统等各种通信网络资源，提供语音通话服务，传送、发射、接收或者应用图像、短信等电子数据和信息的业务活动。包括基础电信服务和增值电信服务。

（1）基础电信服务，是指利用固网、移动网、卫星、互联网，提供语音通话服务的业务活动，以及出租或者出售带宽、波长等网络元素的业务活动。

（2）增值电信服务，是指利用固网、移动网、卫星、互联网、有线电视网络，提供短信和彩信服务、电子数据和信息的传输及应用服务、互联网接入服务等业务活动。卫星电视信号落地转接服务，按照增值电信服务计算缴纳增值税。

自 2016 年 2 月 1 日起，纳税人通过楼宇、隧道等室内通信分布系统，为电信企业提供的语音通话和移动互联网等无线信号室分系统传输服务，分别按照基础电信服务和增值电信服务缴纳增值税。

4. 建筑服务。

建筑服务，是指各类建筑物、构筑物及其附属设施的建造、修缮、装饰、线路、管道、设备、设施等的安装以及其他工程作业的业务活动。包括工程服务、安装服务、修缮服务、装饰服务和其他建筑服务。

（1）工程服务，是指新建、改建各种建筑物、构筑物的工程作业，包括与建筑物相连的各种设备或者支柱、操作平台的安装或者装设工程作业，以及各种窑炉和金属结构工程作业。

（2）安装服务，是指生产设备、动力设备、起重设备、运输设备、传动设备、医疗实验设备以及其他各种设备、设施的装配、安置工程作业，包括与被安装设备相连的工作台、梯子、栏杆的装设工程作业，以及被安装设备的绝缘、防腐、保温、油漆等工程作业。

固定电话、有线电视、宽带、水、电、燃气、暖气等经营者向用户收取的安装费、初装费、开户费、扩容费以及类似收费，按照安装服务缴纳增值税。

（3）修缮服务，是指对建筑物、构筑物进行修补、加固、养护、改善，使之恢复原来的使用价值或者延长其使用期限的工程作业。

（4）装饰服务，是指对建筑物、构筑物进行修饰装修，使之美观或者具有特定用途的工程作业。

（5）其他建筑服务，是指上列工程作业之外的各种工程作业服务，如钻井（打井）、拆除建筑物或者构筑物、平整土地、园林绿化、疏浚（不包括航道疏浚）、建筑物平移、搭脚手架、爆破、矿山穿孔、表面附着物（包括岩层、土层、沙层等）剥离和清理等工程作业。

5. 金融服务。

金融服务，是指经营金融保险的业务活动。包括贷款服务、直接收费金融服务、保险服务和金融商品转让。

（1）贷款服务。贷款，是指将资金贷与他人使用而取得利息收入的业务活动。各种占用、拆借资金取得的收入，包括金融商品持有期间（含到期）利息（保本收益、报酬、资金占用费、补偿金等）收入、信用卡透支利息收入、买入返售金融商品利息收入、融资融券收取的利息收入，以及融资性售后回租、押汇、罚息、票据贴现、转贷等业务取得的利息及利息性质的收入，按照贷款服务缴纳增值税。

融资性售后回租，是指承租方以融资为目的，将资产出售给从事融资性售后回租业务的企业后，从事融资性售后回租业务的企业将该资产出租给承租方的业务活动。

以货币资金投资收取的固定利润或者保底利润，按照贷款服务缴纳增值税。

（2）直接收费金融服务，是指为货币资金融通及其他金融业务提供相关服务并且收取费用的业务活动。包括提供货币兑换、账户管理、电子银行、信用卡、信用证、财务担保、资产管理、信托管理、基金管理、金融交易场所（平台）管理、资金结算、资金清算、金融支付等服务。

（3）保险服务，是指投保人根据合同约定，向保险人支付保险费，保险人对于合同约定的可能发生的事故因其发生所造成的财产损失承担赔偿保险金责任，或者当被保险人死亡、伤残、疾病或者达到合同约定的年龄、期限等条件时承担给付保险金责任的商业保险行为。包括人身保险服务和财产保险服务。

（4）金融商品转让，是指转让外汇、有价证券、非货物期货和其他金融商品所有权的业务活动。其他金融商品转让包括基金、信托、理财产品等各类资产管理产品和各种金融衍生品的转让。

6. 现代服务。

现代服务，是指围绕制造业、文化产业、现代物流产业等提供技术性、知识性服务的业务活动。包括研发和技术服务、信息技术服务、文化创意服务、物流辅助服务、租赁服务、鉴证咨询服务、广播影视服务、商务辅助服务和其他现代服务。

（1）研发和技术服务。

研发和技术服务，包括研发服务、合同能源管理服务、工程勘察勘探服务、专业技术服务。

（2）信息技术服务。

信息技术服务，是指利用计算机、通信网络等技术对信息进行生产、收集、处理、加工、存储、运输、检索和利用，并提供信息服务的业务活动。包括软件服务、电路设计及测试服务、信息系统服务、业务流程管理服务和信息系统增值服务。

自2016年2月1日起，纳税人通过蜂窝数字移动通信用塔（杆）及配套设施，为电信企业提供的基站天线、馈线及设备环境控制、动环监控、防雷消防、运行维护等塔类站址管理业务，按照"信息技术基础设施管理服务"缴纳增值税。

（3）文化创意服务。

文化创意服务，包括设计服务、知识产权服务、广告服务和会议展览服务。

（4）物流辅助服务。

物流辅助服务，包括航空服务、港口码头服务、货运客运场站服务、打捞救助服务、装卸搬运服务、仓储服务和收派服务。

（5）租赁服务，包括融资租赁服务和经营租赁服务。

①融资租赁服务，是指具有融资性质和所有权转移特点的租赁活动。即出租人根

据承租人所要求的规格、型号、性能等条件购入有形动产或者不动产租赁给承租人，合同期内租赁物所有权属于出租人，承租人只拥有使用权，合同期满付清租金后，承租人有权按照残值购入租赁物，以拥有其所有权。不论出租人是否将租赁物销售给承租人，均属于融资租赁。按照标的物的不同，融资租赁服务可分为有形动产融资租赁服务和不动产融资租赁服务。融资性售后回租不按照本税目缴纳增值税。

②经营租赁服务，是指在约定时间内将有形动产或者不动产转让他人使用且租赁物所有权不变更的业务活动。按照标的物的不同，经营租赁服务可分为有形动产经营租赁服务和不动产经营租赁服务。

（6）鉴证咨询服务。

鉴证咨询服务，包括认证服务、鉴证服务和咨询服务。

①认证服务，是指具有专业资质的单位利用检测、检验、计量等技术，证明产品、服务、管理体系符合相关技术规范、相关技术规范的强制性要求或者标准的业务活动。

②鉴证服务，是指具有专业资质的单位受托对相关事项进行鉴证，发表具有证明力的意见的业务活动。包括会计鉴证、税务鉴证、法律鉴证、职业技能鉴定、工程造价鉴证、工程监理、资产评估、环境评估、房地产土地评估、建筑图纸审核、医疗事故鉴定等。

③咨询服务，是指提供信息、建议、策划、顾问等服务的活动。包括金融、软件、技术、财务、税收、法律、内部管理、业务运作、流程管理、健康等方面的咨询。翻译服务和市场调查服务按照咨询服务缴纳增值税。

（7）广播影视服务。

广播影视服务，包括广播影视节目（作品）的制作服务、发行服务和播映（含放映）服务。

①广播影视节目（作品）制作服务，是指进行专题（特别节目）、专栏、综艺、体育、动画片、广播剧、电视剧、电影等广播影视节目和作品制作的服务。具体包括与广播影视节目和作品相关的策划、采编、拍摄、录音、音视频文字图片素材制作、场景布置、后期的剪辑、翻译（编译）、字幕制作、片头、片尾、片花制作、特效制作、影片修复、编目和确权等业务活动。

②广播影视节目（作品）发行服务，是指以分账、买断、委托、代理等方式，向影院、电台、电视台、网站等单位和个人发行广播影视节目（作品）以及转让体育赛事等活动的报道及播映权的业务活动。

③广播影视节目（作品）播映服务，是指在影院、剧院、录像厅及其他场所播映广播影视节目（作品），以及通过电台、电视台、卫星通信、互联网、有线电视等无线或有线装置播映广播影视节目（作品）的业务活动。

（8）商务辅助服务。

商务辅助服务，包括企业管理服务、经纪代理服务、人力资源服务、安全保护

277

服务。

①企业管理服务，是指提供总部管理、投资与资产管理、市场管理、物业管理、日常综合管理等服务的业务活动。

②经纪代理服务，是指各类经纪、中介、代理服务。包括金融代理、知识产权代理、货物运输代理、代理报关、法律代理、房地产中介、职业中介、婚姻中介、代理记账、拍卖等。

③人力资源服务，是指提供公共就业、劳务派遣、人才委托招聘、劳动力外包等服务的业务活动。

④安全保护服务，是指提供保护人身安全和财产安全，维护社会治安等的业务活动。包括场所住宅保安、特种保安、安全系统监控以及其他安保服务。

（9）其他现代服务。

其他现代服务，是指除研发和技术服务、信息技术服务、文化创意服务、物流辅助服务、租赁服务、鉴证咨询服务、广播影视服务和商务辅助服务以外的现代服务。

7. 生活服务。

生活服务，是指为满足城乡居民日常生活需求提供的各类服务活动。包括文化体育服务、教育医疗服务、旅游娱乐服务、餐饮住宿服务、居民日常服务和其他生活服务。

（四）销售无形资产及不动产

1. 销售无形资产。

销售无形资产，是指转让无形资产所有权或者使用权的业务活动。无形资产，是指不具实物形态，但能带来经济利益的资产，包括技术、商标、著作权、商誉、自然资源使用权和其他权益性无形资产。

2. 销售不动产。

销售不动产，是指转让不动产所有权的业务活动。不动产，是指不能移动或者移动后会引起性质、形状改变的财产，包括建筑物、构筑物等。

（五）征税范围的特殊规定

1. 下列情形视同销售服务、无形资产或者不动产：

（1）单位或者个体工商户向其他单位或者个人无偿提供服务，但用于公益事业或者以社会公众为对象的除外。

（2）单位或者个人向其他单位或者个人无偿转让无形资产或者不动产，但用于公益事业或者以社会公众为对象的除外。

（3）财政部和国家税务总局规定的其他情形。

2. 销售服务、无形资产或者不动产，是指有偿提供服务、有偿转让无形资产或者不动产，但属于下列非经营活动的情形除外：

（1）行政单位收取的同时满足以下条件的政府性基金或者行政事业性收费：

由国务院或者财政部批准设立的政府性基金，由国务院或者省级人民政府及其财政、价格主管部门批准设立的行政事业性收费；收取时开具省级以上（含省级）财政部门监（印）制的财政票据；所收款项全额上缴财政。

（2）单位或者个体工商户聘用的员工为本单位或者雇主提供取得工资的服务。

（3）单位或者个体工商户为聘用的员工提供服务。

（4）财政部和国家税务总局规定的其他情形。

3. 下列情形不属于在境内销售服务或者无形资产：

（1）境外单位或者个人向境内单位或者个人销售完全在境外发生的服务。

（2）境外单位或者个人向境内单位或者个人销售完全在境外使用的无形资产。

（3）境外单位或者个人向境内单位或者个人出租完全在境外使用的有形动产。

（4）财政部和国家税务总局规定的其他情形。

【例6-3】根据我国的营业税改征增值税试点方案，以下情形属于在我国境内提供增值税应税劳务的有（　　）。

A. 境外单位向境内单位提供完全在境外消费的应税服务

B. 日本某公司为中国境内某企业设计时装

C. 法国某公司出租设备给中国境内某企业使用

D. 境外个人向境外单位提供完全在境外消费的应税服务

【解析】正确答案是BC。境外单位或者个人向境内单位或者个人提供完全在境外消费的应税服务，或者境外单位或者个人向境内单位或者个人出租完全在境外使用的有形动产不属于增值税在境内提供应税劳务的范围。

（六）进口货物

进口货物，是指进入中国境内的货物。对于进口货物，除依法征收关税外，还应在进口环节征收增值税。货物的进出口实际上都是货物销售，只不过其纳税环节、适用税率及所起作用特殊，税法才单独列举。理论上说，除了进口货物应当在报关进口时征收进口环节增值税外，出口货物也应当纳入增值税的征收范围，不过，对出口货物一般实行零税率。而法律有特殊规定的某些限制或禁止出口的货物，可以不适用零税率，而依正常税率征税。因此，对属于增值税征收范围的销售货物应当作广义理解，包括销往境外的货物。

对在进口环节与国内环节，以及国内地区间个别货物（如初级农产品、矿产品等）增值税适用税率执行不一致的，纳税人应按其取得的增值税专用发票和海关进口增值税专用缴款书上注明的增值税额抵扣进项税额。主管税务机关发现同一货物进口环节与国内环节以及国内地区间增值税适用税率执行不一致的，应当将有关情况逐级上报至共同的上一级税务机关，由其予以明确。

三、增值税的税率和征收率

（一）增值税税率

1. 纳税人销售货物、劳务、有形动产租赁服务或者进口货物除《增值税暂行条例》

第二条第二项、第四项、第五项（即下列第2、4、5项）另有规定外，税率为13%。

2. 纳税人销售交通运输、邮政、基础电信、建筑、不动产租赁服务，销售不动产，转让土地使用权，销售或者进口下列货物，税率为9%：

（1）粮食等农产品、食用植物油、食用盐。

（2）自来水、暖气、冷气、热水、煤气、石油液化气、天然气、二甲醚、沼气、居民用煤炭制品。

（3）图书、报纸、杂志、音像制品、电子出版物。

（4）饲料、化肥、农药、农机、农膜。

（5）国务院规定的其他货物。

【例6-4】 下列货物适用9%税率征收增值税的有（　　　）。

A. 食用蔬菜　　　　　　　　　　B. 速冻饺子

C. 饲料　　　　　　　　　　　　D. 鱼虾等水产品

【解析】 正确答案是ACD。蔬菜、饲料、水产品等适用9%税率征收增值税，速冻饺子按照13%税率征税。

3. 纳税人销售服务、无形资产，除《增值税暂行条例》第二条第一项、第二项、第五项（即上述第1、2项和下列第5项）另有规定外，税率为6%。

4. 纳税人出口货物，税率为零；但是，国务院另有规定的除外。

5. 境内单位和个人跨境销售国务院规定范围内的服务、无形资产，税率为零。具体范围如下：

（1）国际运输服务。

①在境内载运旅客或者货物出境。

②在境外载运旅客或者货物入境。

③在境外载运旅客或者货物。

（2）航天运输服务。

（3）向境外单位提供的完全在境外消费的下列服务：

①研发服务。

②合同能源管理服务。

③设计服务。

④广播影视节目（作品）的制作和发行服务。

⑤软件服务。

⑥电路设计及测试服务。

⑦信息系统服务。

⑧业务流程管理服务。

⑨离岸服务外包业务。

离岸服务外包业务，包括信息技术外包服务（ITO）、技术性业务流程外包服务

（BPO）、技术性知识流程外包服务（KPO），其所涉及的具体业务活动，按照《销售服务、无形资产、不动产注释》相对应的业务活动执行。

⑩转让技术。

（4）财政部和国家税务总局规定的其他服务。

（二）征收率

1. 征收率的一般规定。

小规模纳税人发生应税销售行为，实行按照销售额和征收率计算应纳税额的简易办法，并不得抵扣进项税额。小规模纳税人增值税征收率为3%。

（1）一般纳税人销售自己使用过的属于《增值税暂行条例》规定不得抵扣且未抵扣进项税额的固定资产，按照简易办法依照3%征收率减按2%征收增值税。

（2）一般纳税人销售自己使用过的其他固定资产（以下简称"已使用过的固定资产"），应区分不同情形征收增值税：

①销售自己使用过的2009年1月1日以后购进或者自制的固定资产（仅指固定资产中的有形动产，不包括不动产，下同），按照适用税率征收增值税。

②2008年12月31日以前未纳入扩大增值税抵扣范围试点的纳税人，销售自己使用过的2008年12月31日以前购进或者自制的固定资产，按照简易办法依照3%征收率减按2%征收增值税。

③2008年12月31日以前已纳入扩大增值税抵扣范围试点的纳税人，销售自己使用过的在本地区扩大增值税抵扣范围试点以前购进或者自制的固定资产，按照简易办法依照3%征收率减按2%征收增值税；销售自己使用过的在本地区扩大增值税抵扣范围试点以后购进或者自制的固定资产，按照适用税率征收增值税。

已使用过的固定资产，是指纳税人根据财务会计制度已经计提折旧的固定资产。

（3）一般纳税人销售自己使用过的除固定资产以外的物品，应当按照适用税率征收增值税。

（4）小规模纳税人（除其他个人外，下同）销售自己使用过的固定资产，减按2%征收率征收增值税。

小规模纳税人销售自己使用过的除固定资产以外的物品，应按3%的征收率征收增值税。

（5）纳税人销售旧货，按照简易办法依照3%征收率减按2%征收增值税。

旧货，是指进入二次流通的具有部分使用价值的货物（含旧汽车、旧摩托车和旧游艇），但不包括自己使用过的物品。

（6）二手车经销，减按0.5%征收增值税。

自2020年5月1日至2023年12月31日，从事二手车经销的纳税人销售其收购的二手车，由原按照简易办法依3%征收率减按2%征收增值税，改为减按0.5%征收增值税。二手车，是指从办理完注册登记手续至达到国家强制报废标准之前进行交易并转移所有权的车辆，具体范围按照国务院商务主管部门出台的二手车流通管理办法执行。

（7）一般纳税人销售自产的下列货物，可选择按照简易办法依照3%征收率计算缴纳增值税：

①县级及县级以下小型水力发电单位生产的电力。小型水力发电单位，是指各类投资主体建设的装机容量为5万千瓦以下（含5万千瓦）的小型水力发电单位。

②建筑用和生产建筑材料所用的砂、土、石料。

③以自己采掘的砂、土、石料或其他矿物连续生产的砖、瓦、石灰（不含黏土实心砖、瓦）。

④用微生物、微生物代谢产物、动物毒素、人或动物的血液或组织制成的生物制品。

⑤自来水。

⑥商品混凝土（仅限于以水泥为原料生产的水泥混凝土）。

一般纳税人选择简易办法计算缴纳增值税后，36个月内不得变更。

（8）一般纳税人销售货物属于下列情形之一的，暂按简易办法依照3%征收率计算缴纳增值税：

①寄售商店代销寄售物品（包括居民个人寄售的物品在内）；

②典当业销售死当物品。

（9）一般纳税人为建筑工程老项目提供的建筑服务，可以选择简易办法依照3%的征收率征收增值税。

建筑工程老项目，是指：

①《建筑工程施工许可证》注明的合同开工日期在2016年4月30日前的建筑工程项目；

②未取得《建筑工程施工许可证》的，建筑工程承包合同注明的开工日期在2016年4月30日前的建筑工程项目。

2. 征收率的特殊规定。

（1）小规模纳税人转让其取得的不动产，按照5%的征收率征收增值税。

（2）一般纳税人转让其2016年4月30日前取得的不动产，可以选择适用简易计税方法计税，按照5%的征收率征收增值税。

（3）小规模纳税人出租其取得的不动产（不含个人出租住房），按照5%的征收率征收增值税。

（4）一般纳税人出租其2016年4月30日前取得的不动产，可以选择适用简易计税方法计税，按照5%的征收率征收增值税。

（5）房地产开发企业（一般纳税人）销售自行开发的房地产老项目，选择适用简易计税方法计税，按照5%的征收率征收增值税。

房地产老项目，是指《建筑工程施工许可证》注明的合同开工日期在 2016 年 4 月 30 日前的房地产项目。

（6）房地产开发企业（小规模纳税人）销售自行开发的房地产老项目，按照 5% 的征收率征收增值税。

（7）房地产开发企业中的一般纳税人购入未完工的房地产老项目继续开发后，以自己名义立项销售的不动产，属于房地产老项目，可以选择适用简易计税方法，按照 5% 的征收率计算缴纳增值税。

（8）纳税人提供劳务派遣服务，选择差额纳税的，按照 5% 的征收率征收增值税。

第三节　增值税应纳税额的计算

一、一般计税方法应纳税额的计算

一般纳税人销售货物、劳务、服务、无形资产、不动产（以下统称"应税销售行为"），应纳税额为当期销项税额抵扣当期进项税额后的余额。

计算公式为：应纳税额 = 当期销项税额 − 当期进项税额

"当期"是个重要的时间限定，是指税务机关依照税法规定对纳税人确定的纳税期限。只有在纳税期限内实际发生的销项税额、进项税额，才是法定的当期销项税额、进项税额。

（一）当期销项税额的确定

当期销项税额，是指当期发生应税销售行为的纳税人，依其销售额和法定税率计算并向购买方收取的增值税税款。

其计算公式为：当期销项税额 = 销售额 × 税率

或　当期销项税额 = 组成计税价格 × 税率

当期销售额的确定是应纳税额计算的关键，税法具体规定如下：

1. 销售额为纳税人发生应税销售行为而向购买方收取的全部价款和价外费用。所谓价外费用，包括价外向购买方收取的手续费、补贴、基金、集资费、返还利润、奖励费、违约金、滞纳金、延期付款利息、赔偿金、代收款项、代垫款项、包装费、包装物租金、储备费、优质费、运输装卸费以及其他各种性质的价外收费。但下列项目不包括在内：

（1）受托加工应征消费税的消费品所代收代缴的消费税。

（2）同时符合以下条件的代垫运费：承运部门的运输费用发票开具给购买方的；纳税人将该项发票转交给购货方的。

（3）同时符合以下条件代为收取的政府性基金或者行政事业性收费：由国务院或者财政部批准设立的政府性基金，由国务院或者省级人民政府及其财政、价格主管部门批准设立的行政事业性收费；收取时开具省级以上财政部门印制的财政票据；所收款项全额上缴财政。

（4）销售货物的同时代办保险等而向购买方收取的保险费，以及向购买方收取的代购买方缴纳的车辆购置税、车辆牌照费。

2. 如果销售收入中包含了销项税额，则应将含税销售额换算成不含税销售额。这是因为增值税是价外税，在计税的销售额中不能含有增值税税款，否则就会违背其"中性"特点，构成重复征税。属于含税销售收入的有普通发票的价款、零售价格、价外收入征收增值税。

不含税销售额的计算公式为：不含税销售额＝含税销售额÷（1＋增值税税率）

3. 纳税人有价格明显偏低并无正当理由或者有视同销售货物行为而无销售额者，按下列顺序确定销售额：

（1）按纳税人最近时期同类货物的平均销售价格确定；

（2）按其他纳税人最近时期同类货物的平均销售价格确定；

（3）按组成计税价格确定。

其计算公式为：组成计税价格＝成本×（1＋成本利润率）

如该货物属于征收消费税的范围，其组成计税价格中应加计消费税税额。

其计算公式为：组成计税价格＝成本×（1＋成本利润率）＋消费税税额

或 组成计税价格＝成本×（1＋成本利润率）÷（1－消费税税率）

"成本"分为两种情况：①销售自产货物的为实际生产成本；②销售外购货物的为实际采购成本。"成本利润率"根据规定统一为10％，但属于从价定率征收消费税的货物，其组成计税价格公式中的成本利润率为《消费税若干具体问题的规定》中规定的成本利润率。

4. 纳税人为销售货物而出租、出借包装物收取的押金，单独记账核算的，且时间在1年以内，又未过期的，不并入销售额，税法另有规定的除外。属于应并入销售额征税的押金，在将包装物押金并入销售额征税时，需要先将该押金换算为不含税价，再并入销售额征税。包装物押金不应混同于包装物租金，包装物租金在销货时，应作为价外费用并入销售额计算销项税额。

5. 纳税人采取折扣方式销售货物，如果销售额和折扣额在同一张发票上分别注明的，可按折扣后的销售额征收增值税；如果将折扣额另开发票，不论其在财务上如何处理，均不得从销售额中减除折扣额。纳税人采取折扣方式销售货物，销售额和折扣额在同一张发票上分别注明（即销售额和折扣额在同一张发票上的"金额"栏分别注明）的，可按折扣后的销售额征收增值税；未在同一张发票"金额"栏注明折扣额，而仅在发票的"备注"栏注明折扣额的，折扣额不得从销售额中减除。

6. 纳税人采取以旧换新方式销售货物，应按新货物的同期销售价格确定销售额。以旧换新销售，是指纳税人在销售过程中，折价收回同类旧货物，并以折价款部分冲减货物价款的一种销售方式。但是，对金银首饰以旧换新业务，应按照销售方实际收取的不含增值税的全部价款征收增值税。

7. 采取以物易物方式销售货物。以物易物，是指购销双方不是以货币结算，而是以同等价款的货物相互结算，实现货物购销的一种方式。以物易物双方都应作购销处理，以各自发出的货物核算销售额并计算销项税额，以各自收到的货物按规定核算购货额并计算进项税额。应注意的是，在以物易物活动中，应分别开具合法的票据，如收到的货物不能取得相应的增值税专用发票或其他合法票据的，不能抵扣进项税额。

8. "营改增"行业销售额的规定。

（1）贷款服务，以提供贷款服务取得的全部利息及利息性质的收入为销售额。

（2）直接收费金融服务，以提供直接收费金融服务收取的手续费、佣金、酬金、管理费、服务费、经手费、开户费、过户费、结算费、转托管费等各类费用为销售额。

（3）金融商品转让，按照卖出价扣除买入价的余额为销售额。

转让金融商品出现的正负差，按盈亏相抵后的余额为销售额。若相抵后出现负差，可结转下一纳税期与下期转让金融商品销售额相抵，但年末时仍出现负差的，不得转入下一个会计年度。

金融商品的买入价，可以选择按照加权平均法或者移动加权平均法进行核算，选择后36个月内不得变更。

金融商品转让，不得开具增值税专用发票。

（4）经纪代理服务，以取得的全部价款和价外费用，扣除向委托方收取并代为支付的政府性基金或者行政事业性收费后的余额为销售额。向委托方收取的政府性基金或者行政事业性收费，不得开具增值税专用发票。

（5）航空运输企业的销售额，不包括代收的机场建设费和代售其他航空运输企业客票而代收转付的价款。

（6）试点纳税人中的一般纳税人提供客运场站服务，以其取得的全部价款和价外费用扣除支付给承运方运费后的余额为销售额。

（7）试点纳税人提供旅游服务，可以选择以取得的全部价款和价外费用，扣除向旅游服务购买方收取并支付给其他单位或者个人的住宿费、餐饮费、交通费、签证费、门票费和支付给其他接团旅游企业的旅游费用后的余额为销售额。

选择上述办法计算销售额的试点纳税人，向旅游服务购买方收取并支付的上述费用，不得开具增值税专用发票，可以开具普通发票。

（8）试点纳税人提供建筑服务适用简易计税方法的，以取得的全部价款和价外费用扣除支付的分包款后的余额为销售额。

（9）房地产开发企业中的一般纳税人销售其开发的房地产项目（选择简易计税方法的房地产老项目除外），以取得的全部价款和价外费用，扣除受让土地时向政府部门支付的土地价款后的余额为销售额。

9. 销售额确定的特殊规定。

（1）纳税人发生应税行为，将价款和折扣额在同一张发票上分别注明的，以折扣后的价款为销售额；未在同一张发票上分别注明的，以价款为销售额，不得扣减折扣额。

（2）纳税人发生应税销售行为，开具增值税专用发票后，发生开票有误或者销售折让、中止、退回等情形的，应当按照国家税务总局的规定开具红字增值税专用发票；未按照规定开具红字增值税专用发票的，不得扣减销项税额或者销售额。

10. 外币销售额的折算。

纳税人按照人民币以外的货币结算销售额的，应当折合成人民币计算，折合率可以选择销售额发生的当天或者当月 1 日的人民币汇率中间价。纳税人应当事先确定采用何种折合率，确定后 12 个月内不得变更。

💡 **【例 6 - 5】** 甲公司和乙公司均是增值税一般纳税人，甲公司 2019 年 6 月有关增值税计税资料如下：向乙公司出售一套机器设备，同时出售部分配件。其中，设备价款（不含税）1 200 万元，生产该设备所用原材料、零部件的购入价（不含税）600 万元，配件按零售价收取 452 万元。计算甲公司当月应缴纳的增值税税额。

【解析】 当月应纳增值税税额 = [1 200 + 452 ÷ (1 + 13%)] × 13% - 600 × 13%
= 130（万元）

💡 **【例 6 - 6】** 甲服装厂为增值税一般纳税人，2019 年 9 月销售给乙企业 3 000 套服装，不含税价格为 700 元/套。由于乙企业购买数量较多，甲服装厂给予乙企业 7 折的优惠，并按原价开具了增值税专用发票，折扣额在同一张发票的"备注"栏注明。计算甲服装厂当月的销项税额。

【解析】 甲服装厂当月的销项税额 = 3 000 × 700 × 13% = 273 000（元）

💡 **【例 6 - 7】** 某企业是增值税一般纳税人，2019 年 10 月有关生产经营业务如下：

（1）销售机器一批，开出增值税专用发票中注明销售额为 10 000 元，税额为 1 300 元，另开出一张普通发票，收取包装费 226 元。

（2）销售三批同一规格、质量的货物，每批各 2 000 件，不含增值税销售价格分别为每件 200 元、180 元和 60 元。经税务机关认定，第三批销售价格每件 60 元明显偏低且无正当理由。

（3）将自产的一批新产品 3A 牌外套 300 件作为福利发给本企业的职工。已知 3A 牌外套尚未投放市场，没有同类外套销售价格；每件外套的成本为 600 元。

计算该企业当月的增值税销项税额。

【解析】（1）销售机器增值税销项税额 = 1 300 + 226 ÷ （1 + 13%） × 13%

$$= 1\ 326\ （元）$$

（2）销售货物增值税销项税额 = 2 000 × ［200 + 180 + （200 + 180） ÷ 2］ × 13%

$$= 148\ 200\ （元）$$

（3）3A牌外套增值税销项税额 = 300 × 600 × （1 + 10%） × 13% = 25 740（元）

（4）当月的增值税销项税额 = 1 326 + 148 200 + 25 740 = 175 266（元）

（二）当期进项税额的确定

当期进项税额是指纳税人当期购进货物或者应税劳务已缴纳的增值税税额。它主要体现在从销售方取得的增值税专用发票上或海关进口增值税专用缴款书上。

与生产型增值税不允许将外购固定资产的价款（包括年度折旧）从商品和劳务的销售额中抵扣不同，消费型增值税允许纳税人在计算增值税税额时，从商品和劳务销售额中扣除当期购进的生产经营用固定资产总额。

1. 准予从销项税额中抵扣进项税额的情形，主要包括以下几类：

（1）从销售方取得的增值税专用发票（含税控机动车销售统一发票，下同）上注明的增值税税额。

（2）从海关取得的海关进口增值税专用缴款书上注明的增值税税额。即一般纳税人销售进口货物时，可以从销项税额中抵扣的进项税额，为从海关取得的海关进口增值税专用缴款书上注明的增值税税额。

纳税人进口货物取得的海关进口增值税专用缴款书，是计算增值税进项税额的唯一依据。纳税人进口货物报关后，境外供货商向国内进口方退还或返还的资金，或进口货物向境外实际支付的货款低于进口报关价格的差额，不作进项税额转出处理。

（3）纳税人购进农产品，按照下列规定抵扣进项税：

①取得一般纳税人开具的增值税专用发票或海关进口增值税专用缴款书的，以增值税专用发票或海关进口增值税专用缴款书上注明的增值税额为进项税额；

②从按照简易计税方法依照3%征收率计算缴纳增值税的小规模纳税人取得增值税专用发票的，以增值税专用发票上注明的金额和9%的扣除率计算进项税额；

③取得（开具）农产品销售发票或收购发票的，以农产品销售发票或收购发票上注明的农产品买价和9%的扣除率计算进项税额。买价，包括纳税人购进农产品在农产品收购发票或者销售发票上注明的价款和按规定缴纳的烟叶税。其计算公式为：

进项税额 = 买价 × 扣除率

④纳税人购进用于生产销售或委托加工13%税率货物的农产品，按照10%的扣除率计算进项税额。

⑤自2012年7月1日起，以购进农产品为原料生产销售液体乳及乳制品、酒及酒精、植物油的增值税一般纳税人，纳入农产品增值税进项税额核定扣除试点范围，其

购进农产品无论是否用于生产上述产品，增值税进项税额均按照《农产品增值税进项税额核定扣除试点实施办法》的规定抵扣。试点纳税人以购进农产品为原料生产货物的，农产品增值税进项税额核定的方法包括：投入产出法、成本法和参照法。

因此，增值税扣税凭证包括增值税专用发票、海关进口增值税专用缴款书、农产品收购发票和农产品销售发票。

（4）纳税人购进国内旅客运输服务，其进项税额允许从销项税额中抵扣。纳税人未取得增值税专用发票的，暂按照以下规定确定进项税额：

①取得增值税电子普通发票的，为发票上注明的税额；

②取得注明旅客身份信息的航空运输电子客票行程单的，为按照下列公式计算的进项税额：

航空旅客运输进项税额 = （票价 + 燃油附加费）÷（1 + 9%）× 9%

③取得注明旅客身份信息的铁路车票的，为按照下列公式计算的进项税额：

铁路旅客运输进项税额 = 票面金额 ÷（1 + 9%）× 9%

④取得注明旅客身份信息的公路、水路等其他客票的，为按照下列公式计算的进项税额：

公路、水路等其他旅客运输进项税额 = 票面金额 ÷（1 + 3%）× 3%

（5）生产、生活性服务业加计抵扣进项税额。

自 2019 年 4 月 1 日至 2021 年 12 月 31 日，允许生产、生活性服务业纳税人按照当期可抵扣进项税额加计 10%，抵减应纳税额。

生产、生活性服务业纳税人，是指提供邮政服务、电信服务、现代服务、生活服务取得的销售额占全部销售额的比重超过 50% 的纳税人。具体范围按照《销售服务、无形资产、不动产注释》（财税〔2016〕36 号印发）执行。

2019 年 3 月 31 日前设立的纳税人，自 2018 年 4 月至 2019 年 3 月期间的销售额（经营期不满 12 个月的，按照实际经营期的销售额）符合上述规定条件的，自 2019 年 4 月 1 日起适用加计抵减政策。2019 年 4 月 1 日后设立的纳税人，自设立之日起 3 个月的销售额符合上述规定条件的，自登记为一般纳税人之日起适用加计抵减政策。纳税人确定适用加计抵减政策后，当年内不再调整，以后年度是否适用，根据上年度销售额计算确定。纳税人可计提但未计提的加计抵减额，可在确定适用加计抵减政策当期一并计提。

①纳税人应按照当期可抵扣进项税额的 10% 计提当期加计抵减额。按照现行规定不得从销项税额中抵扣的进项税额，不得计提加计抵减额；已计提加计抵减额的进项税额，按规定作进项税额转出的，应在进项税额转出当期，相应调减加计抵减额。计算公式如下：

当期计提加计抵减额 = 当期可抵扣进项税额 × 10%

当期可抵减加计抵减额＝上期末加计抵减额余额＋当期计提加计抵减额－当期调减加计抵减额

纳税人应按照现行规定计算一般计税方法下的应纳税额（以下称"抵减前的应纳税额"）后，区分以下情形加计抵减：

抵减前的应纳税额等于零的，当期可抵减加计抵减额全部结转下期抵减；抵减前的应纳税额大于零，且大于当期可抵减加计抵减额的，当期可抵减加计抵减额全额从抵减前的应纳税额中抵减；抵减前的应纳税额大于零，且小于或等于当期可抵减加计抵减额的，以当期可抵减加计抵减额抵减应纳税额至零。未抵减完的当期可抵减加计抵减额，结转下期继续抵减。

②纳税人出口货物劳务、发生跨境应税行为不适用加计抵减政策，其对应的进项税额不得计提加计抵减额。纳税人兼营出口货物劳务、发生跨境应税行为且无法划分不得计提加计抵减额的进项税额，按照以下公式计算：

不得计提加计抵减额的进项税额＝当期无法划分的全部进项税额×当期出口货物劳务和发生跨境应税行为的销售额÷当期全部销售额

③纳税人应单独核算加计抵减额的计提、抵减、调减、结余等变动情况。骗取适用加计抵减政策或虚增加计抵减额的，按照《中华人民共和国税收征收管理法》等有关规定处理。

④加计抵减政策执行到期后，纳税人不再计提加计抵减额，结余的加计抵减额停止抵减。

⑤2019年10月1日至2021年12月31日，允许生活性服务业纳税人按照当期可抵扣进项税额加计15%，抵减应纳税额。

生活性服务业纳税人自2019年4月1日至2019年9月30日，按照当期可抵扣进项税额加计10%；自2019年10月1日起适用加计抵减15%政策。

（6）增值税期末留抵退税。

自2019年4月1日起，试行增值税期末留抵税额退税制度。

①同时符合以下条件的纳税人，可以向主管税务机关申请退还增量留抵税额：第一，自2019年4月税款所属期起，连续6个月（按季纳税的，连续两个季度）增量留抵税额均大于零，且第6个月增量留抵税额不低于50万元；第二，纳税信用等级为A级或者B级；第三，申请退税前36个月未发生骗取留抵退税、出口退税或虚开增值税专用发票情形的；第四，申请退税前36个月未因偷税被税务机关处罚两次及以上的；第五，自2019年4月1日起未享受即征即退、先征后返（退）政策的。

②这里的"增量留抵税额"，是指与2019年3月底相比新增加的期末留抵税额。

③纳税人当期允许退还的增量留抵税额，按照以下公式计算：

允许退还的增量留抵税额＝增量留抵税额×进项构成比例×60%

进项构成比例，为 2019 年 4 月至申请退税前一税款所属期内已抵扣的增值税专用发票（含税控机动车销售统一发票）、海关进口增值税专用缴款书、解缴税款完税凭证注明的增值税额占同期全部已抵扣进项税额的比重。

④纳税人应在增值税纳税申报期内，向主管税务机关申请退还留抵税额。

⑤纳税人出口货物劳务、发生跨境应税行为，适用免抵退税办法的，办理免抵退税后，仍符合规定条件的，可以申请退还留抵税额；适用免退税办法的，相关进项税额不得用于退还留抵税额。

⑥纳税人取得退还的留抵税额后，应相应调减当期留抵税额。按照《财政部、税务总局、海关总署关于深化增值税改革有关政策的公告》（以下简称《公告》）的规定再次满足退税条件的，可以继续向主管税务机关申请退还留抵税额，但上述第①项第一点规定的连续期间，不得重复计算。

⑦以虚增进项、虚假申报或其他欺骗手段，骗取留抵退税款的，由税务机关追缴其骗取的退税款，并按照《中华人民共和国税收征收管理法》等有关规定处理。

⑧部分先进制造业增值税期末留抵退税。

自 2019 年 6 月 1 日起，同时符合以下条件的部分先进制造业纳税人，可以自 2019 年 7 月及以后纳税申报期向主管税务机关申请退还增量留抵税额：增量留抵税额大于零；纳税信用等级为 A 级或者 B 级；申请退税前 36 个月未发生骗取留抵退税、出口退税或虚开增值税专用发票情形；申请退税前 36 个月未因偷税被税务机关处罚两次及以上；自 2019 年 4 月 1 日起未享受即征即退、先征后返（退）政策。

部分先进制造业纳税人，是指按照《国民经济行业分类》，生产并销售非金属矿物制品、通用设备、专用设备及计算机、通信和其他电子设备销售额占全部销售额的比重超过 50% 的纳税人。

上述销售额比重根据纳税人申请退税前连续 12 个月的销售额计算确定；申请退税前经营期不满 12 个月但满 3 个月的，按照实际经营期的销售额计算确定。

部分先进制造业纳税人当期允许退还的增量留抵税额，按照以下公式计算：

允许退还的增量留抵税额＝增量留抵税额×进项构成比例

⑨纳税人按照《财政部 税务总局 海关总署关于深化增值税改革有关政策的公告》（财政部 税务总局 海关总署公告 2019 年第 39 号）、《财政部 税务总局关于明确部分先进制造业增值税期末留抵退税政策的公告》（财政部 税务总局公告 2019 年第 84 号）规定取得增值税留抵退税款的，不得再申请享受增值税即征即退、先征后返（退）政策。

（7）自境外单位或者个人购进劳务、服务、无形资产或者境内的不动产，从税务机关或者扣缴义务人取得的代扣代缴税款的完税凭证上注明的增值税额。

纳税人购进货物、劳务、服务、无形资产、不动产，取得的增值税扣税凭证不符合法律、行政法规或者国务院税务主管部门有关规定的，其进项税额不得从销项税额中抵扣。

【例 6 – 8】北京某广告公司已认定为增值税一般纳税人。2019 年 8 月，该公司取得广告制作费 800 万元（含税），支付给山西某媒体的广告发布费为 400 万元（不含税），取得增值税专用专票。则当月该广告公司需缴纳的增值税为（　　）万元。

A. 30.28　　　　　B. 7.64　　　　　C. 18.88　　　　　D. 43.11

已知：该公司符合加计抵减条件。

【解析】正确答案是 C。该广告公司 12 月需缴纳的增值税为：

$$800 \div (1 + 6\%) \times 6\% - 400 \times 6\% \times (1 + 10\%) = 18.88 （万元）$$

2. 不得从销项税额中抵扣的进项税额。

（1）用于简易计税方法计税项目、免征增值税项目、集体福利或者个人消费的购进货物、加工修理修配劳务、服务、无形资产和不动产。其中涉及的固定资产、无形资产、不动产，仅指专用于上述项目的固定资产、无形资产（不包括其他权益性无形资产）、不动产。

固定资产，是指使用期限超过 12 个月的机器、机械、运输工具以及其他与生产经营有关的设备、工具、器具等。

纳税人的交际应酬消费属于个人消费。

自 2018 年 1 月 1 日起，纳税人租入固定资产、不动产，既用于一般计税方法计税项目，又用于简易计税方法计税项目、免征增值税项目、集体福利或者个人消费的，其进项税额准予从销项税额中全额抵扣。

（2）非正常损失的购进货物及相关的加工修理修配劳务或者交通运输服务。

非正常损失，是指因管理不善造成被盗、丢失、霉烂变质的损失。

（3）非正常损失的在产品、产成品所耗用的购进货物（不包括固定资产）、加工修理修配劳务或者交通运输服务。

（4）非正常损失的不动产，以及该不动产所耗用的购进货物、设计服务和建筑服务。

（5）非正常损失的不动产在建工程所耗用的购进货物、设计服务和建筑服务。

纳税人新建、改建、扩建、修缮、装饰不动产，均属于不动产在建工程。

（6）购进的贷款服务、餐饮服务、居民日常服务和娱乐服务。

（7）纳税人接受贷款服务向贷款方支付的与该笔贷款相关的投融资顾问费、手续费、咨询费等费用，其进项税额不得从销项税额中抵扣。

（8）财政部和国家税务总局规定的其他情形。

【例 6 – 9】下列项目的进项税额不得从销项税额中抵扣的有（　　）。

A. 销售原材料支付的运输费用

B. 外购设备支付的货款

C. 非正常损失的购进货物

D. 用于个人消费购买的电脑

【解析】正确答案是 CD。根据规定，非正常损失的购进货物以及个人消费的购进货物，其进项税额不得从销项税额中抵扣。

3. 一般纳税人兼营简易计税方法计税项目、免征增值税项目而无法划分不得抵扣的进项税额的，按下列公式计算不得抵扣的进项税额：

不得抵扣的进项税额 = 当月无法划分的全部进项税额 × （当期简易计税方法计税项目销售额 + 免征增值税项目销售额）÷ 当月全部销售额

💡【例 6 – 10】某企业是增值税一般纳税人，适用税率 13%，2019 年 7 月有关生产经营业务如下：

（1）月初外购货物一批，支付增值税进项税额 24 万元，中下旬因管理不善，造成该批货物一部分发生霉烂变质，经核实造成 1/4 损失；

（2）外购的动力燃料支付的增值税进项税额 20 万元，一部分用于应税项目，另一部分用于免税项目，无法分开核算；

（3）销售应税货物取得不含增值税销售额 700 万元，销售免税货物取得销售额 300 万元。计算该企业当月可以抵扣的进项税额。

【解析】（1）外购货物可以抵扣的进项税额：$24 - 24 \times 1/4 = 24 - 6 = 18$（万元）

（2）销售货物可以抵扣的进项税额：$20 - 20 \times 300 \div (700 + 300) = 14$（万元）

（3）当月可以抵扣的进项税额：$18 + 14 = 32$（万元）

💡【例 6 – 11】某企业是增值税一般纳税人，适用税率 13%，2019 年 12 月有关生产经营业务如下：

（1）销售甲产品给某大商场，开具增值税专用发票，取得不含税销售额 160 万元；另外，开具增值税专用发票，取得销售甲产品的送货运输费收入 11.7 万元（不含税）。

（2）销售乙产品，开具普通发票，取得含税销售额 56.5 万元。

（3）销售自己使用过的 2007 年进口的摩托车 5 辆，开具普通发票，每辆取得含税销售额 1.04 万元；每辆摩托车的原值为 0.9 万元。

（4）购进货物取得增值税专用发票，注明支付的货款 120 万元、进项税额 15.6 万元；另外，支付购货的运输费用 6 万元（不含税），取得运输公司开具的增值税专用发票。

（5）向农业生产者购进免税农产品玉米一批，支付收购价 60 万元，支付给运输单位的运费 10 万元（不含税），取得农产品销售发票和运输单位开具的增值税专用发票。本月下旬将购进农产品的 20% 用于本企业职工福利。计算该企业 2019 年 12 月应纳增值税税额。

已知：该企业取得的发票均合法并可在当月抵扣。

【解析】（1）销售甲产品的销项税额 = $160 \times 13\% + 11.7 \times 9\% = 21.85$（万元）

（2）销售乙产品的销项税额 = $56.5 \div (1 + 13\%) \times 13\% = 6.5$（万元）

（3）销售自己使用过的摩托车的销项税额 = $1.04 \div (1 + 3\%) \times 2\% \times 5 = 0.1$（万元）

（4）外购货物应抵扣的进项税额 = $15.6 + 6 \times 9\% = 16.14$（万元）

（5）外购免税农产品玉米应抵扣的进项税额 = $(60 \times 10\% + 10 \times 9\%) \times (1 - 20\%) = 5.52$（万元）

（6）应纳增值税税额 = $21.85 + 6.5 + 0.1 - 16.14 - 5.52 = 6.79$（万元）

4. 根据《增值税暂行条例实施细则》的规定，一般纳税人当期购进的货物或劳务用于生产经营，其进项税额在当期销项税额中予以抵扣。但已抵扣进项税额的购进货物或劳务如果事后改变用途，用于集体福利或者个人消费、购进货物发生非正常损失、在产品或产成品发生非正常损失等，应当将该项购进货物或者劳务的进项税额从当期的进项税额中扣减；无法确定该项进项税额的，按当期外购项目的实际成本计算应扣减的进项税额。

5. 已抵扣进项税额的购进服务，发生《营业税改征增值税试点实施办法》规定的不得从销项税额中抵扣情形（简易计税方法计税项目、免征增值税项目除外）的，应当将该进项税额从当期进项税额中扣减；无法确定该进项税额的，按照当期实际成本计算应扣减的进项税额。

6. 已抵扣进项税额的无形资产或者不动产，发生《营业税改征增值税试点实施办法》规定的不得从销项税额中抵扣情形的，按照下列公式计算不得抵扣的进项税额：

不得抵扣的进项税额 = 无形资产或者不动产净值 × 适用税率

无形资产或者不动产净值，是纳税人根据财务会计制度计提折旧或摊销后的余额。

7. 按照《增值税暂行条例》和《营业税改征增值税试点实施办法》，不得抵扣且未抵扣进项税额的固定资产、无形资产、不动产，发生用途改变，用于允许抵扣进项税额的应税项目，可在用途改变的次月按照下列公式，计算可以抵扣的进项税额：

可抵扣的进项税额 = 固定资产、无形资产、不动产净值 ÷ (1 + 适用税率) × 适用税率

上述可以抵扣的进项税额应取得合法有效的增值税扣税凭证。

8. 纳税人适用一般计税方法的，因销售折让、中止或者退回而退还给购买方的增值税额，应当从当期的销项税额中扣减；因销售折让、中止或者退回而收回的增值税额，应当从当期的进项税额中扣减。

（三）增值税进项税额抵扣时限

增值税一般纳税人取得 2017 年 1 月 1 日及以后开具的增值税专用发票、海关进口增值税专用缴款书、机动车销售统一发票、收费公路通行费增值税电子普通发票，取消认证确认、稽核比对、申报抵扣的期限。纳税人在进行增值税纳税申报时，应当通

过本省（自治区、直辖市和计划单列市）增值税发票综合服务平台对上述扣税凭证信息进行用途确认。

增值税一般纳税人取得 2016 年 12 月 31 日及以前开具的增值税专用发票、海关进口增值税专用缴款书、机动车销售统一发票，超过认证确认、稽核比对、申报抵扣期限，但符合规定条件的，仍可按照《国家税务总局关于逾期增值税扣税凭证抵扣问题的公告》（2011 年第 50 号，国家税务总局公告 2017 年第 36 号、2018 年第 31 号修改）、《国家税务总局关于未按期申报抵扣增值税扣税凭证有关问题的公告》（2011 年第 78 号，国家税务总局公告 2018 年第 31 号修改）规定，继续抵扣进项税额。

二、简易计税方法应纳税额的计算

小规模纳税人发生应税销售行为，其应纳税额的计算不适用扣税法，而是实行按照销售额和征收率计算应纳税额的简易办法，不得抵扣进项税额。其计算公式为：

应纳税额 = 销售额 × 征收率

销售额，不包括收取的增值税销项税额，即为不含税销售额。

对应税销售行为采取销售额和增值税销项税额合并定价方法的，要分离出不含税销售额，其计算公式为：

销售额 = 含税销售额 ÷（1 + 征收率）

小规模纳税人销售自己使用过的固定资产和旧货，按下列公式确定销售额和应纳税额：

销售额 = 含税销售额 ÷（1 + 3%）

应纳税额 = 销售额 × 2%

小规模纳税人销售自己使用过的除固定资产及旧货以外的物品，按下列公式确定销售额和应纳税额：

销售额 = 含税销售额 ÷（1 + 3%）

应纳税额 = 销售额 × 3%

在此，固定资产是指纳税人根据财务会计制度已经计提折旧的固定资产；旧货是指进入二次流通的具有部分使用价值的货物（含旧汽车、旧摩托车和旧游艇），但不包括自己使用过的物品。

纳税人适用简易计税方法计税的，因销售折让、中止或者退回而退还给购买方的销售额，应当从当期销售额中扣减。扣减当期销售额后仍有余额造成多缴的税款，可以从以后的应纳税额中扣减。

一般纳税人发生财政部和国家税务总局规定的特定应税行为，可以选择适用简易计税方法计税，但一经选择，36 个月内不得变更。

294

💡【例 6 – 12】某商场是增值税小规模纳税人，2019 年第 3 季度，该商场取得零售收入总额28.84万元，还销售了一批使用过的固定资产，开具普通发票，取得含税销售额5.2万元，原值4万元。计算该商场2019年第3季度应纳增值税税额。

【解析】（1）零售收入应纳增值税税额＝28.84÷（1＋3%）×3%＝0.84（万元）

（2）销售自己使用过的固定资产收入应纳增值税税额＝5.2÷（1＋3%）×2%＝0.10（万元）

（3）该季度应纳增值税税额＝0.84＋0.10＝0.94（万元）

【例6－13】某小型工业企业是增值税小规模纳税人。2019年第3季度取得销售收入36.05万元（含增值税）；购进原材料一批，支付货款3.09万元（含增值税）。计算该企业2019年第3季度应纳增值税税额。

【解析】2019年第3季度应纳增值税税额＝36.05÷（1＋3%）×3%＝1.05（万元）

【例6－14】某商店为增值税小规模纳税人，2019年第4季度，购进服装2 800套，"元旦"之前以每套128元的含税价格全部零售出去，计算该商店该季度销售这批服装应纳增值税税额。

【解析】该季度应纳增值税税额＝128÷（1＋3%）×3%×2 800＝10 438.83（元）

"营改增"一般纳税人发生下列应税行为可以选择适用简易计税方法计税：

1. 公共交通运输服务，包括轮客渡、公交客运、地铁、城市轻轨、出租车、长途客运、班车。

2. 经认定的动漫企业为开发动漫产品提供的动漫脚本编撰、形象设计、背景设计、动画设计、分镜、动画制作、摄制、描线、上色、画面合成、配音、配乐、音效合成、剪辑、字幕制作、压缩转码（面向网络动漫、手机动漫格式适配）服务，以及在境内转让动漫版权（包括动漫品牌、形象或者内容的授权及再授权）。

3. 电影放映服务、仓储服务、装卸搬运服务、收派服务和文化体育服务。

4. 以纳入"营改增"试点之日前取得的有形动产为标的物提供的经营租赁服务。

5. 在纳入"营改增"试点之日前签订的尚未执行完毕的有形动产租赁合同。

三、进口货物应纳税额的计算

纳税人进口货物，按照组成计税价格和《增值税暂行条例》第二条规定的税率计算应纳税额。其计算公式为：

组成计税价格＝关税完税价格＋关税＋消费税

应纳税额＝组成计税价格×税率

1. 如果进口的货物不征消费税，则上述公式中组成计税价格的计算公式为：

组成计税价格＝关税完税价格＋关税税额

2. 如果进口的货物应征消费税，则上述公式中组成计税价格的计算公式为：

组成计税价格＝关税完税价格＋关税税额＋消费税税额

💡【例 6 - 15】某企业是增值税一般纳税人。2019 年 9 月从国外进口一批原材料，海关审定的完税价格为 100 万元，该批原材料分别按 10% 和 13% 的税率向海关缴纳了关税和进口环节增值税，并取得了相关完税凭证。该批原材料当月加工成产品后全部在国内销售，取得销售收入 200 万元（不含增值税），同时支付运输费 8 万元（取得增值税专用发票）。已知该企业适用的增值税税率为 13%。计算该企业当月应缴纳的增值税税额。

【解析】（1）进口原材料的应纳增值税税额 $= (100 + 100 \times 10\%) \times 13\%$

$$= 14.3（万元）$$

（2）允许抵扣的增值税进项税额 $= 14.3 + 8 \times 9\% = 15.02（万元）$

（3）应纳增值税税额 $= 200 \times 13\% - 15.02 = 10.98（万元）$

💡【例 6 - 16】某商场是增值税一般纳税人，2019 年 8 月，该企业进口生产办公家具用的木材一批，该批木材在国外的买价 20 万元（人民币，下同），运抵我国海关前发生的包装费、运输费、保险费等共计 10 万元。货物报关后，商场按规定缴纳了进口环节增值税并取得了海关开具的完税凭证。假定该批进口货物在国内全部销售，取得不含税销售额 50 万元。

计算该批货物进口环节、国内销售环节分别应缴纳的增值税税额（货物进口关税税率 12%，增值税税率 13%）。

【解析】（1）关税的完税价格：$20 + 10 = 30（万元）$

（2）应缴纳进口关税税额：$30 \times 12\% = 3.6（万元）$

（3）进口环节应纳增值税的组成计税价格：$30 + 3.6 = 33.6（万元）$

（4）进口环节应纳增值税税额：$33.6 \times 13\% = 4.37（万元）$

（5）国内销售环节的销项税额：$50 \times 13\% = 6.5（万元）$

（6）国内销售环节应纳增值税税额：$6.5 - 4.37 = 2.13（万元）$

四、扣缴计税方法

境外单位或者个人在境内发生应税销售行为，在境内未设有经营机构的，扣缴义务人按照下列公式计算应扣缴税额：

应扣缴税额 = 购买方支付的价款 ÷（1 + 税率）× 税率

第四节　增值税的税收优惠

为了实现不同的政策目标，我国在增值税领域规定了较多的免税项目，主要涉及扶持农业发展、促进资源综合利用、鼓励产业发展、照顾社会公共事业、促进社会福利事业发展等目标。

一、《增值税暂行条例》及其实施细则规定的免税项目

1. 农业生产者销售的自产农产品。

农业，是指种植业、养殖业、林业、牧业、水产业。农业生产者，包括从事农业生产的单位和个人。农产品，是指初级农产品，具体范围由财政部、国家税务总局确定。

2. 避孕药品和用具。

3. 古旧图书，是指向社会收购的古书和旧书。

4. 直接用于科学研究、科学试验和教学的进口仪器、设备。

5. 外国政府、国际组织无偿援助的进口物资和设备。

6. 由残疾人的组织直接进口供残疾人专用的物品。

7. 销售自己使用过的物品，是指其他个人自己使用过的物品。

💡【例6-17】下列项目中，免征增值税的是（　　　）。

A. 中药饮片　　　　B. 古旧图书　　　　C. 教材　　　　D. 烟叶

【解析】正确答案是B。根据规定，古旧图书，即指向社会收购的古书和旧书，免征增值税。

二、营业税改征增值税试点过渡政策的规定

（一）免征增值税的项目

1. 托儿所、幼儿园提供的保育和教育服务。

2. 养老机构提供的养老服务。

3. 残疾人福利机构提供的育养服务。

4. 婚姻介绍服务。

5. 殡葬服务。

6. 残疾人员本人为社会提供的服务。

7. 医疗机构提供的医疗服务。

8. 从事学历教育的学校提供的教育服务。

9. 学生勤工俭学提供的服务。

10. 农业机耕、排灌、病虫害防治、植物保护、农牧保险以及相关技术培训业务，家禽、牲畜、水生动物的配种和疾病防治。

11. 纪念馆、博物馆、文化馆、文物保护单位管理机构、美术馆、展览馆、书画院、图书馆在自己的场所提供文化体育服务取得的第一道门票收入。

12. 寺院、宫观、清真寺和教堂举办文化、宗教活动的门票收入。

13. 行政单位之外的其他单位收取的符合《营业税改征增值税试点实施办法》第十条规定条件的政府性基金和行政事业性收费。

14. 个人转让著作权。

15. 个人销售自建自用住房。

16. 2020 年 12 月 31 日前，公共租赁住房经营管理单位出租公共租赁住房。

17. 台湾航运公司、航空公司从事海峡两岸海上直航、空中直航业务在大陆取得的运输收入。

18. 纳税人提供的直接或者间接国际货物运输代理服务。

19. 以下利息收入：（1）金融机构农户小额贷款、金融机构小微企业及个体工商户小额贷款、小额贷款公司农户小额贷款。（2）国家助学贷款。（3）国债、地方政府债。（4）人民银行对金融机构的贷款。（5）住房公积金管理中心用住房公积金在指定的委托银行发放的个人住房贷款。（6）外汇管理部门在从事国家外汇储备经营过程中，委托金融机构发放的外汇贷款。（7）统借统还业务中，企业集团或企业集团中的核心企业以及集团所属财务公司按不高于支付给金融机构的借款利率水平或者支付的债券票面利率水平，向企业集团或者集团内下属单位收取的利息。（8）自 2018 年 11 月 7 日起至 2021 年 11 月 6 日止，境外机构投资境内债券市场取得的债券利息。

20. 被撤销金融机构以货物、不动产、无形资产、有价证券、票据等财产清偿债务。

21. 保险公司开办的 1 年期以上返还性人身保险产品取得的保费收入。

22. 下列金融商品转让收入：

（1）合格境外投资者（QFII）委托境内公司在我国从事证券买卖业务。

（2）香港市场投资者（包括单位和个人）通过沪港通买卖上海证券交易所上市 A 股。

（3）对香港市场投资者（包括单位和个人）通过基金互认买卖内地基金份额。

（4）证券投资基金（封闭式证券投资基金、开放式证券投资基金）管理人运用基金买卖股票、债券。

（5）个人从事金融商品转让业务。

23. 金融同业往来利息收入。

24. 符合条件的担保机构从事中小企业信用担保或者再担保业务取得的收入（不含信用评级、咨询、培训等收入）3 年内免征增值税。

25. 国家商品储备管理单位及其直属企业承担商品储备任务，从中央或者地方财政取得的利息补贴收入和价差补贴收入。

26. 纳税人提供技术转让、技术开发和与之相关的技术咨询、技术服务。

27. 符合条件的合同能源管理服务。

28. 2017 年 12 月 31 日前，科普单位的门票收入，以及县级及以上党政部门和科协开展科普活动的门票收入。

29. 政府举办的从事学历教育的高等、中等和初等学校（不含下属单位），举办进修班、培训班取得的全部归该学校所有的收入。

30. 政府举办的职业学校设立的主要为在校学生提供实习场所，并由学校出资自办、由学校负责经营管理、经营收入归学校所有的企业，从事《销售服务、无形资产或者不动产注释》中"现代服务"（不含融资租赁服务、广告服务和其他现代服务）、"生活服务"（不含文化体育服务、其他生活服务和桑拿、氧吧）业务活动取得的收入。

31. 家政服务企业由员工制家政服务员提供家政服务取得的收入。

32. 福利彩票、体育彩票的发行收入。

33. 军队空余房产租赁收入。

34. 为了配合国家住房制度改革，企业、行政事业单位按房改成本价、标准价出售住房取得的收入。

35. 将土地使用权转让给农业生产者用于农业生产；将承包地流转给农业生产者用于农业生产。

36. 涉及家庭财产分割的个人无偿转让不动产、土地使用权。

37. 土地所有者出让土地使用权和土地使用者将土地使用权归还给土地所有者。

38. 县级以上地方人民政府或自然资源行政主管部门出让、转让或收回自然资源使用权（不含土地使用权）。

39. 随军家属就业。

40. 军队转业干部就业。

41. 农村电网维护费；农村饮水安全工程。

42. 生产销售有机肥、农膜。

43. 批发零售种子、种苗、农药、农机。

44. 2020 年 12 月 31 日前，企业集团内单位（含企业集团）之间的资金无偿借贷行为。

45. 纳税人将国有农用地出租给农业生产者用于农业生产。

💡【例 6-18】下列情形中，享受增值税免税优惠的有（　　　　）。

A. 航空公司提供飞机飞洒农药服务

B. 两岸海上直航业务

C. 个人转让书籍

D. 代理报关业务

【解析】正确答案是 AB。航空公司提供飞机飞洒农药服务及两岸海上直航业务享受增值税免税优惠。

（二）增值税的即征即退

1. 一般纳税人提供管道运输服务，对其增值税实际税负超过 3% 的部分实行增值税即征即退政策。

2. 经人民银行、银保监会或者商务部批准从事融资租赁业务的试点纳税人中的一般纳税人，提供有形动产融资租赁服务和有形动产融资性售后回租服务，对其增值税实际税负超过3%的部分实行增值税即征即退政策。商务部授权的省级商务主管部门和国家经济技术开发区批准的从事融资租赁业务和融资性售后回租业务的试点纳税人中的一般纳税人，2016年5月1日后实收资本达到1.7亿元的，从达到标准的当月起按照上述规定执行；2016年5月1日后实收资本未达到1.7亿元但注册资本达到1.7亿元的，在2016年7月31日前仍可按照上述规定执行，2016年8月1日后开展的有形动产融资租赁业务和有形动产融资性售后回租业务不得按照上述规定执行。

3. 增值税实际税负，是指纳税人当期提供应税服务实际缴纳的增值税额占纳税人当期提供应税服务取得的全部价款和价外费用的比例。

【例6-19】某管道运输公司主要从事天然气输送服务，属于增值税一般纳税人。2019年12月该公司向客户运输天然气共取得不含税收入3 000万元，同时随同天然气输送向客户收取管道维护费54.5万元，当月发生可抵扣的增值税进项税额为150万元。该公司12月可申请办理即征即退的增值税为（   ）万元。

    A. 274.5   B. 124.5   C. 91.5   D. 33

【解析】正确答案是D。一般纳税人提供管道运输服务，对其增值税实际税负超过3%的部分实行增值税即征即退政策。

2019年12月发生的销项税额为3 000×9% +54.5÷（1+9%）×9% =270+4.5 =274.5（万元）

当期可抵扣的进项税额为150万元，应纳税额为274.5-150 =124.5（万元）

当期实际税负为124.5÷[3 000+54.5÷（1+9%）] =4.08%，超过了3%的标准。

该管道运输公司2019年12月实际应缴纳的增值税为 [3 000+54.5÷（1+9%）]×3% =91.5（万元）

可申请办理即征即退的增值税为124.5-91.5 =33（万元）

（三）扣减增值税的规定

1. 退役士兵创业就业。

2. 重点群体创业就业。

（四）金融机构小微企业贷款利息的增值税优惠政策

1. 自2018年9月1日至2020年12月31日，对金融机构向小型企业、微型企业和个体工商户发放小额贷款取得的利息收入，免征增值税。金融机构可以选择以下两种方法之一适用免税：

（1）对金融机构向小型企业、微型企业和个体工商户发放的，利率水平不高于中国人民银行授权全国银行间同业拆借中心公布的贷款市场报价利率150%（含本数）的单笔小额贷款取得的利息收入，免征增值税；高于中国人民银行授权全国银行间同业拆借中心公布的贷款市场报价利率150%的单笔小额贷款取得的利息收入，按照现行政策规定缴纳增值税。

（2）对金融机构向小型企业、微型企业和个体工商户发放单笔小额贷款取得的利息收入中，不高于该笔贷款按照中国人民银行授权全国银行间同业拆借中心公布的贷款市场报价利率150%（含本数）计算的利息收入部分，免征增值税；超过部分按照现行政策规定缴纳增值税。

金融机构可按会计年度在以上两种方法之间选定其一作为该年的免税适用方法，一经选定，该会计年度内不得变更。

2. 自2019年8月20日起，金融机构向小型企业、微型企业和个体工商户发放1年期以上（不含1年）至5年期以下（不含5年）小额贷款取得的利息收入，可选择中国人民银行授权全国银行间同业拆借中心公布的1年期贷款市场报价利率或5年期以上贷款市场报价利率，适用上述第1项规定的免征增值税政策。

（五）个人将购买的住房对外销售的税收优惠

个人将购买不足2年的住房对外销售的，按照5%的征收率全额缴纳增值税；个人将购买2年以上（含2年）的住房对外销售的，免征增值税。上述政策适用于北京市、上海市、广州市和深圳市之外的地区。

个人将购买不足2年的住房对外销售的，按照5%的征收率全额缴纳增值税；个人将购买2年以上（含2年）的非普通住房对外销售的，以销售收入减去购买住房价款后的差额按照5%的征收率缴纳增值税；个人将购买2年以上（含2年）的普通住房对外销售的，免征增值税。上述政策仅适用于北京市、上海市、广州市和深圳市。

（六）小规模纳税人的税收优惠

小规模纳税人发生增值税应税销售行为，合计月销售额未超过10万元（以1个季度为1个纳税期的，季度销售额未超过30万元，下同）的，免征增值税。

小规模纳税人发生增值税应税销售行为，合计月销售额超过10万元，但扣除本期发生的销售不动产的销售额后未超过10万元的，其销售货物、劳务、服务、无形资产取得的销售额免征增值税。

适用增值税差额征税政策的小规模纳税人，以差额后的销售额确定是否可以享受免征增值税政策。

（七）冬奥会和冬残奥会赞助的税收优惠

对赞助企业及参与赞助的下属机构根据赞助协议及补充赞助协议向北京冬奥组委免费提供的，与北京2022年冬奥会、冬残奥会、测试赛有关的服务，免征增值税。

适用免征增值税政策的服务，仅限于赞助企业及下属机构与北京冬奥组委签订的赞助协议及补充赞助协议中列明的服务。

赞助企业及下属机构应对上述服务单独核算，未单独核算的，不得适用免税政策。

三、跨境行为免征增值税的政策规定

境内的单位和个人销售的下列服务和无形资产免征增值税，但财政部和国家税务

总局规定适用增值税零税率的除外：

1. 下列服务：

（1）工程项目在境外的建筑服务。

（2）工程项目在境外的工程监理服务。

（3）工程、矿产资源在境外的工程勘察勘探服务。

（4）会议展览地点在境外的会议展览服务。

（5）存储地点在境外的仓储服务。

（6）标的物在境外使用的有形动产租赁服务。

（7）在境外提供的广播影视节目（作品）的播映服务。

（8）在境外提供的文化体育服务、教育医疗服务、旅游服务。

2. 为出口货物提供的邮政服务、收派服务、保险服务。

为出口货物提供的保险服务，包括出口货物保险和出口信用保险。

3. 向境外单位提供的完全在境外消费的下列服务和无形资产：

（1）电信服务。

（2）知识产权服务。

（3）物流辅助服务（仓储服务、收派服务除外）。

（4）鉴证咨询服务。

（5）专业技术服务。

（6）商务辅助服务。

（7）广告投放地在境外的广告服务。

（8）无形资产。

4. 以无运输工具承运方式提供的国际运输服务。

5. 为境外单位之间的货币资金融通及其他金融业务提供的直接收费金融服务，且该服务与境内的货物、无形资产和不动产无关。

6. 财政部和国家税务总局规定的其他服务。

四、增值税的起征点

增值税起征点的适用范围仅限于个人，且不适用于登记为一般纳税人的个体工商户。起征点的幅度规定如下：

1. 按期纳税的，为月销售额 5 000 ~ 20 000 元（含本数）。

2. 按次纳税的，为每次（日）销售额 300 ~ 500 元（含本数）。

销售额，是指小规模纳税人的销售额。

省、自治区、直辖市财政厅（局）和税务局应在规定的幅度内，根据实际情况确定本地区适用的起征点，并报财政部、国家税务总局备案。

纳税人销售额未达到国务院财政、税务主管部门规定的增值税起征点的，免征增值税；达到起征点的，依照《增值税暂行条例》规定全额计算缴纳增值税。

五、其他减免税规定

1. 纳税人兼营免税、减税项目的，应当分别核算免税、减税项目的销售额；未分别核算销售额的，不得免税、减税。

2. 纳税人发生应税销售行为适用免税规定的，可以放弃免税，依照《增值税暂行条例》或者《营业税改征增值税试点实施办法》的规定缴纳增值税。放弃免税后，36个月不得再申请免税。

3. 纳税人发生应税销售行为同时适用免税和零税率规定的，纳税人可以选择适用免税或者零税率。

第五节　增值税的征收管理和发票管理

增值税由税务机关征收，进口货物的增值税由海关代征。个人携带或者邮寄进境自用物品的增值税，连同关税一并计征。具体办法由国务院关税税则委员会会同有关部门制定。

有关增值税的纳税地点、纳税义务的发生时间和纳税期限、计税货币以及关于增值税简易征收政策的管理、增值税专用发票管理等的规定如下：

一、纳税地点

（一）固定业户的纳税地点

固定业户应当向其机构所在地的主管税务机关申报纳税。总机构和分支机构不在同一县（市）的，应当分别向各自所在地的主管税务机关申报纳税；经国务院财政、税务主管部门或者其授权的财政、税务机关批准，可以由总机构汇总向总机构所在地的主管税务机关申报纳税。

固定业户到外县（市）销售货物或者应税劳务，应当向其机构所在地的主管税务机关报告外出经营事项，并向其机构所在地的主管税务机关申报纳税；未报告的，应当向销售地或者劳务发生地的主管税务机关申报纳税；未向销售地或者劳务发生地的主管税务机关申报纳税的，由其机构所在地的主管税务机关补征税款。

固定业户的总分支机构不在同一县（市），但在同一省（区、市）范围内的，经省（区、市）财政厅（局）、税务局审批同意，可以由总机构汇总向总机构所在地的主管税务机关申报缴纳增值税。

（二）非固定业户的纳税地点

非固定业户销售货物或者应税劳务，应当向销售地或者劳务发生地的主管税务机关申报纳税；未向销售地或者劳务发生地的主管税务机关申报纳税的，由其机构所在地或者居住地的主管税务机关补征税款。

（三）进口货物的纳税地点

进口货物应纳的增值税，应当向报关地海关申报纳税。

（四）其他个人提供建筑服务，销售或者租赁不动产，转让自然资源使用权的纳税地点

其他个人提供建筑服务，销售或者租赁不动产，转让自然资源使用权，应向建筑服务发生地、不动产所在地、自然资源所在地税务机关申报纳税。

（五）扣缴义务人的纳税地点

扣缴义务人应当向其机构所在地或者居住地的主管税务机关申报缴纳其扣缴的税款。

二、纳税义务的发生时间和纳税期限

（一）纳税义务发生时间

纳税义务的发生时间直接影响纳税义务的成立和履行。

有关增值税纳税义务的发生时间，具体规定如下：

1. 销售货物或提供应税劳务的，其纳税义务发生的时间为收讫销售款或者取得销售款凭据的当天。先开具发票的，为开具发票的当天。

收讫销售款项或者取得索取销售款项凭据的当天，按销售结算方式的不同，具体为：

（1）采取直接收款方式销售货物，不论货物是否发出，均为收到销售款或者取得索取销售款凭据的当天。

（2）采取托收承付和委托银行收款方式销售货物，为发出货物并办妥托收手续的当天。

（3）采取赊销和分期收款方式销售货物，为书面合同约定的收款日期的当天，无书面合同的或者书面合同没有约定收款日期的，为货物发出的当天。

（4）采取预收货款方式销售货物，为货物发出的当天，但生产销售生产工期超过12个月的大型机械设备、船舶、飞机等货物，为收到预收款或者书面合同约定的收款日期的当天。

（5）委托其他纳税人代销货物，为收到代销单位的代销清单或者收到全部或者部分货款的当天。未收到代销清单及货款的，为发出代销货物满180天的当天。

（6）销售应税劳务，为提供劳务同时收讫销售款或者取得索取销售款的凭据的当天。

（7）纳税人发生视同销售货物行为（委托他人代销、销售代销货物除外），为货物移送的当天。

（8）纳税人提供租赁服务采取预收款方式的，为收到预收款的当天。

（9）纳税人从事金融商品转让的，为金融商品所有权转移的当天。

（10）纳税人发生视同销售服务、无形资产或者不动产情形的，为服务、无形资产转让完成的当天或者不动产权属变更的当天。

2. 进口货物的，其纳税义务的发生时间为报关进口的当天。

3. 增值税扣缴义务发生时间为纳税人增值税纳税义务发生的当天。

（二）纳税期限

在纳税期限方面，增值税的税款计算期分别为 1 日、3 日、5 日、10 日、15 日、1 个月或者 1 个季度。纳税人的具体纳税期限，由主管税务机关根据纳税人应纳税额的大小分别核定；不能按固定期限纳税的，可以按次纳税。

以 1 个季度为纳税期限的规定适用于小规模纳税人、银行、财务公司、信托投资公司、信用社，以及财政部和国家税务总局规定的其他纳税人。

纳税人以 1 个月或者 1 个季度为 1 个纳税期的，自期满之日起 15 日内申报纳税；以 1 日、3 日、5 日、10 日或者 15 日为 1 个纳税期的，自期满之日起 5 日内预缴税款，于次月 1 日起 15 日内申报纳税并结清上月应纳税款。

扣缴义务人解缴税款的期限，按照上述规定执行。

纳税人进口货物，应当自海关填发海关进口增值税专用缴款书之日起 15 日内缴纳税款。纳税人出口货物，应当按月向税务机关申报办理该项出口货物退税。

💡【例 6－20】纳税人委托其他纳税人代销货物的，其增值税纳税义务的发生时间为发出代销货物的当天。（　　）

【解析】不正确。根据规定，纳税人委托其他纳税人代销货物的，其增值税纳税义务的发生时间为收到代销单位的代销清单或者收到全部或者部分货款的当天。未收到代销清单及货款的，为发出代销货物满 180 天的当天。

💡【例 6－21】纳税人进口货物，应当自海关填发海关进口增值税专用缴款书之日起（　　）日内缴纳税款。

A. 3　　　　　　　　B. 7　　　　　　　　C. 10　　　　　　　　D. 15

【解析】正确答案是 D。根据规定，纳税人进口货物，应当自海关填发海关进口增值税专用缴款书之日起 15 日内缴纳税款。

三、增值税专用发票

增值税专用发票的使用和管理，直接关系到整个增值税制度能否正常有效运作，关系到增值税的优点能否实现。

（一）增值税专用发票概述

增值税专用发票不仅是纳税人从事经济活动的重要凭证，而且也是记载销货方的销项税额和购货方的进项税额的凭证。在专用发票上注明的税额既是销货方的销项税额，又是购货方的进项税额，是购货方进行税款抵扣的依据和凭证。

纳税人销售货物或者应税劳务，应当向索取增值税专用发票的购买方开具增值税专用发票，并在增值税专用发票上分别注明销售额和销项税额。属于下列情形之一的，不得开具增值税专用发票：

（1）向消费者个人销售货物或者应税劳务的；

（2）销售货物或者应税劳务适用免税规定的。

增值税小规模纳税人（其他个人除外）发生增值税应税行为，可以根据需要，自愿使用增值税发票管理系统自行开具增值税专用发票。增值税小规模纳税人应当就开具增值税专用发票的销售额计算增值税应纳税额，并在规定的纳税申报期内向主管税务机关申报缴纳。在填写增值税纳税申报表时，应当将当期开具增值税专用发票的销售额，按照3%和5%的征收率，分别填写在《增值税纳税申报表》（小规模纳税人适用）第2栏和第5栏"税务机关代开的增值税专用发票不含税销售额"的"本期数"相应栏次中。

纳税人（即一般纳税人）因销售货物退回或者折让而退还给购买方的增值税额，应从发生销售货物退回或者折让当期的销项税额中扣减；因购进货物退回或者折让而收回的增值税额，应从发生购进货物退回或者折让当期的进项税额中扣减。

纳税人销售货物或者应税劳务，开具增值税专用发票后，发生销售货物退回或者折让、开票有误等情形，应按国家税务总局的规定开具红字增值税专用发票。未按规定开具红字增值税专用发票的，增值税额不得从销项税额中扣减。

（二）增值税专用发票的使用

为加强增值税征收管理，规范增值税专用发票使用行为，国家税务总局修订《增值税专用发票使用规定》，自2007年1月1日起施行。此后，为进一步规范增值税发票管理，满足"营改增"工作需要，税务总局决定对增值税专用发票和增值税普通发票进行改版，同时提升专用发票和货物运输业增值税专用发票防伪技术水平，自2014年8月1日起启用新版专用发票、货运专票和普通发票，老版专用发票、货运专票和普通发票暂继续使用。

增值税专用发票（以下简称"专用发票"），是指一般纳税人销售货物或者提供应税劳务开具的发票，是购买方支付增值税额并可按照增值税有关规定据以抵扣增值税进项税额的凭证。

一般纳税人应通过增值税防伪税控系统（以下简称"防伪税控系统"）使用专用发票。使用，包括领购、开具、缴销、认证纸质专用发票及其相应的数据电文。

专用发票由基本联次或者基本联次附加其他联次构成，基本联次为3联：

（1）记账联：作为销售方记账凭证；

（2）抵扣联：作为购买方扣税凭证；

（3）发票联：作为购买方记账凭证。

其他联次的用途，由一般纳税人自行确定。

专用发票实行最高开票限额管理。最高开票限额，是指单份专用发票开具的销售额合计数不得达到的上限额度。一般纳税人申请最高开票限额时，需填报《最高开票限额申请表》。最高开票限额由一般纳税人申请，税务机关依法审批。最高开票限额为 10 万元及以下的，由区县级税务机关审批；最高开票限额为 100 万元的，由地市级税务机关审批；最高开票限额为 1 000 万元及以上的，由省级税务机关审批。防伪税控系统的具体发行工作由区县级税务机关负责。为了简化增值税发票领用和使用程序，自 2014 年 5 月 1 日起，一般纳税人申请专用发票（包括增值税专用发票和货物运输业增值税专用发票）最高开票限额不超过 10 万元的，主管税务机关不需事前进行实地查验。各省国税机关可在此基础上适当扩大不需事前实地查验的范围，实地查验的范围和方法由各省国税机关确定。

一般纳税人领购专用设备后，凭《最高开票限额申请表》《发票领购簿》到主管税务机关办理初始发行。

一般纳税人凭《发票领购簿》、IC 卡和经办人身份证明领购专用发票。一般纳税人有下列情形之一的，不得领购开具专用发票：

（1）会计核算不健全，不能向税务机关准确提供增值税销项税额、进项税额、应纳税额数据及其他有关增值税税务资料的；

（2）有《税收征管法》规定的税收违法行为，拒不接受税务机关处理的；

（3）有下列行为之一，经税务机关责令限期改正而仍未改正的：虚开增值税专用发票；私自印制专用发票；向税务机关以外的单位和个人买取专用发票；借用他人专用发票；未按规定开具专用发票；未按规定保管专用发票和专用设备；未按规定申请办理防伪税控系统变更发行；未按规定接受税务机关检查。有上列情形的，如已领购专用发票，主管税务机关应暂扣其结存的专用发票和 IC 卡。

商业企业一般纳税人零售的烟、酒、食品、服装、鞋帽、化妆品等消费品不得开具专用发票。

专用发票应按下列要求开具：

（1）项目齐全，与实际交易相符；

（2）字迹清楚，不得压线、错格；

（3）发票联和抵扣联加盖财务专用章或者发票专用章；

（4）按照增值税纳税义务的发生时间开具。对不符合上列要求的专用发票，购买方有权拒收。

（三）增值税专用发票方面的刑事责任

《中华人民共和国刑法》（以下简称《刑法》）第三章第六节"危害税收征管罪"，主要规定了如下罪名：（1）骗取出口退税罪；（2）虚开增值税专用发票、用于骗取出口退税、抵扣税款发票罪；（3）伪造、出售伪造的增值税专用发票罪；（4）非法出售增值税专用发票罪；（5）非法购买增值税专用发票，购买伪造的增值税专用发票罪；（6）非法制造、出售非法制造的用于骗取出口退税、抵扣税款发票罪；（7）非法出售用于骗取出口退税，抵扣税款发票罪；（8）逃避缴纳税款罪；（9）抗税罪；（10）逃避追缴欠税罪；（11）非法制造、出售非法制造的发票罪；（12）非法出售发票罪，等等。与增值税密切相关的主要是前七种，均与增值税专用发票有关。鉴于增值税专用发票对于增值税的征管具有重要作用，《刑法》对涉及增值税专用发票的犯罪规定了非常严厉的刑事责任。其中，"危害税收征管罪"规定了法定最高刑为死刑的是："虚开增值税专用发票、用于骗取出口退税、抵扣税款发票罪"和"伪造、出售伪造的增值税专用发票罪"。

为了加强对纳税人对外开具增值税专用发票管理，国家税务总局进一步明确，自2014年8月1日起，纳税人通过虚增增值税进项税额偷逃税款，但对外开具增值税专用发票同时符合以下情形的，不属于对外虚开增值税专用发票：

（1）纳税人向受票方纳税人销售了货物，或者提供了增值税应税劳务、应税服务；

（2）纳税人向受票方纳税人收取了所销售货物、所提供应税劳务或者应税服务的款项，或者取得了索取销售款项的凭据；

（3）纳税人按规定向受票方纳税人开具的增值税专用发票相关内容，与所销售货物、所提供应税劳务或者应税服务相符，且该增值税专用发票是纳税人合法取得并以自己名义开具的。

四、电子发票

为进一步适应经济社会发展和税收现代化建设需要，税务总局在增值税发票系统升级版基础上，组织开发了增值税电子发票系统，满足纳税人开具增值税电子普通发票的需求，自2015年12月1日起执行。

1. 增值税电子普通发票的开票方和受票方需要纸质发票的，可以自行打印增值税电子普通发票的版式文件，其法律效力、基本用途、基本使用规定等与税务机关监制的增值税普通发票相同。

2. 增值税电子普通发票的发票代码为12位，编码规则：第1位为0，第2～5位代表省、自治区、直辖市和计划单列市，第6～7位代表年度，第8～10位代表批次，第11～12位代表票种（11代表增值税电子普通发票）。发票号码为8位，按年度、分批次编制。

3. 除北京市、上海市、浙江省、深圳市外，其他地区已使用电子发票的增值税纳税人，应于2015年12月31日前完成相关系统对接技术改造，2016年1月1日起使用增值税电子发票系统开具增值税电子普通发票，其他开具电子发票的系统同时停止使用。

4. 重点做好开票量较大的行业，如电商、电信、快递、公用事业等行业增值税电子发票推行工作。

第六节　增值税的出口退（免）税制度

为鼓励出口，对出口货物实行零税率或免税，使本国产品以不含税（增值税、消费税等）的价格进入国际市场，提高本国产品的国际竞争力，是国际通行做法。我国实行出口货物零税率（除少数特殊货物外）的优惠政策。所谓零税率，是指货物在出口时整体税负为零，不但出口环节不必纳税，而且还可以退还以前环节已纳税款。

一、适用增值税退（免）税政策的出口货物劳务

所谓适用增值税退（免）税政策的出口货物劳务，是指下列企业出口的货物劳务，除另有规定外，给予免税并退税：

（一）出口企业出口货物

出口货物，是指企业向海关报关后实际离境并销售给境外单位或个人的货物，分为自营出口货物和委托出口货物两类。出口企业，是指依法办理工商登记、税务登记、对外贸易经营者备案登记，自营或委托出口货物的单位或个体工商户，以及依法办理工商登记、税务登记但未办理对外贸易经营者备案登记，委托出口货物的生产企业。

（二）出口企业或其他单位视同出口货物

以下特殊情况下，出口企业可按视同出口货物处理，适用增值税退（免）税政策：

1. 出口企业对外援助、对外承包、境外投资的出口货物。

2. 出口企业经海关报关进入国家批准的出口加工区、保税物流园区、保税港区、综合保税区等并销售给境外单位、个人的货物。

3. 免税品经营企业销售的货物（国家规定不允许经营和限制出口的货物、卷烟和超出免税品经营企业《企业法人营业执照》规定经营范围的货物除外）。例如，中国免税品（集团）有限责任公司向海关报关运入海关监管仓库，专供其经国家批准设立的统一经营、统一组织进货、统一制定零售价格、统一管理的免税店销售的货物。

4. 出口企业或其他单位销售给用于国际金融组织或外国政府贷款国际招标建设项目的中标机电产品。

5. 生产企业向海上石油天然气开采企业销售的自产的海洋工程结构物。

6. 出口企业或其他单位销售给国际运输企业用于国际运输工具上的货物。

7. 出口企业或其他单位销售给特殊区域内生产企业生产耗用且不向海关报关而输

入特殊区域的水、电力、燃气。

（三）出口企业对外提供加工修理修配劳务

出口企业对外提供加工修理修配劳务，是指对进境复出口货物或从事国际运输的运输工具进行的加工修理修配，适用增值税退（免）税政策。

二、适用增值税免税政策的出口货物劳务

所谓的适用增值税免税政策的出口货物劳务，是指下列企业出口的货物劳务，除另有规定外，给予免税，但不予退税：

（一）出口企业或其他单位出口以下货物免征增值税

1. 增值税小规模纳税人出口的货物；

2. 避孕药品和用具，古旧图书；

3. 软件产品；

4. 含黄金、铂金成分的货物，钻石及其饰品；

5. 国家计划内出口的卷烟；

6. 已使用过的设备。其具体范围是指购进时未取得增值税专用发票、海关进口增值税专用缴款书但其他相关单证齐全的已使用过的设备；

7. 非出口企业委托出口的货物；

8. 非列名生产企业出口的非视同自产货物；

9. 农业生产者自产农产品。农产品的具体范围按照《农业产品征税范围注释》的规定执行；

10. 油画、花生果仁、黑大豆等财政部和国家税务总局规定的出口免税的货物；

11. 外贸企业取得普通发票、废旧物资收购凭证、农产品收购发票、政府非税收入票据的货物；

12. 来料加工复出口的货物；

13. 特殊区域内的企业出口的特殊区域内的货物；

14. 以人民币现金作为结算方式的边境地区出口企业从所在省（自治区）的边境口岸出口到接壤国家的一般贸易和边境小额贸易出口货物；

15. 以旅游购物贸易方式报关出口的货物。

（二）出口企业或其他单位视同出口下列货物劳务免征增值税

1. 国家批准设立的免税店销售的免税货物；

2. 特殊区域内的企业为境外的单位或个人提供加工修理修配劳务；

3. 同一特殊区域、不同特殊区域内的企业之间销售特殊区域内的货物。

（三）出口企业或其他单位未按规定申报或未补齐增值税退（免）税凭证的以下出口货物劳务免征增值税

1. 未在国家税务总局规定的期限内申报增值税退（免）税的出口货物劳务；

2. 未在规定期限内申报开具《代理出口货物证明》的出口货物劳务；

3. 已申报增值税退（免）税，却未在国家税务总局规定的期限内向税务机关补齐增值税退（免）税凭证的出口货物劳务。

适用增值税免税政策的出口货物劳务，其进项税额不得抵扣和退税，应当转入成本。

三、不适用增值税退（免）税和免税政策的出口货物劳务

所谓的不适用增值税退（免）税和免税政策的出口货物劳务，是指下列出口货物劳务既不免税也不退税：

1. 出口企业出口或视同出口财政部和国家税务总局根据国务院决定明确的取消出口退（免）税的货物，但不包括来料加工复出口货物、中标机电产品、列名原材料、输入特殊区域的水电气、海洋工程结构物。

2. 出口企业或其他单位销售给特殊区域内的生活消费用品和交通运输工具。

3. 出口企业或其他单位因骗取出口退税被税务机关停止办理增值税退（免）税期间出口的货物。

4. 出口企业或其他单位提供虚假备案单证的货物。

5. 出口企业或其他单位增值税退（免）税凭证有伪造或内容不实的货物。

6. 出口企业或其他单位未在国家税务总局规定期限内申报免税核销以及经主管税务机关审核不予免税核销的出口卷烟。

7. 出口企业或其他单位具有其他特殊情形的出口货物劳务。

四、增值税退（免）税办法

增值税退（免）税办法主要包括免抵退税办法以及免退税办法。

（一）适用免抵退税办法的情形

1. 生产企业出口自产货物和视同自产货物。

2. 对外提供加工修理修配劳务。

3. 列名生产企业（税法对具体范围有规定）出口非自产货物。

实行免、抵、退税办法的"免"税，是指对生产企业出口的自产货物，免征本企业生产销售环节增值税；"抵"税，是指生产企业出口自产货物所耗用的原材料、零部件、燃料、动力等所含应予退还的进项税额，抵顶内销货物的应纳税额；"退"税，是指生产企业出口的自产货物在当月内应抵顶的进项税额大于应纳税额时，对未抵顶完的部分予以退税。

生产企业出口货物免、抵、退税的计算，是正确执行生产企业免、抵、退税政策的重要环节。免、抵、退税计算较为复杂，其计算的复杂性具体表现在四个方面：

（1）免、抵、退税的计税依据是出口货物离岸价。免、抵、退税办法的计算原

理是从"先征后退"办法的计算原理演变而来的,"先征后退"办法是先按出口货物的离岸价征税,在征税时出口货物进项税额给予抵扣,然后再按出口货物的离岸价计算退税。因此,免、抵、退税也是以出口货物离岸价作为计税依据来计算免抵退税额。

(2)在征、退税率不一致的情况下,需要计算免抵退税不得免征和抵扣税额,并将其从当期进项税额中转出进成本。

(3)当期应退税额、免抵税额的计算过程比较复杂,需先计算当期期末留抵税额,通过当期免抵退税额与当期期末留抵税额比较大小,确定当期应退税额及计算免抵税额。

(4)有进料加工复出口业务的出口企业在计算免抵退税额时,先要计算免抵退税不得免征和抵扣税额抵减额、免抵退税不得免征和抵扣税额。

(二)适用免退税办法的情形

不具有生产能力的出口企业(外贸企业)或其他单位出口货物劳务。

所谓的免退税办法是指免征出口销售环节增值税,并退还已出口货物购进时所发生的进项税额。

【例6-22】下列出口企业,适用免退税办法的是（   ）。

A. 生产企业出口自产货物　　　　　B. 外贸企业出口货物

C. 对外提供加工劳务　　　　　　　D. 生产企业出口非自产货物

【解析】正确答案是B。根据规定,不具有生产能力的出口企业(外贸企业)或其他单位出口货物劳务,适用免退税办法。

五、出口退税率

出口货物的退税率,是出口货物的实际退税额与退税计税依据的比例。财政部、国家税务总局专门对不同的出口货物的增值税退税率作了规定,并不定期进行调整。出口企业应将不同税率的货物分开核算和申报,未分开报关、核算或划分不清的,一律从低适用退税率计算退免税。

对出口货物退税率的调整,逐渐成为我国调节出口规模的重要的宏观调控手段。为与国家的宏观经济形势相适应,自1995年7月1日以来,我国曾多次调整出口货物的退税率。

第七章　企业所得税法律制度

企业所得税，国际上又称为"公司税""公司所得税""法人税""法人所得税"，是国家对企业或公司在一定时期内的生产经营收入减去必要的成本费用后的余额（即纯收入）征收的一种税。它是国家参与企业利润分配、调节企业收益水平、正确处理国家与企业分配关系的一个重要税种。

我国现行企业所得税适用的法律法规，是指 2007 年 3 月 16 日第十届全国人民代表大会（以下简称"全国人大"）第五次会议通过，2017 年 2 月 24 日第十二届全国人民代表大会常务委员会第二十六次会议通过修正的《中华人民共和国企业所得税法》（以下简称《企业所得税法》）和国务院于 2007 年 11 月 28 日通过，2019 年 4 月 23 日修订的《中华人民共和国企业所得税法实施条例》（以下简称《实施条例》），上述法律法规自 2008 年 1 月 1 日起在全国范围内施行。同时，根据全国人大和国务院授权，财政部和国家税务总局还制定了一系列部门规章和规范性文件，与《企业所得税法》和《实施条例》一起构成企业所得税法律制度的重要组成部分。

第一节　企业所得税概述

所得税是以所得为征税对象，并由所得获取主体缴纳的税收总称。所得税的课税对象主要分为三种：一是提供劳务取得的所得，包括工资薪金所得和劳务报酬所得；二是从事生产经营取得的所得，如利润等；三是提供资金或财产取得的所得，包括利息、股息、红利、租金、特许权使用费等。上述所得因纳税人不同而分为企业所得税和个人所得税。

一、企业所得税的概念

企业所得税，是以企业的生产经营所得和其他所得为计税依据而征收的一种税，它是现代市场经济国家普遍开征的一个重要税种。

与其他税种相比，企业所得税具有以下特点：

1. 企业所得税以纳税人一定期间的纯收益额或净所得额为计税依据。它既不等同于企业实现的会计利润，也不是企业的增值额，而是以纳税人应税收入总额扣除各项成本、费用、税金、损失以及允许弥补的以前年度亏损后的净所得额为征税依据。

2. 以量能负担为征税原则。由于企业所得税是以净所得为征税依据，所以所得多的多征税、所得少的少征税、无所得的则不征税，充分贯彻了量能负担的税收原则，有利于体现税收公平。

3. 所得税属于直接税，一般不易转嫁。企业所得税属于终端税收，纳税人与负税人一致，其缴纳的所得税一般不易转嫁，而是由纳税人自己负担，从而有利于发挥税收的调节作用。

4. 企业所得税计算较为复杂。由于企业所得税计税所得的计算会涉及企业的成本、费用、税金、损失等，同时还需要对税法与会计的差异进行纳税调整，所以其纳税的计算较之其他税种要相对复杂，但有利于国家对企业经营活动的监督管理，也有利于促使纳税人建立健全财务会计核算制度。

5. 实行按年计征、分期预缴的征管办法。由于企业所得税是按企业一定期间的纯收益或净所得来征税，所以在计税时间上一般以一个财政年度为准。我国采用日历年度标准计征企业所得税。为了保证税款入库的均衡性，在企业所得税的征收上实行了按年计征、分期预缴的管理办法，一般要求企业分月或分季预缴、年终汇算清缴、多退少补。

二、我国企业所得税的历史沿革

1936 年，中华民国政府颁布施行了《所得税暂行条例》，这是中国历史上第一次实质性地开征所得税。新中国成立后，废除了旧的企业所得税制度。1958 年国家对工商税制进行了重大改革，企业所得税成为一个独立税种，称为"工商所得税"。1978 年党的十一届三中全会以后，党和国家工作重心调整到经济建设上，1983 年和 1984 年国务院先后批转了财政部《关于国营企业利改税试行办法》和《国营企业第二步利改税试行办法》；1984 年 9 月 18 日，国务院发布《国营企业所得税条例（草案）》；1985 年 4 月 11 日，国务院发布了《集体企业所得税暂行条例》；1988 年 6 月 25 日，国务院颁布了《私营企业所得税暂行条例》。随着对外开放的扩大，为了维护国家权益，更好地利用外资，1980 年 9 月 10 日，全国人大通过第一部涉外税法——《中外合资经营企业所得税法》，1981 年 12 月 13 日，全国人大又颁布了《外国企业所得税法》。1991 年 4 月 9 日，第七届全国人大第四次会议通过了《外商投资企业和外国企业所得税法》，代替了原有两个涉外企业所得税法，自同年 7 月 1 日起施行。按照建立社会主义市场经济体制的要求，更好地为企业创造公平竞争的税收环境，国务院于 1993 年 11 月 26 日发布了《企业所得税暂行条例》，并于 1994 年 1 月 1 日起施行。国务院之前发布的《国营企业所得税条例（草案）》《国营企业调节税征收办法》《集体企业所得税暂行条例》《私营企业所得税暂行条例》同时废止。自 1994 年起，我国各种类型的内资企业开始适用统一的《企业所得税暂行条例》，这使我国的企业所得税制向前迈进了一大步。

随着我国经济体制改革的不断深入和经济的快速发展，企业所得税内资和外资企业两套税制并行的格局带来了许多新问题，特别是 2002 年我国加入世界贸易组织（WTO）以后，内资企业面临越来越大的竞争压力，继续实行内外有别的企业所得税制，将使内资企业处于不平等的竞争地位。根据党的十六届三中全会关于"统一各类企业税收制度"的精神，我国启动了企业所得税"两税合并"改革，并于 2007 年 3 月 16 日在第十届全国人大第五次会议通过了《企业所得税法》，其《实施条例》也于 2007 年 11 月 28 日由国务院通过。我国统一企业所得税法的施行，进一步为各类企业提供了公平竞争的税收环境，同时其法律层次也得到了提升，制度体系更加完善，制度规定更加符合我国经济发展的基本要求。

第二节　企业所得税的纳税人、征税范围及税率

一、企业所得税的纳税人

企业所得税纳税人，是指在中国境内的企业和其他取得收入的组织（以下统称"企业"），包括各类企业、事业单位、社会团体、民办非企业单位和从事经营活动的其他组织等，都属于企业所得税的纳税人。

为充分体现税收公平、中性的原则，《企业所得税法》改变了以往内资企业所得税以独立核算的三个条件（银行开设结算账户、独立编制财务报表、独立计算盈亏）来判定纳税人标准的做法，按照国际通行做法实行了法人征税的制度，将独立注册登记的企业作为企业所得税纳税主体，而企业设有多个不具有法人资格营业机构的，应由法人汇总计算并缴纳企业所得税。

同时，考虑到个人独资企业、合伙企业属于自然人性质企业，没有法人资格，须承担无限责任，所以在《企业所得税法》及其《实施条例》中规定，依照中国法律、行政法规成立的个人独资企业、合伙企业，不适用《企业所得税法》。

💡【例 7 - 1】根据《企业所得税法》的规定，下列各项中，属于企业所得税纳税人的有（　　）。

　　A. 合伙企业　　　　　　　　　　B. 个人独资企业

　　C. 有限责任公司　　　　　　　　D. 股份有限公司

【解析】正确答案是 CD。根据规定，企业和其他取得收入的组织为企业所得税纳税人，个人独资企业、合伙企业除外。

为有效行使我国税收管辖权，最大限度维护我国的税收利益，合理界定纳税人义务，借鉴国际做法，《企业所得税法》在法人征税制度上采用居民企业与非居民企业的分类认定办法，以便识别纳税人的身份，并明确各类企业不同的纳税义务。

根据国际上通行的属地与属人原则，即来源地税收管辖权和居民税收管辖权原则，税法具体按照"登记注册地标准"和"实际管理机构标准"相结合原则，把企业分为居民企业和非居民企业，分别确定其不同的纳税义务。其中：居民企业承担无限纳税义务，应就来源于中国境内、境外的全部所得纳税；非居民企业承担有限纳税义务，一般只就来源于中国境内的所得纳税。

（一）居民企业

居民企业，是指依法在中国境内成立，或者依照外国（地区）法律成立但实际管理机构在中国境内的企业。居民企业应当就其来源于中国境内、境外的所得缴纳企业所得税。

这里主要分两种情况：一是将在我国境内依法注册成立的企业认定为居民企业；二是将在外国依法注册成立但其实际管理机构在中国境内的企业也认定为居民企业。第二种情况主要针对的是一些特殊企业行为。一些企业往往为了规避所在地国家税收或转移税收负担，通常在低税率地区或避税地注册成立基地公司，人为地选择注册地以达到规避税负的目的。为此，税法采用了实际管理机构认定标准，规定对在外国（地区）注册的企业、但实际管理机构在中国境内的，也认定为居民企业，须承担无限纳税义务，从而保证我国税收利益不受损害。

在中国香港特别行政区、中国澳门特别行政区和中国台湾地区成立的企业，参照适用上述规定。

居民企业相关管理规定：

1. 企业登记注册地，是指企业依照国家有关规定登记注册的住所地。

（1）依法在中国境内成立的企业，包括依照中国法律、行政法规在中国境内成立的企业、事业单位、社会团体以及其他取得收入的组织。

（2）依照外国（地区）法律成立的企业，包括依照外国（地区）法律成立的企业和其他取得收入的组织。

2. 实际管理机构，是指对企业的生产经营、人员、账务、财产等实施实质性全面管理和控制的机构。对于实际管理机构的判断，应当遵循实质重于形式的原则。

境外中资企业，是指由中国境内的企业或企业集团作为主要控股投资者，在境外依据外国（地区）法律注册成立的企业。但是，境外中资企业同时符合以下条件的，应判定其为实际管理机构在中国境内的居民企业（以下简称"非境内注册居民企业"）：

（1）企业负责实施日常生产经营管理运作的高层管理人员及其高层管理部门履行职责的场所主要位于中国境内；

（2）企业的财务决策（如借款、放款、融资、财务风险管理等）和人事决策（如任命、解聘和薪酬等）由位于中国境内的机构或人员决定，或需要得到位于中国境内的机构或人员批准；

（3）企业的主要财产、会计账簿、公司印章、董事会和股东会议纪要档案等位于或存放于中国境内；

（4）企业1/2（含）以上有投票权的董事或高层管理人员经常居住于中国境内。

尽管非境内注册居民企业应当承担无限纳税义务，但是，其在中国境内投资设立的企业，税收法律地位不变，仍属于外商投资企业。境外中资企业被判定为非境内注册居民企业的，不视为受控外国企业，但其所控制的其他受控外国企业仍应按照有关规定进行税务处理。

（二）非居民企业

非居民企业，是指依照外国（地区）法律成立且实际管理机构不在中国境内，但在中国境内设立机构、场所的，或者在中国境内未设立机构、场所，但有来源于中国境内所得的企业。具体分为两种情况：

一是非居民企业在中国境内设立机构、场所的，应当就其所设机构、场所取得的来源于中国境内的所得，以及发生在中国境外但与其所设机构、场所有实际联系的所得，缴纳企业所得税；

二是非居民企业在中国境内未设立机构、场所的，或者虽设立机构、场所但取得的所得与其所设机构、场所没有实际联系的，应当就其来源于中国境内的所得缴纳企业所得税。

在中国香港特别行政区、中国澳门特别行政区和中国台湾地区成立的企业，参照适用上述规定。

非居民企业相关管理规定：

1. 机构、场所，是指在中国境内从事生产经营活动的机构、场所，包括：（1）管理机构、营业机构、办事机构；（2）工厂、农场、开采自然资源的场所；（3）提供劳务的场所；（4）从事建筑、安装、装配、修理、勘探等工程作业的场所；（5）其他从事生产经营活动的机构、场所。

非居民企业委托营业代理人在中国境内从事生产经营活动的，包括委托单位或者个人经常代其签订合同，或者储存、交付货物等，该营业代理人视为非居民企业在中国境内设立的机构、场所。

2. 实际联系，是指非居民企业在中国境内设立的机构、场所拥有据以取得所得的股权、债权，以及拥有、管理、控制据以取得所得的财产等。

3. 非居民企业就其取得的来源于中国境内的所得应缴纳的所得税，一般实行源泉扣缴，以支付人为扣缴义务人。税款由扣缴义务人在每次支付或者到期应支付时，从支付或者到期应支付的款项中扣缴。

对非居民企业在中国境内取得工程作业和劳务所得应缴纳的所得税，税务机关可以指定工程价款或者劳务费的支付人为扣缴义务人。

4. 非居民企业通过实施不具有合理商业目的的安排，间接转让中国居民企业股权等财产，规避企业所得税纳税义务的，应按照《企业所得税法》第四十七条的规定，重新定性该间接转让交易，确认为直接转让中国居民企业股权等财产并依法纳税。中国居民企业股权等财产，是指非居民企业直接持有，且转让取得的所得按照中国税法规定，应在中国缴纳企业所得税的中国境内机构、场所财产，中国境内不动产，在中国居民企业的权益性投资资产等。间接转让中国应税财产，是指非居民企业通过转让直接或间接持有中国应税财产的境外企业（不含境外注册中国居民企业）股权及其他类似权益，产生与直接转让中国应税财产相同或相近实质结果的交易，包括非居民企业重组引起境外企业股东发生变化的情形。

（三）个人独资企业和合伙企业

根据《个人独资企业法》《合伙企业法》有关规定，个人独资企业、合伙企业的股东承担无限责任，个人财产和企业财产无法明确区分，并且企业没有法人资格，为避免重复征税，所以税法规定个人独资企业和合伙企业不缴纳企业所得税。

由于《合伙企业法》中允许法人入伙投资，所以，针对这种情况，国家规定合伙企业的生产经营所得和其他所得应实行"先分后税"办法缴税。即合伙人是企业法人和其他组织时，应缴纳企业所得税，其所得包括合伙企业分配给所有合伙人的所得和企业当年留存的所得（利润）。具体按照下列原则处理：

1. 合伙企业的合伙人以合伙企业的生产经营所得和其他所得，按照合伙协议约定的分配比例确定应纳税所得额；

2. 合伙协议未约定或者约定不明确的，以全部生产经营所得和其他所得，按照合伙人协商决定的分配比例确定应纳税所得额；

3. 协商不成的，以全部生产经营所得和其他所得，按照合伙人实缴出资比例确定应纳税所得额；

4. 无法确定出资比例的，以全部生产经营所得和其他所得，按照合伙人数量平均计算每个合伙人的应纳税所得额；

5. 合伙协议不得约定将全部利润分配给部分合伙人。合伙企业的合伙人是法人和其他组织的，合伙人在计算缴纳企业所得税时，不得用合伙企业的亏损抵减其盈利。

💡【例7-2】根据《企业所得税法》的规定，判定居民企业的标准有（　　　）。

A. 登记注册地标准　　　　　　　　　B. 所得来源地标准

C. 经营行为实际发生地标准　　　　　D. 实际管理机构所在地标准

【解析】正确答案是AD。根据规定，判定居民企业的标准有登记注册地和实际管理机构所在地标准。

二、企业所得税的征税范围

（一）应税所得范围及类别

税法明确规定企业应税所得，包括销售货物所得、提供劳务所得、转让财产所得、股息红利等权益性投资所得、利息所得、租金所得、特许权使用费所得、接受捐赠所得和其他所得。企业取得上述所得的都应按照税法有关规定缴纳企业所得税。

1. 销售货物所得，是指企业销售商品、产品、原材料、包装物、低值易耗品以及其他存货取得的所得。

2. 提供劳务所得，是指企业从事建筑安装、修理修配、交通运输、仓储租赁、金融保险、邮电通信、咨询经纪、文化体育、科学研究、技术服务、教育培训、餐饮住宿、中介代理、卫生保健、社区服务、旅游、娱乐、加工以及其他劳务服务活动取得的所得。

3. 转让财产所得，是指企业转让固定资产、生物资产、无形资产、股权、债权等财产取得的所得。

4. 股息红利等权益性投资所得，是指企业因权益性投资从被投资方取得的所得。

5. 利息所得，是指企业将资金提供他人使用或因他人占用本企业资金而取得的所得，包括存款利息、贷款利息、债券利息、欠款利息等所得。

6. 租金所得，是指企业提供固定资产、包装物或者其他资产使用权取得的所得。

7. 特许权使用费所得，是指企业提供专利权、非专利技术、商标权、著作权以及其他特许使用权取得的所得。

8. 接受捐赠所得，是指企业接受的来自其他企业、组织或者个人无偿给予的货币性资产、非货币性资产。

9. 其他所得，是指除以上列举外的企业其他所得，包括企业资产溢余所得、债务重组所得、补贴所得、违约金所得、汇兑收益等。

（二）应税所得来源地标准的确定

企业所得税应税所得，既包括中国居民企业来源于境内和境外的各项所得，也包括非居民企业来源于境内的应税所得，所以，所得来源地判断标准的划分直接关系到企业纳税义务的大小，也是国家行使征税权的依据。为此，税法进一步明确了所得来源地划分标准，规定来源于中国境内、境外的所得，按照以下原则确定：

1. 销售货物所得，按照交易活动发生地确定；

2. 提供劳务所得，按照劳务发生地确定；

3. 转让财产所得，不动产转让所得按照不动产所在地确定，动产转让所得按照转让动产的企业或者机构、场所所在地确定，权益性投资资产转让所得按照被投资企业所在地确定；

4. 股息、红利等权益性投资所得，按照分配所得的企业所在地确定；

5. 利息所得、租金所得、特许权使用费所得，按照负担、支付所得的企业或者机构、场所所在地确定，或者按照负担、支付所得的个人的住所地确定；

6. 其他所得，由国务院财政、税务主管部门确定。

💡【例7-3】根据《企业所得税法》的规定，下列各项所得中，应按照负担、支付所得的企业所在地，或者按照机构、场所所在地确定所得来源地的是（　　）。

A. 销售货物所得　　　　　　　　B. 权益性投资所得

C. 动产转让所得　　　　　　　　D. 特许权使用费所得

【解析】正确答案是 D。根据规定，销售货物所得，按照交易活动发生地确定；权益性投资所得，按照分配所得的企业所在地确定；动产转让所得按照转让动产的企业或者机构、场所所在地确定；特许权使用费所得按照负担、支付所得的企业或者机构、场所所在地确定。

三、企业所得税税率

（一）法定税率

居民企业适用的企业所得税法定税率为 25%。同时，对在中国境内设立机构、场所且取得的所得与其所设机构、场所有实际联系的非居民企业，应当就其来源于中国境内、境外的所得缴纳企业所得税，适用税率也为 25%。

非居民企业在中国境内未设立机构、场所的，或者虽设立机构、场所但取得的所得与其所设机构、场所没有实际联系的，应当就其来源于中国境内的所得缴纳企业所得税，适用的法定税率为 20%。

💡【例 7 - 4】在中国设立机构、场所且所得与机构、场所有实际联系的非居民企业适用的企业所得税税率是（　　　）。

A. 10%　　　　　B. 20%　　　　　C. 25%　　　　　D. 33%

【解析】正确答案是 C。根据规定，在中国境内设立机构、场所且取得的所得与其所设机构、场所有实际联系的非居民企业，应当就其来源于中国境内、境外的所得缴纳企业所得税，适用税率为 25%。

（二）优惠税率

优惠税率是指按低于法定 25% 税率对一部分特殊纳税人征收的特别税率，它是国家从国民经济发展大局和遵从国际惯例角度出发而采取的税收优惠措施。国家在税收法律法规中针对不同情况共规定了 20%、15%、10% 三种优惠税率。具体情况如下：

1. 为了鼓励小型企业发展壮大，税法规定凡符合条件的小型微利企业，减按 20% 的税率征收企业所得税。

2. 为了鼓励高新技术企业发展，税法规定对国家需要重点扶持的高新技术企业和经认定的技术先进型服务企业（服务贸易类），减按 15% 的税率征收企业所得税。

3. 在中国境内未设立机构、场所的，或者虽设立机构、场所但取得的所得与其所设机构、场所没有实际联系的，应当就其来源于中国境内的所得，减按 10% 的税率征收企业所得税。

第三节　企业所得税的应纳税所得额

应纳税所得额是企业所得税的计税依据，在企业所得税法律制度中占有重要地位。

根据计算企业所得税应纳税额的一般公式"应纳税额＝应纳税所得额×适用税率"，计算企业应缴纳所得税的最关键步骤就是要计算出应纳税所得额，而要准确计算应纳税所得额，首先就要确定企业收入总额，其次就是确定企业不征税收入和免税收入，再次就是要确定企业成本费用的扣除额，以及协调和处理好与会计计算上的差异，最后计算出企业的应纳税所得额。企业所得税的复杂性主要体现在企业应纳税所得额的计算上，它也是企业所得税征纳双方重点工作环节之一。

一、一般规定

1. 企业每一纳税年度的收入总额，减除不征税收入、免税收入、各项扣除以及允许弥补的以前年度亏损后的余额，为应纳税所得额。其计算公式为：

$$应纳税所得额＝收入总额－不征税收入－免税收入－扣除额$$
$$－允许弥补的以前年度亏损$$

2. 企业按照税法有关规定，将每一纳税年度的收入总额减除不征税收入、免税收入和各项扣除后小于零的数额，为亏损。企业纳税年度发生的亏损，准予向以后年度结转，用以后年度的所得弥补，但结转年限最长不超过5年。自2018年1月1日起，当年具备高新技术企业或科技型中小企业资格的企业，其具备资格年度之前5个年度发生的尚未弥补完的亏损，准予结转以后年度弥补，最长结转年限由5年延长至10年。

3. 清算所得，是指企业的全部资产可变现价值或者交易价格减除资产净值、清算费用以及相关税费等后的余额。投资方企业从被清算企业分得的剩余资产，其中相当于从被清算企业累计未分配利润和累计盈余公积中应当分得的部分，应当确认为股息所得；剩余资产减除上述股息所得后的余额，超过或者低于投资成本的部分，应当确认为投资资产转让所得或者损失。

4. 企业应纳税所得额的计算，应遵循以下原则：

一是权责发生制原则。属于当期的收入和费用，不论款项是否收付，均作为当期的收入和费用；不属于当期的收入和费用，即使款项已经在当期收付，均不作为当期的收入和费用，但另有规定的除外。

二是税法优先原则。在计算应纳税所得额时，企业财务、会计处理办法与税收法律法规的规定不一致的，应当依照税收法律法规的规定计算。

5. 企业所得税收入、扣除的具体范围、标准和资产的税务处理的具体办法，税法授权由国务院财政、税务主管部门规定。

【例7-5】某居民企业2017年度发生亏损，该企业2018年获得科技型中小企业资格。该亏损额可以用以后纳税年度的所得逐年弥补，但延续弥补的期限最长不得超过（　　　）。

A. 2022年　　　　　　　　　　　B. 2025年

C. 2026 年 D. 2027 年

【解析】正确答案是 D。根据规定，企业纳税年度发生的亏损，准予向以后年度结转。自 2018 年 1 月 1 日起，当年具备高新技术企业或科技型中小企业资格（以下统称"资格"）的企业，其具备资格年度之前 5 个年度发生的尚未弥补完的亏损，准予结转以后年度弥补，最长结转年限由 5 年延长至 10 年。

二、收入总额

企业所得税有关收入主要涉及三个问题：一是收入的范围与分类，即哪些收入属于应税收入，哪些属于不征税收入；二是收入的计量，即在企业收入项目中的货币收入、非货币收入如何计量的问题；三是收入时间的确认，企业所得税是按年计征的，哪些收入归属当年、哪些归属以后年度，应在时间上予以确认。

（一）收入总额概述

企业以货币形式和非货币形式从各种来源取得的收入，为收入总额。包括：销售货物收入，提供劳务收入，转让财产收入，股息、红利等权益性投资收益，利息收入，租金收入，特许权使用费收入，接受捐赠收入以及其他收入。

1. 企业取得收入的货币形式，包括现金、存款、应收账款、应收票据、准备持有至到期的债券投资以及债务的豁免等；企业取得收入的非货币形式，包括固定资产、生物资产、无形资产、股权投资、存货、不准备持有至到期的债券投资、劳务以及有关权益等。

2. 由于取得收入的货币形式的金额是确定的，而取得收入的非货币形式的金额不确定，企业在计算非货币形式收入时，必须按一定标准折算为确定的金额，以便征税时准确计量收入。税法规定，企业以非货币形式取得的收入，应当按照公允价值确定收入额。

公允价值，是指按照市场价格确定的价值。公允价值承继会计定义，即在公平交易情况下交易双方自愿进行资产交换或者债务清偿的金额。其应用分三个级次：第一，资产或负债存在活跃市场的，以其活跃市场报价确定其公允价值；第二，不存在活跃市场的，以交易双方最近市场交易使用的价格，或相同（似）市场交易价格确定其公允价值；第三，不满足上述两个条件的，应采用估值技术等确定公允价值。

3. 企业收入一般是按权责发生制原则确认。权责发生制要求从企业经济权利和经济义务是否发生作为计算应纳税所得额的依据，注重强调企业收入与费用的时间配比，要求企业收入、费用的确认时间不得提前或滞后。

除此之外，税收条例中对一些特殊收入则规定采用收付实现制来确认，如股息红利、利息收入、租金收入、特许权使用费、捐赠收入等。

企业的下列生产经营业务可以分期确认收入的实现：

（1）以分期收款方式销售货物的，按照合同约定的收款日期确认收入的实现。

（2）企业受托加工制造大型机械设备、船舶、飞机，以及从事建筑、安装、装配工程业务或者提供其他劳务等，持续时间超过12个月的，按照纳税年度内完工进度或者完成的工作量确认收入的实现。

（3）采取产品分成方式取得收入的，按照企业分得产品的日期确认收入的实现，其收入额按照产品的公允价值确定。

（二）销售货物收入

销售货物收入，是指企业销售商品、产品、原材料、包装物、低值易耗品以及其他存货取得的收入。

除法律法规另有规定外，企业销售货物收入的确认，必须遵循权责发生制原则和实质重于形式原则。

1. 对企业销售商品一般性收入，同时满足下列条件的应确认为收入的实现：

（1）商品销售合同已经签订，企业已将商品所有权相关的主要风险和报酬转移给购货方；

（2）企业对已售出的商品既没有保留通常与所有权相联系的继续管理权，也没有实施有效控制；

（3）收入的金额能够可靠地计量；

（4）已发生或将发生的销售方的成本能够可靠地核算。

2. 除上述一般性收入确认条件外，采取下列特殊销售方式的，应按以下规定确认收入实现时间：

（1）销售商品采用托收承付方式的，在办妥托收手续时确认收入。

（2）销售商品采取预收款方式的，在发出商品时确认收入。

（3）销售商品需要安装和检验的，在购买方接受商品以及安装和检验完毕时确认收入。如果安装程序比较简单，可在发出商品时确认收入。

（4）销售商品采用支付手续费方式委托代销的，在收到代销清单时确认收入。

3. 其他商品销售收入的确认。

（1）采用售后回购方式销售商品的，销售的商品按售价确认收入，回购的商品作为购进商品处理。有证据表明不符合销售收入确认条件的，如以销售商品方式进行融资，收到的款项应确认为负债，回购价格大于原售价的，差额应在回购期间确认为利息费用。

（2）销售商品以旧换新的，销售商品应当按照销售商品收入确认条件确认收入，回收的商品作为购进商品处理。

（3）企业为促进商品销售而在商品价格上给予的价格扣除属于商业折扣，商品销售涉及商业折扣的，应当按照扣除商业折扣后的金额确定销售商品收入金额。

（4）债权人为鼓励债务人在规定的期限内付款而向债务人提供的债务扣除属于现金折扣，销售商品涉及现金折扣的，应当按扣除现金折扣前的金额确定销售商品收入金额，现金折扣在实际发生时作为财务费用扣除。

（5）企业因售出商品的质量不合格等原因而在售价上给予的减让属于销售折让；企业因售出商品质量、品种不符合要求等原因而发生的退货属于销售退回。企业已经确认销售收入的售出商品发生销售折让和销售退回，应当在发生当期冲减当期销售商品收入。

（6）对于企业买一赠一等方式组合销售商品的，其赠品不属于捐赠，应按各项商品的价格比例来分摊确认各项收入，其商品价格应以公允价格计算。

（三）提供劳务收入

提供劳务收入，是指企业从事建筑安装、修理修配、交通运输、仓储租赁、金融保险、邮电通信、咨询经纪、文化体育、科学研究、技术服务、教育培训、餐饮住宿、中介代理、卫生保健、社区服务、旅游、娱乐、加工以及其他劳务服务活动取得的收入。

1. 对企业提供劳务交易的，在纳税期末应合理确认收入和计算成本费用；具体办法可采用完工进度（百分比）来确定，包括已完工作量、已提供劳务占总劳务的比例、发生的成本占总成本的比例等。

2. 企业应按合同或协议总价款，按照完工程度确认当期劳务收入，同时确认当期劳务成本。

3. 企业应按照从接受劳务方已收或应收的合同或协议价款确定劳务收入总额，根据纳税期末提供劳务收入总额乘以完工进度扣除以前纳税年度累计已确认提供劳务收入后的金额，确认为当期劳务收入；同时，按照提供劳务估计总成本乘以完工进度扣除以前纳税期间累计已确认劳务成本后的金额，结转为当期劳务成本。

4. 下列提供劳务满足收入确认条件的，应按规定确认收入：

（1）安装费。应根据安装完工进度确认收入。对商品销售附带安装的，安装费应在商品销售实现时确认收入。

（2）宣传媒介的收费。应在相关的广告或商业行为出现于公众面前时确认收入。广告的制作费，应根据制作广告的完工进度确认收入。

（3）软件费。为特定客户开发软件的收费，应根据开发的完工进度确认收入。

（4）服务费。包含在商品售价内可区分的服务费，在提供服务的期间分期确认收入。

（5）艺术表演、招待宴会和其他特殊活动的收费。在相关活动发生时确认收入。收费涉及几项活动的，预收的款项应合理分配给每项活动，分别确认收入。

（6）会员费。对只取得会籍而不享受连续服务的，在取得会费时确认收入。一次取得会费而需提供连续服务的，其会费应在整个受益期内分期确认收入。

（7）特许权费。属于提供设备和其他有形资产的特许权费，在交付资产或转移资产所有权时确认收入；属于提供初始及后续服务的特许权费，在提供服务时确认收入。

（8）劳务费。长期为客户提供重复的劳务收取的劳务费，在相关劳务活动发生时确认收入。

（四）其他收入

1. 转让财产收入。转让财产收入，是指企业转让固定资产、生物资产、无形资产、股权、债权等财产取得的收入。

企业转让股权收入，应于转让协议生效，且完成股权变更手续时，确认收入的实现。转让股权收入扣除为取得该股权所发生的成本后，为股权转让所得。企业在计算股权转让所得时，不得扣除被投资企业未分配利润等股东留存收益中按该项股权所可能分配的金额。

2. 股息、红利等权益性投资收益。股息、红利等权益性投资收益，是指企业因权益性投资从被投资方取得的收入。股息、红利等权益性投资收益，除国务院财政、税务主管部门另有规定外，按照被投资方作出利润分配决定的日期确认收入的实现。被投资企业将股权（票）溢价所形成的资本公积转为股本的，不作为投资方企业的股息、红利收入，投资方企业也不得增加该项长期投资的计税基础。

3. 利息收入。利息收入，是指企业将资金提供他人使用但不构成权益性投资，或者因他人占用本企业资金取得的收入，包括存款利息、贷款利息、债券利息、欠款利息等收入。利息收入，按照合同约定的债务人应付利息的日期确认收入的实现。

4. 租金收入。租金收入，是指企业提供固定资产、包装物或者其他有形资产的使用权取得的收入。租金收入，按照合同约定的承租人应付租金的日期确认收入的实现。

如果交易合同或协议中规定租赁期限跨年度，且租金提前一次性支付的，根据《实施条例》规定的收入与费用配比原则，出租人可对上述已确认的收入，在租赁期内，分期均匀计入相关年度收入。出租方如为在中国境内设有机构场所，且采取据实申报缴纳企业所得的非居民企业，也按上述规定执行。

5. 特许权使用费收入。特许权使用费收入，是指企业提供专利权、非专利技术、商标权、著作权以及其他特许权的使用权取得的收入。特许权使用费收入，按照合同约定的特许权使用人应付特许权使用费的日期确认收入的实现。

6. 接受捐赠收入。接受捐赠收入，是指企业接受的来自其他企业、组织或者个人无偿给予的货币性资产、非货币性资产。接受捐赠收入，按照实际收到捐赠资产的日期确认收入的实现。

7. 其他收入。其他收入，是指企业取得《企业所得税法》具体列举的收入外的其他收入，包括企业资产溢余收入、逾期未退包装物押金收入、确实无法偿付的应付款项、已作坏账损失处理后又收回的应收款项、债务重组收入、补贴收入、违约金收入、汇兑收益等。企业发生债务重组，应在债务重组合同或协议生效时确认收入的实现。

【例7－6】根据《企业所得税法》的规定，下列收入的确认，不正确的是（　　）。

A. 特许权使用费收入，按照合同约定的特许权使用人应付特许权使用费的日期确认收入的实现

325

B. 股息、红利等权益性投资收益，按照被投资方作出利润分配决定的日期确认收入的实现

C. 租金收入，按照合同约定的承租人应付租金的日期确认收入的实现

D. 接受捐赠收入，按照接受捐赠资产的入账日期确认收入的实现

【解析】正确答案是 D。根据规定，接受捐赠收入，按照实际收到捐赠资产的日期确认收入的实现。

三、不征税收入

税法规定，不征税收入包括：财政拨款；依法收取并纳入财政管理的行政事业性收费、政府性基金；国务院规定的其他不征税收入。

不征税收入，从性质上讲不属于企业营利性活动带来的经济利益，不应计入企业应纳税所得额。同时，不征税收入也不同于免税收入，不征税收入属于非营利性活动带来的经济收益，是单位组织专门从事特定职责而取得的收入，理论上不应列为应税所得范畴；免税收入是纳税人应税收入的组成部分，是国家为了实现某些经济和社会目标，在特定时期对特定项目取得的经济利益给予的税收优惠。

（一）财政拨款

财政拨款，一般是指各级人民政府对纳入预算管理的事业单位、社会团体等组织拨付的财政性资金。

财政性资金，是指企业取得的来源于政府及其有关部门的财政补助、补贴、贷款贴息，以及其他各类财政专项资金，包括直接减免的增值税和即征即退、先征后退、先征后返的各种税收，但不包括企业按规定取得的出口退税款。

财政性资金不仅仅是指财政部门拨付的资金，还包含政府及其他部门拨付的有关资金。其中国家以投资者身份投入企业，并按有关规定相应增加企业实收资本（股本）的直接投资，以及采用还本付息的有偿使用的财政资金可以不征税。企业的不征税收入用于支出所形成的费用，不得在计算应纳税所得额时扣除；企业的不征税收入用于支出所形成的资产，其计算的折旧、摊销不得在计算应纳税所得额时扣除。

（二）依法收取并纳入财政管理的行政事业性收费、政府性基金

行政事业性收费，一般是指依照法律法规等有关规定，按照国务院规定程序批准，在实施社会公共管理，以及在向公民、法人或者其他组织提供特定公共服务过程中，向特定对象收取并纳入财政管理的费用。

政府性基金，一般是指企业依照法律、行政法规等有关规定，代政府收取的具有专项用途的财政资金。

1. 企业按照规定缴纳的、由国务院或财政部批准设立的政府性基金以及由国务院和省、自治区、直辖市人民政府及其财政、价格主管部门批准设立的行政事业性收费，准予在计算应纳税所得额时扣除。企业缴纳的不符合前述审批管理权限设立的基金、

收费，不得在计算应纳税所得额时扣除。

2. 企业收取的各种基金、收费，应计入企业当年收入总额。

3. 对企业依照法律、法规及国务院有关规定收取并上缴财政的政府性基金和行政事业性收费，准予作为不征税收入，于上缴财政的当年在计算应纳税所得额时从收入总额中减除；未上缴财政的部分，不得从收入总额中减除。

💡【例 7 - 7】根据企业所得税法律制度的规定，下列各项中，不应计入应纳税所得额的是（　　　）。

A. 股权转让收入

B. 因债权人缘故确实无法支付的应付款项

C. 依法收取并纳入财政管理的行政事业性收费

D. 接受捐赠收入

【解析】正确答案是 C。根据规定，依法收取并纳入财政管理的行政事业性收费属于不征税收入，不应计入应纳税所得额。

（三）国务院规定的其他不征税收入

国务院规定的其他不征税收入，一般是指企业取得的，由国务院财政、税务主管部门规定专项用途并经国务院批准的财政性资金。

1. 企业取得的各类财政性资金，除属于国家投资和资金使用后要求归还本金的以外，均应计入企业当年收入总额；

2. 对企业取得的由国务院财政、税务主管部门规定专项用途并经国务院批准的财政性资金，准予作为不征税收入，在计算应纳税所得额时从收入总额中减除；

3. 纳入预算管理的事业单位、社会团体等组织按照核定的预算和经费报领关系收到的由财政部门或上级单位拨入的财政补助收入，准予作为不征税收入，另有规定的除外。

四、税前扣除项目及标准

企业所得税税前成本费用等支出项目的扣除办法和标准，直接关系到企业所得税的税基，影响企业的实际税负。

税法规定，企业实际发生的与取得收入有关的、合理的支出允许在税前予以扣除。其中相关性、真实性和合理性是企业所得税税前扣除的基本要求和重要条件：（1）"有关的"支出，即与取得收入直接相关的成本费用才予扣除；（2）"实际发生"即真实性，所提出的支出扣除项目，应拿出证明"足够"或"适当"的凭据来判定；（3）"合理的"即判定企业发生的扣除项目应符合一般经营常规和会计惯例。

（一）一般扣除项目

一般扣除项目，是指企业实际发生的与取得收入有关的、合理的支出，包括成本、费用、税金、损失和其他支出，准予在计算应纳税所得额时扣除。上述支出，必须与

327

取得收入直接相关，同时，又必须是符合生产经营活动常规，应当计入当期损益或者有关资产成本的必要和正常的支出。

1. 成本与费用。成本，是指企业在生产经营活动中发生的销售成本、销货成本、业务支出以及其他耗费；费用，是指企业在生产经营活动中发生的销售费用、管理费用和财务费用，已经计入成本的有关费用除外。

（1）企业发生的合理的工资薪金支出，准予扣除。

工资薪金，是指企业每一纳税年度支付给在本企业任职或者受雇的员工的所有现金形式或者非现金形式的劳动报酬，包括基本工资、奖金、津贴、补贴、年终加薪、加班工资，以及与员工任职或者受雇有关的其他支出。

工资薪金总额，是指企业按照有关合理工资薪金的规定实际发放的工资薪金总和，不包括企业的职工福利费、职工教育经费、工会经费以及养老保险费、医疗保险费、失业保险费、工伤保险费、生育保险费等社会保险费和住房公积金。

合理的工资薪金，是指企业按照股东大会、董事会、薪酬委员会或相关管理机构制定的工资薪金制度规定实际发放给员工的工资薪金。

对工资支出合理性的判断，主要包括两个方面：①雇员实际提供了服务；②报酬总额在数量上是合理的。实践中主要考虑雇员的职责、过去的报酬情况，以及雇员的业务量和复杂程度等相关因素。同时，还要考虑当地同行业职工平均工资水平。

（2）社会保险费的税前扣除。企业依照国务院有关主管部门或者省级人民政府规定的范围和标准为职工缴纳的基本养老保险费、基本医疗保险费、失业保险费、工伤保险费、生育保险费等基本社会保险费和住房公积金，准予扣除。

企业为投资者或者职工支付的补充养老保险费、补充医疗保险费，在国务院财政、税务主管部门规定的范围和标准内，准予扣除。自2008年1月1日起，企业为在本企业任职或者受雇的全体员工支付的补充养老保险费、补充医疗保险费，分别在不超过职工工资总额5%标准内的部分，在计算应纳税所得额时准予扣除；超过的部分，不予扣除。

除企业依照国家有关规定为特殊工种职工支付的人身安全保险费和国务院财政、税务主管部门规定可以扣除的其他商业保险费外，企业为投资者或者职工支付的商业保险费，不得扣除。

（3）职工福利费等的税前扣除。企业发生的职工福利费支出，不超过工资薪金总额14%的部分，准予扣除；企业拨缴的工会经费，不超过工资薪金总额2%的部分，准予扣除；企业发生的职工教育经费支出，不超过工资薪金总额8%的部分，准予扣除，超过部分，准予在以后纳税年度结转扣除。

对于软件生产企业发生的职工教育经费中的职工培训费用，可以据实全额在企业所得税前扣除。

（4）企业发生的与生产经营活动有关的业务招待费支出，按照发生额的60%扣除，但最高不得超过当年销售（营业）收入的5‰。对从事股权投资业务的企业（包括集团公司总部、创业投资企业等），其从被投资企业所分配的股息、红利以及股权转让收入，可以按规定的比例计算业务招待费扣除限额。

（5）企业发生的符合条件的广告费和业务宣传费支出，除国务院财政、税务主管部门另有规定外，不超过当年销售（营业）收入15%的部分，准予扣除；超过部分，准予在以后纳税年度结转扣除。对化妆品制造或销售、医药制造和饮料制造（不含酒类制造）企业发生的广告费和业务宣传费支出，不超过当年销售（营业）收入30%的部分，准予扣除；超过部分，准予在以后纳税年度结转扣除。

烟草企业的烟草广告费和业务宣传费支出，一律不得在计算应纳税所得额时扣除。

（6）企业在生产经营活动中发生的利息支出准予扣除，包括非金融企业向金融企业借款的利息支出、金融企业的各项存款利息支出和同业拆借利息支出、企业经批准发行债券的利息支出；非金融企业向非金融企业借款的利息支出，不超过按照金融企业同期同类贷款利率计算的数额部分等。

（7）非居民企业在中国境内设立的机构、场所，就其中国境外总机构发生的与该机构、场所生产经营有关的费用，能够提供总机构出具的费用汇集范围、定额、分配依据和方法等证明文件，并合理分摊的，准予扣除。

（8）企业取得的各项免税收入所对应的各项成本费用，除另有规定者外，可以在计算企业应纳税所得额时扣除。

【例7-8】根据企业所得税法律制度的规定，下列关于企业所得税税前扣除项目及标准的表述中，不正确的有（　　）。

A. 烟草企业的烟草广告费和业务宣传费支出，不超过当年销售（营业）收入15%的部分准予扣除

B. 运输企业发生的广告费和业务宣传费支出，不超过当年销售（营业）收入30%的部分准予扣除

C. 服装企业发生的广告费和业务宣传费支出，不超过当年销售（营业）收入30%的部分准予扣除

D. 化妆品企业发生的广告费和业务宣传费支出，一律不得在计算应纳税所得额时扣除

【解析】正确答案是ABCD。企业发生的符合条件的广告费和业务宣传费支出，除国务院财政、税务主管部门另有规定外，不超过当年销售（营业）收入15%的部分，准予扣除；超过部分，准予在以后纳税年度结转扣除。对化妆品制造或销售、医药制造和饮料制造（不含酒类制造）企业发生的广告费和业务宣传费支出，不超过当年销售（营业）收入30%的部分，准予扣除；超过部分，准予在以后纳税年度结转扣除。烟草企业的烟草广告费和业务宣传费支出，一律不得在计算应纳税所得额时扣除。

💡【例 7 - 9】 某企业 2018 年度销售收入净额为 2 000 万元，全年发生业务招待费 25 万元，且能提供有效凭证。该企业在计算企业所得税应纳税所得额时，准予扣除的业务招待费为（　　）万元。

　　A. 25　　　　　　　B. 20　　　　　　　C. 15　　　　　　　D. 10

【解析】 正确答案是 D。根据规定，企业发生的与生产经营活动有关的业务招待费支出，按照发生额的 60% 扣除，但最高不得超过当年销售（营业）收入的 5‰。业务招待费的 60% 为 25×60% = 15（万元），当年销售收入的 5‰ 为 2 000×5‰ = 10（万元）。因此，准予扣除的业务招待费为 10 万元。

　　2. 税金，是指企业发生的除企业所得税和允许抵扣的增值税以外的各项税金及其附加。即纳税人按照规定缴纳的消费税、资源税、土地增值税、关税、城市维护建设税、教育费附加、房产税、车船税、城镇土地使用税、印花税等税金及附加准予扣除。

　　企业缴纳的增值税属于价外税，故不在扣除之列。

💡【例 7 - 10】 根据企业所得税法律制度的规定，下列各项中，纳税人在计算企业所得税应纳税所得额时准予扣除的项目有（　　）。

　　A. 消费税　　　　　　　　　　B. 房产税

　　C. 土地增值税　　　　　　　　D. 增值税

【解析】 正确答案是 ABC。根据规定，增值税属于价外税，纳税人在计算企业所得税应纳税所得额时不能扣除增值税。

　　3. 损失，是指企业在生产经营活动中发生的固定资产和存货的盘亏、毁损、报废损失，转让财产损失，呆账损失，坏账损失，自然灾害等不可抗力因素造成的损失以及其他损失准予扣除。其中：

　　企业发生的损失，减除责任人赔偿和保险赔款后的余额，依照国务院财政、税务主管部门的规定扣除。

　　企业已经作为损失处理的资产，在以后纳税年度又全部收回或者部分收回时，应当计入当期收入。企业从事生产经营之前进行筹办活动期间发生的筹办费用支出，不得计算为当期的亏损。

　　4. 其他支出，是指企业除成本、费用、税金、损失外，在生产经营活动中发生的与生产经营活动有关的、合理的支出准予扣除。

　　（1）企业在生产经营活动中发生的合理的不需要资本化的借款费用，准予扣除。

　　企业为购置、建造固定资产、无形资产和经过 12 个月以上的建造才能达到预定可销售状态的，在有关资产购置、建造期间发生的合理的借款费用，应当作为资本性支出计入有关资产的成本，并依照有关规定扣除。

　　（2）企业参加财产保险，按照有关规定缴纳的保险费，准予扣除。企业职工因公出差乘坐交通工具发生的人身意外保险费支出，准予扣除。

（3）企业依照国家有关规定提取的用于环境保护、生态恢复等方面的专项资金，准予扣除。上述专项资金提取后改变用途的，不得扣除。

（4）企业发生的合理的劳动保护支出，准予扣除。

（5）企业发生与生产经营有关的手续费及佣金支出，不超过以下规定计算限额以内的部分，准予扣除；超过部分，不得扣除。

①保险企业：保险企业发生与其经营活动有关的手续费及佣金支出，不超过当年全部保费收入扣除退保金等后余额的18%（含本数）的部分，在计算应纳税所得额时准予扣除；超过部分，允许结转以后年度扣除。

②其他企业：按与具有合法经营资格中介服务机构或个人（不含交易双方及其雇员、代理人和代表人等）所签订服务协议或合同确认的收入金额的5%计算限额。

（二）特殊扣除项目

1. 公益性捐赠的税前扣除。自2017年1月1日起，企业发生的公益性捐赠支出，在年度利润总额12%以内的部分，准予在计算应纳税所得额时扣除，超过年度利润总额12%的部分，准予结转以后3年内在计算应纳税所得额时扣除。

年度利润总额，是指企业依照国家统一会计制度的规定计算的大于零的数额。

公益性捐赠，是指企业通过公益性社会组织或者县级（含县级）以上人民政府及其部门和直属机构，用于符合法律规定的慈善活动、公益事业的捐赠。用于公益事业的捐赠支出，是指《公益事业捐赠法》规定的向公益事业的捐赠支出，具体范围包括：

（1）救助灾害、救济贫困、扶助残疾人等困难的社会群体和个人的活动；

（2）教育、科学、文化、卫生、体育事业；

（3）环境保护、社会公共设施建设；

（4）促进社会发展和进步的其他社会公共和福利事业。

公益性组织，应当依法取得公益性捐赠税前扣除资格。

公益性社会团体和县级（含县级）以上人民政府及其组成部门和直属机构在接受捐赠时，捐赠资产的价值，按以下原则确认：

（1）接受捐赠的货币性资产，应当按照实际收到的金额计算；

（2）接受捐赠的非货币性资产，应当以其公允价值计算。

企业向公益性社会团体实施的股权捐赠，应按规定视同转让股权，股权转让收入额以企业所捐赠股权取得时的历史成本确定。

企业在对公益性捐赠支出计算扣除时，应先扣除以前年度结转的捐赠支出，再扣除当年发生的捐赠支出。

2. 以经营租赁方式租入固定资产发生的租赁费支出，按照租赁期限均匀扣除；以融资租赁方式租入固定资产发生的租赁费支出，按照规定构成融资租入固定资产价值的部分应当提取折旧费用，分期扣除。

3. 企业在货币交易中，以及纳税年度终了时将人民币以外的货币性资产、负债按照期末即期人民币汇率中间价折算为人民币时产生的汇兑损失，除已经计入有关资产成本以及与向所有者进行利润分配相关的部分外，准予扣除。

4. 符合条件的贷款损失准备金允许在税前扣除，具体准予税前提取贷款损失准备金的贷款资产范围包括：

（1）贷款（含抵押、质押、担保等贷款）；

（2）银行卡透支、贴现、信用垫款（含银行承兑汇票垫款、信用证垫款、担保垫款等）、进出口押汇、同业拆出、应收融资租赁款等各项具有贷款特征的风险资产；

（3）由金融企业转贷并承担对外还款责任的国外贷款，包括国际金融组织贷款、外国买方信贷、外国政府贷款、日本国际协力银行不附条件贷款和外国政府混合贷款等资产。

准予当年税前扣除的贷款损失准备金＝本年末准予提取贷款损失准备金的贷款资产余额×1% － 截至上年末已在税前扣除的贷款损失准备金的余额

金融企业按上述公式计算的数额如为负数，应当相应调增当年应纳税所得额。金融企业的委托贷款、代理贷款、国债投资、应收股利、上交央行准备金以及金融企业剥离的债权和股权、应收财政贴息、央行款项等不承担风险和损失的资产，不得提取贷款损失准备金在税前扣除。金融企业发生的符合条件的贷款损失，应先冲减已在税前扣除的贷款损失准备金，不足冲减部分可据实在计算当年应纳税所得额时扣除。

5. 金融企业根据《贷款风险分类指引》，对其涉农贷款和中小企业贷款进行风险分类后，按照以下比例计提的贷款损失准备金，准予在计算应纳税所得额时扣除：（1）关注类贷款，计提比例为2%；（2）次级类贷款，计提比例为25%；（3）可疑类贷款，计提比例为50%；（4）损失类贷款，计提比例为100%。

涉农贷款，是指《涉农贷款专项统计制度》统计的以下贷款：（1）农户贷款；（2）农村企业及各类组织贷款。农户贷款，是指金融企业发放给农户的所有贷款。农村企业及各类组织贷款，是指金融企业发放给注册地位于农村区域的企业及各类组织的所有贷款。中小企业贷款，是指金融企业对年销售额和资产总额均不超过2亿元的企业的贷款。

金融企业发生的符合条件的涉农贷款和中小企业贷款损失，应先冲减已在税前扣除的贷款损失准备金，不足冲减部分可据实在计算应纳税所得额时扣除。

6. 存款保险扣除。

（1）银行业金融机构依据《存款保险条例》的有关规定、按照不超过0.016%的存款保险费率，计算交纳的存款保险保费，准予在企业所得税税前扣除。

（2）准予在企业所得税税前扣除的存款保险保费计算公式如下：

准予在企业所得税税前扣除的存款保险保费＝保费基数×存款保险费率

保费基数以中国人民银行核定的数额为准。

（3）准予在企业所得税税前扣除的存款保险保费，不包括存款保险保费滞纳金。

（4）银行业金融机构是指《存款保险条例》规定在我国境内设立的商业银行、农村合作银行、农村信用合作社等吸收存款的银行业金融机构。

7. 保险公司按下列规定缴纳的保险保障基金，准予据实税前扣除：

（1）非投资型财产保险业务，不得超过保费收入的 0.8%；投资型财产保险业务，有保证收益的，不得超过业务收入的 0.08%，无保证收益的，不得超过业务收入的 0.05%。

（2）有保证收益的人寿保险业务，不得超过业务收入的 0.15%；无保证收益的人寿保险业务，不得超过业务收入的 0.05%。

（3）短期健康保险业务，不得超过保费收入的 0.8%；长期健康保险业务，不得超过保费收入的 0.15%。

非投资型意外伤害保险业务，不得超过保费收入的 0.8%。

（4）投资型意外伤害保险业务，有保证收益的，不得超过业务收入的 0.08%，无保证收益的，不得超过业务收入的 0.05%。

💡【例 7 - 11】根据企业所得税法律制度的规定，下列各项中，在计算应纳税所得额时准予按一定比例扣除的公益、救济性捐赠是（　　　）。

A. 纳税人直接向某学校的捐赠

B. 纳税人通过企业向遭受自然灾害地区的捐赠

C. 纳税人通过电视台向灾区的捐赠

D. 纳税人通过民政部门向贫困地区的捐赠

【解析】正确答案是 D。根据规定，允许税前扣除的公益性捐赠，是指企业通过公益性社会团体或者县级以上人民政府及其部门，用于《公益事业捐赠法》规定的公益事业的捐赠。

💡【例 7 - 12】根据《企业所得税法》的规定，企业发生的公益性捐赠支出，在计算企业所得税应纳税所得额时的扣除标准是（　　　）。

A. 全额扣除

B. 在年度应纳税所得额 12% 以内的部分扣除

C. 在年度利润总额 12% 以内的部分扣除，超过年度利润总额 12% 的部分，准予结转以后 3 年内在计算应纳税所得额时扣除

D. 在年度应纳税所得额 3% 以内的部分扣除

【解析】正确答案是 C。根据规定，计算企业所得税应纳税所得额时公益性捐赠的扣除标准是在年度利润总额 12% 以内的部分扣除。超过年度利润总额 12% 的部分，准予结转以后 3 年内在计算应纳税所得额时扣除。

（三）不得扣除项目

企业在计算应纳税所得额时，下列支出不得扣除：

1. 向投资者支付的股息、红利等权益性投资收益款项。股息、红利是对被投资者税后利润的分配，本质上不是企业取得经营收入的正常的费用支出，因此不允许在税前扣除。

2. 企业所得税税款。企业所得税是国家参与企业经营成果分配的一种形式，其本质是企业利润分配支出，不能作为企业的成本、费用在税前扣除。

3. 税收滞纳金。税收滞纳金是对企业未按国家规定缴税期限及时足额缴纳税款的一种处罚措施，为此强制规定其税收滞纳金不得在税前扣除。

4. 罚金、罚款和被没收财物的损失。罚金、罚款和被没收财物的损失是国家或有关执法部门对纳税人违反法律法规规定的一种经济制裁或经济处罚，因此强制规定其不得在税前扣除。同时规定，罚金、罚款和被没收财物的损失，不包括纳税人按照经济合同规定支付的违约金（包括银行罚息）、罚款和诉讼费。

5. 国家规定的公益性捐赠支出以外的捐赠支出。除国家规定的公益性捐赠支出可以按规定比例扣除外，其他捐赠性支出一律不得在税前扣除。

6. 赞助支出。赞助支出，是指企业发生的与生产经营活动无关的各种非广告性质支出。

7. 未经核定的准备金支出。未经核定的准备金支出，是指不符合国务院财政、税务主管部门规定的各项资产减值准备、风险准备等准备金支出。除国家规定的金融保险企业在规定比例内可以提取准备金之外，其他行业、企业计提的各项资产减值准备、风险准备等准备金均不得税前扣除。

8. 与取得收入无关的其他支出。企业之间支付的管理费、企业内营业机构之间支付的租金和特许权使用费，以及非银行企业内营业机构之间支付的利息，均不得在税前扣除。

💡【例7－13】根据《企业所得税法》的规定，下列支出项目中，在计算企业所得税应纳税所得额时，不得扣除的有（　　　）。

A. 税收滞纳金

B. 银行按规定加收的罚息

C. 被没收财物的损失

D. 未经核定的准备金支出

【解析】正确答案是ACD。根据规定，在计算企业所得税应纳税所得额时，税收滞纳金、被没收财物的损失和未经核定的准备金支出不得扣除。银行按规定加收的罚息属于纳税人按照经济合同规定支付的违约金，不属于行政罚款，可以在企业所得税税前扣除。

五、企业资产的税务处理

（一）企业资产概述

企业资产，是指企业拥有或者控制的、用于经营管理活动且与取得应税收入有关的资产。税法所称企业的各项资产，包括固定资产、生产性生物资产、无形资产、长期待摊费用、投资资产、存货等。

税收对资产的分类与会计准则对资产的分类略有差异，如税收条例中的无形资产实际上包括准则中的无形资产、商誉和部分投资性房地产；如投资资产包括准则中的交易性金融资产、持有至到期投资和长期股权投资；如固定资产包括准则中的固定资产和部分投资性房地产等。税收这种分类只是便于资产费用的归集和扣除而已，并不影响企业有关资产及费用的计算。

1. 资产的税务处理重点。由于税收对资产主要政策关注点是其所发生的费用如何扣除问题，所以，政策重点是两个方面：一是资产的定价，即如何确定其计税基础；二是计提资产费用的标准和扣除办法。

2. 资产计价原则。税收对企业资产主要采用历史成本计价原则，即以取得资产时的支出总额确认其计税基础。同时税法规定：企业持有各项资产期间资产增值或者减值，除国务院财政、税务主管部门规定可以确认损益外，不得调整该资产的计税基础。

3. 资产的净值，是指有关资产、财产的计税基础减除已经按照规定扣除的折旧、折耗、摊销、准备金等后的余额。企业转让资产，该项资产的净值，准予在计算应纳税所得额时扣除。

4. 除另有规定外，企业在重组过程中，应当在交易发生时确认有关资产的转让所得或者损失，相关资产应当按照交易价格重新确定计税基础。

（二）固定资产

在计算应纳税所得额时，企业按照规定计算的固定资产折旧，准予扣除。

固定资产，是指企业为生产产品、提供劳务、出租或者经营管理而持有的、使用时间超过 12 个月的非货币性资产，包括房屋、建筑物、机器、机械、运输工具以及其他与生产经营活动有关的设备、器具、工具等。

1. 下列固定资产不得计算折旧扣除：

（1）房屋、建筑物以外未投入使用的固定资产；

（2）以经营租赁方式租入的固定资产；

（3）以融资租赁方式租出的固定资产；

（4）已足额提取折旧仍继续使用的固定资产；

（5）与经营活动无关的固定资产；

（6）单独估价作为固定资产入账的土地；

（7）其他不得计算折旧扣除的固定资产。

2. 固定资产按照以下方法确定计税基础：

（1）外购的固定资产，以购买价款和支付的相关税费以及直接归属于使该资产达到预定用途发生的其他支出为计税基础；

（2）自行建造的固定资产，以竣工结算前发生的支出为计税基础；

（3）融资租入的固定资产，以租赁合同约定的付款总额和承租人在签订租赁合同过程中发生的相关费用为计税基础，租赁合同未约定付款总额的，以该资产的公允价值和承租人在签订租赁合同过程中发生的相关费用为计税基础；

（4）盘盈的固定资产，以同类固定资产的重置完全价值为计税基础；

（5）通过捐赠、投资、非货币性资产交换、债务重组等方式取得的固定资产，以该资产的公允价值和支付的相关税费为计税基础；

（6）改建的固定资产，除法定的支出外，以改建过程中发生的改建支出增加计税基础。

企业固定资产投入使用后，由于工程款项尚未结清而未取得全额发票的，可暂按合同规定的金额计入固定资产计税基础计提折旧，待发票取得后进行调整。但该项调整应在固定资产投入使用后12个月内进行。

3. 固定资产按照直线法计算的折旧，准予扣除。企业应当自固定资产投入使用月份的次月起计算折旧；停止使用的固定资产，应当自停止使用月份的次月起停止计算折旧。企业应当根据固定资产的性质和使用情况，合理确定固定资产的预计净残值。固定资产的预计净残值一经确定，不得变更。

4. 除国务院财政、税务主管部门另有规定外，固定资产计算折旧的最低年限如下：

（1）房屋、建筑物，为20年；

（2）飞机、火车、轮船、机器、机械和其他生产设备，为10年；

（3）与生产经营活动有关的器具、工具、家具等，为5年；

（4）飞机、火车、轮船以外的运输工具，为4年；

（5）电子设备，为3年。

5. 从事开采石油、天然气等矿产资源的企业，在开始商业性生产前发生的费用和有关固定资产的折耗、折旧方法，由国务院财政、税务主管部门另行规定。

💡【例7-14】根据《企业所得税法》的规定，飞机、火车、轮船以外的运输工具计算折旧的最低年限为（　　）年。

A. 3　　　　　　　　B. 4　　　　　　　　C. 5　　　　　　　　D. 10

【解析】正确答案是B。根据规定，飞机、火车、轮船以外的运输工具，计算折旧的最低年限为4年。

💡【例7-15】根据《企业所得税法》的规定，下列各项中，不得提取折旧的固定资产是（　　）。

A. 房屋、建筑物 　　　　　B. 以经营租赁方式租出的固定资产

C. 已提足折旧继续使用的固定资产 　　D. 季节性停用的机器设备

【解析】正确答案是 C。根据规定，已足额提取折旧仍继续使用的固定资产，不得计算折旧扣除。

（三）生产性生物资产

生产性生物资产，是指企业为生产农产品、提供劳务或者出租等而持有的生物资产，包括经济林、薪炭林、产畜和役畜等。

1. 生产性生物资产按照以下方法确定计税基础：

（1）外购的生产性生物资产，以购买价款和支付的相关税费为计税基础；

（2）通过捐赠、投资、非货币性资产交换、债务重组等方式取得的生产性生物资产，以该资产的公允价值和支付的相关税费为计税基础。

2. 生产性生物资产按照直线法计算的折旧，准予扣除。企业应当自生产性生物资产投入使用月份的次月起计算折旧；停止使用的生产性生物资产，应当自停止使用月份的次月起停止计算折旧。企业应当根据生产性生物资产的性质和使用情况，合理确定生产性生物资产的预计净残值。生产性生物资产的预计净残值一经确定，不得变更。

3. 生产性生物资产计算折旧的最低年限如下：

（1）林木类生产性生物资产，为 10 年；

（2）畜类生产性生物资产，为 3 年。

【例 7－16】下列各项中，依据《企业所得税法》相关规定可计提折旧的生物资产是（　　）。

A. 经济林 　　　　　　　　B. 防风固沙林

C. 用材林 　　　　　　　　D. 存栏待售的牲畜

【解析】正确答案是 A。根据规定，可计提折旧的生物资产包括经济林、薪炭林、产畜和役畜等。

（四）无形资产

在计算应纳税所得额时，企业按照规定计算的无形资产摊销费用，准予扣除。

无形资产，是指企业为生产产品、提供劳务、出租或者经营管理而持有的、没有实物形态的非货币性长期资产，包括专利权、商标权、著作权、土地使用权、非专利技术、商誉等。

1. 下列无形资产不得计算摊销费用扣除：

（1）自行开发的支出已在计算应纳税所得额时扣除的无形资产；

（2）自创商誉；

（3）与经营活动无关的无形资产；

（4）其他不得计算摊销费用扣除的无形资产。

2. 无形资产按照以下方法确定计税基础：

（1）外购的无形资产，以购买价款和支付的相关税费以及直接归属于使该资产达到预定用途发生的其他支出为计税基础；

（2）自行开发的无形资产，以开发过程中该资产符合资本化条件后至达到预定用途前发生的支出为计税基础；

（3）通过捐赠、投资、非货币性资产交换、债务重组等方式取得的无形资产，以该资产的公允价值和支付的相关税费为计税基础。

3. 无形资产按照直线法计算的摊销费用，准予扣除。外购商誉的支出，在企业整体转让或者清算时，准予扣除。

4. 无形资产的摊销年限不得低于 10 年。作为投资或者受让的无形资产，有关法律规定或者合同约定了使用年限的，可以按照规定或者约定的使用年限分期摊销。

（五）长期待摊费用

在计算应纳税所得额时，企业发生的下列支出作为长期待摊费用，按照规定摊销的，准予扣除：

1. 已足额提取折旧的固定资产的改建支出，按照固定资产预计尚可使用年限分期摊销。

2. 租入固定资产的改建支出，按照合同约定的剩余租赁期限分期摊销。

所谓固定资产的改建支出，是指改变房屋或者建筑物结构、延长使用年限等发生的支出。

改建的固定资产延长使用年限的，除前述规定外，应当适当延长折旧年限。

3. 固定资产的大修理支出，按照固定资产尚可使用年限分期摊销，是指同时符合下列条件的支出：

（1）修理支出达到取得固定资产时的计税基础 50% 以上；

（2）修理后固定资产的使用年限延长 2 年以上。

4. 其他应当作为长期待摊费用的支出，自支出发生月份的次月起，分期摊销，摊销年限不得低于 3 年。

（六）投资资产

企业对外投资期间，投资资产的成本在计算应纳税所得额时不得扣除。

投资资产，是指企业对外进行权益性投资和债权性投资形成的资产。企业在转让或者处置投资资产时，投资资产的成本，准予扣除。投资资产按照以下方法确定成本：

1. 通过支付现金方式取得的投资资产，以购买价款为成本；

2. 通过支付现金以外的方式取得的投资资产，以该资产的公允价值和支付的相关税费为成本。

（七）存货

企业使用或者销售存货，按照规定计算的存货成本，准予在计算应纳税所得额时扣除。

存货，是指企业持有以备出售的产品或者商品、处在生产过程中的在产品、在生产或者提供劳务过程中耗用的材料和物料等。存货按照以下方法确定成本：

1. 通过支付现金方式取得的存货，以购买价款和支付的相关税费为成本；

2. 通过支付现金以外的方式取得的存货，以该存货的公允价值和支付的相关税费为成本；

3. 生产性生物资产收获的农产品，以产出或者采收过程中发生的材料费、人工费和分摊的间接费用等必要支出为成本。

企业使用或者销售的存货的成本计算方法，可以在先进先出法、加权平均法、个别计价法中选用一种。计价方法一经选用，不得随意变更。

（八）资产损失

资产损失，是指企业在生产经营活动中实际发生的、与取得应税收入有关的资产损失，包括现金损失，存款损失，坏账损失，贷款损失，股权投资损失，固定资产和存货的盘亏、毁损、报废、被盗损失，自然灾害等不可抗力因素造成的损失以及其他损失。企业发生上述资产损失，应在按税法规定实际确认或者实际发生的当年申报扣除，不得提前或延后扣除。

六、企业特殊业务的所得税处理

（一）企业重组业务的所得税处理

企业的重组业务涉及企业资产价格变化：一是资产价格不变，即平转；二是资产售价高于资产净值而出现收入，即利得；三是资产售价低于资产净值而出现负值，即损失。这些资产变化会影响到计税基础，因而需要在税务上予以处理。

企业重组、兼并收购税收的一般处理：一是对资产价格不变的，则不征税也不减税。二是对资产售价高于资产净值而形成的收入，即利得部分都要缴税。其中，凡是取得货币收入的都要当期缴税，凡是取得的收入以非货币形式存在的，即属于非货币资产形式则可以在规定条件内一般允许暂缓缴税（递延纳税）。三是对资产重组损失部分则在规定条件下准予扣除。

企业所得税税法具体规定了资产重组税务处理的原则，主要内容包括：一是资产重组必须确认资产转让所得或损失；二是相关资产应当按照交易价格重新确定计税基础，为新企业今后的资产处理，包括折旧或摊销提供基础价格；三是上述两项工作的认定必须在交易发生时确认，不能提前也不能滞后；四是财税部门有权根据新情况规定新的处理政策。

财政部和国家税务总局对企业重组业务企业所得税处理问题作出了若干规定，主要内容如下：

1. 明确了企业重组的范围。规定企业重组包括法律形式改变、债务重组、股权收购（包括股权支付和非股权支付）、资产收购、合并、分立等。

2. 企业重组分为一般性税务处理和特殊性税务处理，主要内容包括：一是分别按不同重组方式规定其所得或损失的确认办法；二是对符合条件的不同重组方式规定其具体的缴税方法和确认其计税基础；三是对特殊情况做了进一步的补充规定。

3. 企业重组一般性和特殊性税务处理相关规定。

（1）企业法律方式的改变，包括法人转变为个人独资企业、合伙企业等非法人组织，或将注册地转移至国外，这种情况视同成立新企业，原企业需要进行清算处理。

（2）企业债务重组，是指债务人发生财务困难的情况下，由债权人与债务人协议或法院裁决，而对债务作出债务处理的事项，这种事项视同资产交易。

具体税务处理：一是以非货币资产清偿债务的，应分解为两项业务，即首先视同转让非货币性资产，其次是转让资产的定价按公允价值计算。公允价值一般就是资产的评估价，其与资产净值的差额即为所得或损失。二是债权转为股权的，应分解为两项业务，即债务清偿和股权投资。凡是债务清偿额低于债务计税基础的确认为债务人的重组所得；相反则作为债权人的重组损失。

对于企业债务重组所得超过该企业当年应纳税所得额 50% 的，则可在今后 5 个纳税年度内均匀计入所得额。低于 50% 的则计入企业当年应纳税所得额，当年纳税。

（3）企业股权收购，是指一家企业购买另一家的股权，以实现对被收购企业控制的交易。其支付对价的方式包括：股权支付、非股权支付及两者的组合。

一般性的税务处理：一是被收购企业应确认股权转让所得或损失，而收购方作为出资方属于投资行为，所以不需缴税；二是股权转让交易价格一般是协议价或市场评估价，这两种价格水平的确定应符合"公允价值"标准，其与资产净值的差额即为所得或损失；三是收购方取得股权的计税基础应以公允价值为基础确定，即符合"公允价值"标准的价格可以作为收购方的入账依据，入账资产据此可以进行折旧或摊销。

特殊性税务处理：为保证企业经营的连续性，对企业整体收购行为予以税收优惠处理。具体规定：一是收购企业的股权收购比例不得低于被收购企业全部股权的 50%，且收购企业支付的股权支付金额不低于交易总额的 85%。二是在符合上述条件情况下，被收购企业的股东所取得的新股权可以按原股权净值计算入账，而不计算利得部分，从而不用缴税。收购企业取得的新资产也可以按原资产账面净值计算入账，并据此计提折旧或摊销。三是被收购企业取得的新股权将合并到收购企业的总股权中，其今后缴税事项随收购企业正常缴税事项进行，无须做特别调整，即"保证不变"。

（4）企业资产收购，是指一家企业购买另一家企业的实质经营性资产的交易，受让企业支付对价的方式包括股权支付、非股权支付及两者的组合。

企业资产收购的税务处理与企业股权收购的税务处理一致。

（5）企业合并，是指一家企业或多家企业将其全部资产和负债转让给另一家现存企业或新设企业，被合并企业股东换取合并企业的股权或非股权支付，实现两个或两个以下企业的依法合并。

一般性税务处理：企业合并应视同被合并企业的终结，在税务处理上一般应实行企业清算，规定如下：一是合并企业接受被合并企业的资产和负债要重新评估，其资产的入账价格要按公允价值原则确定，并据此进行折旧或摊销处理；二是被合并企业及其股东的资产要进行清算，如存在所得部分要依法纳税；三是被合并企业以前年度存在的经营性亏损在清算时就要消化掉，不得带入新合并企业结转弥补。

特殊性税务处理：为保证企业经营的连续性，对于符合条件的企业也可以实行税收优惠处理：一是被合并企业股东取得的股权支付金额不低于总交易的85%，以及在同一控制下不需要支付对价的企业合并行为；二是符合上述条件的合并企业，其合并企业接受的资产和负债可以不变，按被合并企业原有计税基础确定和入账处理，同时，被合并企业在合并前所有的纳税事项由合并企业继承；三是允许合并企业弥补被合并企业以前年度的亏损。

（6）企业分立，是指一家企业将部分或全部资产分离转让给现存或新设立的企业。

一般性税务处理：一是被分立企业继续存在的情况。其分立出去的资产按公允价值确认资产转让所得或损失；分立企业接受的资产按公允价值确认并进行入账处理；被分立企业的股东取得的对价视同被分立企业的分配处理，即有收益视同利得部分纳税。二是被分立企业不再存在的情况。其分立出去的资产按公允价值确认资产转让所得或损失；分立企业接受的资产按公允价值确认并进行入账处理；被分立企业及其股东应按企业清算进行纳税处理，即有收益视同利得部分纳税。同时规定，企业分立相关企业的亏损不得相互结转弥补。

特殊性税务处理：一是被分立企业的股东继续按原持股比例取得新企业的股权，即100%转股；二是对于实行股权支付的被合并企业的股东，其取得的股权支付金额不低于总支付金额的85%。符合上述条件的企业分立情况可以实行税收优惠处理：一是被分立企业的资产和负债不作调整，直接可以作为分立企业的计税基础入账处理；二是被分立企业相关分立资产的纳税事项由分立企业继承；三是被分立企业以前年度亏损可以按分立资产占全部资产比例计算，并带入分立企业由其进行弥补。

4. 企业重组特别规定。

（1）对100%直接控制的居民企业之间，以及受同一或相同多家居民企业100%直接控制的居民企业之间按账面净值划转股权或资产，凡具有合理商业目的、不以减少、免除或者推迟缴纳税款为主要目的，股权或资产转划12个月内不改变被划转股权或资产原来实质性经营活动，且划出方企业和划入方企业均未在会计上确认损益的，可以选择特殊性税务处理：一是划出方企业与划入方企业均不确认所得；二是划入方企业取得被划转股权或资产的计税基础，以被划转股权或资产的原账面净值确定；三是划入方企业取得的被划转资产，应按其原账面净值计算折旧扣除。①100%直接控制的母子公司之间，母公司向子公司按账面净值划转其持有的股权或资产，母公司获得子公司100%的股权支付。母公司按增加长期股权投资处理，子公司按接受投资（包括资本公积）处理。母公司获得子公司股权的计税基础以划转股权或资产的原计税基础确定。②100%直接控制的母子公司之间，母公司向子公司按账面净值划转其持有的股权或资产，母公司没有获得任何股权或非股权支付。母公司按冲减实收资本（包括资本公积）处理，子公司按接受投资处理。③100%直接控制的母子公司之间，子公司向母公司按账面净值划转其持有的股权或资产，子公司没有获得任何股权或非股权支付。母公司按收回投资处理，或按接受投资处理，子公司按冲减实收资本处理。母公司应按被划转股权或资产的原计税基础，相应调减持有子公司股权的计税基础。④受同一或相同多家母公司100%直接控制的子公司之间，在母公司主导下，一家子公司向另一家子公司按账面净值划转其持有的股权或资产，划出方没有获得任何股权或非股权支付。划出方按冲减所有者权益处理，划入方按接受投资处理。

（2）居民企业以非货币性资产对外投资确认的非货币性资产转让所得，可在不超过5年期限内，分期均匀计入相应年度的应纳税所得额，按规定计算缴纳企业所得税。其中：企业对外投资的非货币性资产，应进行评估并按评估后的公允价值扣除计税基础后的余额计算确认非货币性资产转让所得；被投资企业取得非货币性资产的计税基础，应按非货币性资产的公允价值确定。

（3）国有企业2015～2018年改制上市资产评估增值有关税务处理：国有企业改制上市资产评估增值，其应纳企业所得税可以不征收入库，作为国家投资直接转增该企业国有资本金，但获得现金及非股权对价部分除外；国有企业100%控股的非公司制企业、单位，在改制为公司制后发生的资产评估增值，应纳企业所得税可以不征收入库，作为国家投资直接转增该公司国有资本金；经确认的评估资产，可按评估价值入账并依规定计提折旧或摊销，允许在计算应纳税所得额时扣除。

（4）非股权支付部分仍应在交易当期计算相关的所得或损失，并按规定办法计算缴税。

（5）企业在重组发生前后12个月内分步对其资产、股权进行交易，应根据实质重于形式的原则将其视为一项重组交易进行税务处理。

（二）企业清算的所得税处理

企业清算的所得税处理，是指企业在不再持续经营，发生结束自身业务、处置资产、偿还债务以及向所有者分配剩余财产等经济行为时，对清算所得、清算所得税、股息分配等事项的处理。

1. 下列企业应进行清算的所得税处理：

（1）按《公司法》《企业破产法》等规定需要进行清算的企业；

（2）企业重组中需要按清算处理的企业。

2. 企业清算的所得税处理包括以下内容：

（1）全部资产均应按可变现价值或交易价格，确认资产转让所得或损失；

（2）确认债权清理、债务清偿的所得或损失；

（3）改变持续经营核算原则，对预提或待摊性质的费用进行处理；

（4）依法弥补亏损，确定清算所得；

（5）计算并缴纳清算所得税；

（6）确定可向股东分配的剩余财产、应付股息等。

3. 企业的全部资产可变现价值或交易价格，减除资产的计税基础、清算费用、相关税费，加上债务清偿损益等后的余额，为清算所得。企业应将整个清算期作为一个独立的纳税年度计算清算所得。

4. 被清算企业的股东分得的剩余资产的金额，其中相当于被清算企业累计未分配利润和累计盈余公积中按该股东所占股份比例计算的部分，应确认为股息所得；剩余资产减除股息所得后的余额，超过或低于股东投资成本的部分，应确认为股东的投资转让所得或损失。

被清算企业的股东从被清算企业分得的资产应按可变现价值或实际交易价格确定计税基础。

（三）政策性搬迁或处置收入的所得税处理

企业政策性搬迁或处置收入，是指因政府城市规划、基础设施建设等政策性原因，企业需要整体搬迁（包括部分搬迁或部分拆除）或处置相关资产而按规定标准从政府取得的搬迁补偿收入或处置相关资产而取得的收入，以及通过市场（招标、拍卖、挂牌等形式）取得的土地使用权转让收入。对企业取得的上述收入按以下方式进行所得税处理：

1. 企业搬迁或处置收入用于购置或建造与搬迁前相同或类似性质、用途或者新的固定资产和土地使用权（以下简称"重置固定资产"），或对其他固定资产进行改良，或进行技术改造，或安置职工的，准予其搬迁或处置收入扣除固定资产重置或改良支出、技术改造支出和职工安置支出后的余额，计入企业应纳税所得额。

2. 企业没有重置或改良固定资产、技术改造或购置其他固定资产的，应将搬迁收入加上各类拆迁固定资产的变卖收入、减除各类拆迁固定资产的折余价值和处置费用后的余额计入企业当年应纳税所得额，计算缴纳企业所得税。

3. 企业利用政策性搬迁或处置收入购置或改良的固定资产，可以按照现行税收规定计算折旧或摊销，并在企业所得税税前扣除。

4. 企业从规划搬迁次年起的 5 年内，其取得的搬迁收入或处置收入暂不计入企业当年应纳税所得额，在 5 年期内完成搬迁的，企业搬迁收入按前述规定处理。

七、非居民企业的应纳税所得额

在中国境内未设立机构、场所的，或者虽设立机构、场所但取得的所得与其所设机构、场所没有实际联系的非居民企业，其取得的来源于中国境内的所得，按照下列方法计算其应纳税所得额：

1. 股息、红利等权益性投资收益和利息、租金、特许权使用费所得，以收入全额为应纳税所得额；

2. 转让财产所得，以收入全额减除财产净值后的余额为应纳税所得额；

财产净值，是指有关资产、财产的计税基础减除已经按照规定扣除的折旧、折耗、摊销、准备金等后的余额。

3. 其他所得，参照前两项规定的方法计算应纳税所得额。

非居民企业在中国境内设立的机构、场所，就其中国境外总机构发生的与该机构、场所生产经营有关的费用，能够提供总机构出具的费用汇集范围、定额、分配依据和方法等•证明文件并合理分摊的，准予扣除。

营业税改征增值税的非居民企业，取得的《中华人民共和国企业所得税法》第三条第三款的所得，应以不含增值税的收入全额作为应纳税所得额。

【例 7 – 17】在中国境内未设立机构、场所的非居民企业从中国境内取得的下列所得，应按收入全额计算征收企业所得税的有（　　　）。

A. 股息　　　　　　　　　　B. 转让财产所得

C. 租金　　　　　　　　　　D. 特许权使用费

【解析】正确答案是 ACD。根据规定，转让财产所得，以收入全额减除财产净值后的余额为应纳税所得额。

第四节　企业所得税的应纳税额

应纳税额是指企业依法缴纳的企业所得税税额。各国为促进本国企业"走出去"，一般对其境外投资企业采取税收抵免制度，即允许企业在境外投资缴纳的税款可在当期应纳税额计算中予以抵免，以避免双重征税，合理减轻企业负担。

一、企业所得税的应纳税额的计算

企业所得税的应纳税额，是指企业的应纳税所得额乘以适用税率，减除依照《企业所得税法》关于税收优惠的规定减免和抵免的税额后的余额。

企业所得税的应纳税额的计算公式为：

应纳税额＝应纳税所得额×适用税率－减免税额－抵免税额

所谓减免税额和抵免税额，是指依照《企业所得税法》和国务院的税收优惠规定减征、免征和抵免的应纳税额。

企业抵免境外所得税额后实际应纳所得税额的计算公式为：

企业实际应纳所得税额＝企业境内外所得应纳税总额－企业所得税减免、抵免优惠税额－境外所得税抵免额

【例7－18】某企业为居民企业，2019年经营业务如下：取得销售收入5 000万元，销售成本2 200万元，发生销售费用1 340万元（其中广告费900万元），管理费用960万元（其中业务招待费30万元），财务费用120万元，税金及附加320万元（含增值税240万元），营业外收入140万元，营业外支出100万元（含通过公益性社会团体向贫困山区捐款60万元，支付税收滞纳金12万元），计入成本、费用中的实发工资总额300万元、拨缴职工工会经费6万元、提取职工福利费46万元、职工教育经费10万元。应如何计算该企业实际应缴纳的企业所得税税额？

【解析】（1）年度利润总额＝5 000＋140－2 200－1 340－960－120－（320－240）－100＝340（万元）

（2）广告费调增所得额＝900－5 000×15%＝900－750＝150（万元）

（3）业务招待费支出的限额为5 000×5‰＝25（万元）＞30×60%＝18（万元）

业务招待费调增所得额＝30－30×60%＝30－18＝12（万元）

（4）捐赠支出应调增所得额＝60－340×12%＝19.2（万元）

（5）工会经费的扣除限额为300×2%＝6（万元），实际拨缴6万元，无须调整；

职工福利费扣除限额为300×14%＝42（万元），实际发生46万元，应调增46－42＝4（万元）；

职工教育经费的扣除限额为300×8%＝24（万元），实际发生10万元，无须调整；

三项经费总共调增4万元。

（6）税收滞纳金不得在企业所得税税前扣除，应计入应纳税所得额。

（7）应纳税所得额＝340＋150＋12＋19.2＋4＋12＝537.2（万元）

（8）2019年应缴企业所得税税额＝537.2×25%＝134.3（万元）

二、企业取得境外所得计税时的抵免

（一）有关抵免境外已纳所得税额的规定

1. 税法规定允许抵免的两种情况：（1）居民企业来源于中国境外的应税所得；（2）非居民企业在中国境内设立机构、场所，取得发生在中国境外但与该机构、场所有实际联系的应税所得。

2. 税法规定，企业取得的上述所得已在境外缴纳的所得税税额，可以从其当期应纳税额中抵免，抵免限额为该项所得依照本法规定计算的应纳税额；超过抵免限额的部分，可以在以后5个年度内，用每年度抵免限额抵免当年应抵税额后的余额进行抵补。

其中：（1）已在境外缴纳的所得税税额，是指企业来源于中国境外的所得依照中

国境外税收法律以及相关规定应当缴纳并已经实际缴纳的企业所得税性质的税款。

（2）抵免限额，是指企业来源于中国境外的所得，依照我国税法的相关规定计算的应纳税额。我国采用的是限额抵免法，即抵免限额不得超过按我国税法规定计算的额度，超过部分不得在当期抵免，但可以用今后5年内抵免余额抵补。

3. 税收抵免的计算。

企业可以选择按国（地区）别分别计算［即"分国（地区）不分项"］，或者不按国（地区）别汇总计算［即"不分国（地区）不分项"］其来源于境外的应纳税所得额，并按照税法规定的税率，分别计算其可抵免境外所得税税额和抵免限额。上述方法一经选择，5年内不得改变。

按分国（地区）不分项方式计算抵免限额，计算公式如下：

抵免限额＝中国境内、境外所得依照税法规定计算的应纳税总额×来源于某国（地区）的应纳税所得额÷中国境内、境外应纳税所得总额

（二）有关享受抵免境外所得税的范围及条件

税法规定：居民企业从其直接或者间接控制的外国企业分得的来源于中国境外的股息、红利等权益性投资收益，外国企业在境外实际缴纳的所得税税额中属于该项所得负担的部分，可以作为该居民企业的可抵免境外所得税税额，在该法规定的抵免限额内抵免。

1. 直接控制，是指居民企业直接持有外国企业20%以上股份。

2. 间接控制，是指居民企业以间接持股方式持有外国企业20%以上股份。

我国采用多层抵免制度，但对享受税收抵免的境外投资企业规定了范围和条件，即不论直接控制的境外企业，还是间接控制的境外企业，其持股比例不得低于20%。只有高于20%持股比例的境外投资企业才可以享受税收抵免优惠，低于20%持股比例的境外投资企业不得享受税收抵免优惠。

企业依照税法规定抵免企业所得税税额时，应当提供中国境外税务机关出具的税款所属年度的有关纳税凭证。

💡【例7-19】对境外所得实行税额抵免的所得包括（　　　）。

A. 居民企业来源于中国境外的应税所得

B. 非居民企业在中国境内设立的机构、场所，取得的发生在中国境外但与该机构、场所有实际联系的应税所得

C. 居民企业从其直接控制的外国企业分得的来源于中国境外的股息、红利等权益性投资收益

D. 居民企业从其间接控制的外国企业分得的来源于中国境外的股息、红利等权益性投资收益

【解析】正确答案是ABCD。根据规定，上述四项境外所得都实行税额抵免。

第五节　企业所得税的税收优惠

一、税收优惠概述

税收优惠，是指国家根据国民经济和社会发展的需要，运用税收政策对特殊经营活动或者特定纳税人给予减轻或免除税收负担的一种鼓励措施。

1. 按照"产业优惠为主，区域优惠为辅"的税收优惠原则，国家对重点扶持和鼓励发展的产业和项目，给予企业所得税优惠。

2. 根据不同情况采取了多样的税收优惠方式，包括直接减免税、低税率优惠、税额减免抵免、减计收入、免税收入、加计扣除、加速折旧、投资抵免弥补亏损等。

3. 根据国民经济和社会发展的需要，或者由于突发事件等原因对企业经营活动产生重大影响的，国务院可以制定企业所得税专项优惠政策。

4. 企业同时从事适用不同企业所得税待遇的项目的，其优惠项目应当单独计算所得，并合理分摊企业的期间费用；没有单独计算的，不得享受企业所得税优惠。

二、免税优惠

免税优惠，是指企业应税收入或所得，按照税法的规定免予征收企业所得税。免税优惠包括：

（一）国债利息收入

国债利息收入，是指企业持有国务院财政部门发行的国债取得的利息收入。

（二）符合条件的居民企业之间的股息、红利等权益性投资收益

符合条件的居民企业之间的股息、红利等权益性投资收益，是指居民企业直接投资于其他居民企业取得的投资收益。

鉴于股息、红利是税后利润分配形成的，对居民企业之间的股息、红利收入免征企业所得税，是消除法律性重复征税的国际通行做法。为了更好地体现税收优惠政策，保证企业投资充分享受到高新技术企业、小型微利企业和西部大开发政策等实行低税率的税收待遇，《实施条例》明确规定，不要求纳税人补交税率差。

2008 年 1 月 1 日后，居民企业之间分配属于 2007 年度及以前的累积未分配利润而形成的股息、红利等权益性投资收益，免予征收企业所得税。

（三）在中国境内设立机构、场所的非居民企业从居民企业取得与该机构、场所有实际联系的股息、红利等权益性投资收益

股息、红利等权益性投资收益，不包括连续持有居民企业公开发行并上市流通的股票不足 12 个月取得的投资收益。

（四）符合条件的非营利组织

符合条件的非营利组织所取得的收入免税。符合条件的非营利组织的企业所得税免税收入，具体包括以下收入：

1. 接受其他单位或者个人捐赠的收入；

2. 除《企业所得税法》第七条规定的财政拨款以外的其他政府补助收入，但不包括因政府购买服务取得的收入；

3. 按照省级以上民政、财政部门规定收取的会费；

4. 不征税收入和免税收入孳生的银行存款利息收入；

5. 财政部、国家税务总局规定的其他收入。

享受免税优惠的非营利组织应同时符合以下条件：

1. 依法履行非营利组织登记手续；

2. 从事公益性或者非营利性活动；

3. 取得的收入除用于与该组织有关的、合理的支出外，全部用于登记核定或者章程规定的公益性或者非营利性事业；

4. 财产及其孳息不用于分配；

5. 按照登记核定或者章程规定，该组织注销后的剩余财产用于公益性或者非营利性目的，或者由登记管理机关转赠给与该组织性质、宗旨相同的组织，并向社会公告；

6. 投入人对投入该组织的财产不保留或者享有任何财产权利；

7. 工作人员工资福利开支控制在规定的比例内，不变相分配该组织的财产。

符合条件的非营利组织的收入免予征税，但不包括非营利组织从事营利性活动取得的收入。

三、定期或定额减税、免税

（一）企业从事农、林、牧、渔业项目的所得，可以免征、减征企业所得税

1. 企业从事下列项目的所得，免征企业所得税：

（1）蔬菜、谷物、薯类、油料、豆类、棉花、麻类、糖料、水果、坚果的种植；

（2）农作物新品种的选育；

（3）中药材的种植；

（4）林木的培育和种植；

（5）牲畜、家禽的饲养；

（6）林产品的采集；

（7）灌溉、农产品初加工、兽医、农技推广、农机作业和维修等农、林、牧、渔服务业项目；

（8）远洋捕捞。

2. 企业从事下列项目的所得，减半征收企业所得税：

（1）花卉、茶以及其他饮料作物和香料作物的种植；

（2）海水养殖、内陆养殖。

企业从事国家限制和禁止发展的项目，不得享受上述企业所得税优惠。

【例7-20】企业从事下列项目的所得，免征企业所得税的有（   ）。

A. 蔬菜、谷物、薯类、油料、豆类的种植

B. 花卉、茶的种植

C. 林木的培育和种植

D. 农产品初加工

【解析】正确答案是ACD。根据规定，花卉、茶的种植一般盈利水平较高，也不是人们的基本生活必需品，因此，减半征收企业所得税。企业从事其他三类项目的所得，免征企业所得税。

（二）从事国家重点扶持的公共基础设施项目投资经营所得，可以免征、减征企业所得税

国家重点扶持的公共设施项目，是指《公共基础设施项目企业所得税优惠目录》规定的港口码头、机场、铁路、公路、城市公共交通、电力、水利等项目。

1. 企业从事上述国家重点扶持的公共基础设施项目的投资经营的所得，自项目取得第1笔生产经营收入所属纳税年度起，第1年至第3年免征企业所得税，第4年至第6年减半征收企业所得税，简称"三免三减半"。

享受税收优惠的企业，从其取得第1笔生产经营收入所属纳税年度起计算减免税起始日。

2. 企业承包经营、承包建设和内部自建自用上述项目，不得享受上述企业所得税优惠。

（三）从事符合条件的环境保护、节能节水项目的所得

企业从事符合条件的环境保护、节能节水项目的所得，自项目取得第1笔生产经营收入所属纳税年度起，第1年至第3年免征企业所得税，第4年至第6年减半征收企业所得税。

享受上述减免税优惠的项目，在减免税期限内转让的，受让方自受让之日起，可以在剩余期限内享受规定的减免税优惠；减免税期限届满后转让的，受让方不得就该项目重复享受减免税优惠。

（四）符合条件的技术转让所得

1. 对符合条件的居民企业技术转让所得不超过500万元的部分，免征企业所得税；超过500万元的部分，减半征收企业所得税。

2. 享受减免企业所得税优惠的技术转让应符合以下条件：

（1）享受优惠的技术转让主体是企业所得税法规定的居民企业；

（2）技术转让属于财政部、国家税务总局规定的范围；

（3）境内技术转让经省级以上科技部门认定；

（4）向境外转让技术经省级以上商务部门认定；

（5）国务院税务主管部门规定的其他条件。

3. 享受技术转让所得减免企业所得税优惠的企业，应单独计算技术转让所得，并合理分摊企业的期间费用；没有单独计算的，不得享受技术转让所得企业所得税优惠。

四、低税率优惠

（一）税法规定凡符合条件的小型微利企业，减按 20% 的税率征收企业所得税

对小型微利企业年应纳税所得额不超过 100 万元的部分，减按 25% 计入应纳税所得额，按 20% 的税率缴纳企业所得税；对年应纳税所得额超过 100 万元但不超过 300 万元的部分，减按 50% 计入应纳税所得额，按 20% 的税率缴纳企业所得税。

上述小型微利企业是指从事国家非限制和禁止行业，且同时符合年度应纳税所得额不超过 300 万元、从业人数不超过 300 人、资产总额不超过 5 000 万元等三个条件的企业。

（二）对国家需要重点扶持的高新技术企业和对经认定的技术先进型服务企业（服务贸易类），减按 15% 的税率征收企业所得税

1. 国家需要重点扶持的高新技术企业，是指拥有核心自主知识产权，并同时符合下列条件的企业：

（1）对企业主要产品（服务）发挥核心支持作用的技术属于《国家重点支持的高新技术领域》（2016）规定的范围。

（2）研究开发费用占销售收入的比例不低于规定比例，即销售收入 2 亿元以上的，研发费用比例不低于 3%；销售收入在 5 000 万~2 亿元的，研发费用比例不低于 4%；销售收入在 5 000 万元以下的，研究费用比例不低于 6%。

（3）高新技术产品（服务）收入占企业总收入的比例不低于 60%。

（4）科技人员占企业职工总数的比例不低于 30%。

（5）高新技术企业认定管理办法规定的其他条件。

2. 技术先进型企业税收优惠。

对经认定的技术先进型服务企业（服务贸易类），减按 15% 的税率征收企业所得税。

（三）在中国境内未设立机构、场所的，或者虽设立机构、场所但取得的所得与其所设机构、场所没有实际联系的，应当就其来源于中国境内的所得，减按 10% 的税率征收企业所得税

税法规定，对汇出境外利润减按 10% 的税率征收企业所得税。

中国居民企业向境外 H 股非居民企业股东派发 2008 年及以后年度股息时，按 10% 的税率代扣代缴企业所得税。

合格境外机构投资者（以下简称"QFII"）取得来源于中国境内的股息、红利和利息收入，应当按照10%缴纳企业所得税。

同时规定，下列所得可以免征企业所得税：

1. 外国政府向中国政府提供贷款取得的利息所得。

2. 国际金融组织向中国政府和居民企业提供优惠贷款取得的利息所得。

国际金融组织，包括国际货币基金组织、世界银行、亚洲开发银行、国际开发协会、国际农业发展基金、欧洲投资银行以及财政部和国家税务总局确定的其他国际金融组织。

3. 经国务院批准的其他所得。

【例7-21】某企业在计算缴纳企业所得税时，提出减免企业所得税的请求，其中符合法律规定的有（　　）。

A. 购买国债取得的利息收入，请求免征企业所得税

B. 经营一项农业项目的所得，请求减征企业所得税

C. 投资经营一项无国家扶持基础设施项目的所得，请求免征企业所得税

D. 开发一项新技术的研究开发费用，请求在计算应纳税所得额时加计扣除

【解析】正确答案是ABD。根据规定，从事国家重点扶持的公共基础设施项目，才能请求免税。

五、区域税收优惠

（一）民族地区税收优惠

民族自治地方的自治机关对本民族自治地方的企业应缴纳的企业所得税中属于地方分享的部分，可以决定减征或者免征。对民族自治地方内国家限制和禁止行业的企业，不得减征或者免征企业所得税。

企业所得税属于中央政府与地方政府的共享税，其60%收入归中央财政，40%收入归地方财政。民族自治地方只能对地方财政分享的40%企业所得税收入部分实行减征、免征。自治州、自治县决定减征或者免征的，须报省、自治区、直辖市人民政府批准。

（二）国家西部大开发税收优惠

自2021年1月1日至2030年12月31日，对设在西部地区的鼓励类产业企业减按15%的税率征收企业所得税。所称"鼓励类产业企业"是指以《西部地区鼓励类产业目录》中规定的产业项目为主营业务，且其主营业务收入占企业收入总额60%以上的企业。

（三）海南自由贸易港税收优惠

1. 对注册在海南自由贸易港并实质性运营的鼓励类产业企业，减按15%的税率征收企业所得税。所称"鼓励类产业企业"，是指以海南自由贸易港鼓励类产业目录中规定的产业项目为主营业务，且其主营业务收入占企业收入总额60%以上的企业。所

称"实质性运营"，是指企业的实际管理机构设在海南自由贸易港，并对企业生产经营、人员、账务、财产等实施实质性全面管理和控制。对不符合实质性运营的企业，不得享受优惠。

海南自由贸易港鼓励类产业目录包括《产业结构调整指导目录（2019 年本）》、《鼓励外商投资产业目录（2019 年版）》和海南自由贸易港新增鼓励类产业目录。对总机构设在海南自由贸易港的符合条件的企业，仅就其设在海南自由贸易港的总机构和分支机构的所得，适用 15% 税率；对总机构设在海南自由贸易港以外的企业，仅就其设在海南自由贸易港内的符合条件的分支机构的所得，适用 15% 税率。具体征管办法按照税务总局有关规定执行。

2. 对在海南自由贸易港设立的旅游业、现代服务业、高新技术产业企业新增境外直接投资取得的所得，免征企业所得税。

所称"新增境外直接投资所得"应当符合以下条件：（1）从境外新设分支机构取得的营业利润；或从持股比例超过 20%（含）的境外子公司分回的，与新增境外直接投资相对应的股息所得。（2）被投资国（地区）的企业所得税法定税率不低于 5%。所称"旅游业、现代服务业、高新技术产业"，按照海南自由贸易港鼓励类产业目录执行。

3. 对在海南自由贸易港设立的企业，新购置（含自建、自行开发）固定资产或无形资产，单位价值不超过 500 万元（含）的，允许一次性计入当期成本费用在计算应纳税所得额时扣除，不再分年度计算折旧和摊销；新购置（含自建、自行开发）固定资产或无形资产，单位价值超过 500 万元的，可以缩短折旧、摊销年限或采取加速折旧、摊销的方法。

所称"固定资产"，是指除房屋、建筑物以外的固定资产。以上关于海南自由贸易港企业所得税优惠政策的执行期限为 2020 年 1 月 1 日起至 2024 年 12 月 31 日。

六、特别项目税收优惠

（一）加计扣除税收优惠

企业为开发新技术、新产品、新工艺发生的研究开发费用，未形成无形资产计入当期损益的，在按照规定据实扣除的基础上，再按照研究开发费用的 50% 加计扣除；形成无形资产的，按照无形资产成本的 150% 摊销。

企业开展研发活动中实际发生的研发费用，未形成无形资产计入当期损益的，在按规定据实扣除的基础上，在 2018 年 1 月 1 日至 2020 年 12 月 31 日期间，再按照实际发生额的 75% 在税前加计扣除；形成无形资产的，在上述期间按照无形资产成本的 175% 在税前摊销。

企业在计算应纳税所得额时有关加计扣除的项目及方法：

1. 企业从事规定项目的研究开发活动，其在一个纳税年度中实际发生的费用允许按照规定实行加计扣除。主要包括以下内容：

（1）新产品设计费、新工艺规程制定费以及与研发活动直接相关的技术图书资料费、资料翻译费；

（2）从事研发活动直接消耗的材料、燃料和动力费用；

（3）在职直接从事研发活动人员的工资、薪金、奖金、津贴、补贴；

（4）专门用于研发活动的仪器、设备的折旧费或租赁费；

（5）专门用于研发活动的软件、专利权、非专利技术等无形资产的摊销费用；

（6）专门用于中间试验和产品试制的模具、工艺装备开发及制造费；

（7）勘探开发技术的现场试验费；

（8）研发成果的论证、评审、验收费用。

2. 对企业共同合作开发的项目，由合作各方就自身承担的研发费用分别按照规定计算加计扣除。对企业委托给外单位进行开发的研发费用，由委托方按照规定计算加计扣除，受托方不得再进行加计扣除。对委托开发的项目，除关联方外委托方加计扣除时不再需要提供研发项目的费用支出明细情况。委托境外进行研发活动所发生的费用，按照费用实际发生额的80%计入委托方的委托境外研发费用。委托境外研发费用不超过境内符合条件的研发费用2/3的部分，可以按规定在企业所得税前加计扣除。

3. 企业未设立专门的研发机构或企业研发机构同时承担生产经营任务的，应对研发费用和生产经营费用分开进行核算，准确、合理地计算各项研究开发费用支出，对划分不清的，不得实行加计扣除。

💡【例7-22】在计算企业应纳税所得额时，下列支出中，可以加计扣除的是（　　）。

A. 新技术、新产品、新工艺的研究开发费用

B. 为安置残疾人员所购置的专门设施

C. 赞助支出

D. 职工教育经费

【解析】正确答案是A。根据规定，新技术、新产品、新工艺的研究开发费用可以加计扣除。

💡【例7-23】某企业2019年利润总额为200万元，当年开发新产品研发费用实际支出为20万元，已知税法规定研发费用可实行175%加计扣除政策。则该企业2019年计算应纳税所得额时可以扣除的研发费用是多少？

【解析】可以税前扣除的研发费用 = 20 × 175% = 35（万元）。

（二）安置残疾人员及国家鼓励安置的其他就业人员税收优惠

税法规定，企业安置残疾人员所支付的工资允许实行加计扣除。

按照企业安置残疾人员数量，在企业支付给残疾职工工资据实扣除的基础上，按照支付给残疾职工工资的100%加计扣除。

（三）减计收入

企业以《资源综合利用企业所得税优惠目录》规定的资源作为主要原材料，生产国家非限制和禁止并符合国家和行业相关标准的产品取得的收入，减按90%计入收入总额。其中，原材料占生产产品材料的比例不得低于前述优惠目录规定的标准。

（四）抵免应纳税额

企业购置并实际使用《环境保护专用设备企业所得税优惠目录》《节能节水专用设备企业所得税优惠目录》《安全生产专用设备企业所得税优惠目录》规定的环境保护、节能节水、安全生产等专用设备的，该专用设备的投资额的10%可以从企业当年的应纳税额中抵免；当年不足抵免的，可以在以后5个纳税年度结转抵免。

（五）抵免应纳税所得额

1. 创业投资企业采取股权投资方式投资于未上市的中小高新技术企业2年以上的，可以按照其投资额的70%在当年抵扣该企业的应纳税所得额，但股权持有须满2年。当年不足抵扣的，可以在以后纳税年度结转抵扣。

公司制创业投资企业采取股权投资方式直接投资于种子期、初创期科技型企业（以下简称"初创科技型企业"）满2年（24个月，下同）的，可以按照投资额的70%在股权持有满2年的当年抵扣该公司制创业投资企业的应纳税所得额；当年不足抵扣的，可以在以后纳税年度结转抵扣。

2. 有限合伙制创业投资企业采取股权投资方式投资于未上市的中小高新技术企业满2年（24个月）的，其法人合伙人可按照对未上市中小高新技术企业投资额的70%抵扣该法人合伙人从该有限合伙制创业投资企业分得的应纳税所得额，当年不足抵扣的，可以在以后纳税年度结转抵扣。

有限合伙制创业投资企业采取股权投资方式直接投资于初创科技型企业满2年的，其法人合伙人可以按照对初创科技型企业投资额的70%抵扣法人合伙人从合伙创投企业分得的所得；当年不足抵扣的，可以在以后纳税年度结转抵扣。

（六）加速折旧

企业的固定资产由于技术进步等原因，确需加速折旧的，可以缩短折旧年限或者采取加速折旧的方法。

1. 可以采取缩短折旧年限或者采取加速折旧的方法的固定资产，包括：

（1）由于技术进步，产品更新换代较快的固定资产；

（2）常年处于强震动、高腐蚀状态的固定资产。

2. 采取缩短折旧年限方法的，最低折旧年限不得低于法定折旧年限的60%；采取加速折旧方法的，可以采取双倍余额递减法或者年数总和法。

3. 为贯彻落实国务院完善固定资产加速折旧政策精神，自2014年1月1日起，对生物药品制造业，专用设备制造业，铁路、船舶、航空航天和其他运输设备制造业，计算机、通信和其他电子设备制造业，仪器仪表制造业，信息传输、软件和信息技术服务业 6 个行业的企业 2014 年 1 月 1 日后新购进的固定资产，可缩短折旧年限或采取加速折旧的方法。对上述 6 个行业的小型微利企业 2014 年 1 月 1 日后新购进的研发和生产经营共用的仪器、设备，单位价值不超过 100 万元的，允许一次性计入当期成本费用在计算应纳税所得额时扣除，不再分年度计算折旧；单位价值超过 100 万元的，可缩短折旧年限或采取加速折旧的方法。对所有行业企业 2014 年 1 月 1 日后新购进的专门用于研发的仪器、设备，单位价值不超过 100 万元的，允许一次性计入当期成本费用在计算应纳税所得额时扣除，不再分年度计算折旧；单位价值超过 100 万元的，可缩短折旧年限或采取加速折旧的方法。对所有行业企业持有的单位价值不超过 5 000 元的固定资产，允许一次性计入当期成本费用在计算应纳税所得额时扣除，不再分年度计算折旧。自 2015 年 1 月 1 日起，对轻工、纺织、机械、汽车 4 个领域重点行业的企业 2015 年 1 月 1 日后新购进的固定资产，可由企业选择缩短折旧年限或采取加速折旧的方法。对上述 4 个行业的小型微利企业 2015 年 1 月 1 日后新购进的研发和生产经营共用的仪器、设备，单位价值不超过 100 万元的，允许一次性计入当期成本费用在计算应纳税所得额时扣除，不再分年度计算折旧；单位价值超过 100 万元的，可由企业选择缩短折旧年限或采取加速折旧的方法。所谓缩短折旧年限，是指最低折旧年限不得低于《企业所得税法实施条例》第六十条规定折旧年限的 60%；加速折旧方法可采取双倍余额递减法或者年数总和法。自 2019 年 1 月 1 日起，适用前述固定资产加速折旧优惠的行业范围，扩大至全部制造业领域。企业在 2018 年 1 月 1 日至 2020 年 12 月 31 日期间新购进（包括自行建造）的设备、器具，单位价值不超过 500 万元的，允许一次性计入当期成本费用在计算应纳税所得额时扣除，不再分年度计算折旧。

七、专项政策税收优惠

经报国务院批准，财政部、国家税务总局具体制定了若干企业所得税专项优惠政策。

（一）鼓励软件产业和集成电路产业发展的优惠政策

符合条件的软件生产企业按规定实行增值税即征即退政策所退还的税款，由企业专款用于软件产品的研发和扩大再生产并单独进行核算，可以作为不征税收入，在计算应纳税所得额时从收入总额中扣除。

依法成立且符合条件的集成电路设计企业和软件企业，在 2018 年 12 月 31 日前自获利年度起计算优惠期，第 1 年至第 2 年免征企业所得税，第 3 年至第 5 年按照 25% 的法定税率减半征收企业所得税，并享受至期满为止。

（二）鼓励证券投资基金发展的优惠政策

对证券投资基金从证券市场中取得的收入，包括买卖股票、债券的差价收入，股权的股息、红利收入，债券的利息收入及其他收入，暂不征收企业所得税。

（三）鼓励境外机构投资境内债券市场

自 2018 年 11 月 7 日起至 2021 年 11 月 6 日止，对境外机构投资境内债券市场取得的债券利息收入暂免征收企业所得税和增值税。上述暂免征收企业所得税的范围不包括境外机构在境内设立的机构、场所取得的与该机构、场所有实际联系的债券利息。

第六节　企业所得税的源泉扣缴

源泉扣缴，即非居民在取得收入时，其缴税在收入支付环节由支付人代扣代缴。支付环节即源泉。源泉扣缴性质，即按属地原则，对非居民取得的收入实行征税，维护国家税收权益，目的是简化纳税手续，防止偷漏税。

一、源泉扣缴适用非居民企业

在中国境内未设立机构、场所的，或者虽设立机构、场所但取得的所得与其所设机构、场所没有实际联系的非居民企业，就其取得的来源于中国境内的所得应缴纳的所得税，实行源泉扣缴。

对非居民企业的界定主要分两种情况：一是在境外注册成立并在中国境内设有机构场所的。二是在中国境内没有机构场所，但有来源于中国境内所得的企业。其具体缴税则分别有如下规定：（1）对在中国境内设有机构场所的，取得境内所得要按 25% 的税率缴税。同时规定，对这些场所在境外取得的所得，如与该机构场所有实际联系的，也要按 25% 缴税。（2）对在中国境内未设立机构场所而从中国境内取得的所得则按 10% 缴税，同时规定，在中国境内设有机构场所的，其所得与其机构场所没有实际联系的，其所得部分也要按 10% 缴税。

二、应税所得及应纳税额计算

1. 对非居民企业取得来源于中国境内的股息、红利等权益性投资收益（股息、红利）和利息、租金、特许权使用费所得、转让财产所得以及其他所得应当缴纳的企业所得税，实行源泉扣缴。

2. 对非居民企业取得的股息、红利、利息、特许权使用费、租金等按收入全额计征，即支付人向非居民企业支付的全部价款和价外费用，其相关发生的成本费用不得扣除；对其取得的转让财产所得，以收入全额减除财产净值后的余额作为应纳税所得额。其他所得，参照前两项规定执行。

收入全额是指非居民企业向支付人收取的全部价款和价外费用。其他所得，是指该纳税人在中国境内取得的其他各种来源的收入。

3. 应纳税额的计算：

扣缴企业所得税应纳税额 = 应纳税所得额 × 实际征收率

实际征收率，是指《企业所得税法》及其《实施条例》等相关法律、法规规定的税率，或者税收协定规定的税率。

三、支付人和扣缴义务人

（一）支付人

支付人是指依照有关法律规定或者合同约定对非居民企业直接负有支付相关款项义务的单位或者个人。其中：支付，包括现金支付、汇拨支付、转账支付和权益兑价支付等货币支付和非货币支付；到期应支付的款项，是指支付人按照权责发生制原则应当计入相关成本、费用的应付款项。

（二）扣缴义务人

支付人为扣缴义务人，即依照有关法律规定或者合同约定对非居民企业直接负有支付相关款项义务的单位或者个人为扣缴义务人。

税款由扣缴义务人在每次支付或者到期应支付时，从支付或者到期应支付的款项中扣缴。

其中，对非居民企业在中国境内取得工程作业和劳务所得应缴纳的所得税，税务机关可以指定工程价款或者劳务费的支付人为扣缴义务人。

扣缴义务人，由县级以上税务机关指定，并同时告知扣缴义务人所扣税款的计算依据、计算方法、扣缴期限和扣缴方式。

对应当扣缴的所得税，扣缴义务人未依法扣缴或者无法履行扣缴义务的，由纳税人在所得发生地缴纳。纳税人未依法缴纳的，税务机关可以从该纳税人在中国境内其他收入项目的支付人应付的款项中，追缴该纳税人的应纳税款。

四、税务管理

扣缴义务人与非居民企业首次签订有关业务合同或协议（以下简称"合同"）的，扣缴义务人应当自合同签订之日起 30 日内，向其主管税务机关申报办理扣缴税款登记。

扣缴义务人每次代扣的税款，应当自代扣之日起 7 日内缴入国库，并向所在地的税务机关报送扣缴企业所得税报告表。

按照规定给予非居民企业减免税优惠的，应按相关税收减免管理办法和行政审批程序的规定办理。

五、非居民企业所得税汇算清缴

非居民企业汇算清缴应按以下规定执行：

1. 依照外国（地区）法律成立且实际管理机构不在中国境内，但在中国境内设立机构、场所的非居民企业，无论盈利或者亏损，均应按照税法及相关规定参加所得税汇算清缴。

2. 企业具有下列情形之一的，可不参加当年度的所得税汇算清缴：（1）临时来华承包工程和提供劳务不足 1 年，在年度中间终止经营活动，且已经结清税款；（2）汇算清缴期内已办理注销；（3）其他经主管税务机关批准可不参加当年度所得税汇算清缴。

3. 企业应当自年度终了之日起 5 个月内，向税务机关报送年度企业所得税纳税申报表，并汇算清缴，结清应缴应退税款。企业在年度中间终止经营活动的，应当自实际经营终止之日起 60 日内，向税务机关办理当期企业所得税汇算清缴。

4. 企业办理所得税年度申报时，应当如实填写和报送：（1）年度企业所得税纳税申报表及其附表；（2）年度财务会计报告；（3）税务机关规定应当报送的其他有关资料。

5. 企业因特殊原因，不能在规定期限内办理年度所得税申报，应当在年度终了之日起 5 个月内，向主管税务机关提出延期申报申请。主管税务机关批准后，可以适当延长申报期限。

第七节　企业所得税的特别纳税调整

特别纳税调整主要是对关联企业之间非正常的商业行为进行强制性纳税调整，使其符合独立交易原则，防止避税现象，维护国家利益。

一、关联企业与独立交易原则

税法规定，企业与其关联方之间的业务往来，不符合独立交易原则而减少企业或者其关联方应纳税收入或者所得额的，税务机关有权按照合理方法调整。

（一）关联企业及关联关系

1. 界定关联企业的基本标准：一是股权控制，如持有 25% 股份等；二是企业管理和人员方面的控制。

税法规定，关联方是指与企业有下列关联关系之一的企业、其他组织或者个人：

（1）在资金、经营、购销等方面存在直接或者间接的控制关系；

（2）直接或者间接地同为第三者控制；

（3）在利益上具有相关联的其他关系。

2. 具体关联关系的认定标准主要有：

（1）一方直接或者间接持有另一方的股份总和达到 25% 以上；双方直接或者间接同为第三方所持有的股份达到 25% 以上。

如果一方通过中间方对另一方间接持有股份，只要其对中间方持股比例达到25%以上，则其对另一方的持股比例按照中间方对另一方的持股比例计算。

两个以上具有夫妻、直系血亲、兄弟姐妹以及其他抚养、赡养关系的自然人共同持股同一企业，在判定关联关系时持股比例合并计算。

（2）双方存在持股关系或者同为第三方持股，虽持股比例未达到本条第（1）项规定，但双方之间借贷资金总额占任一方实收资本比例达到50%以上，或者一方全部借贷资金总额的10%以上由另一方担保（与独立金融机构之间的借贷或者担保除外）。

借贷资金总额占实收资本比例 = 年度加权平均借贷资金/年度加权平均实收资本

其中：年度加权平均借贷资金 = i笔借入或者贷出资金账面金额×i笔借入或者贷出资金年度实际占用天数/365

年度加权平均实收资本 = i笔实收资本账面金额×i笔实收资本年度实际占用天数/365

（3）双方存在持股关系或者同为第三方持股，虽持股比例未达到本条第（1）项规定，但一方的生产经营活动必须由另一方提供专利权、非专利技术、商标权、著作权等特许权才能正常进行。

（4）双方存在持股关系或者同为第三方持股，虽持股比例未达到本条第（1）项规定，但一方的购买、销售、接受劳务、提供劳务等经营活动由另一方控制。

上述控制是指一方有权决定另一方的财务和经营政策，并能据以从另一方的经营活动中获取利益。

（5）一方半数以上董事或者半数以上高级管理人员（包括上市公司董事会秘书、经理、副经理、财务负责人和公司章程规定的其他人员）由另一方任命或者委派，或者同时担任另一方的董事或者高级管理人员；或者双方各自半数以上董事或者半数以上高级管理人员同为第三方任命或者委派。

（6）具有夫妻、直系血亲、兄弟姐妹以及其他抚养、赡养关系的两个自然人分别与双方具有本条第（1）~（5）项关系之一。

（7）双方在实质上具有其他共同利益。

除本条第（2）项规定外，上述关联关系年度内发生变化的，关联关系按照实际存续期间认定。

（二）独立交易原则

独立交易原则，亦称"公平交易原则""正常交易原则"。具体是指没有关联关系的交易各方，按照公平成交价格和营业常规进行业务往来遵循的原则。

（三）关联企业的业务往来

关联企业的业务往来具体包括有形资产使用权或所有权的转让、金融资产的转让、无形资产使用权或者所有权的转让、资金融通、劳务交易等，这些交易税务机关都有权力进行调查，并按照独立交易原则认定和调整。

在判断关联企业与其关联方之间的业务往来是否符合独立交易原则时，主要是将关联交易定价或利润水平与可比情形下没有关联关系的交易定价和利润水平进行比较，如果存在差异，就说明企业没有遵循正常市场交易原则和营业常规，从而违背了独立交易原则。

二、特别纳税调整管理办法

（一）税务机关有权按以下办法核定和调整关联企业交易价格

1. 可比非受控价格法，是指按照没有关联关系的交易各方进行相同或者类似业务往来的价格进行定价的方法；

2. 再销售价格法，是指按照从关联方购进商品再销售给没有关联关系的交易方的价格，减除相同或者类似业务的销售毛利进行定价的方法；

3. 成本加成法，是指按照成本加合理的费用和利润进行定价的方法；

4. 交易净利润法，是指按照没有关联关系的交易各方进行相同或者类似业务往来取得的净利润水平确定利润的方法；

5. 利润分割法，是指将企业与其关联方的合并利润或者亏损在各方之间采用合理标准进行分配的方法；

6. 其他符合独立交易原则的方法。

（二）关联业务的相关资料

实行查账征收的居民企业和在中国境内设立机构、场所并据实申报缴纳企业所得税的非居民企业向税务机关报送年度企业所得税纳税申报表时，应当就其与关联方之间的业务往来进行关联申报，附送《中华人民共和国企业年度关联业务往来报告表》。企业应当依据企业所得税法实施条例的规定，按纳税年度准备并按税务机关要求提供其关联交易的同期资料。同期资料包括主体文档、本地文档和特殊事项文档。主体文档应当在企业集团最终控股企业会计年度终了之日起12个月内准备完毕；本地文档和特殊事项文档应当在关联交易发生年度次年6月30日之前准备完毕。同期资料应当自税务机关要求之日起30日内提供。企业因不可抗力无法按期提供同期资料的，应当在不可抗力消除后30日内提供同期资料。

（三）税务机关的纳税核定权

企业不提供与其关联方之间业务往来资料，或者提供虚假、不完整资料，未能真实反映其关联业务往来情况的，税务机关有权依法核定其应纳税所得额。

税务机关核定企业应纳税所得额时，可以采用下列方法：

1. 参照同类或者类似企业的利润率水平核定；

2. 按照企业成本加合理的费用和利润的方法核定；

3. 按照关联企业集团整体利润的合理比例核定；

4. 按照其他合理方法核定。

企业对税务机关按照上述规定的方法核定的应纳税所得额有异议的，应当提供相关证据，经税务机关认定后，调整核定的应纳税所得额。

（四）补征税款和加收利息

税务机关根据税收法律、行政法规的规定，对企业作出特别纳税调整的，应当对补征的税款，自税款所属纳税年度的次年 6 月 1 日起至补缴税款之日止的期间，按日加收利息。

加收的利息，应当按照税款所属纳税年度中国人民银行公布的与补税期间同期的人民币贷款基准利率加 5 个百分点计算。加收的利息，不得在计算应纳税所得额时扣除。

（五）纳税调整的时效

企业与其关联方之间的业务往来，不符合独立交易原则，或者企业实施其他不具有合理商业目的的安排的，税务机关有权在该业务发生的纳税年度起 10 年内，进行纳税调整。

【例 7 – 24】根据《企业所得税法》的规定，下列利息支出中，可以在企业所得税税前扣除的是（　　　）。

A. 逾期偿还贷款的银行罚息

B. 非银行企业内营业机构之间支付的利息

C. 税务机关对关联交易进行调整，对补税税额按国务院规定加收的利息

D. 经过 12 个月以上的建造才能达到预定可销售状态的存货建造发生借款的利息支出

【解析】正确答案是 A。根据规定，只有逾期偿还贷款的银行罚息可以在企业所得税税前扣除。

三、预约定价安排

为减少征纳矛盾，税法规定允许企业就关联交易价格的合理性问题，与税务部门进行事前沟通协商，这种做法就是"预约定价安排"。企业定价安排经税务部门认可后就可按此办理，视同企业间正常的交易价格，而无须再进行纳税调整。

1. 企业可以与税务机关就其未来年度关联交易的定价原则和计算方法达成预约定价安排。

2. 预约定价安排的谈签与执行经过预备会谈、谈签意向、分析评估、正式申请、协商签署和监控执行 6 个阶段。预约定价安排包括单边、双边和多边 3 种类型。

3. 企业申请双边或者多边预约定价安排的，应当同时向国家税务总局和主管税务机关书面提出预备会谈申请，提交《预约定价安排预备会谈申请书》。国家税务总局统一组织与企业开展预备会谈。

4. 预约定价安排一般适用于主管税务机关向企业送达接收其谈签意向的《税务事

项通知书》之日所属纳税年度前3个年度每年度发生的关联交易金额4 000万元人民币以上的企业。

5. 企业有谈签预约定价安排意向的，应当向税务机关书面提出预备会谈申请。税务机关可以与企业开展预备会谈。

6. 税务机关和企业在预备会谈期间达成一致意见的，主管税务机关向企业送达同意其提交谈签意向的《税务事项通知书》。企业收到《税务事项通知书》后向税务机关提出谈签意向。企业提交谈签意向后，税务机关应当分析预约定价安排申请草案内容，评估其是否符合独立交易原则。主管税务机关与企业开展单边预约定价安排协商，协商达成一致的，拟订单边预约定价安排文本。主管税务机关与企业就单边预约定价安排文本达成一致后，双方的法定代表人或者法定代表人授权的代表签署单边预约定价安排，预约定价安排生效执行。

7. 企业执行预约定价安排的，可以不准备预约定价安排涉及关联交易的本地文档和特殊事项文档，且关联交易金额不计入关联交易金额范围。

企业仅与境内关联方发生关联交易的，可以不准备主体文档、本地文档和特殊事项文档。

四、成本分摊协议

为避免征纳双方矛盾，税法规定，关联企业可以制订"成本分摊协议"，协议上报主管税务机关认可后执行。

1. 企业与其关联方共同开发、受让无形资产，或者共同提供、接受劳务发生的成本，在计算应纳税所得额时应当按照独立交易原则进行分摊。

税法规定，允许企业按照独立交易原则与其关联方分摊共同发生的成本，达成成本分摊协议。

2. 企业与其关联方分摊成本时，应当按照成本与预期收益相配比的原则进行分摊，并在税务机关规定的期限内，按照税务机关的要求报送有关资料。

企业应自成本分摊协议达成之日30天内，层报国家税务总局备案。税务机关判定成本分摊协议是否符合独立交易原则须层报国家税务总局审核。

3. 企业与其关联方分摊成本时违反规定的，其自行分摊的成本不得在计算应纳税所得额时扣除。

4. 企业不按独立交易原则处理而减少其应纳税所得额的，税务机关有权作出调整。

五、受控外国企业

对我国居民企业、中国公民投资控制的外国企业，其经营利润无合理理由不作分配或减少分配的情况，属于特别纳税调整管理范围。

税法规定，由居民企业，或者由居民企业和中国居民控制的设立在实际税负明显低于我国法定税率水平的国家（地区）的企业，并非由于合理的经营需要而对利润不作分配或者减少分配的，上述利润中应归属于该居民企业的部分，应当计入该居民企业的当期收入。

中国居民企业或居民个人能够按规定提供资料证明其控制的外国企业利润不作分配或者减少分配具有正当合理性，可免于将该外国企业不作分配或者减少分配的利润视同股息分配额计入中国居民企业股东的当期所得。

受控外国企业的反避税措施，其目的在于防止企业在低税率国家或地区建立受控外国企业，将利润保留在外国企业不分配或少量分配，逃避国内纳税义务。

六、资本弱化管理

为防止关联企业通过借款方式转移利润，税法规定企业债权性投资不得高于该企业权益性投资的一定比例，如超过规定比例，其超过部分的利息支出不得在税前扣除。国际上将企业债权性投资占企业权益性投资比例过高的情况，称为"资本弱化"。

1. 债权性投资，是指企业直接或者间接从关联方获得的，需要偿还本金和支付利息或者需要以其他具有支付利息性质的方式予以补偿的融资。

2. 权益性投资，是指企业接受的不需要偿还本金和支付利息，投资人对企业净资产拥有所有权的投资。

3. 企业实际支付给关联方的利息支出，不超过以下规定比例计算的部分，准予扣除，超过的部分不得在发生当期和以后年度扣除。除另有规定外，企业接受关联方债权性投资与其权益性投资比例为：（1）金融企业为5∶1；（2）其他企业为2∶1。

4. 企业能够按照有关规定提供相关资料，并证明相关交易活动符合独立交易原则的；或者该企业的实际税负不高于境内关联方的，其实际支付给境内关联方的利息支出，在计算应纳税所得额时准予扣除。

💡【例7-25】某企业注册资本为3 000万元。2018年按同期金融机构贷款利率从其关联方借款6 800万元，发生借款利息408万元。该企业在计算企业所得税应纳税所得额时，准予扣除的利息金额为（　　　）万元。

　A. 408　　　　　　B. 360　　　　　　C. 180　　　　　　D. 90

【解析】正确答案是B。根据规定，企业实际支付给关联方的利息支出，除另有规定外，其接受关联方债权性投资与其权益性投资比例为：除金融企业外的其他企业为2∶1。该企业的注册资本为3 000万元，关联方债权性投资不应超过3 000×2=6 000（万元），现借款6 800万元，准予扣除的利息金额是6 000万元产生的利息，即6 000÷6 800×408=360（万元）。

七、一般反避税条款

税法规定，企业实施其他不具有合理商业目的的安排而减少其应纳税收入或者所得额的，税务机关有权按照合理方法调整。所谓不具有合理商业目的，是指以减少、免除或者推迟缴纳税款为主要目的的税收安排。

1. 税务机关可依法对存在以下避税安排的企业，启动一般反避税调查：

（1）滥用税收优惠；

（2）滥用税收协定；

（3）滥用公司组织形式；

（4）利用避税港避税；

（5）其他不具有合理商业目的的安排。

2. 税务机关应按照经济实质对企业的避税安排重新定性，有权取消企业从避税安排获得的税收利益。

第八节　企业所得税的征收管理

企业所得税的征收管理是企业所得税管理制度的重要内容，是保证国家税款及时、足额上缴国库的关键环节。企业所得税的征收管理除了《企业所得税法》规定以外，还应依照《税收征收管理法》规定执行。

一、纳税地点

1. 居民企业以企业登记注册地为纳税地点；但登记注册地在境外的，以实际管理机构所在地为纳税地点，另有规定的除外。

2. 非居民企业在中国境内设立机构、场所的，以机构、场所所在地为纳税地点。

非居民企业在中国境内设立两个或者两个以上机构、场所的，经税务机关审核批准，可以选择由其主要机构、场所汇总缴纳企业所得税。在中国境内未设立机构、场所的，或者虽设立机构、场所但取得的所得与其所设机构、场所没有实际联系的非居民企业，以扣缴义务人所在地为纳税地点。

（1）主要机构、场所认定条件，应当同时符合下列规定：

①对其他各机构、场所的生产经营活动负有监督管理责任；

②设有完整的账簿、凭证，能够准确反映各机构、场所的收入、成本、费用和盈亏情况。

（2）有两个或两个以上机构、场所的，其纳税地点应经各机构、场所所在地税务机关的共同上级税务机关审核批准后确定。

非居民企业经批准汇总缴纳企业所得税后，需要增设、合并、迁移、关闭机构、场所或者停止机构、场所业务的，应当事先向主管税务机关报告；需要变更汇总缴纳企业所得税的主要机构、场所的，依照前述规定办理。

二、纳税方式

居民企业在中国境内设立不具有法人资格营业机构的，应当汇总计算并缴纳企业所得税。企业汇总计算并缴纳企业所得税时，应当统一核算应纳税所得额。除国务院另有规定外，企业之间不得合并缴纳企业所得税。

三、纳税年度

1. 企业所得税按纳税年度计算。纳税年度自公历 1 月 1 日起至 12 月 31 日止。

2. 企业在一个纳税年度中间开业，或者终止经营活动，使该纳税年度的实际经营期不足 12 个月的，应当以其实际经营期为 1 个纳税年度。

3. 企业依法清算时，应当以清算期间作为 1 个纳税年度。

四、纳税申报

企业所得税分月或者分季预缴。企业应当自月份或者季度终了之日起 15 日内，向税务机关报送预缴企业所得税纳税申报表，预缴税款。

企业分月或者分季预缴企业所得税时，应当按照月度或者季度的实际利润额预缴；按照月度或者季度的实际利润额预缴有困难的，可以按照上一纳税年度应纳税所得额的月度或者季度平均额预缴，或者按照经税务机关认可的其他方法预缴。预缴方法一经确定，该纳税年度内不得随意变更。

企业应当自年度终了之日起 5 个月内，向税务机关报送年度企业所得税纳税申报表，并汇算清缴，结清应缴应退税款。企业应当在办理注销登记前，就其清算所得向税务机关申报并依法缴纳企业所得税。

企业在报送企业所得税申报表时，无论纳税年度内是盈利或者是亏损，都应当依照规定期限，向税务机关报送预缴企业所得税纳税申报表、年度企业所得税纳税申报表、财务会计报告和税务机关规定应当报送的其他有关资料。

【例 7 - 26】关于企业所得税的纳税期限，以下各项中，正确的是（　　）。

A. 按期纳税　　　　　　　　　　B. 按次纳税

C. 按年计征，分期预缴　　　　　D. 按次计征，汇总缴纳

【解析】正确答案是 C。根据规定，企业所得税分月或者分季预缴，纳税年度终了汇算清缴。

五、企业所得税纳税申报表

企业所得税纳税申报表包括适用于居民企业的《中华人民共和国企业所得税年度纳税申报表（A 类）》以及《中华人民共和国企业所得税月（季）度预缴纳税申报表（A 类）》等，适用于非居民企业的《中华人民共和国非居民企业所得税年度纳税申报

表》以及《中华人民共和国非居民企业所得税季度纳税申报表》等。

2017 年，国家税务总局修订后的适用于居民企业的《中华人民共和国企业所得税年度纳税申报表（A 类）》以企业会计核算为基础，对税收与会计差异进行纳税调整，并形成了相关的纳税申报信息。申报表的体系由 37 张表构成，包括：1 张基础信息表、1 张主表、6 张收入费用明细表、13 张纳税调整表、1 张亏损弥补表、9 张税收优惠表、4 张境外所得抵免表，以及 2 张汇总纳税表构成。

（一）基础信息表

《企业基础信息表》反映纳税人的基本信息，包括名称、注册地、行业、注册资本、从业人数、股东结构、会计政策、存货办法、对外投资情况等，这些信息，既可以替代企业备案资料（如资产情况及变化、从业人数，可以判断纳税人是否属于小微企业，小微企业享受优惠政策后，就无须再报送其他资料），也是税务机关进行管理所需要的信息。

（二）主表

《中华人民共和国企业所得税年度纳税申报表（A 类）》为主表，其结构体现了企业所得税的纳税流程，即在会计利润的基础上，按照税法进行纳税调整，计算应纳税所得额，扣除税收优惠数额，进行境外税收抵免，最后计算应补（退）税款。

（三）收入费用明细表

收入费用明细表包括：《一般企业收入明细表》《一般企业成本支出明细表》《期间费用明细表》等，其主要反映企业按照会计政策所发生的成本、费用情况，也是企业进行纳税调整的主要数据来源。

（四）纳税调整表

纳税调整是所得税管理的重点和难点，纳税调整表包括：《纳税调整项目明细表》《职工薪酬纳税调整明细表》《广告费和业务宣传费跨年度纳税调整明细表》《资产折旧、摊销情况及纳税调整明细表》《资产损失税前扣除及纳税调整明细表》《企业重组纳税调整明细表》等。这些表格将所有的税会差异需要调整的事项，按照收入、成本和资产三大类，通过表格的方式进行计算反映。

（五）亏损弥补表

《企业所得税弥补亏损明细表》反映企业发生亏损如何结转问题，用于准确计算亏损结转年度和限额。

（六）税收优惠表

税收优惠表将目前我国企业所得税的 39 项税收优惠项目，按照税基、应纳税所得额、税额扣除等进行分类，通过表格的方式计算税收优惠享受情况、过程，具体包括：《免税、减计收入及加计扣除优惠明细表》《符合条件的居民企业之间的股息、红利等权益性投资收益优惠明细表》《研发费用加计扣除优惠明细表》《高新技术企业优惠情况及明细表》等。

（七）境外所得抵免表

境外所得抵免表包括：《境外所得税收抵免明细表》等，反映企业发生境外所得税如何抵免以及抵免的具体计算问题。

（八）汇总纳税表

汇总纳税表包括：《跨地区经营汇总纳税企业年度分摊企业所得税明细表》和《企业所得税汇总纳税分支机构所得税分配表》，反映汇总纳税企业的总分机构如何分配税额问题。

企业在年度纳税申报时，并不需要填写全部 37 张表格，仅需要根据企业实际的性质、类型及发生的业务选择相关的表格进行填报。

六、计税货币

依法缴纳的企业所得税，以人民币计算。企业所得以人民币以外的货币计算的，应当折合成人民币计算并缴纳税款。

企业以外币计算并预缴企业所得税时，应当按照月度或者季度最后 1 日的人民币汇率中间价，折合成人民币计算应纳税所得额。

年度终了汇算清缴时，对已经按照月度或者季度预缴税款的，不再重新折合计算，只就该纳税年度内未缴纳企业所得税的部分，按照纳税年度最后一日的人民币汇率中间价，折合成人民币计算应纳税所得额。

七、企业所得税的核定征收

国家税务总局发布《企业所得税核定征收办法（试行）》，主要规定如下：

1. 纳税人具有下列情形之一的，核定征收企业所得税：

（1）依照法律、行政法规的规定可以不设置账簿的；

（2）依照法律、行政法规的规定应当设置但未设置账簿的；

（3）擅自销毁账簿或者拒不提供纳税资料的；

（4）虽设置账簿，但账目混乱或者成本资料、收入凭证、费用凭证残缺不全，难以查账的；

（5）发生纳税义务，未按照规定的期限办理纳税申报，经税务机关责令限期申报，逾期仍不申报的；

（6）申报的计税依据明显偏低，又无正当理由的。

特殊行业、特殊类型的纳税人和一定规模以上的纳税人不适用该办法。

2. 税务机关应根据纳税人具体情况，对核定征收企业所得税的纳税人，核定应税所得率或者核定应纳所得税额。具有下列情形之一的，核定其应税所得率：

（1）能正确核算（查实）收入总额，但不能正确核算（查实）成本费用总额的；

（2）能正确核算（查实）成本费用总额，但不能正确核算（查实）收入总额的；

（3）通过合理方法，能计算和推定纳税人收入总额或成本费用总额的。

纳税人不属于上述情形的，核定其应纳所得税额。

3. 税务机关采用下列方法核定征收企业所得税：

（1）参照当地同类行业或者类似行业中经营规模和收入水平相近的纳税人的税负水平核定；

（2）按照应税收入额或成本费用支出额定率核定；

（3）按照耗用的原材料、燃料、动力等推算或测算核定；

（4）按照其他合理方法核定。

4. 采用应税所得率方式核定征收企业所得税的，应纳所得税额计算公式如下：

应纳所得税额 = 应纳税所得额 × 适用税率

应纳税所得额 = 应税收入额 × 应税所得率

或：应纳税所得额 = 成本（费用）支出额 ÷（1 − 应税所得率）× 应税所得率

5. 实行应税所得率方式核定征收企业所得税的纳税人，经营多业的，无论其经营项目是否单独核算，均由税务机关根据其主营项目确定适用的应税所得率。

八、跨地区经营汇总纳税的征收管理

企业汇总计算并缴纳企业所得税时，应当统一核算应纳税所得额。由于企业所得税是中央与地方共享收入，按 60∶40 的比例分享，中央财政分享的 60% 部分不论在何省市入库都不影响分配总额，而地方财政分享的 40% 部分如何分配则会影响到跨省市所在地财政分配利益，所以，跨省市企业缴纳的企业所得税地方分享的 40% 部分如何在各地区之间进行合理分配是做好企业所得税征缴和分配管理工作的关键。

（一）基本方法

对跨省市总分机构企业缴纳的企业所得税，实行"统一计算、分级管理、就地预缴、汇总清算、财政调库"的处理办法（以下简称"该处理办法"）。

1. 企业总分机构统一计算当期应纳税额的地方分享部分，即按 40% 比例计算总分机构应缴地方财政的应纳税额。计算出的应纳税额按 100% 计，其中 25% 由总机构所在地分享，50% 由各分支机构所在地分享，25% 按一定比例由中央财政在各地间进行分配。

2. 总机构根据企业本期经营结果统一计算企业实际利润额、应纳税额，并由总机构和分支机构按月或按季就地预缴企业所得税。具体预缴办法：应纳税总额 50% 部分由总机构预缴，其中，25% 部分就地办理缴库，剩余 25% 部分由总机构全额缴入中央国库；其他 50% 应纳税款则由总机构统一计算并在各分支机构间分摊，由分支机构就地办理缴库，缴库后的税款收入按 60∶40 分享。

3. 总机构和分支机构应分期预缴的企业所得税，50% 在各分支机构间分摊预缴，

50%由总机构预缴。

4. 分支机构分摊的预缴税款，则由总机构按照以前年度分支机构的经营收入、职工工资和资产总额三个因素综合计算各分支机构应分摊所得税款的比例，三个因素的权重依次为0.35、0.35、0.30。分摊预缴计算公式如下：

各分支机构分摊预缴额＝所有分支机构应分摊的预缴总额×该分支机构分摊比例

该分支机构分摊比例＝0.35×（该分支机构营业收入÷各分支机构营业收入之和）＋0.35×（该分支机构工资总额÷各分支机构工资总额之和）＋0.30×（该分支机构资产总额÷各分支机构资产总额之和）

总机构和分支机构处于不同税率地区的，先由总机构统一计算全部应纳税所得额，然后依照规定的比例、三个因素及其权重，计算划分不同税率地区机构的应纳税所得额后，再分别按总机构和分支机构所在地的适用税率计算应纳税额。同时规定，当年新设立的分支机构第2年起参与分摊，当年撤销的分支机构第2年起不参与分摊。

（二）适用范围

1. 该处理办法适用于在中国境内跨地区设立不具有法人资格营业机构、场所（以下简称"分支机构"）的居民企业，该居民企业为汇总纳税企业。

2. 实行就地预缴办法的企业暂定为总机构和具有主体生产经营职能的二级分支机构，三级及三级以下分支机构应并入二级机构测算。

（三）分级管理与汇算清缴

1. 居民企业总机构、分支机构分别由所在地主管税务机关属地监督和管理。各企业总分机构在规定比例内按月或按季向所在地主管税务机关申报、预缴企业所得税。

2. 各分支机构不进行企业所得税汇总清缴，统一由总机构按照相关规定进行。总机构所在地税务机关根据汇总计算的企业年度全部应纳税额，扣除总机构和各境内分支机构已缴纳的税款，多退少补。

当年应补缴的所得税款，由总机构缴入中央国库。当年多缴的所得税款，由总机构所在地主管税务机关开具《税收收入退还书》等凭证，按规定程序从中央国库办理退库。

第八章 相关法律制度

第一节 预 算 法

预算本身是政治的产物，它绝非仅是一堆枯燥的数字排列。预算案是各方利益达致平衡的安排，科学、合理地配置预算权，设置预算程序，规范预算责任，都是预算法应有之义。

一、预算和预算法概述

（一）预算的概念

预算法意义上的预算，是指国家预算或财政预算，即国家对会计年度内的收入和支出的预先估算。由于会计年度通常为一年，因而预算的收入和支出也称岁入和岁出。预算是国家组织、分配财政资金的重要工具，也是国家进行宏观调控的经济杠杆。

预算活动必须按一定的规则进行，这些规则便构成了预算制度。预算制度通常包括预算体制、预算体系、预算收支、预算编制、预算议定、预算执行等内容，它们由各国的预算法加以规定。

（二）预算法的概念

预算法是调整在国家进行预算资金的筹集、分配、使用和管理过程中所发生的社会关系的法律规范的总称。

预算法的调整对象是在国家以法定程序进行预算资金的筹集、分配、使用和管理过程中发生的社会关系（简称"预算关系"）。预算关系可分为预算实体关系和预算程序关系两类。其中，在筹集、分配、使用和管理预算资金过程中发生的社会关系为预算实体关系，而在遵循预算的编制、议定、执行等程序过程中发生的社会关系则为预算程序关系。这两类关系是紧密联系在一起的。

我国为了规范政府收支行为，强化预算约束，加强对预算的管理和监督，建立健全全面规范、公开透明的预算制度，保障经济社会的健康发展，根据宪法，制定了《中华人民共和国预算法》（以下简称《预算法》，1994年3月22日第八届全国人民代表大会第二次会议通过，根据2014年8月31日第十二届全国人民代表大会常务委员会第十次会议《关于修改〈中华人民共和国预算法〉的决定》修正）。修正后的《预算法》自2015年1月1日起施行。它是我国财政法领域中一部重要的法律，在一定程度上起到了财政基本法的作用。

（三）预算年度

总体来看，预算年度分为历年制和跨年制两类。前者是以公历年度作为预算年度，我国即是这种；后者是指以一年中的某个日期开始的 12 个月作为预算年度，如英国、日本为当年的 4 月 1 日始至次年 3 月 31 日止，美国为当年 10 月 1 日始至次年 9 月 30 日止。我国《预算法》规定：预算年度自公历 1 月 1 日起，至 12 月 31 日止。

（四）预算法的基本原则

预算法的基本原则是指在预算、决算的编制、审查、批准、监督，以及预算的执行和调整过程中应当遵守的基本准则。

1. 统筹兼顾、勤俭节约、量力而行原则。

各级一般公共预算支出的编制，应当统筹兼顾，在保证基本公共服务合理需要的前提下，优先安排国家确定的重点支出；应当贯彻勤俭节约的原则；在支出安排的总量上按照年度财政收入规模安排支出，做到量力而行，收支平衡。

2. 预算法定原则。

《预算法》明确规定：经人民代表大会批准的预算，非经法定程序，不得调整。各级政府、各部门、各单位的支出必须以经批准的预算为依据，未列入预算的不得支出。

3. 绩效原则。

绩效指政府支出应与有效公共服务的提供相匹配。绩效原则指政府应当将绩效贯穿于预算全过程。

4. 跨年度预算平衡原则。

根据经济形势发展变化和财政政策逆周期调节的需要，建立跨年度预算平衡机制。《预算法》规定：各级政府应当建立跨年度预算平衡机制。

5. 公开原则。

预算的公开性是指：一是预算公开，除法律规定或涉及国家利益的重大机密外，预算草案及依据应向人民代表公开，在预算通过后应向人民公开；二是预算的编制、审议和执行过程透明；三是决算数据公开。

6. 完整性原则。

预算完整性原则，是指一切和政府有关的财政收支活动，都应该纳入预算当中，政府在预算活动外不许有任何其他的财政收支行为。《预算法》第四条规定：预算由预算收入和预算支出组成。政府的全部收入和支出都应当纳入预算。

7. 分税制原则。

国家实行中央和地方分税制。实行分税制的预算管理体制，有利于稳定中央与地方各级预算收入来源，明确各级预算管理的职责权限；有利于充分调动各级政府预算管理的积极性，克服以往那种权责不清的预算管理体制的弊端。

二、预算体系

预算体系，是依据国家的政权结构形成的国家预算的协调统一的整体。我国《预算法》规定，国家实行一级政府一级预算，据此，我国的预算共分为五级，分别是：(1) 中央预算；(2) 省、自治区、直辖市预算；(3) 设区的市、自治州预算；(4) 县、自治县、不设区的市、市辖区预算；(5) 乡、民族乡、镇预算。

这五级预算可以分为两类，即中央预算和地方各级预算，地方各级预算简称为地方预算。全国总预算由中央预算和地方预算组成。中央预算由中央各部门（含直属单位，下同）的预算组成。中央预算包括地方向中央上解的收入数额，以及中央对地方返还或者给予补助的数额。地方各级政府预算由本级各部门（含直属部门，下同）的预算组成。地方各级政府预算包括下级政府向上级政府上解的收入总额，以及上级政府对下级政府返还或者给予补助的数额。此外，上述各级各类政府预算中所涉及的各部门预算，是由其本部门所属各单位预算组成的；而单位预算则是指列入部门预算的国家机关、社会团体和其他单位的收支预算。

三、预算管理职权

预算管理职权是指各级预算主体在预算活动中享有的权利和职责。预算管理职权包括预算的编制权、审批权、执行权、调整权等。

预算管理职权的分配，包括横向分配和纵向分配两个方面。预算管理职权的横向分配，是指预算管理职权在相同级次的国家机关之间的分割和配置，如全国人民代表大会与国务院之间的预算管理职权的分配。预算管理职权的纵向分配，是指预算管理职权在不同级次国家机关之间的分割和配置，如在中央国家机关和地方国家机关之间的分配。

预算管理职权可以分为权力机关的职权、行政机关的职权、财政部门的职权和其他部门、单位的职权。

四、预算收支范围

在分税制的预算管理体制下，我国《预算法》确定了预算收入和预算支出的范围。

（一）预算收入

1. 税收收入。

税收收入是国家预算收入的最主要的部分。目前，我国税收收入涉及 18 个税种，分为流转税、所得税、资源税、行为税、财产税等。

2. 行政事业性收费收入。

行政事业性收费，是指国家机关、事业单位、代行政府职能的社会团体及其他组织根据法律、行政法规、地方性法规等有关规定，依照国务院规定程序批准，在向公民、法人提供特定服务的过程中，按照成本补偿和非营利原则向特定服务对象收取的费用。

3. 国有资源（资产）有偿使用收入。

国有资源和资产是国民经济与社会发展的物质基础，国有资源和资产有偿使用收入是政府财政收入的重要组成部分。

4. 转移性收入。

转移性收入包括上级补助收入（主要是返还性收入、财政转移支付收入）、下级上解收入、上年结余收入等。

（1）上级补助收入。

①返还性收入。

现行中央对地方税收返还包括增值税返还、消费税返还、所得税基数返还、成品油税费改革税收返还。地方各级财政取得的上述返还，成为其返还性的收入。

②财政转移支付收入。

国家为推进地区间基本公共服务均等化，实行财政转移支付制度。财政转移支付应当规范、公平、公开。在现行财政体制下，中央与地方政府之间的转移支付和地方上级政府对下级政府的转移支付形式主要有两大类，即一般性转移支付和专项转移支付。

《国务院关于改革和完善中央对地方转移支付制度的意见》中规定，合理划分中央和地方事权与支出责任，逐步推进转移支付制度改革，形成以均衡地区间基本财力、由地方政府统筹安排使用的一般性转移支付为主体，一般性转移支付和专项转移支付相结合的转移支付制度。

（2）下级上解收入。

下级上解收入，是指上级财政收到下级财政按规定上缴的各种预算上解款，即指按财政体制规定由下级财政上交给本级财政的款项，具体包括上级政府收到的下级政府的体制上解收入、专项上解收入、出口退税专项上解收入。

（3）上年结余收入。

上年结余收入是指上年度预算执行结果收入大于支出的结余数额。上年结余包括两部分：一部分属于专项资金结余，按规定这部分结余结转下年度继续使用；另一部分属于净结余，这部分结余可以用来安排新的支出。

5. 其他收入。

除上述各类收入以外的收入，主要包括规费收入、罚没收入、捐赠收入等。

（二）预算支出

一般公共预算支出按照其功能分类，包括一般公共服务支出，外交、公共安全、国防支出，农业、环境保护支出，教育、科技、文化、卫生、体育支出，社会保障及就业支出和其他支出；按照其经济性质分类，包括工资福利支出、商品和服务支出、资本性支出和其他支出。

中央预算与地方预算有关收入和支出项目的划分、地方向中央上解收入、中央对地方税收返还或者转移支付的具体办法，由国务院规定，报全国人民代表大会常务委员会备案。

上级政府不得在预算之外调用下级政府预算的资金。下级政府不得挤占或者截留属于上级政府预算的资金。

五、预算编制

预算编制，是指制定取得和分配、使用预算资金的年度计划的活动。它是预算管理程序中的第一个环节和步骤，是一种基础性的程序。

预算编制的对象是预算草案。所谓预算草案，是指各级政府、各部门、单位编制的未经法定程序审查批准的预算收支计划。预算草案在未经权力机关批准之前，仅是一种不具有法律效力的国家预算。

（一）预算编制的基本要求

1. 各级预算收入的编制，应当与经济社会发展水平相适应，与财政政策相衔接。

2. 中央政府公共预算和地方各级政府预算按照量入为出、收支平衡的原则编制，不列赤字。

3. 各级政府、各部门、各单位应当依照《预算法》规定，将所有政府收入全部列入预算，不得隐瞒、少列。

4. 各级预算支出应当依照《预算法》规定，按其功能和经济性质分类编制。

5. 各级预算支出的编制，应当贯彻勤俭节约的原则，严格控制各部门、各单位的机关运行经费和楼堂馆所等基本建设支出。

6. 各级一般公共预算支出的编制，应当统筹兼顾，在保证基本公共服务合理需要的前提下，优先安排国家确定的重点支出。

（二）预算编制的方法和程序

国务院应当及时下达关于编制下一年预算草案的通知。编制预算草案的具体事项由国务院财政部门部署。各级政府、各部门、各单位应当按照国务院规定的时间编制预算草案。各级预算应当根据年度经济社会发展目标、国家宏观调控总体要求和跨年度预算平衡的需要，参考上一年预算执行情况、有关支出绩效评价结果和本年度收支预测，按照规定程序征求各方面意见后，进行编制。

各部门、各单位应当按照国务院财政部门制定的政府收支分类科目、预算支出标准和要求，以及绩效目标管理等预算编制规定，根据其依法履行职能和事业发展的需要以及存量资产情况，编制本部门、本单位预算草案。

省、自治区、直辖市政府应当按照国务院规定的时间，将本级总预算草案报国务院审核汇总。

六、预算审查和批准

预算的审批，是指国家各级权力机关对同级政府所提出的预算草案进行审查和批准的活动。预算的审批是使预算草案转变为正式预算的关键阶段，只有经过审批的预算才是具有法律效力的、相关预算主体必须遵守的正式预算。《预算法》规定，经人民代表大会批准的预算，非经法定程序，不得调整。

根据《预算法》的规定，中央预算由全国人民代表大会审查和批准；地方各级预算由本级人民代表大会审查和批准。

国务院在全国人民代表大会举行会议时，向大会作关于中央和地方预算草案以及中央和地方预算执行情况的报告。地方各级政府在本级人民代表大会举行会议时，向大会作关于总预算草案和总预算执行情况的报告。

乡、民族乡、镇政府应当及时将经本级人民代表大会批准的本级预算报上一级政府备案。县级以上地方各级政府应当及时将经本级人民代表大会批准的本级预算及下一级政府报送备案的预算汇总，报上一级政府备案。县级以上地方各级政府将下一级政府依照前述规定报送备案的预算汇总后，报本级人民代表大会常务委员会备案。国务院将省、自治区、直辖市政府依照前款规定报送备案的预算汇总后，报全国人民代表大会常务委员会备案。

国务院和县级以上地方各级政府对下一级政府依照《预算法》的相关规定报送备案的预算，认为有同法律、行政法规相抵触或者有其他不适当之处，需要撤销批准预算的决议的，应当提请本级人民代表大会常务委员会审议决定。

各级预算经本级人民代表大会批准后，本级政府财政部门应当在20日内向本级各部门批复预算。各部门应当在接到本级政府财政部门批复的本部门预算后15日内向所属各单位批复预算。

七、预算执行与调整

（一）预算执行

预算执行，是组织完成预算收支任务的活动。各级预算由本级政府组织执行，具体工作由本级政府财政部门负责。各部门、各单位是本部门、本单位的预算执行主体，负责本部门、本单位的预算执行，并对执行结果负责。

《预算法》规定，预算年度开始后，各级预算草案在本级人民代表大会批准前，可以安排下列支出：上一年度结转的支出；参照上一年同期的预算支出数额安排必须支付的本年度部门基本支出、项目支出，以及对下级政府的转移性支出；法律规定必须履行支付义务的支出，以及用于自然灾害等突发事件处理的支出。预算经本级人民代表大会批准后，按照批准的预算执行。

预算收入征收部门和单位，必须依照法律、行政法规的规定，及时、足额征收应征的预算收入。各级政府不得向预算收入征收部门和单位下达收入指标。

各级政府财政部门必须依照法律、行政法规和国务院财政部门的规定，及时、足额地拨付预算支出资金，加强对预算支出的管理和监督。各级政府、各部门、各单位的支出必须按照预算执行，不得虚假列支。各级政府、各部门、各单位应当对预算支出情况开展绩效评价。

县级以上各级预算必须设立国库；具备条件的乡、民族乡、镇也应当设立国库。中央国库业务由中国人民银行经理，地方国库业务依照国务院的有关规定办理。各级国库应当按照国家有关规定，及时准确地办理预算收入的收纳、划分、留解、退付和预算支出的拨付。各级国库库款的支配权属于本级政府财政部门。除法律、行政法规另有规定外，未经本级政府财政部门同意，任何部门、单位和个人都无权冻结、动用国库库款或者以其他方式支配已入国库的库款。

（二）预算调整

预算调整是因特殊情况而在预算执行过程中对原来的预算作部分调整和变更。由于预算调整的是已经发生法律效力的预算案，因此必须按照法律规定的实体条件和程序进行。

经全国人民代表大会批准的中央预算和经地方各级人民代表大会批准的地方各级预算，在执行中出现下列情况之一的，应当进行预算调整：（1）需要增加或者减少预算总支出的；（2）需要调入预算稳定调节基金的；（3）需要调减预算安排的重点支出数额的；（4）需要增加举借债务数额的。

在预算执行中，各级政府对于必须进行的预算调整，应当编制预算调整方案。预算调整方案应当说明预算调整的理由、项目和数额。中央预算的调整方案应当提请全国人民代表大会常务委员会审查和批准。县级以上地方各级预算的调整方案应当提请本级人民代表大会常务委员会审查和批准；乡、民族乡、镇预算的调整方案应当提请本级人民代表大会审查和批准。未经《预算法》规定的程序，各级政府不得作出预算调整的决定。对违反上述规定作出的决定，本级人民代表大会、本级人民代表大会常务委员会或者上级政府应当责令其改变或者撤销。

在预算执行中，地方各级政府因上级政府增加不需要本级政府提供配套资金的专项转移支付而引起的预算支出变化，不属于预算调整。接受增加专项转移支付的县级以上地方各级政府应当向本级人民代表大会常务委员会报告有关情况；接受增加专项转移支付的乡、民族乡、镇政府应当向本级人民代表大会报告有关情况。

八、决算

决算是对年度预算收支执行结果的报告，在实质上则是对年度预算执行结果的总结。决算是预算管理程序中的最后一个环节，在形式上包括决算报表和文字说明两部分。

决算草案由各级政府、各部门、各单位，在每一预算年度终了后按照国务院规定的时间编制。编制决算草案的具体事项,由国务院财政部门部署。编制决算草案,必须符合法律、行政法规,做到收支真实、数额准确、内容完整、报送及时。决算草案应当与预算相对应,按预算数、调整预算数、决算数分别列出。各部门对所属各单位的决算草案,应当审核并汇总编制本部门的决算草案,在规定的期限内报本级政府财政部门审核。各级政府财政部门对本级各部门决算草案审核后发现有不符合法律、行政法规规定的,有权予以纠正。

国务院财政部门编制中央决算草案,经国务院审计部门审计后,报国务院审定,由国务院提请全国人民代表大会常务委员会审查和批准。县级以上地方各级政府财政部门编制本级决算草案,经本级政府审计部门审计后,报本级政府审定,由本级政府提请本级人民代表大会常务委员会审查和批准。乡、民族乡、镇政府编制本级决算草案,提请本级人民代表大会审查和批准。

国务院和县级以上地方各级政府对下一级政府依照《预算法》规定报送备案的决算,认为有同法律、行政法规相抵触或者有其他不适当之处,需要撤销批准该项决算的决议的,应当提请本级人民代表大会常务委员会审议决定;经审议决定撤销的,该下级人民代表大会常务委员会应当责成本级政府依照《预算法》规定重新编制决算草案,提请本级人民代表大会常务委员会审查和批准。

九、预算监督

预算监督是指各级国家机关依法对全部预算活动的监督。预算监督贯穿于预算管理活动的各个环节,有效地推进财权法治化,确保财政资金的安全性和绩效性。

(一)权力机关对预算的监督

全国人民代表大会及其常务委员会对中央和地方预算、决算进行监督。县级以上地方各级人民代表大会及其常务委员会对本级和下级预算、决算进行监督。乡、民族乡、镇人民代表大会对本级预算、决算进行监督。

各级人民代表大会和县级以上各级人民代表大会常务委员会有权就预算、决算中的重大事项或者特定问题组织调查,有关的政府、部门、单位和个人应当如实反映情况和提供必要的材料。

各级人民代表大会和县级以上各级人民代表大会常务委员会举行会议时,人民代表大会代表或者常务委员会组成人员,依照法律规定程序就预算、决算中的有关问题提出询问或者质询,受询问或者受质询的有关政府或者财政部门必须及时给予答复。

(二)政府机关对预算的监督

国务院和县级以上地方各级政府应当在每年6~9月期间向本级人民代表大会常务委员会报告预算执行情况。

各级政府监督下级政府的预算执行;下级政府应当定期向上一级政府报告预算执行情况。

（三）各级政府专门机构对预算的监督

各级政府财政部门负责监督检查本级各部门及其所属各单位预算的编制、执行，并向本级政府和上一级政府财政部门报告预算执行情况。

县级以上政府审计部门依法对预算执行、决算实行审计监督。对预算执行和其他财政收支的审计工作报告应当向社会公开。

政府各部门负责监督检查所属各单位的预算执行，及时向本级政府财政部门反映本部门预算执行情况，依法纠正违反预算的行为。

（四）其他主体对预算的监督

公民、法人或者其他组织发现有违反预算法的行为，可以依法向有关国家机关进行检举、控告。

接受检举、控告的国家机关应当依法进行处理，并为检举人、控告人保密。任何单位或者个人不得压制和打击报复检举人、控告人。

第二节　国有资产管理法律制度

一、企业国有资产法律制度

（一）企业国有资产法律制度概述

1. 国有资产的概念及其类型。

国有资产，是指所有权属于国家的财产或财产权益。这里的财产或财产权益，不仅包括有形财产（如固定资产和流动资产），还包括属于国家的债权、无形财产等财产权益。

国有资产的类型多样，包括：（1）资源性国有资产。资源性国有资产是指有开发价值的、依法属于国家所有的自然资源。（2）经营性国有资产。经营性国有资产是指国家投资所形成的财产权益。（3）非经营性国有资产。非经营性国有资产是指由国家以拨款或其他形式投入非经营性领域形成的财产权益。

2. 企业国有资产和企业国有资产法的概念。

《中华人民共和国企业国有资产法》（以下简称《企业国有资产法》）规定，企业国有资产，是指国家对企业各种形式的出资所形成的权益。

企业国有资产法，是调整在国家及其代表机构管理国家出资企业的过程中所形成的社会关系的法律规范的总称。形式意义上的企业国有资产法，是指于 2008 年 10 月 28 日通过，自 2009 年 5 月 1 日起施行的《企业国有资产法》。

3.《企业国有资产法》的宗旨和原则。

（1）《企业国有资产法》的宗旨。

以公有制为主体，多种所有制经济共同发展的制度，是我国社会主义初级阶段的基本经济制度。这一制度是推动各种所有制经济在市场竞争中发挥各自优势、相互促进、共同发展的重要保障。但是，近些年来，国有资产流失现象严重，国有经济发展存在很多亟待解决的问题。制定《企业国有资产法》的宗旨，就是维护国家基本经济制度，巩固和发展国有经济，加强对国有资产的保护，发挥国有经济在国民经济中的主导作用，促进社会主义市场经济的发展。

（2）《企业国有资产法》的原则。

①国家所有原则。国有资产属于国家所有，即全民所有。

②出资人代表原则。国务院代表国家行使国有资产所有权，各级人民政府依法代表国家对国家出资企业履行出资人职责。

③职能分开原则。国务院和地方人民政府应当按照政企分开、社会公共管理职能与国有资产出资人职能分开、不干预企业依法自主经营的原则，依法履行出资人职责。

④国有资产不可侵害原则。国有资产受法律保护，任何单位和个人不得侵害。

（二）企业国有资产管理与监督体制

经过新中国成立后的发展和改革开放 40 年来的探索，我国的企业国有资产管理与监督体制逐步成型，并以《企业国有资产法》的形式固定下来。其主要内容是：

1. 出资人和所有权人。

企业国有资产是由国家出资形成的财产权益，因而，企业国有资产属于国家所有，即全民所有。

2. 出资人职责代表机构。

（1）国务院是国有资产所有权人的代表。

企业国有资产的出资人和所有权人虽然是国家，但根据法律的规定由国务院代表国家行使国有资产所有权。

（2）国务院和地方人民政府对国家出资企业履行出资人职责。

国务院和地方人民政府依照法律、行政法规的规定，分别代表国家对国家出资企业履行出资人职责，享有出资人权益。其中，国务院所确定的关系国民经济命脉和国家安全的大型国家出资企业、重要基础设施和重要自然资源等领域的国家出资企业，由国务院代表国家履行出资人职责；其他的国家出资企业，由地方人民政府代表国家履行出资人职责。

（3）履行出资人职责的机构。

国务院国有资产监督管理机构和地方人民政府按照国务院规定所设立的国有资产监督管理机构，根据本级人民政府的授权，代表本级人民政府对国家出资企业履行出资人职责。国务院和地方人民政府根据需要，可以授权其他部门、机构代表本级人民政府对国家出资企业履行出资人职责。以上代表本级人民政府履行出资人职责的机构、部门，统称"履行出资人职责的机构"。目前，国务院国有资产管理委员会，是国务院授权代表国务院管理关系国民经济命脉和国家安全的大型国家出资企业、重要基础设施和重要自然资源等领域的国家出资企业，并履行出资人职责的机构。国家财政部等有关部门是国务院授权代表国务院对金融类国家出资企业履行出资人职责的机构。

履行出资人职责的机构代表出资人享有出资者权利，包括依法享有资产收益权、参与重大决策权、选择管理者等权利。

履行出资人职责的机构的职责：①依法制定或者参与制定国家出资企业的章程。②委派股东代表参加国有资本控股公司、国有资本参股公司召开的股东会会议、股东大会会议，按照委派机构的指示提出提案、发表意见、行使表决权，并将其履行职责的情况和结果及时报告委派机构。③依法律法规和企业章程履行出资人职责，保障出资人权益，防止国有资产损失。④维护企业作为市场主体依法享有的权利，除依法履行出资人职责外，不得干预企业经营活动。⑤对本级人民政府负责，向本级人民政府报告履行出资人职责的情况，接受本级人民政府的监督和考核，对国有资产的保值增值负责。⑥定期向本级人民政府报告有关国有资产总量、结构、变动、收益等汇总分析的情况。

3. 企业国有资产监督。

（1）各级权力机关的监督。

各级人民代表大会常务委员会，通过听取和审议本级人民政府履行出资人职责的情况和国有资产监督管理情况的专项工作报告，组织对企业国有资产法实施情况的执法检查等，依法行使监督职权。

（2）各级政府的监督。

国务院和地方人民政府，应当对其授权履行出资人职责的机构履行职责的情况进行监督。

国务院和地方人民政府审计机关依照《中华人民共和国审计法》的规定，对国有资本经营预算的执行情况和属于审计监督对象的国家出资企业进行审计监督。履行出资人职责的机构根据需要，可以委托会计师事务所对国有独资企业、国有独资公司的年度财务会计报告进行审计，或者通过国有资本控股公司的股东会、股东大会决议，由国有资本控股公司聘请会计师事务所对公司的年度财务会计报告进行审计，维护出资人权益。

（3）社会监督。

国务院和地方人民政府应当依法向社会公布国有资产状况和国有资产监督管理工作情况，接受社会公众的监督。任何单位和个人有权对造成国有资产损失的行为进行检举和控告。

（三）国家出资企业

1. 国家出资企业的概念。

《企业国有资产法》所称的国家出资企业，是指国家出资的国有独资企业、国有独资公司，以及国有资本控股公司、国有资本参股公司。

2.国家出资企业的法律地位和权利。

（1）国家出资企业对其动产、不动产和其他财产依照法律、行政法规以及企业章程享有占有、使用、收益和处分的权利。

（2）国家出资企业依法享有经营自主权和其他合法权益。

（3）国家出资企业对其所出资企业依法享有资产收益、参与重大决策和选择管理者等出资人权利，并依法管理、监督。

3.国家出资企业的义务和责任。

国家出资企业的义务和责任包括以下几类：

（1）守法经营，提高效益；

（2）接受监督，承担社会责任，对出资人负责；

（3）完善治理结构，加强风险控制；

（4）完善财会制度，依法向出资人分配利润；

（5）依法建立监事会，加强内部监督，通过职代会等形式实行民主管理。

（四）企业国有资产管理制度

1.国家出资企业管理者的选择与考核制度。

（1）任免或建议任免范围。

履行出资人职责的机构任免或建议任免国家出资企业的人员，包括：①任免国有独资企业的经理、副经理、财务负责人和其他高级管理人员；②任免国有独资公司的董事长、副董事长、董事、监事会主席和监事；③向国有资本控股公司、国有资本参股公司的股东会、股东大会提出董事、监事人选。但是，国家出资企业中应当由职工代表出任的董事、监事，依照有关法律、行政法规的规定由职工民主选举产生。

履行出资人职责的机构任命或者建议任命的董事、监事、高级管理人员，应当具备下列条件：①有良好的品行；②有符合职位要求的专业知识和工作能力；③有能够正常履行职责的身体条件；④法律、行政法规规定的其他条件。上述人员任职期间出现不符合法定情形的，应依法予以免职或者提出免职建议。

（2）任命程序。

对拟任命或者建议任命的董事、监事、高级管理人员的人选，应当按照规定的条件和程序进行考察。考察合格的，按照规定的权限和程序任命或者建议任命。

（3）董事、高级管理人员和监事兼职限制与义务。

①兼职限制。未经任免机构同意，董事、高管不得在其他企业兼职。未经股东会、股东大会同意，董事、高管不得在经营同类业务的其他企业兼职。未经履行出资人职责的机构同意，国有独资公司的董事长不得兼任经理。未经股东会、股东大会同意，国有资本控股公司的董事长不得兼任经理。董事、高级管理人员不得兼任监事。

②义务。国家出资企业的董事、监事、高级管理人员，应当遵守法律、行政法规

以及企业章程，对企业负有忠实义务和勤勉义务，不得利用职权收受贿赂或者取得其他非法收入和不当利益，不得侵占、挪用企业资产，不得超越职权或者违反程序决定企业重大事项，不得有其他侵害国有资产出资人权益的行为。

（4）考核。

履行出资人职责的机构，应当对其任命的企业管理者进行年度和任期考核，并依据考核结果决定对企业管理者的奖惩。国有独资企业、国有独资公司和国有资本控股公司的主要负责人，应当接受依法进行的任期经济责任审计。

2. 重大事项管理的权力归属。

这里所称的重大事项，是指国家出资企业事关出资人权益的重大事项，比如合并、分立、改制、上市，增加或者减少注册资本，发行债券，进行重大投资，为他人提供大额担保，转让重大财产，进行大额捐赠，分配利润，以及解散、申请破产等重大事项。《企业国有资产法》对上述重大事项进行了一般规定，并对改制、关联方交易、评估、资产转让进行专门规定，其主要内容如下：

（1）履行出资人职责的机构决定的事项：国有独资企业、国有独资公司合并、分立，增加或者减少注册资本，发行债券，分配利润，以及解散、申请破产。

（2）企业负责人集体或董事会决定的事项：国有独资企业、国有独资公司除依法由履行出资人职责的机构决定以外的事项，国有独资企业由企业负责人集体讨论决定，国有独资公司由董事会决定。

（3）委派的股东代表依法行使权利的事项：国有资本控股公司、国有资本参股公司对由公司股东会、股东大会或者董事会决定的事项，履行出资人职责的机构委派的股东代表应依法行使权利。

（4）本级人民政府决定的事项：重要的国有独资企业、国有独资公司、国有资本控股公司的合并、分立、解散、申请破产以及法律、行政法规和本级人民政府规定应当由履行出资人职责的机构报经本级人民政府批准的重大事项，履行出资人职责的机构在作出决定或者向其委派参加国有资本控股公司股东会会议、股东大会会议的股东代表作出指示前，应当报请本级人民政府批准。

同时，国家出资企业的合并、分立、改制、解散、申请破产等重大事项，应当听取企业工会的意见，并通过职工代表大会或者其他形式听取职工的意见和建议。

3. 企业改制管理制度。

（1）国家出资企业改制的形式。

《企业国有资产法》所称的企业改制是指：①国有独资企业改为国有独资公司；②国有独资企业、国有独资公司改为国有资本控股公司或者非国有资本控股公司；③国有资本控股公司改为非国有资本控股公司。

（2）决定或批准。

①企业改制应当依照法定程序，由履行出资人职责的机构决定或者由公司股东会、

股东大会决定。重要的国有独资企业、国有独资公司、国有资本控股公司的改制，履行出资人职责的机构在作出决定或者向其委派参加国有资本控股公司股东会会议、股东大会会议的股东代表作出指示前，应当将改制方案报请本级人民政府批准。

②企业改制涉及重新安置企业职工的，还应当制订职工安置方案，并经职工代表大会或者职工大会审议通过。

（3）出资人权益保护。

清产核资、财务审计、资产评估，界定和核实资产，应当客观、公正。涉及非货币财产折算为国有资本出资或者股份的，应当以评估确认价格作为确定国有资本出资额或者股份数额的依据。不得将财产低价折股或者有其他损害出资人权益的行为。

4. 与关联方交易管理制度。

（1）关联方的范围。

《企业国有资产法》所称的关联方，是指本企业的董事、监事、高级管理人员及其近亲属，以及这些人员所有或者实际控制的企业。

（2）与关联方交易的限制和禁止。

国家出资企业的关联方，不得利用与国家出资企业之间的交易，谋取不当利益，损害国家出资企业利益：①国有独资企业、国有独资公司、国有资本控股公司不得无偿向关联方提供资金、商品、服务或者其他资产，不得以不公平的价格与关联方进行交易。②未经履行出资人职责的机构同意，国有独资企业、国有独资公司不得有下列行为：与关联方订立财产转让、借款的协议；为关联方提供担保；与关联方共同出资设立企业，或者向董事、监事、高级管理人员或者其近亲属所有或者实际控制的企业投资。③国有资本控股公司、国有资本参股公司与关联方的交易，履行出资人职责的机构委派的股东代表，依法行使权利。公司董事会对公司与关联方的交易作出决议时，该交易所涉及的董事不得行使表决权，也不得代理其他董事行使表决权。

5. 资产评估管理制度。

为防止国有资产流失，国有独资企业、国有独资公司和国有资本控股公司合并、分立、改制，转让重大财产，以非货币财产对外投资，清算或者有法律、行政法规以及企业章程规定应当进行资产评估的其他情形的，应当按照规定对有关资产进行评估，委托依法设立的符合条件的资产评估机构进行资产评估，并向履行出资人职责的机构报告。委托方及其工作人员应当向资产评估机构如实提供有关情况和资料，不得与资产评估机构串通评估作价。

6. 企业国有资产交易监督管理制度。

为了规范企业国有资产交易行为，加强企业国有资产交易监督管理，防止国有资产流失，2016年6月24日，国务院国有资产监督管理委员会和财政部联合发布《企业国有资产交易监督管理办法》。

（1）国有及国有控股企业、国有实际控制企业的界定。

①政府部门、机构、事业单位出资设立的国有独资企业（公司），以及上述单位、企业直接或间接合计持股为100%的国有全资企业；②上述所列单位、企业单独或共同出资，合计拥有产（股）权比例超过50%，且其中之一为最大股东的企业；③上述第①、②所列企业对外出资，拥有股权比例超过50%的各级子企业；④政府部门、机构、事业单位、单一国有及国有控股企业直接或间接持股比例未超过50%，但为第一大股东，并且通过股东协议、公司章程、董事会决议或者其他协议安排能够对其实际支配的企业。

（2）企业国有资产交易行为的界定。

①履行出资人职责的机构、国有及国有控股企业、国有实际控制企业转让其对企业各种形式出资所形成权益的行为（以下称"企业产权转让"）；②国有及国有控股企业、国有实际控制企业增加资本的行为（以下称"企业增资"），政府以增加资本金方式对国家出资企业的投入除外；③国有及国有控股企业、国有实际控制企业的重大资产转让行为（以下称"企业资产转让"）。

国有资产监督管理机构（以下简称"国资监管机构"）负责所监管企业的国有资产交易监督管理；国家出资企业负责其各级子企业国有资产交易的管理，定期向同级国资监管机构报告本企业的国有资产交易情况。

（3）企业产权转让。

①审批。

国资监管机构负责审核国家出资企业的产权转让事项。其中，因产权转让致使国家不再拥有所出资企业控股权的，须由国资监管机构报本级人民政府批准。

国家出资企业应当制定其子企业产权转让管理制度，确定审批管理权限。其中，对主业处于关系国家安全、国民经济命脉的重要行业和关键领域，主要承担重大专项任务子企业的产权转让，须由国家出资企业报同级国资监管机构批准。

转让方为多家国有股东共同持股的企业，由其中持股比例最大的国有股东负责履行相关批准程序；各国有股东持股比例相同的，由相关股东协商后确定其中一家股东负责履行相关批准程序。

②信息披露。

产权转让原则上通过产权市场公开进行。转让方可以根据企业实际情况和工作进度安排，采取信息预披露和正式披露相结合的方式，其中正式披露信息时间不得少于20个工作日。因产权转让导致转让标的企业的实际控制权发生转移的，转让方应当在转让行为获批后10个工作日内，通过产权交易机构进行信息预披露，时间不得少于20个工作日。

384

③受让方的确定。

转让方应通过产权交易机构网站分阶段对外披露产权转让信息，公开征集受让方。

产权转让原则上不得针对受让方设置资格条件，确需设置的，不得有明确指向性或违反公平竞争原则，所设资格条件相关内容应当在信息披露前报同级国资监管机构备案，国资监管机构在 5 个工作日内未反馈意见的视为同意。

信息披露期满未征集到意向受让方的，可以延期或在降低转让底价、变更受让条件后重新进行信息披露。产权交易机构负责意向受让方的登记工作，对意向受让方是否符合受让条件提出意见并反馈转让方。产权交易机构与转让方意见不一致的，由转让行为批准单位决定意向受让方是否符合受让条件。产权转让信息披露期满、产生符合条件的意向受让方的，按照披露的竞价方式组织竞价。竞价可以采取拍卖、招投标、网络竞价以及其他竞价方式，且不得违反国家法律法规的规定。

转让项目自首次正式披露信息之日起超过 12 个月未征集到合格受让方的，应当重新履行审计、资产评估以及信息披露等产权转让工作程序。

④转让价格的确定。

产权转让项目首次正式信息披露的转让底价，不得低于经核准或备案的转让标的评估结果。降低转让底价或变更受让条件后重新披露信息的，披露时间不得少于 20 个工作日。新的转让底价低于评估结果的 90% 时，应当经转让行为批准单位书面同意。

受让方确定后，转让方与受让方应当签订产权交易合同，交易双方不得以交易期间企业经营性损益等理由对已达成的交易条件和交易价格进行调整。

交易价款应当以人民币计价，通过产权交易机构以货币进行结算。交易价款原则上应当自合同生效之日起 5 个工作日内一次付清。

金额较大、一次付清确有困难的，可以采取分期付款方式。采用分期付款方式的，首期付款不得低于总价款的 30%，并在合同生效之日起 5 个工作日内支付；其余款项应当提供转让方认可的合法有效担保，并按同期银行贷款利率支付延期付款期间的利息，付款期限不得超过 1 年。

⑤非公开协议转让。

以下情形的产权转让可以采取非公开协议转让方式：涉及主业处于关系国家安全、国民经济命脉的重要行业和关键领域企业的重组整合，对受让方有特殊要求，企业产权需要在国有及国有控股企业之间转让的，经国资监管机构批准，可以采取非公开协议转让方式；同一国家出资企业及其各级控股企业或实际控制企业之间因实施内部重组整合进行产权转让的，经该国家出资企业审议决策，可以采取非公开协议转让方式。

采取非公开协议转让方式转让企业产权，转让价格不得低于经核准或备案的评估结果。

以下情形按照《中华人民共和国公司法》、企业章程履行决策程序后，转让价格可以资产评估报告或最近一期审计报告确认的净资产值为基础确定，且不得低于经评估或审计的净资产值：①同一国家出资企业内部实施重组整合，转让方和受让方为该国家出资企业及其直接或间接全资拥有的子企业；②同一国有控股企业或国有实际控制企业内部实施重组整合，转让方和受让方为该国有控股企业或国有实际控制企业及其直接、间接全资拥有的子企业。

（4）企业增资。

①审批。

国资监管机构负责审核国家出资企业的增资行为。其中，因增资致使国家不再拥有所出资企业控股权的，须由国资监管机构报本级人民政府批准。

国家出资企业决定其子企业的增资行为。其中，对主业处于关系国家安全、国民经济命脉的重要行业和关键领域，主要承担重大专项任务的子企业的增资行为，须由国家出资企业报同级国资监管机构批准。

增资企业为多家国有股东共同持股的企业，由其中持股比例最大的国有股东负责履行相关批准程序；各国有股东持股比例相同的，由相关股东协商后确定其中一家股东负责履行相关批准程序。

企业增资通过产权交易机构网站对外披露信息公开征集投资方，时间不得少于40个工作日。

②非公开增资。

以下情形经同级国资监管机构批准，可以采取非公开协议方式进行增资：因国有资本布局结构调整需要，由特定的国有及国有控股企业或国有实际控制企业参与增资；因国家出资企业与特定投资方建立战略合作伙伴或利益共同体需要，由该投资方参与国家出资企业或其子企业增资。

以下情形经国家出资企业审议决策，可以采取非公开协议方式进行增资：国家出资企业直接或指定其控股、实际控制的其他子企业参与增资；企业债权转为股权；企业原股东增资。

（5）企业资产转让。

企业一定金额以上的生产设备、房产、在建工程以及土地使用权、债权、知识产权等资产对外转让，应当按照企业内部管理制度履行相应决策程序后，在产权交易机构公开进行。涉及国家出资企业内部或特定行业的资产转让，确需在国有及国有控股、国有实际控制企业之间非公开转让的，由转让方逐级报国家出资企业审核批准。

转让方应当根据转让标的情况合理确定转让底价和转让信息公告期：转让底价高于100万元、低于1 000万元的资产转让项目，信息公告期应不少于10个工作日；转让底价高于1 000万元的资产转让项目，信息公告期应不少于20个工作日。

资产转让价款原则上一次性付清。

企业资产转让的具体工作流程参照关于企业产权转让的规定执行。

7. 企业国有资本经营预算制度。

对取得的国有资本收入及其支出实行预算管理。应当纳入国有资本经营预算的收入和支出包括：①从国家出资企业分得的利润；②国有资产转让收入；③从国家出资企业取得的清算收入；④其他国有资本收入。

企业国有资本经营预算按年度单独编制，纳入本级人民政府预算，报本级人民代表大会批准。其预算支出按照当年预算收入规模安排，不列赤字。国务院和有关地方人民政府财政部门负责国有资本经营预算草案的编制工作，履行出资人职责的机构向财政部门提出由其履行出资人职责的国有资本经营预算建议草案。

（五）违反《企业国有资产法》的法律责任

1. 履行出资人职责的机构及其工作人员的法律责任。

（1）履行出资人职责的机构有下列行为之一的，对其直接负责的主管人员和其他直接责任人员依法给予处分：①不按照法定的任职条件，任命或者建议任命国家出资企业管理者的；②侵占、截留、挪用国家出资企业的资金或者应当上缴的国有资本收入的；③违反法定的权限、程序，决定国家出资企业重大事项，造成国有资产损失的；④有其他不依法履行出资人职责的行为，造成国有资产损失的。

（2）履行出资人职责的机构的工作人员玩忽职守、滥用职权、徇私舞弊，尚不构成犯罪的，依法给予处分。

（3）履行出资人职责的机构委派的股东代表未按照委派机构的指示履行职责，造成国有资产损失的，依法承担赔偿责任；属于国家工作人员的，并依法给予处分。

2. 国家出资企业的董事、监事、高级管理人员的法律责任。

（1）国家出资企业的董事、监事、高级管理人员有下列行为之一，造成国有资产损失的，依法承担赔偿责任；属于国家工作人员的，并依法给予处分：①利用职权收受贿赂或者取得其他非法收入和不当利益的。②侵占、挪用企业资产的。③在企业改制、财产转让等过程中，违反法律、行政法规和公平交易规则，将企业财产低价转让、低价折股的。④违反《企业国有资产法》规定与本企业进行交易的。⑤不如实向资产评估机构、会计师事务所提供有关情况和资料，或者与资产评估机构、会计师事务所串通出具虚假资产评估报告、审计报告的。⑥违反法律、行政法规和企业章程规定的决策程序，决定企业重大事项的。⑦有其他违反法律、行政法规和企业章程执行职务行为的。因以上几项取得的收入，依法予以追缴或者归国家出资企业所有。造成国有资产重大损失的，由履行出资人职责的机构依法予以免职或者提出免职建议。

（2）国有独资企业、国有独资公司、国有资本控股公司的董事、监事、高级管理人员违反法律规定，造成国有资产重大损失，被免职的，自免职之日起5年内不得担任上述三类公司的董事、监事、高级管理人员。造成国有资产特别重大损失，或者因贪污、贿赂、侵占财产、挪用财产或者破坏社会主义市场经济秩序被判处刑罚的，终身不得担任上述三类公司董事、监事、高级管理人员。

3. 相关中介机构的法律责任。

接受委托对国家出资企业进行资产评估、财务审计的资产评估机构、会计师事务所违反法律、行政法规的规定和执业准则，出具虚假的资产评估报告或者审计报告的，依照有关法律、行政法规的规定追究法律责任。

二、事业单位国有资产法律制度

（一）事业单位国有资产法律制度概述

1. 事业单位国有资产的概念。

事业单位国有资产，是指事业单位占有、使用的，依法确认为国家所有，能以货币计量的各种经济资源的总称，即事业单位的国有（公共）财产。

事业单位国有资产，包括国家拨给事业单位的资产，事业单位按照国家规定运用国有资产组织收入形成的资产，以及接受捐赠和其他经法律确认为国家所有的资产，其表现形式为流动资产、固定资产、无形资产和对外投资等。

事业单位国有资产，应当按照《事业单位国有资产管理暂行办法》的规定管理。

社会团体和民办非企业单位中占有、使用国有资产的，参照国家关于事业单位国有资产的有关规定执行。但是，参照公务员制度管理的事业单位和社会团体，依照国家关于行政单位国有资产管理的有关规定执行。实行企业化管理并执行企业财务会计制度的事业单位，以及事业单位创办的具有法人资格的企业，根据《企业国有资产管理法》和其他相关法律、法规和财政部有关企业国有资产监督管理的规定实施监督管理。

2. 事业单位国有资产管理的原则。

事业单位国有资产管理活动，应当坚持下列原则：（1）资产管理与预算管理相结合的原则。推行实物费用定额制度，促进事业资产整合与共享共用，实现资产管理和预算管理的紧密统一。（2）所有权和使用权相分离的原则。（3）资产管理与财务管理、实物管理与价值管理相结合的原则。

（二）事业单位国有资产管理体制

事业单位国有资产实行国家统一所有，政府分级监管，单位占有、使用的管理体制。其中，各级政府财政部门是政府负责事业单位国有资产管理的职能部门，对事业单位的国有资产实施综合管理。事业单位的主管部门负责对本部门所属事业单位的国有资产实施监督管理。事业单位负责对本单位占有、使用的国有资产实施具体管理。

（三）事业单位国有资产的配置和使用

1. 事业单位国有资产配置。

事业单位国有资产配置，是指财政部门、主管部门、事业单位等根据事业单位履行职能的需要，按照国家有关法律、法规和规章制度规定的程序，通过购置或者调剂等方式为事业单位配备资产的行为。

（1）事业单位国有资产配置的条件。

事业单位国有资产配置应当符合下列条件：①现有资产无法满足事业单位履行职能的需要；②难以与其他单位共享、共用相关资产；③难以通过市场购买产品或者服务的方式代替资产配置，或者采取市场购买方式的成本过高。

（2）事业单位国有资产配置的标准。

事业单位国有资产配置应当符合规定的配置标准；没有规定配置标准的，应当从严控制，合理配置。

（3）事业单位国有资产配置的种类。

①事业单位国有资产的调剂。

对于事业单位长期闲置、低效运转或者超标准配置的资产，原则上由主管部门进行调剂，并报同级财政部门备案；跨部门、跨地区的资产调剂应当报同级或者共同上一级的财政部门批准。如果法律、行政法规另有规定，依照其规定。

②事业单位国有资产的购置。

事业单位向财政部门申请用财政性资金购置规定限额以上资产的（包括事业单位申请用财政性资金举办大型会议、活动需要进行的购置），除国家另有规定外，应当按照下列程序报批：年度部门预算编制前，事业单位资产管理部门会同财务部门审核资产存量，提出下一年度拟购置资产的品目、数量，测算经费额度，报主管部门审核；主管部门根据事业单位资产存量状况和有关资产配置标准，审核、汇总事业单位资产购置计划，报同级财政部门审批；同级财政部门根据主管部门的审核意见，对资产购置计划进行审批；经同级财政部门批准的资产购置计划，事业单位应当列入年度部门预算，并在上报年度部门预算时附送批复文件等相关材料，作为财政部门批复部门预算的依据。

事业单位向主管部门或者其他部门申请项目经费的，有关部门在下达经费前，应当将所涉及的规定限额以上的资产购置事项报同级财政部门批准。事业单位用其他资金购置规定限额以上资产的，报主管部门审批；主管部门应当将审批结果定期报同级财政部门备案。事业单位购置纳入政府采购范围的资产，应当按照《中华人民共和国政府采购法》和国家有关政府采购的其他规定执行。上面所称的规定限额，由省级以上财政部门具体规定。

2. 事业单位国有资产的使用。

事业单位国有资产的使用，包括单位自用和对外投资、出租、出借、担保等方式。

（1）建章立制。

事业单位应当建立健全资产购置、验收、保管、使用等内部管理制度。

（2）报批程序。

事业单位利用国有资产对外投资、出租、出借和担保等应当进行必要的可行性论证，并提出申请，经主管部门审核同意后，报同级财政部门审批。法律、行政法规另有规定的，依照其规定。

（3）专项管理和信息披露。

事业单位应当对本单位用于对外投资、出租和出借的资产实行专项管理，并在单位财务会计报告中对相关信息进行充分披露。

（4）风险控制。

财政部门和主管部门应当加强对事业单位利用国有资产对外投资、出租、出借和担保等行为的风险控制。

（5）收入管理。

事业单位对外投资收益以及利用国有资产出租、出借和担保等取得的收入应当纳入单位预算，统一核算，统一管理，国家另有规定的除外。

（四）事业单位国有资产的处置

1. 事业单位国有资产处置的概念。

事业单位国有资产的处置，是指事业单位对其占有、使用的国有资产进行产权转让或者注销产权的行为。处置方式包括出售、出让、转让、对外捐赠、报废、报损以及货币性资产损失核销等。

2. 事业单位国有资产处置的规定。

（1）报批。

事业单位处置国有资产，应当严格履行审批手续，未经批准不得自行处置。

事业单位占有、使用的房屋建筑物、土地和车辆的处置，货币性资产损失的核销，以及单位价值或者批量价值在规定限额以上的资产的处置，经主管部门审核后报同级财政部门审批；规定限额以下的资产的处置报主管部门审批，主管部门将审批结果定期报同级财政部门备案。法律、行政法规另有规定的，依照其规定。

（2）处置的原则。

事业单位国有资产处置应当遵循公开、公正、公平的原则。

事业单位出售、出让、转让、变卖资产数量较多或者价值较高的，应当通过拍卖等市场竞价方式公开处置。

（3）收入的归属。

事业单位国有资产处置收入属于国家所有，应当按照政府非税收入管理的规定，实行"收支两条线"管理。

（五）事业单位国有资产产权登记与产权纠纷处理

1. 事业单位国有资产产权登记的概念。

事业单位国有资产产权登记，是国家对事业单位占有、使用的国有资产进行登记，依法确认国家对国有资产的所有权和事业单位对国有资产的占有、使用权的行为。

《产权登记证》是国家对事业单位国有资产享有所有权，单位享有占有、使用权的法律凭证，由财政部统一印制。事业单位办理法人年检、改制、资产处置和利用国有资产对外投资、出租、出借、担保等事项时，应当出具《产权登记证》。

2. 登记主体。

事业单位应当向同级财政部门或者经同级财政部门授权的主管部门申报、办理产权登记，并由财政部门或其授权的部门核发《事业单位国有资产产权登记证》。

3. 登记事项。

事业单位国有资产产权登记的事项主要包括：（1）单位名称、住所、负责人及成立时间；（2）单位性质、主管部门；（3）单位资产总额、国有资产总额、主要实物资产额及其使用状况、对外投资情况；（4）其他需要登记的事项。

4. 需要登记的情形。

有下列情形的，事业单位进行国有资产产权登记：（1）新设立的事业单位，办理占有产权登记；（2）发生分立、合并、部分改制，以及隶属关系、单位名称、住所和单位负责人等产权登记内容发生变化的事业单位，办理变更产权登记；（3）因依法撤销或者整体改制等原因被清算、注销的事业单位，办理注销产权登记。

5. 事业单位国有资产产权纠纷的处理。

事业单位与其他国有单位之间发生国有资产产权纠纷的，由当事人协商解决。协商不能解决的，可以向同级或者共同上一级财政部门申请调解或者裁定，必要时报有管辖权的人民政府处理。

事业单位与非国有单位或者个人之间发生产权纠纷的，事业单位应当提出拟处理意见，经主管部门审核并报同级财政部门批准后，与对方当事人协商解决。协商不能解决的，依照司法程序处理。

（六）事业单位国有资产评估与清查

1. 启动评估的实体条件。

事业单位有下列情形之一的，应当对相关国有资产进行评估：（1）整体或者部分改制为企业；（2）以非货币性资产对外投资；（3）合并、分立、清算；（4）资产拍卖、转让、置换；（5）整体或者部分资产租赁给非国有单位；（6）确定涉讼资产价值；（7）法律、行政法规规定的其他需要进行评估的事项。

事业单位有下列情形之一的，可以不进行资产评估：（1）经批准事业单位整体或者部分资产无偿划转；（2）行政、事业单位下属的事业单位之间的合并、资产划转、置换和转让；（3）发生其他不影响国有资产权益的特殊产权变动行为，报经同级财政部门确认可以不进行资产评估的。

2. 评估机构与评估项目的确定。

事业单位国有资产评估工作应当委托具有资产评估资质的评估机构进行。事业单位应当如实向资产评估机构提供有关情况和资料，并对所提供的情况和资料的客观性、真实性和合法性负责。

事业单位不得以任何形式干预资产评估机构独立执业。

事业单位国有资产评估项目实行核准制和备案制。核准和备案工作按照国家有关国有资产评估项目核准和备案管理的规定执行。

3. 启动清查的实体条件。

事业单位有下列情形之一的，应当进行资产清查：（1）根据国家专项工作要求或者本级政府实际工作需要，被纳入统一组织的资产清查范围的；（2）进行重大改革或者整体、部分改制为企业的；（3）遭受重大自然灾害等不可抗力造成资产严重损失的；（4）会计信息严重失真或者国有资产出现重大流失的；（5）会计政策发生重大更改，涉及资产核算方法发生重要变化的；（6）同级财政部门认为应当进行资产清查的其他情形。

4. 启动清查的程序。

事业单位进行资产清查，应当向主管部门提出申请，并按照规定程序报同级财政部门批准立项后组织实施，但根据国家专项工作要求或者本级政府工作需要进行的资产清查除外。

事业单位资产清查工作的内容主要包括基本情况清理、账务清理、财产清查、损溢认定、资产核实和完善制度等。

（七）资产信息管理与报告

事业单位应当按照国有资产管理信息化的要求，及时将资产变动信息录入管理信息系统，对本单位资产实行动态管理，并在此基础上做好国有资产统计和信息报告工作。

事业单位国有资产信息报告是事业单位财务会计报告的重要组成部分。事业单位应当按照财政部门规定的事业单位财务会计报告的格式、内容及要求，对其占有、使用的国有资产状况定期做出报告。

事业单位国有资产占有、使用状况，是主管部门、财政部门编制和安排事业单位预算的重要参考依据。各级财政部门、主管部门应当充分利用资产管理信息系统和资产信息报告，全面、动态地掌握事业单位国有资产占有、使用状况，建立和完善资产与预算有效结合的激励和约束机制。

（八）监督检查与法律责任

财政部门、主管部门、事业单位及其工作人员，应当依法维护事业单位国有资产的安全完整，提高国有资产使用效益。

财政部门、主管部门和事业单位应当建立健全科学合理的事业单位国有资产监督管理责任制，将资产监督、管理的责任落实到具体部门、单位和个人。

事业单位国有资产监督应当坚持单位内部监督与财政监督、审计监督、社会监督相结合，事前监督与事中监督、事后监督相结合，日常监督与专项检查相结合。

第三节　知识产权法律制度

一、知识产权概述

（一）知识产权的概念

知识产权是权利主体对于智力活动创造的成果和经营活动中的标记、信誉依法享有的权利。智力成果是人们运用知识、经验、技能等智力资源，经过加工创作而形成的物质或者精神的劳动成果。知识产权制度在实质上是解决知识产品作为资源的权利归属和利益分享的问题。

（二）知识产权的范围

知识产权有狭义与广义之分。狭义的知识产权包括著作权（含邻接权）和工业产权（主要是指专利权、商标权）。广义的知识产权的范围主要由以下两个国际公约进行界定。《建立世界知识产权组织公约》界定的知识产权范围包括：与文学、艺术及科学作品有关的权利，与表演艺术家的表演、录音和广播有关的权利，与人类创造性活动的一切领域内的发明有关的权利，与科学发现有关的权利，与工业品外观设计有关的权利，与商品商标、服务商标、商号及其他商业标记有关的权利，与防止不正当竞争有关的权利，一切其他来自工业、科学及文学艺术领域的智力创作活动所产生的权利。《与贸易有关的知识产权协议》界定的知识产权范围包括：版权和邻接权、商标权、地理标志权、工业品外观设计权、专利权、集成电路布图设计（拓扑图）权、未公开的信息专有权。

传统意义上的知识产权是指狭义的知识产权。考虑到与会计专业的紧密结合程度，本节只介绍知识产权法中的专利法律制度和商标法律制度。

（三）知识产权的特点

1. 无形性。

知识产权的无形性，是指作为知识产权客体的知识产品具有无形性。智力活动成果，可以是作品，也可以是技术发明，还可以是商业标记及其所代表的商业信誉，它虽然产生于人的大脑与物质相互作用的过程中，总表现为某种信息或创意，这种信息或创意是无形的，完全不同于有形的物质或物品。

知识产权的客体是智力成果，它需要借助于有形物体才能被人们所感知，或者需要通过有形物体的实际功能来体会其内涵的智力价值。从这个意义上说，将无形的智力活动成果与有形的物质载体区别开来很重要。如技术发明属于人的智力活动成果，它必须体现在一定的产品之中。但是专利权所保护的不是有形的产品，而是体现在其中的技术发明。合法取得了专利产品的人，虽然可以使用相关的产品，但是在未经授权的情况下，却不得使用体现在其中的技术发明，或者说不得使用相关的技术来仿造专利产品。

2. 专有性。

专有性是指知识产权具有垄断性、独占性和排他性的特点。知识产权的专有性表现为：知识产权为权利人所独占，权利人垄断这种专有权利并受到严格保护，没有法律规定或权利人许可，任何人不得使用权利人的知识产品；对同一项知识产品，不允许有两个或两个以上同一属性的知识产权并存。

3. 地域性。

知识产权作为一种专有权在空间上的效力是有限的，它只在授予或确认其权利的国家和地区发生法律效力，受到法律保护。

4. 时间性。

时间性是指知识产权具有一定的保护期限，有关权利仅仅在法定的保护期限内存在，一旦超过法律规定的有效期限，该权利就依法丧失，相关的知识产权就进入公共领域，成为全社会的公共财富。

知识产权在时间上的限制，是世界各国知识产权立法以及知识产权国际公约普遍采用的原则，目的是促进科学文化艺术的发展，平衡智力成果完成人的利益与社会公众利益，既有利于调动人们创造智力成果的积极性，也为社会公众合理利用人类智力成果提供保障，同时也考虑到发明技术价值的寿命。

二、专利法律制度

（一）专利、专利权与专利制度

一般而言，专利是从三层意义上理解的。其一，专利是专利权的简称，是指专利法保护的对发明创造享有的专有权利；其二，专利是指专利法保护的发明创造，即专利权的客体；其三，专利是指记载专利技术的公开的专利文献的总和。因此，在不同语境下，专利一词的含义要根据上下文的内容具体确定。

专利权是指法律赋予权利人对其发明创造在一定期限内享有的专有权利。

专利制度是国家通过确认发明人对其发明创造的技术方案的垄断权而促进本国科学技术发展的法律制度。

我国现行的专利法律制度主要包括《中华人民共和国专利法》（历经 1992、2000、2008、2020 年 4 次修正。该法以下简称《专利法》）、《中华人民共和国专利法实施细则》（历经 2002、2010 年 2 次修订）以及《最高人民法院关于审理侵犯专利权纠纷案件应用法律若干问题的解释》。

（二）专利权的客体

专利权的客体，是指专利权指向的智力成果。

1. 授予专利权的客体。

根据我国专利法律制度的相关规定，专利权的客体包括发明、实用新型和外观设计三类。这三类客体统称为发明创造。

发明，是指对产品、方法或者其改进所提出的新的技术方案。发明必须是前所未有的技术方案，有一定的进步或者难度，并且必须是利用自然规律或者自然现象的技术方案。根据发明的客体不同，发明可以分为产品发明和方法发明两种。产品发明，是发明人通过智力活动创造出的关于各种新产品、新材料、新物质的技术方案；方法发明是发明人为制造某种产品或者解决某个技术难题而研究开发出的操作方法、制造方法以及工艺流程等技术方案。

实用新型，是指对产品的形状、构造或者其结合所提出的适于实用的新的技术方案。由于其创新要求比发明低，因此实用新型被称为"小发明"。

外观设计，是指对产品的整体或者局部形状、图案或者其结合以及色彩与形状、图案的结合所作出的富有美感并适于工业应用的新设计。外观设计的载体是相对独立的产品，它是形状、图案或其结合以及色彩与形状、图案的结合，富有美感，或者具有装饰性，并且适于工业应用。

2. 不授予专利权的客体。

我国《专利法》第二十五条规定，对下列各项，不授予专利权：（1）科学发现；（2）智力活动的规则和方法；（3）疾病的诊断和治疗方法；（4）动物和植物品种；（5）原子核变换方法以及用原子核变换方法获得的物质；（6）对平面印刷品的图案、色彩或者二者的结合作出的主要起标识作用的设计。对动物和植物品种的生产方法，可以依照《专利法》的规定授予专利权。其中，前4项不属于技术发明的范畴；第5项虽然属于技术发明的范围，但因为涉及国家安全而不授予专利权；第6项将平面印刷品排除在专利权的客体之外，主要原因是其更多地体现为一种视觉上的艺术美，而非技术上的新的进步。

除此之外，违反法律的发明创造、违反社会公德的发明创造以及妨害公共利益的发明创造，不授予专利权；对违反法律、行政法规的规定获取或者利用遗传资源，并依赖该遗传资源完成的发明创造，不授予专利权。

【例8-1】根据专利法律制度的规定，下列各项中，可成为专利权客体的是（ ）。

A. 外科大夫甲发明的手术新方法

B. 数学家乙发明的能够运用新计算方法的教学用具

C. 天文学家丙发现的一颗新的小行星

D. 植物学家丁通过杂交方法培育的新物种

【解析】正确答案是B。因为疾病的治疗方法、科学发现和植物新品种都是不授予专利权的对象，因此，选项A、选项C、选项D都不能成为专利权的客体。

（三）专利权的主体

一项智力成果完成后，当事人可以选择通过申请专利获得专利权，或者将专利申请权转让给他人，对发明也可以选择将其作为商业秘密进行保护而不申请专利。若选择申请专利，申请被批准后，专利申请人就成为专利权人。

1. 专利申请人。

专利申请人是指按照法律规定有权对发明创造或者设计提出专利申请的人。一般情况下，专利申请人包括发明人或者设计人、共同完成发明创造或者设计的人、职务发明中的单位、完成发明创造的外国人、继受取得申请权的人等。因此，申请人与发明人、设计人不一定相同。

（1）非职务发明的申请人。

发明人、设计人是对已经完成的发明创造或者外观设计的实质性特点作出创造性贡献的人。

非职务发明创造的发明人、设计人在发明或设计完成后，取得专利申请权。如果对于已经完成的发明创造的实质性特点做出创造性贡献的人有两个以上，可以作为共同申请人提出专利申请。

（2）职务发明创造的申请人。

职务发明创造，是指执行本单位的任务或者主要是利用本单位的物质技术条件所完成的发明创造。执行本单位的任务所完成的职务发明创造是指：在本职工作中作出的发明创造；履行本单位交付的本职工作之外的任务所作出的发明创造；退休、调离原单位后或者劳动、人事关系终止后1年内作出的，与其在原单位承担的本职工作或者原单位分配的任务有关的发明创造。所称本单位，包括临时工作单位；所称本单位的物质技术条件，是指本单位的资金、设备、零部件、原材料或者不对外公开的技术资料等。

职务发明创造申请专利的权利属于该单位；申请被批准后，该单位为专利权人。该单位可以依法处置其职务发明创造申请专利的权利和专利权，促进相关发明创造的实施和运用。利用本单位的物质技术条件所完成的发明创造，单位与发明人或者设计人订有合同，对申请专利的权利和专利权的归属作出约定的，从其约定。

被授予专利权的单位应当对职务发明创造的发明人或者设计人给予奖励；发明创造专利实施后，根据其推广应用的范围和取得的经济效益，对发明人或者设计人给予合理的报酬。

（3）继受取得申请权的专利申请人。

继受取得申请权的专利申请人，主要包括通过合同取得申请权和通过继承取得申请权两种情况。

通过合同取得申请权是指对于已经完成的发明创造，双方当事人在合同中约定发明人将其已经完成的发明创造的专利申请权转让给对方。中国单位或者个人向外国人、外国企业或者外国其他组织转让专利申请权的，应当依照有关法律、行政法规的规定办理手续。转让专利申请权的，当事人应当订立书面合同，并向国务院专利行政部门登记，由国务院专利行政部门予以公告。专利申请权的转让自登记之日起生效。

若拥有专利申请权的自然人死亡的，其专利申请权可以作为一项民事权利由其继承人继承。

（4）外国申请人。

在中国没有经常居所或者营业场所的外国人、外国企业或者外国其他组织在中国申请专利的，依照其所属国同中国签订的协议或者共同参加的国际条约，或者依照互惠原则，根据《专利法》办理。在中国没有经常居所或者营业场所的外国人、外国企业或者其他外国组织在中国申请专利或者办理其他专利事务时，应当委托依法设立的专利代理机构办理。

2. 专利权人。

专利权人是指对于国务院专利行政部门授予的专利享有独占、使用、收益和处分的人。专利权人是专利申请人，但专利申请人可以是发明人、设计人个人，也可以是职务发明的单位，还可以是共同完成人或委托完成人，或者是外国申请人。

（四）授予专利权的条件

1. 授予发明和实用新型专利权的条件。

授予专利权的发明、实用新型应当具备新颖性、创造性和实用性。

新颖性，是指该发明或者实用新型不属于现有技术；也没有任何单位或者个人就同样的发明或者实用新型在申请日以前向国务院专利行政部门提出过申请，并记载在申请日以后公布的专利申请文件或者公告的专利文件中。所称现有技术，是指申请日以前在国内外为公众所知的技术。申请专利的发明创造在申请日以前6个月内，有下列情形之一的，不丧失新颖性：（1）在国家出现紧急状态或者非常情况时，为公共利益目的首次公开的；（2）在中国政府主办或者承认的国际展览会上首次展出的；（3）在规定的学术会议或者技术会议上首次发表的；（4）他人未经申请人同意而泄露其内容的。

创造性，是指与现有技术相比，该发明具有突出的实质性特点和显著的进步，该实用新型具有实质性特点和进步。

实用性，是指该发明或者实用新型能够制造或者使用，并且能够产生积极效果。

2. 授予外观设计专利权的条件。

授予专利权的外观设计，应当不属于现有设计；也没有任何单位或者个人就同样的外观设计在申请日以前向国务院专利行政部门提出过申请，并记载在申请日以后公告的专利文件中。

授予专利权的外观设计与现有设计或者现有设计特征的组合相比，应当具有明显区别。

授予专利权的外观设计不得与他人在申请日以前已经取得的合法权利相冲突，即授予专利权的外观设计，不得与他人在申请日以前已经取得的商标权和美术作品著作权相冲突。

所称现有设计，是指申请日以前在国内外为公众所知的设计。

（五）授予专利权的程序

1. 专利的申请。

（1）申请的原则。

专利申请的原则包括诚实信用原则、书面申请原则、先申请原则、一申请一发明原则。

①诚实信用原则。

申请专利应当遵循诚实信用原则，不得以虚构技术方案、编造试验数据等方式申请专利。

②书面申请原则。

申请专利必须以书面形式提出。专利法律制度最重要的内容之一就是专利申请人应当将其所申请的专利技术向社会公开，使他人可以通过阅读专利文献的方式进一步进行研究，使科学技术进一步得到发展。因此，专利申请文件应采用书面形式，将其发明内容清楚、准确、完整地表达出来。

③先申请原则。

两个以上的人分别就同样的发明创造申请专利时，专利权授给最先申请人。但有些国家的专利法采用的是先发明原则，即专利权授予最先作出发明创造的人。两个以上的申请人同日（指申请日；有优先权的，指优先权日）分别就同样的发明创造申请专利的，应当在收到国务院专利行政部门的通知后自行协商确定申请人。

④一申请一发明原则。

一件发明或者实用新型专利申请应当限于一项发明或者实用新型。同样的发明创造只能授予一项专利权。但是，同一申请人同日对同样的发明创造既申请实用新型专利又申请发明专利，先获得的实用新型专利权尚未终止，且申请人声明放弃该实用新型专利权的，可以授予发明专利权。

属于一个总的发明构思的两项以上的发明或者实用新型，可以作为一件申请提出。一件外观设计专利申请应当限于一项外观设计。同一产品两项以上的相似外观设计，或者用于同一类别并且成套出售或者使用的产品的两项以上外观设计，可以作为一件申请提出。

（2）专利申请文件。

申请发明或者实用新型专利的，申请人应当提交请求书、说明书及其摘要和权利要求书等文件。请求书应当写明发明或者实用新型的名称，发明人的姓名，申请人姓名或者名称、地址，以及其他事项。说明书应当对发明或者实用新型作出清楚、完整的说明，以所属技术领域的技术人员能够实现为准；必要的时候，应当有附图。摘要应当简要说明发明或者实用新型的技术要点。权利要求书应当以说明书为依据，清楚、简要地限定要求专利保护的范围。依赖遗传资源完成的发明创造，申请人应当在专利申请文件中说明该遗传资源的直接来源和原始来源；申请人无法说明原始来源的，应当陈述理由。

申请外观设计专利的，应当提交请求书、该外观设计的图片或者照片以及对该外观设计的简要说明等文件。申请人提交的有关图片或者照片应当清楚地显示要求专利保护的产品的外观设计。

申请人可以对其专利申请文件进行修改，但是，对发明和实用新型专利申请文件的修改不得超出原说明书和权利要求书记载的范围，对外观设计专利申请文件的修改不得超出原图片或者照片表示的范围。

（3）申请日和优先权。

由于我国实行的是先申请原则，因此，申请日的确定至关重要。对专利申请人来说，从申请日的次日起，专利申请案中的发明创造就会成为现有技术的一部分，如果他人再有相同的发明创造申请专利，都会丧失新颖性；从申请日的次日开始，申请人就可以实施或发表专利申请案中的发明创造，对新颖性没有影响；若经过审查，申请人获得专利权的，专利权的保护期是从申请日开始起算的。

国务院专利行政部门收到专利申请文件之日为申请日。如果申请文件是邮寄的，以寄出的邮戳日为申请日。向国务院专利行政部门邮寄的各种文件，以寄出的邮戳日为递交日；邮戳日不清晰的，除当事人能够提出证明外，以国务院专利行政部门收到日为递交日。专利法所称申请日，有优先权的，指优先权日。

申请人自发明或者实用新型在外国第一次提出专利申请之日起 12 个月内，或者自外观设计在外国第一次提出专利申请之日起 6 个月内，又在中国就相同主题提出专利申请的，依照该外国同中国签订的协议或者共同参加的国际条约，或者依照相互承认优先权的原则，可以享有优先权。申请人自发明或者实用新型在中国第一次提出专利申请之日起 12 个月内，或者自外观设计在中国第一次提出专利申请之日起 6 个月内，又向国务院专利行政部门就相同主题提出专利申请的，可以享有优先权。

申请人要求发明、实用新型专利优先权的，应当在申请的时候提出书面声明，并且在第一次提出申请之日起 16 个月内，提交第一次提出的专利申请文件的副本。申请人要求外观设计专利优先权的，应当在申请的时候提出书面声明，并且在 3 个月内提交第一次提出的专利申请文件的副本。申请人未提出书面声明或者逾期未提交专利申请文件副本的，视为未要求优先权。

2. 专利申请的受理、审查和批准。

发明专利申请一般需要经过初步审查和实质审查两个阶段；实用新型和外观设计专利申请只需经过初步审查。

（1）初步审查。

国务院专利行政部门受理发明专利申请后公布申请以前，应当进行初步审查。初审的任务是，审查申请人提交的申请文件是否符合《专利法》及其实施细则的规定，审查申请人在提出专利申请的同时或者随后提交的与专利申请有关的其他文件是否符合《专利法》及其实施细则的规定。

专利申请文件有下列情形之一的，国务院专利行政部门不予受理，并通知申请人：发明或者实用新型专利申请缺少请求书、说明书（实用新型无附图）或者权利要求书的，或者外观设计专利申请缺少请求书、图片或者照片、简要说明的；未使用中文的；未使用挂号信函向国务院专利行政部门邮寄有关申请文件的；请求书中缺少申请人姓名或者名称，或者缺少地址的；在中国没有经常居所或者营业所的外国人、外国企业或者外国其他组织明显不符合《专利法》第十七条或者第十八条第一款规定的；专利申请类别（发明、实用新型或者外观设计）不明确或者难以确定的。

实用新型和外观设计专利申请经初步审查没有发现驳回理由的，由国务院专利行政部门作出授予实用新型专利权或者外观设计专利权的决定，发给相应的专利证书，同时予以登记和公告。实用新型专利权和外观设计专利权自公告之日起生效。

（2）公布申请。

国务院专利行政部门收到发明专利申请后，经初步审查认为符合《专利法》要求的，自申请日起满18个月，即行公布。国务院专利行政部门可以根据申请人的请求早日公布其申请。

（3）实质审查。

发明专利申请自申请日起3年内，国务院专利行政部门可以根据申请人随时提出的请求，对其申请进行实质审查；申请人无正当理由逾期不请求实质审查的，该申请即被视为撤回。国务院专利行政部门认为必要的时候，可以自行对发明专利申请进行实质审查。

发明专利的申请人请求实质审查的时候，应当提交在申请日前与其发明有关的参考资料。发明专利已经在外国提出过申请的，国务院专利行政部门可以要求申请人在指定期限内提交该国为审查其申请进行检索的资料或者审查结果的资料；无正当理由逾期不提交的，该申请即被视为撤回。

国务院专利行政部门对发明专利申请进行实质审查后，认为不符合《专利法》规定的，应当通知申请人，要求其在指定的期限内陈述意见，或者对其申请进行修改；无正当理由逾期不答复的，该申请即被视为撤回。发明专利申请经申请人陈述意见或者进行修改后，国务院专利行政部门仍然认为不符合《专利法》规定的，应当予以驳回。

发明专利申请经实质审查没有发现驳回理由的，由国务院专利行政部门作出授予发明专利权的决定，发给发明专利证书，同时予以登记和公告。发明专利权自公告之日起生效。

（4）专利复审。

专利申请人对国务院专利行政部门驳回申请的决定不服的，可以自收到通知之日起3个月内，向国务院专利行政部门请求复审。国务院专利行政部门复审后，作出决定，并通知专利申请人。专利申请人对国务院专利行政部门的复审决定不服的，可以自收到通知之日起3个月内向人民法院起诉。

（六）专利权的内容及其保护与限制

1. 专利权的内容。

专利权可以分为专利人身权利和专利财产权利两大类。专利人身权利主要是指发明人、设计人的署名权；专利财产权利主要包括制造权、使用权、许诺销售权、销售权、进口权、转让权、许可权等。我国《专利法》第十一条规定：发明和实用新型专利权被授予后，除本法另有规定的以外，任何单位或者个人未经专利权人许可，都不得实施其专利，即不得为生产经营目的制造、使用、许诺销售、销售、进口其专利产品，或者使用其专利方法以及使用、许诺销售、销售、进口依照该专利方法直接获得的产品。外观设计专利权被授予后，任何单位或者个人未经专利权人许可，都不得实施其专利，即不得为生产经营目的制造、许诺销售、销售、进口其外观设计专利产品。

（1）制造权。专利权人享有独占地制造专利产品，禁止他人未经其许可制造相同或相似于专利产品的垄断权。

（2）使用权。专利权人享有的使用专利产品或专利方法及依照专利方法直接获得的产品的专有权，包括对专利产品的使用和对专利方法的使用。

（3）许诺销售权。许诺销售是为了促使销售的成立而在实际销售行为成立之前所为旨在实现销售目的的行为，这是专利权人防止他人以广告、展示等表达销售意思的方式，准备销售含有专利技术的产品的权利。

（4）销售权。专利权人享有独自销售专利产品或者依照专利方法直接获得的产品的权利。

（5）进口权。专利权人享有自己进口或禁止他人未经许可为制造、许诺销售、销售、使用等生产经营目的而进口其专利产品或进口依照其专利方法直接获得的产品的权利。进口权包括：专利权人可以自己进口专利产品；有权禁止他人进口专利产品，法律另有规定的除外。

（6）转让权。专利权人享有将自己的专利所有权依法转让给他人的权利。专利权可以转让，中国单位或者个人向外国人、外国企业或者外国其他组织转让专利权的，应当依照有关法律、行政法规的规定办理手续。转让专利权的，当事人应当订立书面合同，并向国务院专利行政部门登记，由国务院专利行政部门予以公告。专利权的转让自登记之日起生效。

（7）许可权。专利权人享有许可他人实施其专利的权利。任何单位或者个人实施他人专利的，应当与专利权人订立实施许可合同，向专利权人支付专利使用费。被许可人无权允许合同规定以外的任何单位或者个人实施该专利。发明专利申请公布后，申请人可以要求实施其发明的单位或者个人支付适当的费用。但在有法律依据的情形下（如国家推广应用、强制许可），可以不经专利权人许可，但被许可人应向专利权人支付许可费。

（8）标记权。专利权人有权在其专利产品或该产品包装上标明专利标记和专利号的权利。

2. 专利权的保护范围。

专利权的保护范围是指发明、实用新型和外观设计专利权的法律效力所及的范围。专利权是一种无形财产权，由法律明确规定专利权的保护范围，划清专利侵权与非侵权的界限，既有利于依法充分保护专利权人的合法权益，又可以避免不适当地扩大专利保护的范围，损害专利权人以外的社会公众的利益。

发明或者实用新型专利权的保护范围，以其权利要求的内容为准，说明书及附图可以用于解释权利要求。包括两层含义：（1）一项发明创造专利权的保护范围，须以其权利要求为准，即以由专利申请人提出的并经国务院专利行政主管部门批准的权利要求书中所记载的权利要求为准，不小于也不得超出权利要求书中所记载的权利要求的范围。（2）说明书及附图对权利要求具有解释的功能，可以作为解释权利要求的依据。但是，相对权利要求而言，说明书及附图只具有从属的地位，不能单以其作为发明或者实用新型专利权保护的基本依据，基本依据只能是权利要求书。

外观设计专利权的保护范围，以体现该产品外观设计的图片或者照片为基本依据。需要说明的是，外观设计专利权所保护的"表示在图片或者照片中的该外观设计专利产品"的范围，应当是同类产品的范围，不是同类产品，即使外观设计相同，也不能认为是侵犯了专利权。

3. 侵犯专利权的行为及例外。

除法律另有规定外，在专利权有效期内，未经专利权人的许可，以营利为目的实施他人专利的行为，构成侵犯专利权的行为。但由于专利权是一种独占的、垄断的权利，过分的垄断会给社会公众利益带来不利的影响。公正的专利制度应平衡专利权人和社会公众的利益，专利法有必要对专利权人的独占权加以限制。

（1）侵犯专利权的行为。

①未经专利权人的许可，实施其专利的行为。包括：未经专利权人许可，为生产经营目的制造、使用、许诺销售、销售、进口其专利产品，或者使用其专利方法以及使用、许诺销售、销售、进口依照该专利方法直接获得的产品；未经专利权人许可，为生产经营目的制造、许诺销售、销售、进口其外观设计产品。

②假冒专利。包括：在未被授予专利权的产品或者其包装上标注专利标识，专利权被宣告无效后或者终止后继续在产品或者其包装上标注专利标识，或者未经许可在

产品或者产品包装上标注他人的专利号；销售前述产品；在产品说明书等材料中将未被授予专利权的技术或者设计称为专利技术或者专利设计，将专利申请称为专利，或者未经许可使用他人的专利号，使公众将所涉及的技术或者设计误认为是专利技术或者专利设计；伪造或者变造专利证书、专利文件或者专利申请文件；其他使公众混淆，将未被授予专利权的技术或者设计误认为是专利技术或者专利设计的行为。专利权终止前依法在专利产品、依照专利方法直接获得的产品或者其包装上标注专利标识，在专利权终止后许诺销售、销售该产品的，不属于假冒专利行为。销售不知道是假冒专利的产品，并且能够证明该产品合法来源的，由管理专利工作的部门责令停止销售，但免除罚款的处罚。

（2）不视为侵犯专利权的行为。

①权利穷竭。

权利穷竭也称权利用尽，意指经专利权人或者专利权人许可出售专利产品之后，任何在此种情形下购买了该专利产品的人可以任何方式使用该专利产品，或者进一步转让、出售、赠与该专利产品，不构成侵权。我国《专利法》第七十五条第一项规定：专利产品或者依照专利方法直接获得的产品，由专利权人或者经其许可的单位、个人售出后，使用、许诺销售、销售、进口该产品的，不视为侵犯专利权。

②在先使用。

在先使用也称先用权制度，是指非专利权人在专利申请日前已经制造相同产品、使用相同方法或者已经做好制造、使用的准备，在专利权人获得专利权后，非专利权人有权在原有的范围内继续制造、使用该专利技术，不视为侵犯专利权。

③临时过境。

临时通过中国领陆、领水、领空的外国运输工具，依照其所属国同中国签订的协议或者共同参加的国际条约，或者依照互惠原则，为运输工具自身需要而在其装置和设备中使用有关专利的，不视为侵犯专利权。

④为科研和实验的使用。

专为科学研究和实验而使用有关专利的，不视为侵犯专利权。

⑤药品及医疗器械强制审查例外。

为提供行政审批所需要的信息，制造、使用、进口专利药品或者专利医疗器械的，以及专门为其制造、进口专利药品或者专利医疗器械的，不视为侵犯专利权。

（3）侵权诉讼中的抗辩。

我国《专利法》第六十七条规定，在专利侵权纠纷中，被控侵权人有证据证明其实施的技术或者设计属于现有技术或者现有设计的，不构成侵犯专利权。

（4）强制许可。

强制许可是指国务院专利行政部门可以不经专利权人同意，直接向申请实施专利技术的申请人颁发专利强制许可证的制度。由于强制许可没有经得专利权人的许可，因此应当在法定的范围适用。

我国《专利法》第五十三条规定，有下列情形之一的，国务院专利行政部门根据具备实施条件的单位或者个人的申请，可以给予实施发明专利或者实用新型专利的强制许可：专利权人自专利权被授予之日起满 3 年，且自提出专利申请之日起满 4 年，无正当理由未实施或者未充分实施其专利的；专利权人行使专利权的行为被依法认定为垄断行为，为消除或者减少该行为对竞争产生的不利影响的。

我国《专利法》第五十四条规定，在国家出现紧急状态或者非常情况时，或者为了公共利益的目的，国务院专利行政部门可以给予实施发明专利或者实用新型专利的强制许可。

我国《专利法》第五十五条规定，为了公共健康目的，对取得专利权的药品，国务院专利行政部门可以给予制造并将其出口到符合中华人民共和国参加的有关国际条约规定的国家或者地区的强制许可。

我国《专利法》第五十六条规定，一项取得专利权的发明或者实用新型比此前已经取得专利权的发明或者实用新型具有显著经济意义的重大技术进步，其实施又有赖于前一发明或者实用新型的实施的，国务院专利行政部门根据后一专利权人的申请，可以给予实施前一发明或者实用新型的强制许可。在前述规定给予实施强制许可的情形下，国务院专利行政部门根据前一专利权人的申请，也可以给予实施后一发明或者实用新型的强制许可。

国务院专利行政部门作出的给予实施强制许可的决定，应当及时通知专利权人，并予以登记和公告。给予实施强制许可的决定，应当根据强制许可的理由规定实施的范围和时间。强制许可的理由消除并不再发生时，国务院专利行政部门应当根据专利权人的请求，经审查后作出终止实施强制许可的决定。取得实施强制许可的单位或者个人不享有独占的实施权，并且无权允许他人实施。取得实施强制许可的单位或者个人应当付给专利权人合理的使用费，或者依照中华人民共和国参加的有关国际条约的规定处理使用费问题。付给使用费的，其数额由双方协商；双方不能达成协议的，由国务院专利行政部门裁决。

专利权人对国务院专利行政部门关于实施强制许可的决定不服的，专利权人和取得实施强制许可的单位或者个人对国务院专利行政部门关于实施强制许可的使用费的裁决不服的，可以自收到通知之日起 3 个月内向人民法院起诉。

（5）开放许可。

专利权人自愿以书面方式向国务院专利行政部门声明愿意许可任何单位或者个人实施其专利，并明确许可使用费支付方式、标准的，由国务院专利行政部门予以公告，实行开放许可。就实用新型、外观设计专利提出开放许可声明的，应当提供专利权评价报告。

专利权人撤回开放许可声明的，应当以书面方式提出，并由国务院专利行政部门予以公告。开放许可声明被公告撤回的,不影响在先给予的开放许可的效力。

任何单位或者个人有意愿实施开放许可的专利的,以书面方式通知专利权人,并依照公告的许可使用费支付方式、标准支付许可使用费后,即获得专利实施许可。

开放许可实施期间,对专利权人缴纳专利年费相应给予减免。

实行开放许可的专利权人可以与被许可人就许可使用费进行协商后给予普通许可,但不得就该专利给予独占或者排他许可。

当事人就实施开放许可发生纠纷的,由当事人协商解决;不愿协商或者协商不成的,可以请求国务院专利行政部门进行调解,也可以向人民法院起诉。

(6)国家推广应用。

我国《专利法》第四十九条规定,国有企业事业单位的发明专利,对国家利益或者公共利益具有重大意义的,国务院有关主管部门和省、自治区、直辖市人民政府报经国务院批准,可以决定在批准的范围内推广应用,允许指定的单位实施,由实施单位按照国家规定向专利权人支付使用费。

(七)专利权的期限、终止和无效

1. 专利权的期限。

发明专利权的期限为20年,实用新型专利权的期限为10年,外观设计专利权的期限为15年,均自申请日起计算。

自发明专利申请日起满4年,且自实质审查请求之日起满3年后授予发明专利权的,国务院专利行政部门应专利权人的请求,就发明专利在授权过程中的不合理延迟给予专利权期限补偿,但由申请人引起的不合理延迟除外。

为补偿新药上市审评审批占用的时间,对在中国获得上市许可的新药相关发明专利,国务院专利行政部门应专利权人的请求给予专利权期限补偿。补偿期限不超过5年,新药批准上市后总有效专利权期限不超过14年。

2. 专利权的终止。

有下列情形之一的,专利权在期限届满前终止:没有按照规定缴纳年费的;专利权人以书面声明放弃其专利权的。专利权在期限届满前终止的,由国务院专利行政部门登记和公告。

3. 专利权的无效。

自国务院专利行政部门公告授予专利权之日起,任何单位或者个人认为该专利权的授予不符合专利法有关规定的,可以请求国务院专利行政部门宣告该专利权无效。

国务院专利行政部门对宣告专利权无效的请求应当及时审查和作出决定,并通知请求人和专利权人。宣告专利权无效的决定,由国务院专利行政部门登记和公告。对国务院专利行政部门宣告专利权无效或者维持专利权的决定不服的,可以自收到通知之日起3个月内向人民法院起诉。人民法院应当通知无效宣告请求程序的对方当事人作为第三人参加诉讼。

宣告无效的专利权视为自始即不存在。宣告专利权无效的决定，对在宣告专利权无效前人民法院作出并已执行的专利侵权的判决、调解书，已经履行或者强制执行的专利侵权纠纷处理决定，以及已经履行的专利实施许可合同和专利权转让合同，不具有追溯力。但是因专利权人的恶意给他人造成的损失，应当给予赔偿。依照前述规定不返还专利侵权赔偿金、专利使用费、专利权转让费，明显违反公平原则的，应当全部或者部分返还。

三、商标法律制度

（一）商标、商标法概述

1. 商标的概念及作用。

商标，是商品和服务的标记，一般用文字、图形、字母、数字、三维标志和颜色及其组合、声音来表示，具有显著特征，便于识别。商标除了具有将一个生产经营者所提供的商品或服务与其他生产经营者所提供的同类商品或服务区别开来的作用，还能够起到广告宣传、质量保证等作用。另外，注册商标是商标专有权人的一项无形资产，权利人依法可以将其商标权投资入股、质押、转让或者许可他人使用。

2. 商标的种类。

从不同角度观察，商标可以有以下几种类型：

（1）商品商标和服务商标。

这是根据商标标示对象的不同所做的划分。商品商标是使用于商品，用以区别不同经营者所提供的商品的专用标记；服务商标是提供服务的经营者为将自己提供的服务与他人提供的服务相区别而使用的商标。

（2）注册商标和未注册商标。

根据商标是否登记注册，可将商标划分为注册商标和未注册商标。注册商标是指已经在商标注册主管机构获准注册的商标。未注册商标是指已经使用但未经商标注册主管机构获准注册的商标。

世界上对商标的保护有两种做法：一种是注册保护；另一种是使用保护。在实行注册保护制度的国家，只有注册商标方可取得商标权，未注册商标不能取得商标权，但这并不意味着未注册商标不受法律保护。在我国，未注册商标中，除驰名商标受法律特别保护外，其他商标使用人不享有法律赋予的商标权，但受到民法、反不正当竞争法的保护。对未注册商标，使用者所享有的利益仍被承认。《商标法》第三十一条规定，申请商标注册不得损害他人现有的在先权利，也不得以不正当手段抢先注册他人已经使用并有一定影响的商标。根据该规定，未注册商标的所有者可以反对他人抢注，如果抢注人以不正当手段抢先注册，先用人可以通过商标异议或者撤销程序维护自己的利益，但是不能根据《商标法》禁止他人仿冒、假冒其商标。在采用使用原则取得商标权的国家，仅凭使用商标的事实，即可取得商标权。

💡【例8-2】冯雏音系我国颇有名望的漫画家张乐平的配偶，张娓娓、张晓等7人系张乐平的子女。张乐平自1936年出版其漫画集《三毛》（第一集）起，至1995年10月再版《三毛流浪记（全集）》止，先后出版或再版"三毛"漫画集达33次之多。在这一系列的漫画集中，张乐平创作了大脑袋、圆鼻子、头上仅有三根毛的"三毛"漫画形象。张乐平于1993年9月去世后，其作品的使用权及获得报酬权在著作权保护期内由其配偶及子女继承。1996年2月上海市版权处对张乐平创作的美术作品"漫画三毛形象系列"予以版权登记。

1996年初冯雏音等发现江苏三毛集团（以下简称"三毛集团"）销售的产品上附有"三毛"漫画形象的产品商标，三毛集团还将"三毛"漫画形象作为自己的企业形象在户外广告、职员名片、报刊、企业内部铭牌上使用。经查，三毛集团于1995年11月至1996年2月期间，共向国家工商行政管理局申请38类标有"三毛"漫画形象的商标（已核准31类）。在此期间，三毛集团共印刷有"三毛"漫画形象的商标111 030件，尚库存34 030件。三毛集团所在地工商行政管理部门证明，该集团目前仅在"精纺呢绒"上使用了"三毛"注册商标。故原告冯雏音等以三毛集团侵犯著作权为由，向上海市第一中级人民法院起诉。

上海市第一中级人民法院经审理认为，大脑袋、圆鼻子、头上长着三根毛的"三毛"漫画形象系已故作家张乐平生前创作，该作品的著作权为张乐平所有。张乐平去世后，本案原告作为张乐平的继承人，对该作品在著作权保护期内享有使用权及获得报酬权，其合法权益依法应受保护。被告未经许可，将"三毛"漫画形象作为商标申请注册和企业形象使用，侵犯了原告著作权，并应对其侵权行为负责。

【解析】在实践中，美术、雕塑等作品被申请为外观设计专利和商标的案例屡见不鲜。这涉及知识产权法律制度对一项智力成果的多重保护问题。对于一幅美术作品，自创作完成之日起，作者享有著作权，同时，作者可以自己或许可他人申请外观设计专利，也可以自己或许可他人作为商标标识进行商标注册。针对"三毛"漫画形象而言，原告享有的是著作权。即一种在先权利，该权利产生于张乐平对该作品的创作完成之日；被告享有的是注册商标专有权，即一种在后权利，产生于国家工商局的授权之日。三毛集团享有的此种在后权利应该受到尊重及保护的前提是，该权利的产生有无法律上的依据。从形式上讲，该权利得到了国家工商局的授权，是有法律依据的。但究其源头，应看三毛集团进行商标注册的行为是否征得了"三毛"漫画形象作品著作权人的授权，是该权利产生的前提条件。"三毛"漫画形象作品的著作权归张乐平享有，在张乐平去世后，在作品的保护期内著作权中的使用权及获得报酬权由其继承人（即本案原告）继承，是个不争的事实。许可他人以自己的作品进行商标注册，是著作权人享有的权利。而本案被告在注册"三毛"商标时，未征得原告的许可，即其在后权利的产生，没有合法的基础。因此，三毛集团享有的在后权利不能对抗原告享有的在先权利。我国《商标法》第三十一条规定，申请商标注册

407

不得损害他人现有的在先权利，也不得以不正当手段抢先注册他人已经使用并有一定影响的商标。

（3）文字商标、图形商标、字母商标、数字商标、三维标志商标、颜色组合商标、组合商标、声音商标。

这是根据商标的构成要素进行的分类。

文字商标是由纯文字构成的商标，既可以是中文，也可以是外文。中文包括汉字、汉语拼音和少数民族文字。

图形商标是由纯图形构成的商标。

字母商标是由纯字母构成的商标。

数字商标是由纯数字构成的商标。

三维标志商标，即立体商标，指由长宽高三维组成的商标。三维标志往往表现为商品的外形或商品的包装特有的形状。

颜色商标，是指由几种不同的颜色按照一定的规则组合而成的商标，但单一的颜色不得作为商标。

组合商标，指由各种符号要素组合而成的商标。此类商标往往图文并茂，表形表意结合。

声音商标，指足以使相关消费者区别商品或服务来源的声音。声音商标是以听觉而非视觉的方法，作为区别商品或服务的交易来源。该商标识别性的判断，须具有足以使消费者认识，表彰商品或服务来源，并借以与他人之商品或服务相区别，始得准予注册。

（4）证明商标、集体商标。

这是根据商标具有的特殊作用所做的划分。

证明商标，是指由对某种商品或者服务具有监督能力的组织所控制，而由该组织以外的单位或者个人使用于其商品或者服务，用以证明该商品或者服务的原产地、原料、制造方法、质量或者其他特定品质的标志。

集体商标，是指以团体、协会或者其他组织名义注册，供该组织成员在商事活动中使用，以表明使用者在该组织中的成员资格的标志。

（5）等级商标和防卫商标。

等级商标是指同一经营者对同类商品因规格、质量不同而使用的系列商标，其作用在于区别同一经营者的不同规格、不同质量的同类商品。等级商标可以一并申请注册，一并转让或许可他人使用，其中某一个商标被注销或撤销，不影响其他商标的存在，因而等级商标中的系列商标具有相对的独立性。

防卫商标是指为了防止他人的使用或注册而对自己的核心商标所进行的注册，包括联合商标和防御商标两种形式。联合商标，是指注册人在同一商品上注册若干个近似商标，包括正商标和其余的联合商标。其主要目的在于保护正商标，防止他人影射和"搭便车"。我国《商标法实施条例》第二十五条规定，转让注册商标的，商标注册人对其在同一种或者类似商品上注册的相同或者近似的商标，应当一并转让；未一并转让的，由商标局通知其限期改正；期满不改正的，视为放弃转让该注册商标的申请，商标局应当书面通知申请人。防御商标，是指为防止他人注册，驰名商标的所有权人在不同类别的商品或服务上注册的商标。最早注册的是正商标，以后再注册在不同类别的商品上的商标为防御商标。其目的在于保护驰名商标的声誉，防止商标被淡化、弱化。

3. 商标法。

商标法是调整在确认、保护商标专用权和商标使用过程中发生的各类社会关系的法律规范的总称。

我国现行的商标法是《中华人民共和国商标法》（1982 年 8 月 23 日第五届全国人民代表大会常务委员会第二十四次会议通过，根据 2013 年 8 月 30 日第十二届全国人民代表大会常务委员会第四次会议《关于修改〈中华人民共和国商标法〉的决定》第三次修正），以及国务院颁布的于 2002 年 9 月 15 日起施行的《中华人民共和国商标法实施条例》。

（二）商标注册

1. 商标注册的概念。

商标注册是指自然人、法人或者其他组织在生产经营活动中，对其商品或者服务需要取得商标专用权，依照法定程序向国家商标局提出申请，经过审核予以注册的法律活动。经商标局注册的商标为注册商标，商标注册人享有商标专用权，受法律保护。

2. 商标注册的原则。

（1）自愿注册和强制注册相结合的原则。

自愿注册是指商标使用人是否申请商标注册完全取决于自己的意愿。我国大部分商标采取自愿注册原则。法律、行政法规规定必须使用注册商标的商品（卷烟、雪茄烟、有包装的烟丝）的生产经营者，必须申请商标注册，未经核准注册的，商品不得在市场销售。

除必须使用注册商标的商品外，商标无论注册与否都可以使用，但只有注册商标才受到商标法律制度的保护。

（2）诚实信用原则。

申请注册商标，应遵循诚实信用原则。诚实信用原则要求商标申请人在申请注册商标的活动中，以善意为之，不得为谋取自己的利益去损害他人的合法权益和社会公共利益。我国《商标法》第三十二条规定的"申请商标注册不得损害他人现有的在先权利，也不得以不正当手段抢先注册他人已经使用并有一定影响的商标"，即是诚实信用原则的体现。

（3）显著原则。

申请注册的商标，应当具有显著性，便于识别，并不得与他人在先取得的合法权利相冲突。

根据《最高人民法院关于审理商标授权确权行政案件若干问题的规定》（自 2017 年 3 月 1 日起施行），人民法院审查诉争商标是否具有显著特征，应当根据商标所指定使用商品的相关公众的通常认识，判断该商标整体上是否具有显著特征。商标标志中含有描述性要素，但不影响其整体具有显著特征的；或者描述性标志以独特方式加以表现，相关公众能够以其识别商品来源的，应当认定其具有显著特征。

诉争商标为外文标志时，人民法院应当根据中国境内相关公众的通常认识，对该外文商标是否具有显著特征进行审查判断。标志中外文的固有含义可能影响其在指定使用商品上的显著特征，但相关公众对该固有含义的认知程度较低，能够以该标志识别商品来源的，可以认定其具有显著特征。

仅以商品自身形状或者自身形状的一部分作为三维标志申请注册商标，相关公众一般情况下不易将其识别为指示商品来源标志的，该三维标志不具有作为商标的显著特征。但该标志经过长期或者广泛使用，相关公众能够通过该标志识别商品来源的，可以认定该标志具有显著特征。该形状系申请人所独创或者最早使用并不能当然导致其具有作为商标的显著特征。

（4）先申请原则。

两个或者两个以上的商标注册申请人，在同一种商品或者类似商品上，以相同或者近似的商标申请注册的，初步审定并公告申请在先的商标；同一天申请的，初步审定并公告使用在先的商标，驳回其他人的申请，不予公告。

两个或者两个以上的申请人，在同一种商品或者类似商品上，分别以相同或者近似的商标在同一天申请注册的，各申请人应当自收到商标局通知之日起 30 日内提交其申请注册前在先使用该商标的证据。同日使用或者均未使用的，各申请人可以自收到商标局通知之日起 30 日内自行协商，并将书面协议报送商标局；不愿协商或者协商不成的，商标局通知各申请人以抽签的方式确定一个申请人，驳回其他人的注册申请。商标局已经通知但申请人未参加抽签的，视为放弃申请，商标局应当书面通知未参加抽签的申请人。

（5）商标合法原则。

申请注册的商标不得使用法律禁止的标志。

①不得作为商标使用的标志：同中华人民共和国的国家名称、国旗、国徽、国歌、军旗、军徽、军歌、勋章相同或者近似的，以及同中央国家机关的名称、标志、所在地特定地点的名称或者标志性建筑物的名称、图形相同的；同外国的国家名称、国旗、国徽、军旗等相同或者近似的，但该国政府同意的除外；同政府间国际组织的名称、旗帜、徽记等相同或者近似的，但经该组织同意或者不易误导公众的除外；与表明实施控制、予以保证的官方标志、检验印记相同或者近似的，但经授权的除外；同"红十字""红新月"的名称、标志相同或者近似的；带有民族歧视性的；带有欺骗性，

容易使公众对商品的质量等特点或者产地产生误认的；有害于社会主义道德风尚或者有其他不良影响的。县级以上行政区划的地名或者公众知晓的外国地名，不得作为商标。但是，地名具有其他含义或者作为集体商标、证明商标组成部分的除外；已经注册的使用地名的商标继续有效。前述不得作为商标使用的标志，也不能作为商标注册。

根据最高人民法院《关于审理商标授权确权行政案件若干问题的规定》，同中华人民共和国的国家名称等"相同或者近似"，是指商标标志整体上与国家名称等相同或者近似。对于含有中华人民共和国的国家名称等，但整体上并不相同或者不相近似的标志，如果该标志作为商标注册可能导致损害国家尊严的，人民法院可以认定属于"有害于社会主义道德风尚或者有其他不良影响"的情形。商标标志或者其构成要素带有欺骗性，容易使公众对商品的质量等特点或者产地产生误认，商标评审委员会认定其属于"夸大宣传并带有欺骗性"情形的，人民法院予以支持。商标标志或者其构成要素可能对我国社会公共利益和公共秩序产生消极、负面影响的，人民法院可以认定其属于商标法规定的"其他不良影响"。将政治、经济、文化、宗教、民族等领域公众人物姓名等申请注册为商标，属于前述所指的"其他不良影响"。

商标标志由县级以上行政区划的地名或者公众知晓的外国地名和其他要素组成，如果整体上具有区别于地名的含义，人民法院应当认定其不属于商标法规定的不得作为商标使用的情形。

②不得作为商标注册的标志：仅有本商品的通用名称、图形、型号的；仅直接表示商品的质量、主要原料、功能、用途、重量、数量及其他特点的；其他缺乏显著特征的。前述所列标志经过使用取得显著特征，并便于识别的，可以作为商标注册。

诉争商标属于法定的商品名称或者约定俗成的商品名称的，人民法院应当认定其属于商标法所指的通用名称。依据法律规定或者国家标准、行业标准属于商品通用名称的，应当认定为通用名称。相关公众普遍认为某一名称能够指代一类商品的，应当认定为约定俗成的通用名称。被专业工具书、辞典等列为商品名称的，可以作为认定约定俗成的通用名称的参考。约定俗成的通用名称一般以全国范围内相关公众的通常认识为判断标准。对于由于历史传统、风土人情、地理环境等原因形成的相关市场固定的商品，在该相关市场内通用的称谓，人民法院可以认定为通用名称。诉争商标申请人明知或者应知其申请注册的商标为部分区域内约定俗成的商品名称的，人民法院可以视其申请注册的商标为通用名称。人民法院审查判断诉争商标是否属于通用名称，一般以商标申请日时的事实状态为准。核准注册时事实状态发生变化的，以核准注册时的事实状态判断其是否属于通用名称。

商标标志只是或者主要是描述、说明所使用商品的质量、主要原料、功能、用途、重量、数量、产地等的，人民法院应当认定其属于商标法所称"仅直接表示商品的质量、主要原料、功能、用途、重量、数量及其他特点的"情形。商标标志或者其构成要素暗示商品的特点，但不影响其识别商品来源功能的，不属于该项所规定的情形。

以三维标志申请注册商标的，仅由商品自身的性质产生的形状、为获得技术效果而需有的商品形状或者使商品具有实质性价值的形状，不得注册。

③不予注册并禁止使用的标志：就相同或者类似商品申请注册的商标是复制、摹仿或者翻译他人未在中国注册的驰名商标，容易导致混淆的，不予注册并禁止使用。

当事人依据该规定主张诉争商标构成对其未注册的驰名商标的复制、摹仿或者翻译而不应予以注册或者应予无效的，人民法院应当综合考量如下因素以及因素之间的相互影响，认定是否容易导致混淆：商标标志的近似程度；商品的类似程度；请求保护商标的显著性和知名程度；相关公众的注意程度；其他相关因素。商标申请人的主观意图以及实际混淆的证据可以作为判断混淆可能性的参考因素。

就不相同或者不相类似商品申请注册的商标是复制、摹仿或者翻译他人已经在中国注册的驰名商标，误导公众，致使该驰名商标注册人的利益可能受到损害的，不予注册并禁止使用。当事人依据该规定主张诉争商标构成对其已注册的驰名商标的复制、摹仿或者翻译而不应予以注册或者应予无效的，人民法院应当综合考虑如下因素，以认定诉争商标的使用是否足以使相关公众认为其与驰名商标具有相当程度的联系，从而误导公众，致使驰名商标注册人的利益可能受到损害：引证商标的显著性和知名程度；商标标志是否足够近似；指定使用的商品情况；相关公众的重合程度及注意程度；与引证商标近似的标志被其他市场主体合法使用的情况或者其他相关因素。

未经授权，代理人或者代表人以自己的名义将被代理人或者被代表人的商标进行注册，被代理人或者被代表人提出异议的，不予注册并禁止使用。商标代理人、代表人或者经销、代理等销售代理关系意义上的代理人、代表人未经授权，以自己的名义将与被代理人或者被代表人的商标相同或者近似的商标在相同或者类似商品上申请注册的，人民法院适用商标法"不予注册并禁止使用"的规定进行审理。

商标中有商品的地理标志，而该商品并非来源于该标志所标示的地区，误导公众的，不予注册并禁止使用；但是，已经善意取得注册的继续有效。所称地理标志，是指标示某商品来源于某地区，该商品的特定质量、信誉或者其他特征，主要由该地区的自然因素或者人文因素所决定的标志。地理标志利害关系人依据该规定主张他人商标不应予以注册或者应予无效，如果诉争商标指定使用的商品与地理标志产品并非相同商品，而地理标志利害关系人能够证明诉争商标使用在该产品上仍然容易导致相关公众误认为该产品来源于该地区并因此具有特定的质量、信誉或者其他特征的，人民法院予以支持。如果该地理标志已经注册为集体商标或者证明商标，集体商标或者证明商标的权利人或者利害关系人可选择依据该规定或者另行依据商标法"不予注册并禁止使用""驳回申请并不予公告"等主张权利。

④在先权利的保护。《商标法》第三十二条规定，申请商标注册不得损害他人现有的在先权利，也不得以不正当手段抢先注册他人已经使用并有一定影响的商标。

在先权利，包括当事人在诉争商标申请日之前享有的民事权利或者其他应予保护的合法权益。诉争商标核准注册时在先权利已不存在的，不影响诉争商标的注册。

当事人主张诉争商标损害其在先著作权的，人民法院应当依照著作权法等相关规定，对所主张的客体是否构成作品、当事人是否为著作权人或者其他有权主张著作权的利害关系人以及诉争商标是否构成对著作权的侵害等进行审查。商标标志构成受著作权法保护的作品的，当事人提供的涉及商标标志的设计底稿、原件、取得权利的合同、诉争商标申请日之前的著作权登记证书等，均可以作为证明著作权归属的初步证据。商标公告、商标注册证等可以作为确定商标申请人为有权主张商标标志著作权的利害关系人的初步证据。

当事人主张诉争商标损害其姓名权，如果相关公众认为该商标标志指代了该自然人，容易认为标记有该商标的商品系经过该自然人许可或者与该自然人存在特定联系的，人民法院应当认定该商标损害了该自然人的姓名权。当事人以其笔名、艺名、译名等特定名称主张姓名权，该特定名称具有一定的知名度，与该自然人建立了稳定的对应关系，相关公众以其指代该自然人的，人民法院予以支持。

当事人主张的字号具有一定的市场知名度，他人未经许可申请注册与该字号相同或者近似的商标，容易导致相关公众对商品来源产生混淆，当事人以此主张构成在先权益的，人民法院予以支持。当事人以具有一定市场知名度并已与企业建立稳定对应关系的企业名称的简称为依据提出主张的，适用前述规定。

对于著作权保护期限内的作品，如果作品名称、作品中的角色名称等具有较高知名度，将其作为商标使用在相关商品上容易导致相关公众误认为其经过权利人的许可或者与权利人存在特定联系，当事人以此主张构成在先权益的，人民法院予以支持。

在先使用人主张商标申请人以不正当手段抢先注册其在先使用并有一定影响的商标，如果在先使用商标已经有一定影响，而商标申请人明知或者应知该商标，即可推定其构成"以不正当手段抢先注册"。但商标申请人举证证明其没有利用在先使用商标商誉的恶意的除外。在先使用人举证证明其在先商标有一定的持续使用时间、区域、销售量或者广告宣传的，人民法院可以认定为有一定影响。在先使用人主张商标申请人在与其不相类似的商品上申请注册其在先使用并有一定影响的商标，违反《商标法》第三十二条规定的，人民法院不予支持。

3. 驰名商标的认定。

驰名商标应当根据当事人的请求，作为处理涉及商标案件需要认定的事实进行认定。认定驰名商标应当考虑下列因素：相关公众对该商标的知晓程度；该商标使用的持续时间；该商标的任何宣传工作的持续时间、程度和地理范围；该商标作为驰名商标受保护的记录；该商标驰名的其他因素。

《商标法》第十三条规定："为相关公众所熟知的商标，持有人认为其权利受到侵害时，可以依照本法的规定请求驰名商标保护。"在商标注册审查、市场监督管理部门查处商标违法案件过程中，当事人依照《商标法》第十三条规定主张权利的，商标局根据审查、处理案件的需要，可以对商标驰名情况做出认定。在商标争议处理过程中，当事人依照《商标法》第十三条规定主张权利的，商标评审委员会根据处理案件的需要，可以对商标驰名情况做出认定。在商标民事、行政案件审理过程中，当事人依照《商标法》第十三条规定主张权利的，最高人民法院指定的人民法院根据审理案件的需要，可以对商标驰名情况做出认定。生产、经营者不得将"驰名商标"字样用于商品、商品包装或者容器上，或者用于广告宣传、展览以及其他商业活动中。

商标权人自行使用、他人经许可使用以及其他不违背商标权人意志的使用，均可认定为商标法所称的使用。实际使用的商标标志与核准注册的商标标志有细微差别，但未改变其显著特征的，可以视为注册商标的使用。没有实际使用注册商标，仅有转让或者许可行为；或者仅是公布商标注册信息、声明享有注册商标专用权的，不认定为商标使用。商标权人有真实使用商标的意图，并且有实际使用的必要准备，但因其他客观原因尚未实际使用注册商标的，人民法院可以认定其有正当理由。

4. 商标注册申请。

申请商标注册的，应当按规定的商品分类表填报使用商标的商品类别和商品名称。商标注册申请人可以通过一份申请就多个类别的商品申请注册同一商标。商标注册申请等有关文件，可以以书面方式或者数据电文方式提出。注册商标需要在核定使用范围之外的商品上取得商标专用权的，应当另行提出注册申请。注册商标需要改变其标志的，应当重新提出注册申请。

商标注册申请人自其商标在外国第一次提出商标注册申请之日起 6 个月内，又在中国就相同商品以同一商标提出商标注册申请的，依照该外国同中国签订的协议或者共同参加的国际条约，或者按照相互承认优先权的原则，可以享有优先权。依照规定要求优先权的，应当在提出商标注册申请的时候提出书面声明，并且在 3 个月内提交第一次提出的商标注册申请文件的副本；未提出书面声明或者逾期未提交商标注册申请文件副本的，视为未要求优先权。

5. 商标注册的审核。

对申请注册的商标，商标局应当自收到商标注册申请文件之日起 9 个月内审查完毕，符合《商标法》有关规定的，予以初步审定公告。对初步审定的商标，自公告之日起 3 个月内，在先权利人、利害关系人或者任何人认为违反相关《商标法》规定的，可以向商标局提出异议。公告期满无异议的，予以核准注册，发给商标注册证，并予公告。

对驳回申请、不予公告的商标，商标局应当书面通知商标注册申请人。商标注册申请人不服的，可以自收到通知之日起 15 日内向商标评审委员会申请复审。商标评审委员会应当自收到申请之日起 9 个月内做出决定，并书面通知申请人。有特殊情况需要延长的，经国务院市场监督管理部门批准，可以延长 3 个月。当事人对商标评审委员会的决定不服的，可以自收到通知之日起 30 日内向人民法院起诉。

对初步审定公告的商标提出异议的，商标局应当听取异议人和被异议人陈述事实和理由，经调查核实后，自公告期满之日起 12 个月内做出是否准予注册的决定，并书面通知异议人和被异议人。有特殊情况需要延长的，经国务院市场监督管理部门批准，可以延长 6 个月。商标局做出准予注册决定的，发给商标注册证，并予公告。异议人不服的，可以依照规定向商标评审委员会请求宣告该注册商标无效。商标局做出不予注册决定，被异议人不服的，可以自收到通知之日起 15 日内向商标评审委员会申请复审。商标评审委员会应当自收到申请之日起 12 个月内做出复审决定，并书面通知异议人和被异议人。有特殊情况需要延长的，经国务院市场监督管理部门批准，可以延长 6 个月。

被异议人对商标评审委员会的决定不服的，可以自收到通知之日起 30 日内向人民法院起诉。人民法院应当通知异议人作为第三人参加诉讼。商标评审委员会在依照前述规定进行复审的过程中，所涉及的在先权利的确定必须以人民法院正在审理或者行政机关正在处理的另一案件的结果为依据的，可以中止审查。中止原因消除后，应当恢复审查程序。法定期限届满，当事人对商标局做出的驳回申请决定、不予注册决定不申请复审或者对商标评审委员会做出的复审决定不向人民法院起诉的，驳回申请决定、不予注册决定或者复审决定生效。经审查异议不成立而准予注册的商标，商标注册申请人取得商标专用权的时间自初步审定公告 3 个月期满之日起计算。自该商标公告期满之日起至准予注册决定做出前，对他人在同一种或者类似商品上使用与该商标相同或者近似的标志的行为不具有追溯力；但是，因该使用人的恶意给商标注册人造成的损失，应当给予赔偿。

商标注册申请人或者注册人发现商标申请文件或者注册文件有明显错误的，可以申请更正。商标局依法在其职权范围内作出更正，并通知当事人。更正错误不涉及商标申请文件或者注册文件的实质性内容。

（三）注册商标的续展、变更、转让和使用许可

1. 注册商标的续展。

注册商标的有效期为 10 年，自核准注册之日起计算。注册商标有效期满，需要继续使用的，商标注册人应当在期满前 12 个月内按照规定办理续展手续；在此期间未能办理的，可以给予 6 个月的宽展期。宽展期满仍未提出申请的，注销其注册商标。每次续展注册的有效期为 10 年。续展注册经核准后，予以公告。

2. 注册商标的变更。

注册商标需要变更注册人的名义、地址或者其他注册事项的，应当提出变更申请。

3. 注册商标的转让。

转让注册商标的，转让人和受让人应当签订转让协议，并共同向商标局提出申请。受让人应当保证使用该注册商标的商品质量。商标注册人对其在同一种商品上注册的近似的商标，或者在类似商品上注册的相同或者近似的商标，应当一并转让。对容易

导致混淆或者有其他不良影响的转让，商标局不予核准，书面通知申请人并说明理由。转让注册商标经核准后，予以公告。受让人自公告之日起享有商标专用权。

4. 注册商标的使用许可。

商标注册人可以通过签订商标使用许可合同，许可他人使用其注册商标。许可人应当监督被许可人使用其注册商标的商品质量。被许可人应当保证使用该注册商标的商品质量。经许可使用他人注册商标的，必须在使用该注册商标的商品上标明被许可人的名称和商品产地。许可他人使用其注册商标的，许可人应当将其商标使用许可报商标局备案，由商标局公告。商标使用许可未经备案不得对抗善意第三人。

（四）商标使用的管理

商标注册人在使用注册商标的过程中，自行改变注册商标、注册人名义、地址或者其他注册事项的，由地方市场监督管理部门责令限期改正；期满不改正的，由商标局撤销其注册商标。注册商标成为其核定使用的商品的通用名称或者没有正当理由连续 3 年不使用的，任何单位或者个人可以向商标局申请撤销该注册商标。商标局应当自收到申请之日起 9 个月内做出决定。有特殊情况需要延长的，经国务院市场监督管理部门批准，可以延长 3 个月。注册商标被撤销、被宣告无效或者期满不再续展的，自撤销、宣告无效或者注销之日起 1 年内，商标局对与该商标相同或者近似的商标注册申请，不予核准。

（五）注册商标专用权的保护

注册商标专用权，是指商标注册人对其拥有的注册商标享有的独占权，包括使用权、处分权、收益权、标记权等。注册商标的专用权，以核准注册的商标和核定使用的商品为限。

根据《商标法》第五十七条的规定，有下列行为之一的，均属侵犯注册商标专用权：未经商标注册人的许可，在同一种商品上使用与其注册商标相同的商标的；未经商标注册人的许可，在同一种商品上使用与其注册商标近似的商标，或者在类似商品上使用与其注册商标相同或近似的商标，容易导致混淆的；销售侵犯注册商标专用权的商品的；伪造、擅自制造他人注册商标标识或者销售伪造、擅自制造的注册商标标识的；未经商标注册人同意，更换其注册商标并将该更换商标的商品又投入市场的；故意为侵犯他人商标专用权行为提供便利条件，帮助他人实施侵犯商标专用权行为的；给他人的注册商标专用权造成其他损害的。

因侵犯注册商标专用权行为引起纠纷的，由当事人协商解决；不愿协商或者协商不成的，商标注册人或者利害关系人可以向人民法院起诉，也可以请求市场监督管理部门处理。市场监督管理部门处理时，认定侵权行为成立的，责令立即停止侵权行为，没收、销毁侵权商品和专门用于制造侵权商品、伪造注册商标标识的工具，违法经营额 5 万元以上的，可以处违法经营额 5 倍以下的罚款，没有违法经营额或者违法经营额不足 5 万元的，可以处 25 万元以下的罚款。对 5 年内实施两次以上商标侵权行为或者有其他严重情节的，应当从重处罚。销售不知道是侵犯注册商标专用权的商品，能证明该商品是自己合法取得并说明提供者的，由市场监督管理部门责令停止销售。对侵犯商标专用权的赔偿数额的争议，当事人可以请求进行处理的市场监督管理部门调解，也可以依照《中华人民共和国民事诉讼法》向人民法院起诉。经市场监督管理部门调解，当事人未达成协议或者调解书生效后不履行的，当事人可以依照《中华人民共和国民事诉讼法》向人民法院起诉。

侵犯商标专用权的赔偿数额，按照权利人因被侵权所受到的实际损失确定；实际损失难以确定的，可以按照侵权人因侵权所获得的利益确定；权利人的损失或者侵权人获得的利益难以确定的，参照该商标许可使用费的倍数合理确定。对恶意侵犯商标专用权，情节严重的，可以在按照上述方法确定数额的 1 倍以上 3 倍以下确定赔偿数额。赔偿数额应当包括权利人为制止侵权行为所支付的合理开支。人民法院为确定赔偿数额，在权利人已经尽力举证，而与侵权行为相关的账簿、资料主要由侵权人掌握的情况下，可以责令侵权人提供与侵权行为相关的账簿、资料；侵权人不提供或者提供虚假账簿、资料的，人民法院可以参考权利人的主张和提供的证据判定赔偿数额。权利人因被侵权所受到的实际损失、侵权人因侵权所获得的利益、注册商标许可使用费难以确定的，由人民法院根据侵权行为的情节判决给予 300 万元以下的赔偿。注册商标专用权人请求赔偿，被控侵权人以注册商标专用权人未使用注册商标提出抗辩的，人民法院可以要求注册商标专用权人提供此前 3 年内实际使用该注册商标的证据。注册商标专用权人不能证明此前 3 年内实际使用过该注册商标，也不能证明因侵权行为受到其他损失的，被控侵权人不承担赔偿责任。销售不知道是侵犯注册商标专用权的商品，能证明该商品是自己合法取得的并说明提供者的，不承担赔偿责任。

第四节 政府采购法律制度

一、政府采购概述

（一）政府采购的定义

政府采购，是指各级国家机关、事业单位和团体组织，使用财政性资金采购依法制定的集中采购目录以内的或者采购限额标准以上的货物、工程和服务的行为。

采购，是指以合同方式有偿取得货物、工程和服务的行为，包括购买、租赁、委托、雇用等。所谓货物，是指各种形态和种类的物品，包括原材料、燃料、设备、产品等；所谓工程，是指建设工程，包括建筑物和构筑物的新建、改建、扩建、装修、拆除、修缮等；所谓服务，是指除货物和工程以外的其他政府采购对象。

（二）政府采购的原则

政府采购作为市场经济活动的一部分，政府在与市场进行平等交换的过程中，也应遵循市场活动法则，据此，我国《政府采购法》规定了四项具体原则：

1. 公开透明原则。

政府采购的资金主要来源于税收和占有公共资源的收入，其取之于社会，故采购过程必须公开透明，接受社会的监督，并将实现效益的最大化作为重要目标。公开透明原则是对财政支出透明度和财政资金使用效益的重要保障，它要求政府采购的信息应当在政府采购监督管理部门指定的媒体上及时向社会公开发布，但涉及商业秘密的除外。同时，政府采购目录和限额标准也应当向社会公布。纳入集中采购目录的政府采购项目，应当实行集中采购。政府采购项目的采购标准应当公开，采购人在采购活动完成后，应当将采购结果予以公布。

2. 公平竞争原则。

公平竞争原则的具体内容包括：任何单位和个人不得采用任何方式，阻挠和限制供应商自由进入本地区和本行业的政府采购市场。政府采购当事人不得以任何手段排斥其他供应商参与竞争。供应商不得以向采购人、采购代理机构、评标委员会组成人员、竞争性谈判小组组成人员、询价小组组成人员行贿或者采取其他不正当手段谋取中标或者成交。采购代理机构不得以向采购人行贿或者采取其他不正当手段谋取非法利益。采购人或者采购代理机构不得以不合理的条件对供应商实行差别待遇或者歧视待遇。有下列情形之一的，属于以不合理的条件对供应商实行差别待遇或者歧视待遇：（1）就同一采购项目向供应商提供有差别的项目信息；（2）设定的资格、技术、商务条件与采购项目的具体特点和实际需要不相适应或者与合同履行无关；（3）采购需求中的技术、服务等要求指向特定供应商、特定产品；（4）以特定行政区域或者特定行业的业绩、奖项作为加分条件或者中标、成交条件；（5）对供应商采取不同的资格审查或者评审标准；（6）限定或者指定特定的专利、商标、品牌或者供应商；（7）非法限定供应商的所有制形式、组织形式或者所在地；（8）以其他不合理条件限制或者排斥潜在供应商。

3. 公正原则。

公正原则包括微观和宏观两个层次，微观旨在实现采购个案的公正，宏观旨在实现采购整体环境的公正。就微观公正而言，我国《政府采购法》规定了回避制度和采购代理机构独立于政府制度。就宏观公正而言，政府采购应当有助于实现国家经济和社会发展的政策目标，包括保护环境、扶持不发达地区和少数民族地区，促进中小企业发展等。

4. 诚实信用原则。

现代社会的经济模式是市场经济，诚实信用是人们行为的基本准则，它要求人们在经济活动中讲究信用、恪守诺言、诚实不欺，在不损害他人利益和社会利益的前提下追求个人的价值和利益。在政府采购活动中，诚信原则一方面要求政府采购应当严格按照批准的预算执行，保护当事人的信赖利益，另一方面也要求供应商恪守采购合同义务。

（三）《政府采购法》的例外适用

原则上，政府采购应当采购本国货物、工程和服务。但有下列情形之一的除外：需要采购的货物、工程或者服务在中国境内无法获取或者无法以合理的商业条件获取的；为在中国境外使用而进行采购的；其他法律、行政法规另有规定的。同时，在中华人民共和国境内进行的采购均应适用《政府采购法》，但有下列情形之一的除外：使用国际组织和外国政府贷款进行的政府采购，贷款方、资金提供方与中方达成的协议对采购的具体条件另有规定的，可以适用其规定，但不得损害国家利益和社会公共利益；因严重自然灾害和其他不可抗力事件所实施的紧急采购和涉及国家安全和秘密的采购；军事采购。

二、政府采购当事人

政府采购当事人，是在政府采购活动中享有权利和承担义务的各类主体，包括采购人、采购代理机构和供应商等。

（一）采购人

采购人是指依法进行政府采购的国家机关、事业单位、团体组织。采购人采购纳入集中采购目录的政府采购项目，必须委托集中采购机构代理采购；采购未纳入集中采购目录的政府采购项目，可以自行采购，也可以委托集中采购机构在委托的范围内代理采购。纳入集中采购目录属于通用的政府采购项目的，应当委托集中采购机构代理采购；属于本部门、本系统有特殊要求的项目，应当实行部门集中采购；属于本单位有特殊要求的项目，经省级以上政府批准，可以自行采购。

（二）采购代理机构

采购代理机构是指集中采购机构和集中采购机构以外的采购代理机构，是根据采购人的委托办理采购事宜的非营利事业法人。集中采购机构是设区的市级以上人民政府依法设立的非营利事业法人，是代理集中采购项目的执行机构。集中采购机构以外的采购代理机构，是从事采购代理业务的社会中介机构。

采购人依法委托采购代理机构办理采购事宜的，应当由采购人与采购代理机构签订委托代理协议，依法确定委托代理的事项，约定双方的权利义务。采购代理机构不得以向采购人行贿或者采取其他不正当手段谋取非法利益。

（三）供应商

供应商是指向采购人提供货物、工程或者服务的法人、其他组织或者自然人。作为政府采购活动重要主体的供应商，应当具备下列法定条件：（1）具有独立承担民事责任的能力；（2）具有良好的商业信用和健全的财务会计制度；（3）具有履行合同所必需的设备和专业技术能力；（4）有依法交纳税收和社会保障资金的良好记录；（5）参与政府采购活动前 3 年内，在经营活动中没有重大违法记录；（6）法律、行政法规规定的其他条件。

单位负责人为同一人或者存在直接控股、管理关系的不同供应商，不得参加同一合同项下的政府采购活动。除单一来源采购项目外，为采购项目提供整体设计、规范编制或者项目管理、监理、检测等服务的供应商，不得再参加该采购项目的其他采购活动。

两个以上的自然人、法人或者其他组织可以组成一个联合体，以一个供应商的身份共同参加政府采购。以联合体形式进行政府采购的，参加联合体的供应商均应当具备上述条件，并应当向采购人提交联合协议，载明联合体各方承担的工作和义务。联合体各方应当共同与采购人签订采购合同，就采购合同约定的事项对采购人承担连带责任。联合体中有同类资质的供应商按照联合体分工承担相同工作的，应当按照资质等级较低的供应商确定资质等级。以联合体形式参加政府采购活动的，联合体各方不得再单独参加或者与其他供应商另外组成联合体参加同一合同项下的政府采购活动。

在政府采购活动中，采购人员及相关人员与供应商有利害关系的，必须回避。

供应商认为采购人员及相关人员与其他供应商有利害关系的，可以申请其回避。

三、政府采购方式

根据《政府采购法》第二十六条的规定，政府采购采用以下方式：公开招标、邀请招标、竞争性谈判、单一来源采购、询价和国务院政府采购监督管理部门认定的其他采购方式。公开招标应作为政府采购的主要采购方式。

（一）公开招标

公开招标，是指招标人以招标公告的方式邀请不特定的法人或者其他组织投标。采购人采购货物或者服务应当采用公开招标方式的，其具体数额标准，属于中央预算的政府采购项目，由国务院规定；属于地方预算的政府采购项目，由省、自治区、直辖市人民政府规定；因特殊情况需要采用公开招标以外采购方式的，应当在采购活动开始前获得设区的市、自治州以上政府采购监督管理部门的批准。

采购人不得将应当以公开招标方式采购的货物或者服务化整为零或者以其他任何方式规避公开招标采购。在一个财政年度内，采购人将一个预算项目下的同一品目或者类别的货物、服务采用公开招标以外的方式多次采购，累计资金数额超过公开招标数额标准的，属于以化整为零方式规避公开招标，但项目预算调整或者经批准采用公开招标以外方式采购的除外。

依法必须进行招标的项目，其招标投标活动不受地区或者部门的限制。任何单位和个人不得违法限制或者排斥本地区、本系统以外的法人或者其他组织参加投标，不得以任何方式非法干涉招标投标活动。

招标文件规定的各项技术标准应当符合国家强制性标准。招标文件不得要求或者标明特定的投标人或者产品，以及含有倾向性或者排斥潜在投标人的其他内容。招标采购单位根据招标采购项目的具体情况，可以组织潜在投标人现场考察或者召开开标前答疑会，但不得单独或者分别组织只有 1 个投标人参加的现场考察。开标前，招标采购单位和有关工作人员不得向他人透露已获取招标文件的潜在投标人的名称、数量以及可能影响公平竞争的有关招标投标的其他情况。

依法必须进行招标的项目，应当由招标人依法设立的评标委员会进行评标。评标委员会由招标人的代表和有关技术、经济等方面的专家组成，成员人数为 5 人以上单数，其中技术、经济等方面的专家不得少于成员总数的 2/3。与投标人有利害关系的人不得进入相关项目的评标委员会；已经进入的应当更换。评标委员会成员的名单在中标结果确定前应当保密。评标委员会应当按照招标文件确定的评标标准和方法，对投标文件进行评审和比较；设有标底的，应当参考标底。评标委员会完成评标后，应当向招标人提出书面评标报告，并推荐合格的中标候选人。

（二）邀请招标

邀请招标，是指按照事先规定的条件选定合格供应商或承包商，只有接到邀请者方才有资格参与投标。有下列情形之一的，可以采用邀请招标的方式采购：具有特殊性，只能从有限范围的供应商处采购的；采用公开招标方式的费用占政府采购项目总价值比例过大的。

采用邀请招标方式采购的，招标采购单位应当在省级以上人民政府财政部门指定的政府采购信息媒体发布资格预审公告，公布投标人资格条件，资格预审公告的期限不得少于 7 个工作日。

投标人应当在资格预审公告期结束之日起 3 个工作日前，按公告要求提交资格证明文件。招标采购单位从评审合格投标人中通过随机方式选择 3 家以上的投标人，并向其发出投标邀请书。

（三）竞争性谈判

竞争性谈判，是指采购人或采购代理机构根据采购需求直接要求 3 家以上的供应商就采购事宜与供应商分别进行一对一的谈判，最后通过谈判结果来选择供应商的一种采购方式。有下列情形之一的，可以采用竞争性谈判方式采购：招标后没有供应商投标或者没有合格标的或者重新招标未能成立的；技术复杂或者性质特殊，不能确定详细规格或者具体要求的；采用招标所需时间不能满足用户紧急需要的；不能事先计算出价格总额的。

（四）单一来源采购

单一来源采购，是指采购人直接从某个供应商或承包商处购买所需货物、服务或者工程的采购方式。有下列情形之一的，可以采用单一来源方式采购：只能从唯一供应商处采购的；发生了不可预见的紧急情况不能从其他供应商处采购的；必须保证原有采购项目一致性或者服务配套的要求，需要继续从原供应商处添购，且添购资金总额不超过原合同采购金额10%的。采取单一来源方式采购的，采购人与供应商应当在保证采购项目质量和双方商定合理价格的基础上进行采购。

（五）询价

询价，是指采购人就采购项目向符合相应资格条件的被询价供应商（不少于3家）发出询价通知书，通过对报价供应商的报价进行比较，最终确定成交供应商的采购方式。采购货物规格、标准统一，现货货源充足且价格变化幅度小的政府采购项目，可以采用询价方式采购。

四、政府采购程序

政府采购需遵循的一般程序包括：负有编制部门预算职责的部门在编制下一财政年度部门预算时，应当将该财政年度政府采购的项目及资金预算列出，报本级财政部门汇总。采取适当方式完成采购后，采购人或者其委托的采购代理机构应当组织对供应商履约的验收。大型或者复杂的政府采购项目，应当邀请国家认可的质量检测机构参加验收工作。采购文件从采购结束之日起至少保存15年。此外，《政府采购法》针对不同的采购方式也规定了相应的程序要求。

（一）招标采购的程序要求

实行招标方式采购的，自招标文件开始发出之日起至投标人提交投标文件截止之日止，不得少于20日。采取邀请招标方式采购的，采购人应当从符合相应资格条件的供应商中，通过随机方式选择3家以上的供应商，并向其发出投标邀请书。招标文件的提供期限自招标文件开始发出之日起不得少于5个工作日。采购人或者采购代理机构可以对已发出的招标文件进行必要的澄清或者修改。澄清或者修改的内容可能影响投标文件编制的，采购人或者采购代理机构应当在投标截止时间至少15日前，以书面形式通知所有获取招标文件的潜在投标人；不足15日的，采购人或者采购代理机构应当顺延提交投标文件的截止时间。

在招标采购中，出现下列情形之一的，应予废标：符合专业条件的供应商或者对招标文件作实质响应的供应商不足3家的；出现影响采购公正的违法、违规行为的；投标人的报价均超过了采购预算，采购人不能支付的；因重大事故，采购任务取消的。废标后，采购人应当将废标理由通知所有投标人。除采购任务取消情形外，应当重新组织招标；需要采取其他方式采购的，应当在采购活动开始前获得设区的市、自治州以上政府采购监督管理部门或者政府有关部门批准。

招标文件要求投标人提交投标保证金的，投标保证金不得超过采购项目预算金额的2%。投标保证金应当以支票、汇票、本票或者金融机构、担保机构出具的保函等非现金形式提交。投标人未按照招标文件要求提交投标保证金的，投标无效。采购人或者采购代理机构应当自中标通知书发出之日起 5 个工作日内退还未中标供应商的投标保证金，自政府采购合同签订之日起 5 个工作日内退还中标供应商的投标保证金。

（二）竞争性谈判的程序要求

采用竞争性谈判方式采购的，应当遵循下列程序：

1. 成立谈判小组。谈判小组由采购人的代表和有关专家共 3 人以上的单数组成，其中专家的人数不得少于成员总数的 2/3。

2. 制定谈判文件。谈判文件应当明确谈判程序、谈判内容、合同草案的条款以及评定成交的标准等事项。谈判文件不能完整、明确列明采购需求，需要由供应商提供最终设计方案或者解决方案的，在谈判结束后，谈判小组应当按照少数服从多数的原则投票推荐 3 家以上供应商的设计方案或者解决方案，并要求其在规定时间内提交最后报价。

3. 确定邀请参加谈判的供应商名单。谈判小组从符合相应资格条件的供应商名单中确定不少于 3 家的供应商参加谈判，并向其提供谈判文件。谈判小组所有成员集中与单一供应商分别进行谈判。在谈判中，谈判的任何一方不得透露与谈判有关的其他供应商的技术资料、价格和其他信息。谈判文件有实质性变动的，谈判小组应当以书面形式通知所有参加谈判的供应商。

4. 确定供应商。谈判结束后，谈判小组应当要求所有参加谈判的供应商在规定时间内进行最后报价，采购人从谈判小组提出的成交候选人中根据符合采购需求、质量和服务相等且报价最低的原则确定成交供应商，并将结果通知所有参加谈判的未成交供应商。

（三）询价的程序要求

采取询价方式采购的，应当遵循下列程序：

1. 成立询价小组。询价小组由采购人的代表和有关专家共 3 人以上的单数组成，其中专家的人数不得少于成员总数的 2/3。询价小组应当对采购项目的价格构成和评定成交的标准等事项做出规定。

2. 确定被询价的供应商名单。询价小组根据采购需求，从符合相应资格条件的供应商名单中确定不少于 3 家的供应商，并向其发出询价通知书让其报价。询价通知书应当根据采购需求确定政府采购合同条款。在询价过程中，询价小组不得改变询价通知书所确定的政府采购合同条款。询价小组要求被询价的供应商一次报出不得更改的价格。

3. 确定成交供应商。采购人根据符合采购需求、质量和服务相等且报价最低的原则确定成交供应商，并将结果通知所有被询价的未成交供应商。

（四）评审结束程序

采购代理机构应当自评审结束之日起 2 个工作日内将评审报告送交采购人。采购人应当自收到评审报告之日起 5 个工作日内在评审报告推荐的中标或者成交候选人中按顺序确定中标或者成交供应商。采购人或者采购代理机构应当自中标、成交供应商确定之日起 2 个工作日内，发出中标、成交通知书，并在省级以上人民政府财政部门指定的媒体上公告中标、成交结果，招标文件、竞争性谈判文件、询价通知书随中标、成交结果同时公告。

中标、成交结果公告内容应当包括采购人和采购代理机构的名称、地址、联系方式，项目名称和项目编号，中标或者成交供应商名称、地址和中标或者成交金额，主要中标或者成交标的的名称、规格型号、数量、单价、服务要求以及评审专家名单。

（五）中标、成交结果的拘束力及履约验收

除国务院财政部门规定的情形外，采购人、采购代理机构不得以任何理由组织重新评审。采购人、采购代理机构按照国务院财政部门的规定组织重新评审的，应当书面报告本级人民政府财政部门。采购人或者采购代理机构不得通过对样品进行检测、对供应商进行考察等方式改变评审结果。

采购人或者采购代理机构应当按照政府采购合同规定的技术、服务、安全标准组织对供应商履约情况进行验收，并出具验收书。验收书应当包括每一项技术、服务、安全标准的履约情况。政府向社会公众提供的公共服务项目，验收时应当邀请服务对象参与并出具意见，验收结果应当向社会公告。

五、政府采购合同

依据《政府采购法》规定，采购人和供应商之间的权利和义务，应当按照平等、自愿的原则以合同方式约定。政府采购合同应适用《民法典》合同编，并应当采用书面形式。

（一）政府采购合同的签订

采购人可以委托采购代理机构代表其与供应商签订政府采购合同。由采购代理机构以采购人名义签订合同的，应当提交采购人的授权委托书，作为合同附件。采购文件要求中标或者成交供应商提交履约保证金的，供应商应当以支票、汇票、本票或者金融机构、担保机构出具的保函等非现金形式提交。履约保证金的数额不得超过政府采购合同金额的 10%。

采购人与中标、成交供应商应当在中标、成交通知书发出之日起 30 日内，按照采购文件确定的事项签订政府采购合同。中标、成交通知书对采购人和中标、成交供应商均有法律效力。中标、成交通知书发出后，采购人改变中标、成交结果的，或者中标、成交供应商放弃中标、成交项目的，应当承担法律责任。中标或者成交供应商拒绝与采购人签订合同的，采购人可以按照评审报告推荐的中标或者成交候选人名单排序，确定下一候选人为中标或者成交供应商，也可以重新开展政府采购活动。

采购人应当自政府采购合同签订之日起 2 个工作日内，将政府采购合同在省级以上人民政府财政部门指定的媒体上公告，但政府采购合同中涉及国家秘密、商业秘密的内容除外。

（二）政府采购合同的履行

采购人应当按照政府采购合同规定，及时向中标或者成交供应商支付采购资金。政府采购项目的采购合同自签订之日起7个工作日内，采购人应当将合同副本报同级政府采购监督管理部门和有关部门备案。

经采购人同意，中标、成交供应商可以依法采取分包方式履行合同。政府采购合同分包履行的，中标、成交供应商就采购项目和分包项目向采购人负责，分包供应商就分包项目承担责任。

政府采购合同履行中，采购人需追加与合同标的相同的货物、工程或者服务的，在不改变合同其他条款的前提下，可以与供应商协商签订补充合同，但所有补充合同的采购金额不得超过原合同采购金额的10%。政府采购合同的双方当事人不得擅自变更、中止或者终止合同。政府采购合同继续履行将损害国家利益和社会公共利益的，双方当事人应当变更、中止或者终止合同。有过错的一方应当承担赔偿责任，双方都有过错的，各自承担相应的法律责任。

六、政府采购的质疑与投诉

（一）质疑

供应商对政府采购活动事项有疑问的，可以向采购人提出询问，采购人应当及时作出答复，但答复的内容不得涉及商业秘密。采购人或者采购代理机构应当在3个工作日内对供应商依法提出的询问作出答复。供应商认为采购文件、采购过程和中标、成交结果使自己的权益受到损害的，可以在知道或者应知其权益受到损害之日起7个工作日内，以书面形式向采购人提出质疑。采购人委托采购代理机构采购的，供应商可以向采购代理机构提出询问或者质疑，采购代理机构应当就采购人委托授权范围内的事项作出答复。供应商提出的询问或者质疑超出采购人对采购代理机构委托授权范围的，采购代理机构应当告知供应商向采购人提出。政府采购评审专家应当配合采购人或者采购代理机构答复供应商的询问和质疑。采购人应当在收到供应商的书面质疑后7个工作日内作出答复，并以书面形式通知质疑供应商和其他有关供应商。

（二）投诉

质疑供应商对采购人、采购代理机构的答复不满意，或者采购人、采购代理机构未在规定时间内作出答复的，可以在答复期满后15个工作日内向采购人所属预算级次本级财政部门提起投诉。财政部门收到投诉书后，应当在5个工作日内进行审查，审查后按照下列情况处理：（1）投诉书内容不符合规定的，应当在收到投诉书5个工作日内一次性书面通知投诉人补正。补正通知应当载明需要补正的事项和合理的补正期限。未按照补正期限进行补正或者补正后仍不符合规定的，不予受理。（2）投诉不符合规定条件的，应当在3个工作日内书面告知投诉人不予受理，并说明理由。（3）投诉不属于本部门管辖的，应当在 3 个工作日内书面告知投诉人向有管辖权的部门提起投诉。（4）投诉符合法律对投诉书内容、投诉人条件等要求的，自收到投诉书之日起即为受理，并在收到投诉后 8 个工作日内向被投诉人和其他与投诉事项有关的当事人发出投诉答复通知书及投诉书副本。财政部门应当自收到投诉之日起 30 个工作日内，对投诉事项作出处理决定。但财政部门处理投诉事项，需要检验、检测、鉴定、专家评审以及需要投诉人补正材料的，所需时间不计算在投诉处理期限内。财政部门作出处理决定，应当制作投诉处理决定书，并加盖公章。

七、政府采购的监督

政府采购活动必须有专门的监管，这是其与私人采购的一个重要的不同。由于政府采购活动主要涉及财政支出的问题，其监管主体主要是财政部门，我国《政府采购法》第十三条规定，各级人民政府财政部门是负责政府采购监督管理的部门，依法履行对政府采购活动的监督管理职责。政府采购活动涉及其他政府部门的，其他政府部门也依法履行有关的监督管理职责。其中，审计机关应当对政府采购进行审计监督。监察机关应当加强对参与政府采购活动的国家机关、国家公务员和国家行政机关任命的其他人员实施监督。

政府采购监督管理部门应当对政府采购项目的采购活动进行检查，政府采购当事人应当如实反映情况，提供有关材料。政府采购监督管理部门对政府采购活动进行监督检查的主要内容包括：有关政府采购的法律、行政法规和规章的执行情况；采购范围、采购方式和采购程序的执行情况；政府采购人员的职业素质和专业技能。政府采购监督管理部门对集中采购机构的采购价格、节约资金效果、服务质量、信誉状况、有无违法行为等事项进行考核，并定期如实公布考核结果。各级人民政府财政部门对政府采购活动进行监督检查，有权查阅、复制有关文件、资料，相关单位和人员应当予以配合。审计机关、监察机关以及其他有关部门依法对政府采购活动实施监督，发现采购当事人有违法行为的，应当及时通报财政部门。

除了上述监督管理部门之外，任何单位和个人对政府采购活动中的违法行为，有权控告和检举，有关部门、机关应当依照各自职责及时处理。